古代韓國語 論攷

南豊鉉

1935年 京畿道 出生
서울대학교 文理科大學 國文科 졸업
동 대학원 碩士, 博士
檀國大學校 名譽教授
國語學會 代表理事, 會長
口訣學會 代表理事, 會長
韓國古文書學會 會長
世宗文化賞, 三一文化賞 受賞

著書
『借字表記法 研究』, 『國語史를 위한 口訣研究』
『瑜伽師地論의 釋讀口訣 研究』, 『吏讀研究』
『古代韓國語研究』, 『韓國語와 漢字・漢文의 만남』

論文
'中原高句麗碑文의 解讀과 그 吏讀的 性格에 대하여'
'韓國의 固有漢字' 등 160여 편

古代韓國語 論攷

초판 1쇄 인쇄 | 2014년 4월 22일
초판 1쇄 발행 | 2014년 4월 30일

지은이 | 남풍현
펴낸이 | 지현구
펴낸곳 | 태학사
등　록 | 제406-2006-00008호
주　소 | 경기도 파주시 광인사길 223
전　화 | 마케팅부 (031)955-7580~82　편집부 (031)955-7585~89
전　송 | (031)955-0910
전자우편 | thaehak4@chol.com
홈페이지 | www.thaehaksa.com

값은 뒤표지에 있습니다.

ISBN 978-89-5966-641-6 93710

이 도서의 국립중앙도서관 출판시도서목록(CIP)은 서지정보유통지원시스템 홈페이지
(http://seoji.nl.go.kr)와 국가자료공동목록시스템(http://www.nl.go.kr/kolisnet)에서
이용하실 수 있습니다.(CIP제어번호: CIP2014012071)

古代韓國語 論攷

南豊鉉

태학사

序

우리의 先人들은 기원전에 漢字를 수용하여 높은 수준의 文字文化를 이룩하여 왔고 借字表記法을 개발하여 우리말을 기록하여 왔다. 이 표기법은 上古時代(三國時代)에 이미 발달하기 시작하여 그 斷片들이 전하고 있고 그 후에도 지속적으로 이어져 조선시대 말까지 많은 자료를 남기었다. 그러나 우리에게 전하는 자료는 많지 못하다. 특히 고려시대 이전의 자료는 양이 적고 표기 내용의 이해가 어려워 우리의 古代語를 기술하는 데 어려움이 많았다. 1970년대 이후 많은 자료들이 발굴되고 해독도 어느 정도 이루어져 그 이해의 폭이 넓어졌으나 아직도 많은 未解決의 문제들이 쌓여 있다.

우리의 선인들은 墨書나 朱書 이외에 角筆(stylus)로도 많은 기록을 남겼다. 지난 2000년에 고려시대의 角筆点吐口訣이 발굴되어 古代韓國語研究의 새로운 분야로 부상하였거니와 최근에는 8세기 新羅時代의 角筆字吐釋讀口訣이 발견되어 우리를 고무시키고 있다. 앞으로도 더 많은 자료가 발굴될 것이 전망되기도 한다. 이러한 資料들의 발굴은 지속적으로 이루어져야 되겠지만 발굴된 자료를 해독하여 古代韓國語의 참다운 모습을 밝혀내는 일도 우리에게 賦與된 중요한 課題이다.

종래에는 고대어의 자료로 鄕歌가 크게 주목되었으나 그 해독은 15세기 訓民正音 資料가 보여 주는 범위를 넘기가 어려웠다. 새 자료들이 발굴되면서 고대어의 양상을 새로 밝히어 그 올바른 모습을 찾고자 하는 일이 口訣學會를 중심으로 진행되고 있다. 이러한 과제를 해결하는 일환으로 나는 2009년에 論文集『古代韓國語 研究』를 간행한 바 있다. 이번에 그에 後續되는 글들을 모아 책으로 엮음으로써 우리에게 주어진 과제에 微力이나마 보탬이 되기를 희망하여 본다.

이 책의 글들은 주로 2009년 이후에 발표한 글을 모았고, 그 이전에 발표했던 글들은 약간의 수정을 加하였다. 글에 따라서는 내용상 중복되는 것을 손보지 못한 채 실은 것도 있어 독자에게 미안한 마음이 든다. 널리 양해하여 주기를 바란다.

이 책을 엮는 데는 李建植 교수, 趙殷柱 박사, 朴相珍 박사의 힘이 컸다. 흩어져 있던 글들을 모으고 분류하여 '古代韓國語'에 관한 글들을 하나로 묶어 주었고 교정과 색인도 함께하여 주었다. 고마운 마음을 표하여 마지않는다. 끝으로 어려운 가운데서도 이 책의 출판을 맡아 주신 太學社의 池賢求 사장님에게 감사한 마음을 표한다.

2014년 2월 5일
瑞草洞 陽地原에서
著者 삼가 씀.

目次

四. 吏讀

五. 口訣

一. 文字와 表記法

韓國의 借字表記法의 發達과 日本 訓点의 起源에 대하여

1. 序言

韓國의 借字表記 資料는 吏讀, 鄕札, 口訣 그리고 語彙表記로 나뉜다. 이 가운데 口訣은 日本의 漢文 訓讀法과 매우 유사하다. 이 글에서는 韓國의 借字表記法이 三國時代부터 발달해온 과정에 대하여 口訣과의 관계를 중심으로 생각해 보고 日本의 訓点의 起源에 대하여서도 생각해 보고자 한다.

口訣은 漢文을 韓國式으로 읽는 讀法이다. 이 독법은 漢文에 吐를 달아 읽는 방법이니 吐는 한국어의 助詞, 語尾, 末音添記 그리고 漢文을 읽고 이해하기 위하여 사용하는 여러 가지 符號들이다. 口訣은 日本의 訓讀에 대비되고 吐는 訓点에 비교될 것이다.

口訣은 시대에 따라 그 양상이 변했던 것으로 보이는데 上古時代의 資料는 전하는 것이 없다. 필자는 口訣이 吏讀, 鄕札, 語彙表記 등의 母胎가 되는 것으로 보고 上古時代의 口訣은 이들 자료에 나타나는 양상을 가지고 추정해 볼 수 있을 것으로 생각한다.

2. 借字의 文字體系와 上古時代의 借字表記法

2.1. 文字體系

漢字·漢文의 學習에서는 漢字를 音讀하거나 訓讀한다. 여기서 漢字의 音과 訓을 이용하여 韓國語를 表記하는 방법이 발달하게 되었다. 또

音과 訓을 이용함에 있어 그 글자의 뜻을 살려 表意字로 사용하느냐, 그 뜻을 버리고 表音字로만 사용하느냐에 따라 그 용법이 달라진다. 의미를 살려 사용하는 방법을 '表意字 그대로 읽는다'고 하여 '讀'이라 하고 그 의미를 버리고 사용하는 방법을 '表音文字로 빌린다'고 하여 '假'라고 하기로 한다. 여기서 借字의 用字法과 그 종류를 추출할 수 있다. 漢字에서 借字로 바뀌는 과정을 보이고 차자의 종류를 분류하면 다음과 같다.

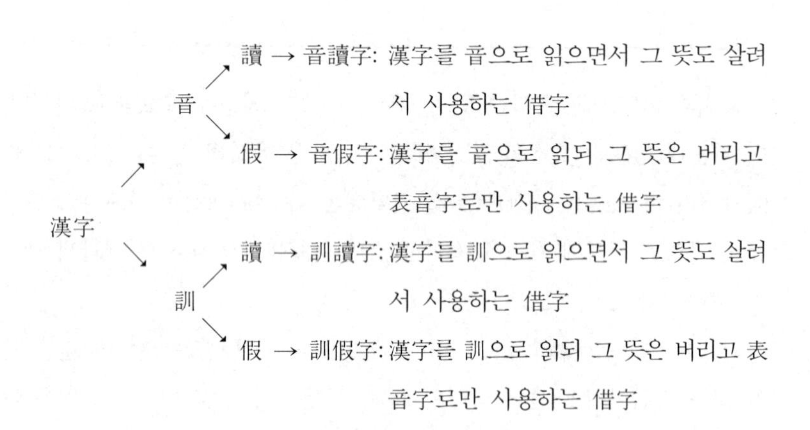
漢字
音
訓
讀 → 音讀字: 漢字를 音으로 읽으면서 그 뜻도 살려서 사용하는 借字
假 → 音假字: 漢字를 音으로 읽되 그 뜻은 버리고 表音字로만 사용하는 借字
讀 → 訓讀字: 漢字를 訓으로 읽으면서 그 뜻도 살려서 사용하는 借字
假 → 訓假字: 漢字를 訓으로 읽되 그 뜻은 버리고 表音字로만 사용하는 借字

漢字에서 音과 訓을 빌리고, 그 音과 訓을 表意的으로 使用하느냐 表音的으로 使用하느냐에 따라 讀과 假의 過程을 거친 것으로 보면 借字는 音讀字, 音假字, 訓讀字, 訓假字로 분류할 수 있다. 이들을 다시 音讀字와 訓讀字를 묶은 讀字(表意字)와 音假字와 訓假字를 묶은 假字(表音字)로 나눌 수도 있다.

모든 借字表記의 借字, 즉 文章이나 單語의 表記에 쓰이는 借字는 이 중의 어느 하나에 속하게 된다. 表記體에 따라서는 音讀字, 音假字, 訓讀字, 訓假字의 어느 한 借字만으로 表記되기도 한다. 그러나 借字表記法에서 가장 널리 쓰이는 表記體는 '讀字+假字'의 構造이다. 이것이 借字表記法 가운데 가장 발달된 표기법인데 이 表記體가 발달하는 데는 적지 않은 歲月이 필요했었던 것으로 보인다.

2.2. 音讀字表記

먼저 三國時代(上古時代)의 文章表記 자료부터 검토하기로 한다. 이 시대는 音讀字를 漢文의 語順과 韓國語의 語順을 섞어 쓰는 文體부터 발달하였다. 中原高句麗碑銘(490年代)을 보면 이 사실이 분명히 들어난다.

1. 東夷之寐錦 忌太子共 (東夷의 寐錦이 太子인 共을 꺼리었다)
2. □□國土 太位 諸位 上下 衣服 來受 教 (□□國土의 太位와 諸位의 上下가 衣服을 와서 받으라고 教示하였다)

1)은 音讀字를 漢文의 語順으로 사용한 것이고 2)는 이를 韓國語의 語順으로 배열한 것이다. 다음은 百濟의 音讀字表記 문장을 보자.

3. 庚子年 二月 多利作 大夫人分 二百三十主耳 (庚子年 2月에 多利가 만들었다. 大夫人(王妃)의 몫이다. (무게) 230銖이다.)
4. 宿歳結業 同生一處 是非上問 上拜白來 (宿歳의 結業으로 同生一處하니 是非를 上問하여 上拜하고 白來하세.)

3)은 武寧王妃의 銀釧銘(520)으로 音讀字를 韓國語의 語順으로 배열한 것이다.[1] 4)는 百濟의 木簡에 기록된 것으로 '是非相問 上拜白來'가 한국어의 어순이라고 한다.[2]

新羅의 音讀字表記 文章은 비교적 많은 자료가 전한다. 현재 가장 이른 시대의 자료인 迎日冷水里新羅碑銘(503?)을 보기로 한다.

5. 用珍而麻村節居利 爲證爾(珍而麻村의 節居利의 (主張을) 保證하는

---

1 鄭在永(2003), 百濟의 文字生活, 『口訣研究』 11, 口訣學會.

2 金永旭(2003), 百濟吏讀에 대하여, 『口訣研究』 11, 口訣學會.

것이다.)

6. 此二人世中了事 故記(이 두 사람이 世間에서의 일을 마친 일, 그러므로 기록한다.)

5)는 이 碑銘의 앞 부분인데 漢文의 表現이다. 6)은 讀字를 한국어의 어순으로 배열한 것이다. 丹陽新羅赤城碑銘(540年代)을 하나 더 보기로 하자.

7. 赤城田舍法 爲之(赤城의 田舍法을 삼는다.)
8. 更赤城烟去使之(다시 赤城烟으로 가서 使할[일할] 것이다.)

7)이 漢文의 語順이고 8)이 韓國語의 語順이다.

이와 같이 한 글 안에서 漢文의 語順과 韓國語의 語順이 섞여 쓰이다가 音讀字를 韓國語의 語順으로만 배열하는 글이 나오게 된다. 明活山城作城碑銘(611?)에서 그 예를 보기로 한다.

9. 衆人至. 十一月 十五日 作始. 十二月 卄日 了. 積卅五日也 (衆人이 이르러서 11月 15日에 짓기를 시작하여 12月 20日에 마치었다. 積日은 35日이다.)

이 글은 글 전체가 완전히 音讀字를 韓國語의 語順으로 排列한 것이다. 이 계통의 글은 壬申誓記石을 대표적인 것으로 보아 왔는데 이 誓記石의 年代推定은 論者에 따라 다르지만 筆者는 552년으로 보는 것이 옳을 것으로 생각하고 있다. 新羅의 三國統一 이후에도 이러한 표기체는 자주 나타나 甘山寺彌勒菩薩造像銘(719), 關門城石刻銘(7세기말?), 上院寺鐘銘(725), 昌寧仁陽寺碑銘(810), 中初寺幢竿石柱記(827), 三和寺鐵佛造像銘(860年代) 등이 있다. 이들은 統一新羅時代에 하나의 文體를 形成한 것으로 보아도 좋을 것인데 日本에서는 變體漢文, 俗漢文으로 불리지만 나는 初期的 吏讀文이라 부르고 있다. 다음 장에서 보는 바와 같이 訓讀字도 사용되므로 한문이라고 보기가 어렵기 때문이다.

2.3. 音假字 表記

音假字는 漢字를 이용하여 韓國語를 표기하는 초기부터 사용되었다. 이는 中國人들이 外來語를 表記하는 假借法과 같은 것인데 韓國의 固有名詞나 官等名과 같이 漢譯하기 어려운 말들을 표기할 때 이 방법이 사용되었다. 廣開土大王碑에 나오는 人名이나 地名은 거의 音假字만으로 표기한 것이니 鄒牟王, 儒留王, 百殘, 新羅, 彌沙城 등이 그것으로 주로 種概念語의 表記에 쓰이고 類概念語는 漢譯하여 썼다. 百濟의 것으로는 斯麻王, 多利, 柰祇城, 砂宅智積 등이 있으며 新羅의 것으로는 喙部, 牟即智, 寐錦王, 葛文王, 一吉干支, 居伐牟羅 등 매우 많은 예가 발견된다. 이 밖에 三國史記의 地名表記에서 '金溝縣 本 仇知只山縣'의 仇知只와 같이 舊地名의 표기에서 그 예들을 발견할 수 있다.

그러나 音假字들이 三國時代에 文章表記에 사용된 예는 아직 발견되지 않는다.

2.4. 訓讀字 表記

借字表記에서 漢字의 訓을 이용하는 방법은 韓國人이 개발한 고유한 것이다. 이미 三國時代의 金石文에서 확인되는데 蔚州川前里書石의 原銘(525?)에 쓰인 新羅의 官等名 '大舍'는 8세기의 자료에서 보면 '大舍'와 '韓舍'가 임의로 교체되어 사용된다. 이는 '大'가 '韓/한'으로 읽히는 訓讀字임을 말하여 준다.[3] 또 蔚州川前里書石의 追名(539?)과 丹陽新羅赤城碑

---

3 이 大舍의 大가 訓讀됨은 蔚珍鳳坪新羅碑(524?)의 太奈麻의 太도 같은 訓으로 읽혔을 것으로 추정할 수 있고 같은 비의 小舍帝智의 小도 訓讀되었을 것으로 推定할 수 있다.

(540년대)에는 新羅의 官等名 '波珍干支'가 나온다. 이는 후대에 '海干'으로 표기되므로 '波珍'은 古代 韓國語의 '海/바돌'을 표기한 것임을 알 수 있고 '珍'은 '돌'로 읽히는 訓假字임을 알 수 있다. 한편 高句麗의 宰相 '淵蓋蘇文'은 『日本書紀』에 '伊梨柯須彌irikasumi'로 註音하였다. 이는 高句麗에서 '淵'자를 '伊梨iri'로 訓讀하였음을 말하여 주는 것이다. 百濟의 자료는 아직 확인된 것이 없지만 日本의 古代 文字生活이 百濟의 渡來人들에 의하여 이루어졌다는 점을 감안할 때 漢字의 訓을 이용한 표기법은 百濟에도 발달되어 있었다고 보아야 한다. 그리하여 三國은 모두 漢字의 訓을 이용한 借字를 사용하였음을 알 수 있다.

訓讀字가 文章表記에 쓰인 예를 보여 주는 것이 戊戌塢作碑(578?)와 南山新城碑(591?)이다.

10. 另冬里村 高□塢 作記之. 此成在 □人者…… (另冬里村의 高□塢를 지은 記錄이다. 이를 조성한 □人은……)
11. 南山新城 作 節 如 法以 作 後 三年 崩破者 罪教 事 爲 聞 教令 誓事之 (南山新城을 지을 때에, 만약 法으로 지은 後 三年에 崩破하면 罪 주실 일로 삼아 奏聞하라는 教令으로 盟誓하는 것이다.)

10)은 戊戌塢作碑의 한 구절인데 '此成在 □人者'의 '在'는 후대의 吏讀에서 持續相이나 完了相을 나타내는 助動詞로 자주 쓰인 것이다. 이 문맥에서는 完了相을 나타내므로 이를 音讀해서는 이 문맥의 뜻을 이해할 수가 없다. '겨'로 訓讀된 것으로 보아야 한다. 在가 훈독되었다면 그 밖의 借字도 訓讀되어야 함을 말하여 준다.

11)은 南山新城碑의 한 句節로 城을 쌓는 작업을 맡은 사람들이 國王에 대하여 盟誓하는 내용이다. 여기서 이 碑文을 訓讀한 것으로 보는 이

이는 이 時代에 漢字의 訓讀이 폭 넓게 行해지고 있음을 말하여 주는 것이다.

유는 '罪教 事 爲'의 '爲'를 훈독하지 않으면 전체의 文脈을 이해할 수 없기 때문이다. '爲'는 'ᄒᆞ', '삼', '일돌ᄒᆞ(되다)' 등으로 읽어야 하는데 이를 결정하지 않으면 이 구절 전체를 해석하기가 어렵기 때문이다. '爲'를 '삼'으로 訓讀하면 이에 따라 訓으로 읽을 수 있는 漢字는 모두 訓讀한 것으로 보아야 한다.

2.5. 訓假字 表記

三國時代의 訓假字 表記는 앞에든 '波珍干支'의 '珍/돌'을 들 수 있다. 이는 語彙表記에 사용된 것이다. 三國史記의 地名表記에서 訓假字의 예를 확인할 수 있다. 巨昌郡의 領縣에 '餘善縣 本南內縣'이라 하였는데 '南/남'은 音假字로 '餘'의 뜻이고 '內'는 '아'로 읽혀 '善'의 뜻에 해당하는 訓假字이다.[4] 이 訓假字는 語彙表記의 범위에 머물고 文章 안에서 文法關係를 나타내는 形態, 즉 吐의 표기에 사용된 예는 上古時代에는 아직 확인되지 않는다. 이 시대에는 音假字나 訓假字가 文章表記에 쓰일 만큼 표기법이 발달되지 않았음을 말하여 주는 것이다.

2.6. 三國時代의 借字表記法과 口訣과의 關係

三國時代의 正格漢文들이 남아 전한다. 高句麗의 冬壽墓誌(357)나 廣開土大王碑(414), 百濟의 武寧王陵誌石銘(525)이나 砂宅智積碑銘(654?), 新羅의 眞興王巡狩碑銘(540年代 以後) 등이 그것이다. 이들은 당시의 支配層이나 知識層들이 기록한 것이다. 이에 대하여 앞에서 본 中原高句麗碑銘(490년대)을 비롯하여 百濟와 新羅에서 音讀字와 訓讀字를 이용하여 표기한 初期的 吏讀文들이 있다. 이들 初期的 吏讀文은 그 쓰는 틀이 정해진 것이 아니다. 南山新城碑의 여러 碑銘들에서 앞 부분의 誓約文이

4 이 '內/아'는 良자의 訓이다. '아'는 '착하다(善)', '어질다(良)'의 뜻을 가진 新羅語이다.

일치하는 것은 국가에서 그 문장을 작성하여 각 作業班마다 그에 따라서 서약하게 한 데 말미암는다. 이것은 이 碑文에만 적용된 특수한 것이다. 明活山城作城碑도 같은 築城 記錄인데 이러한 誓約이 없다. 平壤城壁石刻銘 5種은 初期的 吏讀文이면서도 그 글의 構成 樣式이 각기 다르다.

新羅의 初期的 吏讀文에는 글을 쓴 人名을 기록하고 있다. 그들의 職名은 碑文에 따라 書人(蔚珍鳳坪新羅碑, 丹陽新羅赤城碑), 文作人(戊戌塢作碑), 文尺(南山新城碑), 書寫人(明活山城) 등으로 나온다. 이들은 모두 吉支智, 一尺, 一伐, 小舍, 阿尺 등의 官等이 있으니 13등 이하의 地方官들이다. 이는 각 郡縣마다 文書를 담당하는 직책이 있었음을 뜻한다. 初期的 吏讀文이 각기 다른 양식으로 쓰이면서도 音讀字를 韓國語의 語順으로 배열하는 공통점이 있다는 것은 이러한 文體가 각 지방에 널리 보급되어 있었음을 말하여 주는 것이다. 여기서 그 文體가 소통될 수 있는 바탕이 무엇인가 하는 점을 생각하게 되는데 필자는 이를 漢文의 學習方法이 일치하는 데서 나온 것으로 본다. 이 漢文學習 方法이 곧 口訣이라고 할 수 있으니 여기서 얻은 文章力이 初期的 吏讀文을 作成하고 解得하는 힘이 되었을 것으로 생각하는 것이다. 이러한 吏讀文의 성격을 잘 말해 주는 기록이 있다. 朝鮮朝 初期 世宗의 訓民正音 創制에 대한 崔萬理의 反對上疏文에

> 胥吏僕隷之徒 …… 先讀數書 粗知文字 然後乃用吏讀

라고 한 것이다. 이는 初期的 吏讀文에도 적용될 수 있는 내용이니 胥吏들은 '먼저 漢文으로 된 書籍을 몇 卷 읽어서 대강 文字를 알게 된 후에 吏讀를 사용한다'고 한 것이다. 이는 三國時代에도 郡縣의 文書를 담당하는 사람들에게 적용될 것으로 생각된다.

韓半島에서 漢字·漢文을 사용한 기록은 紀元前으로 소급된다. 이 시대에는 中國의 文字文化가 使聘이나 民族移動, 또는 漢四郡을 통하여 韓

半島에 유입되었을 것인데 이와 함께 典籍도 流入되어 知識人들에게 보급되었을 것이다.

漢文은 教育을 통하여 전파되었을 것인데 高句麗는 小獸林王 2年(372)에 大學을 세워 子弟들을 교육하였다. 大學의 설립은 그 底層에 漢文을 이해하는 계층이 이미 형성되어 있었음을 말해 준다. 기실 庶民들은 扃堂을 지어 子弟들이 晝夜로 讀書를 하게 하였으니 4세기부터 高句麗가 滅亡한 7세기 사이에 漢文을 學習하는 두터운 층이 있었음을 말하여 주는 것이다. 百濟는 近肖古王 때(4세기 후반)에 阿直岐와 王仁을 日本에 보내어 漢學을 傳授하였고 이후 계속하여 五經博士, 易博士, 曆博士, 醫博士 등을 보내어 漢學을 傳授하였다고 한다. 이는 百濟에도 大學에 準하는 教育機關이 있었고 그 수준은 고구려에 못지 않았던 것으로 보인다. 新羅는 廣開土大王이 南進하여 百濟와 伽倻를 制壓하고 新羅를 보호하면서 성장한 국가이니 文字生活에 있어서도 高句麗의 영향을 받은 것으로 보인다. 眞興王巡狩碑(540年代)에는 書經의 王道思想이 나타나고 壬申誓記石(552?)에서는 詩, 尙書, 禮傳을 3년 안에 차례로 읽을 것을 誓約하고 있다. 651년에는 國學의 실무자인 大舍를 두었으니 國學이 이때에 성립되었다고 보고 있다. 이와 같이 하여 三國의 漢學은 唐太宗이 三國에 使臣을 보낼 때에 '三國이 學問을 매우 중히 여기니 大誼를 講說할지언정 納幣에 빠지지 않도록 하라'고 당부하였을 만큼 높은 수준에 도달하였음을 짐작할 수 있다.

高句麗는 嬰陽王 11년(600)에 國初부터 記事하여 온 『留記』 100卷을 李文眞으로 하여금 요약하여 『新集』 5卷을 만들게 하였다. 百濟는 近肖古王 30년(375)에 博士 高興이 『書記』(歷史書)를 지었다. 新羅는 眞興王 6年(545)에 居柒夫가 王命을 받고 文士들을 모아 『國史』를 편찬하였다. 高句麗의 『留記』는 그 명칭으로 볼 때 國初부터 國家에서 일어난 雜多한 사건들을 기록해 놓은 것으로 朝鮮時代의 承政院日記와 유사한 것이 아니었을까 한다. 이것은 거의가 初期的인 吏讀文으로 音讀字를 韓國語의

語順과 漢文의 語順을 混用하여 기록하였던 것으로 추정된다. 이러한 表記法은 百濟나 新羅에도 있었음을 앞에서 보아 왔다. 高句麗에서 李文眞이 이를 『新集』 5卷으로 요약한 것은 내용을 정리하여 正格의 漢文에 가까운 문장으로 썼을 것으로 생각된다. 그러나 그 正格漢文의 文體는 廣開土大王碑銘과 같이 韓國語的 요소가 加味된 것이었을 것이다. 또한 이 시대에는 正格 漢文과 初期的 吏讀文이 竝用되었을 것이다. 支配層의 知識人들도 正格漢文과 初期的 吏讀文을 同等한 것으로 인식하였을 것이다. 이것은 初期的 吏讀文體인 『留記』가 國初로부터 400餘年間 그대로 사용되어 왔다는 사실로도 짐작할 수 있다.[5]

이 시대의 漢文學習 方法과 口訣은 어떠한 것이었을까? 文語의 학습은 口語와 口語가 접촉하여 外國語를 習得하는 방법과는 다른 것이다. 文語中心의 學習은 먼저 문장을 音讀하고 다음에 逐字的으로 해석하면서 文意를 把握하여 나감으로써 이루어진다. 이 學習은 會話를 목적으로 하는 것이 아니므로 發音보다는 義理의 解得에 중점이 놓여져 文章의 解釋이 重視된다. 大學이나 國學이 설립되어 高等教育이 시행될 때는 音讀으로 暗誦하기도 하였겠지만 扃堂과 같은 初·中等教育에서는 暗誦보다는 義理의 解得에 중점이 놓여졌을 것이다. 여기서 標準的인 解釋이 필요하게 되는데 이 解釋은 訓長이나 大學의 博士와 같은 專門人이 정하였을 것이니 이것이 口訣의 시작이 된다. 口訣은 漢文에 吐를 달아 읽는 방법이지만 師弟 間의 전승의 기능도 가진 것이다. 그러나 이 시대에는 吐의 表記方法이 발달되지 않아 口傳되는 口訣이었을 것이다. 다만 一, 二, 三, 三 등으로 漢文에 語順을 표시하는 방법이 있었을 것이니 이것이 音讀字를 韓國語의 語順으로 排列하는 데 기여하였을 것으로 추정된다.[6]

---

5 初期的 吏讀文은 俗漢文과 거의 같은 文體이다. 그러나 初期的吏讀文에는 戊戌塢作碑나 南山新城碑와 같이 訓讀字로도 쓰여져 漢文과는 거리가 먼 韓國語 文體인 점에서 俗漢文과는 구별된다.

6 金文京(2010), 『漢文と東アジア』, 岩波新書, 45면 以下 參照.

初期的 吏讀文은 먼저 高句麗에서 발달하여 新羅로 전파된 것으로 믿어지지만 百濟가 高句麗의 영향을 받았는지, 自生的으로 개발한 것인지는 단정하기 어렵다. 高句麗와 百濟는 言語가 같고 문화의 수준이 比等하였기 때문에 各自의 자생적 발달일 가능성이 높다. 한편 新羅가 高句麗의 영향을 받아 初期的 吏讀文을 사용하기 시작하였다 하더라도 壬申誓記石과 같이 音讀字를 완전히 韓國語의 語順으로 배열하는 文體는 新羅의 독자적인 개발이고 訓讀字를 文章表記에 사용한 것도 新羅文體의 독특한 변이라고 하겠다.

3. 統一 新羅時代(中古時代)의 口訣과 借字表記

670年代에 新羅가 三國을 統一하면서 唐과의 관계가 더욱 긴밀해져 많은 文物이 들어오게 되고 新羅의 文化는 燦爛한 꽃을 피우게 된다. 佛教에서는 元曉, 義湘, 憬興 등과 같은 高僧이 나와 教學에서 찬연한 업적을 남겼다. 元曉의 저술은 86종 170권이 알려져 있었는데 최근 6종이 더 추가되었다.[7] 이 著述은 中國과 日本에도 전해져 學僧들에게 영향을 주었다. 義湘은 智儼의 華嚴學을 修學하고 돌아와 海東 華嚴學의 開祖가 되었다. 그는 華嚴學을 강의하고 弘傳하여 많은 제자를 길렀는데 그 가운데 十大弟子들이 배출되고 또 華嚴十刹이 형성되어 이른바 華嚴教團을 이루었다. 憬興은 法相宗의 學僧으로 저술에만 힘써 많은 저술을 남겼는데 현재 39部 223卷이 알려져 있다. 이 이후에도 많은 學僧들이 많은 著述을 남기니 당시의 新羅 佛教 教學은 中國을 능가할 만큼 높은 수준이었다고 할 수 있다.

藤本幸夫(1992), 李朝訓讀攷 其一 —『牧牛子修心訣』을 中心으로 —,『朝鮮學報』143, 朝鮮學會.

7 南豊鉉(2007), 古代韓國에 있어서 漢籍・佛典의 傳來와 受容,『書誌學報』31, 書誌學會. 南豊鉉(2009),『古代韓國語研究』, 시간의 물레, 111면 參照.

682년에는 國學이 體制를 갖추어 人才를 養成하게 된다. 여기에서는 强首와 薛聰 같은 大學者가 나와 漢學의 敎育에 새로운 전기를 마련한다. 薛聰은 九經(六經)과 文學을 韓國語로 訓解하여 후생들을 訓導함으로써 韓國의 儒宗이 되었다.[8] 『三國遺事』에서는 薛聰이 韓國語로 經典의 單語들을 註解하고 6經과 文學을 解釋하여 『三國遺事』 당시까지 이어져 오고 있다고 하였는데 그것은 口訣의 吐가 발달되어 있지 않고는 불가능한 것이다.[9] 이러한 사실은 三國時代에는 漢文을 釋讀하였지만 그를 표기할 수 있는 토가 발달되지 못한 것으로 보이는데 三國統一을 전후하여 토가 발달되어 借字表記法의 발달에 커다란 劃을 그은 것으로 추정된다.

佛家에서는 이보다 한 世代 앞선 義湘의 시대에 이미 口訣의 吐가 사용되었던 것으로 추정할 수 있는 기록이 있다.[10] 大覺國師 義天은 그의 『敎藏總錄(義天錄)』에서 義湘의 華嚴經 講義를 集錄한 『要義問答 2卷(一名 智通記)』과 『一乘問答 2卷(一名 道身章)』을 들고 '方言이 섞여 있다(雜以方言)'고 하였다. '雜以方言'의 文體는 韓國語의 助詞나 語尾를 나타내는 吐를 넣지 않고는 성립할 수 없는 것이니 이는 7세기 후반에는 口訣의 吐가 발달되어 있었음을 말하여 주는 것이다.

그러나 이를 뒷받침할 구체적인 證據를 얻지 못하다가 최근에 그 증거가 될 수 있는 口訣資料를 얻게 되었다.

그것은 日本의 奈良市의 東大寺 圖書館에 소장된 『大方廣佛花嚴經』 권12에서 권20까지를 한 軸으로 묶은 寫經이다. 이는 奈良市의 正倉院의

8 聰性明銳 生知道術 以方言讀九經 訓導後生 至今學者宗之. 『三國史記』 卷46 列傳6 薛聰)

9 (薛)聰生而睿敏 博通經史 新羅十賢中一也. 以方音通會華夷方俗物名 訓解六經文學 至今海東業明經者 傳受不絶(『三國遺事』 卷4 元曉不羈條).

10 南豊鉉(1988), 釋讀口訣의 起源에 대하여, 『국어국문학』 100, 국어국문학회.
南豊鉉(1999), 『國語史를 위한 口訣硏究』, 太學社, 29면 이하 참조.

聖語藏에 소장된 『大方廣佛花嚴經』 卷72에서 卷80卷까지를 한 軸으로 묶은 寫經의 僚卷임이 밝혀졌는데 이 聖語藏本은 山本信吉 前奈良國立博物館長에 의하여 740년대 전후의 新羅寫經으로 고증되었다.[11] 이에 小林芳規 선생이 東大寺圖書館本에 新羅語가 角筆로 기입되어 있으면 山本信吉氏의 설에 有力한 증거가 되리라고 생각하고 2003년 5월에 조사하기 시작하였다. 그 결과 '叱, ㄗ, 白, 尒' 등의 글자와 梵唄譜(節博士 符號), 合符線, 削除符號, 四聲点 등이 角筆로 기입되어 있음을 확인하였다.[12] 그 후 좀더 효과적인 조사를 위해 필자를 불러 주었는데 필자는 2009년 8월부터 2011년 현재까지 조사에 참여하여 總 4回, 每回 3日씩 조사하였다. 이 經典에는 角筆의 기입이 의외로 많지만 오랜 세월이 흐르는 동안 磨滅되어 그 윤곽만 있을 뿐 확인하기가 어려운 곳이 많다. 그 가운데 비교적 정확하게 파악된 글자는 ㄗ字인데 이는 劃이 단순하여 확인하기가 쉽고 사용된 回數가 많아 여러 기능을 확인할 수가 있었다.

ㄗ는 '良'자의 草書體가 간략화한 것으로 日本의 平假名 ら와 字源이 같고 형태가 유사한 것이다. 古代韓國語의 표기법에서는 ㄗ(良)을 '아'로 사용하였는데 이는 良자의 訓을 이용한 것이다. 그 뜻은 '어질다, 어질게 생각하다, 합당하다고 생각하다'의 뜻을 나타낸다.[13]

이제까지의 良자는 新羅時代의 吏讀에는 나타나지 않고 『三國遺事』의 鄕歌에 그 용례가 있었다. 『三國遺事』의 향가는 製作年代와 記錄年代가 달라서 그 言語를 新羅時代의 言語라고 단정하기가 躊躇스러웠었는데 이제 8세기 전반기의 자료에서 ㄗ자의 용례를 확인하게 됨으로써 遺事鄕歌

11 山本信吉(2006), 聖語藏「大方廣仏華嚴經 自卷七十二 至卷八十」の書誌的考察, 『正倉院紀要』 第28号.

12 小林芳規(2008), 角筆による新羅語加点の華嚴經, 『南都佛教』 第91號, 南都佛教研究會(東大寺).

13 南豊鉉(2011), 古代韓國語의 謙讓法 助動詞 '白/畣'과 '內/아'의 發達, 『口訣研究』 26, 口訣學會.

의 표기가 신라시대의 것일 가능성이 높아지게 되었다.

이 寫經에 쓰인 ȝ가 나타내는 機能은 다음과 같이 처격조사, 호격조사, 접속어미, 주석 등 4가지로 나눌 수 있다.[14]

1. 處格 助詞

a) 於如是諸衆生中ȝ 爲現其身 敎化調伏(155) - 類例: (350) 등

譯: 이러한 衆生들 가운데 그 몸을 나타내어 敎化하고 調伏하나이까?

b) 尒時ȝ 精進慧菩薩 白法慧菩薩言(868) - 類例: (958), (1013), (1036) (1040)

譯: 그 때 精進慧菩薩이 法慧菩薩에게 물었다.

c) 諸魔外道無能沮壞, 攝持正法ȝ 無有窮盡(879)

譯: 여러 魔軍과 外道들이 능히 방해하지 못하고, 바른 법을 거두어 지니되 다함이 없으며

d) 善觀諸法, 得實相印ȝ 了知如來無功用道(929)

譯: 모든 법을 잘 관찰하여 실상의 인(印)을 얻으며, 여래의 공용(功用) 없는 도를 분명히 알며

2. 呼格 助詞

a) 諸佛子ȝ 苦集聖諦 此娑婆世界中ȝ 或名繫縛 或名滅壞(52)

譯: 여러 불자들이여, 고의 집(集)이라는 성제를 이 사바세계에서 혹은 속박이라 하고 혹 망그러짐이라 하고

b) 尒時 文殊師利菩薩 問寶首菩薩言 佛子ȝ 一切衆生 等有四大 無我無我所(160)

---

14 이 佛經에서 角筆 ȝ는 글자의 右側에 붙는데 여기서는 편의상 해당 글자의 뒤에 놓는다. 例文 끝의 ( ) 속의 數字는 이 寫經의 行에 붙인 차례이다. 卷 12의 첫 行을 '1'로 하고 卷20의 끝 행을 '1140'으로 하여 순서를 매긴 것이다. '譯'은 東國 譯經院의 飜譯이다.

譯: 이때 文殊師利菩薩이 寶首菩薩에게 물었다. 불자여, 온갖 중생들이 다 같이 四大를 가졌으므로 나[我]도 없고 내 것[我所]도 없거늘

3. 接續 語尾

a) 諸衆生食我肉者 亦得ろ阿耨多羅三藐三菩提 獲平等智(1054)

譯: 나의 살을 먹은 중생들도 역시 아뇩다라삼먁삼보리를 얻고 평등한 지혜를 가지며

b) 此菩薩 …… 爲充遍一切世界 故ろ發心, 爲度脫一切世界衆生 故發心, …… 爲悉知一切世界三有淸淨故ろ 發心.(803-805)

譯: 이 보살이 …… 일체 세계에 가득하려고 발심하며, 일체 세계의 중생을 제도하여 해탈하게 하려고 발심하며 …… 일체 세계의 삼유가 청정함을 모두 알려고 발심하며

4. 註釋

諸法无眞實 妄取ろ眞實相 是故諸凡夫 輪迴生死獄(663)

譯: 모두 진실하지 않은데 허망하게 진실하다 하나니 그러므로 모든 범부들 나고 죽는 옥(獄)에서 헤매고 있네.

處格助詞의 a)는 空間的 位置를 나타내는 것이고 b)는 時間的 位置를 나타내는 것이다. 이 b)의 '尒時ろ'는 이밖에도 4회나 더 확인되었다. c)는 '攝持正法'을 動名詞句로 해석하고 여기에 처격의 ろ를 붙인 것이다. '譯'에서 '바른 법을 거두어 지니되'로 飜譯하였으나 이것을 '바른 법을 거두어 지님에 있어'나 '바른 법을 거두어 지니매'로 고치면 동명사구에 처격조사가 붙은 것으로 釋讀할 수 있다.[15] d)도 '得實相印'을 動名詞句로

15 이때의 動名詞語尾는 ㄱ/n이나 尸/l을 사용하였다.

석독하고 처격조사 ろ를 현토한 것이다. '譯'에서 '실상의 인(印)을 얻으며'를 '실상의 인(印)을 얻음에 있어'로 해석하면 처격조사 ろ의 기능을 찾을 수 있다. 2)의 呼格助詞는 현대어에도 그대로 쓰이고 있는 것이다. 處格과 呼格의 경우는 漢文의 語順과 韓國語의 語順이 일치하므로 釋讀의 특징이라고 할 만한 것은 나타나지 않는다.

3a)의 接續語尾가 쓰인 '得ろ'는 '얻어'나 '실어'로 읽을 수 있다. 語順이 VO의 구조이어서 順讀口訣이라면 '阿耨多羅三藐三菩提'의 뒤에 ろ(ᄒᆞ아)를 懸吐할 것이지만 석독구결이어서 訓讀하는 '得'자에 현토하였다. 3b)는 ろ가 '故'자에 懸吐되어 의아스러웠던 것이다. 그러나 이는 '爲… 故…'의 構文으로 因果關係를 나타내는 것이다. 漢文에서는 '爲……'가 原因句를, '故……'가 結果句를 이끄는 것이지만 韓國語에서는 原因句 뒤에 原因을 나타내는 接續語尾를 붙여서 因果關係를 나타낸다. 여기서는 원인을 나타내는 '爲'자의 訓을 '삼아'로 釋讀하여 이를 結果句의 첫 글자인 故자의 뒤에 현토한 것이다. 이와 같이 '삼아'를 結果句의 첫머리에서 읽으면 이는 韓國語의 原因句의 끝에서 읽은 것과 같은 것이 되고 故자는 不讀字가 되거나 읽었다고 하더라도 '爲/삼아'와 중복되는 표현이 될 것이다. 以上과 같이 接續語尾의 ろa는 釋讀되는 漢字에 직접 붙여 漢文의 語順이나 文法을 韓國語의 語順이나 文法으로 바꾸어 읽음을 보여준다. 이로써 이 經典에 角筆로 기입한 吐들은 漢文을 釋讀할 때 쓰인 것임을 말하여 준다.

4)의 註釋을 나타내는 ろ는 '取'자에 붙인 것인데 '取'자의 右側에는 注視線이 垂直으로 그어져 있다. 이 注視線은 ろ가 '取'자의 註釋을 나타내는 토임을 표시하는 것이다. 'ろ/아'는 古代韓國語에서 '良'자의 뜻인 '어질다, 어질게 생각하다'나 '합당하다고 생각하다'의 뜻을 나타내는 動詞였다. '譯'에서 '妄取眞實相 是故'를 '허망하게 진실하다 하나니 그러므로……'로 번역했으나 이 懸吐에 따르면 '取'를 '생각하다'의 뜻으로 해석하여 '허망하게 진실하다고 생각하나니 그러므로……'의 내용으로 해석

한 것이다.

이상과 같이 이 寫經의 ㅋ는 조사나 어미를 나타내는 訓假字로도 쓰였고 '생각하다'의 뜻을 나타내는 訓讀字로도 쓰였다. 이는 이 寫經을 釋讀하는 口訣의 일단을 보여 주는 것이다. 이는 이 자료가 이제까지 新羅時代에도 口訣이 있었을 것으로 推定만 해 왔지만 확인하지 못하여 품어오던 疑懼心을 拂拭시키고 8세기 전반기의 釋讀口訣을 具體的으로 보여 주는 것이다. 아울러 薛聰의 釋讀口訣과 아주 가까운 시기의 口訣의 모습을 보여 주는 점에서도 그 가치가 크다.

그러나 이 口訣은 개인적으로 이 經을 연구해 가면서 읽은 모습을 보여 주는 것이지 薛聰의 釋讀口訣과 같이 經 전체를 一貫性 있게 釋讀하여 後進들을 가르치기 위하여 지은 口訣이 아니다. 經典의 理解에 主眼点을 두었기 때문에 時相, 尊待法, 敍法과 같은 깊은 내용을 표현하는 데까지는 이르지 못한 것이다.

吏讀文에서는 讀字(표의자)를 한국어의 順序로 排列한 初期的 吏讀文이 統一新羅時代에도 사용되어 왔는데 여기에 吐를 附加한 正格의 吏讀文이 새로 등장한다. 현재 758년에 쓰여진 것으로 추정되던 新羅帳籍의 연대를 한 甲子 앞당겨 698년에 작성된 것으로 보아야 한다는 견해가 제기되었는데 그 가능성이 높은 것으로 보인다. 이 帳籍에는 토로서 '內/아, 是/이, 中/긔, 以/로, 賜/ᄉᆞ, 去/거' 등이 나타난다. 口訣의 吐가 吏讀文에 반영된 것으로 보면 이는 薛聰과 同時代에 吐가 쓰인 자료로 볼 수 있다. 그러나 그 쓰임은 단조로워 鄕歌를 표기할 만한 수준에 이른 것은 아니다.

현재 新羅時代의 鄕歌 가운데 景德王代의 鄕歌가 많은 것으로 보아 8세기 중엽에는 鄕札의 발달이 거의 완성된 것으로 볼 수 있다. 이는 薛聰의 釋讀口訣과 밀접한 관계를 가지고 발달했다고 보아야 할 것이다. 薛聰의 釋讀口訣은 國學의 학생에 대한 교육, 즉 大學의 교육을 위하여 이루어진 것이니 그의 口訣은 이들 學生을 통하여 全國的으로 보급되었고 이에 따라 鄕札과 吏讀도 全國的으로 보급될 수 있었던 것으로 보아야 할 것이다. 釋讀口訣의 吐는 주로 假字로 표기되므로 釋讀口訣의 구조는 '讀字+假字'가 된다. 이것이 吏讀, 鄕札에 응용되어 '讀字+假字'의 表記法이 완성된 것으로 보아야 할 것이다.

4. 釋讀口訣의 種類와 讀法

高麗時代로 들어서면 借字表記法이 완성된 모습을 볼 수 있다.

高麗時代의 口訣은 크게 釋讀口訣과 順讀口訣로 나뉜다. 釋讀口訣은 漢文을 韓國語로 解釋하여 읽는 口訣이고 順讀口訣은 漢文을 그 語順대로 音讀하면서 구두에 해당하는 곳에 吐를 넣어서 읽는 것이다.[16] 前者는 13세기 中葉까지의 자료가 전하고 後者는 13세기 후반부터 그 자료가 나오기 시작한다. 釋讀口訣은 吐를 文字로 표기하는 字吐釋讀口訣과 吐를 点과 線으로 표기하는 点吐釋讀口訣로 나누어진다. 順讀口訣도 字吐順讀口訣과 点吐順讀口訣로 나누어진다. 이 順讀口訣이 현대까지 이어져, 韓國에서 口訣이라 하면 이 順讀口訣을 가리키게 되었다.

字吐釋讀口訣 자료는 前述 東大寺圖書館 所藏의 華嚴經 卷12-卷20이 나오기 전까지는 均如의 『釋華嚴教分記圓通鈔』(960년대)의 2行 미만의 口訣이 最古의 것이었다. 이 자료에 이어서 11세기에서 12세기에 걸치는 『華嚴經疏』 卷35, 『周本華嚴經』 卷14가 있고 13世紀의 資料로 『合部金光明經』 卷3, 『舊譯仁王經上』 落張 5枚, 『瑜伽師地論』 卷20이 있다.

字吐釋讀口訣의 讀法은 다음과 같다.

〈圖 1〉의 오른쪽은 『舊譯仁王經』 上卷의 第2張의 앞쪽 2行이고 왼쪽

16 이를 音讀口訣이라 하는 것은 釋讀 가운데도 音讀과 訓讀이 있으므로 오해하기가 쉽다. 또 順讀口訣 가운데는 音讀만 하는 것이 아니라 訓讀하는 경우도 있으므로 音讀口訣이란 명칭이 맞지 않아 이 용어를 피한다.

은 그 가운데서 '復有他方不可量衆'의 漢文句에 현토된 것을 확대하여 再排列한 것이다.

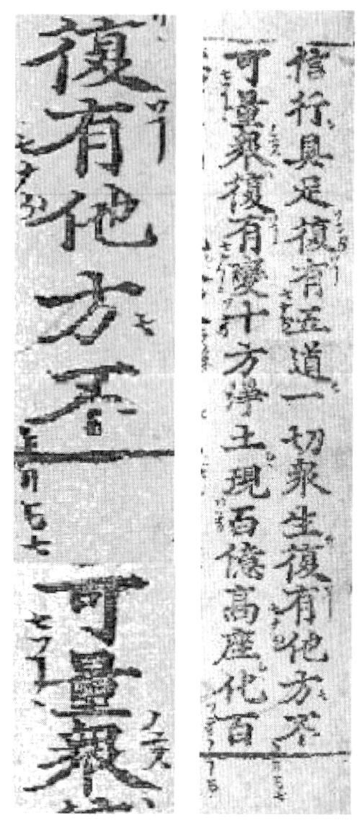

〈圖 1〉

그 讀法은 먼저 右側에 토를 단 '復'를 토 'ㅆ 1'과 함께 읽는다. 2번째도 우측에 토를 단 '他方'을 토 'ㄴ'과 함께 읽는다. 3번째도 우측에 토를 단 '量ノ ㅎ'을 읽는다. 이 '量ノ ㅎ'의 토의 끝에는 点이 있다. 이것이 逆讀点이니 위로 역행해 올라가서 읽으라는 표시이다. 위로 역행할 때에는 좌측에 토를 단 構成素를 읽는다. 그리하여 4번째로 '可ㄴㅆ 1'을 읽는다. '可ㄴㅆ 1'의 끝에 또 逆讀点이 있으므로 또 위로 올라가 좌측에 토를 단 '不矢リ ㅌㄴ'을 읽는다. 이 구성소에는 逆讀点이 없으므로 아래로 내려와 우측에 토(역독점)를 단 '衆'을 읽는다. '衆'에 역독점이 또 있으므로 위로 올라가 이제까지 읽지 않은 좌측에 토를 단 '有ㄴナ 〻'를 읽는다.

이와 같이 읽으면 완전히 韓國語가 되는데, 그것을 韓國語의 順序대로 排列하면 다음과 같다.

a. 復ㅆ 1　他方ㄴ　量ノ ㅎ　可ㄴㅆ 1　不矢リ ㅌㄴ　衆　有ㄴナ 〻
b. 復爲隱　他方叱　量乎音　可叱爲隱　不知是飛叱　衆　有叱在彌

a)는 漢文을 釋讀한 차례대로 옮겨 적은 것이고 b)는 a)에 쓰인 口訣字를 正字로 바꾼 것이다. 이 b)는 鄕札과 같은 것인데 이에 대해서는 뒤에

서 좀더 구체적으로 설명하기로 한다.

点吐釋讀口訣은『瑜伽師地論』4卷(11世紀 前半期),『周本華嚴經』6卷(12世紀頃),『法華經』1卷(11世紀頃),『晉本華嚴經』1卷(10世紀頃),『合部金光明經』1卷(13世紀) 등 5種 13卷이 발굴되어 있다. 이들은 거의 角筆로 記入되어 있는데 合部金光明經은 먹으로 기입한 부분도 있다.

点吐釋讀口訣은 漢字를 四角形으로 보고 그 4邊의 안과 밖을 3等分 내지는 5等分하여 位置를 정하고 각 位置에 点吐를 붙여서 釋讀을 표시한 것이다. 点吐로 사용되는 符號는 点과 線을 기본으로 하고 單点 둘을 合친 雙点과 点과 線을 組合한 符號에다가 이 符號들의 方向도 辨別要素로 삼아서 만들어진 것이다. 다음의 〈圖 2〉가 그것이다.

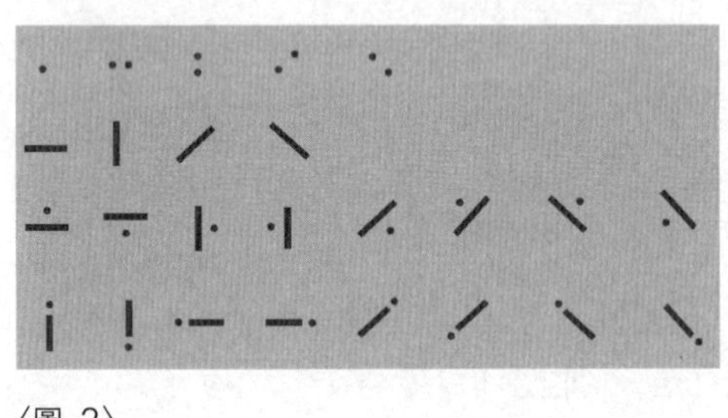

〈圖 2〉

이 25종의 부호들은 다음과 같이 사용된다.

四角形으로 把握한 漢字의 1邊을 3等分하면 도합 12位置가 나오고 漢字의 內側도 3等分하면 도합 9位置가 나온다. 여기에 漢字의 4隅를 합하면 모두 25位置가 나오게 된다. 이 25位置에 25種의 符號들을 記入하면 625位置가 나오는데 여기에 위에 든 부호들을 붙이면 口訣字나 吐가 정해진다. 그러나 25位置를 다 채운 点圖는 아직까지 확인되지 않았다.

点吐釋讀口訣은 点吐만으로 釋讀을 표시하고 字吐는 전혀 사용하지 않는다.『合部金光明經』卷3의 釋讀口訣은 한 텍스트 안에 字吐와 点吐가 섞여 있는데 兩者는 서로 다른 體系에서 使用되어 混用되지 않는다. 字吐와 点吐를 混用한 口訣은『舊譯仁王經』釋讀口訣과 함께 같은 佛腹

藏에서 나온 『法華經』 卷7의 앞 2장이다. 이는 角筆로 点吐와 字吐를 기입하여 양자를 혼용하였는데 이는 個人的인 연구를 위한 일종의 메모와 같은 것이어서 口訣 전체에 體系的으로 기입한 것은 아니다.

또 点吐釋讀口訣의 点圖는 華嚴經 系統과 瑜伽師地論 系統으로 나뉘어져 서로 對立的인 모습을 보여 준다. 字吐釋讀口訣에서는 이러한 宗派的인 차이가 보이지 않는데 点吐釋讀口訣에서 이러한 차이를 보이는 것이 무엇을 의미하는가는 앞으로 생각해 보아야 할 과제다. 또 点吐釋讀口訣은 토를 句의 끝 글자에 몰아서 붙이는데 字吐釋讀口訣은 釋讀되는 순서대로 漢文의 各 構成素에 토를 달고 있어 차이가 있다. 点吐釋讀口訣에서는 漢文의 語順과 韓國語의 語順이 일치할 때는 이 원칙으로 현토하였으나 語順이 다를 때는 句의 끝 글자에 몰아서 현토하였다.[17] 이러한 토는 漢文의 文法과 內容을 상당히 깊게 이해한 사람이라야 懸吐할 수 있고 읽을 수 있는 것이어서 字吐釋讀口訣보다는 높은 水準의 讀解 能力을 가진 사람이 기입하고 읽었던 것으로 믿어진다.

点吐釋讀口訣은 字吐釋讀口訣에 의지하여 사용된 것으로 보인다. 이는 字吐釋讀口訣이 먼저 발달하여 보급된 다음에 그에 의지하여 点吐口訣이 발달한 것임을 말하여 주는 것이 아닌가 한다. 字吐釋讀口訣에 대한 지식이 없으면 点吐가 나타내는 글자나 吐는 해독할 수가 없음이 이를 말해준다. 아마도 字吐口訣에 通達한 사람이 字吐보다 간단한 점토를 이용하여 經典에 번거롭게 표시하던 字吐 대신에 点吐를 기입한 데서 点吐釋讀口訣이 시작된 것이 아닌가 한다. 点吐는 처음에는 단순한 몇몇 토를 사용하였을 것이지만 시간이 흐르면서 발달하여 복잡한 내용을 나타낼 수 있는 吐로까지 발전한 것으로 보인다. 이는 点吐釋讀口訣의 초기적 형태를 보여주는 『華嚴文義要決』이 비교적 단순한 点圖를 보여 주

17 간혹 動詞에 下向으로 曲線을 그어서 逆讀의 표시를 한 것이 있으나 隨意的으로 사용하여 드물게 나타나고 文獻에 따라서는 전혀 사용하지 않은 것들도 있다.

는 데서 짐작할 수 있다. 字吐釋讀口訣이 7세기에 발달하였다면 点吐釋讀口訣은 8세기에 들어와서 발달한 것이 아닌가 추측해 본다.

字吐釋讀口訣과 点吐釋讀口訣이 보여 주는 經典의 解釋은 단순한 逐字的 解釋에 그치는 것이 아니었다. 尊待法, 謙讓法, 時相과 應當法, 合當法, 意圖法, 如實法과 같은 敍法을 통하여 부처님이나 聖人의 가르침에 대한 弟子들의 尊敬心과 感動을 섬세하게 표현하고 있다. 이 口訣들은 經典을 처음으로 읽는 初步者가 懸吐한 것이 아니라 經 全體를 理解하고 난 高僧이 懸吐한 것이고 이것이 弟子에서 弟子에로 이어져 온 教育用이 된 것으로 推定된다.

5. 釋讀口訣과 借字表記法과의 關係

釋讀口訣은 韓國語의 表記法의 발달을 가져왔다. 특히 鄕札의 表記는 釋讀口訣을 母胎로 발달한 것이니 이것이 古代韓國語의 圓滿한 表記法을 낳은 것이다.

吐는 거의 音假字나 訓假字로 표기되므로 吐가 쓰인 吏讀文이나 鄕札은 그 表記構造가 '讀字+假字'로 나타남은 앞에서 말하였다. 이는 토가 쓰인 釋讀口訣의 構造와 일치하는 것이다.

앞에서 解讀한 字吐釋讀口訣의 예에서 b)를 가지고 그 用字法을 분석하여 보기로 한다.

b. 復爲隱 他方叱 量乎音 可叱爲隱 不知是飛叱 衆 有叱在彌

c. 復爲隱; 訓讀字+訓讀字+音假字: ᄯᅩ+ᄒᆞ+ㄴ

他方叱; 音讀字+音讀字+音假字: 他方+ㅅ

量乎音; 音讀字+音假字+音假字: 量+호+ㅁ

可叱爲隱; 訓讀字+音假字+訓讀字+音假字: 지+ㅅ+ᄒᆞ+ㄴ

不知是飛叱; 訓讀字+音假字+訓假字+音假字+音假字: 안+디+이+ᄂᆞ+ㅅ

衆; 音讀字

有叱在彌; 訓讀字+音假字+訓讀字+音假字: 이+ㅅ+겨+며

c)는 b)의 句節을 語節을 단위로 分析한 것이다. 이 분석은 한 단어의 表記體가 '讀字+假字'의 구조로 되어 있음을 보여 준다. 讀字의 부분은 漢文의 原文이고 假字의 부분은 그 釋讀을 위한 吐이다. 吐 가운데는 '爲/ᄒᆞ'나 '在/겨'와 같은 訓讀字도 쓰이지만 이들은 助動詞의 語幹을 나타내는 것이고 그에 이어서 屈折形態를 나타내는 假字가 오므로 그 역시 '讀字+假字'의 구조가 된다. 이 '讀字+假字'의 구조는 鄕札의 表記에도 거의 그대로 적용된다. 鄕歌 가운데 獻花歌의 한 구절을 들고 분석해 보기로 한다.

b'. 紫布 岩乎 过希 執音 乎 手 母牛 放敎遣

c'. 紫布; 訓讀字+音假字: 딜+보

岩乎; 訓讀字+音假字: 바+회

过希; 訓讀字+音假字: ㄱ-이

執音 乎; 訓讀字+音假字+音假字: 잡+옴+혼

手; 訓讀字: 손

母牛; 訓讀字+訓讀字: 암+쇼

放敎遣; 訓讀字+訓讀字+音假字: 놓이+기ᄉᆞ+고

解釋; (진달래꽃이 만발하여) 자주색이 된 바위 끝에서,

(당신이 너무나 아름다워) 잡고 있는 암소를 놓게 하시고.

이 역시 語節의 앞부분은 讀字이고 뒷부분은 假字의 구조여서 釋讀口訣의 構造와 일치한다. 이는 鄕札의 基底가 釋讀口訣이었음을 말하여 주는 것이다. 많은 사람이 鄕札을 짓고 또 많은 사람이 읽을 수 있었던 것은 漢文을 釋讀口訣을 통하여 배운 것이 바탕이 된 것으로 보아 틀림없다.

이러한 構造는 吏讀文에도 적용된다. 다만 吏讀文은 초기적 이두문의 전통을 계승하여 吐를 삽입한 것이다. 따라서 석독구결의 영향을 받아 토를 수용하였어도 그 표기가 疏略하여 이를 재생하여 읽어야 한다. 佛國寺石塔重修記(1024)의 吏讀文에서는 釋讀口訣의 吐에서 쓰는 口訣字인 'ㄉ/旀/며, ㄋ/良/아, ⺀/亦/여' 등을 吐表記에 사용한 것을 볼 수 있다. 이는 日本에서 訓点으로 쓰이는 片假名를 漢字와 交用하여 日本語를 표기하는 것과 같은 것이다. 이러한 사실들은 漢文讀法 내지는 漢文 學習法인 口訣의 발달이 다른 借字表記法에 그대로 응용된 것임을 말하여 주는 것이다.

順讀口訣은 漢文을 그 語順대로 讀誦하면서 句讀에 懸吐를 함으로써 그 내용도 파악할 수 있는 독법이다. 이는 漢文을 좀더 효과적인 방법으로 학습하기 위하여 발달한 것인데 点吐釋讀口訣이 句의 끝에 있는 한자에 토를 몰아서 붙이는 방법에서 발전한 것이 아닌가 한다. 이 順讀口訣은 科擧制度의 확립에 따라서 효과적인 漢文學習 方法이 필요하여 새로 발달한 것으로 보인다. 科擧制度는 10세기부터 시행되지만 11세기나 12세기경에 十二徒의 私學이 성립될 무렵에는 이 順讀口訣이 발달하기 시작한 것이 아닌가 한다. 아마도 明經業보다는 製述業이 중시되면서 漢文을 그 원문대로 暗誦하여 익히는 것이 중시되어 발달한 것으로 생각된다. 현재 儒家 經典에 현토한 高麗時代의 자료는 전하는 것이 없지만 14세기초에 간행된 楞嚴經의 順讀口訣을 볼 수 있다. 이 이후 漢文의 讀法으로서는 順讀口訣이 주류를 이루고 釋讀口訣은 그 기능을 諺解에 물려주고 쇠퇴하여 현재에 이르고 있다. 고려시대의 順讀口訣에서도 字吐와 먹으로 기입된 点吐를 볼 수 있는데 이들도 서로 혼용되지 않고 서로 다른 體系에서 사용됨을 보여 준다.

6. 韓國의 口訣과 日本의 漢文訓讀의 起源에 대하여

韓國의 口訣과 吐는 日本의 訓讀과 訓点에 해당된다. 口訣과 訓讀은 매우 이른 시기부터 漢文을 學習하는 方法으로 兩國에서 발전시켜 왔다. 中國 주변의 여러 민족이 韓·日 兩國 만큼 오랜 동안 일관성 있게 한문을 학습하고 口訣·訓讀과 같은 효과적인 學習方法을 개발하여 온 민족은 없다. 越南에서는 쯔놈(字喃)을 개발하였지만 越南語는 中國語와 같은 孤立語이어서 韓·日 兩國의 口訣·訓讀과 같은 學習法으로 발전하지 않았을 뿐더러 그 역사도 짧다. 契丹에서는 大字와 小字를 만들어 나름대로 漢文 學習法을 개발한 것으로 보이지만 그 使用 時期가 韓國보다 늦고 기간도 짧다. 高昌 王國은 트루판 분지에 5세기에서 7세기에 걸쳐 세운 나라로 毛詩, 論語, 孝經 등을 그들의 언어로 읽었다는 기록이 있으나 전하는 자료가 없을뿐더러 그 기간이 짧아서 이웃 나라에 영향을 주었을 가능성이 없다. 또 이 지역에 9세기에서 13세기에 걸쳐 高昌위구르國이 성립되어 위구르문자를 가지고 불전을 위구르音으로 읽고 漢字를 訓讀하였다고 하는데 그 讀法은 日本의 '文選讀'과 유사한 방법이라고 한다.[18] 그러나 이 역시 한국보다는 시기적으로 늦고 지속된 역사가 짧아 한국에 영향을 미쳤을 가능성은 없다. 아주 이른 시기인 4세기에 이미 漢文의 讀法을 개발하고 그를 바탕으로 자기의 言語를 기록하는 방법까지 개발한 것은 高句麗와 百濟뿐이다. 高句麗와 百濟는 大學을 세워 經書의 博士들을 둘 만큼 그 수준이 높았던 것이다.

韓國語와 日本語는 膠着語로 言語構造가 같다. 體言과 用言의 語幹에 助詞나 語尾와 같은 文法形態를 붙이는 点에서도 서로 같다. 語順에 있어서도 SOV의 構造로 일치한다. 이러한 사실은 어느 한 쪽에서 개발한 漢文 讀法, 즉 懸吐에 의한 漢文 釋讀法을 다른 한 쪽에서 수용하기가

18 金文京(2010), 『漢文と東アジア』, 岩波新書 參照.

쉽게 하는 것으로 볼 수 있다.

韓國과 日本은 隣接해 있어서 上古時代부터 現在에 이르기까지 持續的으로 접촉하여 왔다. 韓國은 中國과 인접해 있으면서 그 문화와 함께 儒學과 佛教를 수용하여 中國과 대등한 文字文化를 형성하였다. 이것이 日本에 전해져 그 文字文化를 形成하는 데 기여한 것은 日本의 기록에 나타나 있다.

新羅가 三國을 統一할 무렵 新羅의 漢文能力은 唐 나라에서도 높이 평가할 만큼 수준이 높았다. 더욱이 新羅의 佛經에 대한 教學은 中國을 凌駕할 만한 수준이었다. 義湘의 華嚴學 講義에는 三千衆이 모이는 등 그 熱氣가 대단하였다. 義湘의 十大弟子가 배출되고 전국에 華嚴十刹이 세워져 이른바 華嚴教團을 이룰 만큼 華嚴學이 隆盛하였다. 義湘의 만년에는 中國의 華嚴學을 이끌던 法藏이 自己 著述 7部 29卷을 보내어 잠회(箴誨)를 구하기도 하였다. 이러한 상황에서 日本의 留學僧들이 新羅에 왔다는 기록들이 日本에 전하여 오고 있다. 그들이 修學한 華嚴學도 높은 水準에 이르렀을 것임을 짐작할 수 있다. 日本 訓讀의 起源은 이러한 배경에서 논의되어 왔다.

日本의 俗漢文 또는 變體漢文은 韓國의 初期的인 吏讀文과 起源을 같이 하는 것이다. 4世紀末에 百濟人들이 전한 經學은 百濟人이 개발한 漢文讀法과 함께 전달되었을 것이고 이를 바탕으로 製作된 變體漢文은 百濟人이 開發한 文體를 그대로 수용한 것이다. 日本의 이른바 文人은 百濟人이 중심이 된 渡來人이라는 사실은 잘 알려진 사실이다.

日本의 漢文訓讀과 訓点들은 新羅의 華嚴學을 수용하는 과정에서 발달한 것임이 小林芳規선생의 論考에 의하여 밝혀졌다.[19] 新羅의 儒家 釋

---

19 小林芳規(2006), 日本 訓点의 一原流, 『口訣研究』 17, 口訣學會.
小林芳規(2010), 日本のオコト点の起源と古代韓國語の点吐との關係, 『口訣研究』 25, 口訣學會.

讀口訣은 7세기말에서 8세기초 사이에 薛聰에 의하여 확립되었지만 그 이전에 華嚴經의 學習에서도 사용했을 가능성이 높다. 이 釋讀口訣은 後進들에게 標準的인 口訣을 가르치기 위한 것이었으므로 經 전체에 逐字的으로 懸吐한 것이다. 高麗時代의 字吐釋讀口訣과 点吐釋讀口訣은 이 教育用 標準口訣이 시대적인 변화에 따라 수정도 되었겠지만 그 근간은 義湘이나 그의 10大弟子들에 의하여 이루어졌을 것이고 法相宗 계열의 点吐口訣도 이를 표준으로 삼아 어느 高僧에 의하여 이루어진 것으로 본다. 우리는 이러한 新羅時代 釋讀口訣의 一端을 東大寺圖書館藏의 『華嚴經』에서 살펴 보았다. 日本의 訓点 자료는 点吐(오코토点)와 假名点을 혼용하는 것이 일반적이고 어느 한 가지로 一貫하는 경우는 드물다고 한다. 또 그 訓点은 개인이 經典을 학습하면서 기입한 것으로 新羅・高麗에서와 같이 標準的인 口訣로 제작되어 後進들을 양성하기 위하여 제작된 것은 아닌 듯하다. 물론 日本에서도 이에 준할 만한 훈독자료가 있을 것으로 생각되지만 新羅에서와 같이 全國的으로 전파되지는 않았던 것이 아닌가 한다.

筆者는 日本의 訓点에 대하여 아는 바가 微弱하다. 이 이상 논하는 것이 분에 넘치는 것으로 생각된다. 다만 이제까지 論議하여 온 것을 통하여 日本의 漢文訓讀法의 訓点 使用法의 起源이 韓國에서 佛教教學을 學習한 留學僧들에 의하여 시작되었다는 說을 이해하는 데 한 도움이 되었으면 한다.

■ 韓國の借字表記法の發達と日本の訓点の起源について,『日・韓訓讀シンポジウム開催報告書』, 麗澤大學 言語研究センター, 2012년 2월 刊 (2011년 10월 日本의 麗澤大學에서 口頭發表)

薛聰의 生涯와 學問 그리고 吏讀

1. 序論

10월의 문화인물로 薛聰을 정한 것은 이제까지 깊이 있게 연구되지 못한 설총에 대하여 새로이 탐구할 수 있는 기회를 만들어 주었다는 점에서 매우 의의 있는 일이다. 설총에 대하여는 일찍부터 많은 사람이 언급을 해 왔으나 그에 대한 기록이 의미하는 점에 대하여는 깊이 살펴보지 못한 점이 많다. 우리나라와 같이 찬란했던 옛 문화를 가졌으면서도 그 기록을 보존하지 못하여 많은 사실이 미궁에 빠져 있는 상황에서 단편적으로 전하는 기록을 글자대로만 해석한 것을 가지고 그를 이해하였다고 할 수는 없다. 이 글은 근래에 발굴된 자료들과 그 동안 설총에 대하여 논의한 업적들을 참고하여 설총의 업적을 새로이 평가하여 널리 알리고자 하는 데서 쓰여진다.

한국의 역사상 가장 큰 사건은 아마도 신라의 삼국통일일 것이다. 하나의 민족이 삼국으로 鼎立하여 수 백년간 살륙을 그치지 않고 角逐하다가 三韓一統을 이룩하였으니 신라인들은 비로소 평화를 맞이하게 되어 이루 말할 수 없이 큰 氣槪와 矜持를 품기도 하였을 것이다. 이러한 격동기를 수습하면서 그들은 새로운 문화를 창조하는 진취적인 기상을 발휘하였을 것이지만 한편으로는 敗亡한 나라의 민심을 수습하여 하나의 민족으로 흡수하는 體制의 정비도 시급했을 것이다. 이러한 시기를 맞이하여 이 나라에 儒學의 學風을 진작시키고 정신적인 세계를 先導한 賢人이면서 신라를 대표하는 큰 스승이 된 이가 설총이다.

설총은 삼국의 각축이 극도에 달했던 650년대 후반에 태어나 700년대 전반기(성덕왕대)까지 생존한 儒學者이다.[1] 통일 신라의 체제가 잡히고 새로운 문화가 창조되는 이때에 그가 남긴 유학의 업적은 우리의 師表로서 길이 빛나야 할 것이다.

2. 薛聰의 誕生과 生涯

2.1. 설총의 탄생

설총이 元曉대사의 아들이라는 사실은 잘 알려진 일이다. 出家한 스님이 아들을 낳았다는 것은 불교의 교리에 어긋나는 것이지만 우리 민족에게는 큰 스승을 낳은 결과가 되었던 것이다. 이는 『三國遺事』에 실린 元曉와 薛聰의 기록이 잘 말해 주고 있다.

聖師 元曉는 俗姓이 薛氏이다. 할아버지는 仍皮公이고 아버지는 乃末 벼슬을 한 談捺이다. 원효는 압돌군[押粱郡]의 남쪽에 있는 佛地村의 북쪽 栗谷(밤실)의 裟羅樹 밑에서 태어났다. …… 하루는 원효스님이 미친 척 거리를 다니면서 노래를 불렀다.

그 누가 자루 없는 도끼를 나에게 주겠는가.
내 하늘을 떠받칠 기둥을 찍어내리라.

사람들이 그 뜻을 알지 못했지만 太宗이 듣고는 '이 스님이 귀부인을 얻어서 현명한 아들을 낳고자 하는 것이로다. 나라에 큰 賢人이 있으면 그

1 薛聰의 탄생 시기를 文武王 때로 보아야 한다는 견해가 있다. 이 견해를 따르면 그의 탄생을 760년대로 볼 수 있는데 매우 설득력이 있는 견해이다. 高翊晉(1989), 『韓國古代佛教思想史』, 동국대학교출판부, 177면 참조.

이로움이 막대할 것이다'라고 하였다. 이때에 瑤石宮에 홀로된 공주가 있어 宮의 관리를 시켜 원효를 찾아 들이도록 하였다. 관리가 찾으려고 나가니 원효가 이미 남산에서 내려와 蚊川橋를 넘어오고 있었다. 서로 만나자 일부러 물 속에 넘어져 옷이 다 젖었다. 이에 그 관리가 원효를 궁안으로 인도하여 옷을 끌러 말리게 하였다. 그리하여 유숙하게 되었는데 공주가 과연 아기가 있어 설총을 낳았다.

[聖師元曉 俗姓薛氏 祖仍皮公 亦云赤大公 今赤大淵側有仍皮公廟. 父談捺乃末. 初示生于押梁郡南 佛地村北栗谷裟羅樹下. …… 師嘗一日 風顚唱街云 誰許沒柯斧 我斫支天柱. 人皆未喩. 時太宗聞之 曰此師殆欲得貴婦産賢子之謂爾. 國有大賢 利莫大焉. 時瑤石宮(今學院是也) 有寡公主 勅宮吏覓曉引入. 宮吏奉勅將求之 已自南山來 過蚊川橋. 遇之 佯墮水中 濕衣袴. 吏引師於宮 褫衣曬晾 因留宿焉. 公主果有娠 生薛聰.(卷3, 元曉不羈條)]

이 傳記는 민간에 전해져 온 것이므로 설화적인 요소도 들어 있으나 설총에 관한 중요한 내용을 비교적 사실적으로 전하고 있다. 우선 설총이 태어난 시기가 太宗武烈王(654~660) 때, 즉 650년대 후반임을 말하여 주고 있다. 이때는 신라가 백제, 고구려와 각축을 버리던 막바지의 시기로 660년에는 唐과 연합하여 백제를 패망시켜 삼국통일의 첫 사업을 성취한 때였다. 이어서 666년에는 고구려가 망하면서 삼국통일을 이룩하였고 당나라와 싸워 677년(문무왕 17년)에는 安東都護府를 이 땅에서 몰아내어 三韓의 統一을 완수한 때이다. 설총은 이러한 때에 태어나 유년기를 지나 젊은 시절을 맞이하였던 것이다.

이 기록은 또 설총이 高僧 元曉와 瑤石公主[2] 사이에서 태어난 六頭品의 가문 출신이라는 점을 말해 주고 있다. 이는 그가 어려서부터 학문을 할 수 있는 여건을 가지고 태어났음을 말해 주는 것이기도 하다. 이 설화

2 요석공주는 태종대왕의 둘째 공주라는 설이 있다.

는 또 설총이 태어나기 전에 원효가 賢人이 나올 것을 예견하고 과부인 공주의 몸을 빌어 낳았다는 것이다. 이 사실은 조선시대의 유교적 관념으로는 수용하기 어려워 적지 않은 膾炙가 있었지만 풍속이 다른 신라시대에는 공주라 하더라도 과부인 경우에는 남편을 맞을 수 있었음을 말하여 주고 있다.

그러나 이 일은 출가한 스님의 精神的 內面世界에서는 용납되기 어려운 것이었다. 그리하여 원효는 세속의 옷으로 갈아입고 '無碍歌'를 지어 부르며 춤추면서 전국 방방곡곡을 돌아다녀 속죄의 길을 걸었다. 이로 인하여 시골의 더벅머리 아이들까지도 부처님의 이름을 외우고 염불을 할 줄 알게 되었으니 오히려 대중을 교화하고 불교를 보급하는 데 매우 큰 공을 세웠던 것이다. 또한 많은 佛經에 註釋을 붙이어 新羅十聖의 한 분으로 일컬어지는 고승이 되었다. 新羅十賢의 한 분인 薛聰이 이러한 과정을 밟아 태어난 것은 聖人이 佛道를 성취하는 과정에서 얻어진 것으로 감동적이라 하지 않을 수 없다.

2.2. 薛聰의 生涯

설총의 탄생설화 이외에 설총의 성장에 관한 기록이나 年譜는 전하는 것이 없다. 다만 산발적으로 전하는 기록을 보면 그가 어려서부터 총명한 사람이었음을 알 수 있다. 『三國史記』에는

> 설총은 자가 聰智이니 …… 성품이 총명하고 예민하여서 나면서부터 道理와 學術을 알았다. [薛聰字聰智 …… 聰性明鋭 生知道術]

라고 하였고 『三國遺事』에서는

> 설총이 나면서부터 밝고 예민하였다.[聰生而睿敏]

라고 하였다. 이는 그가 聖人들과 같이 타고난 총명을 가지고 태어났었음을 말하여 주는 것이다.

그 다음은 그가 훨씬 자란 神文王(681~691) 때의 기록이다. 이때 그는 아직 어린 나이였던 것으로 보이는데 우리 文學史에서 최초의 假傳體 작품으로 치는 花王戒를 남긴다. 『삼국사기』에 실린 그 내용을 옮겨 보기로 하자.

신문대왕이 한 여름 높고 밝은 宮室에 있으면서 설총을 돌아보고 말하길 '오늘 오랜 비가 처음으로 그치고 薰風이 살랑살랑 부니 비록 진귀한 음식과 아름다운 음악이 있어도 수준 높은 이야기나 훌륭한 諧謔으로 나의 이 울적함을 푸는 것만 못할 것이다. 그대는 틀림없이 기이한 이야기를 들은 것이 있을 것이니 나를 위하여 풀어내어 보라.

설총이 이르기를 臣은 옛날에 오직 花王이 처음 왔을 때의 일을 들은 것이 있을 뿐입니다. 그 화왕을 향기로운 정원에 심고 비취색의 장막으로 가리어 보호하자 한 봄 내내 아름다운 꽃을 피워 백화를 능가할 만큼 빼어났습니다. 이에 가까운 곳이나 먼 곳에서 곱디고운 꽃과 예쁘디예쁜 꽃들이 달려와 찾아뵙고 임금님의 마음에 들지 않을까 걱정하지 않는 자가 없었습니다.

이때 홀연히 한 佳人이 붉은 입술과 옥같이 흰 이에다 산뜻하게 화장을 하고 아름답게 장식한 옷을 입고 하늘거리며 와서 맵시 있는 걸음으로 나아와 말하기를 '妾은 눈같이 흰 모래를 밟고 거울같이 맑은 바다를 대하고 봄비로 목욕하여 때를 씻고 시원한 淸風에 自適하니 이름을 장미라고 하옵니다. 임금님의 훌륭한 덕을 듣고 향기로운 휘장 속에서 잠자리를 모실까 하여 왔으니 저를 받아들이시겠습니까' 라고 하였습니다.

이 때 또 한 장부가 베옷에 띠를 두르고 흰 모자를 쓰고 지팡이와 龍鐘을 들고 허리가 구부정하니 와서 '저는 서울의 외곽 큰길가에 삽니다. 아래로는 아득하게 먼 들판의 경치를 내려다보고 위로는 높고 높은 山色에 의지하여

사는 白頭翁이라 하옵니다. 흔히들 말하길 좌우에서 공급하는 것이 비록 풍족하고, 기름진 음식으로 배를 채우고, 차와 술로 정신을 맑게 하고, 장속에 옷을 가득히 저장하고 있더라도 반드시 良藥으로 기운을 돋우고, 아픈 침으로 독을 없애야 한다고 합니다. 그러므로 비단실과 삼실[麻絲]이 있다 하더라도 골풀과 기령풀[菅蒯]을 버리지 않고 어떤 군자들이라도 부족할 때에는 무엇이든 대용으로 쓰지 않는 것이 없다고 합니다.[3] 임금님 역시 그러한 뜻이 있는지 모르겠습니다'라고 하였습니다.

혹자가 '두 사람이 왔으니 어떤 것을 취하고 어떤 것을 버리시겠습니까' 하고 물었습니다. 화왕이 이르기를 '장부의 말에도 이치가 있지만 가인은 얻기가 어려우니 어쩌겠는가' 라고 하였습니다.

이에 장부가 나아와 말하기를 '왕께서 총명하고 의리를 안다고 하여 왔는데 이제 보니 그렇지가 않습니다. 무릇 임금이 되는 이로 사특하고 아첨함을 친근히 하고 정직한 이를 멀리하지 않는 이가 드물다고 합니다. 그러므로 맹가(孟軻, 孟子)는 때를 만나지 못하고 일생을 마치었고 馮唐은 郎中의 낮은 벼슬로 백발이 되었습니다. 예로부터 이와 같았으니 내 어찌하겠습니까.' 이에 화왕이 '내가 잘못하였오, 내가 잘못하였오' 라고 하였습니다.

이에 신문왕은 愀然한 얼굴을 지으며 이르기를 '그대의 寓話에는 진실로 깊은 뜻이 있구려. 이를 글로 써서 왕들의 경계가 되도록 하시오'라 하고 설총을 발탁하여 높은 벼슬에 올렸다. [神文大王 以仲夏之月 處高明之室 顧謂聰曰 今日宿雨初歇 薰風微凉 雖有珍饌哀音 不如高談善謔 以舒伊鬱 吾子必有異聞 蓋爲我陳之. 聰曰 唯臣聞 昔花王之始來也. 植之以香園 護之以翠幕 當三春而發艶凌百花而獨出 於是自邇及遐 艶艶之靈 夭夭之英 無不奔走上謁 唯恐不及. 忽有一佳人 朱顔玉齒 鮮粧靚服 伶俜而來 綽約而前曰 妾履雪白之沙汀 對鏡淸之海面 沐春雨 以去垢 快淸風而自適 其名曰

---

3 이는 『春秋左氏傳』, 成公 9年條에 있는 '雖有絲麻 無棄菅蒯, …… 凡百君子 莫不代匱'를 응용한 말이다.

薔薇. 聞王之令德 期薦枕於香帷. 王其容我乎. 又有一丈夫 布衣韋帶 戴白持杖龍鍾 而步傴僂而來. 曰僕在京城之外 居大道之旁 下臨蒼茫之野景 上倚嵯峨之山色 其名曰白頭翁. 竊謂左右 供給雖足 膏粱以充腸 茶酒以清神巾衍儲藏 須有良藥 以補氣 惡石以蠲毒 故曰雖有絲麻 無弃菅蒯 凡百君子無不代匱 不識王亦有意乎. 或曰二者之來 何取何捨. 花王曰丈夫之言 亦有道理 而佳人難得 將如之何. 丈夫進而言曰 吾謂 王聰明識理義 故來焉耳. 今則非也. 凡爲君者 鮮不親近邪佞 疎遠正直. 是以孟軻 不遇以終身 馮唐郎潛而皓首. 自古如此 吾其奈何. 花王曰 吾過矣吾過矣. 於是王愀然作色曰 子之寓言 誠有深志. 請書之 以爲王者之戒. 遂擢聰以高秩.]

이 이야기는 설화이기보다는 설총이 직접 지은 것임이 분명하다. 이야기 가운데 나오는 화왕은 모란꽃이고 백두옹은 할미꽃이다. 할미꽃은 우리나라 산과 들에 흔히 나는 풀인데 그 뿌리는 예로부터 약재로 쓰여 왔다. '비단실과 삼실(麻)이 있다 하더라도 골풀과 기령풀[菅蒯]을 버리지 않고 어떤 군자들이라도 부족할 때에는 무엇이든 대용으로 쓰지 않는 것이 없다'라고 한 것은 『春秋左氏傳』에 나오는 말로 '비록 지금 가장 좋은 것이 아니라도 장래를 위하여 준비하는 것이 帝王의 도리'임을 나타내는 故事이다. 이는 경전을 정확히 이해한 사람이라야 응용할 수 있는 말이다. 이와 아울러 시경, 서경, 역사, 문학에서 인용한 典故가 많다. 이는 설총이 경전은 물론 폭넓은 독서를 하여 이를 완전히 소화하고 있었음을 보여 주는 것이기도 하다. 이 우화는 『東文選』에는 '諷王書'라는 제목으로 실려 있어 예로부터 높이 평가되어 온 것이다. 이는 설총의 학문과 사상이 이미 20대 미만에 심오한 경지에 이르러 있었음을 드러내는 것이기도 하다.[4]

신문왕이 설총을 높은 벼슬에 발탁하였다는 것은 아마도 신문왕 2년

4 이는 薛聰이 文武王 때에 탄생한 것으로 본 것이다.

(682)에 설치한 國學의 중요한 자리가 아닐까 생각된다. 국학은 儒學을 가르쳐 지식인을 양성하여 국가를 이끌어 나갈 인재를 양성하는 國家 最高의 教育機關으로 오늘날의 국립대학과 같은 것이다. 이는 이미 진덕여왕 5년(651)에 설치되었던 것으로 추정되는데 삼국을 통일한 직후 새로운 왕국에 적합하고, 국가에 대하여 충성할 수 있는 관료들을 양성하기 위하여 체제를 정비하고 그 격을 높여 준 것으로 보인다. 여기에 儒學에 博通한 薛聰을 높은 자리에 올림으로써 권위 있는 학문의 전당이 이루어진 것이 아닌가 한다.

설총은 또한 효자였다. 『三國遺事』에는 다음과 같은 이야기가 실려 있다.

> 원효가 돌아가자 설총이 그 遺骸를 가루로 부수어 원효의 본래 모습의 像을 만들어 분황사에 안치하고 그 죽음을 맞아 공경하는 마음으로 그리워하였다. 이 때 설총이 塑像에게 절을 하였더니 그 상이 갑자기 고개를 돌려 돌아보았다. 지금까지도 여전히 돌아보는 모습으로 있다. [(曉)旣入寂 聰碎遺骸 塑眞容 安芬皇寺 以表敬慕終天之志. 聰時旁禮 像忽廻顧 至今猶顧矣.]

이 이야기에도 설화적인 요소가 들어 있으나 설총이 부친의 죽음을 애도하며 공경하는 마음과 아울러 그리워하는 모습을 살펴 볼 수 있다. 이는 설총이 관념적인 학자가 아니라 인정에 넘치는 효자였음을 말하여 주는 것이다.

신라시대에 쓰여진 기록에서 설총의 이름은 聖德王 19년(720)에 쓰여진 甘山寺阿彌陀如來造像記에 유일하게 나온다. 이 조상기의 끝에 '奈麻聰撰 奉教'라 하였는데 이는 '奈麻벼슬인 聰이 撰하여 命을 받들었다'는 말이다.[5] '奈麻'는 신라의 17관등에서 제10위에 드는 것이다. '撰하였다'는 것은 이 조상기를 지은 것을 말하고 '命을 받들었다'는 것은 감산사를 창건하고 이 불상을 만든 金志誠의 요청에 의한 것임을 말한 것이 아닌가 한다. 이 조상기의 내용은 '重阿飡의 官位인 金志誠이 執事侍郎을 지내고 67세에 치사하여 한가롭게 지내면서 老·莊의 저술과 불교의 전적들을 탐독하고 드디어는 임금과 타계한 가족들이 부처의 진리를 깨달아 피안에 이르기를 발원하는 내용을 서술한 것'이다. 이 글의 내용에는 김지성이 儒·佛·仙 3교에 통하고 있음을 드러내고 있다. 이는 당나라에서 유행하던 사상과도 통하는 것으로 당시 사람들의 정신세계를 보여 주는 것이다. 설총 역시 노·장이나 불교를 이단으로 배척하는 유학자가 아니라 이들을 수용하는 도량 있는 학자였음을 말하여 준다.

『삼국사기』에는 설총이

고려 현종 13년(1021)에 弘儒侯에 追贈되었다.[我顯宗在位十三載……追贈爲弘儒侯]

라고 하였고 『高麗史』 권4 현종 13년 정월조에는

신라의 翰林 薛聰을 弘儒侯로 추증하고 先聖의 廟庭에 從祀하게 하였다.[贈新羅翰林薛聰弘儒侯 從祀先聖廟廷]

라고 하였다. 이는 설총이 翰林으로 불리어 오다가 고려 현종 때에 와서 弘儒侯로 추증되었음을 말하여 주는 것이다.

---

5 이 造像記를 설총이 지은 것으로 처음 추정한 것은 葛城末治이었다. 그 후 여러 사람이 이에 따르고 있으나 한 가지 의심스러움은 떨쳐버리기 어렵다. '奈麻'는 신라의 17관등에서 제10위에 드는 것이다. 설총의 이 때 나이는 60세 전후이니 제6위의 阿飡까지 올라갈 수 있는 육두품 출신의 그로서는 높은 벼슬이라고 하기 어려운 점이 그것이다. 혹 '聰'이라는 이름이 동명이인일 가능성을 배제하지 않지만 그 내용이 儒佛仙 三敎에 통한 사람의 격조 높은 글이라는 점을 감안하면 종전의 설을 부정하기는 힘들다.

葛城末治(1974), 「朝鮮金石攷」, 國書刊行會, 209면 이하 참조.

'翰林'이란 말은 처음에는 '문학인의 모임' 또는 '儒林'의 뜻으로 쓰여 온 말이다. 당나라 현종초에 와서 文詞, 經學의 선비로서 문서작성의 임무를 맡는 관직명으로 쓰이다가 738년(開元 26년)부터는 翰林學士라고 하여 장군과 재상의 임명과 면직, 호령, 征伐 등에 관한 임금의 조서를 다루는 중요한 직책이 되었다. 신라에서는 詳文師가 있어 書表와 외교문서를 관장하게 하였는데 이는 삼국시대부터 있었던 관직이다. 성덕왕 13년(714)에는 通文博士로 개칭하였고 이것을 다시 경덕왕 때에 翰林으로 고쳤다. 이로 보면 설총의 시대에는 '한림'이란 명칭은 없었고 '상문사'란 명칭이 쓰이다가 그가 40세가 넘어서야 '통문박사'란 명칭이 생겼음을 알 수 있다. 그를 '한림'이라고 부른 것은 『均如傳』에서 崔行歸가 '薛翰林'이라고 한 데서도 볼 수 있으니 10세기에 이미 설총을 그렇게 불렀음이 확인된다. 이는 신라 시대부터 그를 '한림'으로 불러 왔음을 말하는 것인데 설총이 '한림'의 전신인 '상문사'나 '통문박사'의 관직을 지냈고 또한 신라 시대를 대표하는 문장가이기 때문에 붙여진 것이 아닌가 한다.

'先聖'은 공자를 가리키고 그 '廟庭'은 '文廟'를 가리킨다. '從祀'는 '성인인 공자에 딸리어 제사를 드린다'는 뜻이다.

『삼국사기』에는 '설총이 당나라에 들어가서 배웠다는 말이 있지만 그런지 알 수 없다'고 하였다. 그가 공무를 띠고 당나라를 왕래하였을 가능성을 배제할 수는 없지만 '그가 나면서부터 도리와 학술을 알았다(生知道術)'는 말은 스스로 학문을 할 수 있었다는 뜻이어서 당에 들어가서 수학하였을 가능성은 희박하다.

설총의 사상과 학문, 그리고 그 德行은 그의 후손들에게 이어진 것을 볼 수 있다.

薛仲業은 원효의 抱孫[6]으로 779년(혜공왕 15년)에 判官으로 일본에 가

---

6 포손(抱孫)이란 말은 흔히 '손자'로 번역되고 있다. 설중업이 원효의 손자라면 설총의 아들이 되어야 한다. 설총의 생년이 650년대이고 설중업이 일본에 사신으로 간 것이 779년

는 사신을 수행하였었다. 판관은 후대의 書狀官에 해당하여 使臣 일행의 문서를 담당하는 직책이니 학자나 문장가가 맡는 것이다. 이 때 일본의 皇族이며 한학자인 談海眞人이 그가 원효의 손자라는 사실을 알고 반가워하며 지어준 詩의 서문이 『삼국사기』에 실려 있다.

> 세상에 전하기를 일본의 眞人이 신라 사신의 설판관에게 주는 시의 서문에 이르기를 '일찍이 원효거사가 지은 『金剛三昧論』을 보고 그 사람을 보지 못한 것을 깊이 한탄하였는데 신라국 사신의 薛씨가 곧 거사의 포손이라는 사실을 들으니 비록 그 조부를 보지는 못하였어도 그 손자를 만난 것이 기뻐 시를 지어 증정한다'고 하였다. 지금도 그 시가 전하나 그 자손의 이름은 알 수 없다. [世傳 日本國 眞人 贈新羅使薛判官詩 序云 嘗覽元曉居士所著金剛三昧論 深恨不見其人. 聞新羅國使薛 卽是居士之抱孫 雖不見其祖而喜遇其孫 乃作詩贈之. 其詩至今存焉 但不知其子孫名字耳.]

이 사실은 『續日本記』 권36의 780년 정월 조에도 보이는데 당시의 신라 사신의 일행은 正使, 副使, 大判官, 少判官, 大通事로 구성되었었다. 설중업은 漢奈麻의 관등으로 대판관의 직책이어서 『삼국사기』의 '설판관'이라고 한 것과 일치한다. 이 사실은 9세기 초에 원효의 위업을 기리기 위하여 세운 誓幢和尙碑文에도 보인다. 이들 내용을 종합하여 이 시의 서문을 써 준 이는 당시 日本 漢文學을 대표하는 談海眞人三船임이 판명되었다.[7] 설중업이 대판관의 직책을 가지고 일본에 가서 환대를 받았던 것은 그 역시 문장가이며 학자였음을 말해 주는 것이니 설총의 학문과 문학은 자손들에게도 이어졌음을 알 수 있다.

이니 이 사이는 120여년이 된다. 이는 설중업을 설총의 아들이라기보다는 손자로 보아야 함을 말해 주고 있다.

7 李基東(1992), 薛仲業과 淡海三船의 交歡, 『歷史學報』 134-135 合集, 歷史學會.

설총의 후손으로 『高麗史』 列傳에 올라 있는 薛景成도 훌륭한 人品의 소유자이었다.

설경성은 스스로 홍유후 설총의 후손이라고 말하였다. 대대로 醫術을 생업으로 하여 그 기술이 정세하였다. 처음에 尙藥醫佐 벼슬에 임명되었다가 승진을 거듭하여 知都僉議司事로 치사하였다. 충렬왕이 병이 나면 그로 하여금 치료하게 하여 유명하여졌다. 元의 世祖가 병이 나서 사신을 보내어 의원을 구하매 그가 가서 약을 써서 효험이 있었다. 이에 세조가 기뻐하여 집과 양식을 주고 수시로 궁중을 드나들 수 있게 하였다. 고려에 돌아온 후에도 자주 왕복하여 세조의 후한 대접을 받았다. 또 元의 成宗이 병이 들었을 때도 부름을 받아 원에 가 머물렀었다.

설경성은 성품이 공손하고 도타워 천자와 국왕의 사랑을 입었으나 일찍이 자손을 위하여 은택을 구하지 않았으며 재물을 모으지 않았다. 아들 文遇가 과거에 급제하여 벼슬이 成均 大司成에 이르렀다.[薛景成鷄林人 自言弘儒候聰之後. 世業醫精其術 初補尙藥醫佐 累遷軍簿 摠郎 驟陞同知密直司事 轉知都僉議司事 致仕. 忠烈每遘疾 必使景成治之 由是有名. 元世祖不豫 遣使求醫 安平公主賜裝錢及衣二襲遣之 用藥有效 世祖喜賜館廩 勅門者時得出入 至使圍碁於前 親臨觀之 留二年告歸 世祖賞賜甚厚 且曰得無念室家耶 汝歸挈家以來 景成還欲與妻行 妻不可 乃止. 未幾 世祖召之自是數往還 世祖遇之益厚 前後所賜不可勝紀 成宗寢疾 又召之因留元 忠宣受禪 韓國公主妬趙妃 誣妃父仁規罪 元遣使鞫問 以景成副之 景成不與用事者通 特加贊成事致仕 卒年七十七. 景成身長美風儀 性謹厚 雖見知天子 蒙行國王 未嘗爲子孫求恩澤 亦不治産業 子文遇等第 官至成均大司成] (『高麗史』 권122, 列傳 35)

설경성이 설총의 자손으로 인품이 훌륭하고 그의 아들도 유학자였음을 알려 주는 기록이니 설총이 세운 儒學者의 家風이 후대에까지도 이어져 내려온 것으로 생각된다. 『고려사』에는 이밖에도 薛恭儉과 같은 명인들이 설총의 후손에 여럿 나와 있다. 이와 같이 한 사람의 인생은 그 당대로서 끝나지 않고 시대를 초월하여 후손에게 이어짐을 설총의 가문에서 볼 수 있다. 옛 사람들이 살아가는 올바른 삶의 한 단면을 보여 주는 것이다.

3. 薛聰의 學問

3.1. 薛聰의 儒學的 背景

설총의 가장 큰 업적은 儒學의 經典을 우리말로 읽어서 後生들을 가르친 것이다. 이 업적이 우리나라 儒學史에서 어떠한 가치를 갖는가에 대하여는 깊이 논의되지 못한 듯하다. 이를 밝히기 위하여 먼저 그의 학문적 배경을 생각해 보기로 한다. 설총의 유학은 그 이전에 있었던 학문을 계승·발전시킨 것으로 생각해야 할 것이다. 설총 이전에는 삼국시대의 유학이 있었고 삼국의 유학은 중국의 유학을 수용하여 온 것이다. 따라서 중국의 유학이 어떻게 발전되어 왔는가를 생각해 보아야 할 것이다. 이제 중국 유학의 발달사를 간략히 요약해 보기로 한다.[8]

儒學이란 孔子에서부터 시작된 학문으로 공자의 사상을 후대인들이 계승 발전시킨 것이다. 공자의 중심 사상은 '仁'으로 사람의 마음속에는 선천적으로 갖추어져 있는 親愛의 情, 즉 하늘로부터 부여받은 도덕성이 있으니 이것을 확충하는 것이 '仁'의 도리라고 하였다. '仁'의 정신을 실현하는 것은 노력과 수양에 의하여 이루어지는 것인데 이는 극히 어려운 것이어서 공자의 제자 가운데서도 '仁者'라는 칭호를 받은 이는 顔回 한 사람뿐이었다고 한다. 이 인의 정신을 공자는 文, 行, 忠, 信의 4가지를 가지고 가르쳤는데 이는 '文'인 詩經과 書經에 의하여, 忠信의 정신을 함

8 武內義雄(1936), 『中國思想史』, 岩波全書, 1957年 改版 참조.

양시키고 禮儀의 실천을 북돋우어 仁의 완성을 기약하는 것'이다. 이러한 점에서 유학은 중국 고대부터 내려온 문화와 전통을 공자가 仁의 사상으로 再解釋하여 발전시킨 것이라 할 수 있다.

공자가 돌아간 후 그의 제자들이 이 학문을 계승 발전시켜 諸子百家의 주류를 이루게 되었다. 그러나 秦始皇에 의한 焚書坑儒의 화를 만나 유가의 경전은 불타 버리고 학자들은 자취를 감추게 되어 유학의 전통이 끊어지게 된다.

漢代에 들어와 문예부흥의 기운이 익어지면서 경전을 연구하는 經學時代를 맞이하게 된다. 무제의 즉위초(B.C.140)에 董仲舒가 儒家의 도를 밝힐 것을 건의하여 五經博士를 두게 하니 이로써 大學이 설립되고 유학이 번성하게 된다. 그 후 경전의 수가 늘고 그에 따라 박사의 수도 늘어 원제 때(B.C.73~49)에는 14박사에 이르게 된다. 이 시대의 경학을 今文學이라 한다. '今文'이란 한나라 때에 통용되던 문자인 隷書를 가리키는 것이다. 진시황의 焚書로 경전이 없어지자 학자들이 암송하고 있던 것을 隷書로 써서 새로 경전을 만드니 이것을 가지고 연구한 儒學이 今文學인 것이다.

이에 대하여 後漢의 儒學은 古文學이라 한다. 전한의 경제 말년에 공자의 옛집을 헐자 벽 속에서 先秦 時代의 古文字인 蝌蚪文字로 쓰여진 경전 수백 편이 나왔다. 또 여러 학자들이 古文字로 쓰여 진 경전들을 수집하게 되어 이들을 조정에 올렸다. 그러나 처음에는 그 가치가 주목을 받지 못하다가 성제 6년(B.C.26)에 劉向이 조정의 창고에 秘藏된 서적을 정리하라는 명령을 받고 작업을 하던 중 今文의 經典에는 글이 빠졌거나 서로 다른 글자들이 쓰인 것을 발견하고 古文의 經典이 바르다는 사실을 알게 되었다. 유향이 죽자 아들 劉歆이 작업을 계승하여 古文의 學官을 세울 것을 건의하였다. 그러나 처음에는 받아들여지지 않다가 왕망 때에 와서 四經博士를 늘림으로써 古文學이 공식적으로 인정되었다.

후한의 초기에도 처음에는 경학박사를 금문학자로 세웠으나 차츰 고문학이 우세하게 되어 후한시대 경학은 古文學의 發達로 특징짓게 된다. 초기의 고문학은 경전의 정신을 천명하려는 학파와 文字의 訓詁를 중시하는 학파로 갈리는데 차츰 訓詁學에 치우쳐 경학은 곧 훈고학이라는 學問觀이 나타나게 되었다. 訓詁學의 '訓'은 본래 '敎訓'의 '訓'으로 '가르치다'의 뜻인데 이것이 '訓詁'에 쓰여 '註解하다'의 뜻으로 확대되었다. '詁'는 '옛말'이라는 뜻이니 '훈고'의 목적은 옛날에 이루어진 경전에 쓰인 글자의 뜻, 곧 단어의 뜻을 명확하게 설명함으로써 古書의 文章內容을 통달하게 하는 데 있다. 이는 중국의 고대어인 秦나라 이전의 고어로 된 경전의 뜻을 후대인이 漢字(단어)의 뜻을 밝히어 알기 쉽고 올바르게 해석하는 것이 그 목표이다.[9] 이 훈고학을 대성한 이는 許愼으로 유명한 『說文解字』를 지었다.

鄭玄(A.D.127~201)은 금문과 고문에 통달한 사람으로 周易, 尙書, 毛詩, 周禮, 儀禮, 禮記, 論語, 孝經 등의 註를 저술하여 경학을 하나로 통일하는 공헌을 이룩하였다. 그 후 고문학은 문자의 연구가 중심이 되어 차츰 세밀한 문제를 논의하는 방향으로 흘러 文字의 訓詁와 筆法이 중요시되고 경전의 大義는 논하지 않는 폐단이 있었다. 그리하여 사상적으로는 지도정신을 잃게 되어 老莊學으로 옮겨가는 결과를 낳기도 하였다. 이어서 불교가 들어오고 도교가 성립되었는데 당나라 때에는 왕실에서 도교를 신봉하여 그 세력이 커지고 널리 보급되었다. 이리하여 유학에 老莊과 佛敎의 사상이 융합되게 된다.

鄭玄이 나와 전한과 후한의 경학이 통일되었지만 魏의 王肅은 이에 반대하여 여러 경전의 주석을 썼다. 이 주석은 전하지 않으나 그의 문인인 孔安國이 그와 문답한 『尙書疑問』이 알려져 있다. 이어서 晉의 杜預가 先儒들의 주를 모아 『左氏春秋經傳集解』를 지었다. 남북조 시대에는 이

9 胡樸安(1965), 『中國訓詁學史』, 臺灣商務印書館, 10면 및 全廣鎭編譯(1993), 『中國文字訓詁學辭典』, 東文選文藝新書81, 242면 이하 참조.

들이 南朝의 학문으로 이어졌고 北魏에서는 五經博士를 두고 정현의 학문을 중시함으로써 남조와 북조의 학문이 판연하게 다르게 되어 南學과 北學의 구별이 생기었다.

북학의 대표자는 徐遵明인데 海內의 儒宗으로 일컬어졌고 그의 문하에서 북학의 대가들이 줄을 이어 나왔다. 또 그와 같은 시대에 劉獻之가 있어 『三禮大義』 등을 저술하고 특히 『毛詩』에 뛰어나서 제자들에게 이어져 북학의 또한 주류를 이루었는데 이들은 모두 정현의 유학을 받든 것이었다.

남방에서는 梁의 무제 때에 國學을 세워(505년) 五經博士를 둠으로써 경학이 발흥하게 되었다. 그리하여 崔靈恩, 黃侃 등의 주석서들이 나왔고 이밖에도 여러 학자들에 의한 저술들이 나왔다. 이들의 학문에 대하여 북학은 博覽하였지만 肝要한 점이 떨어지고 남학은 박람하였다고는 할 수 없으나 요점을 정확하게 의식하고 있었던 것으로 평가되고 있다.

隋나라가 남북조를 통일하매 북학과 남학이 모두 학습되었으나 대세는 남학에 기울어 있었다. 수나라가 망하고 당나라가 일어서자 太宗이 經籍에 문자의 異同이 많고 경전의 뜻이 여러 갈래로 나뉘는 것을 우려하여 顔師古에게 經文의 통일을, 孔穎達에게 經의 뜻을 통일할 것을 명하였다. 이에 안사고는 남북의 경전의 차이를 고려하여 『顔氏定本』을 만들고 공영달은 남북의 경의 뜻을 참작하여 『五經正義』를 만드니 이로써 경학의 통일을 이루게 되었다. 이 이후 官學의 教課와 관리의 등용시험은 이에 따랐기 때문에 당나라의 경학은 이로써 정해지고 유학의 전개도 일단락을 짓게 되었다.

이상이 중국의 유학이 공자에서 발생하여 당나라 때까지 발달해온 과정을 개괄해 본 것이다. 이러한 발달 과정이 삼국시대에는 어떻게 수용되었는가는 그 기록이 빈약하여서 짐작하기조차 어렵다. 그러나 삼국이 일찍부터 유학을 수용했었음은 단편적인 기록으로서도 알 수 있으니 이를 고구해 보기로 하자.

고구려와 백제는 신라보다는 훨씬 먼저 중국의 유학을 수용하였다. 고구려는 소수림왕 2년(372)에 大學을 세우고 유교를 교육하였다. 이 해는 前秦으로부터 順道가 파견되어 와서 처음으로 불교가 들어왔는데 大學 역시 전진의 영향으로 세워진 것으로 추측되고 있다.[10] 北史에는 고구려에 五經, 三史, 三國志, 晉陽秋가 있다고 하였고 『舊唐書』 高麗傳에는 이 밖에도 史記, 漢書, 後漢書, 文選, 玉篇, 字林이 있다고 하였다. 백제에는 대학이나 국학이란 명칭이 보이지 않으나 近肖古王과 近仇首王 때에(346~383) 阿直岐와 박사 王仁을 일본에 보내어 한학을 전한 사실이 있음을 보면 이때에 박사의 제도가 있었고 나아가 국학이나 태학에 해당하는 교육기관이 있었음을 알 수 있다. 聖王 때에는 五經博士와 易博士 등을 일본에 보냈으니 이도 같은 사실을 말해 준다. 『梁書』 百濟傳에는 백제가 541년에 毛詩博士 등을 청하매 보내 주었다 하였고 또 『梁書』 儒林傳에는 백제가 講禮博士를 구하매 三禮義의 학자 陸詡를 보내 주었다고 하였다. 이는 6세기 전반기의 일이다. 이 기록들은 『南史』에도 기록되어 있다. 지리적 위치나 기록에 나타난 것으로 볼 때 고구려는 북학계통의 유학을 주로 받아 들였고 백제는 남학계통의 유학을 받아들인 것으로 추정해 볼 수 있다.

新羅의 儒學은 651년에 國學을 세운 것이 첫 기록이지만 그 이전에도 이미 수용되어 있었다. 眞興王巡狩碑에 유교적 사상이 드러나 있으며 같은 시대의 기록으로 추정되는 壬申誓記石에도 두 젊은이가 詩經, 尙書, 書經, 禮記와 같은 유학의 경전을 차례로 배울 것을 서약하고 있다. 신라의 초기 한문의 사용이 고구려의 영향을 많이 받았고 삼국시대의 신라비문에 북위의 서체가 쓰였음을 감안하면 이들도 북학계통의 유학을 수용했을 가능성이 큰 것으로 보인다.

신라의 國學은 神文王 2년(682)에 설치하여 禮部에 속하게 하였는데

10 李丙燾(1959), 『韓國史 - 古代篇』, 震檀學會, 乙酉文化社, 1966 4판, 569면 참조.

실제로는 眞德女王 5년(651)에 大舍 2인을 둠으로써 처음으로 설치되었던 것이다. 이는 遣唐使로 갔던 金春秋가 唐에서 돌아온 지 4년 후이니 그가 왕에게 청하여 이루어진 것으로 추정되고 있다.[11] 이 해는 당의 고종 2년(651)이니 당나라가 『안씨정본』과 『오경정의』를 만들어 경학의 통일을 이룬 직후이므로 이것이 설총의 유학에 큰 영향을 주었을 것이다.

신문왕 때에는 국학에 卿(학장), 博士(교수), 助教(조교수)와 사무원을 둠으로써 그 제도가 확립되었다고 할 수 있다. 聖德王 16년(717)에는 당으로부터 孔子, 十哲, 72弟子의 畵像을 들여와 국학에 안치하고 이들에게 드리는 제사인 釋奠을 올려 신라의 유학이 본궤도에 오르게 되었다. 그 교과내용은 周易, 尙書, 禮記, 毛詩, 春秋左氏傳, 論語, 孝經, 文選이었다.

설총의 선배 유학자로 强首가 있었다. 그는 中原京(충주)에서 태어나 그 곳에서 경학을 배우고 대성하여 중앙에 진출한 학자이다. 이것은 신라의 유학이 지방에서도 상당한 수준에 이르러 있었음을 말하는 것인데 중앙에 있었던 설총은 이보다 유리한 처지에서 학문을 할 수 있었을 것이고 강수와 같은 선배의 영향은 물론 고구려와 백제의 유학도 수용하였을 것임은 추측하기에 어렵지 않다. 설총은 이러한 유학을 수용하여 통일된 신라의 유학을 大成하였던 것으로 보아야 할 것이다.

3.2. 薛聰의 經書 解釋과 그 價値

설총이 우리말로 유학의 경전을 읽어 후세에 전해 준 것이 어떠한 것이며 또 어떠한 가치를 갖는가를 생각해 보기로 하자. 이 사실을 먼저 正史인 『三國史記』와 史書에 준하는 『三國遺事』에서 살피기로 한다.

『삼국사기』에서는 다음과 같이 말하고 있다.

> 설총은 본성이 총명하고 예민하여 나면서부터 배우지 않고 도리와 학술

---

11 李丙燾(1959), 『韓國史6(古代篇)』, 震檀學會, 乙酉文化社, 667면 참조.

을 알아 우리말[方言]로 九經을 읽어 후생들을 가르쳤으니 지금(고려시대)도 학자들이 그를 유학의 종주로 삼는다. [聰性明銳 生知道術 以方言讀九經 訓導後生 至今學者宗之.](권46, 列傳6, 7)

이는 설총이 경서를 우리말로 읽었고 그것이 고려시대까지도 끊이지 않고 전해져서 그가 존경받고 있음을 말한 것이다. 이는 매우 중요한 기사이므로 매 구절을 음미하면서 새기어 보기로 하자.

'나면서부터 배우지 않고 알았다(生知)'는 말은 儒家에서 聖人에 대하여 말할 때 쓰는 말이니 이는 그가 범인으로서는 따르기 어려운, 聖人에 가까운 총명을 가지고 태어났음을 말하는 것이다.

'道術'은 도교에서도 쓰는 말이지만 여기서는 '儒家의 道理와 學術'을 가리킨다.

'方言'이란 말은 '중국 각 지역[四方]의 서로 다른 말'이란 뜻인데 우리나라의 말도 이러한 방언의 범위에 넣어서 말한 것이다. 이 방언이란 말은 훈고학에서 쓰는 말이기도 하다. 중국 훈고학의 첫 저서인 『爾雅』에서는 '詁'자를 해석하여 '지금의 말로 옛말을 해석하고 通用되는 말로 方言을 해석하는 것이라'고 하였다. 또 여러 典故를 참고하여 보면 '詁'자는 지금의 말, 옛말, 방언과 속어[方俗]를 해석하는 것일 뿐만 아니라 경전의 뜻을 소통하게 하여 사람들로 하여금 그 취지의 所在를 알게 하는 것이라고 하였다. 이는 방언의 주석도 훈고학의 중요한 과제임을 말하는 것이다.[12] 여기서는 경전을 방언으로 해석하여 우리나라 사람들이 이해하기 쉽게 하였다는 것이니 이는 中國儒學의 韓國化를 말하는 것이다.

'九經'은 시대와 사람에 따라서 여러 가지 견해가 있으나 신라에서는 詩經, 書經, 易經, 春秋, 禮記, 儀禮, 周禮, 論語, 孝經을 가리킨 것으로 추정되고 있다.[13]

---

12 胡樸安(1965), 『中國訓詁學史』, 臺灣商務印書館, 10~11면 참조.

이들을 '우리말로 읽었다는 것'은 설총이 口訣을 지은 것을 말한다. 종래의 구결은 한문을 한문의 순서대로 읽는 順讀口訣이어서 이 기록이 설총의 구결을 가리키는 것이라는 사실을 주장하기가 어려웠으나 근래에 한문을 우리말로 해석하여 읽는 釋讀口訣이 발굴됨으로써 설총도 이 석독구결로 경서를 읽었던 것으로 믿게 되었다.

'지금(고려시대)도 학자들이 그를 종주로 삼는다(至今學者宗之)'라는 말은 『삼국사기』를 편찬한 1145년경에도 유학을 공부하는 이들이 설총을 존경하여 받들었음을 지적한 것이다. 이것은 설총이 구경을 우리말로 읽은 것이 고려시대까지도 전하여졌다는 사실을 말하여 주는 것이니 석독구결로 기록되지 않고는 전하여지기가 어려운 것이다. 또 설총의 우리말 경전 해석이 12세기 중엽까지도 이어져 왔다는 것은 약 5세기 동안 경전의 해석에 큰 변화가 없었다는 사실을 말해 주는 것이다. 이는 설총의 경전 해석이 당나라의 『顔氏定本』과 『五經正義』를 충분히 소화한 결과에서 나온 것임을 말해 주는 것이기도 하다.

『삼국유사』에는 이보다 약간 자세하게 기록되어 있다.

> 설총은 나면서부터 예민하여 經典과 史書에 널리 통하니 신라 十賢 가운데 한 사람이다. 우리말[方音]로 중국과 우리나라의 방언과 속어의 物名을 서로 통하여 알게 하였고 六經과 文學을 訓解하여 지금도 明經을 專業으로 하는 이가 傳受하여 끊이지 않는다. [聰生而叡敏博通經史 新羅十賢中一也. 以方音通會華夷方俗物名 訓解六經文學 至今海東業明經者 傳受不絕.](권4, 元曉不羈)

'경전과 사서에 널리 통하였다(博通經史)'는 말은 『삼국사기』에는 없는 말인데 특히 史書에도 통하였다는 것은 그의 학문의 범위가 넓었었음을

13 鄭求福外譯註(1997), 『譯註三國史記』, 韓國精神文化研究院. 771면 이하 참조.

말하는 것이다. 우리는 앞의 花王戒에서 그가 이 방면에도 정통하였음을 본 바 있다.

'新羅의 十賢'은 신라 역사상 가장 뛰어난 賢人 열 사람을 가리키는 것이지만 이 기록이 유일한 것이어서 어떤 사람들을 가리키는 것인지 알 수 없다. 다만 설총이 여기에 들었다는 것은 그가 뛰어난 현인이었음을 말해 주는 것이다.

'우리말로 중국과 우리나라의 방언과 속어로 된 物名을 서로 통하여 알게 하였다[以方音通會華夷方俗物名]'에서 '方音'이란 말은 '방언'과 같은 말이다. '會'는 '이해하다'의 뜻, '華'는 中華의 뜻이고, '夷'는 東夷 곧 우리나라를 가리킨다. '方俗物名'은 '방언과 속어에서 쓰는 물명'이다. 이 방언과 속어는 중국고대의 표준어인 雅言에 대응하는 말로 경서에 쓰인 한자어를 가리키는 훈고학의 용어이다. 이 구는 한자의 뜻을 우리말로 풀이한 것을 말한 것이니 중국의 훈고학을 우리에게 맞게 응용한 것이라 할 수 있다.

'訓解'의 '訓'도 '訓詁'에서 온 말로 '주해하다'의 뜻이다.

'六經'은 본래 易經, 書經, 詩經, 春秋, 禮記, 樂經을 가리켰었는데 악경이 秦代에 없어져 五經이 되었던 것을 漢代에 論語를 더하여 육경이 되었다고 한다. 신라에서는 이 육경이 구체적으로 어떤 경들을 가리켰고 『삼국유사』의 시대에는 또 어떤 것을 가리키는 지 확실하지 않으나 앞에서 말한 九經에서 禮記, 儀禮, 周禮를 하나로 묶고 효경을 빼면 육경이 된다. 그러나 구경이라고 한 사기의 표현이 더 정확한 것이다.

'文學'은 國學의 교과과정과 讀書三品科의 시험과목에 들어 있는 '文選'이다. 이는 梁의 태자 蕭統이 편찬한 책으로 周에서 양나라에 이르기까지의 賦, 詩, 騷 등 각종의 문장들을 뽑아 모은 것으로 당나라에서는 과거를 보는 이들이 중요하게 여겼던 책이다.

'명경을 전업으로 하는 이들(業明經者)'이라 함은 고려시대 이후 과거시험에는 文藝로써 시험하여 뽑는 製述科와 경전의 내용을 시험하여 뽑는 明經科가 있었는데 후자를 목표로 공부하는 이들을 가리킨다. '이들이 傳受하여 끊이지 않았다'는 말은 설총의 경전 해석이 고려시대까지도 이어져 표준이 되어 있었음을 말하는 것이다.

이 기사들은 설총이 이룩한 업적을 요약하여 기록한 것이어서 이 글의 내용만 가지고는 어떠한 가치를 가지는가를 판단하기가 어렵다. 그러나 우리는 조선시대에 經典의 口訣을 짓고 諺解하는 사업이 얼마나 중요하고도 어려운 일이었던가를 살피어 보면 이 일이 유학의 발전에 있어 얼마나 중요하고도 큰 일인가를 알 수 있게 된다. 이제 조선시대의 구결과 언해 사업의 과정을 간략히 살펴보기로 하자.

宋나라의 性理學이 수입되면서 고려말과 조선전기에 걸쳐 이를 바탕으로 하여 경전의 구결을 정하는 연구가 진행되었다. 조선왕조실록을 보면 고려말에 鄭夢周가 周易의 구결을 지었고 조선초기에 權近이 五經의 구결을 지었음을 알 수 있다. 口訣의 制定은 경서에 대한 깊은 연구를 바탕으로 하는 것이기 때문에 이를 정하기 위한 연구가 곧 학문을 진흥시키는 일이기도 하였다. 世宗 10년(1428)에 세종이 卞季良에게 권근의 경서 구결에 이어 禮記의 구결을 지을 것을 종용하자 변계량이 공부가 미치지 못하여 지을 수가 없다고 하였고 孟思誠은 토가 오히려 학문을 깊이 연구하는 데 방해가 될 수 있다고 말하였다. 이에 세종은 口訣이 經書에 註解를 다는 것과 같아서 그 이해에 중요한 도움을 준다는 것, 구결을 정하는 것은 한문의 단순한 해석이 아니라 경서에 대한 깊은 연구를 바탕으로 하여야 한다는 것, 당시의 일반 지식인들이 경서를 잘못 해석하여 후생들을 잘못 인도하고 있으니 이들을 위하여 표준적인 구결을 정하여야 한다는 것을 말하고 있다. 이와 같이 경서의 구결을 정하고 해석하는 것이 중요한 사업이었으므로 이를 위하여 훈민정음 창제에까지 이르렀던 것이다.[14]

---

14 南豊鉉(1978), 訓民正音과 借字表記法과의 關係, 『國文學論集』 9, 단국대국문과. 訓

이 정신은 세조에게 이어져 왕이 직접 『御定周易口訣』을 지어 이를 권근의 구결과 비교하여 신하들이 토론하게 하는 등 口訣의 制定을 학문을 진작시키는 수단으로 인식하고 추진하였다. 이러한 기운을 이어 한국의 성리학을 대성시켜 경서의 구결을 지은 것이 退溪 李滉과 栗谷 李珥이다. 그러나 궁극에 가선 그들의 철학적 관점에 차이가 있었기 때문에 경서의 해석도 달라지게 되었다. 이에 대하여 柳希春은 宣祖에게

> 우리나라에선 예로부터 李滉만큼 경서의 訓을 朱子의 文語에 沈潛하여 반복하면서 생각한 사람이 없었습니다. 또 李珥의 『大學吐釋』이 있는데 제가 일찍이 大學에 대하여 그와 이야기했을 때에 대체로 말이 일치하였습니다. 제가 널리 공부하여 한가한 틈을 엿보아 (두 사람의) 장점을 참작하여 책을 만들어 올리고 싶으나 절충하기가 심히 어렵습니다. [東方 自古未有咀嚼經訓 沈潛反覆乎朱子文語 如李滉者也. 臣謫居時 用十年之功 研窮四書有所論說. 及見李滉之說 相合者十七八. 滉之經說 甚爲精密……. 又李珥有大學吐釋 臣曾與珥 在玉堂 說及大學 語多契合. …… 臣欲博問廣取 俟退休間暇 斟酌從長 每成二書 輒當送獻. 但折衷甚難.](『宣祖實錄』 권8. 59ㄴ.)

라고 하였다. 이는 퇴계와 율곡의 경서구결에도 차이가 있었음을 말하여 주는 것인데 이들의 학설이 후대의 성리학에 크게 영향을 미쳤음을 감안할 때 경서의 구결제정과 언해가 얼마나 중요한 것인가를 짐작할 수 있게 하는 것이다. 이러한 과정을 거쳐 16세기말에 校正廳의 四書諺解가 간행되고 17세기 초에 三經諺解가 간행되었던 것이다. 이는 안향이 주자학을 수입한 지 250여년, 정몽주와 권근이 경서에 구결을 달기 시작한 지 200여년, 그 동안 끊임없이 지속적으로 연구한 결과가 결실을 보게

民正音의 創制 目的, 『국어학 연구의 새 지평(성재이돈주선생 화갑기념)』, 1999, 太學社刊에 재록 참조.

된 것이다.

이 구결의 완성에 대하여 숙종 때의 유학자 朴世采는 다음과 같이 찬양하고 있다.

> 우리나라의 經書 口訣과 釋義는 중국에는 없는 것이다. 설총에게서 시작되어 정몽주, 권근에게서 이루어졌고 세조 때에 이르러 여러 신하에게 명하여 구결을 짓게 하였으나 오히려 사람마다 학설이 분분하게 천착하고 있었다. 이리하여 다시 선조 때에 이르러 여러 학설을 참고하여 버릴 것은 버리고 취할 것은 취하여 언해를 짓게 함으로써 드디어 일대의 典範이 이루어졌으니 가히 성대하다 하겠다.[朴世采曰 我國經書口訣釋義 中朝所未有. 始發於薛聰 成於鄭圃隱·權陽村. 至世祖朝 分命諸臣著口訣而然猶人各有書紛紜穿鑿. 又至宣廟朝 設局命官參互去取 著定諺解. 遂爲一代之典 可爲盛矣.] (『增補文獻備考』 권243,1ㄱ.)

이것은 조선시대 유가 경전의 구결과 언해가 얼마나 오래고 어려운 과정을 거쳐 이루어졌는가, 이로써 이루어진 경서 해석의 典範이 얼마나 중요한 것인가를 말하여 주는 것이다. 이러한 과정을 거쳐 이루어진 校正廳本의 經書諺解는 조선시대 말까지 儒教 經典의 표준적인 해석서가 되어 한국 유학의 발전에 공헌하였던 것이다.

이러한 사실로 볼 때 설총의 경서 구결도 쉽게 이루어진 것으로 볼 수 없다. 나는 앞에서 고구려의 유학이 북학 계통의 경학을 수용하였고 백제가 남학 계통의 경학을 받아 들였을 것임을 말한 바 있다. 이러한 경학은 삼국이 통일된 후 신라에 적지 않은 영향을 주었으리라고 믿어진다. 우리는 백제계의 高僧 憬興이 신문왕 때 國老가 되고 많은 저술로 신라불교를 체계화하는 데 큰 업적을 남긴 것을 알고 있다.[15] 유가에서도

15 김상현(1999), 『신라의 사상과 문화』, 一志社, 138면 이하 참조.

이러한 가능성은 충분히 있었을 것으로 생각된다. 이 과정에는 삼국시대부터 중국의 경학을 소화하여 발전시켜 온 경서연구와 당나라의 새로운 유학, 특히 顔師古의 『顔氏定本』과 孔穎達의 『五經正義』에 의하여 중국의 경학이 통일되어 표준적인 학습서가 되었던 것이 중요한 구실을 하였던 것이다. 이러한 업적이 설총에게 와서 종합되고 大成되어 우리말 경서 해석이 나온 것으로 추정되는 것이다. 설총의 경서해석이 『삼국유사』가 편찬된 13세기말까지도 전수되어 끊이지 않았다는 것은 당나라에서 경전이 통일된 이후 성리학이 일어날 때까지 큰 변화가 없이 이어져 온 것도 큰 몫을 하였던 것으로 생각된다.

한편 신라는 삼국시대부터 유학을 수용하여 왔음은 앞에서 말하였거니와 특히 삼국 시대의 경학에서 주목되는 것은 强首가 선생을 찾아가 학습한 책 가운데 『爾雅』가 있는 사실이다. 『爾雅』는 경전에 쓰인 문자에 대한 훈고를 모아 놓은 중국 최초의 訓詁學書이다. 이 책을 충주 출신인 강수가 孝經, 曲禮, 文選과 함께 스승을 찾아가 배웠다는 것은 당시 신라의 훈고학이 지방에까지도 보급되어 있었음을 말하는 것이다. 설총이 이러한 훈고학을 익히어 그 업적을 남겼음은 '우리말로 중국과 우리나라의 방언과 속어로 된 物名을 서로 통하여 알게 하였다(以方音通會華夷方俗物名)'라고 한 것이 잘 말하여 주고 있다.

설총의 학문이 훈고학에 뿌리를 두고 있음은 조선시대 학자들의 논의에서도 찾아 볼 수 있다. 선조 37년 9월에 예조에서 올린 啓目에

> 金宏弼 · 鄭汝昌 · 趙光祖 · 李彦迪 · 李滉의 바른 학행과 깊은 조예는 모두 『儒先錄』 및 전후 成均館 · 四學의 儒生들의 상소에 언급되어 있으므로 지금 감히 췌언하지는 않겠습니다마는, 유학의 도리를 보위한 그들의 공은 폐할 수 없는 것입니다. 崔致遠과 薛聰은 詞章과 訓詁의 학문을 가지고도 묘정에 배향되었는데 이 다섯 儒臣의 정대한 학문으로도 표창하는 특전이 없었으니 선비들이 실망하는 것 또한 당연한 일이 아니겠습니까.[禮曹啓目

…… 金宏弼 鄭汝昌 趙光祖 李彦廸 李滉等 學行之正 造詣之深 俱在於儒先錄 及前後館學儒生之疏 今不敢贅. 其衛道之功 不可廢也. 崔致遠 薛聰 以詞章訓詁之學 尙得與廟廷之享. 以此五臣之正學 未有表章之典. 士子之缺望 豈不宜乎.](『宣祖實錄』 권178, 22-23)

라고 한 것이 있다. 이 내용은 같은 해 10월 판서 許筬, 참판 申湜, 참의 宋駿의 이름으로 된 예조의 계목에서도 그대로 반복되고 있다. 이는 김굉필 등을 문묘에 배향할 것을 청한 글 속에서 언급한 것이어서 설총의 업적을 가볍게 본 면도 없지 않지만 설총은 訓詁學으로, 최치원은 詞章으로 문묘에 배향되었음을 분명히 말하여 주는 것이다.

『삼국유사』에서는 '通會華夷方俗物名'과 '訓解六經文學'을 구별하여 말하였으니 이는 설총의 훈고학을 분명히 드러낸 것이다. 그러면 설총의 훈고학은 어떤 형식으로 후세에 전하여졌을까. 이 업적은 '조선시대 교정청의 『詩經諺解』의 卷頭에 物名이라고 하여 시경을 읽기 위하여 알아야 할 한자의 동식물 이름을 우리말로 풀이하여 놓은 것과 같은 것으로 이해되기도 한다.[16] 그러나 설총은 시경만이 아니라 九經 전체에 그러한 주석을 하였다고 보아야 한다. 후대의 자료들을 보면 이러한 주석은 구결과 같이 본문 속에 작은 글자로 기입하기도 하고 원본의 난상에 기입하기도 한다. 또는 이들을 따로 모아 하나의 저술로 만들기도 한다. 앞서 고구려에는 玉篇과 字林이 있었다고 하였는데 이에 준하는 우리말 해석의 저술도 있었을 것이다. 설총이 직접 저술로 묶었거나 그렇지 않으면 후인이 그 주석을 수집하여 하나의 저술로 묶었을 가능성은 충분히 있는 것이다.

경서의 표준적인 우리말 해석은 우리나라 유학의 발전을 크게 향상시

---

16 安秉禧(2001), 文字史에서 본 薛聰의 位置, 『한국문화와 역사인물 탐구』, 한국정신문화연구원 학술대회 요지, 109면 참조.

킨 것이다. 이로써 지식인[君子]들을 길러 내고 이들이 관리나 지도자가 되어 전국에 이 구결을 보급함으로써 우리 사회를 유학 사상으로 聖化시키었고 우리의 전통사회를 이루어 가는 중요한 규범을 만들었던 것이다. 조선시대의 유학자 趙憲은 다음과 같이 말하고 있다.

간사한 사람이 나라를 위태롭게 하는 것도 진실로 두려워할 만하지만 학문을 講明하는 것은 더욱 힘써야 할 급선무입니다. 과거 우리나라에 전해졌던 箕子의 교훈은 고증할 수 없고 삼한 이래의 國紀도 들을 수 없습니다. 그러나 지금까지 군신 부자의 도리를 알아 충신과 효자가 잇달아 나올 수 있었던 것은 먼저 四書五經이 들어오자 薛聰과 禹倬이 俗語로 해석하여 강명하였고 뒤에 『小學』과 『家禮』가 들어오자 李穡과 鄭夢周가 우리나라의 교육에 맞게 천명한 결과로 고려말기의 위급한 상황을 부지하고 我朝의 기강을 심었기 때문입니다. [嗚呼佞人之殆 固爲可畏 而此學之明 尤爲當務之急者乎. 徂兹東土 箕教無徵 三韓以降 國紀蔑聞 所賴以知君臣父子之道 越至于今 或有忠孝之繼作者 四書五經之前至 而薛聰禹倬 因俗解講明 小學家禮之後至 李穡鄭夢周 變夷教推闡 用延麗季之危急 而繼植我朝之綱起](『宣祖修正實錄』 권20, 3ㄱ, 宣祖19年 10月 1日.)

유학을 발전시켜 대중을 교화하는 것은 무엇보다도 먼저 그 경전을 우리말로 올바르게 해석하는 데 있음을 말한 것으로 설총의 업적도 잘 드러내 준 것으로 생각된다. 이러한 업적에 의하여 유학이 보급되어 우리의 문화가 높은 수준에 오르자 중국에서도 이를 찬양하여 신라를 '仁義之鄕'이니 '君子之國'이라고 하였고 고려시대에는 '東方禮儀之國'이라고 하였던 것이다. 이는 유학을 통하여 우리의 문화가 중국인들도 부러워 할 만큼 높은 수준에 올라 있었음을 말하는 것인데 중국의 이웃나라 가운데 이러한 수준의 유교문화를 이룩하여 오래 발전시켜온 민족은 없었다.

4. 薛聰의 經典 解釋과 吏讀 製作說

4.1. 口訣과 鄕札·吏讀의 共通點

설총이 우리말로 경전을 읽은 것은 경전에 토를 기입하여 석독구결을 지은 것이라는 사실은 앞에서 말하였다. 그런데 구결은 우리말을 표기하는 借字表記法의 源泉이 되는 것이므로 구결의 제정이 곧 차자표기법을 제정한 것으로 이해되기에 이르렀다. 그리하여 설총이 향찰의 제작자로, 또는 이두의 제작자로 알려지게 된다.

그러면 석독구결의 표기법이 어떠한 것이며 이것이 향찰이나 이두와 어떠한 점에서 공통되는 것인가를 살펴보기로 하자.

현재 신라시대의 구결은 전하는 것이 없다. 고려시대의 구결자료들이 근래에 발굴되어 활발한 연구가 진행되고 있지만 모두 佛家의 口訣이고 儒家의 口訣은 없다. 따라서 설총의 구결을 직접 보여 주거나 뒷받침하여 주는 구결은 없다. 다만 간접적으로라도 불가의 구결을 통하여 설총의 구결이 어떠한 특징을 가졌었는가를 추정해 볼 수는 있다. 고려초에서 13세기까지는 석독구결만이 발굴되어 있고 14세기 이후의 구결은 順讀口訣이 주로 발굴되어 있다.[17] 그런데 석독구결에도 여러 종류가 있어서 시대적으로도 다르고 학통이나 경전에 따라서도 달랐었던 것으로 보인다.

그러면 널리 알려진 『舊譯仁王經』의 釋讀口訣을 가지고 그 독법을 살피기로 한다. 〈도표〉의 예문을 보기로 하자. 큰 글자로 쓰여진 것이 이 불경의 원문이고 行의 좌우에 작은 글자를 붓으로 써 넣은 것이 그 토이

---

17 順讀口訣은 한문을 한문의 순서대로 읽는 구결이라는 데서 붙여진 이름이다. 종래에 구결이라 하면 이것을 가리켜 왔다. 그러나 석독구결이 발굴되어 한문을 우리말로 풀어 읽는 구결이 알려지면서 이 둘을 구별하기 위하여 순독구결이란 용어를 사용하게 되었다. 순독구결은 석독구결보다 발전된 단계의 한문 독법을 보여주는 것으로 후대에 석독구결에서 발달한 것이므로 논의의 대상에서 제외한다.

다. 이 토는 구결자로 쓰여지는데 획이 단순한 것은 正字가 그대로 쓰이지만 획이 많은 글자는 略體字가 쓰인다. 약체자는 차자(한자)의 楷書體나 草書體에서 앞부분이나 뒷부분을 따온 것이다. 이 구결을 읽는 순서는 다음과 같다. 먼저 行의 오른쪽에 토가 붙은 한자(한문구성소)를 읽어 내려가다가 점이 있으면 위로 올라가 왼쪽에 토가 붙은 한자를 읽는다. 이 한자에 점이 또 있으면 다시 위로 올라가 行의 왼쪽에 토가 붙은 한자를 읽는다. 점이 없으면 아래로 내려와 오른쪽에 토가 붙은 한자를 읽는다. 이와 같이 점이 있어서 위로 올라가 읽을 때는 行의 왼쪽에 토가 붙은 한 자를 읽고 점이 없어서 내려와 읽을 때는 行의 오른쪽에 토가 붙은 한자를 읽는 것이 이 한문을 우리말로 풀어 읽는 원리이다. 이 원리에 따라 〈도표〉의 예문을 토가 지시하는 순서로 배열하고 우리말로 읽는 과정을 보이면 다음과 같다.

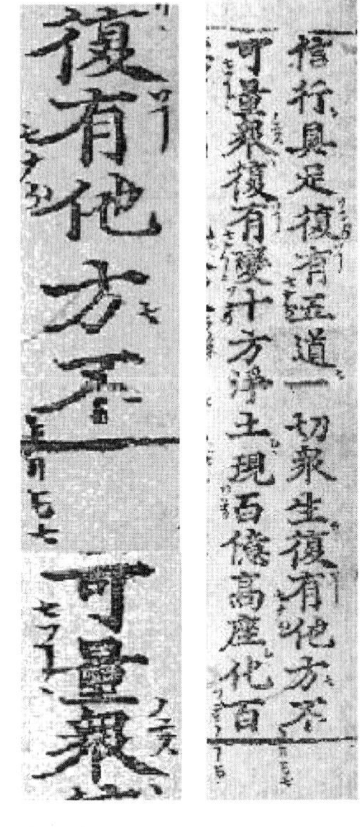

〈도표〉

ㄱ) 復ソ1 他方七 量ノ音 可七ソ1 不失リヒ七 衆 有七ナ㫆

ㄴ) 復爲隱 他方叱 量乎音 可叱爲隱 不知是飛叱 衆 有叱在旀

ㄷ) 復ᄒᆞᆫ 他方ㅅ 量ᄒᆞᆷ 可ㅅᄒᆞᆫ 不디이ᄂᆞᆽ 衆 有ㅅ겨며

ㄹ) ᄯᅩᄒᆞᆫ 他方ㅅ 量ᄒᆞᆷ ᄌᆞᆺᄒᆞᆫ 안디이ᄂᆞᆽ 衆 잇겨며

(또한 他方의 量할 수 없는 衆이 있으며)

ㄱ)이 원문을 토가 지시한 대로 우리말의 순서로 배열한 것이다. ㄴ)은 ㄱ)의 구결자를 정자로 바꿔 놓은 것이다. 구결의 약체자는 한자의 한 부분을 따서 일종의 메모용으로 사용하는 것이므로 필요하면 언제나 정자로 바꿀 수 있다. 그리하여 구결을 인쇄하거나 공식적으로 공개하거나 할 때는 약체자를 정자로 고쳐 쓰는 것이 원칙이다. 따라서 ㄱ)에서 ㄴ)으로 바꾸는 일은 언제나 가능한 것이다. ㄷ)은 ㄴ)의 구결자를 한글로 옮긴 것이다. ㄹ)은 원문의 음독자와 훈독자를 구별하고 훈독자를 우리말로 새겨 읽은 것이다.

현재 이 계통의 석독구결은 대각국사 義天이 11세기말에 간행한『華嚴經疏』권35를 비롯하여 5종의 자료가 발굴되었다. 이들은 12세기 초에서부터 13세기 중반에 걸쳐 이루어진 것이다.

이 석독구결의 표기구조는 문장을 구성하는 어절을 단위로 볼 때 의미부를 나타내는 앞부분은 讀字[표의자]로 표기하고 문법관계를 나타내는 뒷부분은 구결자로 된 토로 표기한다. 구결자는 원칙적으로 음을 나타내는 假字[표음자]이므로 ㄴ)은 '독자(표의자)+가자(표음자)'의 표기구조를 이룬다. 이러한 표기법이 차자표기법의 원천이 된다.

위의 표기를 향찰의 표기법과 비교해 보자.

ㄴ') 東京 明期 月良 夜 入伊 遊行如可

ㄷ') 東京 明기 月아 夜 入이 遊行다가

ㄹ') 東京 볼긔 돌아 밤 들이 놀니다가

이는 處容歌의 첫 구절이다. ㄴ')의 밑줄친 부분이 구결의 토에 해당하는 것으로 가자(표음자)로 표기된 것이다. 이 가자를 한글로 옮긴 것이 ㄷ')이다. ㄹ')은 이 구절을 우리말로 풀어서 읽은 것이다. 이로 보면 향찰의 표기구조도 '독자+가자'로 되어 있어서 석독구결의 그것과 일치하는 것임을 알 수 있다. 이는 석독구결과 향찰에 토가 쓰이어 서로 表裏의 관계를 맺고 있음을 보여 주는 것이다. 즉 경전을 우리말로 읽는 것은 聽者의 입장인데 이를 話者의 입장에서 응용하여 자기의 생각을 기록한 것이 향찰이다. 이런 점에서 석독구결이 향찰의 원천임을 알 수 있다.

'讀字+假字'의 표기구조는 이두에서도 그대로 적용된다. 신라의 대표적 이두인 華嚴經寫經造成記(755)의 한 구절을 들어 살펴보기로 하자.

ㄴ") 諸 筆師等 各 香花 捧尒 右念行道爲 作 處中 至者 …… 坐中 昇經 寫在如.

ㄷ") 諸 筆師ᄃᆞᇙ 各 香花 捧금 右念行道ᄒᆞ 作 處긔 至ᄋᆞᆫ …… 坐긔 昇經 寫겨다.

ㄹ") 모ᄃᆞᆫ 筆師ᄃᆞᇙ 各 香花 받들어금 右念行道ᄒᆞ아 질 곧긔 니ᄅᆞᆫᄋᆞᆫ …… 자리긔 올아 經 스겨다.(모든 筆師들이 각각 香花를 받들고 右念行道하여 만드는 곳에 이르면 …… 자리에 올라 經을 쓴다.)

ㄴ")의 밑줄 그은 부분이 이 이두문의 토이다. ㄷ")은 이 토를 한글로 옮긴 것이고 ㄹ")은 이를 신라시대의 말로 추정하여 읽은 것이다. 이 이두문은 토가 짧아 조사나 어미를 철저하게 표기하지는 못하고 있다. 이와 같이 이두문은 구결이나 향찰에 비하여 조사나 어미를 정확하게 표기하지 않고 짐작하여 읽도록 하는 특징을 가지고 있다. 그러나 그 표기구조가 '독자+가자'로 되어 있음은 구결이나 향찰과 같다.

이러한 사실들은 假字로 표기되는 吐는 우리말을 원만하게 표기하게 하는 중요한 요소임을 말해 준다. 설총이 경전의 석독구결을 지었다는 것은 경전에 우리말의 조사나 어미를 나타내는 토를 기입하여 그 한문을 우리말로 읽는 법을 표시한 것을 말하는데 이 토의 발달이 차자표기법의 발달사에 중요한 획을 그은 것이다.

4.2. 口訣의 種類와 薛聰의 口訣

현재 전해진 고려시대의 석독구결은 몇 종류가 있다. 이들을 살펴보면서 설총의 구결이 어떠한 것이었을까 하는 점을 생각해 보기로 하자. 고려시대의 구결 가운데 순독구결은 14세기 이후 비교적 많은 자료가 나왔으나 이는 석독구결에서 발달한 특징들을 보여 주고 있어 그 발생 연대를 12세기 이전으로 소급하기는 어렵다.

현재 발굴된 고려시대의 석독구결은 均如의 『釋華嚴敎分記圓通鈔』에 두 줄 남짓하게 남아 있는 것이 가장 이른 것이다.[18] 이는 균여의 강의를 기록한 것으로 960년에 이루어진 것으로 추정된다. 여기 옮겨 보기로 하자.

ㄱ) 或有如佛性隱闡提人隱有豆亦善根人無如好尸丁 或有如佛性隱 善根人隱有豆亦 闡提人 無如好尸丁

ㄴ) 或 佛性隱 有如 闡提人隱 [有]豆亦 善根人 無如 好尸丁 或 佛性隱 有如 善根人隱 [有]豆亦 闡提人 無如 好尸丁

ㄷ) 或 佛性은 잇다. 闡提人은 두여 善根人 없다 홇뎌. 或 佛性은 잇다. 善根人은 두여 闡提人 없다 홇뎌

ㄱ)이 구결의 원문이고 ㄴ)은 이를 우리말 순서로 옮긴 것이다. ㄷ)은 이를 우리말로 읽은 것이다. ㄱ)의 원문을 보면 토는 작은 글자로 표시하여 원전의 큰 글자와 구별하고 있다. 그러나 '或有如佛性隱'의 어순은 한문의 순서인데 이를 우리말의 순서로 읽는 장치를 보여 주지 않는다. 따라서 이의 釋讀은 한문을 우리말로 새길 줄 아는 사람이라야 가능하

18 최근 日本 奈良市에 있는 東大寺 圖書館 所藏의 『新羅華嚴經寫經』 권12-권20의 節約本에 角筆로 기입한 釋讀口訣이 발굴되었다. 이는 8세기 중엽의 釋讀口訣로 추정되는 것으로 韓·日 양국을 통틀어 가장 이른 시기의 구결자료이다.

다. 설총의 구결이 이러한 것이었을 가능성을 배제할 수는 없으나 경전 전체의 석독을 이와 같이 표기하면 애매한 곳이 자주 나오므로 이보다는 좀더 치밀한 표시 방법을 썼을 것이다. 아마도 『구역인왕경』의 석독구결의 어순표시방법에 가까운 것이 아니었을까 한다.

이와 같이 어순을 철저하게 표시하지 않는 구결이 또 있다. 이는 點吐釋讀口訣이다. 이 점토구결은 나무나 象牙 같은 것을 연필 같이 뾰죽하게 깎은 角筆로 경전의 글자 주위를 눌러 그 석독법을 표시한 것이다. 이는 고려시대에는 매우 널리 사용되었던 것으로 보이는데 근 천년만인 지난 2000년 여름에 새로이 발굴된 것이다. 이 구결은 한자를 사각형으로 보고 있다. 사각형의 4변을 각각 3등분하여 12위치를 정하고 또 사각형의 안쪽을 3단으로 나눈 다음 각 단을 3등분하여 9위치를 정한다. 이와 같이 하면 21위치가 정해지는데 여기에 사각형의 네 귀퉁이를 더하여 25위치를 정한다. 이 25위치에 점이나 선으로 25개의 토를 표시하는 것이다. 토는 한 글자로 된 것도 있고 둘 이상의 글자로 된 것도 있으므로 하나의 점이나 선이 구결자 하나를 나타내기도 하고 둘 이상을 나타내기도 한다. 선은 수평선, 수직선, 사선, 역사선 등으로 표시할 수 있어 모두 25종류가 된다. 이 부호들을 각각 25위치에 표시하면 총 625종의 토를 표시할 수 있다. 현재 조사된 자료는 『晉本華嚴經』 한 권, 『周本華嚴經』 여섯 권, 『瑜伽師地論』 세 권, 『法華經』 한 권 등 4종 11권인데 양적으로는 구결자를 墨書한 석독구결 자료보다 오히려 많다. 이들은 10세기에서부터 12세기초에 이루어진 것으로 추정되는 데 독법의 기본 원칙은 밝혀져 있다.[19] 이 4종의 석독구결은 각기 다른 사람이 읽은 것이다. 이 4종에 쓰인 점토는 그 위치에 따른 토의 표시가 달라서 宗派에 따라 서로 다른 표시방법을 사용했음을 알 수 있다. 그러나 묵서 구결과 같이 토를

19 南豊鉉(2000), 高麗時代의 點吐口訣에 대하여, 『書誌學報』 24, 韓國書誌學會, 5~45면 참조.

한문의 각 구성소에 달지 않고 구절의 끝 구성소(한자)에 몰아서 다는 점에 있어서는 모두 일치한다. 이것은 토를 구절의 끝에 몰아서 다는 順讀口訣과 매우 유사한 것이다. 이런 점에서 釋讀口訣에 따라 토를 표시하는 방법이 크게 차이가 있는 것이 2종 이상 있었음이 확인된다. 아마도 순독구결은 점토석독구결과 같이 토를 구절의 끝 구성소에 몰아서 다는 구결에서 발전한 것이 아닌가 한다. 科擧試驗의 明經科를 위해서는 順讀口訣이 학습하기에 효과적이어서 釋讀口訣에 이어 12세기경에 와서야 발달한 것으로 추정된다. 이 点吐釋讀口訣은 字吐釋讀口訣을 바탕으로 하여 새로 발달한 것으로 보아야 하는데 향찰이나 이두와 표기구조가 차이가 있으므로 설총의 구결은 자토석독구결로 보아야 할 것이다.

4.3. 薛聰의 吏讀 製作說

설총의 업적에 대하여 경서를 우리말로 읽었다는 사실보다는 이두를 처음으로 만들었다는 설이 더 널리 알려져 있다. 이를 어떻게 이해해야 할 것인가 하는 것도 우리가 풀어야 할 과제이다.

이 문제에 들어가기에 앞서 몇 가지 설명해 두어야 할 것이 있다. 그 하나는 이두라는 용어에는 광의의 개념과 협의의 개념이 있다는 점이다. 광의의 이두는 文字의 槪念으로 보는 것으로 향찰, 구결, 고유명사 표기 및 협의의 이두까지 다 포함하는 것이다. 이는 현재 우리가 쓰고 있는 차자표기법이라는 용어나 차자표기의 문자라는 말과 같은 것이다. 이에 대하여 협의의 이두는 관공서나 민간에서 사용하는 실용문에 쓰이는 우리말을 가리키는 것으로 오늘날 흔히 쓰는 이두는 이를 가리킨다.

다른 하나는 이두의 발달이 설총과 어떤 관계가 있는가 하는 점이다. 이두는 삼국시대부터 쓰여 왔다. 이 시대의 이두를 흔히 初期的 吏讀文이라고 하는데 이는 한자를 우리말의 순서로 배열하거나 후대의 이두문에서 쓰는 특수한 용어들이 사용되었을 뿐 우리말의 조사나 어미를 표기하는 토가 발달하지 못한 이두이다. 이에 대하여 본격적인 이두는 이 초기적 이두문에 우리말의 조사나 어미 또는 말음첨기와 같은 토를 사용한 것이다. 토는 앞에서 본 바와 같이 구결, 향찰, 이두에 모두 쓰인 것이어서 토의 발달은 차자표기가 우리말을 원만하게 표기할 수 있도록 하는 원동력이다.

삼국시대부터 통일신라시대까지 토가 사용된 실물자료는 구결과 향찰은 없고 이두만이 남아 있다. 이 가운데서 토가 사용된 가장 이른 것은 甘山寺阿彌陀如來造像記(720)에 나오는 '助在哉/돕겨지'의 '-在哉/겨지'이다. 이는 설총의 이름이 나오는 造像記에 쓰인 것이어서 설총의 시대에 처음으로 토가 쓰였다는 주장을 할 수 있게 한다. 그러나 고려시대 대각국사 義天의 『新編諸宗敎藏總錄』에는 義湘大師의 화엄경 강의록인 『要義問答』 2권과 『一乘問答』 2권에 우리말이 섞여 있다고 하였다. 화엄경 강의를 우리말로 기록하자면 토가 없이는 불가능한 것이니 여기에 토가 쓰였을 것은 추정하기에 어렵지 않다. 이는 설총보다 한 세대 앞선 의상대사 시대에 이미 토가 발달되어 있었음을 말해 주는 것이다. 일본에서도 7세기말에 쓰여진 센묘[宣命]에 토가 쓰였음이 확인되는데 이는 백제의 영향일 가능성이 크므로 삼국시대 말기에는 백제에도 토가 발달되어 있었을 가능성이 높다. 이러한 사실들은 설총보다 한 세대 앞서는 시대에 이미 토가 있었음을 말하여 주는 것이다.

그러나 설총 이전에는 토가 발달되어 있었어도 그 보급은 승려와 같은 일부 부류의 사람들에게 한정되어 있었을 것이다. 설총의 경서 석독구결은 國學에서 교수하기 위하여 지어진 것이므로 이 기관 학생들이 관리로써 진출함에 따라 전국적으로 전파되어 갔을 것이다. 이들이 설총의 구결을 표준으로 삼아 가르치고 그것이 이두와 향찰 표기의 원천이 되었으므로 설총이 借字表記의 創始者로 이해되었을 것이다. 설총 이전부터 토가 사용된 예가 있었다 하더라도 결국에는 설총의 구결에서 온 것으로 이해되었을 것이다.

이러한 사정을 알려 주는 가장 이른 기록은 『均如傳』에 나오는 崔行歸

의 서문이다. 이는 균여의 普賢十願歌를 한문으로 번역하면서 붙인 서문으로 10세기 중엽인 960년대에 지은 것이다. 설총이 활동한 시대에서 보면 300년 미만의 시간차를 가진 것이다.

우리나라의 재능이 있는 사람은 당나라의 시를 이해하고 읊조리지만 저 나라(당)의 선비들은 우리나라의 노래를 이해하지 못한다. 더욱이 당나라의 글은 帝網이 交羅한 것과 같이[20] 우리나라에서도 쉽게 읽지마는 鄕札은 梵書를 連布한 것과 같아서[21] 저 나라에서는 어려워 알 수 없다. 梁과 宋 두 나라의 아름다운 글은 자주 동쪽으로 흘러오지만 우리나라의 아름다운 글은 서쪽으로 전해지는 것이 드물다. 한 쪽은 구석에 있고 한 쪽은 널리 통하는 데 있는 차이가 또한 통탄스럽구나. 이 어찌 孔子가 이 땅에 살고자 하였으나 鼇頭에 이르지 못하였고 薛翰林이 억지로 유학의 글을 바꾸어 번거롭게 쥐꼬리를 이룬 소치가 아닌가? [我邦之才子名公 解吟唐什 彼土之鴻儒碩德 莫解鄕謠. 矧復唐文如帝網交羅 我邦易讀 鄕札似梵書連布 彼土難諳. 使梁宋珠璣 數托東流之水 秦韓錦繡 希隨西傳之星 其在局通 亦堪嗟痛 庸詎非魯文宣 欲居於此地 未至鼇頭. 薛翰林强變於斯文 煩成鼠尾之所致者歟.]

---

20 '帝網交羅'에 대하여 鄭仁承(1957)에서는 '帝釋天의 垂珠網(곧 因陀羅網)이 交映 羅列함과 같이 글자마다 다 뜻을 가지고 서로서로 照應함'이라고 해석하였다. 黃浿江(2001)에서는 '하늘과 땅의 질서와도 같이 이에서 벗어나는 것이 없이 모든 것을 포옹하되 그 관계가 매우 긴밀하고 유기적이다'란 뜻으로 해석하였다. 이러한 해석을 다시 정리하면 '하늘을 덮은 보배 구슬로 된 그물에서 구슬들이 엇갈리게 벌려 있으면서 서로 영롱하게 그림자를 반영하면서 빛나는 것과 같이 세상의 모든 이치를 다 담고 있다'의 뜻이다. 이는 '한자의 표의성을 보배구슬이 서로 영상을 반영하면서 여러 가지 색으로 빛나는 것과 같은 것'으로 비유한 것이다.

鄭仁承(1957), 吏讀起源의 再考察, 『一石 李熙昇先生 頌壽紀念論叢』, 645면 참조. 황패강(2001), 『향가문학의 이론과 해석』, 161면 참조.

21 '梵書連布'는 '범어의 글자를 이어서 펼쳐 놓은 것'이란 뜻으로 표음문자를 잇달아 써 놓은 것을 가리킨다.

이는 균여의 향가를 한문으로 번역하는 이유를 말한 것이다. 우리나라 사람은 한시를 이해하지만 균여대사의 훌륭한 향가인 보현십원가가 중국에 전해지지 못하는 까닭은 같은 한자를 사용하였지만 향찰로 기록되었기 때문이라고 한 것이다. 같은 문자를 쓰면서 이러한 차이를 가져온 까닭은 무엇인가? 중국의 한문은 공자가 직접 가르쳤기 때문에 모든 만물에 통하지만 향찰은 설총이 儒學의 글인 한문을 바꾸어서 쥐꼬리를 만드는 데 그쳤기 때문에 그렇게 밖에 안 된 것이라는 것이다.

이는 최행귀나 당시인들의 세계관 내지는 文字觀을 설명한 것이어서 깊이 음미해 볼 가치가 있는 것이지만 우리의 주목을 끄는 것은 普賢十願歌와 같은 향가를 표기한 향찰이 설총이 경전을 우리말로 해석한 데서 온 것으로 이해한 점이다. 이는 향찰이 석독구결에서 나왔음을 직접적으로 말하여 주는 것이다. 향찰이란 말은 여기 단 한번 쓰이고 다른 기록에는 없는 것이다. 현재 이 용어는 '우리의 말을 전면적으로 표기한 글'이란 뜻으로 널리 사용되고 있지만 이 글에서의 향찰은 한문에 대비하여 단순히 '우리의 글'이란 뜻으로 쓰인 것이지 이두나 구결에 대립하는 개념으로 쓴 것은 아니다.

여기서 균여의 보현십원가의 향찰이 설총의 석독구결에서 나왔다고 본 것은 설총의 구결이 전국에 보급되어 우리말 표기법의 원천이 되어 있었음을 말하여 주는 것이기도 하다. 또 설총의 업적을 '쥐꼬리(鼠尾)'라고 평한 것도 음미해 볼 문제이다. 이는 물론 설총의 업적이 孔子의 업적에 비하면 극히 보잘것없음을 말한 것이지만 '쥐꼬리'라고 한 것은 또 다른 상징을 가진 重意表現으로 보이는 것이다. 즉 경전을 원형대로 두고 그 行間에 작은 글씨로 토를 단 것을 '쥐꼬리'에 비유한 것으로 볼 수 있는 것이다. 이러한 사실들은 설총의 석독구결이 전국에 보급되어 고려초에는 지식인들 사이에서 우리말을 기록하는 차자표기법이 설총에게서 나온 것으로 이해하고 있었음을 말하여 주는 것이다.

최행귀의 시대까지는 이두라는 용어가 없었던 것이 아닌가 한다. 설총이 吏書(吏讀)를 지었다고 한 첫 기록은 1295년경에 李承休가 지은 『帝王韻紀』에 나온다.

> 홍유후 설총이 吏書를 지어 우리말(속언과 향어)이 蝌蚪文字와 隷書에 통하게 되었다.(弘儒薛侯製吏書 俗言鄕語通科隷)

과두문자는 공자 시대에 쓰이던 문자로 後漢時代에 經學의 古文學인 훈고학을 일으키게 한 것이고 예서는 이보다 앞서 前漢時代에 今文學을 있게 한 문자이다. 따라서 이는 '吏書를 지음으로써 우리말이 고문학과 금문학, 즉 儒學에 통하게 되었다'는 뜻이다.[22]

여기서 처음 사용한 '吏書'라는 말은 과두문자·예서에 대응하는 '文字'의 개념으로 쓴 것인데 이 명칭에 어떻게 하여 '吏'라는 말이 들어가게 되었는가가 문제로 제기된다. 최행귀의 서문에서는 '鄕札'이란 말을 썼으니 10세기에 '鄕'이라고 하던 것이 13세기말에는 '吏'로 바뀐 것이다. 따라서 10세기 중엽 이후부터 13세기 말 사이에 사회적인 인식의 차이가 있어 '鄕'이라고 하던 것을 '吏'로 바꾸었다고 보아야 한다. 신라시대부터 고려초까지는 '吏'라는 용어가 없었다가 고려조에 들어와서 사회적으로 귀족계층이 생겨나면서 地方의 豪族들은 長吏 계층으로 바뀌게 되었다. 이에 따라 귀족계층에서 쓰는 한문·한자에 대하여 장리들이 주로 쓰는 문자로서 우리말을 표기하는 차자표기들을 '吏書'라고 하였던 것이다.[23]

---

22 科隷를 과두문자와 예서로 본 것은 황패강(1975)가 처음이 아닌가 한다. 그는 이를 과두문자와 예서로 해석하고 과두문자는 '경서류', 예서는 '관청의 공사문서'를 가리키는 것으로 설명하였다. 그러나 이를 고문과 금문으로 보면 둘 다 유학의 경전을 가리킨 것으로 볼 수 있고 이것이 내용상으로도 타당한 것으로 생각된다. 黃浿江(1975), 新羅鄕歌硏究, 『國文學論集』 7·8, 檀國大國文科, 126면.

23 현재 남아 있는 長吏들이 쓴 대표적인 글이 '淨兜寺造塔形止記(1031)'이다. 이는 장리들이 주축이 되어 淨兜寺의 탑을 만든 경위를 장리들이 직접 자세하게 기록한 것이다. 이는 公私文書가 아니라 사실을 사실대로 기록하는 향찰의 성격을 띤 것으로 당시의 지방

따라서 이 '吏書'는 경전에서 쓰는 한자에 대하여 '민간에서 쓰는 문자'라는 뜻으로 쓰인 것이다.

이 '吏書'에 대한 인식은 조선시대로 들어오면서 서서히 바뀌어 갔다. 조선시대에 吏讀에 대하여 최초로 언급한 것은 『大明律直解』(1395)의 跋文이다.

> 우리나라의 삼한 때에 설총이 지은 방언문자를 '吏道'라고 한다. 土俗에서 자연히 알고 익혀 익숙해져 있으니 급격히 바꿀 수 없다. 어찌 집집마다 찾아다니며 이 책(大明律直解)의 내용을 일러주고 사람마다 가르칠 수 있겠는가. 이 책을 吏道로 읽게 하여 타고난 능력[良能]에 이르도록 인도함이 마땅하다.[本朝 三韓時 薛聰所製方言文字 謂之吏道. 土俗生知習熟 未能遽革. 焉得家到戶諭每人而敎之哉. 宜將是書 讀之以吏道 導之以良能.]

여기서 吏道 곧 吏讀는 우리말을 적는 문자 즉 '방언문자'라고 못을 박고 있다. 그리고 우리나라 사람들이 어려운 법률 서적의 내용을 이해할 수 있도록 하기 위하여 이두로 번역한다고 하였다. 이는 胥吏들만을 위한 것이 아니라 온 국민을 대상으로 한 것임을 말한다. 이런 점에서 이 吏道라는 말은 『帝王韻紀』의 吏書와 같이 한자·한문에 대립하는 借字의 槪念으로 쓴 것이지 문서에 사용되는 우리말의 개념으로 쓴 것이 아니다. 다만 제왕운기에서는 口訣의 경우에 사용했지만 여기서는 法律文章인 實用文의 경우에 사용했다는 점에서 차이가 있다. 이는 이두가 실용적인 문장에 쓰이는 우리말이란 개념으로 바뀌어 가는 한 과정을 보여주는 것이다.

이러한 개념이 崔萬理의 訓民正音 反對 上疏文에 오면 크게 변화된다.

호족들 간에 사용되던 記事樣式으로 생각된다.

신라 薛聰의 吏讀는 비록 야비한 俚言이오나, 모두 중국에서 통행하는 글자를 빌어서 語助에 사용하였기에, 한자와 원래 서로 분리된 것이 아니므로, 비록 胥吏나 僕隷의 무리에 이르기까지라도 반드시 익히려 하면, 먼저 몇 가지 글을 읽어서 대강 문자를 알게 된 연후라야 이두를 쓰게 되는데 …… 하물며 이두는 시행한 지 수천 년이나 되어 簿書나 期會 등의 일에 防碍됨이 없는데, 어찌 예로부터 시행하던 폐단 없는 글을 고쳐서 따로 야비하고 상스러운 무익한 글자를 창조하시나이까(『世宗實錄』 권103, 19ㄴ 이하, 26년 2월 20일).

이 상소문에 나타난 최만리의 이두에 대한 이해는 다음과 같다.

1) 문자로 보기보다는 '俚言(우리말)'으로 본 것
2) 語助辭에 사용하는 것이라고 하여 한문의 보조적인 기능을 하는 것으로 본 것
3) 사용의 주체를 서리나 복예들로 본 것
4) 簿書期會와 같은 행정문서에 사용하는 것으로 본 것

이를 한 마디로 정리하면 '吏讀는 서리・복예들이 행정문서에 우리말의 어조사를 기록하기 위하여 사용하는 것'이 된다. 이는 오늘날 우리가 이해하고 있는 협의의 이두 개념에 일치하는 것이다. 그러나 훈민정음의 鄭麟趾 서문에서는 이두를 문자의 개념으로 보고 있어 이 시대에는 두 가지 견해가 공존하고 있음을 볼 수 있다.

이 이후 조선시대에 사회적으로 胥吏 계층이 굳어지면서 이들이 사용하는 문자나 글을 이두나 吏札이라고 부르게 되어 그 개념에 변화가 왔음을 알 수 있다. 이 이후 이두에 대하여 '서리 계층의 사람들이 공사문서에 쓰는 우리말'이라고 이해하는 개념은 조선시대 말기까지 이어져 왔다.

따라서 설총이 경서를 우리말로 읽은 석독구결이 시대가 흘러가면서

전국적으로 보급되고 여기에서 우리말 표기법이 발달하게 됨으로써 그에 대한 여러 명칭이 생긴 것임을 알 수 있다. 처음에는 '鄕札'이라 하여 향가와 같은 우리말 표기가 설총의 석독구결에서 나왔음을 말했고 좀더 시대가 흐른 뒤에는 문자의 개념인 '吏書'로 쓰이다가 조선시대에 들어와서 행정문서에 쓰이는 어조사와 같은 우리말이란 뜻으로 바뀐 것을 알 수 있다. 그리하여 광의의 이두와 협의의 이두 개념이 생겨나고 오늘날 널리 쓰이는 협의의 이두는 구결, 향찰과 구별되는 개념으로 널리 쓰이게 된 것이다.

5. 結語

설총은 신라가 삼국을 통일하기 직전인 태종무열왕 때 高僧 元曉의 아들로 태어나 문무왕, 신문왕, 효소왕을 거쳐 성덕왕 때까지 활동한 유학자이다. 그는 삼국시대에서부터 수용하여 온 중국의 經學, 그 가운데서도 訓詁學을 익히고 당나라 시대에 와서 하나로 통일된 儒學의 경전을 연구하여 우리말로 해석하여 읽고 경전의 한자에 훈고학적인 주석을 하였다. 그의 우리말 경전 해독은 釋讀口訣을 지은 것인데 이것이 신라의 國學에서 교수용으로 쓰여 후생을 가르치는 수단이 되었던 것임에 틀림없다. 이 구결이 경전의 표준적인 해석이 되어 13세기까지도 明經을 전업으로 하는 사람들이 끊임없이 학습하여 내려왔다. 설총은 이러한 업적으로 10세기까지는 '翰林'으로 불렸고 新羅十賢의 한 사람으로 일컬어졌다. 고려 현종 13년(1021)에는 弘儒侯로 추증되어 한국인으로는 처음으로 文廟에 配享되고 韓國 儒學의 祖宗으로 일컬어졌다.

설총의 釋讀口訣은 경전에 우리말의 조사나 어미, 말음첨기를 나타내는 토를 붙여 그 한문을 우리말로 풀어 읽은 것이다. 이 吐는 향찰과 이두 등 모든 차자표기법에 응용되어 우리말 표기법의 원천이 되었다. 토는 설총보다 한 세대 앞서 義湘大師의 시대에도 이미 있었고 백제에도 발달되어 있었지만 그것은 한정된 사회에서 쓰였던 것으로 추정된다. 그러나 설총의 석독구결이 표준적인 경전 해석이 되어 전국적으로 널리 보급됨으로써 설총이 借字表記法 곧 吏讀의 창시자로 알려지게 되었다. 이 사실은 이미 960년에 지어진 崔行歸의 普賢十願歌의 漢譯詩 서문에서 鄕札이 설총의 경서해석에서 나온 것으로 본 것에서 확인할 수 있다. 이것이 13세기말 李承休의 『帝王韻紀』에서는 吏書라는 명칭으로 바뀌었다. 이 吏書는 古文學의 蝌蚪文字와 今文學의 隸書로 쓰인 經典을 이해할 수 있게 하였다는 뜻이다. 따라서 吏書는 유학의 경전을 공부하는 수단으로 한문에 대응하는 우리말의 글이라는 뜻으로 쓰인 것이다. 이것이 조선시대에 들어와서 吏道 또는 吏讀라는 명칭으로 불리고 '方言文字'라는 개념으로 쓰이다가 급기야는 '실용문에 쓰이는 우리말 어조사'를 가리키는 개념으로 바뀌게 되었다. 그 후 시대가 흐를수록 후자의 개념이 힘을 얻어 현재 이두는 향찰, 구결과 대립하는 협의의 개념으로 쓰이고 있다.

설총의 이두 제작설은 이와 같이 시대에 따라 변화되어 온 것으로 그 근본은 그가 지은 석독구결이 널리 보급된 데 있는 것이다. 이 구결의 보급으로 인하여 儒學의 韓國化는 물론 鄕札, 吏讀, 口訣의 발달을 가져왔고 이들은 우리 선인들의 정신세계와 문자생활을 매우 풍요롭게 하여 우리 문화의 발전에 지대한 영향을 미쳤던 것이다. 현재 남아 있는 신라시대 차자표기의 양은 참으로 빈약하여 九牛一毛도 안 되는 것이지만 신라시대와 고려시대에 사용된 양은 조선시대에 한글이 사용된 양을 능가하는 것이었음을 추측하기에 어렵지 않다.

우리는 성리학을 연구하여 수용하는 과정에서 훈민정음이 창제된 것을 알고 있다. 薛聰의 口訣과 吏讀, 鄕札도 그가 經學을 연구하여 우리말로 해석한 釋讀口訣을 지은 결과로서 나온 것이다. 이런 과정에서 나온 문자들이 우리 선인들의 문자생활을 풍요롭게 발전시켜 온 것이다.

설총은 花王戒[諷王書]와 같은 최초의 가전체 문학작품을 써서 유학의 정신으로 王道를 펼 것을 완곡하게 말하였고 甘山寺阿彌陀如來造像記에서는 유·불·선 삼교의 정신을 찬양하여 그의 학문의 폭이 넓었음을 보여 준다. 또한 부친인 元曉의 塑像을 만들어 분황사에 안치하는 효성을 보여 주기도 하는데 이는 설총이 관념적인 학자가 아니라 실천하는 유학자였음을 말하여 주는 것이다. 그의 이러한 정신은 후손들에게도 이어져 손자 薛仲業이 대판관으로 일본의 사신을 수행하여 일본 한문학의 대가인 淡海眞人三船과 수작을 나누었고 고려시대의 후손인 薛景成도 의술로 이름이 있어 원나라 황제의 신임을 받았지만 청렴하고 분수를 지키어 『고려사』 열전에까지 올라 있다. 설총은 慶州薛氏와 淳昌薛氏의 시조로 모셔져 있는데 이 또한 그의 학문과 덕행을 받들려는 후손들의 마음을 보여 주는 것이다. 이는 한 사람의 훌륭한 삶이 당대에서 끝나지 않고 후손에게 이어지는 아름다운 문화와 전통을 보여 주는 것이라고 하겠다.

薛聰과 借字表記法

1. 序言

2001년 10월의 문화인물로 설총이 정해진 것은 그가 韓國 古代의 文字生活에 남긴 업적을 다시 생각해 볼 수 있는 계기를 마련해 준 점에서 큰 의의가 있는 것으로 생각된다. 그는 태종무열왕 때인 650년대 후반에 태어나[1] 문무왕, 신문왕, 효소왕 대를 거쳐 700년대 전반기인 성덕왕 대까지 활동한 신라의 큰 儒學者였다. 이 시대에 그가 남긴 업적은 신라시대와 고려시대의 儒學과 문자생활에서 중심적 구실을 하였고 조선시대에도 높이 평가되어 왔다.

그러나 그가 활동한 시대가 1300년 전의 먼 옛 일인데다가 남아 있는 기록이 단편적이어서 그가 남긴 업적을 구체적으로 밝히기는 어렵다. 그러나 전해오는 기록을 단순한 번역으로 그치지 않고 그것이 뜻하는 의미를 찾아보는 일은 그의 업적을 오늘에 재생시키는 중요한 작업이 될 것으로 생각된다. 이러한 점에서 薛聰에 관한 기록을 근래에 발굴된 차자표기 자료를 바탕으로 다시 생각해 보면서 그가 남긴 업적이 어떠한 가치를 갖는 것인가를 음미해 보고자 하는 것이 이 글의 목적이다.

1 文武王 때에 태어난 것으로 보아야 한다는 견해가 설득력이 있다. 高翊晉(1989),『韓國 古代 佛敎思想史』, 동국대학교 출판부, 177면 참조.

2. 薛聰의 經典解釋과 그 普及

설총이 남긴 업적은 正史인 『三國史記』와 史書에 준하는 『三國遺事』의 기록에 실려 있는 것을 기준으로 삼아야 한다. 이를 중심으로 그의 업적을 고구해 보기로 한다.

『삼국사기』에는 다음과 같이 기록되어 있다.

> 薛聰의 字는 聰智이고 …… 아버지는 元曉이다. …… 그는 본성이 총명하고 예민하여 나면서부터 배우지 않고도 도리와 학술을 알아 우리말로 九經을 읽어 후생들을 가르쳐 지금도 학자들이 그를 宗主로 삼는다.[2]

『삼국유사』에는 이보다 좀더 구체적으로 기록되어 있다.

> 설총은 나면서부터 예민하여 經典과 史書에 널리 통하니 新羅十賢 가운데 한 사람이다. 우리말[方音]로 중국과 우리나라의 方言과 俗語의 物名을 서로 통하여 알게 하였고 六經과 文學을 註를 달고 해석[訓解]하여 지금도 明經을 專業으로 하는 이들이 이어 받아 끊이지 않는다.[3]

이는 설총이 聖賢과 같은 총명을 타고났고 儒學의 經典과 歷史書에 널리 통하여 신라의 十賢으로 꼽히는 인물이었음을 말하여 준다. 그가 우리말로 경전을 읽었다는 것은 경전을 우리말로 해석하여 읽는 釋讀口訣을 지었음을 말하여 주는 것이다. 이것이 『사기』나 『유사』가 지어지던 고려시대까지 전하여졌다는 것은 500여년 동안 유학의 경전을 해석하는

---

2 薛聰字聰智, …… 父元曉. …… 聰性明銳 生知道術. 以方言讀九經 訓導後生 至今學者宗之.

3 聰生而叡敏 博通經史 新羅十賢中一也. 以方音 通會華夷方俗物名 訓解六經文學 至今海東業明經者 傳受不絶.

표준적인 구결이 되어 있었음을 말하는 것이다. 이는 조선시대에 校正廳의 經書諺解가 표준적인 경전 해석서가 되었던 것과 같은 성격을 띠는 것이다. 이 조선시대의 經書諺解는 고려시대에 性理學이 수용된 후 300여년 동안 연구한 결과로 이루어졌다는 사실을 감안할 때 설총의 석독구결도 삼국시대부터 수용하여 온 中國 儒學의 成果를 수용하여 이루어졌으리라는 추정을 할 수 있게 한다. 또 설총의 석독구결이 지어진 후 중국 유학의 이론에 큰 변화가 없었다는 사실을 말해 주는 것이기도 하다. 중국에서는 前漢의 今文學, 後漢의 古文學과 訓詁學, 남북조시대의 北學과 南學을 거치면서 經學이 발전해 오다가 唐의 太宗 때에 이르러 顔師古에게 經文의 통일을, 孔穎達에게 경전의 뜻을 통일할 것을 명하여 『顔氏定本』과 『五經正義』가 이루어졌고 이것이 표준적인 경전이 되어 宋代의 성리학이 나오기까지 이어져 내려왔다. 설총의 석독구결은 이 안씨정본과 오경정의를 底本으로 하여 바르게 해석하였기 때문에 신라와 고려를 거치면서 많은 학자들이 나왔음에도 불구하고 끊이지 않고 이어져 왔던 것으로 생각된다.

설총의 經學은 訓詁學에도 철저하였던 것으로 보인다. 이는 遺事의 '우리말[方音]로 중국과 우리나라의 방언과 속어의 物名을 서로 통하여 알게 하였다(以方音 通會華夷方俗物名)'라는 기사에 잘 나타나 있다. 方俗物名의 '方俗'이란 말은 훈고학에서 쓰는 말로 경전의 용어인 '雅言'에 대립하는 말이다. 이는 경서의 한자를 우리말로 주석한 사실을 가리키는 것으로 설총이 훈고학에 정통하여 있었음을 말하는 것이다.

조선시대의 유학자들도 설총이 훈고학으로 경전을 해석하였음을 말하고 있다. 선조 37년 9월에 예조에서 왕에게 올린 啓目에 金宏弼 등 조선시대의 다섯 유학자를 文廟에 配享할 것을 청하면서 '최치원과 설총은 詞章과 訓詁의 학문을 가지고도 묘정에 배향하였으니' 이보다 더 격이 높은 성리학을 연구하여 업적을 남긴 김굉필 등은 문묘에 배향하지 않을 수 없다고 하였다. 이는 김굉필 등을 강조하기 위하여 설총의 업적을 卑

下한 감도 있지만 설총의 유학이 훈고학을 배경으로 한 것으로 인식하고 있음을 말해 주는 것이다. 설총의 훈고학적인 업적이 전하지 않아 구체적으로 어떠한 것이었는지 알 수 없지만 아마도 玉篇에 준하는 저술로 이루어져 이용하기에 편하도록 된 것이 아니었을까 한다.

설총의 석독구결이 어떻게 하여 전국적으로 널리 보급되게 되었을까 하는 점도 생각해 볼 문제이다. 이에 대하여 설총의 구결은 오늘날의 대학에 해당하는 '國學'에서 교수된 것으로 추정하는 것이 타당한 것으로 생각된다. 신라의 '國學'은 진덕여왕 5년(651)에 大舍 2인을 둠으로써 처음으로 설치되었던 것인데 이것을 神文王 2년(682)에 校長에 해당하는 卿을 두고 체제를 갖추어 禮部에 속하게 함으로써 활발한 기능을 발휘하였던 것이다.[4] 이때는 설총의 나이 25세 전후인데[5] 설총이 총명하여 이미 유학의 높은 경지에 이르렀을 것이지만 그의 선배인 强首가 국학의 체제 정비에 중요한 구실을 하였을 것으로 추측된다. 이 무렵 설총은 신문왕에게 花王戒로 알려진 諷王書를 지어 올려 높은 자리에 발탁되는데 이것은 아마도 국학의 중요한 직책에 오른 것이 아닌가 한다. 그가 석독구결을 지어 여기서 教授함으로써 그 제자들이 관리로 발탁되어 전국에 부임하게 됨으로써 그의 석독구결이 널리 보급된 것으로 추정되는 것이다.

3. 薛聰의 釋讀口訣과 借字表記法의 發達

석독구결은 한문에 우리말의 조사나 어미 또는 말음첨기에 해당하는 吐를 붙여 그 한문을 우리말로 해석하여 읽는 한국의 독특한 한문 독법이다. 이것은 조선시대의 諺解와 유사하지만 한문의 원문을 그대로 두고 토를 붙여 표시하는 것이 특징이다. 석독구결 자료는 고려시대까지는 佛

4 李丙燾(1959), 『韓國史 - 古代篇』, 震檀學會, 乙酉文化社, 1966(4판), 667면 참조.
5 또는 15세 전후로 볼 수도 있음.

家의 口訣이 전할 뿐 아쉽게도 儒家의 口訣은 전하는 것이 없다. 불가의 석독구결은 口訣字로 토를 단 墨書口訣과 점과 선으로 토를 표시한 點吐口訣이 있다. 이 양자는 같은 불가의 구결이지만 독법을 표시하는 방법이 달라서 계통이 다른 것으로 판단된다. 고려시대에는 이밖에도 계통이 서로 다른 여러 종류의 구결이 있었을 것으로 추측된다. 이에 따라 설총의 구결도 특징이 있는 독법을 보여 주는 것으로 추측이 되지만 전하는 실물이 없어 구체적으로 어떠한 것인지 알 수가 없다. 다만 현재 전하는 석독구결로 볼 때 이들은 차자표기법의 발달에 중요한 구실을 하였음이 분명하므로 불가의 석독구결을 가지고 설총의 구결이 우리말의 표기에 미친 결과에 대하여 추정해 보기로 하자.

먼저 널리 알려진 舊譯仁王經의 석독구결을 가지고 그 독법을 살펴보기로 한다. 〈도표〉의 예문을 보기로 하자. 큰 글자로 쓰여진 것이 이 불경의 원문이고 行의 좌우에 작은 글자를 붓으로 써넣은 것이 吐이다. 이 토는 구결자로 쓰여지는데 획이 단순한 것은 正字가 그대로 쓰이지만 획이 많은 글자는 略體字가 쓰인다. 약체자는 借字(漢字)의 楷書體나 草書體에서 앞부분이나 뒷부분을 따온 것이다.

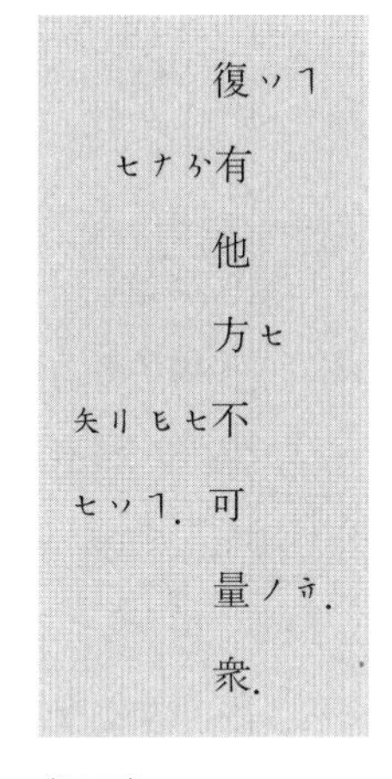

〈도표〉

이 구결을 읽는 순서는 다음과 같다. 먼저 行의 오른쪽에 토가 붙은 한자(한문 구성소)인 復ソ1, 他方セ, 量ノㅎ을 차례로 읽어 내려가다가 점이 있으면 위로 올라가 왼쪽에 토가 붙은 한자를 읽는다. 여기서는 '量ノㅎ'의 끝에 점이 있으므로 이를 읽고 위로 올라가 왼쪽에 토가 붙은 '可セソ1'을 읽는다. 이 토의 끝에 점이 또 있으므로 다시 위로 올라가 行의 왼쪽에 토가 붙은 한자인 '不矢リヒセ'을 읽는다. 이 한자에는 점이 없으므로 아래로 내려와 오른쪽에 토(점)가 붙은 한자인 '衆'을 읽는다. 이 한자에 점이 있으므로 위로 올라가 왼쪽에 토가 붙은 '有セナ㢱'를 읽는 것이다.

이와 같이 점이 있어서 위로 올라가 읽을 때는 行의 왼쪽에 토가 붙은 한자를 읽고 점이 없어서 내려와 읽을 때는 行의 오른쪽에 토가 붙은 한자를 읽는 것이 이 석독구결을 읽는 원리이다.

1)의 예문을 토가 지시하는 순서에 따라 다시 배열하고 우리말로 읽는 과정을 보이면 다음과 같다.

1. ㄱ) 復丷ㄱ 他方七 量ノ立 可七丷ㄱ 不失リヒ七 衆 有七ナか
   ㄴ) 復爲隱 他方叱 量乎音 可叱爲隱 不知是飛叱 衆 有叱在旀
   ㄷ) 復ᄒᆞᆫ 他方ㅅ 量홈 可ㅅᄒᆞᆫ 不디인ᆺ 衆 有ㅅ겨며
   ㄹ) ᄯᅩᄒᆞᆫ 他方ㅅ 量홈 짓ᄒᆞᆫ 안디인ᆺ 衆 잇겨며
   (또한 他方의 量할 수 없는 衆이 있으며)

ㄱ)이 원문을 토가 지시한 대로 우리말의 순서로 배열한 것이다.

ㄴ)은 ㄱ)의 구결자를 정자로 바꿔 놓은 것이다. 구결의 약체자는 한자의 한 부분을 따서 일종의 메모용으로 사용하는 것이므로 필요하면 언제나 정자로 바꿀 수 있다. 그리하여 구결을 인쇄하거나 공식적으로 공개할 때는 약체자를 정자로 고쳐 쓰는 것이 원칙이다. 따라서 ㄱ)에서 ㄴ)으로 바꾸는 일은 언제나 가능한 것이다.

ㄷ)은 ㄴ)의 구결자를 한글로 옮긴 것이고 ㄹ)은 원문의 음독자와 훈독자를 구별하여 훈독자를 우리말로 새겨 읽은 것이다.

현재 이 계통의 석독구결은 大覺國師 義天이 11세기말에 간행한『華嚴經疏』권35를 비롯하여 5종의 자료가 발굴되었다. 이들은 12세기초에서부터 13세기 중반에 걸쳐 이루어진 것이다.

이 석독구결을 우리말로 풀어 놓은 ㄱ)과 ㄴ)의 구조를 어절을 단위로 살펴보면 의미부를 나타내는 앞부분은 讀字(表意字)로 표기되고 문법관계를 나타내는 뒷부분은 구결자로 된 토로 표기된다. 구결자는 원칙적으로 표음문자인 假字이므로 ㄴ)은 '讀字+假字'의 표기구조를 이룬다. 이것

이 향찰이나 이두에 적용되어 차자표기법의 원리가 된다.

위의 표기를 향찰의 표기법과 비교해 보자.

2. ㄴ) 東京 明期 月良 夜 入伊 遊行如可
   ㄷ) 東京 明긔 月아 夜 入이 遊行다가
   ㄹ) 東京 ᄇᆞᆯ긔 ᄃᆞᆯ아 밤 들이 놀니다가

이는 處容歌의 첫구절이다. ㄴ)의 밑줄친 부분이 구결의 토에 해당하는 것으로 假字(표음자)로 표기된 것이다. 이를 한글로 옮긴 것이 ㄷ)이다. ㄹ)은 이 구절을 우리말로 풀어서 읽은 것이다. 이로 보면 향찰의 표기구조도 '讀字+假字'로 되어 있어서 석독구결의 그것과 일치하는 것임을 알 수 있다. 이는 석독구결과 향찰에 토가 쓰이어 서로 表裏의 관계를 맺고 있음을 말하여 주는 것이다. 즉 경전을 우리말로 읽는 것은 聽者의 입장인데 이를 話者의 입장에서 응용하여 자기의 생각을 우리말의 어순으로 기록한 것이 향찰이다. 이런 점에서 석독구결은 향찰의 母胎라고도 할 수 있다.

'讀字+假字'의 표기구조는 이두문에도 적용된다. 신라의 대표적 이두인 華嚴經寫經造成記(755)의 한 구절을 들어보기로 하자.

3. ㄴ) 諸 筆師等 各 香花 捧ㅅ 右念行道爲 作 處中 至者 …… 坐中 昇 經 寫在如.
   ㄷ) 諸 筆師ᄃᆞᆯ 各 香花 捧금 右念行道ᄒᆞ 作 處긔 至ᄂᆞᆫ …… 坐긔 昇 經 寫겨다
   ㄹ) 모ᄃᆞᆫ 筆師ᄃᆞᆯ 各 香花 받들어금 右念行道ᄒᆞ아 질 ᄀᆞᆮ긔 니ᄅᆞᆫ …… 자리긔 올아 經 스겨다.
   (모든 筆師들이 각각 香花를 받들고 右念行道하여 만드는 곳에 이르면 …… 자리에 올라 經을 쓴다.)

ㄴ)의 밑줄 그은 부분이 이 이두문의 토이다. ㄷ)은 이 토를 한글로 옮긴 것이고 ㄹ)은 이를 신라시대의 말로 추정하여 읽은 것이다. 이 이두문은 토가 짧아 당시의 조사나 어미를 철저하게 표기하지는 못하고 있다. 이와 같이 이두문은 구결이나 향찰에 비하여 조사나 어미를 정확하게 표기하지 않고 중심형태만 표기하여 나머지는 짐작하여 읽도록 하는 특징을 가지고 있다. 그러나 그 표기구조가 '讀字+假字'로 되어 있음은 구결이나 향찰과 같다.

이러한 사실들은 假字로 표기되는 吐가 우리말을 원만하게 표기하게 하는 중요한 요소임을 말해 준다. 설총이 경전의 석독구결을 지었다는 것은 경전에 우리말의 조사나 어미 또는 말음첨기를 나타내는 吐를 기입하여 그 한문을 우리말로 읽는 법을 표시하였음을 말한다. 이 토의 발달이 차자표기법으로 하여금 우리말을 원만하게 표기할 수 있게 한 것이다. 따라서 당시인들은 경전의 석독구결만 익히면 향찰이나 이두를 힘들여 학습하지 않아도 쉽게 그 내용을 이해하고 사용할 수 있었던 것임을 알 수 있다.

4. 吐와 借字表記法의 發達

吐의 發達은 借字表記法이 국어를 원만하게 표기하는 중요한 계기를 마련한 것인데 薛聰의 釋讀口訣이 이 토를 본격적으로 사용하였던 것임은 의심의 여지가 없다. 그러면 이 토는 언제부터 발달하기 시작한 것인가 하는 점이 문제로 제기된다.

이를 구체적으로 알려 주는 자료는 전해오는 것이 빈약하여 확인하기가 어려우나 우리는 이두를 통하여 그 발달시기를 어느 정도는 짐작할 수가 있다. 현재 삼국시대부터 조선시대까지 실물자료가 남아 있는 것은 이두밖에는 없고 향찰과 구결은 불행히 고려초기 이후의 자료만이 남아 있다.[6] 이두에 나타나는 시대적인 변천상을 보면 三國時代의 吏讀는 그 어순이 국어의 어순으로 되어 있거나 한문과 국어의 어순이 섞여 쓰이고 후대의 이두에서 사용되는 특수한 한자들이 쓰였던 사실을 확인할 수 있다. 그러나 토의 모습은 보여 주지 않는다. 현재 토가 쓰인 가장 이른 시기의 이두문은 甘山寺阿彌陀如來造像記인데 여기에 쓰인 '助在哉/돕겨지'의 '-在哉/겨지'가 토이다. 이 조상기는 720년에 쓰여진 것으로 설총이 撰하였다고 하는 한문 조상기의 말미에 기록된 것이어서 이는 설총의 시대에 토가 쓰였음을 확인시켜 주는 것이다. 그러나 고려시대 大覺國師 義天의 『新編諸宗敎藏總錄』에는 義湘大師의 華嚴經 講義를 그의 제자들이 기록한 『要義問答』 2卷과 『一乘問答』 2卷에 우리말이 섞여 있다고 하였다. 화엄경 강의를 우리말로 기록하자면 토가 없이는 불가능한 것이니 여기에 토가 쓰였을 것은 추정하기에 어렵지 않다. 일본에서도 센묘[宣命]에 토가 쓰였음이 확인되는데 그 가장 이른 것은 697년까지 올라가고 같은 종류의 토가 쓰인 노리도[祝詞]도 7세기 후반까지 소급된다고 한다. 이는 백제의 영향일 가능성이 크므로 삼국시대 말기에는 백제에도 토가 발달되어 있었을 가능성이 높다. 이러한 사실들은 설총보다 한 세대 앞서는 시대에 이미 토가 있었음을 말하여 주는 것이다.

그러나 설총 이전에는 토가 발달되어 있었어도 그 보급은 승려들이나 일부 지식인들에게 국한되어 있었을 것이다. 薛聰의 經典 釋讀口訣은 '國學'에서 교수하기 위하여 지어진 것이므로 이 학교의 학생들이 官吏로써 또는 社會的인 指導層으로 진출함에 따라 전국적으로 전파되어 갔을 것이다. 이들이 설총의 구결을 표준으로 삼아 가르치고 그것이 이두와 향찰 표기의 모태가 되었으므로 설총이 借字表記의 創始者로 이해된 것으로 추정되는 것이다. 설총 이전부터 토가 사용된 예가 있었다 하더라도 설총의 구결이 전국적으로 보급되어 있었으므로 시대가 흐를수록 그것

---

6 『삼국유사』의 향가는 신라의 노래이지만 13세기에 와서 기록된 것이기 때문에 신라시대의 국어나 표기법을 반영하는 자료라는 보증이 없다.

은 설총의 구결에서 왔다는 설에 흡수되고 말았을 것이다.

이러한 사정을 알려 주는 가장 이른 시기의 기록은 均如傳의 崔行歸 序文이다. 이는 均如의 普賢十願歌를 한문으로 번역하면서 붙인 서문으로 960년대에 지은 것이다. 설총이 활동한 시대에서 보면 300년 미만의 時間差를 가진 것이다.

그 내용을 보면 우리나라 사람은 漢詩를 이해하지만 均如大師의 훌륭한 향가인 普賢十願歌는 중국에 전해지지 못한다. 보현십원가가 중국에 전해지지 못하는 까닭은 그것이 향찰로 기록되었기 때문이다. 같은 한자를 쓰면서 이러한 차이를 가져온 까닭을 최행귀는 중국의 한문은 孔子가 직접 가르쳤기 때문에 모든 만물에 통하지만 향찰은 薛聰이 儒學의 글인 한문을 바꾸어서 쥐꼬리를 만드는 데 그쳤기 때문에 그렇게 밖에 안 된 것이라는 것이다.

여기서 우리의 주목을 끄는 것은 普賢十願歌와 같은 鄕札을 설총이 경전을 우리말로 해석한 석독구결에서 온 것으로 이해하고 있는 점이다. 균여의 보현십원가와 같은 향찰이 설총의 석독구결에서 나왔다고 본 것은 설총의 구결이 전국에 보급되어 우리말 표기법의 원천이 되어 있었음을 말하여 주는 것이기도 하다. 또 설총의 업적을 '쥐꼬리(鼠尾)'라고 평한 것도 암시하는 바가 크다. 이는 설총의 업적이 孔子의 업적에 비하면 보잘것없음을 말한 것이지만 '쥐꼬리'라고 한 것은 또 다른 상징을 가진 重意表現이다. 즉 경전을 원형대로 두고 그 行間에 작은 글씨로 토를 단 것을 은유적으로 표현하여 '쥐꼬리'라고 한 것이다. 이는 薛聰의 釋讀口訣이 전국에 널리 보급되어 고려초에는 지식인들 사이에서 우리말을 기록하는 모든 차자표기법이 薛聰의 經典 解釋인 釋讀口訣에서 나온 것으로 이해하고 있었음을 말하여 주는 것이다.

이러한 사실은 1295년경에 李承休가 지은 『帝王韻紀』의 詩句에서도 확인할 수 있다.

弘儒侯 薛聰이 吏書를 지어 우리말(俗言과 鄕語)이 蝌蚪文字와 隷書에 통하게 되었다.(弘儒薛侯製吏書 俗言鄕語通科隷)

蝌蚪文字는 공자 시대에 쓰이던 것으로 後漢 시대에 儒學의 古文學과 訓詁學을 일으킨 문자이다. 隷書는 前漢 때에 사용된 문자로 이를 가지고 경전을 연구하는 유학을 今文學이라고 한다. 즉 이들은 前後漢 시대에 금문학과 고문학을 있게 한 문자들이니 이 詩句는 '薛聰의 吏書가 있음으로써 우리말이 儒學에 통하게 되었다'는 내용이다.[7] 여기서 처음으로 사용한 '吏書'라는 말은 蝌蚪文字와 隷書에 대응하는 문자의 개념으로 쓴 것이고 이승휴는 이를 통하여 '薛聰의 吏書로 인하여 우리 나라가 공자의 가르침을 받드는 유학의 나라, 곧 문화적인 국가가 되었음'을 말하고자 한 것이다. 이 吏書는 곧 崔行歸의 鄕札과 같은 뜻이니 설총이 석독구결로 경전을 우리말로 읽은 사실과 직접적인 관계를 가진 것이다. 설총이 지은 것은 口訣이었음에도 불구하고 후대에 그가 吏讀를 지었다고 한 것은 문자의 개념으로 쓰던 吏書라는 개념이 바뀌어 '公私文書와 같은 실용문 속의 우리말 語助辭'를 가리키게 됨으로써 석독구결과 거리가 생겼기 때문이다.

이상에서 볼 때 설총은 경전을 우리말로 읽는 석독구결을 지은 것인데 여기에 쓰인 토가 향찰과 이두를 발전시키는 모태가 되었고 국학을 통하여 이 구결이 전국적으로 보급됨으로써 鄕札과 吏讀도 설총이 처음 지은 것으로 이해하게 된 것임을 알 수 있다.

---

7 科隷를 蝌蚪文字와 隷書로 본 것은 黃浿江교수가 처음이 아닌가 한다. 그는 이를 과두문자와 예서로 해석하고 蝌蚪文字는 '經書類', 隷書는 '관청의 공사문서'를 가리키는 것으로 설명하였다. 그러나 이를 古文과 今文으로 보면 둘 다 유학의 경전을 가리킨 것으로 볼 수 있고 이것이 내용상으로도 타당한 것으로 생각된다. 黃浿江(1975), 新羅鄕歌硏究, 『國文學論集』 7·8, 檀國大國文科, 126면 참조.

5. 略體字와 省劃字

설총의 구결에서 사용한 자형은 어떠한 것이었을까 하는 점도 당시인들의 문자생활을 이해하기 위하여는 반드시 생각해 보아야 할 문제이다. 구체적인 실물이 전하지 않고 훨씬 후대인 고려시대의 자료만이 전하는 지금 이 문제 역시 간접적인 자료에 의하여 해결의 실마리를 찾을 수밖에 없다. 이를 위하여 고려시대의 구결에서 사용된 자형들을 관찰하고 이를 통하여 설총의 구결에서 사용한 자형에 대하여 추정해 보기로 한다.

고려시대의 구결에서 사용하는 차자의 자형은 원칙적으로 略體字이다. 획이 단순한 차자는 正字대로 사용하지만 획이 복잡한 차자는 그 일부분을 따서 사용한다. 정자에서 부분을 따올 때는 그 앞부분이나 뒷부분을 따서 사용하는 것이 원칙이고 가운데부분을 따는 예는 거의 없다. 예를 들면 '大/대'는 획이 단순하여 정자대로 사용한 것이고 '罒/라'는 획이 복잡한 '羅'에서 앞부분을 따서 사용한 것이다. 羅의 약체자는 후대에는 '亽/라'로 교체되는데 이는 '羅'의 속자 '罖'의 뒷부분을 따온 것이다.

口訣에서는 楷書體와 아울러 草書體도 사용한다. 일반적인 문자생활에서 개인적인 기록을 할 때는 해서체보다도 초서체를 더 많이 사용하는 경향이 있으므로 초서체에서 온 약체자도 적지 않게 나타난다. '+/긔'는 '中'자의 초서체가, '木/ᄃᆞ'는 '等'자의 초서체가 직선화된 것이고, '㇋/아'는 '良'자의 초서체에서 앞부분을 따온 것이다. 같은 글자의 같은 부위에서 따온 자형이라도 시대에 따라 단순화되거나 변화되기도 한다. '羅'는 '罖→亽→丶'의 과정을 거쳐 麗末·鮮初에는 '丶'로 바뀐다. '彌/며'의 앞부분을 따온 '㢱'는 여말·선초에 오면 'ㄅ'로 바뀌어 조선시대말까지 사용된다. 正楷體를 사용하는 경우도 적지 않게 나타난다. 몇 예만 들면 '加/가', '今/게', '古/고', '昆/곤' 등과 같은 자형이다. 이들은 사람에 따라 그 약체자 'カ, 亽, ㅁ' 와 함께 사용되는 경우도 있으나 대체로는 약체자가 주로 쓰이고 정해체는 간혹 섞이어 사용된다. 略體字는 개인의 메모용으로 사용되는 것이기 때문에 필요하면 언제나 正字로 돌아갈 수 있다. 그리하여 토를 본문 속에 인쇄하여 넣거나 대중들에게 공표할 때는 정자로 쓰는 것이 원칙이다.

현재 고려시대의 구결에서 記入吐를 보여 주는 것은 약체자를 주로 사용한 것이다. 그 가장 이른 것은 誠庵古書博物館에 소장된 『晉本華嚴經』 권20에 쓰인 것이다. 이 자료는 9세기에서 10세기 사이에 간행된 것으로 추정되는데 全卷에 角筆點吐를 기입한 것이다. 다만 그 欄上에 別本에서 옮겨 적은 墨書인 '別本云 衆生ㅋ身ㄷ中ㅋ十'라고 한 것이 있다. 'ㅋ/衣, ㄷ/叱, ㅋ/良, 十/中'가 토를 표기한 약체자이다. 이를 기입한 사람은 다른 난상의 註에서는 토를 각필점토로 표시한 것이 있어 이 약체자는 점토의 기입자가 옮겨 적은 것이 분명한 것이다. 이에 따라 그 기입연대는 이 판본이 간행된 후 오래지 않은 시기로 늦어도 10세기일 것으로 추정된다. 이와 같이 현재 가장 이른 약체자는 10세기까지는 소급할 수 있게 되었는데 이 자형은 11세기의 『瑜伽師地論』 角筆點吐에 나타나는 것과 같고 12세기 이후의 墨書口訣에 나타나는 것과도 같다. 이는 10세기에는 구결에서 약체자가 보편적으로 사용되고 있었음을 말하여 주는 것이다.

현재까지 발굴된 구결 가운데 연대가 확실하면서도 가장 이른 것은 均如의 釋華嚴教分記圓通鈔에 나오는 것이다. 이는 960년대에 균여가 강의한 것을 그의 門人들이 옮겨 적은 것으로 본래 方言本이었던 것을 한문으로 改修하고 2行 남짓한 구결만이 전하게 된 것이다. 이 구결은 판각되어 인쇄된 것이므로 토를 정자로 바꾸었고 글자의 크기를 작게 하여 각주의 형식으로 두 줄로 나누어 적은 것이다. 이는 10세기에도 개인이 사적인 용도로 기입할 때는 약체자를 주로 쓰고 공적으로 간행할 때는 정자로 바꾸어 씀을 직접 보여 주는 것이다.

이러한 약체자는 언제나 정자와 연관되어 사용되는 것이지만 한 경전의 처음서부터 끝까지 일관성 있게 사용되는 것이므로 하나의 文字體系

를 이루는 것이다. 그리하여 이 약체자만으로도 하나의 기술을 완벽하게 할 수 있는 독립된 문자의 성격을 띠는 것이다. 그러나 약체자가 구결이 발생할 초기부터 발달되어 있었다고 보기는 어려우므로 설총의 시대에 과연 약체자가 있었는가는 이제부터 고증해 나가야 할 과제이다.

신라시대의 구결자료는 전하는 것이 없으므로 그 시대의 자형을 직접 살펴볼 수 있는 자료는 금석문과 고문서로 남아 있는 이두자료와 일부 고려시대의 文籍들이다. 신라시대의 자료에 나타난 차자 가운데서 정자의 원리를 벗어나는 자형은 두 가지가 있다. 하나는 두 글자를 合字하여 사용하는 것이고 다른 하나는 정자의 획을 생략하는 省劃字이다.

합자는 삼국시대 금석문인 南山新城碑(591)에 보이는데 그 제1비에는 관등명인 '小舍, 大烏, 上干, 一伐' 등이, 제2비에는 '上干, 一伐, 一尺, 彼日' 등이, 제3비에는 '大舍, 小舍' 등이 한 글자로 합자되어 있다. 통일신라시대의 고문서인 신라화엄경사경조성기(755)에는 '大舍'를 합자하되 '舍'의 첫 두 획을 감획한 자형을 보여 준다. 이 조성기에서는 두 글자로 된 관등명을 한 글자로 줄여 표기한 예도 있다. '奈麻'를 '奈'로 '舍知'를 '舍'로 표기하는 것이 그것인데 '舍'와 같은 것은 고려초기의 명봉사자적선사비의 첩문(941)에서도 볼 수 있다. 永川菁堤碑貞元銘(798)에서는 '乃末'을 합자한 자형과 아울러 '功'과 '夫'를 합자한 '巭'의 예가 나온다. 후자는 고려시대에는 '巭'으로 굳어져 한국의 고유한 한자가 되었다. 이러한 고유 한자에 현대까지도 널리 쓰이는 '畓'자가 있다. 이는 '水'와 '田'이 합해진 것으로 新羅帳籍(758년대 추정)에 이미 나타난다. '太'가 '콩'의 뜻을 갖는 것은 '大豆'의 '豆'자를 초서체로 흘려 쓰다가 단순화시켜 점으로 줄인 것인데 이 역시 한국의 固有漢字의 범위에 든다. '大豆'가 '太'로 줄어드는 과정을 우리는 日本 正倉院 所藏 新羅出納帳(750년대 추정)에서 볼 수 있다. 이러한 자형은 문서 작성에서 사용하기에 편하도록 하고자 하는 데서 자연발생적으로 발달한 것이다.

신라의 省劃字는 蔚珍鳳坪新羅碑(520년대 추정)에는 '條'자에서 앞쪽의

3획을 감획한 자형이 쓰였고 '等'자의 초서체에서 단순화된 'ㅊ'자도 쓰였다. 이 'ㅊ'자는 戊戌塢作碑(578 추정), 통일신라시대에는 永泰2年銘 石毘盧遮那佛 造像銘(766), 영천청제비정원명(798), 竅興寺鐘銘(856)에도 나타난다. 이 가운데는 토의 표기에 사용된 것도 확인된다. '鋌'자는 무게의 단위를 나타내는 것이어서 종명에 자주 쓰인다. 上院寺鐘銘(725)에서는 정자대로 쓰였으나 禪林院鐘銘(804), 蓮池寺鐘銘(833), 규흥사종명(856)에서는 생획자 '廷'이 쓰였다. '檀越'은 상원사종명에서 이미 '旦越'로 쓰인 예가 있다. 旦은 檀의 생획자인데 선림원종명에도 쓰였다. '維那'는 흔히 '唯乃'로 쓰인다. 維가 唯로 쓰이는 것은 초서로 흘림에 따라 糸가 口로 바뀐 것이다. '唯那'의 예는 무술오작비에 이미 나타난다. 那가 乃로 바뀐 것은 減劃에 의한 것이다. 무진사종명에는 '雀乃'로 쓰인 예가 있고 상원사종명과 선림원종명에는 '唯乃'로 쓰이고 있다. '那'는 신라화엄경사경조성기와 영태2년명 석비로자나불조상명에선 토 '이나'의 표기에 쓰였는데 이것이 정창원 소장 색모전의 첩포기(8세기중엽 추정)에서는 '乃'로 쓰였고 8세기의 자료에서는 이러한 예가 증가한다. 생획자로 우리의 주목을 끄는 것은 '菩薩'을 감획하여 그 앞부분 '卄'만을 두 번 겹쳐 사용한 것이다. 이는 균여전에 쓰인 것이 가장 이른 것인데 신라시대까지 소급할 것으로 생각된다.

이상의 생획자들을 볼 때 삼국시대부터 이미 생획자가 사용되어 신라시대에는 적지 않은 용례를 보여 준다. 특히 구결의 약체자로 쓰이는 'ㅊ/ᄃ'와 '乃/나'가 이두의 토에 사용된 것은 구결에도 약체자가 발달되어 있었을 가능성을 암시하는 것이어서 주목된다. 이러한 점은 설총의 구결에서 토의 표기에는 생획자가 쓰였을 가능성을 말하여 준다. 그러나 토의 발달이 오래지 않은 시대에 이들이 약체자로까지 발달한 것으로 생각되지는 않는다. 이러한 생획자보다는 정자가 더 많이 쓰였을 것으로 추정되는 것이다. 이러한 점에서 설총의 구결에는 생획자가 쓰였을 것을 배제할 수는 없지만 이들이 약체자로까지 발달하여 체계적으로 쓰였다고 보기는 어렵다. 약체자가 널리 쓰인 것은 설총 이후 상당한 시간이 흐른 이후, 아마도 9세기에 들어와서나 발달한 것이 아닌가 추측해 본다.

6. 結語

설총은 중국의 經學과 訓詁學에 精通하여 당나라 시대에 통일이 된 『顔氏定本』과 『五經正義』를 底本으로 경전의 釋讀口訣을 지었고 이것이 國學에서 교수됨으로써 전국적으로 보급된 것으로 파악된다. 釋讀口訣은 한문에 토를 달아 그 한문을 우리말로 새겨 읽는 구결로 여기에 쓰인 토가 모든 차자표기법에 적용되어 그 표기법의 원천이 된다. 설총의 석독구결은 國學에서 敎授됨으로써 전국으로 보급되어 설총 이전에 吐가 발달되어 있었을 것으로 추정됨에도 불구하고 모든 차자표기법이 설총에 의하여 제작된 것으로 이해되게 되었다.

설총의 석독구결은 현재 실물이 전하지 않아 구체적으로 어떠한 것이었는지는 확인할 수 없다. 고려시대의 석독구결은 시대와 학파에 따라 여러 종류가 있었음이 확인되는데 그 가운데 설총의 구결에 가까운 것을 가려내기는 어렵다. 그러나 그 표기구조가 '讀字+假字'의 구조였고 이것이 차자표기법을 발달시키는 원천이 되었음은 의심의 여지가 없다. 설총의 시대에 구결의 약체자가 발달되어 있었을까 하는 점도 문제가 되는데 현재 전하는 금석문이나 고문서의 자료로 보아 부분적으로는 약체자가 쓰였을 가능성은 높지만 전반적으로는 正字가 쓰였을 것으로 추정된다.

▌『새국어생활』 11-3, 국립국어연구원, 2001. 9. 30.
2013년 9월 6일 修訂.

借字表記法의 '巳'字에 대하여*

1.

(1.1) 借字表記法은 장구한 기간 사용되어 오면서 여러 관습들이 복합되어 후대인들의 힘으로는 풀기 어려운 많은 매듭을 지어 놓은 것이다. 借字의 字形에 있어서도 적지 않은 매듭이 얽혀 있는 것으로 믿어지는데, 여기서 말하려는 '巳' 字에 관한 문제도 이러한 매듭의 一端을 풀어보려는 의도에서 나온 것이다.

(1.2) 필자가 이 字形을 처음 관심있게 대하게 된 것은 正倉院 所藏의 第一新羅文書를 소개할 때였었다. 당시 字典에 나타나지 않은 이 字形에 대하여 고심하지 않을 수가 없었는데 그 해결을 위하여 조사한 용례는 다음과 같은 것이었다.[1]

1) 只珍巳伊〈永川菁堤碑丙辰銘, 536年 推定〉

2) 巳川村〈新羅出納文書, 統一新羅時代〉

3) a) 巳明〈淨兜寺造塔記, 1031年〉

b) 今巳〈上仝〉

---

* 이 글은 日本語로 飜譯하여 朝鮮學報 第105號에 실었었던 것이다. 이제 金芳漢先生님의 學恩에 報答하는 뜻에서 이 論集에 原文을 싣게 되어 기쁘다.

1 南豊鉉(1976), 第二新羅帳籍에 대하여,『美術資料』19, 國立中央博物館, 36면.

이들은 모두 人名이나 地名인 固有名詞表記에 쓰인 것이다. 비록 그 용례는 4예에 불과하지만 借字表記法에서는 삼국시대부터 고려시대까지 오랜 동안 보편적으로 사용되어 오던 字形이었음을 알 수 있다. 그러나 용례가 문맥이나 어원을 알 수 없는 고유명사를 표기한 것이어서 그 讀法을 파악하기가 용이한 것은 아니었다. 1)에 대해서는 이 字形을 '巴'字로 보고 '기돌복이'로 해독하는 견해가 나왔고,[2] 2)에 대해서는 '巳'나 '巴'일 것으로 보아 'ㅂ얌나리ᄆᆞ술'로 해독하였다.[3] 3)에 대해서는 이 字形을 '日'字와 '乙'字의 合字로 보아 'nar'을 표기한 것이라는 견해[4]와 未詳으로 돌려버린 견해가 있었다.[5]

이들 여러 견해에서 1)의 견해가 근거가 있는 것이지만, 그렇다고 하여 '巨'字가 '巴'를 표기한 것이라고 보기에는 어려운 점에서, 문제가 있는 것이다.

2.

(2.1) 이 字形은 『鄕藥救急方』의 鄕名表記에도 쓰이고 있어서 얽혀진 매듭의 실마리를 찾을 수 있게 된다. 그 용례는 大麥과 雀麥의 鄕名表記에서만 나타나는데 다음과 같다.[6]

4) 巨衣 ; 大麥〈中, 二十三〉〈下, 九〉

5) 巳衣末 ; 大麥麵〈下, 五〉

---

2 李基白(1970), 永川菁堤碑의 丙辰銘, 『考古美術』 106・107, 韓國美術史學會, 30면. 鄭永鎬(1969), 永川菁堤碑의 發見, 『考古美術』 102, 韓國美術史學會, 3면.

3 南豊鉉, 앞의 논문.

4 前間恭作(1926), 若木石塔記の解讀, 『東洋學報』 15-3, 1926, 『前間恭作著作集』 下. 京都大學校文學部 國語學國文學研究室, 1974, 388면.

5 鮎貝房之進(1934), 『雜攷, 俗文攷』, 國書刊行會影印, 1972, 511면.

6 南豊鉉(1981), 『借字表記法硏究』, 檀國大出版部, 61~2면 및 113면.

6) 巳麥 ; 大麥〈方中鄕藥目草部, 8〉

7) 鼠矢巳衣 ; 雀麥〈上, 十八〉

여기서 5)의 '巳'字는 이 책의 板刻狀態로 보나, 〈4〉, 〈6〉, 〈7〉의 예들로 보아 '巳'字의 脫刻임이 분명한데 이 字形은 여러 번 사용된 것이다. 이 鄕名의 後代 語形은 '보리' 또는 '귀보리(雀麥)'이니 '巳衣', '巳來'는 13세기의 '보릐'를 표기한 것으로 추정되고 '巳'자의 音도 '보'임을 추정할 수 있게 된다.

(2. 2) 이 字形은 일찍이 '包'字로 判讀된 바 있었는데,[7] 이와는 관계없이 필자도 '包'로 판독하였었다.[8] 필자가 이를 '包'字로 이해한 데는 몇 가지 동기가 있었다. 그것은 雀麥의 鄕名이

8) 鼠苞衣〈方中鄕藥目草部, 5〉

로 表記된 것을 보고 처음 이해하게 되었다. 동일한 鄕名表記에 쓰인 '巳'와 '苞'는 같은 音을 표기한 것이 분명한데, 〈8〉은 '包'字에 意符 '艸'를 冠한 것으로 이해되었고 '巳'字는 '包'의 板刻上의 訛誤로 믿어졌던 것이다.

(2. 3) 『鄕藥救急方』의 音假字(表音字)는 聲符로도 쓰이는, 劃이 단순한 借字와 여기에 意符를 첨가한 것으로 보이는 借字가 상호 교체되어 쓰이는 예들이 나타나고 있다.

9) 台→苔, 青台→青苔/청딕(藍)

---

7 李德鳳(1963), 鄕藥救急方의 方中鄕藥目 硏究, 亞細亞硏究 6-1, 高麗大亞細亞問題硏究所, 7면.

8 南豊鉉, 앞의 책.

10) 每→梅, 伊乙每→伊乙梅/이을믜(薏苡)

가 그것이고 이밖에도

11) 生鮑甲/싱보겁질(石決明)

에 쓰인 '鮑'는 '包'字에 '魚'字를 첨가한 것으로 해석되는 것이다.

또,『鄕藥救急方』의 字形 가운데는 刻이 선명하지 못하여 鄕名에 대한 예비적인 지식이 없이는 서로 다른 借字가 구별하기 힘들 만큼 같은 字形으로 나타나는 것들이 있다. '伊'자와 '角'자, '阿'자와 '何'자가 그것이다. 이러한 사실들은 우리로 하여금 '巨'字를 '包'字로 보도록 유도하는 것이다.

그러나 이것은 후대의 우리만이 그러한 것이 아니라 당시인들도 그와 같이 이해하려는 의도가 있었던 것으로 믿어진다.『鄕藥救急方』에는 그 字形이 분명히 '包'로 나타나는 借字의 용례가 있으니,

12) 包尒刀叱/보곰돗?(癰疽)

의 '包'가 그것이다. 音假字 '包'는『鄕藥救急方』이전의 借字表記法에서는 그 用例가 확인되지 않는 것이다.[9] 이와 더불어 '苞'와 '鮑'字의 경우를 아울러서 고려해 보면, 종래 '巨'로 표기되어 오던 것을 이 시기에 새로 '包'로 이해하려고 하였던 것임을 알 수 있게 된다.

(2. 4) '巨'자를 '包'자로 새로 인식하게 된 데는 '巨'자가 '보'음을 나타내는 데다가 그 字形이 다음과 같은 과정을 거쳐 변한 것으로 설명될

---

9 三國遺事 〈卷五〉의 包山二聖에 新羅地名으로 '包山'이란 記錄이 나온다. 그러나 그 註記에 '鄕云所瑟山 乃梵音 此云包山'이라고 하였으니 '包'字는 表音字로 쓰인 것이 아니라 表意字로 쓰인 것이다.

수 있기 때문이다.

13) (a) (b) (c) (d)

包 → [illegible] → 已 → 巨

(a)는 楷書體, (b)는 『鄕藥救急方』의 '苞'字에서 意符를 消去한 字形, (c)는 新羅出納帳과 淨兜寺造塔形止記의 字形, (d)는 菁堤碑丙辰銘과 鄕藥救急方에 나타난 字形이다.

借字表記法은 實用文의 용도로서 발달하기 시작하여 장구하게 사용되어 온 것이고 實用文은 손으로 쓰는 것이니 그 手書過程에서 상용되는 복잡한 자형이 보다 단순한 자형으로 변하는 것이 常例이다. '巨'자도 이러한 과정에서 '包'자가 변화된 것으로 13세기인들은 파악하였을 것으로 믿어지는데 기실 '巨'자의 기원 자체가 '包'자에서 나왔을 가능성도 큰 것이다.

3.

(3. 1) '巨'자는 『三國遺事』와 『三國史記』 및 그 밖의 문헌에서는 '巴'자로 정착되었다. '巴'자가 고유명사의 표기에서 '보' 또는 '복' 음의 표기로 나타나는 사실은 일찍부터 알려진 것이다.[10] 이와 아울러 '巴'자의 傳統 漢字音이 '파'임에도 불구하고 '보'나 '복'音을 표기한 것에 대한 설명이 있어 왔다. 초기에는 轉音借라 하여 일종의 音의 상통으로 설명하려고 하였었지만,[11] 그 후 신라시대 表記法에 존재했던 기호화된 문자일 가능성이 있다는 가설이 제기되었고,[12] 최근에는 '보'音을 나타내는 漢字로

10 梁柱東(1942), 『朝鮮古歌硏究』, 博文書館, 529~30면.

11 같은 책.

'巴'와 비슷한 것이 있었는데 이것을 받아들여 사용한 데 기인하는 것으로 보는 견해로 발전하였다.[13]

(3. 2) '巴'자가 '보' 또는 '복' 音을 표기한 사실을 보여주는 기록 가운데 가장 두드러진 實例로서 논의된 것이 『三國遺事』의 '蛇福不言'에 나오는 다음의 記錄이다.

14) ……蛇童[下或作蛇卜 又巴 又伏等 皆言童也]

이는 '童'을 의미하는 신라시대의 단어가 '福', '卜', '巴', '伏'으로 표기된다는 것이어서 그 語形이 *pu 또는 *pux로 再構된 바 있었다.[14]

이 기록은 또 同一人名이 '蛇童', '蛇福', '蛇卜', '蛇巴'로 표기되어 왔음을 말하여 주는데 특히 '蛇巴'로 표기된 것이 주목되는 것이다. 왜냐하면 '福', '卜', '伏'에 대응하는 것이 '巴'이고 이 字는 花田別曲의

15) 巴川

이 '봉내'로 읽히는 것으로 보아[15] '복'으로 읽혔던 것으로 믿어지는 것이다. 그런데 이 人名은 『東國李相國集』 卷二十三의 南行月日記에

16) 蛇包

로 표기되어 있다.[16] 여기서 '복'음을 표기해야 될 것이 표음상 거리가 있

12 李基文(1970), 新羅語의 「福」〈童〉에 대하여, 『국어국문학』 49·50, 203면.
13 金完鎭(1980), 『鄕歌解讀法硏究』, 서울大出版部, 120면.
14 李基文, 앞의 논문.
15 梁柱東(1942), 앞의 책, 530면.
16 該當 部分을 옮기면 다음과 같다.

는 '巴'와 '包'로 나타나는 것에 유의하면 第三의 字形 '巳'를 상정하지 않고는 설명하기가 어렵다.

13세기에 '巳'자를 '包'로 파악하려고 한 사실은 전술하였거니와 이를 '巴'자로 파악한 것은 '巴'자의 小篆體인

17) 巳

가 '巳'자에 가까운 것이어서 설명이 가능하다.

이로 보면 '蛇巴'와 '蛇包'는 본래 '蛇巳'로 표기되어 오던 것이 달리 정착된 것임을 알 수 있게 된다.

(3.3) 『三國史記』와 『三國遺事』에서 '巴'자로 표기된 字形이 原本에서부터 그렇게 표기되었던 것인지 重刊時에 그렇게 와전된 것인지 알 길이 없으나 종래 '보', '복'음을 나타내는 것으로 지적되었던 '巴'자는 모두 '巳'자에서 나온 것으로 설명할 수 있게 되었다. 그러나 借字表記法의 '巴'자가 모두 '巳'자로 소급된다고 할 수는 없다. 『三國史記』의 '孔巖縣本高句麗濟次巴衣縣'의 '巴'는 '바'음을 표기한 것으로 이는 본래부터 '巴'자였던 것으로 믿어진다. 『舊譯仁王經』 口訣의 吐에 나오는 '巴'자나 吏讀의 '爲巴只'에 쓰이는 '巴'자가 '巳'자와 관계가 있는 것인지는 아직 단언하기 힘들다.

4.

(4.1) 후대에 와서 '包'와 '巴'로 정착된 '巳'자가 본래부터 '보'와 '복'의 두 音을 가진 것이었다고 하긴 어렵다. 어느 하나가 原音이고 다른 하나

至元曉房…… 傍有一庵 俗語所云 蛇包聖人所昔住也. 以元曉來居. 故蛇包亦來侍 欲試茶進曉公 病無泉水 此水從巖罅忽湧出…….〈11b〉

는 그에서 나온 變異音일 것이다.

借字表記法에서는 'ㄱ'末音을 가진 音假字의 'ㄱ'音이 탈락되어 사용되는 예를 흔히 볼 수 있다. 鄕藥救急方에서 '木'과 '碧'이 '모'와 '벼'음으로 쓰인 것이나 鄕歌의 '惡'자가 '아'음을 표기하는 것이 그러한 예에 속한다. 이러한 사실들은 '巳'도 그 原音이 '복'이고 '보'는 그 'ㄱ'末音이 탈락된 데서 나온 것으로 추정할 수 있게 한다. 菁堤碑丙辰銘의 '只珍巳伊'에서 '巳'자가 '복'음으로 읽히는 것도 이 借字가 본래부터 '복'음을 나타내는 音假字였음을 말해주는 것으로 이해된다.

(4.2) '巳'자가 기원적으로 한국의 특수한 音을 표기하기 위하여 造字된 것이냐 漢字의 어떤 字形이 변질된 것이냐를 설명하는 데는 현재로서는 매우 큰 모험이 따른다. 그러나 애초부터 이 字形이 한국에서 造字되었다고 보기는 어려운 것이다. 삼국시대부터 특수한 音을 표기하기 위하여 造字하기 시작하였다면 借字表記法의 표기체계는 일찍부터 表音文字體系로 발전하였을 것이다. 그러나 현재까지 表音文字體系로 표기된 借字表記法의 독립된 文體나 表記體系는 확인되지 않는다.

漢字의 어떤 字形이 변질된 것이라면 우리가 상정할 수 있는 것은 역시 '巴'자와 '包'자일 수밖에 없다. 이 가운데 '巴'자는 그 전통적인 漢字音이 '복'과는 너무 거리가 있다. 이에 비하면 '包'는 그 전통적인 漢字音만으로 보아도 그 音이 '巳'의 원음에 가깝다. 또, Karlgren의 再構音에 따르면 '巴'와 '包'의 上古音과 中古音은

巴 *pâ/pa

包 *pộ/pau

로 나와 있다. 여기서 '包'의 上古音이 'pộ'이라는 점은 '巳'의 原音 '복'과 맥락이 닿은 점에서 주목된다. '巳'字가 6세기의 碑文에 나타나는 사실은 한국의 전통적 漢字音이 형성되기 이전의 漢字音으로 읽혔을 가능성을

시사하는 것이니 이 '巳'자가 '包'의 上古音을 토대로 한 韓國漢字音을 保持하고 있을 가능성을 배제해 버릴 수는 없는 것이다.

그 후 中古時代(統一新羅)에 '包'의 漢字音이 '보'로 굳어져 전통적 漢字音이 되었을 때 借字表記法에서 써 오던 '包'의 俗音 '복'을 표기하기 위해서는 종래 써 오던 '巳'字가 그대로 관용되어 옴으로써 이 借字가 한국의 독특한 音을 나타내는 音假字의 字形으로 굳어진 것으로 생각되는 것이다.

(4.3) '巳'자가 후대에 '巴'자로도 정착된 사실이 밝혀지면서 부차적으로 언급해 둘 문제가 있다. 앞서 필자는 正倉院 所藏의 新羅出納帳을 소개할 때 이것이 新羅帳籍과 같은 시대, 같은 지역에서 이루어진 것이 아닐까 하는 막연한 추측을 한 적이 있었다. 그런데 新羅出納帳에 나오는 '巳川村'이 '巴川'과 같은 것이라면 이 가능성은 높아진다. 『新增東國輿地勝覽』 陰城縣에 보면 姓氏條에 '巴川'이란 地名이 나오고 古跡條에 '巴川部曲'이 縣南二十里에 있다고 나온다. 주지하는 바와 같이 新羅帳籍은 西原京 즉 清州 附近地域의 記錄文書이다. 清州와 陰城은 가까운 거리에 위치하고 있으니 新羅出納帳의 '巳川村'은 곧 이 '巴川部曲'일 가능성이 높고 아울러 두 文書는 같은 시대, 같은 지역에 관한 문서일 가능성이 보다 높아졌다고 하겠다.

▌『歷史言語學』(金方漢先生回甲紀念論叢), 전예원, 1985. 11.
借字表記法の'巳'字について, 『朝鮮學報』 105輯, 朝鮮學會, 1982. 10.

二. 文法論

古代韓國語의 謙讓法 助動詞 '白/畲'과 '內/아'의 發達

1. 序言

15世紀韓國語에서 謙讓의 補助語幹[1]으로 쓰이던 '습, 즙, 숩'이 언제 발달하기 시작하였으며 어떤 과정을 거쳐 15세기의 형태로 발달하였는가에 대하여는 이제까지 깊이 考究된 일이 없었다. 鄕歌解讀의 초기에는 이 형태들이 15세기에 사용되었으니 新羅時代에도 당연히 쓰였던 것으로 생각하였었다. 光復 이전에는 한국어의 時代性에 대하여 깊이 생각할 형편이 못 되었던 데다가 15世紀語를 '古語'라고 하였으니 신라시대에도 같은 古語가 변함없이 쓰였을 것으로 觀念하는 것이 일반적이었다. 光復 후 國語史라는 개념이 학계에 제시되긴 하였어도 古代韓國語에 대한 이해는 거의 같은 자리에 머물러 있었던 것이 아닌가 한다.[2]

이러한 觀念이 지속되어 온 것은 고대한국어의 자료가 빈약한데다가 그 해독도 借字表記여서 난해한 것으로만 생각하여 왔기 때문이었다. 근래에 와서 韓國語史의 上古, 中古, 近古의 資料들이 새로 발굴되고 解讀되면서 고대한국어가 시대적으로 발달해 온 樣相이 어느 정도는 드러나

---

1 이른바 '학교문법'이 제정되기 이전에는 동사의 어간과 어미를 이어 주는 형태를 '補助語幹'이라고 불러 왔었다. 이것이 학교문법에서 '先語末語尾'라는 용어로 바뀌게 되었는데 이 형태는 古代韓國語에서는 어말형태로도 쓰였으므로 선어말어미라는 용어는 고대어의 문법을 기술하는 데는 不適切한 것이다(南豊鉉 2009:15).

2 이것은 향가의 해독은 中世國語를 바탕으로 하여야 한다는 생각과는 다른 차원의 觀念이다. 國語史 硏究에 있어 古代, 中世, 近代의 개념이 세워지기 이전인 草創期의 관념을 가리키는 것이다.

게 되었다. 그 결과 中世語의 양상만 가지고 바라보던 古代語의 모습은 중세어와는 현저하게 다르다는 것을 알 수 있게 되었다.

우리는 中世語에서 동사의 어간형태가 부사로 파생되기도 하고 동사의 어간과 어간이 결합되어 複合動詞를 合成하는 조어법이 있었음을 알고 있다. 古代韓國語에서는 이러한 동사어간의 복합법이 훨씬 더 生産的이었음을 볼 수 있는데 조동사의 경우에도 본동사의 어간에 어미의 媒介 없이 직접 연결되는 규칙이 보편적이었음을 확인할 수 있다(南豊鉉 2009;331 ff.).

이제 고대어의 문법과 중세어의 문법을 吏讀文의 例를 들어 비교하여 보기로 한다.

排立令是白內乎矣/排立ᄒᆞ이ᄉᆞᆲ아올ᄃᆡ〈淨兜寺造塔形止記, 1031〉

이를 古代語의 文法으로 분석하면 다음과 같다.

排立(어간)+令是/ᄒᆞ이(조동사)+白/ᄉᆞᆲ(조동사)+內/아(조동사)+乎/올(동명사형)+矣/ᄃᆡ(의존명사 'ᄃᆞ'+처격조사 'ᄋᆡ')

이를 다시 中世語의 文法으로 분석하면 다음과 같이 될 것이다.

排立(어근)+令是/ᄒᆞ이-(접미사)+白/ᄉᆞᆲ-(보조어간)+內/아-(보조어간)+-乎矣/오ᄃᆡ(어말어미)

같은 吏讀로 쓰인 句가 이와 같이 달리 분석되는 것은 13세기 중엽까지의 고대어와 그에 이어지는 중세어 사이에 큰 변화가 있었기 때문이다.

여기서 사용하는 助動詞라는 용어는 敍法, 時相法, 尊待法 등의 문법을 나타내기 위하여 本動詞에서 발달한 동사를 말하는데 다른 동사에 연결되어 쓰이는 것이 일반적이지만 경우에 따라서는 체언이나 부사에 연결되는 경우도 있다. 앞에 예로 든 고대어 조동사는 본동사 'ᄒᆞ', '숣', '아'에서 문법화된 것인데[3] 이 조동사가 중세어에서는 다시 문법화하여 접미사나 보조어간으로 발달한 것이다.[4] 한편 고대어의 동사어간은 비교적 自立性이 강한 형태이었는데 중세어로 오면서 依存的인 어간으로 변하였음을 보여주기도 하는 것이다.[5]

謙讓法이란 聽者가 자기를 낮추어서 尊者를 높이는 敍法이다. 대개는 자기보다 존귀한 聽者에 대하여 공손하게 행동함을 나타내는 것이다. 또 존자에 귀속하는 對象物에 대해서 겸양을 나타냄으로써 존자에 대하여 간접적으로 겸양을 나타내기도 한다. 이 겸양법을 客體尊待라고 하는 설이 있어 이것이 학교문법의 용어로까지 쓰이고 있으나 그 역사적인 발달 과정에서 보면 부적절한 용어이다.

이 글은 조동사 '白/숣'과 '內/아'를 통하여 이제까지 논의되지 않았던 고대어의 겸양법이 발달해온 모습을 밝히어 보고 아울러 중세어와 다른 고대어의 모습을 드러내 보이고자 하는 데서 쓰여진다.

---

3 동사 '內/아'에서 조동사 '內/아'가 발달했다는 사실은 필자가 처음 제기한 것이다. 이는 동사 '內/아'가 '良/아(어질다)'와 어원을 같이 하는 것으로 보면 이해가 된다. 우리는 『光州板 千字文(8a)』에서 '良'자의 訓音을 '알 량'이라고 한 것을 기억하는데 이는 동사 '아'에 동명사어미 'ㄹ'이 연결된 것으로 분석된다. 이 동사는 고대어에서는 '어질게 생각하다', '착하고 슬기롭게 생각하다', '합당하다고 생각하다'의 뜻을 나타냈었던 것으로 보이는데 이것이 조동사로 발달한 것이 '內/아'이다.

4 보조어간으로 발달하면서 '白/숣'의 경우는 형태상으로 '숩, 줍, 숩'으로 변하였으나 吏讀의 表記에서는 이 변화 과정을 보여 주지 않는다. '內/아'의 경우는 또 다른 變化過程을 想定해야 할 것이다.

5 이에 따라 동사어간을 '어간-'이라고 하여 依存性의 '-'線을 표시하였으나 고대어에서는 어간형태의 자립성이 강했던 것으로 보아 이를 표시하지 않기로 한다.

2. 古代韓國語의 吏讀 資料에 나타나는 本動詞 '白'의 用法

'사뢰다, 여쭈다'의 뜻으로 쓰인 本動詞 '白/畣'은 三國時代의 吏讀文에서부터 그 쓰임을 볼 수 있다. 上古語(三國時代語)에서부터 近古語(13世紀 中半期)까지 사용된 그 용례를 정리하면 다음과 같다.[6]

1. 典事人 沙喙 壹夫智 柰麻 …… 沙喙 蘇那支 此七人 踉跪 所白 了事〈迎日冷水里碑 520年代〉
2. 若其生子·女子 年少□□□□□□□兄弟耶. 如此 白者 大人耶 小人耶 ……〈丹陽新羅赤城碑 540年代〉
3. 乙未年 烟見賜 節 公ㅎ前 及白 他郡中 妻追移……合人五〈新羅帳籍 A村, 8世紀中半〉
4. 甲午年 壹月 內省中 及白……追以 出去因 白 妻是 子·女子 幷四〈新羅帳籍 D村〉
5. 賣如 白 貫甲一 合无去因 白 馬二 並死之 死 白 牛四〈新羅帳籍 A村〉
6. 前內視令節 植內是而 死 白 栢子木十三〈新羅帳籍 C村〉
7. 師矣 啓以 僧矣段 赤牙縣 鷲山中 新處所 元 聞爲 成造爲內臥乎亦在之 白賜 縣以 入京爲使臥 金達舍 進置 右寺 原 問內乎矣 大山是在以別地主 無亦 在弥 衆矣 白賜臥乎 兒如 加知谷寺谷中 入 成造爲賜臥亦之 白臥乎 味 及白 節中 教旨 然丁 戶丁矣 地口 ……〈醴泉鳴鳳寺慈寂禪師凌雲塔碑陰銘 941〉
8. 善州土集琚院主人 貞元伯士 本貫 義全郡乙 白於 寺良中立〈淨兜寺造塔形止記 1031〉
9. 成是 不得爲 犯由 白去乎 等 用良〈淨兜寺造塔形止記 1031〉[7]

---

6 이 자료에 대한 해석은 南豊鉉(2010)의 해당 吏讀文 解讀을 참조하라.

7 이밖에도 11세기 이후의 자료는 더 있으나 이 論議에 보탬이 되지 않으므로 생략하였

1)의 '所白 了事'는 '사뢰는 바를 마친 일'로 해석된다. '典事人 7인이 무릎을 꿇고 和白會議에서 결정한 일을 하늘에 사뢰는 일을 마치었다'의 뜻이다. 이 '白'은 典事人이 하늘에 대하여 공손하게 사룀(보고함)을 뜻하는 것이니 聽者에 대한 謙讓이다.

2)의 '如此 白者'는 '이와 같이 사뢴(보고된) 자는'으로 해석되는데 이는 지방의 관리가 국가 또는 상급 기관에 보고한 것으로 이 또한 청자에 대하여 '공손히 사뢰다'의 겸양이 들어 있다.

3), 4), 5), 6)은 8세기의 자료인 新羅帳籍의 내용이다. 3)의 '及白'은 '밋숣'으로 읽힐 것인데 '미치어 사뢰다'의 뜻으로 이 지방의 백성이 중앙 官吏인 公等에게 '직접 출두하여 보고함(사룀)'을 나타낸다. 이들의 '白'은 모두 하급자가 상급자에게 공손하게 사뢰는 겸양의 내용이 담긴 것이다.

7)은 941년에 세워진 碑陰에 새겨진 帖文인데 이 문서의 작성연대는 939년이다. 이 첩문은 사찰을 조성하는 사람들이 고려의 중앙 관청인 都評省에 請願한 내용을 담고 있다. 여기서의 '白'은 지방의 백성이 都評省의 長 또는 國王에게 '공손하게 사뢰다'의 뜻으로 역시 청자에 대한 겸양을 나타내는 행정용어로서 쓰인 것이다.

8)과 9)는 淨兜寺造塔形止記(1031)의 내용이다. 8)의 '白'은 造塔의 주체들이 탑을 조성하는 기술자인 貞元伯士에게 조탑 계획을 사뢰었다는 뜻이다. 9)의 '白'은 貞元伯士에게 造塔 作業이 未完成임을 보고하였다는 뜻이다. 둘 다 청자에게 '겸손하게 사뢰다'의 뜻으로 쓰인 것이다.

이밖에 新羅時代 佛經의 註釋에서도 '白'의 사용을 볼 수 있다. 최근 일본의 奈良市 東大寺 圖書館에 소장된 周本華嚴經 卷12-卷20의 節略本이 있다. 이는 新羅의 寫經인데 여기에 新羅人이 늦어도 8세기 중엽 이전에 기입한 角筆 記錄이 있어 필자도 數年間 그 조사에 참여하고 있다. 그 각필 기록은 불경을 이해하기 위한 註釋, 吐, 梵唄, 合符 등등인데 그

다.

주석 가운데 '白'자가 쓰이었다. 즉 다음과 같은 佛經 本文에서

尒時 文殊菩薩問 財首菩薩言[角 '白'](卷第10)

'言'자의 右側에 각필로 '白'자를 기입하였음을 볼 수 있다(小林芳規 2008:8f.). 이는 '文殊菩薩이 財首菩薩에 물어 사뢰다'로 읽을 것을 표시한 것으로 '言'자를 '白[사뢰다]'로 읽으라는 주석이다. 이 '白'의 용법은 위의 이두문들에서 보아온 어법과 일치하는 것으로 신라시대에는 '말하다'類의 이러한 겸양 표현이 보편화되어 있었음을 보여 주는 것이다.

이상에서 보면 '白/숣'은 이미 삼국시대부터 쓰이어서 高麗時代까지 보편적으로 쓰였고, 더 나아가서는 현대까지지도 쓰여 오고 있다. 고대부터 현대까지 下級者가 上級者에게 '사뢰다, 보고하다'의 뜻으로 겸양을 나타내는 말로 쓰인 것이다. 이 표현에는 '말하다', '謙讓하다'의 意味資質이 포함되어 있으니 이는 상대편을 간접적으로 존대하여 말함을 나타내는 것이지 직접적으로 존대하는 것은 아니다. 또 겸양의 대상도 上級者이고 모두 有情物이다. 對象(客體)에 대한 겸양이나 존대 표현은 이 단어에는 나타나지 않고 있다.

'白'의 훈에 해당하는 고유어는 고대어에서는 어떤 형태였을까 하는 문제는 현재로서는 쉽게 단정하기 어렵다. 이는 후대의 吏讀學習書나 吏讀註釋書를 참조할 수밖에 없는데 이 저술들에서는 한결같이 '숣'으로 읽고 있다. 몇 예만 든다.

吏文大師; 白等/숣든　　爲白內等/ᄒᆞ숣결든　　爲白齊/ᄒᆞ숣져
　　　　爲白置/ᄒᆞ숣두　　爲白遣/ᄒᆞ숣고　　爲白等/ᄒᆞ숣든
吏文襍例; 敎味白齊/이샨맛 숣져　　是白去乎/이숣거온
　　　　爲白內等/ᄒᆞ숣알든　　使內白如乎/브리숣다온

이 가운데 '白等/숣든'과 '敎味白齊/이샨맛 숣져'의 '白/숣'은 본동사로 쓰인 것이고 그 밖의 '白/숣'은 조동사로 쓰인 것이다. 15世紀의 보조어간 '숩, 즙, 숩'은 이 조동사에서 발달한 것으로 보아 틀림없지만 이두에서는 조동사 '白/숣-'이 그대로 쓰이고 있다. 본동사 '숣-'은 보조어간 '숩, 즙, 숩'이 쓰이던 15세기에도 쓰이었다.

말쓰몰 술ᄫᆞ리 하더(龍歌 13)

功德을 國人노 숣거니(龍歌 72)[8]

이 '숣'의 古代語 語形은 어떤 모습일지 그 증거를 결정적으로 제시하긴 어렵지만, 다만 15세기의 '숩, 즙, 숩'이 '숣-'에 기원을 두고 있음이 분명하므로 '白'의 형태도 그의 上代形일 것이란 점을 염두에 두면서 15세기의 '숣'을 古代語에까지 소급하여 사용하기로 한다.

3. 鄕歌에서의 本動詞 '白'의 쓰임

『三國遺事』와 普賢十願歌의 鄕歌 25首 가운데 本動詞 '白/숣'이 쓰인 예는 다음과 같다.

1. 祈以攴 白屋尸 置內乎多〈禱千手觀音歌〉
2. 今日 此矣 散花 唱良 巴寶 白乎隱 花良 汝隱〈兜率歌〉
3. 惱叱古音 多可攴 白遣賜立〈願往生歌〉
4. 兩手 集刀 花乎 白良 願往生願往生〈願往生歌〉

8 여기서는 동사 '숣-'이 대격어인 '功德을'에 대한 겸양을 나타내고 있어 古代 吏讀文에서는 보이지 않는 모습을 보여 준다. 이는 겸양표현의 변화를 보여 주는 자료이지만 그 語形을 다루는 논지와는 별개의 문제이므로 여기서는 더 이상 논의하지 않는다.

5. 慕 人 有如 白遣賜立 阿邪〈願往生歌〉

6. 彗星也 白反也 人是 有叱多〈彗星歌〉

이 가운데 1)과 2)의 예를 제외하고 3) 이하의 예는 이제까지의 解讀者들이 모두 ‘白’을 訓讀字로 보아 본동사 ‘ᄉᆞᆲ’으로 읽었다. 필자도 이를 본동사로 읽은 것에 異議가 없다. 이에 대하여 1)은 ‘祈以攴白屋尸’을 한 단위로 보아 ‘白’을 15세기의 補助語幹 ‘ᄉᆞᆸ’으로 읽은 견해와 본동사 ‘ᄉᆞᆲ’으로 읽은 견해로 갈리고 있다.

(1) 〈小倉進平〉 빌어 ᄉᆞᆲ오어 두오다
(2) 〈梁柱東〉 비ᄉᆞᆯ블 두누오다
(3) 〈池憲英〉 비ᄉ ᄉᆞᆯ블 두누오다
(4) 〈홍기문〉 빌이디 ᄉᆞᆯ볼 두누호다
(5) 〈徐在克〉 비히ᄉᆞᆯ볼 두ᄂᆞ오다
(6) 〈金俊榮〉 비이ᅀ ᄉᆞᆲ을 두ᄂᆞ오다
(7) 〈金完鎭〉 비ᄉᆞᆯᄫᆞᆯ 두ᄂᆞ오다.
(8) 〈兪昌均〉 비로기 ᄉᆞᆲ올 두ᄂᆞ오다
(9) 〈姜吉云〉 비루(〉비러) ᄉᆞᆯᄫᆞᆯ(〉ᄉᆞᆯ올) 두노다

(1), (4), (8), (9)가 ‘白’을 본동사로 읽은 것이고 그 밖의 해석은 15世紀語와 같은 보조어간으로 본 것이다. 이를 보조어간(선어말어미)으로 읽은 것은 如實法의 ‘攴/디’의 기능을 이해하지 못한 데서 온 것이다. ‘白’이 보조어간이라면 어간에 직접 연결되는 15세기어의 문법으로 보아 어간 ‘祈以/빌이’에 직접 연결되어야지 攴 다음에 쓰이는 것은 문법에 맞지 않는다. ‘攴’는 釋讀口訣에서 ‘如’자의 훈을 나타내는데 이것이 조동사 또는 보조어간으로 발달하여 ‘똑같다, 바로 그것이다. 틀림없다’와 같은 뜻을 나타내는 강세 조동사로 발달한 것이다(南豊鉉 2009; 527ff.). 이것은 3)

의 願往生歌에서 攴 다음의 '白'을 본동사로 보는 것과 궤를 같이 하여야 할 것이다.

2)의 '巴寶白乎隱'에 쓰인 '白'은 해독한 사람들이 모두 보조어간으로 읽었다.

(1) 〈小倉進平〉 베푸숣온 곶이여 너는

(2) 〈梁柱東〉 샏ᄉᆞᆲ본 고자 너는

(3) 〈池憲英〉 샏ᄉᆞᆯ본 부리여 너ᄂᆞᆫ

(4) 〈홍기문〉 ᄲᅡᄒᆞᆫᄉᆞ본 고자 너는

(5) 〈徐在克〉 ᄇᆞ보ᄉᆞᆯ본 곶자 넌

(6) 〈金俊榮〉 보보ᄉᆞᆲ온 곶아 너은

(7) 〈金完鎭〉 보보ᄉᆞᆯ본 고자 너는,

(8) 〈兪昌均〉 돌보ᄉᆞᆯ본 고라 너흰

(9) 〈姜吉云〉 돌보ᄉᆞ본(돌보ᄉᆞ온) 굳아(〈 곶아) 넌

이는 '巴寶'를 동사어간으로 본 데서 온 것이다. 그러나 '巴寶'의 기능과 뜻을 뒷받침할 만한 근거가 없는데 이를 동사어간으로 읽는 것이 옳다고만 볼 수는 없다. 이 문맥에서 '巴寶'를 동사어간으로 보는 것은 하나의 姑息之計이다. '巴寶'를 부사로 보고 '白'은 본동사로 읽으면 좀더 나은 해독이 되어 이제까지 보지 못한 새로운 면이 드러날 것으로도 생각된다.

다음의 7), 8), 9)는 均如傳의 鄕歌에서 '白/숣'이 본동사로 쓰인 예이다.

7. 今日 部伊冬衣 南无佛也 白孫舌良衣〈稱讚如來歌〉

8. 必只 一毛叱 德置 毛等 盡良 白乎隱乃兮〈稱讚如來歌〉

9. 手乙 寶非 鳴良尒 世呂中 止以友 白乎等耶〈請佛住世歌〉

均如傳의 鄕歌에는 '白/숣'이 조동사로 사용된 예도 여럿 나온다. 이는

뒤에서 살펴보기로 한다.

이상으로 향가에 쓰인 '白/畬'의 용법을 보면 모두 聽者에 대하여 겸양을 나타내는 것이다. 대상에 대하여 겸양을 나타내는 예는 확인할 수 없다. 또한 『三國遺事』의 鄕歌에서 15세기의 補助語幹 '숩, 줍, 숩'에 해당하는 '白/畬-'은 나타난다고 볼 만한 근거가 없다. 『遺事』의 鄕歌 가운데는 고려시대에 문자화되어 신라시대의 언어로 보기 어려운 작품도 있지만 고려시대의 언어로서는 이해하지 못할 만큼 古形을 반영하는 것도 있다. 이러한 점에서 조동사 '白/畬-'이 쓰였을 가능성을 배제할 수는 없지만 현재까지의 자료로서는 『遺事』의 鄕歌에 조동사 '白/畬-'이 쓰였다고 볼 만한 것은 없다.

과거 8세기의 한국어에 15세기의 '숩, 줍, 숩'이 그대로 소급할 수 있다고 보는 태도들이 있어 왔지만 이는 言語發達의 과정을 고려하지 않은 데서 나온 것이다. 본동사 '白/畬'이 15세기의 '숩, 줍, 숩'으로 文法化되는 과정에는 조동사를 거쳐서 한 단계 더 文法化된 것으로 보는 것이 합리적이다.

4. 謙讓法 助動詞 '白/畬'의 發達과 助動詞 '內/아'의 謙讓法

吏讀資料를 통해 볼 때 9세기 후반에 와서 '白/畬'이 겸양의 조동사로 쓰인 예가 나타나기 시작한다. 860년대의 造成記인 東海市三和寺 盧舍那鐵佛像 造像記의 다음 銘文이 그것이다.

> 成白 伯士 釋氏乘炬. 發心 旦越 釋氏聽默 同氏僧道
>
> 〈해석〉 造成하온 伯士는 釋氏 乘炬이다. 發心한 旦越은 釋氏 聽默과 同氏 僧道이다.

여기에 쓰인 '成白 伯士/造成하온 伯士'의 '白'이 현재까지 확인된 것으로는 最古의 謙讓法 助動詞이다. 이 句는 盧舍那佛像을 조성하는 데 참여한 사람들을 열거한 것으로 '白'자는 이 불상을 직접 鑄成한 기술자인 伯士가 이 불상에 대하여 謙讓을 表現한 것이다. 이 造成記는 初期的인 吏讀文으로 '成白'은 음독되는 것이지만 口語에서 '白/숣'이 겸양법 조동사로 쓰이고 있어서 이를 바탕으로 한 것이므로 이 시기에 謙讓法의 助動詞 '白/숣'이 발달되어 있었음을 말하여 주는 것이다.

이에 대하여 이 조동사가 이보다 앞선 시기인 7, 8세기나 9세기에도 이미 발달되어 있었을 가능성을 생각해 볼 수 있다. 현재까지 8세기와 9세기 前半期에 겸양의 조동사 '白/숣'이 쓰일 환경은 확인되었지만 실제로 쓰인 예는 확인되지 않는다. 이에 더하여 이 시기까지의 吏讀文 造成記에서는 三和寺 佛像造成記에서와 같이 '成'에 '白'자가 아닌 다른 글자(형태)가 연결되어 겸양을 표현하였다는 사실을 확인할 수 있다.

이 '成'자의 쓰임에 대하여 자료들을 검토하여 가면서 살펴보기로 하자. 이 시기까지의 吏讀文에서 '成'자가 쓰인 예들을 상고시대에서부터 중고시대말까지의 것을 年代順으로 열거하면 다음과 같다.[9]

1. 此 成在 人者 都唯那 寶藏 阿尺干〈戊戌塢作碑銘, 578 추정〉
2. 亡妣 官肖里夫人 年六十六 古人 成之〈甘山寺 彌勒菩薩 造像銘, 719〉
3. 亡考 仁章 一吉湌 年四十七 古人 成之〈甘山寺 阿彌陀如來 造像銘, 720〉
4. 開元十三年乙丑 三月 八日 鐘 成 記之〈上院寺鐘銘, 725〉
5. 天寶四載乙酉 思仁大角干 爲賜 夫只山村 无盡寺 鍾 成 教 受內 成記…… 邱僧村宅方 一切 檀越 幷 成在. 願旨者 一切衆生苦離樂得教 受 成在〈无盡寺鍾銘, 745〉
6. 乙未載 二月 十四日 一部 周 了 成內之. 成內 願旨者 皇龍寺 緣起法

9 이 이두문에 대한 〈해석〉은 南豊鉉(2000)의 해당 이두문 해독을 참조하라.

師 爲內賜…… 經之 成內 法者 楮根中 香水 散〻 生長令內旀……〈新羅華嚴經寫經造成記, 755〉

7. 過去爲飛賜 豆溫哀郎 願爲 石毘盧遮那佛 成內……〈永泰二年銘石毘盧遮那佛 造像銘,766〉

8. 二塔天寶十七年戊戌中 立在之 娚姉妹三人業以 成在之〈葛項寺石塔造成記, 785~798)〉

9. 成內 彌勒〈觀龍寺石佛臺座銘〉

10. 貞元卄年甲申三月卄三日 當寺 鍾 成內之…… 當寺 古鍾金 二百卄廷 此以 本爲內 十方 旦越 勸爲 成內在之〈禪林院鍾銘, 804〉

11. 鍾 成在 伯士 當寺 覺智師〈上同〉

12. 丁未年 二月 三十日 了 成之〈中初寺幢竿石柱記, 827〉

13. 太和 七年 三月 日 菁州 蓮池寺 鐘 成內 節 傳〈菁州蓮池寺鍾銘, 833〉

14. 大中□年丙子 八月 三日 竅興寺 鐘 成內矣…… 願爲內等者 種〃施賜 人乃 見聞隨喜爲賜 人乃 皆 無上菩提 成內飛也〈竅興寺鍾銘, 856〉

15. 咸通陸歲乙酉 二月 十二日 成內 □月寺禁口〈咸通銘禁口銘, 865〉

16. □紀元年己酉 八月 佛 成 文 □□□節中 成之〈英陽石佛坐像光背銘, 889〉

17. 松山村 大寺 鍾 成內 文〈松山村大寺鍾銘, 904〉

이들 17종의 조성기에서 '成'자가 겸양표현과 함께 쓰일 수 있는 예를 찾아보기로 하자. 1)은 塢의 조성에 관한 것인데 塢가 겸양의 대상이 될 수 없으므로 겸양표현과는 無關한 것이다. 2)와 3)의 '古人 成之'는 '돌아가셨다'는 뜻이다. 이는 직접 존대로 표현될 문맥이므로 겸양표현이 쓰일 자리가 아니다. 4)는 鍾의 조성기인데 初期的인 吏讀文이어서 겸양표현을 쓰지 않은 것이다. 5)는 토가 쓰이는 이두문인데 鍾의 造成을 '成在'으로 표현하여 겸양법을 쓰지 않았다. 이는 조성의 주체가 大角干이므로 이를 기록한 사찰측으로서는 그를 낮추어 겸양표현을 할 수가 없었던 것으로 보인다.

6)은 '經'의 조성에 대하여 3번이나 '成內'로 표현하였고 7)은 毘盧遮那佛像의 조성에 대하여 '成內'로 표현하였다. 이는 '成內'가 후대의 '成白'에 대응하는 겸양표현임을 추정케 한다.

8)은 탑의 조성기이니 겸양표현을 하여야 할 것이지만 그것을 조성한 주체가 照文皇太后를 포함한 3남매인데다가 조성 후 3, 40년 후에 사찰에서 기록한 것이므로 겸양표현을 할 수가 없었던 것으로 보인다. 기록자인 사찰측의 입장에서 보면 탑도 尊貴하지만 그를 조성한 照文皇太后도 존귀한 분이므로 조성의 주체인 황태후를 낮추는 겸양표현을 할 수가 없었을 것이다. 이는 5)의 경우와 같다.

9)는 彌勒像의 조성에 대하여 '成內'로 표현하여 후대의 '成白'에 해당하는 겸양표현과 일치한다. 10)은 鍾의 조성에 대하여 '成內'로 표현하여 이 역시 겸양표현으로 볼 수 있다. 11)은 10)의 조성기 가운데서 參與者를 열거한 것인데 鍾의 조성에 대하여 '成在'로 표현하여 겸양표현을 보여 주지 않는다. 이는 伯士의 신분이 기록자보다 상위에 있었던 데에 기인하는 것이 아닌가 한다. 12)는 幢竿石柱의 조성기인데 초기적인 이두문이어서 겸양표현이 쓰이지 않았다. 13), 14), 15), 17)은 鍾과 禁口의 조성에 대한 9세기의 기록으로서 '成內'를 쓰고 있다. 禁口의 조성에까지 겸양표현을 하였다는 것은 9세기에 와서 겸양법의 적용 범위가 넓어진 것에 말미암은 것으로 생각된다.

16)은 佛像의 조성기인데도 '成'으로만 기록하여 겸양표현을 보여주지 않는다. 역시 初期的 吏讀文인 데 말미암는다. 昌寧仁陽寺碑(810)는 塔, 佛像, 鍾, 須彌(佛壇) 등의 造成에서 '成'자가 13회나 쓰였지만 '內'가 전혀 사용되지 않았다(南豊鉉: 2000a, 329ff.). 이 역시 초기적인 이두문인 데 기인하는 것이다.

이상을 정리하면 初期的인 吏讀文으로 된 조성기에서는 '成'자가 단독으로 쓰여 겸양표현이 나타나지 않는다. 그러나 토의 표기가 발달한 8,

9세기에는 佛像과 菩薩像은 물론이고 塔, 鍾, 噤口 등 佛具의 조성에까지 '成內'로 표현하고 있다. 이는 '白/숣'이 겸양법의 조동사로 발달하기 이전에 '內/아'가 겸양법을 나타내는 기능을 하였던 것임을 말해 준다. 이 '內'의 쓰임은 8세기보다도 9세기에 그 쓰이는 범위가 넓어졌는데 이는 겸양법의 범위가 후대로 오면서 더 넓어진 데 말미암은 것으로 생각된다.

5. 合當法 助動詞 '內/아'의 謙讓法 表現

이상에서 '成'자가 쓰인 용례들을 보아 왔거니와 860년대의 '成白'이 그에 전후한 시대에는 '成內'의 형태로 쓰인 예들이 다수 나타남을 확인하였다. 이로써 '成內'의 '內'가 겸양법을 나타내는 사실을 확인한 셈인데 '內/아'의 성격에 대하여 좀더 검토하여 이 사실을 뒷받침하기로 한다.

古代韓國語의 吏讀와 鄕札에 자주 나타나는 '內'에 대하여 여러 說이 있어 왔었으나 그에 대한 확실한 답을 얻기는 쉽지 않았었다. 필자는 이에 대하여 合當法 助動詞로 보아야 한다는 견해를 2009년 2월 구결학회 전국학술대회에서 밝힌 바 있다. 그러나 이때까지 이 문제에 대한 논증의 범위가 넓고 자료의 수집과 분석에 精細함이 요구되어 아직 구체적으로 기술하여 발표하지 못하고 있다. 이제까지 정리된 그 내용의 一端을 여기에 披瀝하기로 한다.

먼저 新羅華嚴經寫經造成記(755)에서 '內'자가 合當法과 謙讓法을 겸하여 나타내고 있는 사실을 검토함으로써 中古時代에는 겸양의 조동사로 '內'가 쓰였던 사실을 확인하기로 한다.

1) 天寶十三載甲午八月一日 初 乙未載二月十四日 一部 周 了 成內之
〈해석〉 天寶十三年 甲午年(754년) 8月 1日에 시작하여 乙未年 2月 14日에 一部(華嚴經 80권)를 두루 빠짐없이 (합당하다고 생각하는 마

음으로) 조성하옵기를 마치었다.[10]

여기서의 '成內/일이아'는 '華嚴經의 造成'에 대하여 그 일이 합당하다고 생각함을 나타내는 것인데 이 의미 기능이 확장되어 그 造成 對象인 華嚴經에 대하여 恭遜함, 즉 謙讓도 부차적으로 나타내는 것으로 볼 수 있다.

2) 成內 願旨者 皇龍寺緣起法師 爲內賜 第一 恩 賜 父 願 爲 爲內弥
〈해석〉 造成하온 願旨는 皇龍寺의 緣起法師께서 삼으셨사오니 첫째는 恩惠를 주신 父의 願을 위하여 삼았사오며

여기서의 '成內/일이아'도 華嚴經의 造成을 합당하다고 생각함과 동시에 그 對象인 華嚴經에 대하여도 謙讓을 나타내는 것으로 해석된다. '爲內賜/삼아신'의 內는 '皇龍寺의 緣起法師가 願旨를 삼는 것이 합당하다고 생각하면서 그것을 공손한 마음으로 삼았음'을 나타내는 것이라 할 수 있다. 이는 주체인 緣起法師에 대하여는 '賜'로 존대하면서 그가 삼은 '願旨'에 대하여는 緣起法師도 합당하다고 생각하면서 겸손한 태도를 취함을 나타낸 것이다. 뒤의 '爲內弥/삼아며'도 그 주체가 緣起法師이니 앞의 '爲內賜/삼아신'의 '爲內/삼아'와 같은 敍法에서 '內/아'가 쓰인 것이다.

3) 經之 成內 法者 楮根中 香水 散尒 生長令是旀
〈해석〉 經의 造成하온 法은 楮根에 香水를 뿌리어서 生長시키며

10 여기 열거하는 이두문들은 南豊鉉(2000)에서 이미 해석한 것이지만 '內'가 합당법과 겸양법의 조동사로 쓰이는 점을 고려하여 해당 부분에 이 표현들을 첨가하여 다시 해석하여 보인다.

여기서의 '成內'의 '內/아'도 앞의 (1), (2)의 경우와 같이 經을 造成하는 것이 합당하다고 생각하면서 겸손한 태도를 나타내는 것으로 해석할 수 있다. 여기서 주목되는 것은 '散尔/빙어금'이나 '生長令是旀/ᄒᆞ이며'에서는 '內/아'를 사용하지 않는 점이다. 이 행동의 대상이 되는 '楮根'이나 '香水'는 합당법이나 겸양의 대상이 될 수 없는 데 말미암는 것으로 생각된다.

4) 經 寫 時中 竝 淳淨爲內 新淨衣 褌水衣 臂衣 冠 天冠等 庄嚴令只 者……

〈해석〉 經을 쓸 때에 모두 淳淨하여야 하올 新淨衣, 褌水衣, 臂衣, 冠, 天冠 등으로 庄嚴시킨……

'淳淨爲內/ᄒᆞ안'의 '內/아'는 新淨衣, …… 天冠 등이 華嚴經이나 부처님을 위하여 淳淨하게 하여야 하는 衣冠인데 그 淳淨함을 합당하게 이룬 데서 쓰인 것이다. 여기에서도 부처에 대한 겸양의 태도는 엿보이지만 합당법이 주가 되고 겸양법은 2차적인 것으로 보인다. 이는 조동사 '內/아'의 본 기능은 合當法이고 謙讓法은 여기에 부수되어 2차적으로 발달한 것임을 말하여 주는 것이다.

5) 三歸依尔 三反 頂禮爲內 佛菩薩華嚴經等 供養爲內…… 一收 舍利尔 入內如

〈해석〉 三 歸依씩 세 번 頂禮하옵고 佛·菩薩·華嚴經 들을 供養하옵고…… 一收의 舍利씩 넣었사옵니다.

'頂禮爲內/ᄒᆞ안'은 부처에 대하여, '供養爲內/ᄒᆞ안'은 佛·菩薩·華嚴經 등에 대하여 '入內如/넣아다'는 舍利에 대하여 합당하다고 생각하는 마음으로 행한 것을 '內/아'로 표현하였는데 그 합당법에 부가되어 겸양법도 표현되어 있다.

이 '內/아'는 신라시대의 여러 조성기에 사용되었는데 모두 앞에서 보아온 합당법이 우선하고 그에 부가되어 겸양법이 나타나는 것을 볼 수 있다. 이 華嚴經寫經造成記에 나타나는 '內/아'는 對象(客體)에 대한 겸양을 나타내는 것이 두드러진다고 하겠다.

이 '內/아'의 용법은 고려시대 이후의 行政文書에도 계속 쓰이고 있는데, 이 행정문서의 초기적인 형태인 新羅帳籍(755년경)에 나타난 조동사 '內/아'에 대하여 검토해 보기로 한다.

新羅帳籍은 4개의 村에 관한 기록이다. 이 村들의 기록내용이 대체로 중복된 형식이므로 이 문서들을 A, B, C, D로 구분하고 각 문서에 쓰인 '內/아'의 용례를 살펴보기로 한다.

6) A村) 當縣 沙害漸村 見內 山榼地 周 五千七百二十步
B村) 當縣 薩下知村 見內 山榼地 周 万二千八百卅步
D村) 西原京 □□□村 見內 地 周 四千八百步

6)의 A, B, D촌에 쓰인 '見內'는 '보안'으로 읽힌다.[11] 이 행정문서에서 '見/보'는 國王의 명령을 받은 관리가 지방의 행정을 수행함을 뜻하는 것이다.[12] 이 문맥에서의 '見/보'는 이들 村의 山·榼地의 면적에 대한 행정조치를 말하는 것이니 '행정적으로 조치하다'나 '그 면적을 調査하다'의 뜻으로 볼 수 있다. 이에 따라 合當法 助動詞 '內/아'를 고려하면서 '見內/보안'의 의미를 해석하면 '국왕의 명에 따라 山·榼地를 합당하다고 생각하는 마음으로 조사한'이 될 것이다. 이 '內/아'는 관리로서 국왕에 대하

11 '內'는 '아'로 읽히는데 이 시대의 이두에서 동명사어미 'ㄴ'은 표기하지 않는 관습이 있으므로 이를 再生하여 읽는다.

12 이 '見/보-'의 의미에 대하여는 南豊鉉(2000), 245~6면을 참조할 것.

여 그 직책을 합당하게 수행함을 나타내면서 동시에 국왕에 대한 謙讓의 뜻도 포함하고 있는 것이다.

7) B村) 三年間中 收坐內 烟一 合人百廿五 …… 收坐內 烟 合人四
C村) 三年間中 新 收坐內 烟一 合人六十九 …… 收坐內 烟 合人六

7)의 B村과 C村의 '收坐內'는 '烟戶를 거두어 앉힌 사실', 즉 '定着시킨 사실'을 기록한 것인데 이 일도 지방수령의 중요한 직책의 하나로 수행된 것이다. 여기서의 '內/아'는 국왕에게서 부여받은 사명인 烟戶를 收坐하는 일을 官吏로서 합당하게 수행하였음을 나타내는 것인데 이러한 태도는 국왕에 대한 謙讓도 포함되는 것으로 보아야 한다.

8) B村) 三年間中 加 收內 合人七
C村) 三年間中 新 收內 合人七 以 列 收內 小女子一 ……
D村) 三年間中 列 收內 合人四

8)의 B, C, D 村의 '收內'는 '人口를 村에 거두어들인 사실'을 기록한 것이다. 이 역시 지방수령으로서 수행한 일이니 '국왕에게서 부여받은 사명을 합당하다고 생각하는 마음으로 수행한 것'을 나타내기 위하여 '內/아'가 쓰인 것인데 역시 國王에 대한 謙讓도 포함하고 있는 것으로 보아야 한다.

9) A村) 合桑 千四(以 三年間中 加 植內 九十) 合栢子木 百卄(以 三年間中 加 植內 卌四 古有 八十六) 合秋子木 百十二(以 三年間中 加 植內 卌八 古有 七十四)
B村) 合桑 千二百八十(以 三年間中 加 植內 百八十九 古有 千九十一)
C村) 合桑 七百卌(以 三年間中 加 植桑 九十 古有 六百四十) 合栢子

木 四十二(並 前內視令 節 植內之) …… 前內視令 節 植內而死白 栢子木 十三.

D村) 合桑 千二百卌五(以 三年間中 加 植內 六十九 古有 千百六十六) 合栢子木 六十八(以 古有 六十 三年間中 加 植內 八)

9)의 A, B, C, D 村의 '植內'는 桑(뽕나무), 栢子木(잣나무), 秋子木(가래나무)을 심은 사실을 기록한 것이다. 이들 나무는 자연에 의하여 自生한 것이 아니라 國家的인 계획에 따라 심은 것이니 조동사 '內/아' 역시 '官吏로서 위에서 명령한 직무를 합당하다고 생각하며 완수한 것'을 나타내면서 겸양도 함께 나타낸 것이다. C村에서는 桑을 심은 것을 '植桑'으로 표현하고 있다. 이는 동명사 '內/안' 대신에 桑을 쓴 것인데 이는 초기적인 이두문의 표현이어서 '內'가 쓰이지 않았다. 이 문서에서 '植'에는 '內'를 붙였으나 '古有(옛부터 있었다)'의 '有'에는 전혀 붙이지 않은 것이 주목된다. 이는 행정조치로서 행한 '植(심다)'과 행정과 관계없이 본래부터 자연적으로 존재하는 '有[있다]'와는 그 합당성과 겸양 표현에서 차이가 있음을 보이는 것이다.

이상으로 新羅帳籍에 쓰인 '內/아'를 살펴보았거니와 그 특징은 이 형태가 왕이나 상급관리에 대하여 '합당하다고 생각함'을 표시하는 가운데 겸양이 부가적으로 나타난 것을 확인할 수 있다. 이는 尊者인 聽者에 대하여 부가적으로 겸양을 나타내지만 대상에 대한 겸양법은 나타나지 않는다. 이는 앞에서 보아온 佛家의 조성기에서 '內/아'가 대상에 대하여 겸양을 나타내는 것과는 차이를 보인다. 이런 사실은 '內/아'의 기능이 합당법이 위주이고 여기에 겸양의 기능이 부가되어 발달하였고 이 겸양법은 청자에 대한 표현이었다가 대상에까지 확대된 것으로 보아야 할 것이다. 이는 8세기의 '內/아'가 나타내던 겸양법의 범위가 9세기로 오면서 禁口와 같은 佛具에까지 확대된 것과도 밀접한 관계가 있는 것이다.

이제 15세기의 보조어간 '숩, 즙, 숩'의 上代語形이 조동사 '白/숣'이고 이 '白/畣'의 先代形이 합당법과 겸양법을 나타내는 '內/아'임을 확인함으로써 대상에 대한 겸양의 근원이 어디에서 온 것인지도 확인할 수 있게 되었다. 앞에서 우리는 고대한국어에서 '白/畣'은 聽者에 대하여 '겸손하게 말하다'의 뜻을 나타내는 동사이었음을 확인하였다. 이 '白/畣'이 겸양법의 조동사로 발달하면서 '말하다'의 뜻은 없어지고 대상에 대한 겸양표현에 쓰이게 된 것이다. 고대어에서 대상에 대한 겸양법은 合當法의 助動詞 '內/아'에서 부차적으로 나타난 것인데 '사뢰다'의 뜻을 가졌던 동사 '白/畣'이 조동사 '白/畣'으로 발달하면서 이 기능을 물려받은 것으로 생각되는 것이다.

6. 謙讓法 助動詞 '白/畣'의 展開

助動詞 '白/畣'에 의한 겸양표현은 10세기로 오면서 그 보편화의 속도가 빨라진 것으로 보인다. 『三國遺事』의 鄕歌에서는 확인되지 않던 겸양법의 '白'이 普賢十願歌에 오면 많은 용례가 나타나 10세기에는 謙讓法 助動詞의 '白/畣'이 확실한 자리를 잡고 있었음을 확인할 수 있다.

1. 心未 筆留 慕呂白乎隱 仏体 前衣〈礼敬諸佛歌〉
2. 剎剎每如 邀里白乎隱 法界 滿賜隱 仏体 九世 盡良 礼爲白齊〈礼敬諸佛歌〉
3. 塵塵 虛物叱 邀呂白乎隱 功德叱 身乙 對爲白惡只 際 于萬隱 德海肹間 毛冬留 讚伊白制〈稱讚如來歌〉
4. 法界 滿賜仁 佛體 仏仏 周 物叱 供爲白制〈廣修供養歌〉
5. 吾焉 頓叱 進良只 法雨乙 乞白乎叱等耶〈請轉法輪歌〉
6. 礼爲白孫 仏体刀 吾衣 身 伊波 人 有叱下呂〈普皆廻向歌〉

이상 6수의 普賢十願歌에서 겸양의 조동사 '白'이 9번이나 쓰였으니 이는 이 시대에 그 용법이 보편화되어 있었음을 端的으로 말하여 주는 것이다.

1), 2), 3), 4), 6)은 부처에 대한 겸양이고 5)는 法雨에 대한 겸양으로 볼 수도 있지만 그 배후에 있는 부처에 대하여 직접 겸양하는 것으로 보는 것이 옳을 듯하다. 이 겸양표현의 '白/畲'에는 '말하다'의 개념은 전혀 들어 있지 않을 뿐 아니라 聽者에 대한 겸양보다는 대상에 대한 겸양이 현저하게 드러난다. 이와 같이 말 가운데 나타나는 對象에게 겸양을 나타내는 '白/畲'의 용법은 앞에서 보아온 바와 같이 '內/아'에서 물려받은 것인데 이러한 겸양법이 고려시대의 吏讀文에서도 그대로 나타난다.

1. 惣得生天之 願以 石塔伍層乙 成是白乎 願 表爲遣〈淨兜寺造塔形止記 1031〉
2. 淨兜寺良中 安置令是白於爲 議 出納爲乎 事亦在乙〈淨兜寺造塔形止記 1031〉
3. 牒以 寺代內 應爲 處 追于 立是白乎 味 了在乎 等用良〈淨兜寺造塔形止記 1031〉
4. 作隣等 二十一人亦 堀取 五尺 石築 十尺 方良中 排立令是白內乎矣〈淨兜寺造塔形止記 1031〉
5. 玄風縣北面 觀音房主人 貞甫長老 陪白賜乎 舍利 一七口乙 ……〈淨兜寺造塔形止記, 1031〉
6. 本來 瑠璃筒 一 鍮合 一 重 二兩亦中 安邀爲白於 右 文記 幷以 又 鍮合 一 重 拾貳 兩參 目良中 邀是白內叱乎亦在於〈淨兜寺造塔形止記 1031〉

이는 잘 알려진 淨兜寺造塔形止記(1031)에 나타난 것이다.[13] 1), 2), 3),

13 이 吏讀文에 대한 해석은 南豊鉉(2000:481 ff.)를 참고할 것.

4)에 쓰인 조동사 '白'은 石塔에 대한 겸양 표현이고 5), 6)의 조동사 '白'은 舍利에 대한 겸양 표현이다. 이 '白'에는 '말하다'의 意味資質은 전혀 없고 聽者에 대한 겸양을 나타낸 예도 없다. 대상에 대하여 겸양을 표현한 것들이다.

이것은 佛國寺无垢淨光塔重修記(1024)와 그 西石塔重修形止記(1038)에도 같은 양상으로 나타난다.[14]

7. 右塔 開刱爲白乎 事之段〈佛國寺无垢淨光塔重修記, 1024〉
8. 惠恭大王矣 代良中沙 □ 成立爲白敎 事是置在亦〈佛國寺无垢淨光塔重修記〉
9. 須彌 下是白乎矣 …… 十八日辰時亦中 下是白良〈佛國寺无垢淨光塔重修記〉
10. 都護使良中 安舍利 由 上爲白遣在 公事 繁多爲 寺名公釋德弋只 正細兮 安爲白遣 由 上爲白於 爲 出納爲敎在 等 仍于〈佛國寺无垢淨光塔重修記〉
11. 舍利乙良 藏堂良中 邀是白 三寶塔寶 別丹越乙以 連次 供養爲白在 氵〈佛國寺西石塔重修形止記, 1038〉

7), 8)의 조동사 '白'은 塔에 대한 겸양이고 9)에 두 번 쓰인 '白'은 모두 須彌에 대한 겸양이다. 10)의 '由 上 爲白遣在'과 그 뒤의 '由 上 爲白於 爲'의 '白'은 都護使에 대한 것으로 行政上의 上位者에 대한 겸양표현이어서 청자에 대한 겸양표현이다. 뒤의 '安爲白遣'의 '白'은 舍利에 대하여 겸양을 나타낸 것이다. 11)에 두 번 쓰인 '白'도 모두 舍利에 대한 겸양이다. 이들에 쓰인 '白'은 10)에서와 같이 행정상의 上級者 즉 청자에게 겸양을 나타내는 경우와 존귀한 대상물에 대한 겸양을 나타내는 것으로 나

14 이 吏讀文에 대한 해석은 노명호·이승재(2009:50 ff.)를 참고할 것.

눌 수 있다. 이들 어느 경우에도 조동사 '白/숣'에는 '말하다'의 意味資質은 消去되어 있다. 조동사 '白'의 이러한 겸양법은 조선조말의 吏讀文에까지 지속적으로 이어져 왔다. 구어에서 이 '白/숣'이 '습, 즙, 습'으로 바뀌고 이들이 다시 변화를 겪었어도 이두문에서의 '白/숣'은 변화 없이 사용되어 왔다.

7. 謙讓의 複合助動詞 '白內/숣아'의 형성

高麗時代의 文書生活은 成宗 6년(987)에 새로운 정비가 이루진 것으로 보인다. 高麗史에 의하면 成宗6年(987) 8月에 '李夢游에게 명하여 中外의 奏狀과 行移公文의 書式을 詳定하였다'고 하였다.[15] 이는 이때에 와서 신라시대부터 사용해 오던 文書樣式을 새롭게 정리하였음을 말해 주는 것이다. 이 이후부터는 신라시대에 자주 쓰이던 평서법 종결어미 '之/다'가 전혀 나타나지 않는다. '內'는 그 쓰이는 범위가 한정되어 '使內'와 '白內'가 套式으로 굳어졌고 그 밖에는 약간의 동사에 연결된 것이 보일 뿐이어서 그 쓰이는 범위가 훨씬 줄어들었다.[16]

'使內/브리아'는 신라시대부터 쓰이던 형태가 굳어진 것이지만 '白內/숣아'는 11세기의 자료에서부터 발견된다. 아마도 '白內/숣아'의 연결체는 이 시대에서 멀지 않은 시기에 熟語化한 것이 아닌가 한다. '白/숣'이 '內/아'의 기능을 이어받아 겸양의 기능을 대표하게 되었다 하더라도 '內/아'의 겸양법 기능은 살아 있어 두 겸양법이 類義語로서 공존하였다고 볼 수 있다. 이러한 점에서 '白內/숣아'의 연결체는 겸양을 나타내는 두 형태가 類義語 衝突을 회피하는 수단으로 형성되어 단독으로 쓰이는 '白/

15 秋八月乙卯 命李夢游 詳定中外奏狀 及行移公文式(『高麗史』 권3, 10b).

16 '內/아'의 사용범위는 제한되었지만 그 조동사는 살아 있어 '良/아'에 그 기능이 옮겨진 것으로 보인다.

畣'보다 謙讓 表現을 더 강하게 나타내고 있었던 것으로 보인다.

'白內'가 처음 나타나는 11세기의 용례들을 검토하면 '白'과는 구별되어 쓰이고 있음을 볼 수 있다.

1. 十八日辰時亦中 下是白良 金堂庭中良中 邀是白 □□火 雜菓等 三十三種乙以 供養作□ 爲白遣 寺□院良中 邀是白 每日 …… □花燈燭乙以 供養爲白內㢱 十九[日]……〈佛國寺无垢淨光塔重修記, 1024〉

〈해석〉 18일 辰時에 내리어서 金堂의 庭中에 모시옵고 □□火 雜菓 등 33種으로 供養作 □하옵고 寺□院에 뫼시옵고 매일 …… □花와 燈燭으로 供養하오며, 19일에 ……

여기서 '爲白內'의 쓰임을 보면 18일에 '下是白良', '邀是白', '爲白遣', '邀是白' 등의 여러 작업에 대한 겸양을 '白'으로 표현하고 마지막으로 행한 供養에 대한 겸양은 '白內'로 표현하고 있다. 이는 '白內'가 한 局面을 마무리할 때 쓰이고 있음을 보여 주는 것이다.

2. 寺名公釋德弋只 正細兮 安爲白遣 由 上爲白於爲 出納爲敎在等仍于午時良中 大行行乙以 安爲白遣 三匝行道爲白㢱 舍利乙良 白象乙 錺㢱 □□念 上是白㢱 香花童子 二乙 飾㢱 南西北 念 上是白良 伎樂乙以 慶喜[爲]白內㢱 舍利監當大德 兢旻……〈佛國寺无垢淨光 塔重修記, 1024〉

〈해석〉 寺의 名公과 釋德이 正細하게 安置하옵고 까닭을 올림(관에 보고함)이 합당하다고 하여 (官에) 出納을 마치었으므로 午時에 大行을 行하여 安置하옵고 三匝行道하오며 舍利의 경우는 白象을 장식하며 □□念을 올리오며 香花童子 둘을 꾸미며 南西北으로 念을 올리어 伎樂으로 慶喜하오며, 舍利監當의 大德 兢旻이 ……

여기서도 '爲白內'의 쓰임은 舍利를 '사찰의 名公과 釋德이 安爲白遣', '大行行乙以 安爲白遣', '三匝行道爲白ㅎ', '念 上是白ㅎ', '南西北 念 上是白良' 등의 여러 행사의 겸양을 '白/畲-'으로 나타낸 다음 마지막으로 '伎樂으로 慶喜함'에 있어서의 겸양을 '[爲]白內ㅎ'로 표현하여 마무리 하고 있다. 그 다음은 '舍利監當 大德'이 행하는 새로운 행사의 기록이다.

3. 太平十六年丙子六月……西邊 石塔亦 傾墮如加賜乙 □□亦 雜木乙 運輸爲 支是ㅎ 救 白良 □□□□白內良 同內子年 八月分良中 大梯左右積乙良 本如 修理爲ㅎ〈佛國寺西石塔 重修形止記, 1038〉

〈해석〉 太平16年 丙子 6月……西邊의 石塔이 傾墮가 더 되시었던 것을 □□이(가) 雜木을 運輸하여 고이며 救하여 □□□□하와 同丙子年 8月分에 大梯의 左右積의 경우에는 본래대로 修理하며

여기서도 '太平16年 丙子 6月'의 일을 끝내는 기록에서 '□□白內良'로 겸양표현을 하고 그 다음에 8月의 기사로 넘어 가고 있다.

4. 二月一日 飯嘆啼 供爲白遣 下[層]□□ 四面方 各八尺 厚 二尺七寸 下是白欲 □□□□ 僧衆 三百餘人是遣在…… 不得爲去乎等 用良 奴人 壯爲 五十余乙 [加] □□ 下是白乎 事是在ㅎ 三寶以 酒□□ 進在ㅎ 下層 金堂石 方廣四尺□寸 [厚]□尺三寸 下是白內在ㅎ 二日 飯嘆啼 初層 金堂 臺石 四 下是白遣〈佛國寺西石塔重修形止記, 1038〉

〈해석〉 2月 1日에 飯嘆啼를 供하옵고 下[層]□□(四面方 各 8尺, 厚 2尺 7寸)을 내리옵고자 하여 □□□□ 僧衆 300餘人이었으나 …… 할 수가 없었으므로 奴人 壯한 者 50여명을 더하여 □□ 내리온 일이었으며 三寶로부터 酒□□을 進上하였으며 下層 金堂石(方廣 4尺 □寸 [厚] □尺 3寸)을 내리었사오며, 2日 飯嘆啼 初層의 金堂 臺石 四을 내리옵고

여기서도 2월 1일에 '供爲白遣', '下是白欲', '下是白乎' 등의 일을 기록하고 마지막으로 金堂石을 내리는 일은 '下是白內在ㅅ'라고 하여 '白內'로 마무리하고 있다. 그런 다음 2월 2일의 기사로 넘어 가고 있다.

5. (十二)月十二日 正位剛隊正 嵩邑 戎漢 一品軍 作隣等 二十一人亦 堀取五尺 石築 十尺方良中 排立令是白內乎矣 玄風縣 北面 觀音房主人 貞甫長老 陪白賜乎 舍利十七口乙 京山府土 處藏寺主 彦承長老亦 今月 一日 陪到爲賜乎 事亦在等以 本來 琉璃筒一 鍮合一 重二兩亦中 安邀爲白弥 右 文記 并以 又 鍮合一 重 十貳兩三目良中 邀是白內叱乎亦 在旀 石練時乙 順可只而 今良中 至兮……〈淨兜寺造塔形止記, 1031〉

〈해석〉 12月 12日 正位剛隊正의 嵩邑, 戎漢, 一品軍인 作隣 等 21人이 堀取 五尺 石築 十尺方에 排立시키오되 玄風縣 北面의 觀音房主人인 貞甫長老가 모시옵던 舍利 17口를 京山府 땅의 處藏寺主 彦承長老가 今月 1日 모셔 오신 일이 있었으므로 本來의 琉璃筒 1, 鍮合 1(重 2兩)에 安邀하오며 위의 文記와 함께 또 鍮合 1(重 12兩 3目)에 모시었으며 石練 時로부터 지금에 이르기까지……

이 造塔形止記에서는 '白內/숣아'가 위의 예문에 쓰인 2예가 전부이다. 그 첫 용례는 '排立令是白內乎矣/排立ᄒᆞ이숣아오되'로서 이는 12월 12일에 塔을 排立하는 일을 끝내면서 '白內'를 쓴 것이다. 그 다음 용례는 '邀是白內叱乎亦在旀/모리숣앗온여겨며'로서 이는 그 달 1일에 貞甫長老가 뫼셔온 舍利를 文記와 함께 舍利藏具에 넣어 안치하는 일을 마치면서 '白內'를 쓴 것이다. 이와 같이 11세기의 '白內'는 한 국면을 마무리한 사실을 기술할 때의 겸양표현으로 사용되고 있음을 볼 수 있다. 이는 한 局面 안에서 조동사 '白/숣-'만으로 여러 번 겸양을 표현하다가 국면의 마지막에 가서 겸양을 강하게 표현하면서 그 행위가 합당하다는 사실을 강조하는 기능을 '白內/ᄉᆞᆲ아'가 가졌던 것으로 해석된다.

이 이후의 이두문에서는 '白內/ᄉᆞᆲ아'의 이러한 용법이 거의 상실되고 투식으로 쓰인 듯한 감을 준다.

6. 立案成給 向敎事 <u>望白內臥乎</u> 事是亦在〈海南尹氏 奴婢文書, 1354〉
〈해석〉 立案문을 만들어 내려주실 것을 삼가 바라옵는 것임

이는 14세기 중엽의 所志인 海南尹氏 奴婢文書의 끝 구절인데 所志人이 官에 대하여 최대의 겸양을 나타낸 것으로 보인다. 이후의 所志에서도 이러한 표현이 투식적으로 쓰였다.

7. 王旨內思 <u>審是白內乎矣</u> 右事叱段 前朝 恭愍王 薨逝之後……
〈해석〉 王旨 內의 생각을 살피온 바, 위의 일은 前朝의 恭愍王이 薨逝한 후에……

이는 李和開國功臣錄券의 한 구절이다. '審是白內乎矣/ᄉᆞᆯ피ᄉᆞᆲ아오ᄃᆡ'의 '白內/ᄉᆞᆲ아'는 國王에 대한 최대한의 겸양을 표현한 것으로 이 이후의 조선초기의 功臣錄券에서는 이 표현이 투식으로 쓰이고 있다. 이 표현들에서는 어떤 국면의 전환이라기보다는 국왕이나 관리와 같은 尊者에게 최대한의 겸양을 표현하는 데에 '白內/ᄉᆞᆲ아'가 쓰였음을 보여 주고 있다.

이상의 사실들을 정리하면 '白內'의 형성은 '여쭈다, 사뢰다'의 뜻에서 겸양으로 발달한 '白/ᄉᆞᆲ'과 '합당하다고 생각하다'에서 겸양으로 발달한 '內/아'의 두 類義語가 이 시대에 와서 合流된 것임을 알 수 있다. 이 두 겸양표현이 만나면서 이들이 2중으로 重複·疊用되어 겸양의 뜻을 한층 강하게 표현한 것이 '白內/ᄉᆞᆲ아'인 것이다.

7. 謙讓의 複合助動詞 '白內/숣아'에 대한 朝鮮時代 註釋書들의 理解

조선시대 후기로 오면 '白內'의 '內'의 어형과 기능이 상실되어 이 글자에 대한 표음과 해석이 구구하다.

먼저 조선시대의 吏讀 學習書나 註釋書에서 '白內'에 대하여 어떻게 이해하고 있는가에 대하여 살펴보기로 하자.

〈吏文大師〉

右所陳爲白內等ᄒᆞ숣걸든

〈吏文襍例, 所志式〉

右所志爲白內等 ᄒᆞ숣알든

〈儒胥必知〉

望良白內臥乎事 바라ᄋᆞᆸᄂᆞᆫ누온일

爲白內等 ᄒᆞ숣옵든

〈吏讀便覽〉

爲白內等 ᄒᆞ숣아든

是白內等 이숣아든

戈只白內教味向事 과그리숣ᄂᆡ이샨맛아안일

望良白內臥乎事是亦在 ᄇᆞ라숣ᄂᆡ누온일이여

〈典律通補〉

望良白內臥乎事是亦在 바라숣ᄂᆡ누온이리여견〈권4, 吏文〉

爲白內等 ᄒᆞ숣ᄂᆡ든〈권4, 吏文〉

〈吏讀集成〉

內 (音) 안, 옵, 내

內等 (敬稱) (音) 내(옵)든

內節 (音) 안지위 (解) 成內節의 略 即 [된지위]. 된 때이다.

令是白內乎矣 (敬稱) (音) 시기숣오되

白內吒乎亦在弥 (敬稱) (音) 숣을오여견이며

白內乎矣 (敬稱) 숣오되

白內臥乎事 (敬稱) 숣누온일

向教是事望良白內臥乎事 (敬稱) (音) 아이산일바라숣안누온일

向教是事望良白內臥乎事是亦在 (敬稱) (音) 아이산일바라숣안누온일이여견

是白內乎矣 (敬稱) (音) 이숣오되

望良白內臥乎事 (敬稱) (音) 바라숣안누온일

望良白內臥乎事是亦在 (敬稱) (音) 바라숣안누온일이여견

爲內弥 (音) 하오며

爲白內等 (敬稱) (音) 하숣옵든

이상 '白內'의 연결체에 대하여 주석한 것을 보면 '白'에 대해서는 모두 '숣(숣)'으로 읽어 일치하지만 '內'에 대해서는 註釋書마다 구구하게 다름을 볼 수 있다.

吏文大師; 걸

吏文襍例; 알

儒胥必知; 는, 옵

吏讀便覽; 아, 너

典律通補; 너

吏讀集成; 안, 오(옵), 내, ø

이러한 혼란은 이 시대에 와서 '內'의 형태와 기능이 거의 소실되었음을 말하여 주는 것이다.

吏文大師에서 '內'를 '걸'로 읽은 것은 15,6세기의 이두에서 '爲去等/ᄒᆞ거든'이 '爲去乙等/ᄒᆞ걸든'으로도 나타나는데 이 형태에 맞춘 註釋인 것으로 보인다. '內'가 '걸'로 읽힐 근거는 없으므로 이 주석은 잘못된 것이다.

吏文襍例에서 '알'로 읽은 주석이 正鵠을 얻은 것으로 보인다. 차자표기에서 內자는 그 訓 '안'에서 'ㄴ'을 탈락시키고 '아'음의 표기로 쓰이는데, 문맥에 따라 동명사어미 'ㄴ'이나 'ㄹ'을 첨가시켜 읽는 독법은 흔히 있는 일이다. '爲白內等/ᄒᆞ숣알든'의 '等'은 古代語에서 의존명사 'ᄃᆞ'를 나타내는 형태이므로 그 수식어로 동명사어미 'ㄹ'을 동사 '內/아'에 연결한 것이니 이는 과거부터 읽어 오던 독법을 계승한 것으로 보인다. 그러나 이는 이 註釋書에 단 한 번 나타나는 것이어서 이 시대에 '內'의 기능을 알고 사용한 것이라고 단언하기는 어렵다. 다만 '內/아→알'의 형태를 이 시대의 吏讀에서 확인할 수 있어 그 보수적인 표기를 보여주는 것을 다행으로 생각한다.

儒胥必知의 'ᄂᆞᆫ'은 內자를 음독한 것인데 이는 內자의 본래의 기능이 상실된 데 말미암은 것이다. '望良白內臥乎事/바라ᅀᆞᆸᄂᆞᆫ누온일'에서 '內'를 'ᄂᆞᆫ'으로 읽으면 이는 시상법의 'ᄂᆞ'로 보아야 하는데 이는 같은 시상법을 나타내는 '臥/누'와 기능상 중복된다. 또 'ᄂᆞᆫ'의 관형형어미 'ㄴ'은 '臥/누'를 수식한다고 보아야 하는데 '臥/누'는 명사형이 아니므로 고대어의 문법에도 어그러지고 중세 이후의 문법에도 어그러지는 것이다. 같은 책의 '爲白內等/ᄒᆞ숣ᅀᆞᆸ든'에서는 '內'를 'ᅀᆞᆸ'으로 읽은 것도 잘못이다. 이는 '內'를 겸양의 보조어간으로 본 것인데 'ᅀᆞᆸ'이 '白/숣→ᄉᆞᆸ→ᅀᆞᆸ→ᅀᆞᆸ'의 발달에서 온 점을 감안하면 이는 '內'를 '白'과 동일한 것으로 본 주석이다. 다만 '內'에 겸양의 뜻이 있는 것으로 본 것은 이해할 만하다.

吏讀便覽의 '爲白內等/ᄒᆞ숣아든'과 '是白內等/이숣아든'에서 '內'를 '아'로 읽은 것은 '內'자의 훈에 근거한 것이지만 이 문맥에서는 '等/ᄃᆞ'가 의존명사이니 동명사어미(관형형어미)를 첨가하여 '안'이나 '알'로 읽어야 바른 독법이 된다. 같은 책에서 '戈只白內教味向事/과그리숣니이샨맛아안일'과 '望良白內臥乎事是亦在/ㅂ라숣니누온일이여'에서 '內'를 '니'로 읽은 것은 앞에서 말한 대로 잘못이다.

典律通補에서 '內'를 '니'로 읽은 것은 앞에서 보아온 바와 같이 고대어나 중세어의 어느 문법으로 보아도 잘못이다.

吏讀集成은 1937년에 간행된 것으로 이 시기까지 전해 내려오는 註釋書와 小倉進平 등이 새로 연구한 것을 종합한 것이다. '內'의 讀音을 '안'으로 읽은 것은 吏讀便覽의 것을, '오(옵)'으로 읽은 것은 儒胥必知의 것을 가져온 것이고 '내'로 읽은 것은 典律通補와 吏讀便覽의 '니'를 바꾸어 적은 것이다. 이는 '內'의 독음과 기능을 파악한 것이 아니라 여러 註釋書의 독음을 모아 놓은 것에 불과하다. '內等'을 敬稱이라 한 것은 '內'를 '내'나 '옵'으로 읽은 것에 근거를 둔 것이지만 실제로 '內等'이 이두문의 단위로 쓰인 예는 없다. 또 '내(니)'로 읽은 것도 그 뜻을 이해한 것이 아니라 전해오는 주석서들에서 '니'로 읽던 것을 바꾸어 적은 것에 불과하다. '內節'의 항목도 '안지위'로 독음을 달고 '成內節의 略, 卽 [된 지위]'라고 풀이한 것도 신라시대 이두를 잘못 分節한 구차한 해석이다. '內節'을 吏讀 項目으로 세워야 할 근거는 없다.

이제까지의 吏讀註釋書들의 내용을 종합하면 '白內'의 '內'에 대하여 '알'로 읽은 것은 전통이 있는 독법이라고 하겠으나 1예밖에 없어 17세기 이후에 이를 바르게 이해한 것이라고 하기는 어렵다. 이밖에는 '니'나 '옵'으로 읽기도 하여 일관성이 없고 '敬稱'이라고 하여 그 뜻을 이해한 듯도 하지만 그 근거가 약한 것이어서 朝鮮時代 後期에 '內'의 讀音과 機能은 口語에서나 吏讀文에서나 상실되었다고 보아야 할 것이다.

7. 結語

겸양의 '白/畣'은 9세기 후반인 860년대 吏讀資料에서 처음으로 나타난다. 이 '白/畣'은 '사뢰다, 여쭈다'의 뜻으로 쓰이던 동사가 겸양의 조동사로 발달한 것이다. 이 이전의 겸양표현은 '합당하다고 생각하다'의 뜻인 동사에서 合當法 助動詞로 발달한 '內/아'가 담당하였었다. 조동사 '內/아'의 겸양표현은 有情物뿐만 아니라 對象物에 대하여도 적용되었는데 이러한 겸양법이 '白/畣'에도 이어져 중세어에까지 그대로 이어져 내려왔다.

조동사 '白'과 '內'가 유의어로 쓰이게 되자 두 단어가 類義語 衝突을 일으켜 그를 회피하는 수단으로 疊用形 '白內/畣아'가 형성되었다. 이는 '白'이나 '內'보다 더 강한 겸양표현으로 쓰인 것이었다. 9세기말에 고려시대의 이두문의 규범이 새로 정해졌는데 신라시대에 널리 쓰이던 '內/아'의 용법이 이 시기에 와서 제약을 받은 것으로 보인다. 그리하여 '內/아'의 기능은 '良/아'에게 물려주고 套式으로 그 용법이 남게 되었는데 이에 따라서 '白內'가 후대의 이두에까지 이어졌으나 조선조 후기에는 '內/아'의 어원적인 의미가 상실되고 '白/畣'과의 구별이 없어지게 되었다.

參考文獻

姜吉云(2004), 『鄕歌新解讀硏究』, 한국문화사.

金完鎭(1981), 『鄕歌解讀法硏究』, 서울大學校 出版部

金俊榮(1979), 『鄕歌文學』, 螢雪出版社.

南豊鉉(2000), 『吏讀硏究』, 태학사.

南豊鉉(2009), 『古代韓國語硏究』, 시간의 물레.

南豊鉉(2010), 韓國語史 硏究에 있어 口訣資料의 寄與에 대하여, 『口訣硏究』 25, 口訣學會.

노명호 · 이승재(2009), 釋迦塔에서 나온 重修文書의 判讀 및 譯註, 『重修文書(불

국사 석가탑 유물2)』, 국립중앙박물관・대한불교조계종
徐在克(1975), 『新羅 鄕歌의 語彙 硏究』, 啓明大學出版部.
梁柱東(1942), 『朝鮮古歌硏究』, 博文書館.
兪昌均(1994), 『鄕歌批解』, 螢雪出版社.
池憲英(1947), 『鄕歌麗謠新釋』, 正音社.
홍기문(1956), 『향가해석』, 과학원.
小林芳規(2008), 角筆による新羅語加点の華嚴經, 『南都佛教』 91, 南都佛教硏究會
東大寺.
小倉進平(1929), 『鄕歌及び吏讀の硏究』, 京城帝國大學.

▮『口訣硏究』 26집, 구결학회, 2011. 2.

古代韓國語의 如實法 動詞 '支/디'와 '多支/다디'에 대하여

1. 序論

1.1. 이제까지의 論議 整理

필자는 2008년의 글인 '釋讀口訣에 쓰인 '支'의 形態와 機能에 대하여'에서 釋讀口訣에 나타나는 '支'가 如實法을 나타내는 형태임을 밝힌 바 있다. 즉 支는 한문의 如자의 訓을 표기하는 차자로 '똑같다'의 뜻을 나타내며 '디'음으로 읽혔음을 추정하였다. 이 '支/디'는 'ᄃᆞ-+이'가 축약된 형태로 보았는데 'ᄃᆞ-'는 의존명사 'ᄃᆞ'와 어원을 같이 하는 형용사라고 하였다. 이 형용사가 조동사로 발전하여 그 부사형이 '똑같이', '틀림없이'의 뜻인 如實法을 나타내는 것으로 보았다. 형용사 '디'에 부사파생접미사 '이'가 결합되어 축약되면 다시 '支/디'가 되는 것으로 보기도 하였다.

釋讀口訣에 나타난 현상을 보면 華嚴經疏 卷35(이하 〈화소〉)에서는 支가 다양한 기능으로 쓰였지만 華嚴經 卷14(이하 〈화엄〉)에서는 그 사용이 흔들리고 있었다. 合部金光明經 卷3과 瑜伽師地論 卷20에서는 한문의 '如'자의 訓에만 쓰여 支의 용도가 극히 제한되었었고 舊譯仁王經에서는 전혀 사용되지 않았다. 이는 11세기말까지는 여실법의 '支/디'의 기능이 살아 있어 활발하게 사용되었으나 12세기 초부터는 그 기능이 쇠퇴하여 갔고 13세기에 오면 완전히 소멸되어 관습적으로 사용되었음을 말하여 주는 것이다.

그러나 이에 대한 연구자들의 이해가 부족한 듯 아직 적극적으로 수용되지 않은 것으로 보인다. 이는 향가에 쓰인 支의 해독이 미루어진 채 남아 있고 그 밖의 차자표기 자료에 나타나는 현상들도 아직 적극적으로 검토되지 않은 데 있는 것이 아닌가 한다. 또 支의 전통적 한자음이 '지'인데 이것이 차자표기에서 '디'라는 사실도 아직은 수용하기가 어려웠던 것이 아닌가 한다.

이 글에서는 향가의 해독에서 커다란 걸림돌로 남아 있는 支에 대하여 이 형태가 여실법의 형태로 쓰였음을 구체적인 해석을 통해 밝혀 보기로 한다. 아울러 支의 上古音이 '디'였다는 사실도 새로운 자료를 통하여 증명하게 될 것이다. 이와 함께 같은 類義語가 중복되어 형성된 '多(如)支/다디'를 鄕歌와 借字表記 資料에서 만나게 되는데 이 형태도 如實法의 한 형태로 보고 해독하여 보기로 한다.

먼저 여실법의 支가 다양한 기능으로 쓰인 〈화소〉와 〈화엄〉에서 그 분포와 의미를 다시 정리해 보기로 한다.[1]

1a. [如]支ソ-; 같다. 답다.
b. [如]支; 같이. 답게
2a. 故支; 똑 같은 결과로. 바로 그 결과로
b. 則支; 그런즉 틀림없이……
c. 卽支; 곧 바로. 즉시 틀림없이……
3a. 能支; 아주 능하게. 능한 그 자체로
b. 善支; 아주 착하게. 착한 그 자체로
4a. 今支; 바로 지금. 지금 곧 틀림없이……
5a. 元矢支リ㢱; 으뜸 바로 그것이며. 으뜸 바로 그 자체이며
b. 年支; 바로 그 나이가……. 그 나이가 바로.
6a. 養ソㅎソヒ支立; (부모를) 꼭 봉양하는 바로 그것이다. 꼭 봉양할지어다
b. 離支ヒ支立; (貪着을) 버려야 하는 바로 그것이다. 꼭 버릴지어다

---

1 이에 대해서는 졸고(2008)를 참고할 것.

7a. 離攴; 말음첨기

b. 免攴ㅌ立; 말음첨기

1)은 '攴/디'가 如 자의 훈으로 쓰인 것이다. 필자의 앞 논문에서 이 '攴/디'를 의존명사 'ᄃᆞ'와 어원을 같이 하는 상태동사 '*ᄃᆞ-'의 부사형으로 보았다. 2)는 攴가 한문의 連詞(접속사)와 결합하여 접속부사를 만든 것이다. 3)은 攴가 한문의 용언 어간과 결합하여 부사를 만든 것이다. 4)는 攴가 부사성의 명사 今에 연결되어 부사를 만든 것이다.

5a)는 攴가 명사 '元矢(으뜸)'에 연결된 것이다. 이 攴는 명사의 기능을 하기 때문에 그 뒤에 계사 'リ/이'가 이어졌다. 이 경우의 攴는 조동사 'ᄃᆞ'에 명사파생 접미사 '-이' 또는 '-의'가 결합되어 형성된 명사 'ᄃᆡ'가 '디'로 축약된 것으로 보았다. 5b)의 年攴는 앞의 글에서 말음첨기로 보았으나 여실법으로 보는 것이 옳을 것으로 생각된다. 따라서 이는 명사 '年'(나이)에 여실법의 명사 攴가 연결된 것으로 본다.

6)은 攴가 보조어간 ㅌ에 이어진 것이다. 고대어의 문법에서는 어간의 자립성이 강하고 어간과 어간이 어미의 매개 없이 직접 연결되는 것이 매우 생산적으로 쓰였다. 그에 따라 보조어간과 동사가 직접 연결될 수 있으므로 ㅌ의 뒤에 攴가 이어지는 문법도 설명될 수 있다. 그러나 攴가 부사형이라면 ㅌ와 연결되는 것은 설명이 되지만 뒤에 이어지는 어미 立와의 관계를 설명하기가 어렵다. 한국어에서 부사에 종결어미가 연결되는 문법은 없기 때문이다. 이는 攴의 문법을 달리 설명해야 할 필요성이 있음을 말해 준다. 이에 따라 '支/디' 자체를 의존명사 'ᄃᆞ'와 어원을 같이 하는 상태동사 어간으로 보고 그것이 여실법의 조동사로 발전하였으며 용언은 물론 부사나 명사로도 쓰이는 것으로 보는 것이 좋을 것으로 생각된다. 이 글에서는 이 점에 대해서도 논의하게 될 것이다.

7)은 말음첨기로 보지 않고는 현재로서는 설명할 길이 없다. 이 離攴와 免攴는 〈화엄〉에만 나타나는데 모두 중세어의 '여희-'에 대응한다.

이상을 요약하면 支는 의존명사 'ᄃᆞ'와 어원을 같이 하는 상태동사 '디'가 조동사로 발전하였고 문법상으로는 부사와 명사로 파생되기도 하였던 것이다. 그리하여 '如'자의 훈을 나타내는 데 쓰이기도 하고 부사, 접속사, 명사에 연결되기도 하며 보조어간에 연결되기도 하고 뒤에는 종결어미가 연결되기도 하였다. 또한 말음첨기로 쓰이기도 하였는데 이는 여실법의 표현이 아니다. 이와 같이 상태동사와 아울러 여실법의 조동사로 발전한 '支/디'가 그 의미 영역이 넓어져 다양한 문법 환경에 적응하였고 그 분포도 다양해진 것으로 생각된다.

1.2. 如實法의 理解

支가 漢文의 '如'자의 훈으로 쓰인 상태동사인데 이것이 발전하여 여실법이 된 데 대하여 설명하기로 한다. '如實法'이란 필자가 처음 제안한 것이지만 支가 서법(modality) 형태로 발전한 것이나 그 기능과 의미에 대하여 아직 설명이 부족한 듯하여 좀더 자세한 설명을 하여 보기로 한다.

석독구결에 쓰인 '如'자의 훈 '支ソ/디ᄒᆞ-'를 현대어로는 '같다'의 뜻으로 이해할 수밖에 없다. 그러나 현대어의 '같다'는 여러 의미를 포괄하고 있어 '支ソ/디ᄒᆞ-'의 뜻과 일치한다고 하기가 어렵다. 현대어에서 '같다'는 '똑같다'의 의미도 있지만 '유사하다, 비슷하다'나 '한 듯하다', '한 것 같다'와 같은 짐작이나 비유의 뜻으로도 쓰일 수가 있다. 그러나 '支ソ/디ᄒᆞ-'는 '비슷하다'는 뜻을 배제하고 '똑같다', '일치한다', '바로 그것이다'라는 뜻으로 보아야만 그 기능을 올바로 이해할 수가 있다. 현대어의 '답다'가 '支'와 같은 어원의 접미사이지만 '답다'는 상태동사 '다'에 심리적 근사성을 나타내는 '-ㅂ'이 부가되어 있어 동사 '支'의 의미와는 차이를 보인다. 支는 '똑같다', '일치한다'의 의미만을 가진 동사이다.

〈화소〉의 다음 예문을 보기로 한다.

菩薩摩訶薩1 [是]リ [如]支ソ1 念乚 作ソナア丁〈화소8,19〉

의 '[是]〻 [如]支ㆍ丷 1/이 디ᄒᆞᆫ'은 불경의 석독에서 흔히 볼 수 있는 표현이다. 이 '如是'에 대한 15세기의 楞嚴經 諺解를 보면

부톄 니ᄅᆞ샤ᄃᆡ 올타 올타; 佛言 如是 如是〈능엄2,50a〉

와 같이 '올타 올타'로 번역하였다. 즉 〈화소〉의 '[是]〻 [如]支ㆍ丷 1/이 디ᄒᆞᆫ'은 '옳다'의 뜻과 일치하는 것이다. '是/이'는 '是非'의 '是'로 보아 '옳음'의 뜻을 갖지만 '[是]〻 [如]支ㆍ丷 1/이 디ᄒᆞᆫ'에서는 대명사 '是/이'로 번역되고 '支ㆍ丷'는 '그와 똑같다', '그와 일치한다'의 뜻을 나타내는 것이어서 '올타'가 되는 것이다. 이 뜻을 바탕으로 '支/디'가 화자의 판단을 나타내는 서법의 조동사로 발전하면 '사실과 똑같다', '사실과 일치한다', '틀림없다'의 뜻으로 해석되기도 하고 '그 사실이 틀림없음을 강조하는 표현'으로 발전하여 '바로 그것', '그 자체', '꼭 그렇다'와 같은 강조의 뜻을 나타내기도 하는 것이다. 즉 단순한 판단이라면 '틀림없다'이지만 명사, 형용사, 동사에 연결되면 그를 강조하는 뜻이 되어 '꼭 그렇다', '그 자체이다'가 되는 것이다. 일례로 '착하다'에 연결되면 '틀림없이 착하다', '착한 그 자체이다', '매우 또는 아주 착하다', '착하고도 착하다', '착하디 착하다'의 뜻 등으로 해석되는 것이다. 또 '머물러 주다'에 여실법이 더해지면 '머무는 그 자체대로 해 주십시오', '꼭 머물러 주십시오'의 뜻이 된다. 이와 같이 여실법은 문맥에 따라 '틀림없이', '그 자체대로', '꼭(아주) 그렇게', '착하디 착하다'의 뜻으로 해석되기도 하고 '강조'의 기능으로 해석되기도 하는 서법이다.

1.3. '支'의 上古時代의 音

支의 음이 삼국시대 신라에서는 '디'였었다는 사실이 삼국시대의 금석문을 통하여 새로 파악할 수 있게 되었다.

필자의 〈2009:542 ff.〉에서는 '佛𠁽'가 '佛矣'로 교체되는 데서 𠁽(止)의

음이 중세어에서는 '지'이지만 상고어에서는 夫(知)와 같은 '디'음이었음을 들어 支의 음도 상고시대에는 '디'음이었음을 간접적으로 증명하였다. 그러나 삼국시대(상고시대) 신라의 비문들을 보면 支가 중세어에서 '디'음인 知, 智, 直과 동일한 음으로 쓰였음을 확인할 수 있다. 이는 支의 상고시대 音이 '디'였음을 직접적으로 증명해 주는 것이다. 또 상고시대에는 之와 次도 支, 知, 智와 같은 형태의 표기에 쓰였음을 볼 수 있다. 이는 상고시대에는 한국어에 파찰음이 없어 한자음의 파찰음이 설단음 'ㄷ'으로 수용되었음을 말하여 주는 것이다. 먼저 蔚珍鳳坪新羅碑(524년 추정)에서는 '悉支 道使'와 '悉支 軍主'라는 직명이 나온다. 이 비를 세운 울진군 봉평에서 가까운 곳으로 삼국시대에 軍主를 두었던 고을은 三陟이다. 三陟郡에 대한 『三國史記』의 기록을 보면 다음과 같다.

> 三陟郡 本悉直國. 婆娑王世 來降. 智證王六年 梁天監四年 爲州. 以異斯夫 爲軍主〈권35,12〉
>
> (삼척군은 본래는 悉直國이었다. 파사왕 때에 항복하여 왔다. 지증왕 6년에 州로 만들어 異斯夫로 軍主를 삼았다.)

여기서 異斯夫를 悉直州의 軍主로 삼은 것이 智證王 6年(梁 天監 四年), 즉 505년이니 봉평비가 세워지기 19년 전이다. 軍主는 都督이니 『三國史記』(권40, 16b)에는

> 都督 九人. 智證王六年 以異斯夫 爲悉直州軍主.

라고 있다.[2] 이로써 울진비의 悉支 軍主라는 직책은 悉直州 軍主를 가리키는 것임을 알 수 있다. 이밖에 『三國史記』에는 悉直谷國〈1,13〉, 悉直

---

2 이것이 軍主의 시작이라고 한 기록도 있다.

城〈3,9〉, 悉直停〈40,11-12〉 등이 있어 三陟을 悉直으로 불러 온 기록을 더 찾을 수 있다. 直의 중세어 음이 '딕'임은 잘 알려진 사실이니 이 비문에 나타나는 悉支의 支의 음도 '디'이었음을 말하여 주는 것이다.

삼국시대 신라의 비문을 보면 인명과 관등명에 존칭접미사 支를 붙여 쓴 예가 많이 나타난다. 이 예들도 支의 음이 '디'였음을 분명히 뒷받침하여 주는 것이다.

〈迎日冷水里新羅碑〉(503)

a. 官等名; 阿干支　居伐干支　壹干支　干支　壹今智

b. 人名; 斯申支　壹夫智 柰麻　沙喙 蘇那支　村主 臾支　須支 壹今智

이 비의 관등명에는 거의 '干支'가 붙어 있다. 이 干支의 支는 존칭접미사로 쓰인 것인데 外職인 壹今智만은 支 대신 智를 쓰고 있다. 인명에서도 거의 支를 존칭접미사로 쓰고 있으나 壹夫智만 智로 쓰고 있어 支와 智가 혼용됨을 볼 수 있다. 智의 중세 한자음이 '디'이니 支의 음도 같은 '디'이라야 이들의 혼용이 설명된다.

〈蔚珍鳳坪新羅碑〉(524)

a. 官等名;　干支　太阿干支　阿干支　一吉干支　居伐干支
　　邪足智　小舍帝智　吉支智　小烏帝智　下干支

b. 人名;　牟卽智　徙夫智　日夫智　漢昕智　而粘智　吉先智　一毒夫智
　　勿力智　愼肉智　一夫智　一尒智　牟心智　未斯智　悉尒智
　　內沙智　一登智　你先智　□全智　尒夫智　牟利智　辛日智

이 비의 관등명은 존칭접미사로 支를 주로 쓰고 외직의 관등명인 邪足智, 小舍帝智, 小烏帝智에서는 智를 쓰고 있다. 인명에서는 智로 통일되어 있다. 관등명에 支와 智를 혼용하고 있음은 支의 음이 智와 같은 '디'

임을 말하여 주는 것이다.

〈丹陽新羅赤城碑〉(540년대)

1. 官等名; 波珎干支 大阿干支 阿干支 及干支 撰干支
2. 人名; 伊史夫智 豆於智 西夫叱智 內禮夫智 比次夫智
   武力智 導設智 助黑夫智

이 비의 존칭접미사는 관등명에서는 支로, 인명에서는 智로 통일되어 있어 잘 정리된 모습을 보여 준다. 그러나 앞에서 보아온 바와 같이 같은 기능을 하는 존칭접미사를 관등명에서는 支를, 인명에서는 智를 쓰고 있어 支와 智는 같은 음이라는 사실을 알려 준다.

위의 비들은 和白會議를 한 기록들인데 이는 중앙의 관리들이 참여한 기록이어서 비교적 일관성이 있는 기록으로 보인다. 이런 일관성에도 불구하고 支와 智가 혼용되고 있어 支의 당시의 음이 '智'와 같은 '디'라는 사실을 구체적으로 보여 준다.

다음은 각 지방의 기록을 맡은 관리들이 기록한 것으로 해당 지역의 특징을 보여 준다.

〈戊戌塢作碑〉(578년 추정)

1. 官等名; 阿尺干 貴干 一伐 一尺 彼日
2. 人名; 寶藏 慧藏 壹利刀旀 □上□豆尒 辰□生之 毛令
   奈生 伐丁
   沙ㅎ之 也得失利 □□尒 □立 另所□ 伊叱等利
   伊助只 壹利兮

이 비는 지금의 대구시에서 발견된 것이다. 관등명에서는 支를 쓰지 않았고 인명에서는 '辰□生之'와 '沙ㅎ之'에서 존칭접미사 之를 쓰고 있다. 이 之는 뒤의 南山新城碑에서도 확인된다. 利와 兮도 접미사로 보이지만 支와는 계통이 다른 것이어서 논외로 한다.

〈南山新城碑〉(591년 추정)

〈第一碑〉

官等名; 大舍 撰干 上干 次干 祀干 阿尺 一伐

人名; 音乃古 合親 □□倣知 今知 □知尒利 末丁 次□叱
□文知 沒奈生 阿柒寸 竹生次 珍巾□ 知礼次 首尒
辱厂次

이 비의 관등명에서는 支를 사용하지 않았다. 인명에서 존칭접미사 知(2회)와 次(3회)가 쓰였음을 볼 수 있다. 利도 1예가 쓰였으나 논외로 한 것이다.

〈第二碑: 阿大兮村〉

官等名; 小舍 大烏 貴干 撰干 上干 一伐 一尺 彼日

人名; 勿生次 級知 所叱孔知 本西利之 首□利之 可沙里知
美叱□之 所平之 可尸□之 溽毛尒之 仁尒之 首叱兮之
一安尒之 丁利之

이 비에서도 관등명에서는 존칭접미사를 쓰지 않았다. 인명에서 존칭접미사로 知(3회), 之(10회), 次(1회) 등이 쓰였다. 특히 之가 10번이나 쓰인 것은 이 阿大兮村의 특징인데 지역에 따라 支가 아닌 之를 존칭접미사로 쓰는 경우가 있음을 보여 주는 것이다.

〈第三碑〉

官等名; 大舍 小舍 大烏 小烏

人名; 主刀利 □□次 仇生次 只冬 □□知 久匠堂 □下次

이 비의 인명에서 존칭접미사로 보이는 次(3회)와 知(1회)가 쓰였다.

〈第九碑〉

官等名; 撰干 上干 一伐 阿尺 一尺

人名; □□知 □文 內丁 伋利支 只次□ □次兮 □支刀 □西

이 비에서도 인명의 존칭접미사로 보이는 知와 支가 각각 1예씩 쓰였다.

〈明活山城作城碑〉(611년 추정)

官等名; 吉之 下干支(2회) 一伐 波日 阿尺

人名; 伊岐□利 □智支 抽兮 □叱兮

이 비에서는 관등명과 인명에서 支가 쓰인 예를 하나씩 확인할 수 있다. 吉之의 之도 본래는 존칭접미사로 쓰인 것이 아닌가 한다.

이상에서 삼국시대인 6, 7세기의 신라비에서 존칭접미사로 支, 智, 知, 之, 次가 쓰였음을 확인할 수 있다. 智와 知는 중세한자음에서 '디'이지만 支, 之, 次는 '지'와 'ᄎᆞ'이었다. 이러한 사실은 支, 之, 次는 중세한자음에서 파찰음(또는 치음) '지'이지만 삼국시대(6, 7세기) 신라의 한자음에서는 설단음 '디'이었음을 말하여 주는 것이다.[3]

---

3 『三國遺事』 권1 〈新羅始祖 赫居世王〉 조에서 六部를 열거하고 있다. 그 가운데 '四曰 觜山珍支村'의 細註에 '一作 賓之, 又賓子, 又氷之'라고 있다. 이는 珍支村의 支의 음이 之, 子와 통함을 말해 주는 것인데 삼국시대에는 이 차자들이 '디'음이었음을 말하여 주는 것으로 생각된다.

우리는 삼국사기에서 悉直으로 표기된 것이 울진신라봉평비에서 悉支로 쓰인 것이나 화백회의의 碑들에서 관등명과 인명의 표기에서 支와 智가 혼용되고 있음을 확인할 수 있는데 이는 이 시대의 支의 음이 '디'이었음을 분명히 보여 주는 것이다. 이 支의 음이 어느 시대에 '지'로 바뀌었는지 추정할 수 없지만 차자표기에서는 상고시대에 '디'음으로 수용되어 중고시대(통일신라시대)를 거쳐 근고시대까지 사용되었음을 확인할 수 있게 되었다.

2. 鄕歌에 쓰인 '支/디'의 解讀과 그 文法

향가에 쓰인 '支/디'와 '如支/다디'를 나누어서 고찰하기로 한다. 支는 『三國遺事』(이하 『유사』로 약칭) 향가에 21회, 『均如傳』 향가에 1회 쓰였다. '如支/다디', '多支/다디'는 『유사』 향가에 3회, 『균여전』 향가에 1회 쓰였고 淨兜寺石塔造成形止記의 인명표기에 쓰인 예가 둘 있다.

支를 행서체로 쓰면 友와 비슷한 자형이 되는데 이로 인하여 支가 友로 잘못 판각되었던 것으로 보인다. 향가에 쓰인 友자는 전후 문맥으로 보아 해독되지 않는다. 이는 支의 기능이 소멸되고 오랜 세월이 지난 13세기 중반과 후반에 이 문헌들이 판각될 때 支를 友로 잘못 판각한 것이다. 友는 『삼국유사』 향가에 1예, 『균여전』 향가에 2예가 나타난다.

2.1. 『三國遺事』의 鄕歌에 쓰인 '支'

『유사』에 나타나는 支의 용례를 향가의 순서에 따라 제시하고 해독한 다음 그 문법을 검토하기로 한다.

〈慕竹旨郎歌〉

1. 阿冬音 <u>乃叱好支賜烏隱</u>

이 구와 다음의 구는 이 노래의 작자 '得烏(실오)'가 죽지랑이 늙어감을 안타깝게 생각하고 지은 것이다(梁柱東1983:69). 阿冬音의 정확한 뜻은 알기 어려우나 '아돌음'으로 읽을 수 있고 梁柱東(1983:111)에서 제시한 '美'의 뜻으로 보는 것이 무난하지 않을까 한다. '乃叱好/낫호' 역시 梁柱東에 따라 중세어의 '나토-(現)'에 해당하는 것으로 본다. '支'는 이 어간에 연결되어 '아름다움이 나타나심'이 '말 그대로 틀림없음'을 강조한 것으로 해석할 수 있다. 따라서 이 구는 '阿冬音(아름다움)을 드러내신 그 자체인' 또는 '阿冬音이 아주 분명하게 드러나시던'으로 해석할 수 있다. 支는 선행하는 동사 어간 '乃叱好/낫호"에 직접 연결되고 후행하는 보조어간 賜와 어간형태로 연결되는 조동사이다.

2. 皃史 年數 就音 墮支 行齊

이는 '그(竹旨郎)의 모습(皃史/즛)이 햇수가 나아가면서(더해 가면서) 무너져(추레해져: 墜) 간다'는 내용이다. 支는 '추락(墜/디) 그 자체가 틀림없음'을 안타까워 하는 마음을 나타낸 것으로 해석할 수 있다. 이 墮支는 앞 구의 乃叱好支와 대구를 이룬다. 支는 조동사로 어간 '墜/디'에 연결되었고 후행하는 '行齊/녀제'에 대하여는 부사어가 된다. 이 부사어는 支의 어간형태가 문맥에 따라서 부사가 된 것이지 支의 어간에 접미사가 첨가되어 파생된 것은 아니다.

3. 逢烏支惡知 作乎下是

이는 '逢烏/맞보'의 어간에 支가 연결된 것으로 '만나는 그 자체대로 될 것', '꼭 틀림없이 만날 것'을 다짐하는 뜻에서 강세를 준 것이다. 여기서의 '支/디'도 조동사의 어간으로 후행하는 보조어간 '惡/아'와 연결된 것이다.

〈安民歌〉

4. 窟理叱 大肹 生以支 所音物生

窟理叱의 의미는 알 수 없으나 大肹은 '한을'로 읽어야 할 것으로 본다. '大/한'은 '큰 존재', '위대한 존재' 또는 '넉넉한 존재'의 뜻으로 해석할 수 있다. 生以는 '나이-'의 표기로 '나다(生)'의 사역형이니 '나오게 하다', '내다'의 뜻을 나타내는 동사이다. 支는 이 '生以/나이'를 강조하기 위하여 사용된 것이니 '틀림없이 내놓기를 바라는 뜻'을 나타내는 것으로 해석할 수 있다. 즉 '위대한 존재를 틀림없이 내놓아야 한다', 또는 '크고 넉넉한 것을 꼭 내놓아야 한다'의 뜻으로 해석된다. 뒤에 오는 所音 物生도 구체적으로 해석할 수는 없으나 生以支를 따로 떼어 내면 아마도 所音이 동사의 지속태이고 物生이 뒤에 오는 동사 喰의 목적어로 분석해야 할 것으로 본다.

이 문맥의 '支/디'는 조동사로서 동사어간인 '生以'에 연결된 것이다. 뒤에 오는 所音이 동사의 지속태라고 하여도 그 동사의 문법성을 알 수 없어 부사형이 될지, 명사형이 될지를 결정하기가 어렵다. 다만 앞에서 보아온 支의 문법에서 벗어나지는 않는 것이다.

5. 此肹 喰惡支 治良羅

이는 앞의 4)에 이어지는 구이다. '이를 먹고서 다스리어야 한다'의 뜻을 나타내는 것으로 해석할 수 있다. '喰惡/먹아(어)'는 동사어간 '먹'에 합당법의 조동사 '아'가 연결되어 겸양을 나타내는 것으로 볼 수도 있고 확인법의 '아'가 연결된 것으로 볼 수도 있다. 이는 4)의 구의 내용이 파악되어야 결정될 것으로 보인다. 여기에 攴(支)를 붙인 것은 '꼭 먹고서', '틀림없이 먹고서'와 같이 강조하기 위한 것이다. 나라를 다스리기 위하여서는 '窟理叱 大肹 生以支 所音 物生(窟理의 큰 것, 즉 넉넉함을 틀림없이 내어 所音하는 物生, 이것을 꼭 먹고서 다스리어야 한다)는 것을 강조하기 위하여 支가 쓰인 것으로 불 수 있다.

이 '支/디'의 문법은 보조어간 '惡/아'의 뒤에 연결된 조동사의 부사형이다.

6. 7. <u>國惡攴</u> <u>持以支</u> 知古如

이 구는 '나라, 바로 그것을 꼭 틀림없이 保持하여야 함을 알아야 한다'로 해석할 수 있다. '國惡攴'의 '攴'는 '國惡/나라'를 강조한 것이고 '持以支/디니디'의 '支'는 '지니다(保持)'라는 동작이 매우 중요하여 '완벽하게 틀림없이 지님'을 강조한 것으로 해석된다. 즉 國惡攴는 '나라, 바로 그 자체가 중요함'을, 持以支는 '(나라를) 확실하게 보지하여야 함'을 강조한 것이다.

國惡攴의 支는 여실법의 상태동사가 명사 '國惡(나라)'에 붙어 持以支의 목적어가 된 것이니 '나라 그 자체를', '나라 바로 그것을' 정도로 해석할 수 있다. 여기서는 상태동사 '支/디'를 명사형으로 보아야 할 것이다. 持以支의 '支/디'는 동사어간 持以에 연결된 형태가 후행하는 知古如의 목적어가 되므로 이 역시 명사형으로 보아야 한다. 이는 '支/디'의 어간 형태에 어떤 문법형태가 첨가되지 않고 그 자체가 명사형으로 쓰인 것이다.

〈讚耆婆郎歌〉

8. 白 雲音 逐于 浮去隱 <u>安攴下</u>

이 '安攴下/안디하'는 명사문의 부정사로 '浮去隱/ᄠᅳ간'을 부정한 것이니 '支/디'는 여실법의 형태가 아니다. 이 형태는 이두에서 '不喩/안디'로 쓰였고 석독구결에서는 '不矢'로 쓰였는데 향가에서 '安支'로 쓰여 2번 나타난다.

9. 郎也 <u>持以攴如賜烏隱</u> 心未 際叱肹 逐內良齊

'持以攴如賜烏隱/디니디다ᄉᆞ온'의 支는 동사 '持以/디니'를 강조한 것이다. 持以攴는 '일관되게 지니어 왔음에 틀림없는' 정도로 해석할 수 있다. 支는 동사어간 持以에 연결된 여실법 조동사의 어간으로 후행하는 과거시제 보조어간 '如/다(더)'에 이어진다.

10. 阿耶 栢史叱 枝次 高支 好 雪是 毛冬 乃乎尸 花判也

이 구는 耆婆郎의 인품이 고매함을 상록수인 잣나무에 비유하여 표현한 것이다. 高支 好는 '(잣나무 가지가) 높고 또 높아' 또는 '높은 그 자체이어서'의 뜻으로 해석되므로 支는 '高(높다)'의 뜻을 강하게 강조하여 표현한 것이다. 문법적으로 支는 동사어간 '高/높'에 이어진 조동사의 어간 형태로 후행하는 동사 '好/호'에는 부사형으로 이어진다. 好는 '호+오'가 축약된 것으로 조동사 '호'의 부사형이다.

〈處容歌〉

11. 二肹隱 吾下於叱古 二肹隱 誰支下焉古

'誰支下焉古'는 '누구의 것인가'로 해석되어 支는 誰의 말음첨기로 생각해 볼 수도 있으나 오히려 '誰(누구)라는 존재에 대한 의심과 놀라움'의 감정을 강하게 나타낸 것으로 보는 것이 옳을 것으로 생각된다. 이 支는 상태동사로 대명사 誰에 붙은 것이고 이 誰가 뒤의 下에 대하여 속격의 기능을 하는 것이니 이 支는 명사형으로 보아야 한다.

〈禱千手觀音歌〉

12. 膝肹 古召旀 二尸 掌音 毛乎支內良

毛乎支內良는 '모도디아아'로 읽힌다. 毛乎는 '모도'의 표기로 'ㄷ'음의 표기가 생략되었다.[4] 支는 이 동사어간에 연결되어 '두 손을 모으는 자세'가 여실함을 강조한 것이다. 즉 그 동작을 '간곡하고 절실하게 바라는 마음으로 행하였음'을 나타내는 것이다. '內/아'는 합당법의 조동사로 자기가 이와 같이 행함을 합당하게 생각하는 뜻을 나타낸 것이니 여기서는 千手觀音에 대한 겸양도 나타낸다(南豊鉉 2011: 131 이하).

4 毛乎는 해독자들이 독음에는 차이가 있지만 '모으다(集)'의 뜻으로 보는 데는 일치한다.

13. 千隱 手叱 千隱 目肹 一等下叱 放 一等肹 除惡攴

除惡攴는 '덜아디'로 읽힌다. '惡/아'는 확인법 보조어간이고 '攴/디'는 '(눈 하나를) 꼭 덜어낼 것', '틀림없이 덜어내어 줄 것'을 강하게 표현한 것이다. 攴는 보조어간 '惡/아'에 연결되었고 후행하는 말에 대하여는 부사형이 된다.

14. 吾良 遺知攴賜尸 等焉 放冬矣 用屋尸 慈悲也 根古

遺知攴賜尸은 '기디디숧'로 읽힌다. 어간 '기디(遺知)'에 여실법의 '攴/디'가 연결되어 '눈(眼)을 나에게 물려 줄 것을 간절하게 祈願하는', '물려 주는 그것만은 꼭 이루어 주시기를 바라는' 뜻을 나타낸 것이다. 攴는 동사어간 '遺知/기디'에 연결된 조동사 어간이고 뒤에는 보조어간 賜가 연결되었다.

〈願往生歌〉

15. 無量壽佛前乃 惱叱古音 [鄕言云報言也] 多可攴 白遣賜立

多可攴는 '함짓디'로 읽힌다. 多는 '하'로 훈독하여 '많다'의 뜻이다. 可는 석독구결에서 'ㅎ可ㄷ/음짓'으로 쓰여 '할 수 있다' 또는 '함직하다'로 해석되는 형태이다. 이 多可에 여실법의 '攴/디'를 넣으면 '할 수 있는 한 많이 많이'로 해석할 수 있다. 이에 따라 惱叱古音 多可攴 白遣賜立는 '보고하는 말을 할 수 있는 한 많이 많이 사뢰어 주소서' 정도로 해석된다. 이는 간절한 소망이다. '多可攴/함짓디'의 攴는 보조어간 '可/음짓'에 후행한 조동사의 부사형이 된다.

16. 誓音 深史隱 尊衣希 仰攴 兩手 集刀 花乎 白良

仰攴는 '울월디'로 읽을 수 있다. '攴/디'는 '우러러 보고 또 우러러 보아'와 같이 '仰/울월'이라는 자기의 행위를 강하게 표현한 것이다. 또는 '仰하는 것, 그 자체와 일치하게' 정도의 뜻으로 해석해 볼 수 있다. 문법적으로는 동사어간 '仰/울월'에 여실법의 '支/디'가 연결되어 부사어로 쓰인 것이다.

〈彗星歌〉

17. 此也友(支?) 物北(叱?) 所音叱 慧叱只 有叱故

이 구는 해독하기 매우 어려운 곳으로 정평이 있다(金完鎭 1980: 134 이하). 友자는 『유사』 원본을 보면 그 오른쪽 어깨에 점을 찍어 支자의 어깨에 점을 찍은 자형과 거의 같다. 두 자형이 매우 가까운 모습을 보여 주는 것이다. 균여전의 友자가 支자의 誤刻이란 점과 궤를 같이 하여 이를 支자로 보는 것이 좋을 것으로 생각된다. 양주동(1983:601)에서는 뒤에 이어지는 物北의 北을 叱자의 오각일 가능성을 제시하였다. 이러한 점을 고려하면 이 구는 『유사』를 처음 판각할 당시에도 이해하기 어려웠던 곳이 아닌가 한다.

友자를 支자의 오각으로 보아도 해독하기 어려운 면은 또 있다. 此也支의 此는 대명사 '이'로 읽는데 대체로 의견들이 일치한다. 也에 대해서 여러 견해들이 있으나 처격조사로 읽는 견해가 유력해 보인다. 차자표기에서는 처격의 표기에 '良/아'가 주로 쓰이는데 이 '아'가 대명사 '이'의 'ㅣ'음 뒤에서는 '也/야'로 바뀌기도 한다.[5] 이 처격조사 뒤에 여실법의 支가 연결되는 예는 이것이 유일한 것이다. 여실법의 표현 범위가 넓었던 것으로 보고 此也支를 해석하면 '바로 여기에' 또는 '틀림없는 이것에'로 해석할 수 있다. 그러나 그 뒤에 이어지는 구는 해독되지 않으므로 미상으로 남겨 두되 友자는 支자의 오각일 가능성이 매우 높다는 견해를 제시하여 둔다.

5 汀理也中〈원가〉의 '也中/야긔'는 '良中/아긔'가 'ㅣ'음 뒤에서 변한 이형태이다.

〈怨歌〉

18. 物叱 好支 栢史

19. 秋察尸 不冬 爾屋攴 墮米

'好支/둏디'는 어간 '둏'에 여실법의 '支/디'가 연결되어 '好/둏'의 여실함을 표현한 것이다. 현대어로는 '좋음 그 자체인', '좋고 좋은', '좋디 좋은'과 같이 해석할 수 있다. 物叱은 金完鎭(1980:138 이하)에서 '갓'으로 읽고 '物叱 好支'를 '質좋은'으로 해석하였다. 이 해석에 支의 여실법을 더하면 보다더 생동감이 있는 표현이 된다.

爾屋攴는 '금오디'로 읽힌다. 爾는 차자표기에서 尔으로 쓰이는 글자의 원자이다. 이는 본래 彌의 뒷부분을 딴 省劃字인데 이미 8세기의 이두에서 尔으로 나타난다. 이 문맥에서 '爾/금'은 '그치다'의 뜻을 나타내는 동사이다. '屋/오'는 보조어간이다. '攴/디'는 '不冬 爾屋(그치지 않다)'를 강조한 것으로 '틀림없이 그치지 않았는데' 정도로 표현한 것이다. 支는 보조어간 '屋/오'에 연결되어 후행하는 동사에 부사형으로 이어진다.

20. 月羅理 影攴 古理因 淵之叱

'影攴'는 '그르메+디'로 읽을 수 있다. '그림자 그 자체' 또는 '그림자, 바로 그것이'와 같이 '그림자'를 강하게 강조한 것이다. 문법적으로는 支가 체언에 이어지는 상태동사이고 후행하는 동사에는 목적어로 보인다.

21. 行尸 浪阿叱 沙矣以攴 如支

沙矣以攴는 '몰의로디'로 읽고 '모래의 신세와 똑같이'로 해석할 수 있다. 沙矣以의 矣는 '沙/모릐'의 말음첨기이고 '以/로'는 자격의 뜻을 나타내는 조격조사로 이 문맥에 맞게 의역하면 '신세'가 된다. 行尸 浪阿叱 沙矣以攴는 '흘러가는 물결 속에 있는 모래의 신세와 똑같이' 정도로 해석된다. 沙矣以攴의 支는 격조사 '以/로'에 연결된 상태동사의 부사형이다. 이는 앞에서 본 此也支(友)에서 支가 격조사에 연결될 수 있음을 뒷받침해 준다. 이 조동사의 부사형 支는 뒤에 이어지는 용언인 如支를 수식한다.

〈遇賊歌〉

22. 安支 尙宅 都乎隱 以多

'安支/안디'는 명사문의 부정사이니 앞의 〈讚耆婆郞歌〉에도 쓰인 것이다. 고대어의 부정법은 ㄴ동명사는 명사문 부정사로 부정하고 ㅭ동명사는 동사문 부정사로 부정한다. 이 문맥에서는 '尙宅 都乎隱'이 ㄴ동명사구이고 이를 安支로 부정한 것이다.

이상으로 『유사』의 향가에 나타나는 '支/디'의 용례를 모두 검토하였다. 모두 22예 가운데 부정사로 쓰인 2예를 제외하면 20예를 검토한 셈이 된다. 이 '支/디'의 분포를 정리하면 다음과 같다.

1) 支에 선행하는 어사.

a. 동사어간;	1. 乃叱好支賜烏隱	2. 墮支
	3. 逢烏支惡知	4. 生以支
	7. 持以支	9. 持以支如賜烏隱
	10. 高支	12. 毛乎支內良
	14. 遣知支賜尸	16. 仰支
	18. 好支	
b. 보조어간;	5. 喰惡支	13. 除惡支
	15. 多可支	19. 爾屋支
c. 체언;	6. 國惡支	11. 誰支下焉古
	20. 影支	
d. 조사;	17. 此也友(支?)	21. 沙矣以支
e. 기타;	8. 安支下	22. 安支

2) 支에 후행하는 어사.

a. 용언; 2. 墮支 行齊 4. 生以支 所音(?)
5. 喰惡支 治良羅 7. 持以支 知古如
10. 高支 好 12. 毛乎支 內良
13. 除惡支 …… 賜以古只 15. 多可支 白遣賜立
16. 仰支 …… 白良 19. 爾屋支 墮米
21. 沙矣以支 如支

b. 보조어간; 1. 乃叱好支賜烏隱 3. 逢烏支惡知
9. 持以支如賜烏隱 14. 遣知支賜尸

c. 체언; 18. 好支 栢史 11. 誰支 下焉古

d. 체언이 주어로 쓰임; 6. 國惡支 20. 影支

e. 미상; 17. 此也友(支?)

위의 분포를 가지고 '支/디'의 문법을 보면 다음과 같다.

'支/디'가 동사어간이나 보조어간에 연결되는 것은 조동사이다. 그러나 체언이나 조사에 연결되는 것은 상태동사로 보아야 한다. '支/디'에 동사가 연결되는 것은 부사어로 볼 수 있다. 동사어간 '支/디'에 보조어간이 연결되는 것은 현대어에도 그대로 이어지는 문법이다. '支/디'에 체언이 연결되는 것은 '支/디'가 체언수식어(관형어)가 되는 것으로 보아야 할 것이니 이는 상태동사로서 명사화된 것으로 보아야 할 것이다. '支/디'가 연결된 체언이 주어로 쓰이는 것도 支를 상태동사의 명사형으로 설명해야 할 것이다.

이와 같이 支에 후행하는 어사들로 볼 때 支의 문법성은 후대의 문법으로는 설명할 수 있는 규칙성이 없다. 다만 이 모든 경우에도 '支/디'의 어간형태가 그대로 쓰인다는 점이다. 이 어간형태에 접미될 어떤 문법형태를 상정해 보아도 규칙성 있는 형태는 나오지 않는다. 이런 점에서 '支/디'는 그 어간형태 자체로 그에 연결되는 어사에 따라 여러 기능을 나타내는 것으로 보게 된다.

이는 동사의 어간이 고대어에서는 자립성이 강했던 데에 말미암는 것으로 생각된다(졸저 2012:55 이하 참조). 다음에서 이러한 사실을 확인할 수 있다.

고구려 방언에서 '伯/빅'은 '맞이하다(遇)'의 뜻으로 皆伯縣(遇王縣, 王逢縣)과 같이 쓰였다. 여기서 동사 伯은 어간이 직접 縣을 수식한 것이다. '於斯/어ᄉ'는 '비끼다(橫)'의 뜻인데 '於斯買(橫川縣)'에서는 그 어간 於斯가 명사 買(川)를 직접 수식하고 있다. '伊/이'는 '들다(入)'의 뜻인데 買伊縣(水入縣)에서 그 어간형태가 명사 縣을 수식하고 있다. 이러한 예들은 신라 방언이나 백제 방언에서도 나타난다. 신라 방언에서 '今勿/그믈'은 '그치다, 막다(禦)'의 뜻을 나타내는 동사인데 今勿縣(禦侮縣)에서는 어간형태가 명사 縣을 수식하고 있다. '密/밀'은 '밀다(推)'의 뜻을 나타내는 동사인데 推火郡(密城)에서는 그 어간형태가 명사 '火/블(城)'을 수식하고 있다. 벡제어에서 '烏/오'는 '외롭다(孤)'의 뜻을 나타내는 상태동사인데 烏山縣(孤山縣)에서는 그 어간형태가 명사 山을 수식하고 있다. '所比/소비'는 '붉다'의 뜻을 나타내는 상태동사인데 所比浦縣(赤烏縣)에서는 그 어간 형태가 명사 浦를 수식하고 있다. 이들은 우리의 상고어에서 동사어간의 자립성이 강했었음을 나타내는 것인데 이러한 문법은 굴절형태가 발달한 후대의 우리말에도 부분적으로 계승된다. 중세어에서 흔히 볼 수 있는 어간과 어간이 결합하는 복합어의 형성도 그 하나이다. 향가에서 여실법의 '支/디'가 어간형태로 여러 기능을 나타내는 것은 이러한 상고어의 문법을 그대로 계승한 것이다.

여실법은 '支/디'만이 나타내는 것이 아니다. 다음에서 보는 상태동사 '如(多)/다'도 여실법에 쓰인 것이고 의존명사 '等, ㅅ/ᄃ'도 여실법으로 쓰이고 있는 점을 고려하여 그 범위를 넓게 잡아야 할 것이다.

2.2. 『均如傳』의 鄕歌에 쓰인 '支'의 기능

『均如傳』의 향가에서 支가 쓰인 예는 하나뿐이고 友자를 支의 오자로 보아도 3예에 불과하다. 이는 『유사』의 향가에서 여실법의 支가 20차례나 사용된 것에 비하면 매우 적은 수이다. 이것이 작품의 성격에 말미암은 것인지 시대적인 변화에 말미암은 것인지는 단정하기 어려우나 시대적인 변화상을 반영한 것이 아닌가 하는 느낌이 든다.

〈懺悔業障歌〉

23. 惡寸 習 落臥乎隱 三業 淨戒叱 主留 卜以支 乃遣只

이 구는 '악습을 떨쳐 버린 청정 삼업으로,[6] 청정계의 주체로서의 짐을 지고 나서니' 정도로 해석된다. 卜以支는 '지이디'로 읽어야 한다. '卜/지'는 '지다(負)'의 어간이고[7] '以/이'는 피동의 접미사이다. 卜以支의 '支/디'의 뜻을 첨가하여 이 구를 해석하면 '짐 지워진 그 자체를 운명과 같이 틀림없이 지고', '짐 진다는 말 그대로 틀림없이 짐을 지고' 정도로 풀이된다. 이 '支/디'는 동사 '乃遣只/나곡'과 이어지므로 부사형이 된다.

〈請佛住世歌〉

24. 手乙 寶非 鳴良尒 世呂中 止以友 白乎等耶

止以友의 友는 支의 誤刻으로 보아야 문맥의 뜻이 풀린다. 이 구는 '(부처님에게) 손을 부비며 울면서 이 세상에 꼭 머물러 주십시오 하고 사뢸지어다'로 해석된다. 이 노래에서 핵심이 되는 내용은 '(부처님이) 누리에 머물다(住世)'이므로 '支/디'는 이를 강조한 것이다. 이에 따라 止以支를 분석하면 止以는 '머믈이'로 읽히는데 이는 '머물게 하다'의 뜻이다.

---

6 이 해석은 김지오(2012)의 박사학위 논문에 따른 것이다.

7 '卜以'를 '디니-'로 해석하여 왔지만 이는 잘못이다. 중세어에서도 '지-(負)'와 '디니-(持)'가 구별되었다.

이 '머물게 하다'에 '말 그대로 꼭 머물러야 한다는 간절한 바램'을 나타내는 것이 여실법의 '支/디'가 나타내는 기능이다. 이 '支/디'는 명사형으로 뒤에 오는 '白/䚯'의 목적어가 된다.

〈常隨佛學歌〉

25. 難行 苦行叱 願乙 吾焉 頓部叱 逐好友伊音叱多

逐好友伊音叱多의 友도 支의 오각으로 보아야 문맥이 통한다. 동사어간 '逐好/좇호(좇오)'에 여실법의 '支/디'가 연결된 것으로 보면 '반드시 꼭 좇아야 함을' 강조한 것으로 해석할 수 있다. '伊/이'는 계사이고 '音叱/ㅁㅅ'은 당위법의 보조어간이다. 이 경우 '支/디'는 명사형이 되는데 명사형은 규정적인 성격이 있어서 용언 표현보다는 엄격함을 나타낸다. 逐好支伊音叱多는 '반드시 꼭 좇아야 하는 것이다' 정도로 해석할 수 있는데 이 逐好支는 이 常隨佛學歌의 '常隨'에 해당하는 핵심 내용이다.

이상에서 『균여전』 향가에 나타난 支의 예 하나와 支의 오자로 믿어지는 友의 예 둘을 검토하였다. 모두 동사어간에 연결되었고 후행하는 용언에 대하여서는 부사형으로 쓰인 것이 1예이고 명사형으로 쓰인 것이 2예이다. 문법적으로는 『유사』의 향가에 쓰인 支의 문법에서 더 추가할 것이 없다.

3. 借字表記에 쓰인 '多支/다디', '如支/다디'의 機能

3.1. 淨兜寺五層石塔造成形止記의 '多支/다디'

필자는 2008년의 글에서 淨兜寺五層石塔造成記의 시주질에 나오는 인명인 金富多支와 金漢多支를 소개하고 그 뜻과 독음을 정확히 집어내기가 어렵다고 하였다. 그 후 이 인명에 대하여 여러 모로 생각해 본 결과 다음과 같이 파악하게 되었다.

이들은 시주질에서 서로 떨어져 기록되어 있으나 金씨 성을 가진 한 형제일 것으로 믿어진다. 多支의 '多/다'는 '같다(如)'의 뜻을 갖는 상태동사이고 '支/디' 역시 '같다(如)'의 뜻을 갖는 상태동사이다. 따라서 多支는 '같다'의 뜻을 갖는 두 유의어가 결합되어 그 뜻을 한층 더 강조한 것이어서 '똑 같다', '완전히 일치한다', '틀림없다'의 뜻을 나타내는 상태동사로 파악된다. 앞에서 보아온 '支/디'의 뜻보다 한층 강한 것이지만 현대어로는 그 차이를 집어내기가 어렵다.

인명은 부모가 지어주는 것이 일반적인데 그 자손이 커서 어떤 인물이 되기를 희망하는 내용을 담는 것이 일반적이다. 이러한 점에서 富多支는 '富와 똑같이 되는 것' 또는 '富者 그 자체이기'를 바라는 마음에서 지어진 것으로 볼 수 있다. 富는 훈독하여 '가ᄉᆞ멸다'로 읽거나 음독하여 '부'로 읽거나 이 이름에는 이 사람이 장차 '부유하고 넉넉한 사람이 꼭 되기'를 바라는 뜻이 담긴 것으로 이해된다. 漢多支의 漢은 '韓, 翰, 干' 등으로도 표기되는 고유어이다. 이는 '큰 존재', '위대한 존재', '首長' 등의 뜻을 갖는 것이다. 이렇게 보면 漢多支는 '위대한 존재와 똑 같은 것'이라는 뜻이 되니 '위대한 존재가 꼭 되기'를 바라는 뜻에서 지어진 이름이다. 자손이 부유한 사람이나 위대한 사람이 되기를 바라는 것은 人之常情이니 이를 바라는 부모의 소망이 이 이름에 담겨 있음을 보여 주는 것이라고 하겠다. 이 多支는 인명에 접미된 것이니 명사형으로 볼 수 있다.

이 탑의 조성기는 1031년에 쓰여진 것이니 金富多支와 金漢多支가 이 때에 성년이 되어서 시주한 것으로 보면 그들이 태어난 10세기 후반이나 11세기초에는 多支라는 말이 作名에 쓰일 만큼 보편적으로 쓰였음을 알 수 있다.

3.2. 鄕歌에 쓰인 '多支/다디', '如支/다디'

多支는『유사』향가에 2회 쓰였고 如支는『유사』향가에 1회,『균여』향가에 1회 쓰였다. 如자는 훈독자로서 '다'로 읽히고 多자도 음가자로서

'다'로 읽히므로 이들이 같은 형태를 나타내는 차자임은 잘 알려진 사실이다.

如자가 '다'로 읽히는 예는 이미 8세기의 이두에 나타난다.

> 以後中 坐中 昇 寫在如(이후에 자리에 올라가 썼다)〈신라 화엄경사경 조성기, 755〉
>
> 經心內中 一收 舍利尒 入內如(경심 안에 1수의 사리씩 넣다)〈상동〉

밑줄 그은 부분의 '如'가 종결어미 '다'를 나타내는 훈독자이다.[8] 신라시대에 如는 之와 함께 문장을 종결하는 어미로 쓰였는데 고려시대인 10세기말에 와서 之는 쓰이지 않게 되고 如만이 쓰이어 근대의 이두에까지 지속적으로 사용되어 왔다.

〈安民歌〉

1) 後句 君如 臣多支 民隱如 爲內尸等焉 國惡 太平恨音叱如

이는 安民歌의 제9구와 제10구로 이 노래의 끝 구절이다. 노래의 형식에서는 '君如 臣多支 民隱如'가 한 소절이 되지만 내용상으로는 '爲內尸等焉/ᄒᆞᄂᆞᆳᄃᆞᆫ'까지 이어지는 것이다. 이렇게 놓고 해석하면 '임금은 임금답게, 신하는 신하답게, 백성은 백성답게 한다면'이 된다.[9] 이는 아주 평이한 서술로 보인다. 그러나 신라시대의 '如/다', '多/다'는 '똑 같다', '틀림없다'와 같은 여실법을 나타내는 것으로 보면 그 생동감을 느낄 수 있다. 臣多支는 '臣下답게'로 해석할 수도 있으나 支가 부가됨으로써 훨씬 더 강한 여실법을 나타내는 것이다. 臣多支를 '臣下라는 말 그 자체와 똑 같

8 이 '如/다'는 후대어에서는 단순한 평서법 종결어미이지만 기원적으로는 '똑 같다'의 뜻이 담긴 훈독자로 본다.

9 如를 '곧'으로 읽지 않고 '다'로 읽어야 하는 이유는 金完鎭(1981:78)에서 이미 밝힌 바 있다.

이 臣下답게 한다'로 해석되는데 '신하로서의 할 일을 조금도 어김없이 수행해야 한다'는 것을 강조한 것으로 이해된다. 이로써 君如, 民隱如에서는 如를 썼는데 臣多支에서는 '支/디'를 더 부가한 의미를 찾을 수 있게 된다. 이 구에서 '多支/다디'는 '如/다'만을 쓴 君이나 民보다도 臣이 가장 중요한 위치에 있다는 점을 작자가 강조한 것으로 보아야 한다.

여기서 君如 臣多支 民隱如를 한글로 옮기면 '君 다. 臣 다디. 民은 다'가 된다.[10] 君, 臣, 民에 대한 고유어가 당시에 있었는가를 밝힐 수는 없지만 우리가 생각해 보아야 할 문제는 如를 어미 없이 '다'로만 읽어도 좋은가 하는 것이다. 필자는 이 '다'를 상태동사의 어간으로 보고 고대어에서는 이 어간이 어미의 도움 없이 문장을 종결하는 서술어가 되는 문법이 있었던 것으로 보고자 한다. 이것은 支의 경우에서 보아 온 바와 같이 고대어의 동사어간은 자립성이 강하여 어미의 도움이 없이도 자립할 수 있는 문법이 성립하였던 것으로 보는 것이다. '如/다' 이외에 '多支/다디' 역시 동사의 어간 형태로 문장 종결의 서술어가 된 점은 같다.

이러한 문장 종결법이 이 '如/다', '多支/다디'와 같은 특수한 동사에 한정된 것인가 하는 것은 좀 더 분명한 자료의 발굴과 검토가 있어야 할 것이지만 '如/다'와 '多支/다디'는 우리의 중고어에서 그러한 문법이 있었음을 보여 주는 중요한 자료이다.

〈怨歌〉

2) 汝於 多支 行齊 教因隱 仰頓隱 面矣 改衣賜乎隱 冬矣也

'汝於多支'는 이제까지의 해독자들이 '汝 於多支'로 끊어 '너'와 의문사 '어찌'가 이어진 것으로 해독해 왔다. 다만 徐在克(1975: 48)에서 '너다히'로 읽고 '너(잣나무)같이'로 해석한 것이 색다를 뿐이다.

---

10 이제까지의 해독들에서 如를 '다이', '다비', '다ᄫᅵ' 등으로 읽어 왔는데 金完鎭에서 '다'로 읽었다. 이 견해를 따라야 할 것으로 본다.

필자는 이 구를 '汝於 多支'로 끊어 '너어 다디'로 읽어야 할 것을 주장한다. '於/어'는 '良/아'와 같은 처격조사로서 비교격을 나타낸다.[11] 이는 현대어로는 공동격조사 '과'에 해당한다.[12] '多支/다디'는 상태동사로 '똑같다'의 뜻을 강하게 표현한 것임은 앞에서 보아 왔는데 이 문맥에서는 '行齊/녀제'를 수식하므로 부사형으로 본다. 다시 '汝於 多支 行齊'를 해석하면 '너와 똑같이 가겠다', '너와 꼭 함께 가겠다' 정도가 된다. 이 뒤에 이어지는 敎는 '기ᄉᆞ(只賜)'로 읽히어 '하시다'로 해석되는 것이니 이는 孝成王의 행위를 존대한 것이다. 이에 따라 '汝於 多支 行齊'는 潛邸 때의 효성왕이 이 노래의 작자 臣忠에게 '네가 가는 데에 따라 나도 조금도 어김이 없이 너를 따라갈 것이다', 또는 '너와 똑 같이 나도 갈 것이다'라고 다짐한 것이다. 이렇게 해독하면 이 노래의 설화와 잘 어울리게 된다.

여기서의 多支도 앞의 安民歌에서와 같이 상태동사로 쓰인 것으로 문장의 종결서술어로도 볼 수 있지만 문맥상으로는 부사형이 된다.

3) 行尸 浪阿叱 沙矣以支 如支

앞에서 沙矣以支는 '몰의로디'로 읽고 '모래의 신세와 똑같이'로 해석된다고 하였다. 如支 역시 '모래의 신세와 똑같음'을 더욱 힘주어 강조한 것이다. '如支/다디'의 의미를 살리어 이 구를 현대어로 해석하면 '모래의 신세와 똑같고도 똑같구나' 정도로밖에는 표현할 수 없는데 노래의 작자는 '모래의 신세 그 자체와 같은 내 신세로구나' 하는 탄식을 표현한 것이다.

이 如支 역시 상태동사로 문장의 종결 서술어가 되지만 뒤에 이어지는 문맥에 따라 문장 성분이 결정될 수 있다. 여기서는 이 문장을 종결하는

---

11 차자표기에서 '於/어'와 '良/아'는 모음체계상 대립하는 모음으로 서로 교체하여 쓰이는 경우가 흔히 있다.

12 처격조사가 비교격으로 쓰이는 문법은 중세어에서도 흔히 볼 수 있으니 가장 비근한 예로는 訓民正音 諺解의 서문에 나오는 '나랏 말쓰미 中國에 달아'의 '에'이다.

서술어로 보는 것이 좋을 것이다.

〈懺悔業障歌〉

4) 造將來臥乎隱 惡寸隱 法界 餘音玉只 出隱伊音叱 如支

이 구의 내용은 '이제까지 지은 악업은 법계를 (채우고도) 넘쳐나는 것임에 틀림없다'의 뜻이다.[13] 여기서 出隱伊音叱 如支는 해석하기가 좀 까다로운 것이다. 먼저 그 문법을 분석하여 본다. '出隱/난'은 동사 '出/나'의 ㄴ동명사이다. '伊/이'는 의존명사 '이'에 계사 '이'가 연결되어 축약된 것이다. '音叱/ㅁㅅ'는 당위법(응당법)의 보조어간이다. 여기에 여실법의 상태동사 如支가 이어진 것이다.

여기서 보조어간에 상태동사가 직접 이어진 '音叱 如支'의 구성은 중세어의 문법에 없는 것이어서 설명이 필요하다. 音叱의 이러한 문법은 석독구결에 나타난다.

a. 不可說不可說七 三昧七 種七種七 性ᅟ: ノ令乙 念ソナ立七丨〈화소21,6〉
b. 彼ラ 求ノㄱ 所乙 隨ㅎ 其 意乙 充滿ㅅㅣㅎ立[應]七 ソㄱㅣㄱ丁〈화소 11,13〉

a)의 'ソナ立七丨/ㅎ겸ㅅ다'에서는 보조어간 立七가 종결어미 '丨/다'에 이어져 중세어와 같은 문법을 보여 준다. 그러나 b)의 'ㅅㅣㅎ立[應]七 ソㄱㅣㄱ丁/ㅎ이윲 ㅎ인뎌'에서는 보조어간 立七가 조동사 'ソ/ㅎ'에 이어져 중세어의 문법과 차이를 보인다. 이와 같이 고대어에서 보조어간 立七에 동사 'ㅎ'가 연결되는 문법은 '如支/다디'의 문법성을 이해하는 데 도움이 된다. 앞에서 '如支/다디'가 상태동사라는 사실을 밝혀 왔는데 여기서 보조어간 音叱에 연결되어 있어도 그것은 어미가 아닌 상태동사가 되는 것

13 이 해독은 김지오(전게서)의 懺悔業障歌 조를 참고한 것이다.

임을 말하여 준다.

이와 같이 계사 '이'에 당위법의 조동사가 연결된 것이어서 현대어로 해석하기가 쉽지는 않다. 出隱伊音叱까지는 '응당 나온 것이어야'로 해석할 수 있다. 여기에 여실법 如支의 뜻인 '그와 똑 같다', '틀림없다'의 뜻을 첨가하여 해석하면 '응당 나온 것이어야 하는 것 바로 그것이다' 정도로 해석할 수가 있다. 이를 가지고 이 구 전체를 해석하면 '(이제까지) 지어 온 악업은 법계를 (채우고도) 넘쳐나는 것이어야 함에 틀림없다' 정도가 될 것이다. 계사에 당위법과 여실법이 연결된 표현은 현대어의 감각으로는 쉽게 풀어내기 어려운 것이지만 이상으로 이 구절의 뜻을 파악하는 길은 트인 것으로 생각된다.

이상에서 보아온 바 '多(如)支/다디'는 '같다'의 뜻을 갖는 두 유의어인 '多(如)/다'와 '支/디'가 합하여 이루어진 복합어로 '支'가 단독으로 쓰인 것보다 더 강한 여실법을 나타내는 상태동사임이 확인된 것으로 본다.

4. 結語

향가에서 支(攴)자는 해독하기 매우 어려운 借字였었다. 석독구결 자료에서 이 支자가 한문의 如자의 훈을 표기하는 데 사용된 것을 근거로 '같다', '답다'의 뜻을 나타내는 형태임을 확인할 수 있게 되었다. 이것이 석독구결의 여러 환경에 분포되어 쓰이어 '똑 같음'의 뜻을 나타내는 서법(modality)인 如實法의 助動詞로 쓰였음을 밝힌 바가 있었다(졸고 2008). 그 후 고대한국어에 쓰인 支의 용례를 전반적으로 검토할 여유를 갖지 못하다가 이번에 그 용례들을 모두 수집하여 종합적으로 검토하게 되었다.

먼저 支의 음은 상고시대(삼국시대)인 6, 7세기의 금석문을 통하여 '디' 음인 것이 확인되었다. 즉 三陟市의 옛 이름인 '悉直'이 蔚珍鳳坪新羅碑(524년 추정)에서 '悉支'로 표기된 것과 6세기의 비문들에서 관등명과 인명의 존칭 접미사에서 支가 智와 교체되어 쓰였음이 확인됨으로써 支는 直, 智와 같은 음인 '디' 음을 나타내는 것임을 확인하게 되었다. 이 支가 상고시대부터 차자표기에 쓰이어 근고시대의 석독구결에까지 이어진 것이다.

如實法의 支는 12세기 전반기까지 사용되었고 13세기에는 그 기능을 상실하여 如자의 훈의 표기에만 관습적으로 사용되었다. 향가에서는 『유사』 향가에서 20회 사용되었고 『균여전』 향가에서 1회 사용되었다. 支의 기능이 상실된 후에 『유사』와 『균여전』이 간행되었는데 이로 인하여 支를 友자로 誤刻하게 되었다. 이 오각이 『유사』에 1회, 『균여전』에 2회 나타난다. 友를 支의 오각으로 보면 支는 『유사』에 23회, 『균여전』에 3회 사용된 셈이다. 『유사』에 쓰인 支자 가운데는 否定辭에 쓰인 예가 둘이 있다. 이들을 제외하면 『유사』에서 여실법으로 확인되는 것은 모두 21예가 된다. 이 21예에 쓰인 支의 분포를 분석하여 보면 다음과 같다.

1. 支는 동사어간과 보조어간에 연결된 것이 주를 이루는데 이는 조동사로 보아야 한다.

2. 체언과 조사에 연결되기도 하였다. 이 '支/디'는 상태동사로 보아야 할 것이다.

이는 支에 선행하는 어사에 따라 支의 문법성을 판단한 것이다.

支에 후행하는 어사를 보면 다음과 같다.

3. 용언이 온 것이 11예이다. 이 경우의 支는 후행 용언에 대하여 부사형이 된다.

4. 보조어간이 온 것이 4예이다. 이 경우의 支는 용언의 어간이다.

5. 체언이 온 것이 2예이다. 이 경우의 支는 후행하는 체언을 수식하는 체언수식어(관형어)로 보아야 하므로 이는 상태동사라 하겠다.

6. 支가 연결된 체언이 후행하는 어사에 대하여 주어가 되는 것이 2예가 있다. 이는 상태동사 支가 앞의 명사와 동격이 된 것으로 보아야 하므

로 명사화가 된 것으로 볼 수 있다.

7. 『균여전』의 支는 동사에 연결되어 조동사로 쓰이고 후행하는 동사에 대하여 부사형이 된 것이 2예이다. 나머지 1예는 支에 계사가 이어진 것이니 명사형으로 보아야 할 것이다.

이러한 문법의 분류는 중세어의 문법에 기준을 둔 것이다. 이와 같은 여러 기능에도 불구하고 支는 항상 하나의 형태 '디'로 쓰였다. 이는 '디'에 어떤 문법형태가 부가되어 변형된 것이 아니라 '디'의 어간이 동사어간, 부사형, 체언으로 사용된 것으로 보아야 할 것이다. 즉 '支/디'는 동사의 어간이 전후 문맥에 따라 여러 가지 기능을 나타내는 것으로 동사 어간의 이와 같은 기능은 중고어 이전부터 내려오는 현상이다. 상고어에서는 동사의 어간이 자립성이 강하여 어간에 굴절형태가 없이도 문맥에 따라 여러 기능을 하였음을 볼 수 있다. 중고어에서는 이 문법이 새로운 문법으로 세분화되어 가는 과정에 있는 것으로 상정하면 이것은 '支/디'와 계통이 같은 한정된 동사의 문법이 아닌가 한다.

필자는 2008년의 글에서 '支/디'를 의존명사와 같은 어원인 동사 'ᄃᆞ'에 부사파생접사 '이'나 명사파생접사 '이'가 연결되어 '디'로 축약된 것으로 보았다. 그러나 향가의 예들에서 볼 때 이 '支/디'는 의존명사 'ᄃᆞ'와 어원을 같이 하는 상태동사의 어간이고 이것이 문맥에 따라 조동사나 상태동사의 여러 기능을 갖는 것으로 수정한다.

'如(多)支/다디'는 '똑같다'의 뜻을 나타내는 상태동사 '如/다'에 같은 뜻을 나타내는 '支/디'가 결합되어 이루어진 복합형용사이다. 이는 두 類義語가 복합되어 더 강한 여실법을 나타내는 상태동사가 된 것이다. 이 동사는 11세기의 이두문에 2회, 『유사』 향가에 3회, 『균여전』 향가에 1회 사용되었다. 이 상태동사는 부사형이나 문장의 종결서술어로 쓰였는데 이 역시 이 동사의 어간이 어미의 도움이 없이 그러한 기능을 나타낸 것이다.

參考文獻

金完鎭(1980), 『鄕歌解讀法研究』, 서울大學校 出版部.

김지오(2012), 均如傳 鄕歌의 解讀과 文法, 東國大大學院 博士學位 論文.

南豊鉉(2008), 釋讀口訣에 쓰인 '支'의 形態와 機能에 대하여, 『口訣研究』 20, 口訣學會.

南豊鉉(2009), 釋讀口訣에 쓰인 '支'의 機能에 대하여, 『古代韓國語研究』, 시간의 물레, 527-556.

南豊鉉(2011), 古代韓國語의 謙讓法 助動詞 '白/ᄉᆞᆲ'과 '內/아'의 發達, 『口訣研究』26. 口訣學會.

徐在克(1975), 『新羅 鄕歌의 語彙 研究』, 啓明大學 韓國學 研究所.

梁柱東(1983), 『增訂 古歌研究』 重版, 一潮閣.

Nam Pung-hyun(2012), *Old Korean, The Language of Japan and Korea*, Routledge. London and New York.

▌『口訣研究』 29집, 口訣學會, 2012. 8. 31.

東大寺 所藏 新羅華嚴經寫經의 釋讀口訣과 그 文法

1. 東大寺 所藏 新羅華嚴經寫經의 發見 經緯

현재 新羅時代의 佛經이 原典 그대로 국내에 전해지는 것은 10종 미만인 것으로 알고 있다. 日本의 奈良時代(8世紀)에 新羅의 佛敎 敎學이 일본에 미친 영향과 빈번했던 교류를 감안할 때(小林芳規 2006) 日本에도 신라의 寫經이 원전대로 보존되었을 가능성이 높을 것으로 믿어지지만 근래까지도 확인된 것이 없었다. 그러다가 2006년 3월 正倉院 所藏의 華嚴經 卷子本 卷72에서 卷80까지의 縮約本 1軸이 740년경에 書寫된 新羅寫經이라는 논증이 前奈良國立博物館長인 山本信吉氏(2006)에 의하여 이루어졌다. 이에 日本의 大谷大學에 소장된 元曉大師의 『判比量論』에 角筆로 기입된 신라어와 부호들이 있음을 밝힌 小林芳規 선생은 이 華嚴經에 新羅語를 기입한 角筆 기록이 있다면 이것이 新羅의 寫經임을 확실하게 증명할 수 있을 것이라고 생각하게 되었다. 이에 서울의 誠庵古書博物館長인 趙炳舜 선생이 '東大寺에서 紙質이 新羅寫經으로 보이는 經卷을 본 일이 있다'고 한 말을 생각하고 東大寺 圖書館의 자료를 검토하게 되었다(小林芳規, 2008:2). 그리하여 正倉院의 大方廣佛華嚴經과 書誌上 일치하는 大方廣佛華嚴經 1軸(卷12~卷20)이 있음을 주목하고 조사한 결과 각필로 기입한 梵唄譜, 合符, 口訣字들을 찾아내게 되어 이것이 신라의 사경임을 확인하게 되었다.

이 東大寺 所藏의 周本華嚴經(新譯 80卷本)은 원본의 약 30% 정도만을 抄略한 것이다. 이것은 正倉院의 華嚴經도 비슷하게 抄略하였고 여러 卷

을 한 軸으로 묶은 것도 日本에는 없다는 점에서 正倉院의 華嚴經과 東大寺의 華嚴經은 僚卷, 즉 동일한 秩에 포함되는 經典이 분리되어 소장된 것임을 확인할 수 있게 되었다. 이 華嚴經들은 본래 東大寺에 소장되어 내려오다가 19세기 경에 한 축이 正倉院에 納入된 것으로 추측되고 있다. 그러나 正倉院 所藏本은 19세기말에 모든 正倉院의 經典을 수리할 때 함께 수리하였으므로 각필의 흔적이 지워져 이를 확인하기가 어려울 뿐만 아니라 正倉院의 規定上 열람하기가 극히 어려워 연구 · 조사하기가 거의 불가능한 형편이다. 다행히 東大寺 所藏本은 수리된 바가 없고 신라시대의 모습을 그대로 유지하고 있다. 그 軸棒에 초서체로 '校了'라고 쓴 것이 이를 말해 준다. 이는 이 經을 書寫한 다음 校訂을 마쳤음을 표시한 것이어서 이 경이 처음 제작되었을 때의 것이 원형대로 보존된 것임을 말하여 주는 것이다.

이 經은 楮紙 37張을 콩풀로 2mm 정도를 겹치게 連接하여 한 축으로 묶은 卷子本이다. 이는 우리가 리움박물관에 소장된 新羅白紙墨書華嚴經(755)이나 初雕大藏經에서 볼 수 있는 경전의 連接方法과 같은 것이다. 題簽은 '大方廣佛花嚴經卷第十二'이라 되어 있는데 이는 後世人이 기입한 것으로 보인다. 卷首題는 '大方廣佛花嚴經如來名号品第七 卷十二'라 되어 있고 그 아래 小字로 '用紙三十七張'이라 기입하였다. 이는 권12에서 권20까지에 사용된 張數를 말하는 것이다. 1行 18字가 기준이고 간혹 17자나 19자를 기입한 行이 섞여 있다. 行數는 도합 1141行이다.

이 경전의 抄略한 정도를 新羅寫經 硏究 팀에서 각 卷의 字數를 가지고 殘存率을 조사한 결과 70.6%가 생략되고 29.4%가 남은 것으로 확인되었다. 처음에는 이 생략을 寫經者가 임의로 한 것으로 생각하였으나 新羅寫經 硏究팀이 검토한 결과 華嚴經의 내용을 이해하고 節略하여 記寫한 것임을 확인하게 되었다(김성주, 2012). 즉 華嚴經은 유사한 내용이 반복되는 경우가 많아 읽는 데 지루한 감을 주는데 이 節略本은 이 경전을 효과적으로 학습하기 위하여 중복되는 내용을 생략한 것이라는 결론을 얻은 것이다. 이와 같이 효과적인 학습을 위하여 절략하였으므로 角筆의 기입이 많았던 것도 이해할 수 있게 되었다.

2. 角筆의 調査

이 經典은 1200여년 전에 角筆로 기입한 것인데, 卷子本을 많은 사람이 펼쳐 봄으로써 角筆의 흔적이 지워져 判讀하기가 여간 어려운 것이 아니다. 먼저 小林芳規(2008)에서 처음 발견하고 판독한 각필의 기입 내용을 보면 다음과 같다.

角筆文字; 叱, ȝ(良), 㫆, 成, 刂(是)

角筆符號; 1. 梵唄符 2. 四聲点(圈点) 3. 合符: (縱書)

4. 抹消符號: 잘못 記寫한 글자의 오른쪽에 짧은 수평선을 그어 삭제표시를 하였다. 이는 新羅華嚴經寫經 造成記에도 나타난 것이다.

이 경에 기입된 각필은 肉眼으로 판독할 수 있는 것이 거의 없다. 특별히 제작한 照明器具인 角筆스코프를 비추면 비로소 각필의 모습이 드러나게 된다. 스코프를 좌측 45도 각도에서 비추는 것이 가장 잘 나타난다. 그러나 각필스코프를 비추면 보이다가도 조명각도를 약간만 움직이면 획의 흐름이 없어져 판독이 안 되는 경우도 적지 않다. 또 각필이 기입된 윤곽이 잡히어도 구체적인 글자의 모양이 파악되지 않는 경우도 허다하다. 그리하여 문맥에 따라 이 위치에서는 어떤 글자가 나올 것이라는 예측을 하고 각필의 흔적을 추적하는 것이 효과적인 경우가 많다. 이런 점에서 이 화엄경의 각필을 판독하는 데는 古代韓國語에 대한 안목을 가진 專攻人이 참가하여 함께 조사하는 것이 효과적일 것이라 생각하게 되었다. 이런 연유와 아울러 필자와 오랜 동안 한국의 각필자료를 함께 조사하여 온 인연으로 小林芳規 선생님이 필자를 부르게 된 것으로 생각된다. 필자는 당시 『華嚴文義要決』 연구 팀을 이끌던 鄭在永 선생님을 통하여 이 뜻을 전달 받아 함께 참가하여 연구할 수 있는 幸運을 얻게 되었다.

먼저 小林芳規 선생님의 주선으로 이 華嚴經 전체를 사진으로 촬영하여 尹幸舜 선생님에게 보내어 尹 선생님이 이것을 복사하여 『華嚴文義要決』 연구원들에게 배포하였고 이것이 角筆記錄을 옮겨 적는 底本이 되어 移記作業을 하기가 수월하게 되었다.

필자가 이 角筆調査에 처음 참여한 것은 2009년 8월 3일부터 5일까지 3일간이었다. 東大寺 圖書館은 寺刹의 文化行事를 맡아서 시행하기도 하므로 담당 직원의 형편상 언제나 貴重本을 열람하기는 어렵다. 年 2回, 1回 3日씩 조사를 하는 것이 관례와 같이 되어 지난 2012년 8월 2일부터 4일까지 총 7회의 조사를 마치었다. 오전 10시부터 12시까지 조사를 마치고 점심식사를 한 다음 오후 1시부터 다시 시작하여 오후 3시 정도에 도서관에서 마련해 준 차를 마신 다음 4시 30분경에 조사를 마치고 뒷마무리를 하면 오후 5시경에 마치는 日課였다. 角筆은 밝은 빛 아래에서는 잘 드러나지 않으므로 방안을 어둡게 하고 스코프를 비추어 조사하는 것이 효과적이다. 이에 도서관에서 別室을 사용하도록 마련하여 주었는데 이 방은 6명 정도가 둘러앉을 수 있는 탁자를 하나 놓을 수 있는 넓이였다. 2011년 東大寺의 圖書館과 博物館이 들어가는 새 건물이 준공되어 2012년 2월부터는 이 새 건물에서 조사를 하게 되었다. 여기서는 넓은 방을 쓸 수 있으나 조사에 참여하는 인원은 6명을 넘지 않는 것이 좋겠다는 도서관 측의 희망이었다. 이에 小林선생님이 중앙에 앉고 그 左側에 필자가, 그 右側과 前面에 나머지 사람이 둘러 앉아 조사를 하였다. 필자는 늘 小林선생님과 함께 하였으나 나머지 사람들은 순차로 바뀌어 新羅寫經 硏究팀의 모든 연구원이 1회 이상 참여할 수 있었다. 角筆字의 조사는 먼저 小林선생님이 字形을 확인하면 필자가 小林선생님의 자리에 옮겨가서 확인을 하고 그 다음에 주위에 있던 사람들이 옮겨와서 확인을 하면 角筆字로 인정하는 手順이었다. 그러나 角筆字의 확인은 상당한 시간 동안 角筆劃의 흐름에 익숙해 진 다음에야 어느 정도 가능해지는 것이어서 異見들이 나오게 마련이었다. 특히 그 문맥에서 有意的인 기능이 확인되지 않으면 그 角筆字가 확실한 것이라고 믿기가 어려울 수밖에 없다. 그리하여 小林선생님이 제시한 角筆字 가운데는 아직 확실한 것으로 믿기 어려운 것도 여럿 남아 있다.

3. 角筆로 記入된 글자와 그 機能에 대한 考察

제1차 조사에서부터 제4차 조사까지는 이 經의 처음서부터 1141行 끝까지 차례로 짚어 가면서 각필의 흔적으로 보이는 것이 있으면 이를 확인하는 방식으로 조사를 하였다. 제5차에는 그 동안 각필이 있는 것으로 보이긴 하였으나 확인하지 못하고 넘어 갔던 곳을 조사하였다. 제6차에서부터는 小林선생님의 제안으로 각필이 쓰였을 만한 곳을 집중적으로 조사하기로 하였다. 그리하여 經文 가운데서 처격조사 ꓘ(良)가 나타난 '尒時……'의 자리와 겸양의 뜻을 나타내는 白자가 나타나는 '……言'의 자리를 집중적으로 조사하였다. ꓘ(良)는 주로 吐로 쓰인 것이고 '白'은 주석의 형식으로 쓰여 訓으로 읽히는 것이다. 토는 대체로 漢字의 右下에 기입하였고 주석은 한자의 우측에 썼으므로 그 쓰인 위치만 가지고도 吐와 주석을 어느 정도는 예측할 수가 있었다. 이러한 예측을 하면서 처음서부터 이들 차자가 쓰인 자리를 조사한 결과 거의 모든 위치에 예측했던 角筆字가 있음을 확인할 수가 있었다. 또한 漢文의 '乃至'의 우측에도 빠짐없이 角筆字가 주석으로 쓰인 것을 확인하였으나 아직 그 뜻과 기능을 밝히기가 어려워 보류되어 있는 셈이다.[1] 이러한 확인은 이 경전

1 이 角筆로 기입된 글자를 小林선생님은 '加常'으로 판독하였다.

의 각필은 단순한 메모로서 수의적으로 기입한 것이 아니라 이 경전을 철저히 공부하기 위하여 처음서부터 끝까지 釋讀을 위한 토와 주석, 그리고 암송을 위한 부호들을 철저하게 기입한 것임을 알 수 있게 되었다. 이는 이 경전의 각필 조사가 이제 비로소 시작되는 단계라는 사실을 일깨운 것이기도 하다.

현재까지 조사된 각필 글자들을 열거하면 다음과 같다.

ろ(良) 占 白 乃 叱 沙 巳 尒 毛 刀 自

이밖에 加, 常, 留, 多, 伊 등이 제안되어 있으나 아직 그 기능을 확실하게 파악하지 못하여 이 글에서는 후보로 두고 앞으로 고찰할 대상으로 남겨 두기로 한다.

다음에 그 기능이 확실한 각필자들의 기능에 대하여 검토하여 나가기로 한다.

3.1. ろ(良)/아

ろ자는 良자의 초서체에서 온 것이다. 이 자형은 일본의 히라카나 ら와 유사하다. 고려시대의 석독구결에서는 약체자 ȝ가 사용되어 이 사경의 차자와는 차이를 보인다. 이런 점에서 ろ는 신라시대에 쓰이던 독특한 자형을 보여 주는 것이다.

이 차자는 획이 단순하고 사용빈도가 높아 이 사경에 나타나는 구결의 성격을 밝히는 데 매우 중요한 구실을 하는 것이다. 이 차자에 대하여는 필자가 2011年에 『日・韓訓讀シンポジウム』(麗澤大學言語硏究センター)에서 밝힌 바가 있다. 여기에 그 내용을 다시 소개하여 이 사경의 구결에 대한 이해를 돕기로 한다.

이 寫經의 ろ자가 나타내는 機能은 4가지로 나눌 수 있는데 그 기능에 따라 검토하기로 한다.[2]

(1) 處格 助詞

a) 於如是諸衆生中ß 爲現其身 敎化調伏〈155〉 ---〈350〉

譯; 이러한 衆生들 가운데 그 몸을 나타내어 敎化하고 調伏하나이까?

b) 尒時ß 精進慧菩薩 白法慧菩薩言〈868〉 ---〈958〉, 〈1013〉, 〈1036〉, 〈1040〉

譯; 그 때 精進慧菩薩이 法慧菩薩에게 물었다.

c) 諸魔外道無能沮壞, 攝持正法ß 無有窮盡〈879〉

譯; 여러 魔軍과 外道들이 능히 방해하지 못하고, 바른 법을 거두어 지니되 다함이 없으며

d) 善觀諸法, 得實相印ß 了知如來無功用道〈929〉

譯; 모든 법을 잘 관찰하여 실상의 印을 얻으며, 여래의 功用 없는 도를 분명히 알며

a)는 空間的 位置를 나타내는 것이고 b)는 時間的 位置를 나타내는 것이다. 이 a)와 같은 類例는 350行에 1예가 더 있고 b)의 '尒時ß'는 이밖에도 958행등 4회나 더 있다. c)는 '攝持正法'을 動名詞句로 해석하고 여기에 처격의 ß를 붙인 것이다. '譯'에서 '바른 법을 거두어 지니되'로 번역하였으나 이것을 '바른 법을 거두어 지님에 있어'나 '바른 법을 거두어 지니매'로 해석하면 동명사구에 처격조사가 붙은 것이 된다.[3] d)도 '得實相印'을 동명사구로 석독하고 처격조사 ß를 현토한 것이다. '譯'에서 '실상의 인(印)을 얻으며'를 '실상의 인(印)을 얻음에 있어'로 해석하면 처격조사 ß의 기능을 찾을 수 있다.

---

2 이 佛經에서 角筆 ß는 글자의 우측이나 우하측에 붙이는데 이 글에서는 편의상 해당 글자의 뒤에 놓는다. 예문 끝의 〈 〉 속의 數字는 이 寫經의 行의 차례이다. 같은 용례가 더 있으면 그 뒤의 〈 〉에 수자를 넣어 그 行數를 표시한다. '譯'은 東國 譯經院의 飜譯이다. 앞으로의 예문들은 이와 동일한 방법으로 표시한다.

3 이 시대의 動名詞語尾는 향가에서 볼 때 'ㄱ(隱)/ㄴ'이나 '尸/ㅭ'이 사용되었다.

고려시대의 석독구결에서 처격조사는 'ㅋ/의'나 '3 +/아긔'의 형태로 주로 쓰이고 '3/아'는 단독으로 쓰이는 예가 없고 '3 ㅌ/앗'의 형태만이 나타난다. 신라시대의 이두에서도 '中/긔'가 쓰이어서 '良/아'가 단독으로 쓰이는 예는 나타나지 않는다. 향가에서 '枝良 出古〈제망매가〉', '彌陀刹良 逢乎 吾〈제망매가〉', '吾良 遣知〈도천수관음가〉'와 같이 나타난다. 그러나 향가는 13세기 후반 『三國遺事』에 기록된 것이어서 그것이 신라시대의 기록이라는 사실을 입증하는 데는 어려움이 없지 않았다. 이제 740년대 이전의 석독구결에서 처격조사 'ʒ(良)/아'의 형태를 확인하게 된 것은 중고시대의 한국어를 확인하게 되었다는 점에서 적지 않은 가치가 있다고 하겠다.

(2) 呼格 助詞

a) 諸 佛子ʒ 苦集聖諦 此娑婆世界中ʒ 或名繫縛 或名滅壞〈52〉
譯; 여러 불자들이여, 고의 集이라는 성제를 이 사바세계에서 혹은 속박이라 하고 혹 망그러짐이라 하고

b) 文殊師利菩薩 問寶首菩薩言 佛子ʒ 一切衆生 等有四大 無我無我所〈160〉-〈1044〉 譯 : 文殊師利菩薩이 寶首菩薩에게 물었다. 불자여, 온갖 중생들이 다 같이 四大를 가졌으므로 나[我]도 없고 내 것[我所]도 없거늘

호격조사 'ʒ/아'는 현대어에도 그대로 이어져 오는 것이다. 위의 예문에 쓰인 '佛子ʒ'는 譯에서 '불자여(들이여)'로 번역하여 호격의 기능을 잘 보여 준다.

처격과 호격의 경우는 한문의 어순과 한국어의 어순이 일치하므로 釋讀口訣의 특징을 보여 주는 것이라고 하기는 어렵다.

(3) 接續語尾

a) 諸衆生食我肉者 亦得β阿耨多羅三藐三菩提 獲平等智〈1054〉

譯; 나의 살을 먹은 중생들도 역시 아뇩다라삼먁삼보리를 얻고 평등한 지혜를 가지며

b) 此菩薩 …… 爲充遍一切世界 故β 發心, 爲度脫一切世界衆生 故發心, …… 爲悉知一切世界三有淸淨故β 發心.〈803-805〉

譯; 이 보살이 …… 일체 세계에 가득하려고 발심하며, 일체 세계의 중생을 제도하여 해탈하게 하려고 발심하며 …… 일체 세계의 삼유가 청정함을 모두 알려고 발심하며

a)의 접속어미가 쓰인 '得β'는 중세어로 보아 '얻어'나 '실어'로 읽을 수 있다. 어순이 VO의 구조이어서 순독구결이라면 '阿耨多羅三藐三菩提'의 뒤에 β(ᄒᆞ아)를 현토할 것이지만 석독구결이어서 훈독하는 '得'자에 현토한 것이다. 3b)는 β가 '故'자에 현토되어 의아스러웠던 것이다. 그러나 이는 한문의 '爲…… 故……'의 구문으로 인과관계를 나타내는 것이다. 한문에서는 '爲……'가 원인구를, '故……'가 결과구를 이끄는 것이지만 한국어에서는 원인구 뒤에 원인을 나타내는 접속어미만을 붙여서 인과관계를 나타낸다. 여기서는 원인을 나타내는 '爲'자를 '삼아'로 석독하여 이를 결과구의 첫 글자인 故자의 뒤에 현토한 것이다. 이와 같이 '삼아'를 결과구의 첫머리에서 읽으면 이는 한국어의 원인구의 끝에서 읽은 것과 같은 것이 되고 故자는 부독자가 되거나 읽힌다고 하더라도 원인구의 끝 구성소가 되어 결과구의 접속 기능은 하지 못하게 될 것이다. 이상과 같이 접속어미의 'β/아'는 석독되는 한자에 직접 붙여 한문의 어순이나 문법을 한국어의 어순이나 문법으로 바꾸어 읽음을 보여준다. 이로써 이 사경에 각필로 기입한 토들은 한문을 석독하기 위하여 쓰인 것임을 확인할 수 있다.

(4) 訓讀(註釋)

諸法无眞實 妄取| ȝ 眞實相 是故諸凡夫 輪迴生死獄〈663〉

譯; 모두 진실하지 않은데 허망하게 진실하다 하나니 그러므로 모든 범부들 나고 죽는 獄에서 헤매고 있네.

주석을 나타내는 ȝ는 원문의 取자에 붙인 것인데 取자의 우측에는 注視線이 수직으로 그어져 있다. 이 주시선은 ȝ가 取자의 주석을 나타내는 吐임을 말하여 주는 것이다. 'ȝ/아'는 고대한국어에서 '良'자의 뜻인 '어질다', '어질게 생각하다', '(윗사람의 말을) 합당하다고 생각하다'의 뜻을 나타내는 동사이다. '譯'에서 '妄取眞實相 是故'를 '허망하게 진실하다 하나니 그러므로……'로 번역했으나 이 사경의 현토에 따르면 取를 '생각하다'의 뜻으로 해석하여 '허망하게 진실하다고 생각하나니 그러므로……'가 된다.

이상과 같이 이 經典의 ȝ는 조사나 어미를 나타내는 訓假字로도 쓰였고 '생각하다'의 뜻을 나타내는 訓讀字로도 쓰였다. 이는 이 경전을 석독하는 口訣의 일단을 보여 주는 것이지만 이 자료가 이제까지 新羅時代에도 口訣이 있었을 것으로 추정만 해 왔던 疑懼心을 拂拭시키고 8세기 전반기의 釋讀口訣을 구체적으로 보여 주는 점에서 그 가치가 매우 큰 것이다. 아울러 薛聰의 釋讀口訣과 아주 가까운 시기의 口訣의 모습을 보여 주는 점에서도 매우 중요한 의미를 갖는다.

3.2. 占

2012년 8월 2일부터 4일까지의 조사에서 새로 얻은 수확은 '占'자가 토로 쓰인 것을 확인한 것이다.

이 사경에서는 '善哉'가 9번 쓰였고 '偉哉'가 1번 쓰였는데 모두 哉자의 뒤에 '占'을 토로 기입하였다. 몇 예를 보이면 다음과 같다.

a) 尒時 文殊師利菩薩 告智首菩薩言 善哉占 佛子 汝今爲欲多少饒益.〈235行〉

譯; 이 때 문수사리 보살이 지수 보살에게 말하였다. 불자여 당신이 지금 많이 이익케 하고……[4]

b) 善哉占 仁者 應諦聽.〈371行〉

譯; 거룩하다, 당신이여 자세 들으라.

c) 尒時 堅慧菩薩 …… 說頌言 偉哉占 大光明 勇健無上士.〈686行〉

譯; 그 때 견혜 보살이 …… 게송으로 말하였다. '거룩하고 크신 광명, 용맹하신 무상사께서……

이밖에 692行, 889行, 1042行 등에도 '善哉'에 占을 현토한 예가 확인되었다. 이는 한문의 感歎語氣詞 '哉'가 우리말의 '占'에 해당함을 보여주는 것인데 '譯'에서는 b)의 '善哉占'만을 '거룩하다'라고 번역하여 감탄의 기능을 살렸으나 a)와 c)에서는 감탄의 의미가 문맥 속에 묻히어 버려 나타나지 않는다.

고려시대의 석독구결에서 한문의 '善哉'에 현토한 것은 다음의 2예가 확인된다.

善ナㄱ[哉]彳 佛子 :(훌륭하도다, 불자여)〈화엄2:10〉

善示ロㄱ[哉]彳 仁者 :(훌륭하시도다, 仁者여)〈화엄9:2〉

여기서 彳는 한문의 '哉'의 뜻에 대응하는 어미를 나타낸 것이다. '彳/뎌'는 동명사어미 'ㄱ/ㄴ'의 수식을 받는 형태여서 여실법의 의존명사 'ᄃᆞ'와 종결어미 '여'가 결합되어 감탄법을 나타내고 있다. 구결자 彳는 '徐/셔'나 '彼/뎌'의 약체자일 가능성이 있으나 彼자가 차자표기에 사용된 예

4 역경원의 번역에서는 '善哉'에 대한 해석을 생략하였다.

를 확인하지 못하여 필자는 徐의 약체자일 가능성에 더 무게를 두고 있었다. 그러다가 悼二將歌에서 '彼'가 종결어미에 쓰인 예가 있음을 보고 '彼'일 가능성도 있는 것으로 생각하게 되었다.[5] 근래에 와서야 석독구결의 '1[哉]彳'가 15세기의 감탄형어미 '-ㄴ뎌'에 대응하는 것을 확인하고 '뎌'로 읽어야 한다고 믿게 되었다.

이렇게 보면 이 사경의 '善哉'에 각필로 기입된 占는 '뎌' 音을 나타내는 것으로 추정할 수 있다. 占의 전통적 한자음은 '졈'이다. Karlgren, 董同龢, 周法高, Pulleyblank 등이 추정한 중국의 상고와 중고의 한자음으로도 占의 초성은 파찰음으로 추정되고 있다. 그러나 한국의 상고시대에는 우리의 전통한자음의 '지'가 '디'로 소급됨을 최근 확인한 바 있다(南豊鉉 2012:253-258). 즉 支, 之의 한자음의 頭音이 삼국시대의 신라에서는 智, 直과 같은 t 음이었음이 확인되는 것이다. 이를 근거로 보면 占의 한국 상고시대의 한자음은 '뎜'으로 추정할 수 있다. 차자표기법에서 한자의 음절말음은 탈락시키고 사용하는 예가 많으므로 '占'자는 '뎌'음의 표기자로 수용되었던 것으로 보아 무리가 없다. 이제까지 우리의 차자표기에서 占자가 음가자로 사용된 예는 이것이 처음이지만, 이 차자의 어두음이 t이라는 사실도 중고어의 특징을 보여 주는 점에서 의의가 크다. 小林芳規 선생님의 말에 의하면 일본의 訓点에서도 占자는 平安初期(9세기초)에 잠간 나타나다가 쓰이지 않았는데 中田祝夫 선생은 이 '占'자를 '点'자의 省劃字로 보았다고 하였다. 우리의 고대한자음과 일본의 생획자설 중 어느 것이 옳다고 단정하기는 어렵지만 한・일 양국의 고대어의 표기에서 占의 어두음이 t 음인 점은 공통된다.

이상으로 볼 때 '善哉占'의 占은 '-ㄴ뎌'로 읽히는 신라어로 추정할 수 있는데 이 형태가 근고어를 거쳐 중세어에서도 그대로 유지되고 있음을

5 悼二將歌의 제5구를 金完鎭(1980)에서는 '職麻又欲望彌阿里剌及彼'로 보았다. 필자는 끝구의 '及彼'를 '미친뎌'로 읽고 '彼/뎌'를 감탄법 종결사로 본다.

볼 수 있다.

3.3. 白/숣

'白/숣'은 한문의 '言'자의 훈을 나타내는 데에 비교적 많이 쓰였다. 다음에 그 대표적인 용례를 추려서 검토하기로 한다.

a) 尒時 文殊師利菩薩摩訶薩 告諸菩薩言白 諸佛子……〈48行〉

譯; 그 때에 문수사리 보살 마하살이 여러 보살에게 말하였다. '여러 불자들이여……'

b) 十佛刹 微塵數菩薩 所共圍繞 說此頌言白 佛了法如幻 通達无障礙〈105〉

譯; 열 세계 티끌 수 보살들이 함께 둘러싸고 있었으며……이런 게송으로 말하였다. '부처님은 모든 법을 요술로 알아 통달하여 밝히심 장애가 없고……

c) 尒時 文殊師利菩薩 問財首菩薩言白 佛子 一切衆生 非衆生……〈150〉

譯; 문수사리 보살이 재수보살에게 물었다. '불자여 일체 중생이 중생이 아니어늘……'

d) 尒時 文殊師利菩薩 問目首菩薩 言 | 白 如來福田 等一无異……〈178〉[6]

譯; 이 때에 문수사리 보살이 목수 보살에게 물었다. '여래의 복밭은 평등하여……'

e) 尒時 智首菩薩 問文殊師利菩薩言白〈227〉

譯; 그 때 지수 보살이 문수사리 보살에게 물었다.

'白/숣'으로 훈독되는 言은 보살이 다른 보살에게 말할 때나 부처님에

6 '言'자의 우측에 注視符가 있음.

게 말할 때 사용되었다. 한문에서는 이를 告…言, 說…言, 問…言의 형식으로 표현하였는데 역경원의 번역에서는 이를 '말하였다', '물었다'로 해석하여 신라 시대의 스님이 '白/ᄉᆞᆲ'으로 겸양한 것과는 차이를 보인다. '白/ᄉᆞᆲ'은 자기를 낮추어 상대를 높이는 겸양어로 현대어의 '사뢰다'에 이어진다. a)에서는 문수보살이 여러 보살에게, b)에서는 문수보살과 여러 보살들이 부처님에게, c)에서는 문수보살이 재수보살에게, d)에서는 문수보살이 목수보살에게, e)에서는 지수보살이 문수보살에게 '겸양하여 사뢴 것'을 나타내기 위하여 白자를 현토한 것이다. 다만 d)에서는 言자의 좌측에 주시선을 그은 것이 특징인데 이 주시선의 사용은 수의적이다. 이 '白/ᄉᆞᆲ'은 신라시대에 보살들이 부처님에게는 물론, 보살들에게도 상호간에 겸양하는 태도를 보여주는 것이다.

15세기의 불경언해에서는 言자의 해석을 윗사람에 대하여 겸양할 때는 'ᄉᆞᆲ-'으로, 겸양표현이 아닐 때는 '니ᄅᆞ-'로 하고 있다.

a) 그ᄢᅴ 舍利弗이 다시 부텻긔 ᄉᆞᆲ오ᄃᆡ; 爾時 舍利弗이 重白佛言ᄒᆞᅀᆞ오ᄃᆡ 〈법화1:168-169〉
b) 그ᄢᅴ 諸天子ㅣ …… 偈ᄅᆞᆯ ᄉᆞᆲ오ᄃᆡ; 爾時 諸天子ㅣ…… 而說偈言ᄒᆞᅀᆞ오ᄃᆡ〈법화2:47〉
c) 그제 諸子ᄃᆞᆯ히 各各 아비ᄃᆞ려 닐오ᄃᆡ; 時諸子等이 各白父言호ᄃᆡ〈법화2:70〉

3.4. 乃/나이

앞에서 보살들이 서로 말하거나 부처님에게 말하는 것은 '白/ᄉᆞᆲ'으로 겸양하는 것을 보아 왔다. 그러나 부처님이 말하는 것은 '乃/나이'라고 함이 2예가 확인되었다.

a) 諸佛之所說| 乃 譬如淨明鏡〈161〉

譯; 이것은 부처님이 하신 말이다. 비유컨댄 깨끗하고 밝은 거울이……

b) 佛子 如來所悟 唯是一法 云何 乃說乃 無量諸法 現无量刹〈167〉

譯; 불자여, 여래가 깨달은 것은 오직 한 가지 법이온데 어찌하여 한량없는 법을 말하며 한량없는 세계를 나타내며……

a)에서는 說자에 주시부를 긋고 그 훈을 '乃/나이'로 표시하였다. b)에서도 한문의 說자에 '乃/나이'로 그 훈을 표시한 것이다. 이 說자들은 부처님(여래)이 '말한 것'을 나타내는 것이다.

부처님이 말하는 것을 '乃/나이'로 표현하는 예는 고려시대의 석독구결에서 확인된다.

c) 佛 [言]ろニア 善男子ゝ ……〈금광2:21〉

d) 佛ㄱ 言リニア 善男子ゝ ……〈금광4:19〉〈금광4:25〉〈금광14:25〉〈15:14〉

e) 世尊ㄱ 而灬 呪乙 說ゝ 曰リニア〈금광9:2〉

고려시대 석독구결에서 부처님이 '말하다'를 '乃/나이'로 표현한 예는 〈금광〉에만 나타나는데 비교적 많이 쓰인 편이다. c)의 [言]ろニア은 〈금광〉의 〈2:25〉, 〈3:5〉, 〈3:16〉, 〈3:22〉, 〈5:8〉, 〈13:21〉 등에도 나타난다. d)의 言リニア은 c)와 동일한 석독인데 'ろニア'을 '나싎'이 아니라 '나이싎'로 읽어야 함을 보여 준다. e)는 이 'ろニア/나이싎'이 曰자에도 쓰임을 보여 주는 것이다. 이상으로 볼 때 '부처님이 말하는 것'을 '乃/나이'라고 하는 것은 신라시대부터 13세기까지 이어져 왔음을 알 수 있다. 신라 화엄경에서 說자가 부처님의 말씀일 경우에 '乃/나이'로 표현한 것은 2예가 확인되었지만 앞으로 더 나타날 가능성은 높다.

3.5. 叱

'叱/ㅅ'의 용례도 비교적 많이 나타난다. 기능별로 분류하여 검토하기로 한다.

a) 於河海叱 中ㄋ 從定出〈497〉

譯; 바다 속에 정으로 조차 나오며

b) 甘露妙定如天叱鼓 恒出降魔寂靜音〈544〉

譯; 감로의 묘한 선정 하늘 북 같아 고요한 降魔 음성 항상 내어서

a)는 무정물체언인 河海의 속격을 나타내고 b)도 무정물체언인 天의 속격을 나타낸다. 이는 고려시대의 석독구결과 중세국어에도 이어지는 문법이다.

c) 尒時 世尊 從兩足輪下叱 放百億光明〈69〉

譯; 그 때 세존께서 두 발바닥으로 백억 광명을 놓아서

d) 此中何法名爲梵行 梵行從叱何處來 誰之所有〈742〉

譯; 이 가운데 어느 법이 범행이냐, 범행은 어디서 왔으며 누구의 소유며

c)와 d)의 '叱/ㅅ'은 從자가 석독될 때 그 훈의 말음을 첨기한 것이다. 즉 '從叱'을 '좃'으로 읽은 것이다. 현대어로는 '……로부터'로 해석된다. c)는 從자로 유도되는 구의 끝에 현토한 것이고 d)는 從자로 유도되는 구에서 從자에 직접 현토한 것이다. 고려시대의 석독구결에서 보면 c)는 점토석독구결의 현토방법이고 d)는 자토석독구결의 현토방법이다. 고려시대의 석독구결에서도 '何ㅎ 處ㄹ 從ㅌ 來ソㄋ〈화소8:6〉' 등 '從ㅌ/좃'의 용례가 자주 보인다.

e) 顯示无邊種種叱 境界〈170〉

譯; 끝없는 여러 가지 경계를 나타내어

e)의 ‘叱/ㅅ’은 ‘種種’의 훈 ‘갓갓’의 말음을 첨기한 것이다. 고려시대의 석독구결에서는 ‘種ㄷ種ㄷ’으로 앞뒤의 種자에 모두 ㄷ을 첨기하였으나 이 사경에서는 뒤의 種자에만 첨기한 예가 확인된다.

f) 若佛是梵行者 爲色是佛邪……想是叱 佛邪 行是叱 佛邪 識是佛邪……若法是梵行者 爲寂滅是叱 法邪……不起是叱 法邪 不可說是叱 法邪……如是觀已……〈726-739〉

譯; 만일 부처님이 범행이라면 色蘊이 부처냐 …… 상온이 부처냐 행온이 부처냐 식온이 부처냐 ……. 만일 교법이 범행이라면, 적멸이 법이냐 …… 일어나지 않음이 법이냐 말할 수 없음이 법이냐 …… 이렇게 관찰하면……

여기에 쓰인 원문의 是자는 모두 계사이어서 ‘이다’로 해석되어야 하는 것이다. 여기서 이 是자에 ‘叱/ㅅ“을 현토한 것은 이를 ’잇‘으로 읽음을 보인 것이다. 우리는 15세기의 언해에서 계사 是자를 대명사 ’이‘로 해석함을 볼 수 있다.

誰是長年者/ 뉘 이 나홀 기리 살 사람고.〈두언6:1b-2a〉

迹是雕墻後/ 자최눈 이 다매 그림 그린 後ㅣ로다.〈두언6:2b-3a〉

이 언해의 ‘이’는 계사를 대명사로 해석한 것이어서 직역하면 문맥이 어색해지지만 한문의 계사를 대명사로 해석하는 관습이 있어 왔음을 보여 주는 것이다.

우리의 신라 화엄경에서는 이 계사를 대명사로 해석하고 또 ‘叱/ㅅ’을 添記하였다. 여러 예를 통하여 이 ‘叱/ㅅ’의 사용을 보여 주지만 그 기능은 미상이다. 속격의 '叱/ㅅ'으로 볼 수밖에 없지만 여기에 강조의 기능이 들어간 것이 아닌가 하는 생각도 든다. 이 사경에 처음 나타나는 것이어서 앞으로 더 많은 예를 찾아서 고구해 보아야 할 문법이다.

3.6. 沙

沙자는 후대의 구결에선 약체자 氵가 주로 쓰이지만 여기서는 정자를 행서체로 약간 흘려서 썼다.

a) 佛子 如來所悟 唯是一法 云何 乃沙說无量諸法 現无量刹……〈167〉

譯; 불자여, 여래가 깨달은 것은 오직 한 가지 법이온데 어찌하여 한량없는 법을 말하며 한량없는 세계를 나타내며(나타내나이까)……

b) 令彼衆生……以見佛故 具受衆樂 乃至入於无餘涅槃 汝乃沙當成阿耨多羅三藐三菩提……〈1077〉

譯; 저 중생들로 하여금……부처님을 뵈온 연고로 여러 가지 낙을 받으며, 내지 무여열반에 들게 하고야, 네가 마땅히 아누다라삼약삼보리를 얻으리니……

이 '沙/사'는 원문의 乃자에 대한 훈으로 쓰인 것이다. 따라서 '沙/사'는 '이에 곧' 또는 '즉' 정도의 의미를 넣어서 해석하면 문맥에 어울리는 해석을 할 수 있다. 이는 '沙/사'가 부사로 쓰인 것임을 말하여 주는 것이다. 『光州千字文』이나 『石峰千字文』에서 乃자를 '사 내'라고 읽은 것도 이와 같이 부사로 읽은 것이 아닌가 한다. 고려시대의 석독구결에서는 '乃至'를 '乃ㅅ 氵 至刂'로 석독한 예가 여럿 나타난다.

3.7. 㠯

㠯자는 옥편에 以자의 古字 또는 本字라고 하였다. 이 사경에서는 다음의 3예가 확인되었다.

a) 時天帝釋 在妙勝殿前 遙見佛來 以神力㠯 莊嚴此殿〈601〉

譯; 때에 제석이 묘승전 앞에서 부처님이 오시는 것을 멀리서 보고 즉시 신통의 힘으로 이 궁전을 장엄하고

b) 其座 悉以妙寶㠯 所成〈602〉

譯; 그 사자좌들은 묘한 보배로 이루었으니

c) 菩薩摩訶薩 修梵行時 應以十法㠯 而爲所緣 作意觀察〈712〉

譯; 보살마하살이 범행을 닦을 때에는 마땅히 열 가지 법으로 반연을 삼고 뜻을 내어 관찰하여야 하나니

㠯는 以자가 이끄는 구의 끝에 붙어서 '-로'로 읽히고 있다. 以자가 차자표기법에서 '로'의 표기에 사용되는 것은 중고어의 이두문에 이미 나타나는 것이다. 이는 이 시대에 한문의 以를 '로'로 읽었음을 말하는 것인데 이 화엄경의 구결에서 그 실례를 보여 주고 있다. 다만 이체자인 㠯를 사용함으로써 원문의 '以'와 구별한 것은 원문과 구결에서 같은 글자를 쓰면 구별이 안 되는 점을 피하기 위한 것이 아닌가 한다.

3.8. 尔

尔는 彌자의 약체자이다. 즉 彌자의 이체자 旀에서 뒷부분을 딴 것이다. 彌의 중고시대 음은 '며'이어서 이 차자가 접속어미 '며'를 표기하는 예가 신라시대의 이두에 이미 나타난다. 그 훈은 '금'인데 신라시대 이두에서는 약체자 尔을 사용한 예가 여럿 나타난다. 이 화엄경의 구결에서는 尔자가 쓰였는데 음가자로도 쓰고 훈가자로도 사용되었다.

a) 若身是梵行 當知梵行 則爲非善 則爲非法……則爲不淨尔 則爲可猒…… 則爲蟲聚〈716〉

譯; 만일 몸이 범행이라면 범행은 선하지 않은 것이며 법답지 않은 것이며 …… 부정한 것이며 싫은 것이며 …… 벌레무더기인 줄을 알 것이니라.

여기서는 ホ자가 음가자로 쓰여 접속어미 '며'의 표기에 쓰인 것이다.

b) 是時 十方各過十佛刹 微塵數世界外 有萬佛刹 微塵數佛ホ 同名法慧〈806〉

譯; 이 때 시방으로 각각 열 부처님 세계의 티끌 수 세계 밖에, 1만 부처님 세계의 티끌 수 부처님이 계시니, 명호가 같아서 모두 법혜 부처님이라

여기서 '有萬佛刹 微塵數佛ホ'는 '일만 부처님 세계에 티끌 수 부처님씩 계시니'로 해석할 수 있다. 따라서 ホ은 보조사 '씩'의 뜻으로 쓰인 것으로 보아야 한다. 신라의 이두에서도 '經心內中 一 收 舍利ホ 入內如/경심 안에 일 수 사리씩 넣었다〈신라화엄사경조성기, 755〉'와 같이 ホ이 보조사로 쓰인 예가 여럿 있다.

c) 佛子 有十種法 令諸菩薩所行淸淨 何等爲十 一者 悉捨資財ホ 滿衆生意〈899〉

譯; 불자여, 열 가지 법이 있어 보살들로 하여금 행하는 일이 청정케 하나니, 무엇이 열인가. 하나는 재물을 희사하여 중생의 뜻을 만족케 함이요,

여기서의 '悉捨資財ホ'는 '재물을 다 희사하여 가지고'로 해석된다. 이 ホ은 행동의 전제를 나타내는 접속어미에 수단의 뜻이 가해진 '-良ホ/아금'에서 '良/아'의 표기가 생략된 것이다. 고려시대의 이두에서는 '良ホ'이 주로 쓰이고 석독구결에서는 '-ろ ホ'이 쓰이지만 신라시대의 이두에서는 ホ만으로 쓰인 예들이 발견된다.

楮根中 香水 散ホ 生長令只旀/ 닥나무 뿌리에 향수를 뿌리어서 생장시키

며〈신라화엄경사경〉

에서 散ホ은 '빟어금'으로 읽히는데 직역하면 '뿌리어 가지고'가 된다.

이상과 같이 이 화엄경의 ホ은 같은 차자가 3가지의 기능을 보여 주는데 이는 이 시대의 이두와 같은 맥락을 보여 주는 것이다.

3.9. 毛刀

毛刀는 '보도'로 읽히는 것으로 聚자의 훈을 나타내는 데 쓰였다.

a) 當知 梵行 則爲非善 則爲非法…… 則爲蟲聚毛刀〈717〉

譯; 8) a) 참조.

이 문맥의 '蟲聚'에서 聚의 뜻은 이해하기가 쉽지 않다. 譯에서 '벌레무더기'라 하였는데 이 '무더기'를 이 사경의 구결에서 '毛刀/모도'라고 하였다. 이 '毛刀/모도'의 구성은 '몯+오'로 분석되는데 '몯'은 동사어간이고 '오'가 명사파생의 접미사로 보인다. 명사파생 접미사 '-오'는 후대의 자료에서는 찾기가 힘들지만 『삼국유사』의 慕竹旨郎歌의 작자 '得烏'가 연상된다. 삼국유사에서의 '孝昭王代 竹旨郎' 조에 '得烏 一云谷'이라 있는데 뒤에 가서는 '得烏谷'이라고도 나온다. 이 '得烏谷'을 梁柱東(1965:72)에서는 '得(谷)烏'로 보고 '실오'를 그 이름으로 보았다. 이 '烏/오'에 대하여 '烏는 羅人 男女名에 쓰이는 添尾語'라고 하였다. 즉 접미사로 본 것이다. 이 '烏/오'를 인명의 접미사로 한정하지 않고 명사파생 접미사로 보면 '毛刀'가 '무더기'의 뜻으로 쓰인 것도 이해가 된다.

3.10. 自

이 自는 주해의 성격으로 쓰인 것이다.

a) 洗浴身自體 當願衆生 身心无垢〈348〉

譯; 목욕을 할 때에는 마땅히 원하기를 모든 중생이 몸과 마음에 때가 없고

여기서 自는 '身體'의 身자와 體자의 중간 위치에 기입되어 있다. 이는 身體가 '남의 신체가 아닌 자기의 신체'라는 점을 분명히 하기 위한 기입으로 보인다. 따라서 이는 身體의 훈이 아니라 주석으로 쓰인 것이다. 自는 '저'로 읽을 수 있는데 속격이나 처격과 만나면 '저의(> 제)'가 된다. 여기서는 이 속격형태를 나타내는 것으로 보인다.

4. 結語

日本 奈良市의 東大寺圖書館 所藏의 新羅華嚴經寫經(권12-권20)에 각필로 기입된 글자들은 漢文의 釋讀을 나타내는 吐와 註釋을 보여주는 것으로, 이 토는 全卷에 걸쳐 매우 치밀하게 기입되었던 것으로 보인다. 이것은 740년대 이전의 釋讀口訣의 實物을 보여 주는 것으로 薛聰의 시대와 불과 2, 30년의 時差가 있는 것이라 하겠다. 이는 전설로만 생각되었던 薛聰의 釋讀口訣과 동일한 漢文 釋讀法이 이미 이 시대에 보급되어 있었음을 실증하여 주는 것이기도 하다. 이 자료는 고대한국어 자료가 빈약한 우리에게 더할 수 없이 중요한 내용을 제공하여 주는 것이기도 하다.

또한 이는 일본의 經典訓讀의 發達이 8세기말에 시작된 것으로 보면 그보다 50년 이상 앞서는 시기에 기록된 우리의 석독구결이다. 이는 동아시아에서 釋讀口訣이 發生·發達하여 간 자취를 추적할 수 있는 자료이어서 文化史的으로도 매우 중요한 意義가 있다고 할 수 있다.

이 글은 2009년 8월부터 2012년 8월까지 年 2회, 매회 3일씩 7차에 걸쳐 조사한 각필 글자들의 기능과 의미를 밝히고자 하여 쓰여진 것이다. 각 글자들의 기능과 의미를 간단히 정리하면 다음과 같다.

1) 𠄌(良)/아; 처격조사, 호격조사, 접속어미, 동사 '良/아'를 나타내는 훈독자.

2) 占/뎌; 한문의 感歎語氣詞 '哉'에 해당하는 한국어의 文章 終結辭 '-ㄴ뎌'.

3) 白/畣; 부처에 대하여 또는 보살 상호간에 겸양을 나타내는 "말하다類의 동사 '畣'". 현대어의 '사뢰다'에 이어지는 동사.

4) 乃/나이; 부처와 같은 尊者가 보살이나 대중에게 '說함'을 나타내는 말하다類의 동사.

5) 叱/ㅅ; 무정물 체언의 속격조사, '從叱/좇, 種種/갓갓'의 말음첨기. 계사로 발달한 대명사 '是/이'에 이어지는 속격조사로 보이나 후대의 문법으로는 이해되지 않는다.

6) 沙/사; 한문의 접속사 乃의 훈을 나타내는 부사. '이제 곧'이나 '즉'의 뜻을 나타냄.

7) 㠯/로; '以'자의 古字로 한문의 '以'의 훈 '(으)로'를 나타내는 조격조사.

8) 尓/며, 금; 彌자의 속자 旀의 뒷부분을 딴 省劃字로 접속어미 '-며', '개별'의 뜻을 나타내는 보조사 '금(씩)', 접속어미 '-아금' 등 3가지의 동음이의어를 나타내는 데 쓰였음.

9) 毛刀/모도; 동사 '몯'과 접미사 '오'가 결합되어 파생된 명사. '무더기'의 뜻.

10) 自/저; '자기'를 뜻하는 '저'를 나타내는 대명사. 문맥의 뜻을 구체적으로 나타내기 위한 주석으로 쓰였음.

이밖에 그 기능을 설명하기 어려운 글자들이 있으나 이들은 앞으로 좀더 확실하고 많은 예를 확인하여 연구하여야 할 과제로 남는다. 이 글에서는 梵唄符, 合符 등 여러 부호들에 대한 기술은 생략하였다.

끝으로 이 자료를 발굴하고 지칠 줄 모르는 열정으로 각필 判讀에 임하여 우리에게 감동을 주시는 小林芳規 선생님에게 깊은 감사의 뜻을 표한다. 또한 어려운 여건 속에서도 귀중한 자료를 열람할 수 있도록 배려해 주신 東大寺 圖書館의 관계자 여러분과 특히 坂東俊彦(반도 토시히코)씨에게 감사의 뜻을 표하여 마지않는다.

參考文獻

金星周(2012), 東大寺『花嚴經』卷第12-20의 節略 樣相,『書誌學報』39, 韓國書誌學會.

金完鎭(1980),『鄕歌解讀法硏究』, 서울大學校 出版部.

南豊鉉(2011), 韓國の借字表記法の發達と日本の訓点の起源について(韓國의 借字表記法의 發達과 日本의 訓点의 起源에 대하여)」,『日・韓訓讀シンポジウム 開催報告書』, 麗澤大學 言語硏究センター.

南豊鉉(2012), 古代韓國語의 如實法 動詞 '支/디'와 '多支/다디'에 대하여,『口訣硏究』29, 口訣學會.

梁柱東(1965).『增訂 古歌硏究』, 一潮閣

周法高主編(1974),『漢字古今音彙』, 香港中文大學出版社.

山本信吉(2006), 聖語藏『大方廣仏華嚴經 自卷七十二 至卷八十』の書誌的考察, 正倉院紀要 第28号。

小林芳規(2006), 日本訓点의 一 源流,『口訣硏究』17, 口訣學會.

小林芳規(2008), 角筆による新羅語加点の華嚴經,『南都佛教』91, 南都佛教硏究會東大寺.

小林芳規(2010), 日本のオコト点の起源と古代韓國語の点吐との關係,『口訣硏究』25, 口訣學會.

Edwin. G. Pulleyblank(1991), *Lexicon of Reconstructed Pronungciation in Early Middle Chinese, Late Middle Chinese and Early Mandarin*, UBC Press, Vancouver.

▌『口訣硏究』30집, 구결학회, 2013. 2.

中古韓國語의 文法 槪觀

1. 序言

中古韓國語는 統一新羅 時代의 韓國語를 가리킨다. 신라가 삼국을 통일한 660년대부터 高麗 太祖가 後三國을 통일한 930년대까지, 약 270여 년 간의 한국어이다.

이 시대의 한국어 자료는 吏讀와 鄕歌이다. 口訣은 角筆로 기록된 자료가 한 점 알려져 있으나 해독과 연구가 진행되고 있는 상태이다. 이두는 初期的인 吏讀文과 正統의 吏讀文으로 나누어진다. 이 시대의 初期的인 吏讀文은 音讀字들을 우리말의 순서로 배열한 것이다. 그 대표적인 것을 들면 다음과 같다. 〈 〉 괄호 속은 자료의 연대와 그 略號이다(이하 같음).

1. 昌寧仁陽寺碑銘(810). 〈인양사〉
2. 中初寺幢竿石柱記(827). 〈중초사〉
3. 東海市三和寺鐵佛造像銘(860년대). 〈삼화사불〉

이 初期的 吏讀文에 吐를 넣은 것이 正統의 吏讀文으로 중고시대에 와서 나타나기 시작한다. 현재 25종 남짓의 이두문이 알려져 있는데 중요한 것을 들면 다음과 같다.

1. 甘山寺阿彌陀佛像造成銘(720). 〈감산아미〉

2. 无盡寺鐘銘(745). 〈무진사〉

3. 華嚴經寫經造成記(755). 〈화엄사경〉

4. 新羅帳籍(758년 이전). 〈장적〉

5. 正倉院 所藏 毛氈의 貼布記 2点(8世紀 中葉 이전). 〈첩포기〉

6. 永泰2年毘盧遮那佛造像銘(766). 〈비로자나〉

7. 葛項寺石塔銘(785～798). 〈갈항사〉

8. 永川菁堤碑貞元銘(798). 〈청제비〉

9. 禪林院鐘銘(804). 〈선림원〉

10. 竅興寺鐘銘(856). 〈규흥사〉

이들은 金石文이 主이고 古文書도 3종이 있다. 7세기 후반의 것으로 추정되는 木簡 資料도 알려져 있으나 여기서는 다루지 않는다.[1] 1)은 비교적 간단한 기록이지만 이른 시기의 吐를 보여 주는 것이다. 3), 4), 5)가 古文書인데 3)이 이 시대를 대표하는 이두문으로 이두의 다양한 모습을 보여 준다. 4)는 新羅의 行政文書로 다양한 行政用語들을 보여 주는 것인데 최근 그 연대를 7세기 말로 추정하는 견해가 제기되어 있다.

향가는 『三國遺事』에 다음과 같은 14수가 전한다.

1. 慕竹旨郎歌〈죽지랑〉
2. 獻花歌〈헌화〉
3. 安民歌〈안민〉
4. 讚耆婆郎歌〈기파랑〉
5. 處容歌〈처용〉
6. 薯童謠〈서동〉
7. 禱千手觀音歌〈도천수〉
8. 風謠〈풍요〉
9. 願往生歌〈원왕생〉
10. 兜率歌〈도솔〉
11. 祭亡妹歌〈제망매〉
12. 慧星歌〈혜성〉

---

1 이 자료에 나타나는 문법은 이미 다른 자료들에 나타나 있었으므로 文法的으로 새로 보태어 주는 것은 없다.

13. 怨歌〈원가〉　　　　14. 遇賊歌〈우적〉

『三國遺事』는 13세기 후반의 저술이므로 5) 處容歌, 6) 薯童謠는 그 표기법이나 문법으로 보아 13세기에서 멀지 않은 시기에 기록된 것으로 보인다. 이들은 近古語 資料로 보아 이 글에서는 고찰의 대상에서 제외한다.

2. 文法形態와 그 機能

中古語의 文法은 鄕歌와 吏讀資料를 대조하면서 기술하는 것이 효과적일 것으로 생각된다. 鄕歌는 文法形態의 표기가 충실한 편이지만 製作年代와 文字化의 연대가 달라 그 언어의 연대를 정확히 추정하기가 어렵다. 그 해독은 많은 사람들이 시도하였지만 자료가 부족한데다가 古代語의 文法에 대한 파악이 미흡하여 구구한 견해가 제시되어 있다. 근래에 釋讀口訣 資料와 古代의 吏讀資料가 발굴되고 해독되면서 鄕歌의 文法에 대하여서도 새로운 접근이 가능해 졌다. 이에 따라 향가의 문법단위의 분석도 새로워져야 할 것이 적지 않은 것으로 믿어진다. 그러나 아직도 해독되지 않은 부분들이 있고 좀 더 고구해 보아야 할 문제들이 있으므로 이러한 바탕에서 그 文法이 記述되는 점을 감안하여 주기 바란다.

吏讀資料는 연대가 확실하고 正確한 解讀이 가능하지만 文法形態의 표기가 疏略하고 그 자료의 절대량이 부족하다. 이 둘을 종합하여 이 시대의 文法體系를 어느 정도는 기술할 수 있지만 빈 칸은 생길 수밖에 없을 것이다.

다음에 文法形態를 機能別로 분류하여 제시하고 설명하기로 한다. 鄕歌의 形態를 앞에 놓고 吏讀의 形態를 뒤에 놓는다. 고대에도 母音調和는 있었다고 보아야 하겠지만 형태상으로는 분명히 나타나지 않는다. 차자의 본래의 한자음을 기준으로 표시하기로 하는데 대체로 음모음 계열로 표시되는 경우가 많을 것이다.

2.1. 助詞

2.1.1. 格助詞

		〈鄕歌〉	〈吏讀〉
主格;		是/이, 知/디(ᄃᆞ+이)	
屬格;	有情物:	矣/의, 未/믜(ㅁ+의)	
	無情物:	叱/ㅅ	之/ㅅ
	其他:	尸/ㅭ	
對格;		肹/ㄹ	
處格;	衣系列:	衣/의, 矣/의, 希/희, 中/긔(그+의) 未/믜(ㅁ+의)	中/긔(그+의)
	良系列:	良/아, 惡希/아희, 良中/아긔 乃/나(ㄴ+아), 米/매(ㅁ+애)	
造格;		以/ㄹ로	以/ㄹ로
列擧;		也/야……耶,也/야	
呼格;	平稱:	良/아, 也/야	
	尊稱:	下/하	
複合格;		之叱/읫, 阿叱/앗	

주격조사로는 是가 쓰였다. '雪是/눈이〈기파랑〉'. 의존명사 'ᄃᆞ'와 조사 '이'가 결합되어 축약된 知도 쓰였다. '爲賜尸 知/ᄒᆞᄉᆞᆲ디〈안민〉'.

有情物 體言의 속격조사는 矣가 쓰였는데 체언의 말음 'ㅁ'과 결합되어 축약된 未도 쓰였다. '心未 際叱/ᄆᆞᅀᆞ믜 ᄌᆞᆺ〈기파랑〉'. 無情物 體言의 속격조사로는 叱/ㅅ이 쓰였다. '東尸 汀叱/東ㅭ 汀ㅅ〈혜성〉'의 尸은 석독구결에 자주 나타나는 속격조사이다.

대격조사로는 肹이 쓰였다. '花肹/곶을〈헌화〉'. 이 조사의 어두음 h는 처격조사의 경우에도 나타나는데 실제 발음된 것인지 그 성격을 알 수 없다. 이 h는 중고시대 향찰표기의 특징으로 근고시대에는 나타나지 않는다.

처격조사에는 '의'계열과 '아'계열이 있으나 그 기능의 차이는 未詳이다. 체언의 말음 ㅁ과 'ᄋᆡ/의'가 결합된 米가 쓰였다. '心米/ᄆᆞᅀᆞ매〈우적〉'. '아'系列의 처격조사는 良가 쓰였는데 체언의 末音 'ㄴ'과 결합된 乃도 쓰였다. '前乃/나(ㄴ+아)〈원왕생〉'. 良와 中가 중첩된 良中, 惡希가 있는데 체언의 말음이 '이'인 경우에는 也中가 쓰였다. '汀理也中/나리야긔〈기파랑〉. 良와 衣, 希는 여격으로도 쓰였다. 日本의 東大寺圖書館 所藏의 華嚴經에서는 良자만으로 쓰인 처격형태가 여럿 확인되었다(南豊鉉 2013:60).

향가에서는 造格助詞 '以/로'의 예가 하나 있다. '哭屋尸以/울옰로〈죽지랑〉'. 以자는 음가자로 '이'音의 표기에 쓰인 예도 있다. 근고어에서 조격은 '乙以/ㄹ로'로 표기되는 예가 자주 보여 그 頭音이 'l'음이었음을 추정할 수 있다.

열거격의 조사는 也…耶가 쓰였다. 也와 耶는 음이 같은 차자인데 '邊也 藪耶/ᄀᆞᆺ야 藪야〈혜성〉'와 같이 써서 변화를 주고 있다.

호격조사는 良, 也가 쓰였고 下는 尊者에 대한 호격이다.

複合格助詞로는 처격과 속격이 복합된 '之叱〈원가〉'과 '阿叱〈원가〉'이 쓰였다.

吏讀에서는 격조사의 표기가 疏略하다. 주격조사와 대격조사는 나타나지 않는다. 之는 무정물체언의 속격조사로 쓰였다. '經之 成內 法者/경ㅅ 일이안 法은〈화엄사경〉'에서 그 용례가 유일하게 나타난다.[2]

---

2 이 之를 평서법 종결어미로 보자는 견해가 있으나, 그렇게 보면 문장의 흐름이나 文體上으로 매우 不安定한 表現이 되어 수용하기가 힘들다. 속격의 之는 고려시대의 이두에서

처격의 中자는 상고시대부터 쓰여 왔지만 한문의 용법을 벗어나 古代語의 處格을 확실하게 보여 주는 것은 〈화엄사경〉에서부터이다. '楮根中(닥나무 뿌리에)'. '然後中(然後에)'의 中이 그것이다.

조격의 以도 상고시대부터 음독자로 쓰여 오던 것이 이 시대에 와서 격조사 '로'의 표기로 발달하였다. '一切衆生 皆成佛欲 <u>爲賜以/ᄒᆞ손ᄋᆞ로</u> 成賜乎(一切衆生이 모두 成佛하게 하고자 하심으로 造成하시었으니)〈화엄사경〉', '此以 本 爲內(이것으로 本(밑)을 삼아)〈선림원〉'.

2.1.2. 補助詞

主題:	隱/ㄴ, 焉/ㄴ	者/ㄴ
	呑/ᄃᆞᆫ, 等/ᄃᆞᆫ, 等焉/ᄃᆞᆫ	
亦是:	置/ᄃᆞ	
選擇:		那, 乃/(이)나
强勢:	沙/사	
均割(數量):	爾/금	尒/금

주제를 나타내는 보조사는 隱이 주로 쓰이고 焉은 드물게 쓰였다. 隱과 焉의 차이가 모음조화를 나타낸 것이라는 설도 있으나 증명되었다고 보기는 어렵다. 의존명사 'ᄃᆞ'와 주제의 'ㄴ'이 결합된 '呑/ᄃᆞᆫ'이 쓰였다. '毛達 只將來 呑隱/모ᄃᆞᆯ 기가지옰 ᄃᆞᆫ〈우적〉'.[3] 이 형태는 等, 等焉으로도 나타난다. '爲內尸 等焉/ᄒᆞ앓 ᄃᆞᆫ〈안민〉', '遣知支賜尸 等焉/기디디숣 ᄃᆞᆫ〈도천수〉'. 이두에서는 者가 상고시대부터 쓰여 왔으나 초기적 이두문에

여러 예를 확인할 수 있다.

3 '毛達 只將來 呑隱'은 '모ᄃᆞᆯ 기가지옰 ᄃᆞᆫ'으로 읽어야 할 것이다. '只/기'는 否定辭 '毛達'의 否定을 받고 있는 동사이다.

서의 사용이고 이 시대에 와서 확실한 조사의 용법을 보여 준다. '後代 追愛人者 此 善 助在哉/後代 追愛人은 이 善 돕겨지〈감산아미〉'. 고대어에선 조건법의 어미가 없고 주제의 보조사가 그 기능을 하였다. '若 食喫哉 爲者/ᄒᆞᆫ ᄋᆞᆫ …… 沐浴令只但 作作處中 進在之(만약 먹고 마시거나 하면 …… 沐浴시키어야 작업하는 곳에 나간다.)〈화엄사경〉'의 '爲者/ᄒᆞᆫ ᄋᆞᆫ'이 그것이다.

역시의 뜻을 나타내는 보조사는 置가 쓰였다. '月置/ᄃᆞᆯ두〈혜성〉'.

강세를 나타내는 沙는 체언에 직접 연결되는데 다른 조사에 선행하여 쓰이었다. '皃史沙叱 望阿乃/즛삿 바라나〈원가〉', '一等沙隱/ᄒᆞ ᄃᆞᆫ산〈도천수〉'.

균할하는 양을 나타내는 데는 爾이 쓰였다. '八切爾/금 數於將來尸〈혜성〉', 이두에서는 尒자가 쓰였다. '經心內中 一收 舍利尒/금 入內如〈화엄사경〉'.

이두의 那는 열거되는 여러 사물 가운데서 선택됨을 나타낸다. 那의 약체자인 乃자도 8세기의 이두에 나타난다. 본래 是那로 쓰여야 할 것이지만 계사 是의 표기는 생략된다. '若 楮皮脫那 脫皮練那 …… 走使人那 菩薩戒 授令旀(楮皮脫이나 脫皮練이나 …… 심부름꾼이나 菩薩戒를 받게 하며)〈화엄사경〉'.

2.2. 語尾

2.2.1. 終結語尾

平敍法1:	如/다, 多/다	之/다, 如/다, 也/다, 矣/다
平敍法2:	齊/제	哉/지
疑問法:	古/고, 遣/고, 故/고, 去/가	
命令法:	羅/라, 羅良/라아, 賜立/ᄉᆞ셔	
詠嘆法:	也/야, 邪/야	

感歎法: 叱多/ㅅ다

引用法: 古/고

평서법의 如, 多는 '如(같다)'의 뜻이 있어 '똑 같다', '틀림없다'의 뜻이 들어 있는 것으로 보인다. '白屋尸 置內乎多/숣올 두아오다〈도천수〉', '人是 有叱多〈혜성〉', '民是 愛尸 知古如〈안민〉', '吾隱 去內如〈제망매〉. 이두의 之는 상고시대부터 쓰여 오던 것으로 初期的 吏讀文에서는 音讀字로 쓰여 오던 것이다. 중고시대의 이두에서는 '다'로 훈독되어 많은 용례를 보여 준다. '一部 周 了 成內之/일이아다〈화엄사경〉', '竝 前 內視令 節 植 內之〈장적〉'. 口訣字 'ㅣ/다'는 이 之자의 草書體에서 온 것으로 보고 있다. 吏讀의 如는 8세기 中半에 나타나기 시작하여 19세기말까지도 사용되었다. '坐中 昇 經 寫在如/스겨다〈화엄사경〉'. 也도 之나 如와 같은 평서법어미의 기능을 하는 것인데 상고시대부터 쓰여 왔다. '妹者 敬信大王 嬭在也/嬭이겨다〈갈항사〉'. 矣는 이두에서는 주로 접속어미 '되'로 쓰이는데 중고시대에는 종결어미 '-다'의 表記에 쓰인 예도 있다. '鐘 成內矣/일이아다〈규흥사〉'.

平敍法2의 종결어미 '齊/져'는 객관적인 사실을 서술하는 어미이다. '墮支 行齊/녀져〈죽지랑〉', '汝於 多支 行齊/너아 다디 녀져〈원가〉'. 이두에서는 '哉/지'가 쓰여 청유법 종결어미로도 쓰였다. '後代 追愛人者 此善 助在哉/돕겨지〈감산사〉'.

의문법에는 古, 遣, 故와 去가 쓰였다. '-고'와 '-가'는 近古語에서 說明疑問法과 判定疑問法으로 구별되었지만 중고시대의 鄕歌에서는 이 구별이 없이 판정의문법으로만 쓰였다. '去內尼叱古/가아닛고〈제망매〉', '成遣賜去/일이고숣가〈원왕생〉'.

명령법에는 '羅/라'와 '羅良/라아'가 쓰였는데 그 차이는 未詳이다. '治良羅/다술아라〈안민〉', '配立羅良/모리셔라아〈도솔〉'. 존자에 대하여 願望의 뜻을 나타내는 命令法에 '賜立/ᄉᆞ셔'가 쓰였다. '白遣賜立/숣고ᄉᆞ셔〈원왕생〉'.

감탄법의 叱多에 쓰인 叱에 감탄의 기능이 있음은 중세어와 같다. '倭理叱 軍置 來叱多/옷다〈혜성〉'.

영탄법에는 '也/야', '邪/야'가 쓰였다. '雪是 毛冬 乃乎尸 花判也/야〈기파랑〉', '賜以古只內乎叱等邪/ㅅᄃᆞ야〈도천수〉', '耆郞矣 皃史 是史 藪邪/야〈기파랑〉'. 丁는 如實法 依存名詞 'ᄃᆞ'와 종결어미 '也'가 결합되어 축약된 것이다. '去奴隱 處 毛冬 乎丁/혼더〈제망매〉'. 咏嘆法에는 '下/하'와 '下是/하이'가 쓰였는데 下에는 尊敬의 뜻이 있고 下是에는 恭遜의 뜻도 담겨 있는 것으로 보인다. '浮去隱 安支下〈기파랑〉', '宿尸 夜音 有叱下是〈죽지랑〉'. 이밖에 '多羅/다라'도 이 범주에 들 것으로 생각된다. '哀反多羅〈풍요〉'.

인용법의 종결어미로 보이는 '古/고'가 있는데 근고어에서도 찾아볼 수 없는 예이다. '民焉 狂尸恨 阿孩古 爲賜尸知……(民은 어리석은 아이라고 하시는 것이……)〈안민가〉'. 이 古는 좀더 많은 자료가 있어야 그 성격이 밝혀질 것 같다.

2.2.2. 接續語尾

行動의	前提:	良/아, 惡/아, 也/야(이・아), 可/가(ㄱ・아)	
	手段:	惡只/악	
羅列:		古/고, 遣/고,	
	手段:	古只/곡, 遣只/곡, 古音/곰	
持續:		音/ㅁ	
	原因:	米/믹	
同時竝列:		旀/며	旀/며
逆接:		乃/(이)나	
理由:		羅/라	

並列:　　　哉/지

意慾:　　　欲/과

手段:　　　尒/곰

說明의 前提:　矣/딕

先行節의 동작을 전제로 하여 後行節에 이어주는 접속어미로는 良가 주로 쓰이고 惡는 드물게 쓰였다. '散花 唱良〈도솔〉', '浮良 落尸〈제망매〉', '一等肹 除惡支/덜아디〈도천수〉'. 使役形 補助語幹 '이'와 결합된 也는 '遣也/기디야 置遣〈원왕생〉'에 쓰였다. ㄱ語幹末音과 결합되어 可가 쓰였다. '折叱可/것가〈헌화〉'. 惡只은 전제를 나타내는 '惡/아'에 그 동작을 수단으로 함을 나타내는 '只/ㄱ'이 첨가된 것이다. '使以惡只/브리악〈도솔〉'.

순차적인 나열을 나타내는 접속어미는 古, 遣가 있고 이 접속어미에 그 동작을 手段으로 함을 나타내는 只/ㄱ이 연결된 古只과 遣只이 있다. '古音/곰'은 ㄱ대신 ㅁ을 추가함으로써 수단과 함께 持續을 나타낸다.

동작의 지속이나 계속을 나타내는 접속어미는 音이다. '就音/낫암 墜支 行齊〈죽지랑〉', '執音/잡옴 乎 手〈헌화〉'. 米는 이 어미에 첨사 '애'가 연결되어 원인을 나타내는 어미가 된 것이다. '咽嗚 爾處米/그쳐매〈기파랑〉', '此矣 有阿米/이시아매〈제망매〉'.

同時竝列의 접속어미 旀는 향가와 이두에 모두 쓰였다. '膝肹 古召旀/고조며〈도천수〉'. '二 靑衣童子 灌頂針 捧旀 …… 四 伎樂人等 竝 伎樂爲旀 …… (두 靑衣童子가 灌頂針을 받들며…… 네 伎樂人들이 함께 伎樂하며……)〈화엄사경〉'. 역접의 접속어미 乃와 이유의 접속어미 羅는 향가에만 보인다. '皃史沙叱 望阿乃/바라나〈원가〉'. '二 于萬隱 吾羅/나라〈도천수〉'. 이두의 哉는 종결어미의 기능 이외에 병렬의 접속어미로도 쓰였다. '若 大小便爲哉 若 臥宿哉 若 食喫哉 爲者(만약 大小便을 하거나 누워 자거나 먹고 마시거나 하면)〈화엄사경〉'. 尒은 '良尒/아금, 衣尒/의금'에서 良과 衣의 표기가 생략된 것이다. 앞의 행동을 수단으로 하여 뒤의 행동을 遂

行함을 나타낸다. '各 香花 捧尒/받들어금 右念行道爲 作 處中 至者〈화엄사경〉'. 의욕을 나타내는 欲도 이두에 나타난다. '一切 衆生 皆 成佛欲/과 爲賜以 成賜乎(前出)'. 矣는 종결어미 '-다'로 쓰인 예가 있지만 접속어미 '-딗'로 쓰이는 것이 일반이다. '-딗'는 의존명사 'ᄃᆞ'와 처격조사 'ᄋᆡ'가 연결되어 축약된 형태가 중세어에 와서 어미로 발달한 것이다. 먼저 前提를 하고 뒤에서 그 내용을 설명할 때 전제기능을 나타내는 어미이다. '所內使以 見令賜矣/ᄉᆞ딗〈청제비〉'에서 '賜矣' 다음에 所內使가 실행한 내용이 기술되어 있다.

2.2.3. 動名詞語尾

既定: 隱/ㄴ, 乎/오+ㄴ, 者ㄴ

未定이나 眞理的 事實: 尸/ㅭ, 乎/오+ㅭ

隱은 기정된 사실을 나타내는 동명사어미로 여러 기능을 보여 준다. 체언을 수식하는 예가 가장 많다. '去隱 春/간 봄〈죽지랑〉'. 중세어의 접속어미 '-니'에 해당하는 기능도 보여 준다. '白乎隱 花良 汝隱(사뢰니 꽃아 너는)〈도솔〉', 名詞文 否定辭 '安攴/안디'의 被否定辭가 되기도 한다. '浮去隱 安攴下(떠서 간 것이 아닌가)〈기파랑〉', '安攴 尙宅 都乎隱以多(尙宅을 도합한 것이 아닙니다)〈우적〉'에서는 동명사 '都乎隱'이 安攴의 피부정사가 된 것이다. '毛冬 乎丁/혼뎌(몰 하는도다)〈제망매〉'의 乎은 'ᄒᆞ(어간)+오(意圖法補助語幹)+ㄴ(動名詞語尾)'로 분석되는데 -ㄴ은 丁(依存名詞 ᄃᆞ+終結語尾 여)의 ᄃᆞ를 수식한 것이다. '汝於 多攴 行齊 教因隱〈원가〉'에서 '因/인'의 ㄴ음은 동명사어미이다. 이두에서는 동명사어미만을 표기하는 차자는 나타나지 않고 '온'과 '옳'로 읽히는 乎가 대신한다. '一切衆生 皆 成佛欲 爲賜以 成賜乎(前出)'에서 '乎/온'은 동명사어미로 문장을 종결하는 기능으로도 해석되고 연결기능으로도 해석된다. '紫草里 施賜乎 古 鐘

金(紫草里께서 시주하신 묵은 종쇠)〈선림원종〉'에서 乎은 명사를 수식하는 어미로 쓰이었다. 이두에서 동명사어미의 표기는 생략되므로 이를 문맥에 따라 재생하여 읽어야 한다. '成內/일이안'의 '內/아'와 '成在/일이견〈무진사종〉'의 '在/겨'도 동명사어미 -ㄴ을 보충하여 읽어야 한다. 者는 주제를 나타내는 보조사로 주로 쓰이지만 다음의 예는 동명사어미로 쓰인 것이다. '冠 天冠等 庄嚴令只者/시긴 二 青衣童子〈화엄사경〉'. 이 者는 한문에서 명사구의 표지로 쓰이는 것인데 이 기능이 중고어의 동명사어미의 기능과 일치하여 명사를 수식하는 어미와 같이 쓰인 것이다. 이는 者자가 동명사어미를 표기한 극히 드문 예이다.

진리적 사실이나 미정의 사실을 나타내는 尸 동명사어미도 여러 기능으로 쓰이는데 체언 수식에 쓰인 예가 가장 많다. '愛尸/ᄃᆞᇙ 知古如〈안민〉'와 같은 용례는 ㄹㆆ動名詞가 동사의 목적어로 쓰인 것인데 그에 이어질 대격조사는 생략되었다. '彌陀刹良 逢乎尸 吾〈제망매〉'에서는 乎가 ㄹㆆ 동명사어미의 표기에 쓰인 예이다.

2.3. 補助語幹

동사의 어간에 이어져 새로운 어간을 형성하는 屈折形態를 補助語幹이라 한다. 근래에 이를 先語末語尾라고 하여 왔는데, 고대어에서 이 형태는 語末에도 쓰여 先語末이라는 성격에 맞지 않을 뿐 아니라 先語末語尾란 말도 膠着語인 韓國語의 성격에 맞지 않는 용어이다.

尊待法: 賜/ᄉᆞ, 史/ᄉᆞ, 賜/ᄉᆞ[4]

4 賜, 史의 古代音이 '시'라는 주장이 많다. 필자는 우리의 賜와 史의 傳統 漢字音(中世語의 漢字音)이 'ᄉᆞ'이므로 '*시〉ᄉᆞ'의 변화과정이 합리적으로 설명되기 전까지는 'ᄉᆞ'로 읽는다. 釋讀口訣에서 賜자는 華嚴經疏 권35와 華嚴經 권14에서 널리 사용되었고 '示/시'는 華嚴經 권14의 석독구결에 드물게 나오기 시작하다가 13세기부터 널리 사용되었다. 이는 '賜ᄉᆞ〉示시'의 변화가 이 시기에 일어난 것임을 보여 주는 것으로 이해된다.

意圖法: 烏/오, 乎/오, 屋/오, 乎/오

確認法: 阿/아, 惡/아, 於/어, 邪/야, 去/거

確信法: 古/고, 遣/고

應當法: 音叱/ㅁㅅ

眞理・推測: 里/리, 理/리

過去時制: 如/더, 頓/더・ㄴ

現在時制: 奴/누 飛/ᄂᆞ

尊待・確認: 立/셔

感歎法: 省/소

保持: 將來/가지오

존대법의 보조어간으로는 賜가 널리 쓰였다. 慙肹伊賜等/븟글이손 둔 〈헌화〉 등. 史가 쓰인 예도 있다. '誓音 深史隱〈원왕생〉'. 賜는 이두에서도 자주 쓰였다. '思仁大角干 為賜/삼ᄋᆞ손〈무진사〉', '法界 一切 衆生 皆成佛欲 為賜以/ᄒᆞ손ᄋᆞ로 成賜乎(前出)'.

의도법의 보조어간으로는 烏, 乎, 屋가 쓰였으나, 屋는 드문 편이다. '白屋尸〈도천수〉'. 이두에서는 乎만이 쓰였다. 이 '오/우'의 기능을 '話者의 心理的 近接'을 나타내는 敍法이라는 견해가 있다.[5] 의도법 보조어간이 나타내는 여러 의미의 하나로 수용함직하다.

확인법의 보조어간으로 阿, 惡, 於, 邪가 쓰였다. 이두에서는 去가 쓰였는데 보조어간이면서 어말에 쓰인 예가 있다. '法界有情 皆 佛道中 到內去/니르아거 誓內〈선림원종〉'. 이 去는 어말에 쓰임으로써 중고어에서 動詞語幹의 自立性과 궤를 같이 함을 보여 준다.

확인법에 話者의 意志가 들어가 확신을 나타내는 보조어간으로 古, 遣

5 河野六郎(ROKURO KONO)外共編(1996), 言語學大辭典 第6卷, 術語編, 三省堂 發行: '話者의 心理的 距離'(psychological distance of the speaker) 항목.

가 쓰였다. '愛尸 知古如/알고다〈안민〉', '白遣賜立/숣고ᄉᆞ셔〈원왕생〉'.

音叱는 응당법의 보조어간으로 '應當 그렇게 되어야 한다'의 뜻을 나타낸다. '太平恨音叱如/ᄒᆞᇝ다〈안민〉'. 音叱에서 叱이 표기상 생략되는 예도 있다. '獻乎理音如〈헌화〉'. 里, 理는 ㄹㆆ動名詞語尾가 포함된 보조어간으로 진리적 사실을 나타내고 화자가 주어일 때는 意志를 나타낸다. '去賜里遣(가시는 것입니까)〈원왕생〉', '獻乎理音如(반드시 바치겠습니다)'. 如는 과거시제의 보조어간이다. '持以支如賜烏隱〈기파랑〉', 頓은 이 형태에 동명사어미가 연결된 것이다. '仰頓隱 面〈원가〉'.

奴는 현재시제를 나타낸다. 이두에선 '臥/누'로 쓰였고 중세어의 '-ᄂᆞ-'에 이어진다. '去奴隱 處〈제망매〉'. 이두에서는 飛가 쓰이기도 하였다. '過去爲飛賜/ᄒᆞᄂᆞ샨 豆溫哀郎 願 爲〈비로자나〉'.

立는 존대법의 'ᄉᆞ'와 확인법의 '어'가 결합된 것이다. '陪立羅良(모시어라)〈도솔〉'.

省는 감탄법의 -叱-에서 변한 형태로 보인다. '去遣省如/가고소다(가고 있도다)〈우적〉'.

將來는 '과거부터 保持하여 내려옴'을 나타내는 것으로 보인다. '八切爾 數於將來尸 波衣(8切씩 헤아려 오던 물결에)〈혜성〉'.

2.4. 接尾辭

名詞派生: 音/ㅁ

副詞派生: 于/우, 乎/오, 亐(于)/우

명사파생 접미사 音은 중세어에 이어지는 접미사이다. '誓音/다딤 深史隱〈원왕생〉', '岳音/오름〈혜성〉'.

향가와 이두에서 접미사 于와 乎가 쓰인 파생부사는 모두 論項을 갖는 점에서 중세어와 다르다. '白 雲音 逐于/좇오(흰 구름을 쫓아)〈기파랑〉',

'兩 手 集刀/몯오 花乎/곶오 白良(두 손 모아 고추 세우고 사뢰어)〈원왕생〉', '花旣一 念物 得 追亐/좇우(花旣 一, 念物 얻은 것에 딸리어)〈모전〉'.

2.5. 助動詞

중고한국어의 조동사는 어미의 매개 없이 동사의 어간에 직접 연결된다. 이 현상은 근고 시대의 석독구결에서도 확인된다.

包括:	爲/ᄒᆞ, 恨/ᄒᆞᆫ(ᄒᆞ+ㄴ), 好/호(ᄒᆞ+오)	爲/ᄒᆞ
合當法(謙讓):	內/아	內/아
極尊待:	敎/기ᄉᆞ	
如實法:	支·攴/디, 多支(攴)/다디, 如支/다디	
使動法:		令只/시기
謙讓法:		白/ᄉᆞᆲ
持續相:		在/겨

'爲/ᄒᆞ'는 모든 동작이나 상태를 포괄하여 나타내는 조동사이다. 恨은 'ᄒᆞ'의 ㄴ동명사형이고 好는 'ᄒᆞ'에 의도법어미 '오'가 연결된 것이다. '民隱 如 爲內尸等焉/ᄒᆞ알 ᄃᆞᆫ〈안민〉'. '狂尸 恨/ᄒᆞᆫ〈안민〉'. '爲/ᄒᆞ'는 漢語(漢文)의 동사에 연결되어 한국어의 동사로 수용하는 수단으로도 널리 쓰였다. '淳淨爲/ᄒᆞᆫ, 供養爲/ᄒᆞᆫ〈화엄사경〉', '勸爲/ᄒᆞ아〈선림원종〉'.

合當法의 조동사 內는 상급자(尊者)나 尊貴한 사물에 대한 행위를 '(行爲者가) 合當하게 생각함'을 나타내는 조동사이다. 이 기능이 발전하여 겸양법도 겸하게 되었다. 본동사 '內/아'는 '어질다', '합당하다고 생각하다'의 뜻을 갖는다. '三歸依尒 三反 頂禮爲內/ᄒᆞ아 佛·菩薩·華嚴經等 供養爲內/ᄒᆞ아…… 一收 舍利尒 入內如/들이아다.〈화엄사경〉'에서 頂禮爲內의 '內'는 부처에 대하여, 供養爲內의 '內'는 佛·菩薩·華嚴經 등에 대하여, 入內如의 '內'는 舍利에 대하여 그 행위를 하는 것이 合當하다고 생각함을 나타내는 것이니 이러한 태도를 취하는 것은 곧 謙遜을 나타내는 것이 된다. '願請內者/안온……(願請하옵는 것은……)〈비로자나〉'에서 內는 부처에게 合當法과 謙讓法의 태도로 청하는 것인데 內가 한문의 동사 '願請'에 직접 연결되어 조동사 '內/아'가 '爲/ᄒᆞ' 조동사와 같이 동사어간에 직접 연결될 수 있음을 보여 준다.

敎는 존대법의 조동사인데 이는 동사 '只/기'에 보조어간 '賜/ᄉᆞ'가 연결되어 '기ᄉᆞ(〉기시)'로 읽히는 것이다. 동사 只는 근고어의 석독구결에 여러 예가 나타난다. '敎/기ᄉᆞ'는 尊者가 내리는 命令이나 敎示의 뜻에서 발달한 존대표현이므로 賜보다는 官僚的인 엄격함이 들어 있는 極尊待語이다. 향가에서 '放敎遣/놓이기ᄉᆞ고〈헌화〉'와 같이 쓰였다.

'支,攴/디'는 '똑 같다', '틀림없다'의 뜻을 나타내는 如實法의 조동사 'ᄃᆞ'와 어원을 같이 하는 상태동사에서 조동사로 발달한 것이다. 향가에 여러 용례가 있다. '持以支如賜烏隱(前出)〈기파랑〉'.

多支·多攴·如支는 '똑같다'의 뜻을 가진 多, 如와 '支'가 疊用된 것으로 如實함을 좀더 강하게 표현하는 형태이다. 如는 종결어미일 경우도 있다. '君如 臣多支 民隱 如 爲內尸 等焉(임금 답게, 臣下 답게, 百姓은 그답게 한다면)〈안민〉'. '行尸 浪阿叱 沙矣以支 如攴(흘러 가는 물결의 모래의 신세와 똑같도다)〈원가〉'.

令只의 只는 말음첨기이다. 중고어에 동사 '식'이 있어 그 사역형 '시기'가 조동사로 발달한 것으로 추정된다. '沐浴令只, 庄嚴令只〈화엄사경〉'[6].

겸양법의 조동사 白은 860년대의 자료인 〈삼화사불〉에 처음 나타나 內의 겸양법 기능을 계승하기 시작하였다. '成白 伯士 釋氏乘炬(造成하온 伯士는 釋氏 乘炬임)〈삼화사불〉'.

在는 지속상이나 완료상을 나타내는 조동사이다. 상고시대의 이두에서 이미 쓰이기 시작하여 中古, 近古까지 널리 쓰였으나 향가에는 전혀

---

6 '令只/시기'는 動詞 '爲/ᄒᆞ'의 使役形 'ᄒᆞ·기(〉ᄒᆞ·이)'로 읽어야 한다는 견해도 있다.

나타나지 않는다. 중세에 들어와 '有/잇'에 그 기능을 물려주고 尊待語 '겨시-'만이 化石으로 남았다. '坐中 昇 經 寫在如(前出)'. 본동사 '在/겨'는 '있다', '두다'의 뜻으로 쓰였다.

2.6. 繫辭

계사는 주로 '是/이'가 쓰이는데 新羅鄕歌에서는 '以/이'가 쓰인 예도 있다. '安支 尙宅 都乎隱以多(前出)〈우적〉'. 이두에서 계사 是는 현대어와 거의 같은 기능으로 쓰였으나 時間性을 갖는 점에서 차이가 있다. '內物是在之/이겨다(內物이 있다)〈비로자나〉'에서는 지속상의 조동사 '在/겨'와 함께 쓰여 '內物이 存續되고 있음'을 나타낸다. 계사 是는 표기에서 흔히 생략되므로 이를 재생하여 읽어야 한다. '娚者 零妙寺 言寂法師在旀/이겨며 姉者 照文皇太后 君嬭在旀/이겨며 妹者 敬信大王 嬭在也/이겨다.〈갈항사〉'에 쓰인 在旀와 在也는 계사 是를 보충하여 읽어야 한다.

2.7. 準文法形態

중고한국어에는 實辭와 文法形態의 중간적 기능을 담당하는 형태들이 있다. 이들은 실사가 문법화된 것인데 이를 準文法形態라 부르기로 한다.

如實法: 等/ᄃᆞ, 冬/ᄃᆞ, 知/디　　　等/ᄃᆞ

過越: 念丁/넘뎌

順序: 第/뎨

行爲: 只/기

爲하다: 爲/삼

始發:　　　初/비릇, 元/비릇

接續:　　　而/말이

여실법의 의존명사 '等/ᄃᆞ'는 폭넓게 쓰였다. '爲內尸 等焉〈안민〉', '賜

以古只內乎叱 等邪〈도천수〉'. '自 毘盧遮那是等/인둘 覺(스스로 毘盧遮那인 것을 깨닫고)〈비로자나〉'에서는 等이 '둘'로 쓰였는데 이는 의존명사 드에 대격조사 ㄹ이 결합된 것으로 볼 수 있다. '等/드'의 이표기로 '冬/드'가 있다. '改衣賜乎隱 冬矣也/고티스온 드의야〈원가〉'. '知/디'는 이 드에 주격조사 '이'가 결합된 것이다. 드는 현대어의 의존명사 '것'과 쓰임이 거의 일치하지만 '如'의 뜻인 '똑 같은 것', '틀림없는 것'의 뜻이 들어 있는 점에서 차이가 있다.

補助詞와 유사하게 쓰이는 '念丁/념뎌'가 있다. '西方念丁 去賜里遣(西方너머 가실 것입니까)〈원왕생〉'.

'차례'의 뜻에서 '다음'의 뜻으로 전용된 한자어 第가 있다. '世理 都之叱 逸烏隱 第也(누리가 모두 이루어진 다음이다)〈원가〉'.

中世語에서는 이미 소멸된 동사 '只/기'가 있다. 'ᄒᆞ다' 동사에 가까운 뜻으로 보이는데 敎의 뜻인 '가르치다'의 뜻도 겸한 듯하다. '皃史 毛達只將來呑隱〈우적〉'. '賜以古 只內乎叱 等邪〈도천수〉'.

이두에서 '爲/삼'은 그 본뜻이 '만들다'인데 文法化하여 '하기 위하여', '하기 때문에'의 뜻을 나타내는 접속어로 쓰였다. '恩 賜 父 願 爲/삼 爲內旀/삼아며(恩惠를 주신 아버님의 願을 위하여 만들었사오며)〈화엄사경〉'에 쓰인 두 '爲/삼' 가운데 앞의 '爲/삼'이 '위하여'의 뜻을 나타내는 접속어이다. 다음에 드는 '爲/삼'도 같은 것이다. '豆溫哀郎 願 爲/삼(豆溫哀郎의 願을 위하여)〈비로자나〉'. 이 '爲/삼'은 처격 '衣/의'를 지배하는 것이지만 생략되었다. 이 '爲/삼'이 '위하여'의 뜻으로 쓰이는 것은 漢語의 介詞 '爲'의 영향이다.

元과 初의 훈 '비릇'은 동사의 어간 형태이다. 이 형태가 '어느 때 始作하여(부터) 어느 때까지 하였다'와 같은 構成에서 '시작하여(부터)'의 뜻을 나타낸다. '二月 十二日 元/비릇 四月十三日 此間中 了治內之(2월 12일에 시작하여 4월 13일, 이 사이에 修理하기를 마치었다)〈청제비〉'. '甲午 八月一日 初/비릇 乙未載 二月十四日 …… 了 成內之(甲午年 8월 1일에 시작하여

(부터) 乙未年 2월 14일에 …… 조성하기를 마치었다)〈화엄사경〉'.

而는 근대의 이두에서 '而亦/마리여'로 읽히는 역접의 접속사와 '而叱/말잇'으로 읽히는 순접의 접속사로 쓰였는데 中古語에서는 逆接으로 쓰인 예가 확인된다. '前內視令 節 植內是而/심안이말이여 死 白 栢子木 十三(前의 內視令 때에 심었지만, 죽은 것으로 보고하옵는 잣나무 13)〈장적〉'.

2.8. 否定法

중고어 자료인 釋讀口訣에선 名詞文否定法과 動詞文否定法이 구별되었다. 이는 향가의 문법에서도 그대로 나타난다. '不喩/안디'. '安攴/안디'는 명사문의 부정사이다. '不喩 慙肹伊賜等(아니 부끄러워하시는 바로 그것이라면)〈헌화〉'에서는 不喩가 ㄴ동명사 '慙肹伊賜/븟그리손'을 부정하였다. '浮去隱 安攴下/안디하〈기파랑〉'에서는 安攴가 ㄴ동명사 '浮去隱/뜨간'을 否定하고 있다. '不冬/안돌'은 동사문 부정사이다. '秋察尸 不冬 爾屋攴 墜米(가을이 그치어 지지 않으매)〈원가〉'에서 不冬은 동사 '爾屋攴 墜'를 否定한 것이다. '毛冬/모돌'은 能力否定辭로 動詞文 否定法에 쓰였다. 이는 中世語 '몯'의 선대형으로 '毛冬 乃乎尸/나홅〈기파랑〉'에서 동사 乃乎尸을 否定하고 있다.

3. 結語

이 글에서 제시한 吏讀의 文法은 필자가 1993년과 1998년의 글에서 기술한 내용을 補完한 것이다. 鄕歌의 文法을 종합적으로 제시한 것은 이 글에서 처음 시도한 것이다.

필자는 吏讀와 釋讀口訣을 통하여 古代語의 文法 形態와 그 機能에 대하여 부분적으로 제시한 바가 있었다. 動名詞語尾 ㄴ과 ㅭ, 名詞文 否定과 動詞文 否定의 구별, 條件法 文法範疇의 發達, 如實法 助動詞 '攴/디', 合當法과 謙讓法을 겸한 助動詞 '內/아'에 대한 論證 등이 그것이다. 이들

은 15세기의 文法을 통해서만 바라볼 수밖에 없었던 鄕歌의 文法에 대하여 새로운 안목을 가지고 바라볼 수 있게 하여 준다. 이러한 정보는 鄕歌의 分節을 새롭게 할 수 있게 하여 주었으며 내용도 生動感 있는 詩歌로서 이해할 수 있게 하여 줄 것으로 생각된다. 다만 이 글에서는 文法 形態의 추출과 그 기능을 기술하는 데 그쳤으므로 새로운 형태를 제시하면서 그에 대한 구체적인 논증과 해독을 하지 못한 것들이 있다. 이 점에서 독자들이 의아하게 생각할 부분도 없지 않을 것이나 앞으로 논증할 기회를 갖게 되기를 바랄 뿐이다. 이것은 필자가 지고 가야할 과제이기도 하지만 같은 길을 걷는 研究者들의 課題이기도 하다.

參考文獻

金完鎭(1980), 『鄕歌解讀法研究』, 서울大學校 出版部.

南豊鉉(1993), 借字表記와 古代國語의 語形, 『한국어문』2, 韓國精神文化研究院. 87-99.

南豊鉉(1998), 古代國語의 文法 形態, 『(第3次 環太平洋 韓國學 國際會議) 한국학 논총』, 제3차 환태평양 한국학 국제회의 조직위원회 편. 39-58.

南豊鉉(2000), 『吏讀研究』, 태학사.

南豊鉉(2009), 『古代韓國語研究』, 시간의 물레.

南豊鉉(2010), 獻花歌의 解讀, 『口訣研究』24, 口訣學會. 5-30

南豊鉉(2011), 古代韓國語의 謙讓法 助動詞 '白/숣'과 '內/아'의 發達. 『口訣研究』 26. 口訣學會. 131-166.

南豊鉉(2013), 東大寺 所藏 新羅華嚴經寫經과 그 釋讀口訣에 대하여, 『口訣研究』 30. 口訣學會. 53-79.

梁柱東(1983), 『增訂 古歌研究』, 一潮閣.

河野六郎 外 共編(1996), 『言語學大辭典』, 東京 三省堂.

▌『口訣研究』 27집, 구결학회, 2011. 8.
2013년 12월 6일 修訂.

『三國遺事』의 鄕歌와 『均如傳』 鄕歌의 文法 比較

1. 序言

『三國遺事』의 鄕歌는 中古韓國語를 나타내는 자료이고 『均如傳』의 鄕歌는 近古韓國語를 나타내는 자료이다.[1] 그러나 삼국유사가 편찬된 시기가 1280년대이므로 여기에 실린 향가가 과연 신라시대의 모습 그대로인가가 의문으로 제기되어 왔다. 현재 필자가 보는 관점에서는 處容歌와 薯童謠를 제외하면 신라시대의 향가라고 보아도 좋을 것으로 생각된다. 처용가와 서동요는 민요를 채취한 것이고 그 언어적인 면에서도 다른 향가들에 비하여 후대의 모습을 보여 주는 것으로 보이므로 균여향가에 넣어 다룬다.

유사의 향가가 新羅時代의 言語, 즉 中古語를 반영한다면 구체적으로 어느 시대의 언어를 반영하는가 하는 점도 생각해 볼 문제이다. 신라 향가는 그 배경설화로 보면 景德王代에 지어진 것이 5수이고 聖德王과 元聖王 代에 지어진 것이 각 1수이어서 8세기에 지어진 것이 모두 7수이다. 鄕札의 表記法도 薛聰이 九經의 釋讀口訣을 지은 것을 고려하면 이 시대에는 완성되어 있었다고 보아야 한다. 이런 점에서 유사향가는 8세기 이후에 기록된 것으로 보고 더 늦추어 잡는다 하더라도 9세기 이전의 언어를 반영한다고 보아야 할 것으로 생각된다. 均如傳의 鄕歌는 960년대에 지어져 人口에 膾炙되던 것을 赫連挺이 1075년에 균여전을 편찬하

1 『三國遺事』는 遺事로 『均如傳』은 均如로 표기하기로 한다.

면서 기록하여 넣은 것이다.[2] 따라서 균여가 지은 그대로의 표기라고 하기가 어려운 면이 있으므로 10세기중엽에서 11세기 후반에 걸치는 언어를 반영한다고 보아야 할 것이다. 이렇게 보면 8, 9세기의 유사향가와 10, 11세기의 균여향가 사이에는 2세기의 차이가 있는 것으로 볼 수 있다. 여기에 유사향가는 慶州의 方言으로 지어졌고 균여향가는 균여대사가 黃州 출신으로 개성을 중심으로 활동한 것을 고려하면 중부지방의 방언으로 지어진 것으로 보아야 하므로 이러한 방언적 차이가 있는지도 확인하여야 할 것이다.

이 글은 두 문헌의 향가 사이에 이러한 時代的 差異와 方言的 差異가 있는지를 탐색해 보는 것이 한 목적이다. 그러나 두 문헌의 향가는 그 量이 한 시대의 언어를 대표하기에는 매우 부족하다. 따라서 한 자료에 나타나는 현상이 다른 자료에 나타나지 않는다고 하여 그것이 곧 언어의 차이라고 하기는 어려운 면이 있음을 염두에 두어야 할 것이다.

향가는 많은 사람이 해독을 하여 왔지만 아직 해독되지 않은 많은 문제를 안고 있다. 해독한 사람마다 독특한 견해들을 펴서 의견들이 구구하지만 그것의 옳고 그름을 판단할 수 있는 기준이 제시되어 있지 않다. 鄕歌의 解讀은 音韻, 文法, 語彙, 意味 그리고 당시의 社會的, 文化的, 思想的인 背景이 합리적으로 설명될 때 완성되었다고 할 수 있다. 이제까지의 해독은 이들 각 분야에 대한 객관적인 해답을 고려하지 않고 직관적으로 뭉뚱그려서 처리하려고 한 면이 없지 않다. 그 가운데서 합리적인 해독을 하였다고 할 수 있는 업적들도 중세어의 한계를 거의 벗어나지 못하고 있다.

근래에 와서 釋讀口訣 資料와 吏讀를 비롯한 借字表記 資料들이 發掘되고 解讀되면서 향가와 중세어 사이에 언어적으로 상당한 간극이 있음을 확인할 수 있게 되었다. 이는 향가의 해독을 시도하면서 더욱 분명하

2 右歌(普賢十願歌)播在人口 往往書諸墻壁[傳中不載歌詞 今錄付之]를 참조.

여 지는 것으로 생각된다. 향가 가운데는 현재 우리가 가지고 있는 자료와 지식으로는 도저히 해석할 수 없는 것으로 생각되는 부분도 상당히 있다. 이 문제를 해결하려면 현재 향가가 어디까지 해석되었고 어디서부터는 해석이 되지 못하였는가를 파악하는 것이 중요하다. 그 다음 해독할 수 없는 이유가 어디에 있는가를 찾아야 앞으로 나아가 해결할 수 있는 길을 찾을 수가 있을 것이다. 이 글에서 향가의 문법을 논하는 것은 향가가 완벽하게 해독된 것을 바탕으로 한 것이 아니라 해독하기 위한 올바른 방향을 모색하기 위한 重要한 指標를 마련하는 데 목표를 두고 있다고 하겠다.

鄕歌의 文法에 대한 理解는 語節을 끊을 수 있는 능력을 필요로 하고 이 語節들에 담긴 文法的인 內容들을 추출할 수 있는 안목을 필요로 하고 있다. 이 글은 필자가 현재까지 파악한 향가의 문법을 제시하고 두 문헌의 향가를 비교하고자 한 것이다.

필자는 앞서 '中古韓國語의 文法'을 槪觀하면서 新羅時代 吏讀의 文法과 遺事鄕歌의 文法을 대조하여 제시한 바가 있다(南豊鉉 2011b). 이 글에서는 유사향가의 문법이 중복되는데 앞의 글에서 발표한 내용을 수정하고 보완하였다. 그러나 중복되는 내용이 많음을 양해하여 주기 바란다.

『遺事』에는 다음과 같이 鄕歌 14수가 전한다.

1) 慕竹旨郎歌〈죽지랑〉	2) 獻花歌〈헌화〉
3) 安民歌〈안민〉	4) 讚耆婆郎歌〈기파랑〉
5) 處容歌〈처용〉	6) 薯童謠〈서동〉
7) 禱千手觀音歌〈도천수〉	8) 風謠〈풍요〉
9) 願往生歌〈원왕생〉	10) 兜率歌〈도솔〉
11) 祭亡妹歌〈제망매〉	12) 慧星歌〈혜성〉
13) 怨歌〈원가〉	14) 遇賊歌〈우적〉

※ 〈 〉 속은 略號임. 이하 같음.

5) 處容歌, 6) 薯童謠는 그 표기법이나 문법으로 보아 13세기 후반에서 멀지 않은 시기의 언어를 반영하는 것으로 보인다. 8) 風謠도 신라향가로서의 특징을 보여 주지 않아 같은 성격의 것으로 보고자 한다. 이들은 近古語 資料로 보아 균여향가에 넣어 다루기로 한다.

均如傳의 普賢十願歌 11수는 다음과 같다.

1) 禮敬諸佛歌〈예경〉	2) 稱讚如來歌〈칭찬〉	3) 廣修供養歌〈광수〉
4) 懺悔業障歌〈참회〉	5) 隨喜功德歌〈수희〉	6) 請轉法輪歌〈청전〉
7) 請佛住世歌〈청불〉	8) 常隨佛學歌〈상수〉	9) 恒順衆生歌〈항순〉
10) 普皆廻向歌〈회향〉	11) 總結无盡歌〈총결〉	

2. 文法形態와 그 機能

釋讀口訣 資料와 吏讀 資料가 해독되면서 鄕歌의 文法에 대하여서도 새로운 접근이 가능해 졌다. 이에 따라 향가의 문법단위의 분석도 새로워져야 할 것이 적지 않은 것으로 보인다. 그러나 아직도 해독하기 어려운 부분들이 있고 좀 더 고구해 보아야 할 문제들이 있지만 이러한 약점을 안은 채 그 文法이 記述되는 점을 감안하여 주기 바란다.

다음에 文法形態를 機能別로 分類하여 제시하고 설명하기로 한다. 유사향가의 형태를 앞에 놓고 설명하고 균여향가의 형태를 뒤에 놓고 설명하여 비교하기 쉽게 하고자 한다.

2.1. 助詞

2.1.1. 格助詞

	〈遺事 鄕歌〉	〈均如 鄕歌〉
主格;	是/이, 知/디	伊/이, 익(弋)

屬格;	有情物:	矣/의, 未/믜	衣/의, 未/믜[3]
	無情物:	叱/ㅅ	叱/ㅅ
對格;		肐/ㄹ	乙/ㄹ, 肐/ㄹ
處格;	良系列:	良/아, 乃/ㄴ·아	良/아,
	衣系列:	衣/의, 矣/의, 希/희, 中/긔 未/ㅁ·의, 米/ㅁ·의	衣/의, 矣/의, 希/희, 中/긔
	良+衣	惡希/아의, 良中/아긔, 也中/야긔	良衣/아의, 阿希/아의, 惡中/아긔
造格;		以/로	留/로, 乙留/ㄹ로
列擧;		也/야……耶/야, 也/야	
呼格;	平稱:	良/아, 也/야	良/아, 也/야
	詠嘆:	也/야	亦/여
	尊稱:	下/하	下/하
複合格;		之叱/읫, 阿叱/앗	阿叱/앗, 惡之叱/아읫, 留叱/롯

〈遺事 鄕歌〉 주격조사로는 是가 쓰였다. ‘雪是/눈이〈기파랑〉’, ‘民是/民이〈안민〉’. 의존명사 ‘ᄃᆞ’와 조사 ‘이’가 결합되어 축약된 知도 있다. ‘爲賜尸 知/ᄒᆞ숣 디〈안민〉’.

유정물 체언의 속격조사는 矣가 쓰였는데 체언의 말음 ‘ㅁ’과 결합되어 축약된 未도 쓰였다. ‘心矣 命叱/ᄆᆞᅀᆞᆷ의 命ㅅ’, ‘耆郎矣 皃史/耆郎의 즛’, ‘心未 際叱/ᄆᆞᅀᆞ믜 ᄀᆞᆺ〈기파랑〉’. 무정물과 존자의 속격조사로는 叱/ㅅ이 쓰였다. ‘蓬次叱 巷中/다봊ㅅ 巷긔〈죽지랑〉’, ‘觀音叱 前良中/觀音ㅅ 前아긔〈도천수〉’.

3 차자표기에선 母音調和를 보여 주지 않는다. 이에 따라 助詞나 語尾는 같은 차자를 양모음과 음모음으로 표시할 수 있으나 이 글에서는 이 구별을 하지 않고 차자의 전통한자음이나 訓에 따라 어느 하나로 표시하기로 한다.

대격조사로는 肹이 쓰였다. '花肹/곶을〈헌화〉', '膝肹 古召旀/무릎을 고조며〈도천수〉', '吾肹/나를〈헌화〉', '際叱肹/gs을〈기파랑〉'. 이 조사 '肹'의 어두음 'ㅎ'은 처격조사의 경우에도 나타난다. 이 'ㅎ'이 실제 발음된 것인지 그 성격을 알 수 없다. 이 肹은 유사향가에서 대격조사의 표기에 예외 없이 쓰였고 그밖에 후대의 'ㄹ'음에 해당하는 표기에 쓰였는데 균여향가에는 한 예만 나타나므로 신라시대 향가의 특징이라고 할 만하다.

처격조사에는 '아'계열과 '의'계열이 있으나 그 기능의 차이는 미상이다. '枝良 出古/가지아 나고〈제망매〉', '無量壽佛 前乃/前나〈원왕생〉'. '史伊衣/ᄉᆞ이의〈죽지랑〉', '尊衣希 仰支/尊의희 울월디〈원왕〉', '此矣 有阿米/이의 이시아매〈제망매〉', '过希/gs의〈헌화〉', '巷中/巷긔〈죽지랑〉', '早隱 風未/이른 ᄇᆞᄅᆞᄆᆡ〈제망매〉', '心米/ᄆᆞᅀᆞ매〈우적〉'. 良와 中가 중첩된 良中, 惡希가 있다. '觀音叱 前良中〈도천수, 전출〉', '磧惡希/지벽아긔〈기파랑〉'. 체언의 말음이 '이'인 경우에는 也中가 쓰였다. '汀理也中/나리야긔〈기파랑〉'. 良와 衣希는 여격으로도 쓰였다. '吾良 遣知支/나아 기디디〈도천수〉', '尊衣希 仰支/존의긔 울월디〈원왕생〉'. 日本의 東大寺圖書館 소장의 華嚴經寫經은 8세기 중엽의 석독구결을 보여 주는데 良자만으로 쓰인 처격형태가 여럿 확인되었다.

향가에서는 조격조사 '以'의 예가 드물게 쓰였다. '哭屋尸以 憂音/울옰로 시름〈죽지랑〉', '沙矣以支 如支/모리로디 다디〈원가〉'. 以자는 음가자로 '이'음의 표기에 쓰인 예도 여럿 있다.

열거격의 조사는 也…耶가 쓰였다. 也와 耶는 음이 같은 차자인데 '邊也 藪耶/gs야 藪야〈혜성〉'와 같이 써서 변화를 주고 있다.

호격조사는 良, 也, 下가 쓰였다. '花良 汝隱/곶아 너은〈도솔〉', '郎也/郎야〈죽지랑〉', '慈悲也 根古/慈悲야 큰고〈도천수〉'. 下는 尊者에 대한 호격이다. '月下/ᄃᆞᆯ하〈원왕생〉'. 東大寺圖書館의 華嚴經에서는 호격조사로 良자가 여럿 쓰였다.

복합격조사로는 처격과 속격이 복합된 '之叱; 淵之叱/못읫〈원가〉'과

'阿叱; 行尸 浪阿叱/녀ᇙ 믈결앗〈원가〉'이 쓰였다.

〈均如 鄕歌〉 주격조사는 '이'系列과 '익'系列이 있다. '이'계열의 표기에는 伊가 쓰여 遺事의 '是'와 차이를 보인다. '仏伊/仏이〈수희〉', '脚烏伊/허토이〈처용〉'. '弋/익'은 '身靡只/모믹〈상수〉'에서 1번 쓰였는데 석독구결과 이두에서도 쓰인 것이다. 균여향가에서의 '익'은 문어적인 표현에 쓰인 것으로 보인다. 이 형태는 '亦/역〉弋/익〉伊/이'의 변화를 想定하게 한다.

유성불체언의 속격조사는 유사의 '矣'에 대하여 '衣'가 쓰였다. '吾衣 身/나의 몸〈수희〉', '人衣 善陵/사ᄅᆞᆷ의 善陵〈수희〉'. '心未 筆留/ᄆᆞᅀᆞᄆᆡ 붇으로〈예경〉'의 '未'는 유사의 형태와 일치한다. 무정물체언의 속격조사 '叱'은 유사향가와 같다. '仏體叱 刹/부텻 刹〈예경〉', '辯才叱 海等/辯才ㅅ 바ᄃᆞᆯ〈칭찬〉'. '衆生叱 田/衆生ㅅ 밭〈청전〉', '衆生叱 海/衆生ㅅ 바ᄃᆞᆯ〈보개〉'에서는 '衆生'이 존자로 취급된 것으로 보인다.

대격조사는 乙이 주로 쓰여 유사의 肹과 차이를 보인다.[4] '道乙/길을〈참회〉', '身乙/몸을〈칭찬〉', '卯乙/모을〈서동〉'.

처격조사의 '아'계열은 良이 주로 쓰였다. '此良/이아〈예경〉', '寶良/보아〈보개〉', '宅阿叱/宅앗〈보개〉' 등 주로 공간적 처소에 쓰였다. '良/아'와 '衣/의'가 결합될 경우에 '舌良衣/혀아의〈칭찬〉', '佛會阿希/佛會아긔〈청전〉', '一念惡中/一念아긔〈칭찬〉', '法界惡之叱/法界아읫〈청전〉'이 나타나 '阿'와 '惡'의 용례를 보여 준다. 이 형태가 中世語의 '애/에'로 발달하였다. 衣계열은 '歲史中置/歲史긔두〈상수〉', '夜未/바믜〈청불〉', '邊衣/ᄀᆞᆺ의〈총결〉', '寢矣/자리의〈처용〉'와 같이 시간과 공간에 두루 쓰였다.

조격조사는 留가 주로 쓰였는데 乙留의 예도 하나 있다. '筆留/붇으로〈예경〉, 曉留/새배로〈청불〉, 舊留/녜로〈보개〉'. 이는 유사의 '以'와 표기상 대조된다. 乙留는 'l'음을 나타내기 위한 표기이다. '法供乙留/法供을로

4 例外的으로 '德海肹〈칭찬〉'에서 肹이 쓰인 예가 하나 있다.

〈광수〉'.

호격조사로는 良, 也, 亦이 쓰였다. 良은 '朋知良/버디아〈청불〉', '群良/물아〈청불〉'와 같이 平待에 쓰였고 也, 亦는 '南无佛也/南无佛야〈칭찬〉', '仏体叱 刹亦/仏体ㅅ 刹여〈예경〉'와 같이 존대나 영탄적 표현에 쓰였다. 下는 '佛道 向隱 心下/佛道 앗은 ᄆᆞᅀᆞᆷ하〈상수〉'로 나타나는데 '佛道'와 연계시켜 보면 존대 표현이다. 격조사의 복합은 '阿叱; 宅阿叱/宅앗〈청전〉', '惡之叱; 法界惡之叱/法界아읫〈청전〉', '留叱; 伊留叱 餘音良/이릇 남아〈총결〉' 등이 나타난다.

유사향가에는 주격조사의 표기에 '是/이', 조격조사의 표기에 '以/로'가 쓰이지만 균여향가에는 '伊'와 '乙留/로'가 쓰이는 점에서 차이가 있으나 언어의 구조에서는 차이가 나타나지 않는다.

2.1.2. 補助詞

主題:	隱/ㄴ, 焉/ㄴ, 呑/ᄃᆞᆫ, 等/ᄃᆞᆫ, 等焉/ᄃᆞᆫ	隱/ㄴ, 焉/ㄴ, 等隱/ᄃᆞᆫ, 恨/ᄒᆞᆫ
亦是:	置/두	置/두
强勢:	沙/사	沙/사
每個:		每如/마다, 馬洛(落)/마락
均割(數量):	爾/곰	

〈遺事 鄕歌〉 주제를 나타내는 보조사는 隱이 주로 쓰이고 焉은 드물게 쓰였다. 隱과 焉의 차이가 모음조화를 나타낸 것이라는 설도 있으나 증명되었다고 보기는 어렵다. '君隱 父也/君은 아비야〈안민〉', '生死路隱/生死 길은〈제망〉', '吾隱 去內如/나은 가아다〈제망〉'. 民焉/民은〈안민〉. 의존명사 ᄃᆞ와 주제의 ㄴ이 결합된 '呑/ᄃᆞᆫ'이 쓰였다. '毛達 只將來 呑隱/모ᄃᆞᆯ 기가지옳 ᄃᆞᆫ〈우적〉'.[5] 이 형태는 等, 等焉으로도 나타난다. '慚肹伊賜等/붓글이ᄉᆞᆫ ᄃᆞᆫ〈헌화〉', '遣知支賜尸等焉/기디디ᄉᆞᇙ ᄃᆞᆫ〈도천수〉', 爲內尸等

焉/ㅎ앓 둔〈안민〉.

강세를 나타내는 沙는 체언에 직접 연결되는데 다른 조사에 선행하여 쓰였다. '皃史沙叱 望阿乃〈원가〉', '一等沙隱〈도천수〉', 此兵物叱沙/이 잠갯사〈우적〉.

'역시'의 뜻을 나타내는 보조사에는 置가 쓰였다. '月置/돌두〈혜성〉'.

균할하는 양을 나타내는 데는 爾이 쓰였다. '八切爾 數於將來尸/八切금 혜어가지옰〈혜성〉',

〈均如 鄕歌〉 주제의 보조사는 隱이 쓰이고 焉은 3번 쓰였다. '身萬隱/모만〈예경〉', '灯炷隱……灯油隱/灯炷은……灯油은〈광수〉', '惡寸隱/구즌은〈참회〉'. '手焉/손은〈광수〉', '吾焉/나은〈청전〉', '覺樹王焉/覺樹王은〈항순〉'. 의존명사와 결합된 等隱과 체언의 말음 h와 결합된 恨도 쓰였다. '盡尸 等隱/다옰 둔〈총결〉', '日尸恨/낤흔〈보개〉'. 주제의 보조사가 조건법의 표현에도 쓰임은 중고어와 같다. '衆生 安爲飛 等/衆生 安ㅎ는 둔〈항순〉'.

'역시'의 뜻을 나타내는 置가 쓰였다. '一毛叱 德置/一毛ㅅ 德두〈칭찬〉'.

강세의 沙는 체언과 부사어에 연결된 예가 있다. '善陵等沙/善陵돌사〈수희〉', '入良沙/들어사〈처용〉.

每個의 뜻을 나타내는 '每如/마다'는 석독구결에 '普遍'의 뜻을 갖는 부사로 쓰인 예가 있다. '刹刹每如/刹刹마다〈예경〉'. '馬洛(落)/마락'은 중세어와는 직접 맥락이 닿지 않는 형태이다. '塵塵馬洛/塵塵마락〈예경〉', '得賜伊馬落/얻으순이마락〈수희〉'. '每如'가 근고어 자료에서 부사로 쓰인 예가 있고 균여향가에 처음 나타나는 것으로 보아 이 시대에 이 보조사가 새로 발달한 것으로 보인다.

---

5 '毛達 只將來 呑隱'은 '모돌 기렬 든'으로 읽어야 할 것이다. '只/기'는 '毛達'의 被否定辭이어서 동사임을 확인할 수 있다.

2.2. 語尾

2.2.1. 終結語尾

平敍法1:	如/다, 多/다	如/다, 多/다
平敍法2:	齊/제	(齊/제)
疑問法:	古, 遣/고, 故/고, 去/가	
判定:		去/거
說明:		古/고, 焉古/언고,
		叱過/ㅅ고아
修辭:		下呂, 下里/하리
命令法:	羅/라, 羅良/라아, 賜立/ᄉᆞ셔	去良/거아, 齊,制/졔, 立/셔
詠嘆法:	也/야, 邪/야, 丁/ᄃᆞ · 여	也/야, 耶/야
	下/하, 下是/하이, 多羅/다라	良羅/아라, 兮/혜
感歎法:	叱多/ㅅ다	舌/ᇙ셔
引用法(確信法):	古/고	

〈遺事 鄕歌〉 평서법의 如, 多는 '如(같다)'의 뜻이 있어 '똑 같다', '틀림 없다'의 뜻이 들어 있는 것으로 보인다. '愛尸 知古如/ᄃᆞᆶ 알고다〈안민〉', '吾隱 去內如/나은 가아다〈제망매〉'. 평서법2의 齊는 서정적, 또는 감동적 의미가 들어 있는 것으로 보인다. 墮支 行齊/디디 녀제〈죽지랑〉, 逐內良齊/좇아아제〈기파랑〉.

의문법에서 古와 去는 근고어에서 설명의문법과 판정의문법으로 구별 되었지만 유사에서는 판정의문법으로만 쓰인 듯 의문사를 찾기가 쉽지 않다. 앞으로 좀더 고구해 볼 과제다. '去內尼叱古/가아닛고〈제망매〉', '去賜里遣/가ᄉᆞ리고〈원왕생〉', '有叱故/잇고〈혜성〉'[6], '成遣賜去/일이고ᄉᆞᆯ가

6 이 '故'를 의문형 어미로 보는 데는 앞으로 고구해 보아야 할 과제가 많을 것으로

〈원왕생〉’.

명령법에는 ‘羅’와 ‘羅良’가 쓰였는데 그 차이는 미상이다. ‘喰惡攴 治良羅/먹어디 다ᄉᆞ리아라〈안민〉’, ‘陪立羅良/모리셔라아〈도솔〉’. 願望의 뜻을 나타내는 명령법에 賜立가 쓰였다. ‘白遣賜立/ᄉᆞᆲ고ᄉᆞ서〈원왕생〉’.

영탄법에는 也와 邪가 쓰였다. ‘彗星也 白反也/彗星야 ᄉᆞᆲ본야〈혜성〉’, ‘逸烏隱 第也/일온 뎨야〈원가〉’, ‘是史藪邪/이ᄉᆞᆫ 藪야〈기파랑〉’. 丁는 여실법 의존명사 ‘ᄃᆞ’와 영탄법어미 ‘也/야’가 결합된 것이다. ‘毛冬 乎丁/모ᄃᆞᆯ 혼뎌〈제망매〉’. 下와 下是에서 下에는 영탄법이면서 존경의 뜻이 있고 下是에는 존경과 아울러 공손의 뜻도 있는 것으로 보인다. ‘安攴下/안디하〈기파랑〉’, ‘有叱下是/잇하이〈죽지랑〉’.

감탄법의 叱多에 쓰인 叱에 감탄의 기능이 있음은 중세어와 같다. ‘來叱多/옷다〈혜성〉’.

인용법의 종결어미로 해석되는 ‘古’가 있는데 후대의 자료에서 찾아볼 수 없는 특이한 것이다. ‘民焉 狂尸恨 阿孩古 爲賜尸知……/民은 얼ᄒᆞᆫ 아히고 ᄒᆞᄉᆞᆶ디……〈안민가〉’. 이는 확신법의 古가 문맥상 인용법으로 해석되는 것이 아닌가 한다.

〈均如 鄕歌〉 平敍法1의 語尾는 中古語와 같다. ‘仏体 爲尸如/부텨 ᄒᆞᆶ다〈항순〉’, ‘抱遣 去如/안고 가다〈서동〉’, ‘逐好支 伊音叱多/ᄌᆞᆾ호디잆다〈상수〉’.

의문법에서는 判定, 說明, 修辭의 의문법이 구분되어 나타난다. ‘至刀來去/니르도 옮가〈수희〉’, ‘何如爲理古/엇다ᄒᆞ리고〈처용〉’, ‘有叱下呂/잇ᄒᆞ리〈수희〉’, ‘好尸 卜下里/ᄒᆞᆶ 지하리〈상수〉’.

명령법에는 去良가 쓰였다. ‘至去良/니르거아〈예경〉’. 齊, 制는 청유법으로 쓰인 예만 여럿 나타난다. ‘礼爲白齊/礼ᄒᆞᄉᆞᆲ제〈예경〉’, ‘供爲白制/공ᄒᆞᄉᆞᆲ제〈광수〉’. 立는 극존대의 조동사 只賜에 이어져 존자에 대하여 願望

생각된다.

을 나타내는 명령법이다. '十方叱 仏體 閼遣 只賜立/十方ㅅ 부톄 알고 기ᄉᆞ셔〈참회〉'. 鷄林類事에는 '來曰 烏囉(來는 "오라"라고 한다.)'와 같이 평대의 명령법 어미 '囉'가 보이고 존대의 명령법 형태로 '少時/쇼셔, 受勢/쇼셔'가 보인다.

영탄법의 也와 耶는 유사향가와 같다. '灯炷隱 須弥也/灯炷은 須弥야〈광수〉', '沙毛叱等耶/사뭇ᄃᆞᆫ야〈예경〉'. 良羅와 兮는 화자가 스스로 탄식하는 것이다. '脚烏伊 四是良羅/허토이 넷이아라〈처용〉'. '白乎隱 乃兮/ᄉᆞᆲ온 나혜〈칭찬〉'. 兮는 유사의 '下是'에서 발달한 것으로 보인다. 舌은 주관적인 탄식을 나타내는 것으로 보인다. '道尸 迷反 群良 哀呂舌/긿 이븐 물아 슬프릶셔〈청불〉'.

이상 유사향가에서는 '齊, 除'가 설명법으로 쓰이나 균여향가에서는 청유법으로 쓰인 점, 유사향가에서는 의문법의 표현이 애매하지만 균여향가에서는 분명하게 구분되는 점, 유사향가의 영탄법의 '下, 下是'와 인용법(확신법)의 '古'가 쓰여 균여향가와 다른 점을 들 수 있다. 그러나 균여향가에 이 표현이 나타나지 않는다고 하여 근고어에 이 문법이 없었다고 할 수는 없다.

2.2.2. 接續語尾

行動의 前提:	良/아, 惡/아,	良/아, 可/ㄱ·아
	也/야(이·아), 可/ㄱ·아	
手段:	惡只/악	良只, 惡只/악, 良尒/아금
羅列:	古/고, 遣/고	古, 遣/고, 昆/고·ㄴ
手段:	古只/곡, 遣只/곡, 古音/곰	
持續:	音/ㅁ	
原因:	米/믜	米/믜
同時竝列:	旀/며	旀/며

逆接:	乃/(이)나	乃, 奈/(이)나
理由:	羅/라	
讓步1:		而也/ㄴ마리여
讓步2:		馬於隱/말언
轉換:		乙/ㄹ
限度:		色只, 所只/도록
中斷:		如可/다가

〈遺事 鄕歌〉 선행절의 동작을 전제로 하여 후행절에 이어주는 접속어미로는 良가 주로 쓰이고 惡는 드물게 쓰였다. '修叱如良 來如/닷ᄀ아 오다〈풍요〉', '浮良 落尸/ᄠ아 딣〈제망매〉'. '一等肸 除惡支/ᄒ둔을 덜아디〈도천수〉'. 사역형 보조어간 '이'와 결합된 也와 ㄱ語幹末音과 결합된 可에서도 어미 '아'가 확인된다. '遣也 置遣/기디야 두고〈원왕생〉', '折叱可/것가〈헌화〉'. 惡只은 전제의 '惡/아'에 그 동작을 수단으로 함을 나타내는 '只/ㄱ'이 첨가된 것이다. '使以惡只/브리악〈도솔〉'.

순차적인 나열을 나타내는 접속어미는 古와 遣가 있고 이 접속어미에 그 동작을 수단으로 함을 나타내는 只이 연결된 遣只이 있다. '枝良 出古/가지아 나고〈제망매〉', '放教遣/노히 기ᄉ고〈헌화〉', '賜以古/주시고〈도천수〉', '捨遣只/ᄇ리곡〈안민〉'. '古音/곰'은 ㄱ대신 ㅁ을 추가함으로써 수단과 동시에 지속을 나타낸다. '惱叱古音 多可支/늿곰 함직디〈원왕생〉'.

동작의 지속이나 계속을 나타내는 접속어미는 音이다. '就音 墜支 行齊/낫음 디디 녀제〈죽지랑〉', '執音 乎 手/잡음 혼 손〈헌화〉'. 米는 이 어미에 첨사 '애'가 연결되어 원인을 나타내는 어미가 된 것으로 보인다. '咽嗚 爾處米/그쳐매〈기파랑〉', '此矣 有阿米/이의 이시아매〈제망매〉'.

동시병렬의 접속어미 旀는 이두에도 두루 쓰였고 현대어에까지 이어진다. '膝肹 古召旀/무룹을 고조며〈도천수〉'. 역접의 접속어미 乃와 이유의 접속어미 羅는 한 예씩 보인다. '皃史沙叱 望阿乃/즈ᅀ삿 ᄇ라나〈원가〉'. '二 于萬隱 吾羅/두블 우만 나이라〈도천수〉'.

〈均如 鄕歌〉 접속어미 良는 유사 향가와 같다. '九世 盡良〈예경〉', '伊留叱 餘音良〈총결〉'. 可는 선행동사의 말음 'ㄱ'과 '아'가 결합된 것이다. '擬可 行等/비가 녀든〈수희〉'. 행동의 전제를 하고 그것을 수단으로 삼는 어미 '악'은 유사향가와 같다. '進良只/낫악〈청전〉', '潤良只/젖악〈항순〉'. 鳴良厼/울아금〈청불〉. '아금' 系列의 어미는 균여에만 나타난다.

나열의 古, 遣는 서동요에만 나타난다. '嫁良 置古/어블어 두고〈서동〉', '抱遣 去如/안고 가다〈서동〉'.

동시병렬의 旀는 유사 향가와 같다. '毛叱色只 爲旀/못드록 ᄒᆞ며〈광수〉'.

역접의 乃, 奈도 유사향가와 같다. '化緣 盡 動賜隱乃/化緣 다ᄋᆞ 뮈손나〈청불〉', '法供沙叱 多奈/法供삿 하나〈광수〉'.

이유의 米도 유사향가와 같다. '煎將來 出米/다리가지오 나매〈청전〉'.

양보1의 '而也'는 '而/마리'에 평서법과 접속법에 두루 쓰이는 '也/여'가 연결된 것이고 양보2의 '馬於隱'은 주제의 보조사 '隱/ㄴ'이 연결된 것이다. '置仁伊而也/두닌이마리야〈총결〉', '吾下是如馬於隱/내하이다마란〈처용〉'. 이 양보2의 접속어미는 유사향가에는 나타나지 않지만 중고시대의 이두의 '而'에서 그 용법을 볼 수 있다.

전환의 乙은 새로운 사건으로 전환됨을 나타낸다. '丘物叱丘物叱 爲乙吾置 同生同死(구물구물 하거늘 나두 同生同死)〈항순〉'. 爲乙은 'ᄒᆞ늘'로 읽힌다.

한도의 '色只, 所只/도록'은 구역인왕경 구결에서는 ㄹ八(巴只)이 쓰였다. 이는 중세어나 현대어의 '-도록'과 같은데 '色只, 所只'이 '도록, 드록'으로 읽히는 이유는 알 수 없다. '法界 毛叱色只 爲旀/法界 못드록 하며〈광수〉', '衆生 毛叱所只/衆生 못드록〈수희〉.

중단의 '如可'는 처용가에 1예가 나타나는데 현대어의 '-다가'의 기능과 같다. '夜入伊 遊行如可/밤들이 놀니다가〈처용〉'.

이유의 접속어미 羅는 균여향가에 보이지 않으나 석독구결에 나타나는 것으로 보아 균여향가에서는 자료의 제약에 말미암은 것임을 알 수 있다.

접속어미 가운데 균여 향가에만 나타나는 형태가 있으나 이는 자료의 제약에 말미암은 것으로 보이고 시대적인 차이라고 단정하기는 어렵다. 다만 처용가의 '如可'는 삼국유사의 시대인 13세기 후반에서 멀지 않은 시대에 발달한 형태로 보인다. 이 '如可'는 석독구결에서도 보이지 않다가 고려시대의 순독구결에서부터 나타나는 어미이다.

2.2.3. 動名詞語尾

旣定:	隱/ㄴ	隱/ㄴ, 焉/ㄴ, 根/고・ㄴ, 斤/ㄱ・ㄴ, 反/ㅂ・ㄴ
	乎/혼	昆/고・ㄴ, 孫/ㅅ・온, 仁/니・ㄴ, 寸/ㅈ・은
未定이나 眞理的 事實:	尸/ᇙ, 乎/오ᇙ	尸/ᇙ

〈遺事 鄕歌〉 隱은 기정된 사실을 나타내는 동명사어미로 여러 기능을 보여 준다. 체언을 수식하는 예가 가장 많다. '去隱 春/간 봄〈죽지랑〉'. 접속어미 '-니'에 해당하는 기능도 보여 준다. '白乎隱 花良 汝隱(사뢰니 꽃아 너는)〈도솔〉'. 명사문 부정사 '安支/안디'의 피부정사가 되기도 한다. '浮去隱 安支下(떠 간 것이 아닌가)〈기파랑〉', '安支 尙宅 都乎隱以多(尙宅을 도합한 것이 아닙니다)〈우적〉'. '毛冬 乎丁/모ᄃᆞᆯ 혼뎌〈제망매〉'의 乎는 '혼'으로 읽히는데 -ㄴ은 '丁/ᄃᆞ+여'의 ᄃᆞ를 수식한 것이다. '行齊 敎因隱/녀졔 기ᄉᆞ인은〈원가〉'에서 '因/인'의 -ㄴ도 동명사어미이다.

진리적 사실이나 미정의 사실을 나타내는 尸 동명사어미도 여러 기능으로 쓰이는데 체언 수식에 쓰인 예가 가장 많다. '用屋尸 慈悲也/ᄡᅳ오ᇙ

慈悲야〈도천수〉', '愛賜尸 母史也/ᄃᆞᄉᆞᇙ 어시야〈안민〉'. '愛尸 知古如/ᄃᆞᇙ 알고다〈안민〉'와 같은 용례는 ㄹ동명사가 동사의 목적어로 쓰인 것인데 그에 이어질 대격조사는 생략되었다. '彌陀刹良 逢乎 吾(彌陀刹에서 만날 나)〈제망매〉'에서는 乎가 '오ᇙ'로 읽혀 ㄹ동명사형을 보여 주는 예이다.

〈均如 鄕歌〉 기정사실을 나타내는 동명사어미는 隱과 焉이 수의적으로 교체되어 쓰였는데 隱의 빈도가 높다. 이 어미는 어간이나 보조어간의 말음과 결합된 여러 차자가 쓰였다. '見根/보곤〈수희〉, 明斤/ᄇᆞᆰ근〈청전〉, 迷反/이븐〈청불〉, 無叱昆/없곤〈수희〉, 修孫/닶손〈보개〉, 惡寸/궂은〈보개〉, 滿賜仁/ᄎᆞᄉᆞ닌〈광수〉'.

진리적 사실을 나타내는 동명사어미는 尸이 쓰였다. '不冬 喜好尸 置乎理叱過/안ᄃᆞᆯ ᄌᆞᆺᄒᆞᇙ 두오릿과〈수희〉', '向屋賜尸 朋知良/앗오ᄉᆞᇙ 버디아〈청불〉', '命乙 施好尸 歲史中置/命을 施ᄒᆞᇙ ᄉᆞ시긔두〈상수〉', '闊尸也/잃읋야〈청불〉'.

동명사어미의 형태와 용법은 유사향가와 균여향가가 일치한다.

2.3. 補助語幹

전통문법에서 동사의 어간에 이어져 새로운 어간을 형성하는 형태를 보조어간이라 하여 왔다. 근래에 이를 先語末語尾라고 하는데, 고대어에서 이 형태는 어말에도 쓰여 선어말이라는 명칭에 맞지 않는다. 선어말어미란 용어도 膠着語인 한국어의 성격에 맞지 않는 것이다. 이 글에서는 전통문법에서 보조어간이라고 하던 형태 가운데 굴절성을 가진 형태를 보조어간으로 보고 굴절성이 없는 피동과 사동의 형태는 접미사로 본다.

尊待法:	賜/ᄉᆞ, 史/ᄉᆞ	賜/ᄉᆞ
意圖法:	烏/오, 乎/오, 屋/오	乎/오, 屋/오
確認法1:		去/거

確認法2:	阿/아, 於/여, 良/아, 邪/야	於/어, 良/아, 焉/어・ㄴ, 下/하
確信法:	古/고, 遣/고	遣/고, 遣只/곡
應當法:	音叱/ㅁㅅ	音叱/ㅁㅅ
眞理・推測:	里/리, 理/리	理/리
過去時制:	如/더, 頓/더・ㄴ	如/더
現在時制:	奴/노	飛/ᄂᆞ
尊待・確認:	立/셔	
感歎法:	省/소	叱/ㅅ, 孫/ㅅ・온
保持:	將來/가지오	將來/가지오

〈遺事 鄕歌〉 존대법의 보조어간으로는 賜가 널리 쓰였는데 史가 쓰인 예도 있다. '乃叱好支賜烏隱/낫호디ᄉᆞ온〈죽지랑〉', '慚肹伊賜 等/븟그리ᄉᆞᆫ든〈헌화〉', '誓音 深史隱/다딤 기프ᄉᆞᆫ〈원왕생〉'.

의도법에는 烏, 乎가 널리 쓰였으나 屋의 쓰임은 두 예뿐이다. '游烏隱 城叱/놀온 잣〈혜성〉', '行乎尸 道尸/녀옰 긿〈죽지랑〉', '白屋尸/ᄉᆞᆲ옰〈도천수〉'. 이 '오/우'의 기능을 '話者의 心理的 近接'을 나타내는 서법이라는 견해가 있다.[7] '의도법'에 포함되는 의미의 하나로 고려해 봄직한 견해이다.

확인법의 보조어간으로 阿, 良, 於, 邪가 쓰였으나 去는 나타나지 않는다. '此矣 有阿米/이의 이시아매〈제망매〉', '治良羅/다ᄉᆞᆯ아라〈안민〉', '去於丁/가언뎌〈안민〉', '數於將來尸/헤어가지옰〈혜성〉', '露曉邪隱/낟ᄇᆞᆰ얀〈기파랑〉'. '爾處米/그쳐매〈기파랑〉'에서도 보조어간 '어'를 볼 수 있다.

화자가 '확실하게 믿거나 간절하게 바라고 있음'을 나타내는 확신법의

---

7 河野六郎(ROKURO KONO)外共編(1996), 言語學大辭典 第6卷, 術語編, 三省堂 發行: '話者의 心理的 距離'(psychological distance of the speaker) 항목.

보조어간으로 古와 遣가 쓰였다. '愛尸 知古如/다숣 알고다〈안민〉', '白遣賜立/숣고ᄉᆞ셔〈원왕생〉'.

音叱는 '응당 그렇게 하여야(되어야) 한다'의 뜻을 나타낸다. '太平恨音叱如/太平흠ㅅ다(틀림없이 태평할 것이다)〈안민〉'. 音叱에서 叱이 생략된 표기도 있다. '獻乎理音如/받오릾다(꼭 바치겠습니다)〈헌화〉'.

里, 理는 진리적 사실이나 미래를 나타내고 화자가 주어일 때는 의지를 나타낸다. '去賜里遣/가ᄉᆞ리고〈원왕생〉', '獻乎理音如/받오릾다〈헌화〉'.

如는 과거시제의 보조어간이다. '持以攴如賜烏隱/디니디다ᄉᆞ온〈기파랑〉', 頓은 이 '如/더'에 동명사어미 '(으)ㄴ'이 연결된 것이다. '仰頓隱 面/울월던 ᄂᆞᆾ〈원가〉'.

奴는 현재시제를 나타낸다. '去奴隱 處/가논 곧〈제망매〉'.

立는 존대법의 'ᄉᆞ'와 확인법의 '어'가 결합된 것이다. '陪立羅良/모리셔라아〈도솔〉'.

省는 감탄법의 叱에서 변한 형태로 보인다. '去遣省如/가고소다〈우적〉'.

將來는 전부터 유지해 옴을 나타낸다. '八切爾 數於將來尸 波衣/八切금 혜어가지옳 믈결의〈혜성〉'.

〈均如 鄕歌〉 존대법의 賜는 석독구결에서 보면 華嚴經疏 卷35의 釋讀口訣(11세기말 내지 12세기초)까지는 쓰이다가 華嚴經 卷14 釋讀口訣(12세기 전반기)에 와서 '〻/시'로 교체된다. 균여향가에선 賜만이 쓰였다. '滿賜隱/ᄎᆞᄉᆞᆫ〈예경〉', '閼遣 只賜立/알고 기ᄉᆞ셔〈참회〉'.

의도법은 유사향가와 다름이 없다. '慕呂白乎隱/그리숣온〈예경〉', '拜內乎隱/절아온〈예경〉'. 확인법에서는 去가 객관적인 사실을 확인하는 것임에 대하여 '아'계열은 화자의 의지가 들어가 있다. '大海 逸留去耶/이루거야〈광수〉', '悟內去齊/�櫓ᄃᆞᆮ아거제〈보개〉', '吾下於叱古/나하엇고〈처용〉', '四是良羅/넿이아라〈처용〉'. 焉은 보조어간 '어'에 동명사어미가 연결된 것이다. '皆 往焉 世呂/다 가언 누리〈상수〉'. 또 '不冬 應爲賜下呂/안돌 應

ᄒᆞᄉᆞ하리〈청불〉'에서는 확인법보조어간으로 下가 쓰였는데 이는 존대표현이 들어간 것으로 보인다.

확신법의 遣는 '仏體 閼遣 只賜立〈참회〉'에 쓰였다. 이 '遣/고' 형태는 향가에서는 드물지만 석독구결에서는 '古'로 쓰여 다양한 분포를 보여 주다. '當ハ 願ㅁ尸入ㄱ/반ᄃᆞ기 願흛 든〈화엄2,19〉', '當ハ 知ㅁハ㢱立/반ᄃᆞ기 알고기ᄉᆞ셔〈화소10,18〉'.

응당법의 音叱와 진리나 추측의 理는 유사향가와 같다. '出隱伊音叱如支/난 잇다디〈참회〉', '置乎理叱過/두오릿과〈수희〉'.

현재시제의 飛는 동명사어미 -ㄴ에서 파생된 것으로 유사의 奴와 같은 기능을 하는 것이다. '衆生 安爲飛等/ᄒᆞᄂᆞ든〈항순〉'.

과거시제의 如는 유사향가와 같다. '懺爲如乎仁/ᄒᆞ다오닌〈보개〉'.

감탄법의 叱는 '沙毛叱等耶/사몼든야〈예경〉', '乞白乎叱等耶/빌ᄉᆞᆲ옷ᄃᆞ야〈청전〉', '置乎理叱過/두오릿과〈수희〉'와 같이 쓰였다. 孫은 이 叱에 의도법어미와 동명사어미가 연결된 것으로 보인다. '白孫 舌良衣/ᄉᆞᆲ손 혀아의〈칭찬〉', '吾衣 修叱孫丁/나의 닶손뎌〈수희〉'.

保持의 將來는 유사향가와 같다. '造將來臥乎隱/짓가지오누온〈참회〉', '煎將來 出米/다리가지오 나매〈청전〉'.

유사향가에 확인법의 去가 보이지 않지만 이는 중고시대의 이두에 나타나는 것으로 보아 자료의 제약에 말미암은 것이다. 보조어간은 去를 제외하면 유사향가와 균여향가에서 차이가 없다.

2.4. 接尾辭

名詞派生:	音/ㅁ	期/ㄱ·의
使動詞派生:	以/이	以/이, 伊/이
副詞派生: 오系:	于/오,우, 乎/오	好/ᄒᆞ·오
이系:		伊/이, 以/이, 只/ㄱ·이

ㅅ系:	叱/ㅅ	叱ㅅ
複數:		等/ᄃᆞᆯ, 冬/ᄃᆞᆯ

〈遺事 鄕歌〉 명사파생 접미사 音은 중세어에 이어지는 것이다. '誓音深史隱/다딤 깊으ᄉᆞᆫ〈원왕생〉', '岳音/오ᄅᆞᆷ〈혜성〉'.

사동파생의 以는 '祈以支/빌이디〈도천수〉', '大肹 生以支/한을 나이디〈안민〉'에 쓰였다. '祈以/빌이'는 이중의 의미로 '借'의 뜻을 나타내는 것으로 보인다. '生以/나이'는 자동사 '나-'의 사동이다.

접미사 于와 乎가 쓰인 파생부사는 모두 논항을 가질 수 있는 점에서 중세어와 다르다. '白 雲音 逐于/힌 구룸 좇오〈기파랑〉', '兩 手 集刀 花乎白良/두 손 몯오 곶오 ᄉᆞᆲ아〈원왕생〉', '過乎 好尸/디나오 ᄒᆞᇙ〈우적〉'.

ㅅ계는 '心音矣 命叱 使以惡只〈도ᄉᆞᆯ〉'의 叱을 접미사로 볼 수 있다. 이는 대격으로도 해석되지만 본래는 부사파생의 기능을 가졌던 것이다.

〈均如 鄕歌〉 '明期/ᄇᆞᆯ긔〈처용가〉'는 'ᄇᆞᆰ+의'로 분석할 수 있어 접미사 '의'를 얻을 수 있다.

사동파생의 접미사 以는 '卜以支 乃遣只/지이디 나곡〈참회〉'와 '世呂中止以支/누리긔 머믈이디'에 쓰였다. '卜以/지이'는 '짐을 지게 하다'의 뜻으로 해석되고 '止以/머믈이'는 '머믈게 하다'의 뜻으로 해석된다. '伊'는 '願海伊過/ᄒᆞ이과〈총결〉'에서 볼 수 있는데 '海'의 해독에서 이견이 있다.

부사파생 접미사의 '오'계는 '逐好支/좇호디〈상수〉'와 '成留焉 日尸恨/이로언 날ᄒᆞᆫ〈보개〉'의 '好/호'와 '成留/이로'에서 찾을 수 있다. '이'系는 '夜 入伊/밤 들이〈처용〉', '深以/깊이〈청전〉', '密只/그스기〈서동〉'의 '-이'가 그것이다. 중세 이후에는 쓰이지 않은 부사파생접사 '叱/ㅅ'이 있다. '敬叱 好叱等耶/敬ㅅ ᄒᆞᆺᄃᆞᆫ야〈항순〉', '然叱 爲賜隱/그엿 ᄒᆞᄉᆞᆫ〈상수〉'. 이 叱은 중세어의 '퍼러ᄒᆞ다"의 '-어ᄒᆞ-'와 같이 심리적 상황을 나타내는 것으로 보인다.

복수를 나타내는 데는 等과 冬이 쓰였다. '善陵等沙/ᄃᆞᆯ사〈수희〉', '今日

部伊冬衣/오ᄂᆞᆯ 주비ᄃᆞᆯ의〈칭찬〉'. 等자는 이 복수 접미사의 訓 'ᄃᆞᆯ'에서 차용되어 의존명사 'ᄃᆞ'를 표기하는 訓假字로 널리 쓰였으나 유사향가에서는 복수접미사의 쓰임을 보여 주지 않는다. 이는 자료의 제약에 말미암는다.

유사향가와 균여향가의 접미사들 사이에 빈 칸이 보이지만 이것이 언어적인 차이를 보이는 것이라고 하기보다는 자료의 제약에 말미암은 것으로 보는 것이 옳을 것으로 생각된다.

2.5. 助動詞

중고한국어의 조동사는 어미의 매개 없이 동사의 어간에 직접 연결되는 경우가 많다.

包括;	爲/ᄒᆞ, 恨/ᄒᆞᆫ(ᄒᆞ·ㄴ), 乎/호,	
	好/호(ᄒᆞ·오)	爲/ᄒᆞ, 好/호
合當法(謙讓);	內/아	內/아, 良/아
極尊待;	教/기ᄉᆞ	只賜/기ᄉᆞ
如實法;	支(攴)/디, 多支/다디, 如支/다디	支/디. 如支/다디
使動法;		海伊/ᄒᆞ이
謙讓法;		白/ᄉᆞᆲ
完了存置;	置/두	置/두

〈遺事 鄕歌〉 '爲/ᄒᆞ'는 동작이나 상태를 포괄적으로 나타내는 조동사이다. 恨은 'ᄒᆞ'의 ㄴ동명사형이고 乎와 好는 'ᄒᆞ'에 의도법어미 '오'가 연결된 것이다. '民隱 如 爲內尸 等焉/ᄒᆞ알ᄃᆞᆫ〈안민〉'. '狂尸 恨/ᄒᆞᆫ〈안민〉'. '毛冬 乎丁/모ᄃᆞᆯ 호뎌〈제망〉', '執音 乎 手/잡음 혼 손〈헌화〉', '過乎 好尸/홀〈우적〉'.

합당법의 조동사 內는 상급자(尊者)나 존귀한 사물에 대한 행위를 '(행위자가) 합당하다고 생각함'을 나타내는 조동사이다. 이 기능이 발전하여 겸양법도 겸하게 되었다. 본동사 '內/아'는 '어질다', '착하다', '합당하다고 생각하다'의 뜻을 갖는다. '爲內尸等焉/ᄒᆞ앓 든〈안민〉', '吾隱 去內如/가아다〈제망매〉'.

教는 극존대의 조동사인데 이는 동사 '只/기'에 보조어간 '賜/ᄉᆞ'가 연결되어 '기ᄉᆞ(〉기시)'로 읽힌다. 이 '教/기ᄉᆞ'는 존자가 내리는 명령이나 教示의 뜻에서 발달한 존대표현이므로 賜보다는 관료적인 엄격함이 들어 있는 극존대어이다. '放教遣/놓이 기ᄉᆞ고〈헌화〉', '行齊 教因隱/녀제 기ᄉᆞ인은〈원가〉'.

支/攴는 '똑같다', '틀림없다'의 뜻을 나타내는 여실법의 조동사 'ᄃᆞ'에 파생의 접미사 '-이'가 결합되어 '디'로 축약된 것이다. 이것은 동사어간이 되어 문법적으로 다양하게 쓰였다. 유사향가에 여러 용례가 있다. '持以攴如賜烏隱/디니디다ᄉᆞ온〈기파랑〉', '一等肸 除惡支/ᄒᆞᄃᆞᆫ홀 덜아디〈도천수〉', '物叱 好支/갓 좋디〈원가〉'. 多支·如支는 '똑같다'의 뜻을 가진 '多, 如/다'와 攴가 첩용된 것으로 여실함을 좀더 강하게 표현하는 것이다. 如支는 종결어미일 경우도 있다. '君如 臣多支/君다 臣다디〈안민〉'. '沙矣以攴 如攴/몰의로디 다디〈원가〉'.

완료존치의 置는 '此 身 遺也 置遣/이 몸 기디야 두고〈원왕생〉'에서 볼 수 있다.

〈均如 鄕歌〉 포괄의 조동사 爲의 쓰임은 유사향가와 다름이 없다. '祀爲白齊〈예경〉', '安爲飛等〈항순〉', '施好尸〈상수〉'.

합당법에서는 內 이외에 良가 새로 등장한 것이 유사향가와 다르다. 차자만 다를 뿐 음과 기능은 같다. '拜內乎隱/절아온〈예경〉', '悟內去齊/ᄭᆡ아거제〈보개〉', '仏前燈乙 直体良焉多衣/고티아언다의〈광수〉'.

극존대의 教는 나타나지 않고 只賜가 나타난다. '閼遣 只賜立/알고 기ᄉᆞ셔〈참회〉'. 동사 '只/기'는 유사향가에 '毛達 只將來呑隱/모ᄃᆞᆯ 기가지ᄋᆞᆶ ᄃᆞᆫ〈우적〉'의 용례가 있고 석독구결에도 용례들이 있다. '-遣 只賜/고 기

ᄉᆞ'의 예도 석독구결에서 자주 볼 수 있다.

사동의 '海/ᄒᆡ'는 '願 海伊過/ᄒᆞ이과〈총결〉'에 海伊로 쓰인 것이다. 음가자 '海/ᄒᆡ'는 용례가 드문데 향약구급방에서 향명의 표기에 쓰인 예가 있다.

겸양법의 조동사 白은 860년대의 자료인 〈동해시 삼화사불〉에 처음 나타나 內의 겸양법 기능을 계승하기 시작하였다. '成<u>白</u> 伯士 釋氏乘炬〈삼화사불〉'. 균여 향가에 많은 用例가 나타나 10세기에는 보편적으로 쓰였음을 알 수 있다. '慕呂白乎隱/그리ᄉᆞᆲ온〈예경〉', '對爲白惡只/對ᄒᆞᄉᆞᆲ악〈칭찬〉', '乞白乎叱等耶/빌ᄉᆞᆲ옷ᄃᆞ야〈항순〉'.

여실법의 支와 如支는 다음과 같이 한 예씩 쓰였다. '卜以支 乃遣只/지이디 나곡〈참회〉', '出隱伊音叱如支/난잆다디〈참회〉'. 이밖에 支를 友로 오각한 것이 둘 있다. '止以<u>友</u> 白乎等耶/머믈이디 ᄉᆞᆲ옳ᄃᆞ야〈청불〉, 逐好<u>友</u> 伊音叱多/羹호디 잆다〈상수〉'의 友는 支의 오각이다. 완료존치의 置는 '嫁良 置古/어블어 두고〈서동〉'의 예가 있을 뿐이지만 이 시대의 이두에서는 자주 나타나고 있다.

조동사에서 유사향가와 균여향가의 차이점은 겸양의 조동사 白에 분명히 나타난다. 겸양을 겸한 합당법의 內는 두 향가에서 일치하나 균여향가에 '良/아'가 새로 등장하는 것이 차이가 있다. 균여향가에서 支를 友로 오각한 것은 균여전이 간행될 시기에는 支의 기능이 쇠퇴하였음을 뜻하는 것이다. 사동법의 조동사 '海伊/ᄒᆞ이'는 유사향가에는 나타나지 않지만 이는 자료의 제약에 말미암은 것으로 보인다.

2.6. 準文法形態

중고한국어에는 실사와 문법형태의 중간적 기능을 담당하는 형태들이 있다. 이들은 실사가 문법화된 것인데 이를 준문법형태라 부르기로 한다.

如實法;	等/ᄃᆞ, 冬/ᄃᆞ, 知/디	等/ᄃᆞ, 冬/ᄃᆞ

過越;	念丁/넘뎌	
順序;	第/뎨	
指示(動詞);	只/기	
所有物;		下/하
依存名詞; 事物:		所/바, 事/일
人稱:		伊/이
其他:		乃/나

〈**遺事鄕歌**〉 여실법의 의존명사 等는 폭넓게 쓰였다. '爲內尸 等焉/ᄃᆞᆫ〈안민〉', '賜以古只 內乎叱 等邪/주시고기앗ᄃᆞ야〈도천수〉'. 等의 이표기로 '冬/ᄃᆞ'가 있다. '改衣賜乎隱 冬矣也/고틔ᄉᆞ온 ᄃᆞ의야〈원가〉'. '知/디'는 이 'ᄃᆞ'에 주격조사 '이'가 결합된 것이다. '爲賜尸 知/ᄒᆞᄉᆞᆲ 디〈안민〉'.

보조사와 유사하게 쓰이는 '念丁/넘뎌'가 있다. '西方念丁 去賜里遣(西方 넘어 가실 것입니까)〈원왕생〉'. '念丁/넘뎌'는 동사 '넘다'에서 발달한 것으로 보인다.

'차례'의 뜻에서 '다음'의 뜻으로 전용된 한자어 '第/뎨'가 있다. '世理都之叱 逸烏隱 第也(누리가 모두 이루어진 다음이다)〈원가〉'.

본동사로 쓰인 '只/기'가 있다. 극존대의 조동사 '只賜/기ᄉᆞ'로도 나타나는 것인데 아직 그 의미를 파악하진 못하였다. 동사 'ᄒᆞ'와 가까운 뜻을 가진 것으로 보이는데 敎의 뜻과 관련이 있는 '가르치다'의 뜻으로도 생각해 볼 수 있다. '皃史 毛達 只將來呑隱/기가지ᄋᆞᆲ ᄃᆞᆫ〈우적〉'.

〈**均如鄕歌**〉 여실법의 의존명사는 유사향가에서와 같이 等/ᄃᆞ, 冬/ᄃᆞ가 쓰였다. '白乎等耶〈청불〉', '盡尸等隱〈총결〉'. '部伊冬衣〈칭찬〉'.

소유의 뜻을 나타내는 下는 현대어에까지 이어지는데 처용가에 나타난다. '吾下於叱古/내하엇고〈처용〉', '誰支下焉古/누디하언고〈처용〉'.

의존명사 '所'와 '事'는 '向乎仁 所留/앗온인 바로〈총결〉', '然叱 爲 事 置耶/그엿 ᄒᆞᆫ 일 두야〈보개〉'의 용례가 있다. 이들은 '事物'을 가리키는 것이다. ‘得賜 伊 馬落〈수희〉’의 ‘伊’는 사람을 가리키는 것으로 보인다. ‘毛等 盡良 白乎隱 乃兮〈칭찬〉’의 ‘乃’는 동명사어미 ‘ㄴ’의 수식을 받는 것으로 보아 의존명사임이 분명하나 그 뜻은 좀 더 고구할 과제이다.

과월의 念丁은 균여향가에는 쓰이지 않았지만 고려시대의 이두에 나타난다.

유사향가에 지시의 뜻을 나타내는 동사 ‘只/기’는 균여향가에서는 극존대의 只賜가 있어 균여의 시대에도 쓰였음을 알 수 있다. 균여향가에 伊의 쓰임이 특이하여 유사향가와 다른데 그 기능이 밝혀지지 않아 앞으로 고구해야 할 과제로 남는다.

2.7. 否定法

〈遺事 鄕歌〉 명사문부정법과 동사문부정법은 향가의 문법에서도 그대로 나타난다. ‘不喩/안디’와 ‘安攴/안디’는 명사문의 부정사이다. ‘不喩 慙肹伊賜 等/안디 븟그리손 둔〈헌화〉’에서는 不喩가 ㄴ동명사 ‘慙肹伊賜/븟그리손’을 부정하였다. ‘浮去隱 安攴下/뜨간 안디하〈기파랑〉’에서는 安攴가 ㄴ동명사 ‘浮去隱/뜨간’을 부정하고 있다.

‘不冬/안돌’은 동사문 부정사이다. ‘秋察尸 不冬 爾屋攴 墜米(가을이 아니 그치어 추락하매)〈원가〉’에서 不冬은 동사 ‘爾屋攴 墜’를 부정한 것이다. ‘毛冬/모돌’은 能力否定辭로 동사문 부정법에 쓰였다. ‘毛冬 乃乎尸/모돌 나이옳〈기파랑〉’에서 동사 乃乎尸을 부정하고 있다.

〈均如 鄕歌〉에선 동사문 부정법만이 나타난다. ‘不冬 喜好尸/안돌 깃홇〈수희〉’. 능력부정의 ‘毛冬(等)/모돌’이 쓰였다. ‘毛冬 長乙隱/모돌 길은〈청전〉’. ‘毛等 盡良 白乎隱 乃兮/모돌 다아 숣온 나혜〈칭찬〉’.

균여향가에서 ‘間 毛冬留 讚伊白制〈칭찬〉’, ‘際 毛冬留 願海伊過〈총결〉’의 毛冬留가 명사를 부정하는 것으로 보이는데 이는 다른 자료에는 나타나지 않는 부정법이다.

3. 結語

유사향가와 균여향가의 문법적인 차이는 문법형태의 유무를 가지고 논의해야 할 것으로 생각된다. 그 기능의 차이까지 논의하기에는 자료의 양이 너무 부족하다. 두 향가의 문법을 비교하는 것은 유사향가의 중고어 문법과 균여향가의 근고어 문법의 차이를 밝히는 것이라고 할 수 있다. 그러나 유사향가의 형태가 균여향가에 없다고 하여 중고어에 있던 문법이 근고어에 없다고 하기가 어려운 면이 있고 그 逆도 같다. 이런 점을 감안하면서 그 차이를 찾아 보기로 한다.

格助詞에서 주격조사는 유사에 '이'가 쓰였는데 균여에서는 '이'와 더불어 '의'이 쓰였다는 점을 들 수 있다. '의'은 문어적인 성격을 띠는 것인데 시가에 쓰였다는 것은 아마도 문어적인 古雅함을 나타내고자 한 것이 아닌가 한다. 조격조사에서 유사의 以에 대하여 균여에 乙留가 나타나는 점도 유의할 점이다. 열거격조사는 유사에만 나타나고 균여에는 나타나지 않지만 이는 자료의 제약에 말미암은 것으로 보인다.

보조사에서 균여에만 每如, 馬洛(落)이 나타난다. 이는 '마다'가 부사에서 발달한 것으로 보면 근고어에서 새로 발달한 것으로 볼 수 있다. 균할의 '爾/금, 尒/금'은 유사에만 나타나지만 고려시대의 吏讀나 口訣 資料에 자주 나타나는 것으로 보아 자료의 제약에 말미암은 것이라고 하겠다.

終結語尾에서는 유사의 평서법의 '齊/제'가 균여에서는 청유법으로 쓰이는 점이다. 이는 어미 齊의 특성에 말미암은 것으로 시대적인 차이라고 하긴 어렵다. 의문법에서는 유사에서는 판정의문과 설명의문의 차이를 찾기가 힘든데 균여에서는 이 차이가 분명히 드러난다.

接續語尾에서는 유사의 지속형 音/ㅁ이 균여에 나타나지 않으나 이 역시 자료의 제약에 말미암은 것이다. 유사에 나타나지 않는 형태가 균여에 나타나는 것으로 양보의 '而也/마리여', '馬於隱/말언'이 있으나 이는 신라시대의 이두에 나타나므로 자료의 제약이라 하겠다. 전환의 '乙/ㄹ'

과 한도의 '色只, 所只/도록'은 중고어에 없었다고 단언하기가 주저된다. 그러나 중단의 '如可/다가'는 근고 시대의 이두와 구결에 나타나지 않는 신형이다. 전기 중세어의 구결자료에서는 자주 나타나는 형태이다.

動名詞語尾는 유사와 균여에서 차이를 보이지 않는다.

補助語幹에서 확인법의 '去/거'는 유사에는 보이지 않으나 신라시대의 이두에 쓰였으므로 이는 자료의 제약에 의한 것이다. 그 밖의 형태들은 유사향가와 균여향가에 차이가 없다.

조동사에서는 유사에서 '內/아'로만 표현되던 겸양법이 균여에서는 '白/숣'이 새로 등장하여 자주 쓰였다는 점이 특기할 만한 것이다. 사동의 '海伊/ᄒᆡ이'는 해독상의 이견이 있지만 이 형태의 조동사가 중고어에 없었다고 하긴 어렵다.

準文法形態의 念丁, 第, 只(동사)는 유사향가에만 나타나지만 이들은 근고시대의 이두와 석독구결에 쓰인 형태들이다. 균여향가에만 나타나는 下, 所, 伊, 乃는 유사향가에 나타나지 않는다고 하여 중고어에 없었다고 하기가 어렵다. 事는 유사향가에는 나타나지 않지만 이두에서는 삼국시대부터 쓰여 온 것이다.

否定法에서는 균여향가에 名詞의 否定에 毛冬留가 나타나는 것이 특이하지만 이것이 균여향가만의 특징이라고 단정하기는 어렵다. 앞으로 고구할 과제이다.

이상 유사향가와 균여향가의 문법을 비교함으로써 향가의 문법을 새로이 기술하고 그 차이를 지적했으나 이들이 중고어와 근고어의 차이나 경주방언과 중부방언의 차이를 보여 주기에는 자료의 양이 매우 부족하다고 하지 않을 수 없다. 그러나 몇 형태는 중요한 차이를 보여 주는 것이라고 할 만하다. 每如, 白, 如可는 근고어에서 발달한 것이고 '支'를 '友'로 誤刻한 것은 '支'의 기능이 전기중세어에서는 소멸되었기 때문이라고 할 수 있다.

參考文獻

金永萬(1997), 석독구결 '皆セ', '悉ろ'와 고려향찰 '頓部セ', '盡ろ'의 비교 고찰, 『口訣研究』 2, 口訣學會. 1-25.

金完鎭(1980), 『鄕歌解讀法研究』, 서울大學校出版部.

김완진(2000), 『향가와 고려가요』, 서울대학교출판부.

김지오(2010), 〈懺悔業障歌〉의 國語學的 解讀, 『口訣研究』 24, 口訣學會. 61-96.

南豊鉉(2000), 『吏讀研究』, 太學社.

南豊鉉(2009), 『古代韓國語研究』, 시간의 물레.

南豊鉉(2010), 獻花歌의 解讀, 『口訣研究』 24. 口訣學會. 5-34.

南豊鉉(2011a), 古代韓國語의 謙讓法 助動詞 '白/숣'과 '內/아'의 發達, 『口訣研究』26. 口訣學會. 131-166.

南豊鉉(2011b), 中古韓國語의 文法 槪觀, 『口訣研究』 27. 口訣學會. 5-25.

박진호(2008), 鄕歌解讀과 國語文法史, 『國語學』 51, 國語學會. 313-338.

徐在克(1975), 『新羅 鄕歌의 語彙 研究』, 啓明大學 韓國學研究所.

梁柱東(1965), 『增訂 古歌研究』, 一潮閣.

李基文(1972), 『國語史槪說』, 塔出版社.

鄭在永(2004), 鷄林類事의 高麗方言에 나타난 文法形態에 대한 研究, 『口訣研究』 12, 口訣學會. 99-132.

황선엽(2008), 三國遺事와 均如傳의 鄕札 表記字 비교, 『國語學』 51. 國語學會. 279-311.

황선엽(2010), 향가의 연결어미 '-아' 표기에 대하여, 『口訣研究』 25, 口訣學會. 83-105.

河野六郎外 共編(1996), 『言語學大辭典第6卷[術語編]』, 三省堂.

▌『口訣研究』 28집, 구결학회, 2012. 2.
2013년 12월 3일 修訂.

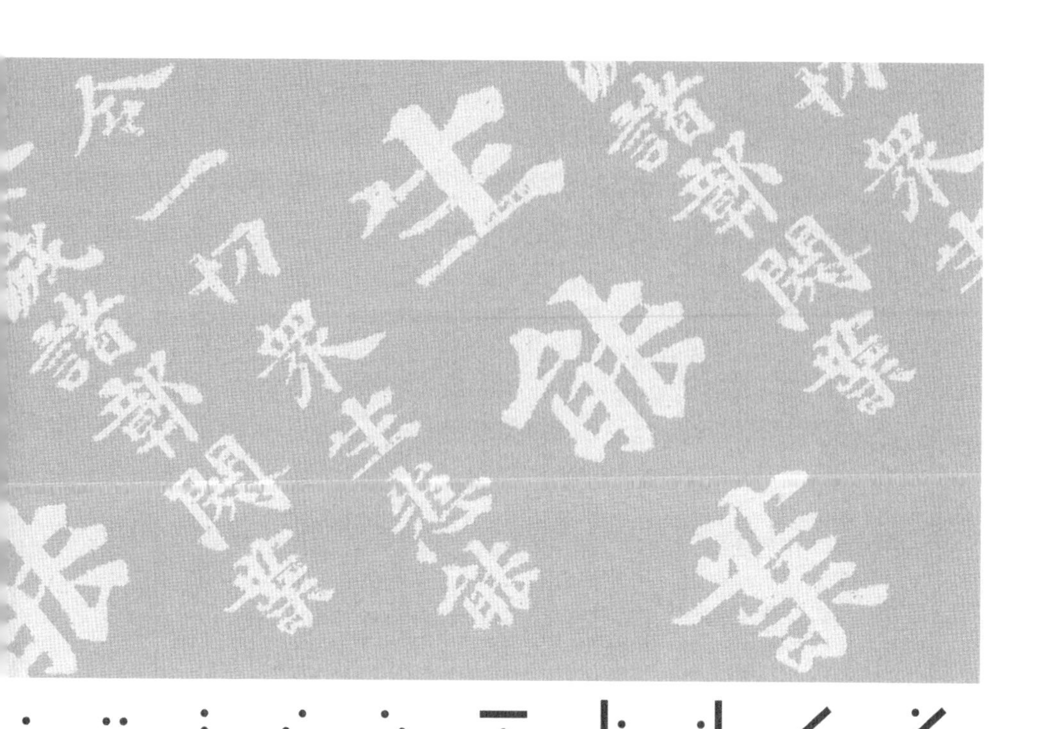

三. 鄕札

獻花歌의 解讀

1. 序言

鄕歌는 古代韓國語 硏究의 結晶에 의하여서만 어느 정도 해독될 수 있을 것으로 생각된다. 불과 25수의 노래 속에 이제까지 알려지지 않은 고대한국어의 다양한 모습이 들어 있기 때문이다. 최근 新羅時代와 高麗時代의 吏讀와 釋讀口訣 資料의 發掘과 硏究는 괄목할 만하여 古代韓國語 硏究에 대한 이해를 한층 높여 주고 있다. 鄕歌도 이러한 성과를 바탕으로 새로운 해독이 시도되어야 할 것으로 생각된다.

鄕歌의 解讀은 語學硏究뿐만 아니라 文學硏究를 위해서도 매우 중요하고 절실한 과제이므로 많은 사람들이 그 해독을 시도해 왔다. 그러나 아직도 많은 사람들이 공감하거나 납득할 만한 해독에까지 이르지 못하였고 그에 따라 구구한 견해들이 제기되어 있다.

이제까지의 향가해독은 주로 15세기 한글 창제 이후의 韓國語資料를 바탕으로 진행되어 왔다. 향가의 언어를 뒷받침할 고대어의 자료가 거의 없는 상황에서는 中世語 資料와 鄕歌 自體의 表記 內容에 근거하여 해독하는 것이 최선이었다고 할 수도 있다. 그러나 이것은 자료가 부족한 상황에서 姑息的으로 취할 수밖에 없었던 것이니 고대어로 기록된 노래를 중세어에 근거하여 해독한 결과는 올바른 해독에 이르기가 어려운 것이었음을 알게 되었다. 古代語가 中世語에 이어지는 것은 당연한 것이니 중세어의 지식을 망라하여 해독한 성과라고 하더라도 그것이 적은 것이라고 할 수는 없다. 그러나 吏讀와 釋讀口訣의 硏究成果가 축적된 현재의 안목으로 보면 鄕歌의 原形을 드러내는 데는 미치지 못한 점이 많은 것으로 보인다.

1975년 舊譯仁王經 釋讀口訣이 발굴된 이후 高麗時代의 釋讀口訣 資料와 新羅·高麗 時代의 자료들이 발굴되고 연구되면서 우리는 이 시대의 언어와 문화에 대하여 적지 않은 내용을 새롭게 이해를 할 수 있게 되었다. 이 자료들에 대하여 아직도 구명하지 못한 難題들을 가지고 있지만 새로운 硏究成果도 적지 않게 거두었다고 할 수 있다. 이 성과를 바탕으로 향가도 좀더 合理的으로 해독할 수 있는 길이 트이게 된 것으로 보인다. 그리하여 口訣學會에서는 每月 吏讀와 함께 鄕歌에 대하여서도 그 동안의 연구한 견해들을 종합하면서 새로운 검토와 토론을 하여 오고 있다.

獻花歌는 이러한 과정에서 지난 여름 朴鎭浩교수에 의하여 검토된 것이다. 당시에 여러 의견들이 나왔으나 주어진 시간의 제약으로 전반적인 해독으로 정리하기에는 이르지 못하였다. 이 검토 과정에서 筆者나름으로 생각했으나 시간의 제약으로 펴지 못했던 생각을 정리하여 새로운 해독을 시도해 보고자 한다. 필자의 이 解讀作業은 朴鎭浩교수가 양해하여 주었고 아울러 박교수가 정리한 내용을 많이 이용하였음을 밝히어 둔다.

2. 獻花歌의 背景說話

향가의 해독에서는 그 歌辭가 어떤 내용을 담고 있는가를 알지 못하면 바른 해독을 하기가 힘들다. 獻花歌의 내용도 그 배경이 되는 說話를 통하여 중요한 정보를 얻을 수 있으므로 이를 먼저 검토하기로 한다.

『三國遺事』 권2의 '水路夫人' 條에 그 설화와 함께 獻花歌의 본문이 실려 있다.

〈水路夫人〉

聖德王代 純貞公 赴江陵大守[今冥州]. 行次海汀 晝饍. 傍有石嶂 如屛臨海 高千丈 上有躑躅花 盛開. 公之夫人水路見之. 謂左右曰 折花獻者 其誰. 從者曰 非人跡所到 皆辞不能. 傍有老翁 牽牸牛而過者 聞夫人言 折其花. 亦作歌詞 獻之. 其翁 不知何許人也. 便行二日䄇[1] 又有臨海亭 晝鐥[2]次. 海龍 忽攬夫人 入海. 公顚倒躃地 計無所出. …… 水路 姿容絶代 每経過深山大澤 屢被神物掠攬. …… 老人獻花歌曰 紫布岩乎過希執音乎手母牛放敎遣 吾肹不喩慚肹伊賜等 花肹折叱可獻乎理音如

〈해석〉

聖德王代(702~736)에 純貞公이 江陵太守[지금의 溟洲]로 부임할 때, 일행이 바닷가에 머물러 점심을 먹게 되었다. 그 옆에 돌봉우리(石嶂)가 있어 병풍처럼 바다에 임해 있는데, 높이가 천 길이었는데 그 위에 철쭉꽃(躑躅花)이 흐드러지게 피어 있었다. 公의 부인 水路가 이것을 보고 좌우의 사람들에게 '꽃을 꺾어 바칠 자 그 누구인가'라고 하니 從者가 말하기를 '사람의 발길이 닿을 수 있는 데가 아니어서 모두들 못 하겠다고 사양합니다'라고 하였다. 옆에 암소를 끌고 지나가던 老翁이 부인의 말을 듣고는 그 꽃을 꺾어서 歌詞까지 지어 바쳤다. 그 노인은 어떤 사람인지 알 수가 없다. 다시 이틀 길을 가니 또 바다에 임한 정자가 있어 점심을 먹으려고 머물렀는데 海龍이 갑자기 夫人을 채서 바다로 들어갔다. 공은 허둥지둥 발을 굴렀으나 뾰족한 수가 없었다. …… 水路는 용모가 절세의 미인이어서 깊은 산이나 큰 호수를 지날 때마다 여러 차례 神物에게 납치당했다. …… 노인의 獻花歌는 다음과 같다. 紫布岩乎过希執音乎手母牛放敎遣 吾肹不喩慚肹伊賜等 花肹折叱可獻乎理音如

1 이 글자는 자형이 '䄇'으로 되어 있는데 '程'의 異體字이다.
2 '饍'의 異體字이거나 誤字이다. 通行本에 '饍'으로 되어 있다.

이 鄕歌는 '老人獻花歌'라고 하는 것이 온전한 명칭이지만 대체로는 줄여서 '獻花歌'라고 부른다. 이 노래는 그 배경설화로 보아 水路夫人이 絶世美人임을 드러내고자 하여 지은 것이라고 보아야 할 것이다.

3. 解讀[3]

鄕歌에 대하여는 많은 연구자들이 해독을 하여 왔고 獻花歌도 그만큼 많은 해독을 하였다. 이 가운데 필자가 참고한 諸家의 해독을 먼저 들고 그 해독들에 대하여 나름대로의 견해를 添加하고 修正하는 방식으로 해독하여 나가기로 한다.

第1句: 紫布岩乎过希

(小倉進平) 븕은 바회 ᄀᆞᇫ애	붉은 바위 가에
(梁柱東) 딛배 바회 ᄀᆞᇫ히	紫色 바위 가에
(池憲英) 딛배 바회 ᄀᆞᇫ히	(紫色岩 가에)[4]
(홍기문) 블근 바호 가ᇫ히	붉은 바위 가에서
(金亨奎) 진흔 바회 ᄀᆞᅀᅵ	짙은 바위 가에
(鄭然粲) 디배 바오 ᄀᆞᆮ희	붉은 바위 끝에,
	(休止 : 第四句 : 꽃으로 연결)
(徐在克) 질뵈 바오 겨틔	자줏빛(혹은 진달래) 바위 곁에
(金俊榮) 짇뵈 바호 ᄀᆞ희	붉은 바위 가에
(金完鎭) 지뵈 바회 ᄀᆞᅀᅢ	자주빛 바위 가에

---

3 諸家의 解讀案을 左側에, 現代語 意譯을 右側에 제시한다. 梁柱東과 金亨奎의 현대어 意譯은 鄭然粲이 두 저작에서 문면을 파악하여 정리한 것이다.〈이상 朴鎭浩 정리〉

4 池憲英은 通釋이라고 하여 이 노래의 순서를 바꾸면서 意譯하였는데 그 가운데서 각 句의 뜻에 해당하는 것을 가려서 옮기었다.

(兪昌均) 지뵈 방고 서리　　　　검푸른 바위의 언저리에

(朴鎭浩) 질뵈 바회 ᄀᆽ희[5]　　　　자줏빛 바위 가에

이 구절을 '紫布 岩乎 过希'로 끊어 읽는 데는 모든 解讀者들의 견해가 일치하고 있다.

이 구는 『유사』의 설화에서 '……傍有石嶂 如屛臨海 高千丈. 上有躑躅花 盛開'라고 한 自然環境을 표현한 것이다. 또 이 구는 借字表記法의 '讀字+假字'의 表記構造를 잘 나타내고 있어 그 내용을 이해하는 데는 큰 어려움이 없는 것으로 보인다. 그러나 설득력이 있는 解讀에 이르는 데는 상당한 論證이 있어야 할 것 같다.

(1) 紫布/ᄃᆞᆯ뵈

'紫布'에 대하여 小倉進平은 단순히 意譯하여 '븕은'이라고 하였으니 표기법이나 당시의 언어를 고려한 해독은 아니다. 梁柱東(1942)에서는 '紫布'의 布를 末音添記로 보고 紫의 古訓은 『鷄林類事』의 '紫曰質背'에서 찾아야 한다고 하였다. 그는 이 '質背'를 바탕으로 '紫布'를 '딛배'로 해독하였다. 그 후 여러 해독자들이 '딛배', '디배', '지뵈', '질뵈' 등으로 읽어 다양한 견해를 제시하였다. '紫布'의 布를 斤의 오기로 보고 '블근'으로 해독하거나 『三國史記』 地理志의 지명표기에 근거하여 '사보'로 읽은 견해도 있으나(류렬;1997), 그 표기나 言語史의 근거에서 보면 고려할 만한 것이 못된다.

『鷄林類事』의 '質背'를 姜信沆(1980:89)에서는 '딛뵈'를 寫音한 것으로 보았다. '質'이 'ㄷ'末音을 가진 것으로 보는 것은 梁柱東의 '딛배'의 영향을 받은 것으로 보이는데 재고하여야 할 것으로 생각된다. 다음은 『鷄林類事』에서 우리말의 'ㄹ'말음을 표기한 예들이다.

5 朴鎭浩의 解讀은 2009年 봄에 口訣學會 月例講讀會에서 발표한 것이다.

天曰漢捺/하ᄂᆞᆯ　　霜露皆曰率/서리　　佛曰孛/불

二曰途孛/두블　　七曰一急/닐곱　　十曰噎/열

二十曰戍沒/스믈　　三十曰實漢/셜흔　　今日曰烏捺/오ᄂᆞᆯ

土曰轄希/ᄒᆞᆰ　　火曰孛/블　　石曰突/돌ㅎ

水曰沒/믈　　井曰烏沒/우믈　　漆曰黃漆/황칠

鷄曰喙(音達)/ᄃᆞᆯㄱ　　馬曰末/ᄆᆞᆯ　　足曰潑/발

酒曰酥孛/수블　　珠曰區戌/구슬

(이밖에도 예들이 더 있으나 생략하였음)

이 한글전사는 姜信沆(1980)에 따른 것으로 이 예들로 보면 중국어의 t入聲末音으로 우리말의 'ㄹ'末音을 표기하고 있음을 쉽게 알 수 있다. 따라서 '質背'를 '딛뵈'로 읽기보다는 '딜뵈'로 읽는 것이 옳은 것으로 생각된다.

그러나 향가의 '紫布'를 '딜뵈'로 읽은 견해는 아직 없고 오히려 '지뵈'나 '질뵈'로 읽은 견해들이 나오고 있다. 이는 '質'의 음을 '질'로 본 데서 나온 것이니 이에 대하여서 검토해 보기로 하자.

B. Karlgren과 周法高가 '質'에 대하여 재구한 上古音과 中古音을 보면 '質'의 음에는 去聲과 入聲이 있다고 하여 다음과 같이 추정하였다.

	Karlgren	周法高
去聲;	tiəd/ t̂i-	tier/ṭizi
入聲;	tiət/tsiet	tjiet/tsizt

이 추정음을 보면 『鷄林類事』의 '質'을 去聲으로 보면 그 初聲은 'ㅈ'음이 될 가능성이 높고 入聲으로 보면 'ㄷ'음으로 보아야 할 것이니 이에 따르면 '質背'를 '딜뵈'로 읽을 가능성도 높아진다.

筆者는 일찍이 이 '紫布'와 '質背'를 'ᄃᆞᆯ비'의 표기로 본 바 있었으나(南

豊鉉1981:52-54) 아직 연구자들의 이해에 미치지 못한 듯 하므로 이를 보충해 가면서 再論하기로 한다.

『鄕藥救急方』에서 '落蹄'의 鄕名을 '熊月背'라 하였고 『鄕藥集成方』에서는 羊躑躅의 鄕名을 '盡月背'라고 하였다. 이 두 鄕名에서 우리는 '月背/돌비'라는 어형을 얻을 수 있다. 羊躑躅의 후대 鄕名은 '진돌외'(救急簡易方2,44) 또는 '진돌위'(訓蒙字會上7)로서 현대국어의 '진달래'에 이어진다. '熊月背'도 16세기에 '곰돌외'(訓蒙字會上 9b)라는 어형이 있는 것으로 보아 '月背/돌빅'는 '돌외'의 先代 語形임을 알 수 있다. 이 '月背/돌빅'의 뜻을 이해하기 위하여 '落蹄'와 '羊躑躅'이 어떠한 藥材植物인가를 考究해 보기로 하자.

『鄕藥救急方』에서 말한 '落蹄'는 기실 그 실체를 알 수 없는 이름이다. 그 쓰인 문맥을 보면 다음과 같다.

> 凡犬咬 禁食生魚生菜猪肉及犬肉落蹄落蹄熊月背 / 무릇 개에게 물렸을 때는 生魚, 날채소, 돼지고기, 개고기와 落蹄를 禁食한다. 落蹄는 熊月背이다.(上,5)

이 문맥으로 보면 '落蹄'는 물고기나 채소, 肉類와 같이 민간에서 흔히 먹는 음식의 재료임을 알 수 있다. 그러나 그 이름은 李時珍의 『本草綱目』이나 그 밖의 사전 등에 전혀 나오지 않는다. 오히려 그 鄕名인 '熊月背/곰달빅'의 후대형인 '곰돌외'가 『訓蒙字會』에 나타나는 것으로 보아 '熊月背'를 '熊/곰+月背/돌빅'로 분석할 수 있다.

『訓蒙字會』(上,9b)에서는 蕗자의 풀이를 다음과 같이 하였다.

> 솔옷뎨 俗呼 羊蹄菜 又馬蹄菜 곰돌외(訓蒙字會上 9b)

여기서의 '곰돌외'는 馬蹄菜에 대한 향명으로 보이지만 羊蹄菜와 함께

蒢자에 대한 풀이로 쓰인 것이므로 서로 유사한 채소임에 틀림없다. 이들에 대한 『本草綱目』의 설명을 검토해 보기로 한다.

'羊蹄'에 대한 『本草綱目』의 釋名을 보면 다음과 같다.

> 羊蹄는 뿌리의 이름이다. …… 詩經 小雅篇에 '言采其蓫'이라 하였는데 陸機의 注에 '蓫'은 곧 '蓄'이라 했으니 지금의 羊蹄이다. 幽州人은 이를 蓫이라 하는데 뿌리는 긴 무와 비슷하고 줄기가 붉다.[6]

이는 '蹄'가 '발굽'의 뜻이 아니라 '蓫'의 뜻인 蒢자에서 온 것이고 이는 나물로 먹는 植物의 이름임을 알 수 있다. 또 '그 줄기가 붉다'고 한 것이 이 채소의 특징으로 들고 있다. 羊蹄에 대한 『本草綱目』의 集解에서도 '줄기와 마디 사이가 紫赤色'이라고[7] 한 해석이 있으니 이 식물의 줄기는 紫赤色을 특징으로 하는 것임을 알 수 있다.

'솔옷'은 『鄕藥集成方』(79,41ㄴ)에서는 羊蹄의 鄕名으로 '所乙串'이라 표기한 데서 그 上代 語形을 찾아 볼 수 있다. '所乙串'은 '솔곶'으로 읽히는데 16세기에는 '솔옺'으로 바뀌었다(南豊鉉 1999;177). 이 어형에서 발달한 현대어는 '소리쟁이'이다. 이 식물의 특징을 사전에서 찾아보면 다음과 같다.

> 마디풀과에 속하는 다년초. 줄기 높이는 60cm 가량, 자색을 띠며 잎은 호생하고 …… 들의 습지에 나며 어린 잎은 식용함. 秃菜, 羊蹄, 羊蹄草, 牛舌菜.(이희승 편저 『국어대사전』)

---

6 羊蹄以根名. …… 詩小雅云 言采其蓫. 陸機注云 蓫卽蓄字 今之羊蹄也. 幽州人謂之蓫根似長蘆菔而莖赤.〈本草綱目 卷19, 3〉

7 莖節間紫赤.

여기서 소리쟁이의 줄기가 紫色을 띤다고 한 설명은 『本草綱目』의 羊蹄에 대한 설명과 일치한다. 이와 같이 이 채소의 紫赤色인 특징이 '月背/둘비(〉돌외)'라는 명칭을 낳은 것임을 이해할 수 있다.

馬蹄菜도 羊蹄菜와 같이 食用하는 나물일 것인데 『本草綱目』에서는 藥材名으로 항목을 세우지 않고 藥草인 杜衡의 설명에 그 이름이 보인다. 杜衡의 釋名에서는 그 異稱으로 '杜葵, 馬蹄香, 土細辛' 등의 이름이 있다 하고 그 특징에 대하여

> (恭曰) 잎이 아욱(葵)과 비슷하다. 그 모양이 말발굽과 비슷하므로 俗名으로 馬蹄香이라 한다.[8]

라고 하였고 그 集解에서는 다음과 같은 견해들을 들어 놓았다.

1) (名醫別錄) 뿌리와 잎이 모두 細辛과 비슷하다. / (宏景曰) 根葉都似細辛.
2) (唐本草) 이른 봄에 묵은 뿌리 위에 싹이 나오는데 그 잎이 발말굽 형상과 비슷하다 / (恭曰) 春初於宿根 上生苗 葉似馬蹄形狀.
3) (李時珍曰) 『土宿本草』를 보면 土細辛은 잎이 둥글기가 馬蹄(말발굽)와 같은데 잎의 등이 紫色인 것이 좋다고 하였다. / 案土宿本草 土細辛葉圓如馬蹄 紫背者良.

이 견해들로 보면 馬蹄의 '蹄'는 말발굽의 뜻으로 쓰였으니 '蹄'나 '蓫'과는 직접적으로 관계가 없는 것으로 보인다. 그러나 그 잎의 등이 紫色

8 (恭曰)杜衡 葉似葵 形似馬蹄 故俗名馬蹄香. 唐나라 蘇恭이 『唐本草』를 重修하였는데 이를 세속에서 『唐新本草』라고 한다. '恭曰'은 이 저술 가운데서 蘇恭이 말한 내용을 가리킨다.

인 것이 좋다고 한 것은 羊蹄(소리쟁이)의 줄기가 붉다고 한 것과 통하기는 한다. 馬蹄菜에 대한 현대 『국어대사전』(이희승 편)의 풀이에서는 '참취'라고 하였는데 그 色彩는 알 수 없으나 민간에서 식용하는 식물임은 알 수 있다.

『訓蒙字會』에서 '馬蹄菜'는 蕗자의 주석으로 쓰였으니 이는 蓫과 어원이 같은 것으로 본 것이어서 '잎이 말발굽과 같다'고 한 『本草綱目』의 馬蹄와는 맞지 않는다. 이 점에서 訓蒙字會의 馬蹄菜는 오히려 羊蹄菜에 대한 異名이거나 유사한 菜蔬로 보는 것이 옳을 것이다.

『鄕藥救急方』에서 '落蹄'라고 한 것도 이 '馬蹄(菜)'의 옛 이름이거나 아니면 명칭에 있어 어떤 오류가 있는 것이 아닌가 한다. 羊蹄, 馬蹄와 같이 이 채소에 관계된 이름들은 동물에 비유하여 지은 것이 특징인데 落蹄의 '落'자는 이들과 다른 것이어서 誤謬일 가능성이 높은 것이다.

이상에서 『訓蒙字會』에서 蕗자에 해당하는 주석으로 든 '솔옷', '羊蹄菜', '馬蹄菜', '곰돌외'에 대하여 검토하였는데 이들은 紫赤色 또는 赤色을 특징으로 하는 菜蔬인 점에서 공통된다.

『鄕藥集成方』에서는 羊躑躅의 향명으로 '盡月背/진돌비'를 들었는데 이는 우리나라 어디에나 분포하는 '진달래'의 15세기초의 어형이다. 그러나 羊躑躅에 대한 『本草綱目』의 설명을 보면 우리의 '진달래'와는 다르다.

〈釋名〉 黃躑躅, 黃杜鵑, 羊不食草 등의 이름이 있다. (名醫別錄에 이르기를) 羊이 그 잎을 먹으면 절름거리다가 죽으므로 이름하였다고 하였다.[9]

〈集解〉 1) (蜀本草) 작은 나무이니 높이가 2자이고 잎은 복숭아 잎과 비슷하다. 꽃은 黃色인데 외꽃과 비슷하다. 3월과 4월에 꽃을 따서 햇볕에 말린다.[10]

---

9 黃躑躅, 黃杜鵑, 羊不食草, …… (宏景曰) 羊食其葉 躑躅而死 故名.

2) (圖經本草) 봄에 싹이 나는데 鹿葱과 비슷하고 잎은 紅花와 비슷하다. 줄기의 높이 3, 4尺. 여름에 꽃이 피는데 凌宵花나 山石榴輩와 비슷하다. 正黃色인데 羊이 먹으면 죽는다. 지금 嶺南蜀道의 山谷에 널려 있는데 모두 深紅色이어서 비단 같다. 或 이르기를 이 種類는 藥에 들지 않는다고 한다.[11]

3) (時珍曰) 蘇頌의『圖經本草』에서 말하는 深紅色이라 한 것은 곧 山石榴이니 이름을 紅躑躅이라 한다. 毒이 없으니 이것(羊躑躅)과는 다른 종류이다.[12]

이상에서 보면『本草綱目』의 釋名과 集解에서 말하는 羊躑躅은 꽃이 黃色이고 毒性이 있고 여름에 피는 것이어서 이른 봄에 피는 우리의 '진달래'와는 종류가 다른 것이다. 蘇頌(圖經本草)이 '嶺南蜀道 山谷에 널려 있는 深紅色의 躑躅'이라고 말하였는데 이것이 우리의 진달래에 가까운 것이지만 이 지방 사람들은 이를 '山石榴' 또는 '紅躑躅'이라 하여 羊躑躅과는 구별하고 있다.『鄕藥集成方』에서 羊躑躅을 '盡月背/진돌비'라고 한 것은 중국의 羊躑躅과는 다른 것으로 韓國의 山野에서 자라는 '진달래'에 근거하여 그 특성을 이해해야 할 것으로 생각된다.

우리나라에서는 '躑躅'에 해당하는 말로 '진달래'와 '철쭉'이 있다. 진달래는 이른 봄에 피는 꽃으로 粉紅色이거나 眞紅色이다. '철쭉'은 이보다는 1개월여 늦게 피는데 그 색깔은 粉紅色에서 紫紅色에 이르기까지 붉기의 정도가 여러 가지이다. 진달래는 毒性이 거의 없어 어린이들이 따 먹기도 하고 藥性도 있으나 철쭉은 毒性이 강하여 약용으로 쓰이지는 않는다. 이밖에 '영산홍', '창꽃(참꽃)' 등 지역에 따라 달리 불리고 식물로서

---

10 (保昇曰) 小樹高二尺 葉似桃葉 花黃似瓜花 三月四月采花 日乾.

11 (頌曰) 春生苗似鹿葱 葉似紅花 莖高三四尺. 夏開花似凌宵花 山石榴輩 正黃色 羊食之則死. 今嶺南蜀道山谷遍生 皆深紅色 如錦繡然. 或云此種不入藥.

12 (時珍曰) 蘇頌所謂深紅色者 卽山石榴 名紅躑躅者 無毒 與此別類.

도 여러 가지로 차이가 있는데다가 피는 시기도 이른 봄서부터 초여름까지 각기 다른 躑躅類가 있다. 水路夫人 설화에서 躑躅이라 한 것은 이들을 통틀어 부른 것이니 이들에 대한 엄격한 구분이 없이 그 꽃이 紫赤色인 진달래나 철쭉을 통틀어 가리킨 것으로 보인다. 즉 신라시대엔 躑躅類 전체와 그 빛깔을 '돌비'라고 하였던 것으로 이해된다.

이제까지 '熊月背/곰돌빅'와 '盡月背/진돌빅'에서 '月背/돌빅'의 뜻을 살펴보았다. 여기서 '熊月背/곰돌빅'와 '盡月背/진돌빅' 사이에는 차이가 있으니 '熊月背/곰돌빅'는 草類로서 그 '月背/돌빅'라는 명칭은 '紫赤色'의 색채에서 나온 것이고 '盡月背/진돌빅'는 관목인 나무로써 그 꽃이 紫赤色인 점에서 '熊月背/곰돌빅'와 공통되는 것이다. 즉 '月背/돌빅'는 紫赤色을 특징으로 하는 식물이라고 할 수 있다.

여기서 '진달래'가 紫赤色의 꽃을 피우기 때문에, 즉 그 색채로 인하여 '月背/돌빅'라는 이름을 얻게 된 것이라고 생각하기 쉬우나 실은 '月背/돌빅'는 躑躅이라는 꽃나무의 이름에서 온 것으로 보아야 한다. 우리 국어에서 고유어의 색채 이름은 구체적인 사물에서 파생되어 나온 것으로 추정되기 때문이다. 즉

플(草) → 프르다(青)
블(火) → 븕다(赤)
누리(世) → 누르다(黄)

가 그렇게 추정되고

히(日) → 히다(白)
그믐(晦)[13] → 검다(黑)

13 '그믐(晦; 訓蒙字會,上2)'은 동사 '금-'을 想定할 수 있는데 '금다'는 '그치다'의 뜻이었던

도 이 범주에 넣을 수 있을 것으로 생각된다.

이러한 예들은 우리나라 도처에 퍼져 있고 이른 봄부터 초여름까지 온 산에 붉은 꽃을 피우는 '月背/ᄃᆞᆯ비'라는 꽃나무의 이름이 은유에 의하여 '紫赤色'이란 이름으로 전이된 것으로 추정케 한다. 또 '철쭉'은 '躑躅'에서 차용된 말이 변이된 것으로 추정되므로 '月背/ᄃᆞᆯ비'가 躑躅을 포함한 '진달래類' 전반에 대한 通稱이었던 것으로 이해된다.

이러한 추정에는 紫赤色을 뜻하던 'ᄃᆞᆯ비'가 近世中國語의 '紫的'에서 차용된 '자ᄃᆡ(〉자ᄌᆞ)'로 대체된 것도 뒷받침하는 것으로 생각된다. 본래 'ᄃᆞᆯ비'가 色彩의 뜻이 아닌 꽃나무의 뜻이었기 때문에, 'ᄃᆞᆯ비'란 단어가 없어지고 '진ᄃᆞᆯ비(〉진ᄃᆞᆯ외)'에 化石으로만 남게 되자 그 색채의 의미가 의지할 실체를 잃고 약화되어 '자ᄃᆡ'로 교체된 것으로 보이는 것이다.

이상으로 '質背/딜뵈'는 'ᄃᆞᆯ뵈'의 불완전한 표기로 보고 '紫布'의 어형을 'ᄃᆞᆯ뵈'로 추정한다.

'紫布'의 '布'는 'ᄃᆞᆯ뵈'의 말음을 첨기한 것으로 이는 音假字이다. 이를 '布'의 훈 '뵈'에서 온 것으로 볼 수도 있지만 '뵈'는 오히려 '布'의 차용어일 가능성이 높다. '布'는 전통한자음에서는 '포'이지만 고대에는 '보'였다. '布/보'는 '뵈'의 말음 'ㅣ'를 생략하고 표기한 것으로 이러한 용법은 차자표기법의 한 특징이다.

(2) 岩乎/바회

'岩乎'는 15세기의 '바회'에 해당하는 단어의 표기이다. '乎'는 차자표기에서 音으로는 '호', 訓으로는 '오'나 '온'을 나타내는데 여기서는 앞의 '布'의 경우와 같이 '호'로 '회'음을 표기한 것이다. '바회'는 15세기의 어형에 근거를 둔 것이다. 향가에서 訓讀字가 나타내는 어형은 현재로서는 15세기어에 의지할 수밖에 없는 경우가 대부분이다.

것으로 생각된다.

(3) 过希/ᄀᆞᆽᄋᆡ

'过'는 邊의 약자로 訓讀하여 'ᄀᆞᆽ'으로 읽는다. 'ᄀᆞᇫ'으로 읽은 견해가 많으나 中古語(新羅時代語)엔 반치음이 없었으므로 받아들이지 않는다(南豊鉉 2009:315-6).

'希'는 처격조사의 표기인데 'ᄋᆡ'로 읽는다. '希'의 전통적 한자음은 '희'이지만 차자표기에서는 모음조화상의 대립모음이 서로 통용됨을 고려하여 'ᄒᆡ'로 읽을 수 있다. 한편 향가에서 '希'는 '希/희', '衣希/의희', '惡希/아희', '阿希/아희'와 같이 쓰였는데 이는 모두 처격형태의 표기이다. 釋讀口訣의 처격형태는 '⺏+(良中)/아긔'와 '⼇+(衣中)/의긔'가 널리 쓰이고 처격과 속격의 결합형에 '⺏ㄷ(良叱)/ᄋᆞᆺ', '⼇ㄷ(衣叱)/읫.잇'이 있어 처격 '⺏(良)/ᄋᆞ', '⼇(衣)/의'가 있었음을 알 수 있다. '希/희,ᄒᆡ'는 '+(中)/긔'가 '⼇(衣)/의'로 발달하는 중간에 드는 형태로 생각해 볼 수 있으나 고대 한국어에서 k 음이 유성음 사이에서 h 음으로 바뀌었다고 보기는 어렵다. 오히려 『三國遺事』가 편찬된 13세기 후반의 어형을 想定하면 '아ᄒᆡ'의 형태로 볼 수 있지만 이를 8세기 초인 新羅 聖德王 때의 언어로 보면 받아들이기 어려운 형태이다. 이 '希/희,ᄒᆡ'가 10세기의 普賢十願歌에 이미 나타나고 있음을 볼 수 있는데 석독구결의 어법을 볼 때 10세기에 '긔〉희'의 발달을 겪었다고 보기는 어렵다. 이 '希/희'는 『三國史記』의 固有名詞表記에서 k와 h음이 혼용됨을 볼 수 있는데 이러한 현상과 맥락이 닿는 것으로 생각된다(남풍현 2009:149-50). 한편 『三國遺事』 향가에서 대격조사로 쓰이는 肹자가 均如의 향가에서 乙자로 쓰이는 점을 고려할 때 '希'는 우선 15세기어에 근거하여 'ᄋᆡ/의'로 읽고 h음의 문제는 좀더 분명한 근거를 찾을 때까지 보류해 두는 것이 좋을 것으로 생각된다.

'过希/ᄀᆞᆽᄋᆡ'의 뜻을 '周邊'으로 보느냐 '尖端/긑'으로 보느냐의 문제가 있다. 주변보다는 인간의 능력이 쉽게 미칠 수 없는 '암벽의 긑'으로 보는 것이 이 노래의 문맥에 맞는 것으로 보인다. 이런 점에서 鄭然粲의 해독 '근희'는 가치가 있다.

이상으로 第1句는 ‘ᄃᆞᆯ비 바회 ᄀᆞᆺᄋᆡ’로 읽고 그 내용은 ‘진달래꽃(躑躅花, 철쭉꽃)이 紫赤色으로 흐드러지게 피어 있는 바위절벽 끝에’로 풀이한다.

第2句: 執音乎手母牛放教遣

(小倉進平)	잡온 손(애) 암쇼(ᄅᆞᆯ) 노ᄒᆞ이시고	잡은 손으로부터 암소를 놓게 하시고
(梁柱東)	자ᄇᆞᆫ 손 암쇼 노ᄒᆡ시고	잡은 암쇼를 놓게 하시고
(池憲英)	자ᄇᆞᆫ(손) 암쇼 노ᄒᆡ시고	(손잡은 이 암소를 놓고)
(홍기문)	자ᄇᆞ모손 어미쇼 노ᄒᆞ겨시고	손에 잡은 어미소 놓으시고
(金亨奎)	자ᄇᆞᆫ손 암쇼 노ᄒᆡ시고	잡은 (손) 암쇼를 놓게 하시고
(鄭然粲)	자부온 손 암쇼 노히시고	(夫人께서) 암소잡은 (나의) 손을 놓게 하시고
(徐在克)	거몬 손 암쇼 노히시견	검잡은 손, 암소를 놓게 하시거니와
(金俊榮)	잡온손 암쇼 노ᄒᆞ이시고	잡은 바 암소를 놓으라 하시고 (잡은 암소를 놓으라 하시면서)
(金完鎭)	자ᄇᆞ몬손 암쇼 노히시고,	잡고 있는 암소 놓게 하시고,
(兪昌均)	줌은 손 암쇼 노히시고	손에 잡고 있는 암소를 놓아 두고
(朴鎭浩)	잡ᄋᆞᆸ온 손 암쇼 노히시고	잡고 있던 손(으로 하여금) 암소 놓게 하시니

이 구는 대체로 ‘執音乎 手 母牛 放教遣’와 같이 끊어 읽고 있다. 이에 대하여 필자도 거의 그대로 수용하지만 달리 보는 부분도 있으므로 설명을 해 나가기로 한다.

(1) 執音 乎 手/잡움 혼 손

執音乎은 '執音+乎'으로 분석하고 '잡움 혼'으로 읽는다. 여기서는 '音' 자의 독음과 기능에 대한 설명이 필요하다. 이 音자에 대한 해독들은 그 음 'ㅁ'을 거의 반영하지 않다가 金完鎭(1980:69)에 와서 持續態의 '-옴, 음'으로 파악하여 새로운 해결의 실마리를 풀었다. 이것은 15세기어의 '니섬(滚滚)' 또는 '니섬니서(滚滚)'를 근거로 한 것이었다. 그런데 '니섬+니서'에서의 '-ㅁ'은 語末에 쓰인 것이니 앞의 '니섬'은 뒤에 이어지는 '니서'를 수식하는 것이다. 따라서 이 'ㅁ'은 접속어미로 쓰인 것이다. 이는 '-音/ㅁ'이 어미이고 '乎'를 동사 'ᄒᆞ+-오'의 구성으로 보아야 함을 요구하는 것이다. 獻花歌에서 乎는 '岩乎/바회'에서와 같이 '호'음의 표기에 쓰인 것이다. 高麗時代의 釋讀口訣에서 '乎'는 약체자로 ノ와 ㅎ가 쓰였는데 전자는 '호'음의 표기에, 후자는 '오'음의 표기에 주로 쓰였지만 역으로 서로 바뀌어 쓰이기도 하였었다. 이는 乎가 '오'와 '호'의 두 가지 음으로 읽힐 수 있음을 말하여 주는 것이다. 이런 점에서 乎를 '호'로 읽고 여기에 동명사어미 '-ㄴ'을 첨가하여 '혼'으로 읽는다. 동명사어미 '-ㄴ'은 차자표기에서는 흔히 생략되므로 문맥에 따라 보충하여 읽어야 한다. '잡움 혼'은 '잡고 있어온'으로 해석된다.

참고로 釋讀口訣에 나타나는 조동사 'ㅆ/ᄒᆞ'의 쓰임 가운데 후대의 문법에는 없는 용례들을 몇몇 보기로 한다.

今 ㅆ 1/엳 ᄒᆞᆫ(지금)〈舊仁3,18〉

得ㅊ ㅆ 1/얻으시 ᄒᆞᆫ(얻으시고서)〈舊仁3,13〉

是ㆍㅌ ㅆ 1/이엿 ᄒᆞᆫ(이러한)〈華嚴19,13〉

敬禮ノㅎ[應]ㅌ ㅆ 1/敬禮홈ㅅ ᄒᆞᆫ(응당 敬禮해야 할)〈華嚴5,7〉

俱ㅌ ㅆ 1 乙/다뭇 ᄒᆞᆫ(함께 한 것을)〈舊仁3,9〉

從ㅌ ㅆ ㅆ/좃 ᄒᆞ며(좇아서 하며)〈華疏18,11〉

住ㅆ ㅈ ㅆ 1/住ᄒᆞ아 ᄒᆞᆫ(住하여서)〈華嚴17,20〉

이들을 보면 '丷/ᄒᆞ'가 동사어간이나 부사형에 연결된 것을 볼 수 있다. 고대어에서는 어간형태가 부사형과 같은 기능을 하는 것을 감안하면 조동사 '丷/ᄒᆞ'는 부사어에 연결된 것으로 볼 수 있다.

이에 따라 '執音乎手'은 '잡ᄋᆞᆷ+ᄒᆞᆫ+ᄉᆞᆫ'으로 해독하고 '잡ᄋᆞᆷ'을 부사형으로 본다.

(2) 母牛/암쇼

母牛는 배경설화에서는 '牸牛'로 나온다. 이에 따라 해독자들도 모두 '암쇼'로 읽었다. 母의 훈은 15세기어에서는 '어미'이지만 上代語에서는 그 대립모음 형태인 '아미' 또는 '암'을 상정할 수 있다. 고대에는 '암'이 '암(雌)'과 '엄〉어미(母)'를 나타내는 重意語였을 것으로 추정해 본다.

(3) 放教遣/놓이 기ᄉᆞ고

放은 '놓이', 教는 '기ᄉᆞ', 遣은 '-고'로 읽는다. 放의 훈은 '놓'인데 사역형 보조어간 '이'를 첨가하여 '놓이'로 읽는다. '놓게 하다'의 뜻이다. 향찰의 문법형태의 표기는 이두에 비하면 자세하지만 세밀한 부분에서는 생략되는 경우가 있으므로 해독할 때는 보충해서 읽어야 한다. 教는 조선시대의 이두학습서에서 '이시' 로 읽어 왔으나 이는 '기ᄉᆞ'가 '기시'로 바뀐 다음 訛傳된 것이다. 이 '기ᄉᆞ'는 조동사 '기'에 존대의 보조어간 'ᄉᆞ'가 결합된 것이다. 이 '기ᄉᆞ'는 보조어간 '賜/ᄉᆞ'보다도 한층 높은 尊待에 쓰인 것이다. '기ᄉᆞ'의 형태는 향가에서는 普賢十願歌에 '只賜/기ᄉᆞ'로 쓰인 예가 하나 보인다.

十方叱 仏体 閼遣 只賜立〈참회〉

이 구의 뜻은 '시방의 부처님 꼭 알아 주소서'로 해석된다. '閼遣只賜立'의 '閼'은 '알다(知)'의 뜻이고 '遣'는 '고'로 읽히는 보조어간으로 確信法을 나타낸다. '只/기'는 조동사로 '하다(爲)' 동사와 거의 같은 뜻을 나타내던 것으로 보이는데 중세어에서는 소멸된 단어이다. '賜/ᄉᆞ'는 존대의 보조 어간이고 '立/셔'는 존자에 대하여 청원하는 일종의 명령을 나타내는 어미이다. 이에 따라 '遣只賜立/고기ᄉᆞ셔'는 '꼭 하여 주소서'로 번역할 수 있는데 여기서 '只賜'는 부처에 대한 최상의 존대를 나타내는 형태이다.

이와 같은 해석은 '只賜/기ᄉᆞ'의 형태가 석독구결에 나타나는 많은 용례에서 유추할 수 있다.

a. 大王⼻ 當ハ 知口ハ⼙立 我⼃ 今⺏⼃ 衰老⺏⼢〈화소10:18〉

b. 轉輪位⼢⼗ 王⼃ 處⺏⼙⽳⼃厶 已⺡ 久去ハ⼙口⼃⺀〈화소11:19〉

c. 大王⺉⼙⼃人⼃ 之乙 捨⺏⼢⼡ 我⽧⼗ 與⺏口ハ⼙⼑〈화소11:20〉

d. 大王⽧ 名稱乙 周⼔ 十方⼢⼗ 聞⺉口ハ⼙⼃〈화소12:11〉

e. 或⼑ 有⼗⼁ 佛矢 有⼗ハ⼙⽳⼃矢⺀ 或⼗⼁ 佛矢 無⼙⽳⼃矢⺀〈화엄 15:10〉

여기서 'ハ⼙/기ᄉᆞ'는 보조어간 '口/고'를 동반하여 '口ハ⼙'로 쓰이는 예가 많이 나타나지만 '去ハ⼙/거기ᄉᆞ', '⼗ハ⼙⽳⼃/겨기ᄉᆞ온' 등으로 쓰이기도 하고 'ハ⼙⼑/기ᄉᆞ며'로 쓰이기도 함을 볼 수 있다. 이 'ハ⼙'의 주어는 모두 부처이거나 부처의 前身인 '大王'이다.

ハ⼙는 13세기의 석독구결에서는 'ハ⼆/기시'로 바뀐다.

座前⼔ 花⼀⼔ 上⼗ 量 無⼔⼃ 化佛⺉ 有⼗ハ⼆⼑〈구인2:4〉

菩薩⺀ 比丘⺀ 八部⺀ノ亽⼔ 大衆⺉ 有⼗ハ⼆⼻〈구인2:4〉

大衆⺀ノ亽⺅⼁ 各⽧各⽧⼡ 般若波羅密乙 說⼔ハ⼆⼁〈구인2:7-8〉

他方 恒河沙⼔ 諸⼆⼃ 佛⼔ 國土⼢⼗ 至⺉⺏⼔ハ⼆⼁〈구인2:14-15〉

作樂ノ尸⼑……量 無⼔⼃ 音樂乙 作⺏⼢ 如來乙 覺寤⺏⺉白口ハ⼆⼃〈구인3:12〉

是 時十 大自在梵王ㄱ {於}大會ㄷ 中ㅅ+ソナ八ニㄱㅗ〈금광13:18〉

是 金光明經乙 說尸 已氵ソ白八ニㄱ 三万億 菩薩摩訶薩ㄱ〈금광14:22-23〉

三万億 菩薩摩訶薩ㄱ 無生法忍乙 得ㅌ八ニㅅ〈금광14:23〉

여기서는 'ハニ'의 주어가 化佛, 大衆, 佛, 如來, 梵王, 菩薩摩訶薩로 나타나 다양하지만 모두 존자들이다. 'ハニ'에 선행하는 형태는 ナ, ㅌ, ㅁ, 白 등이며 ハニ에 후행하는 형태는 ㅅ, 下, ㅣ, ㄱ 등으로 나타나 다양한 문법환경에서 쓰임을 볼 수 있다. 遺事鄕歌에서는 이 'ハ示(ニ)/기ᄉ(시)'와 같은 音假字 표기는 나타나지 않으나 '敎'로 쓰인 예는 怨歌에 하나 더 있다.

汝於 多支 行齊 敎因隱

이 句는 潛邸時의 孝成王이 信忠에게 한 약속을 환기시키는 내용을 나타낸 것으로 '敎/기ᄉ'는 효성왕이 '汝於 多支 行齊(너와 똑같이 가자)', '너와 꼭 함께 살아 가자'라고 말한 것을 존대하여 표현한 동사이다.

獻花歌의 '放敎遣/놓이기ᄉ고'는 '놓게 하시고'로 해독되고 '敎/기ᄉ'는 水路夫人을 존대한 보조어간이다.

'放'은 이 문맥에서 사역형이 되므로 '놓이'로 읽을 수 있다. 따라서 이 구는 '놓이기ᄉ고'로 읽어야 한다.

최근 '遣'을 '-고'로 보지 않고 '-견'으로 보고자 하는 견해가 나왔는데 이 문맥에서도 '-견'이 더 효과적인 표현이 될 수 있는 것으로도 보인다. 그렇게 보면 '놓게 하시거니와' 정도의 뜻으로 풀어 문맥의 연결을 弛緩시킬 수는 있으나 고려초의 이두문에서는 거의 접속어미 '-고'로 읽히어서 이에 대하여서는 문맥을 이해하는 참고로 삼을 수가 있을 것으로 생각된다.[14]

이상으로 第2句는 '잡음 혼 손 암쇼 놓이기ᄉ고'로 해독하고 '잡고 있던 손 암소를 놓게 하시고'로 해석한다.

제3구: 吾肹不喩慚肹伊賜等

(小倉進平)	날 아닌지 붓글어워이샤든	나를 싫어하지 않으신다면
(梁柱東)	나ᄒᆞᆯ 안디 붓ᄒᆞ리샤ᄃᆞᆫ	나를 부끄러워 아니 하신다면
(池憲英)	나ᄒᆞᆯ 안디 붓ᄒᆞ리샤ᄃᆞᆫ	(나를 부끄러이 생각하시지 않는다면)
(홍기문)	나ᄒᆞᆯ 안디 붓그리샤ᄃᆞᆫ	나를 부끄러워 아니 하시면
(金亨奎)	나ᄒᆞᆯ 안디 붓그리샤ᄃᆞᆫ	나를 부끄러워 아니 하시면
(鄭然粲)	나흘 안디 붓흘이시든	나를 부끄러워 하시지 않으신다면,
(徐在克)	나ᄒᆞᆯ 아닐 붓흐리시든	나를 아니 부끄리시니
(金俊榮)	나ᄒᆞᆯ 안디 붓글히샤든	나를 아니 부끄러워하시거든 (나를 부끄러워하지 않으시니)
(金完鎭)	나ᄅᆞᆯ 안디 붓그리샤ᄃᆞᆫ	나를 아니 부끄러워하시면
(兪昌均)	나ᄒᆞᆯ 모ᄃᆞᆯ 허믈ᄒᆞ리실ᄃᆞᆯ	나를 나무라지 아니하신다면
(朴進浩)	나ᄅᆞᆯ 안디 붓그리싫ᄃᆞᆫ	나를 부끄러워하지 않으신다면

이 구는 모두 '吾肹 不喩 慚肹伊賜等'으로 끊어 읽고 있다. 필자도 대체로 이를 따른다.

(1) 吾肹/나ᄅᆞᆯ

吾肹은 대체로 '나ᄒᆞᆯ'로 읽다가 金完鎭에 와서 '나ᄅᆞᆯ'로 읽기 시작하였

14 '遣'은 吏讀資料에서는 淨兜寺造塔形止記(1031) 등 11세기의 자료에서 그 용례를 볼 수 있는데 모두 후대의 연결어미 '-고'의 기능과 일치하여 '-견'으로 읽고 해석하는 데는 躊躇스러운 면이 있다.

다. 『三國遺事』에 실린 鄕歌에서는 대격조사의 표기에 薯童謠와 處容歌만이 乙을 쓰고 그 밖의 향가는 모두 肹을 썼다. 『均如傳』의 鄕歌에서는 모두 乙만을 쓰고 있어 遺事鄕歌와 차이가 있다. 15세기어의 대격조사는 'ㄹ, 을, 올, 를, 롤'의 이형태가 있는데 향가에서는 肹만으로 일관하고 있다. 이는 처격조사를 표기한 希의 경우와 같아서 肹이 그 음가대로 '힐'을 표기한 것으로 보기 어렵게 한다. 肹은 분포에 따라 나타나는 대격조사의 이형태를 대표하는 것으로 보고 현재로서는 이 문맥에 쓰이는 15세기어의 형태를 기준으로 하여 '롤'로 읽는다.

(2) **不喩/안디**

不喩는 조선시대의 吏讀學習書에선 '아닌디'로도 읽었으나 이는 후대에 와전된 것이고 『吏文大師』의 '안디'가 바른 독법이다. 이두에선 주로 '不喩/안디'가 쓰이지만 석독구결에선 '不矢/안디'와 '非矢/안디'가 쓰였다. 석독구결에서는 '不矢/안디'가 名詞文 否定에 쓰였고 또 다른 否定詞 '不冬/안둘'이 있어 動詞文 否定에 쓰였다. 즉 석독구결의 시대에는 名詞文否定法과 動詞文否定法이 구별되었던 것이다(南豊鉉 1999:225 이하).

이들 용법에 대하여서는 좀 긴 설명이 필요하다.

釋讀口訣에서 '不矢'나 '非矢'의 용법을 보면 다음과 같다.

1) 生 不矢㢱 起 不矢㢱 …… 動轉 無㢱 作用 無ㄱ入灬リナ|〈華嚴疏19:7〉

2) 能攴 法ラ 永去 滅ソロㄱ 不矢ㅌㄱ入乙 知ㅌ才㢱〈華嚴11:15〉

3) 我 非矢㢱 堅固ソㄱ 非矢㢱〈화소18:14〉

1)의 밑줄 그은 부분은 '生 아니며 起 아니며'로 해석되는 것으로 명사 '生'과 '起'를 '不矢/안디'로 부정한 것이니 이는 명사문부정법이다. 2)의 밑줄 그은 부분은 동명사 '滅ソロㄱ/滅ᄒᆞ곤'을 '不矢(ㅌㄱ入乙)'로 부정한 것이다. 여기에 쓰인 'ロ/고'는 '去/거'와 같은 계열의 확인법을 나타내는

보조어간이고 '- 1/ㄴ'은 동명사어미이다. 석독구결에서 '- 1/ㄴ'동명사는 명사문 부정사인 '不矢/안디'로 부정함을 보여 주는 예이다.

3)의 '我 非矢㢱'는 대명사 '我/나'를 '非矢/안디'로 부정한 것이고 동명사형 '堅固ッ1/堅固혼'을 '非矢㢱'로 부정한 명사문 부정법을 보여 준다. 다음은 動詞文否定의 예이다.

4) 是 如支 第四心刂 退轉ッ尸 不冬ッ去1入灬 故(ノ)〈金光2:5〉

5) 得氵亦 親近ッ白氵 相ノ 遠離 不冬ッㅌ才㢱〈金光14:7〉

4)의 밑줄 그은 부분은 '退轉하지 아니하므로'로 해석되는데 동명사 '退轉ッ尸/退轉홇'을 動詞文否定辭 '不冬/안둘'로 부정한 것이다. 5)의 밑줄 그은 부분은 '遠離 아니할 것이며'로 해석되는데 동사어간 '遠離'를 '不冬'로 부정한 것이다.

여기서 주목되는 것은 '- 1/n'동명사는 명사문부정사 不矢로 부정하고 '-尸/l'동명사는 동사문부정사 不冬로 부정하는 점이다.

다음은 이 시대의 否定法에서 볼 때 예외와 같이 보이는 것이다.

6) 常刂 得氵亦 佛乚 見白5 世尊乚 離 不矢5 ッ氵 常刂 妙法乚 聞白5 〈金光3, 14,5〉

6)의 밑줄 그은 부분은 '世尊을 離한 것이 아니고'로 해석할 수 있다. 이것은 동사의 어간형태인 '離'를 명사문의 부정사 '不矢/안디'가 부정하는 것 같이 보여 釋讀口訣의 부정법으로서는 예외적으로 보인다. 이를 합리적으로 이해하려면 동사어간 '離'에 연결되었던 동명사어미 '-(ッ) 1/혼'이 생략된 것으로 보아야 한다. 즉 '離ッ 1 不矢5'의 형식으로 보고 '離한 것이 아니고'로 해석해야 한다.

7) 佛刂 華上氵十 坐丷氵 十方氵十 示現丿尸厶 不冬[偏]亇丨丿乛 靡七氵尓〈華嚴14, 13,1-4〉

8) 諸乛 衆生衤 病 不冬 同刂乛亼乚 隨〒〈華嚴14, 17,11-16〉

7)의 밑줄친 부분은 '아니 보편함이 없어서'로 해석된다. 이 구는 부정사 '不冬/안돌'이 앞에 오고 피부정사 '[偏]亇丨丿乛/마다 혼'이 뒤에 오는 이른바 短形否定이다. 이 경우 부정사 不冬은 動詞文否定辭이어서 '[偏]亇丨丿乛'의 '亇丨丷/마다ᄒᆞ-'까지를 부정한 것으로 보아야 한다. 이 구는 二重否定이어서 否定句 '不冬 [偏]亇丨丿乛'을 다시 '靡七(氵尓)/없(어곰)'이 부정하고 있다. 이때 피부정사 [偏]亇丨丿乛의 동명사어미 -乛/n은 부정사 '靡七/없-'의 지배를 받아서 名詞文 否定文의 피부정사를 만드는 구실을 하는 것이다.

8)은 '모든 중생의 병이 안 같은 것을 따라'로 해석된다. 이 구는 名詞文否定인 우리의 '不喩 慚肦伊賜等'의 否定形式과 매우 유사하지만 不冬로 부정되는 動詞文否定이어서 우리를 곤혹스럽게 하는 것이다. 그 차이를 밝히기 위하여서는 우선 '不冬 同刂乛亼乚/안돌 오힌 돌'에서 不冬은 동사 '同刂/오히'까지를 부정하는 것으로 보고 -乛/n동명사어미는 '同刂/오히'와 의존명사 '亼/ᄃᆞ'를 이어 주는 관계에서 생긴 것으로 보아 부정법의 不冬과는 직접적인 관계가 없는 것으로 보아야 動詞文否定法이 성립된다. 즉 이 구는

[[[不冬+同刂]+乛]+[亼]]+乚]]]

과 같이 분석되는 것이다. 이것은 6)의 부정법에서 不冬이 [偏]亇丨丿乛의 '[偏]亇丨丷/마다ᄒᆞ-'까지만을 부정하는 것과 같은 것이다.

(3) 慚肹伊賜等/븟그리ᄉᆞᆫ 든

慚肹伊는 15세기어의 '븟그리-'에 해당하고 '賜/ᄉᆞ'는 존대법의 '-시-'에 해당한다. 等은 의존명사 'ᄃᆞ'를 표기하는 것인데 문맥에 의하여 주제의 보조사 'ㄴ'을 첨가하여 '든'으로 읽는다. 慚肹伊賜와 等 사이를 이어주는 것이 동명사어미인데 여기서는 표기상 생략되었다. 이 동명사는 -ㄱ/n과 -尸/l이 될 수 있는데 그 결정은 부정사 不喩에 달려 있다. 이에 따라 動詞文否定의 -尸/l이 아니라 名詞文否定의 -ㄱ/n이 생략된 것으로 보아야 당시의 문법에 맞는다.[15] 이를 長形否定法으로 바꾸면

慚肹伊賜隱+不喩是隱+等 / 븟그리ᄉᆞᆫ+안디인+든

과 같이 될 것이다.

'不喩 慚肹伊賜 等 / 안디 븟글이ᄉᆞᆫ 든'에서 '不喩/안디'가 '慚肹伊賜/븟글이ᄉᆞᆫ' 전체를 부정하는 점은 8)의 '不冬 同 ㅣ ㄱ 入 乚'에서 '不冬/안돌'이 '同ㅣ/오히'까지만을 부정하는 것과 차이가 있다. 신라인들은 명사문부정법과 동사문부정법을 구별하여 이로써 의사표현을 자유로이 하였다고 보아야 한다.

'不喩 慚肹伊賜 / 안디 븟글이ᄉᆞᆫ'을 해석하면 '안 부끄러워함', '안 부끄러워하는 것', '부끄러워함이 아닌 것', '부끄러워하지 않는 것' 등이 될 수 있다. 그러나 중요한 것은 부정사 '안'과 피부정사 '부끄러워함'이 同格이라는 점이다. 동사부정문 '부끄러워하지 않다'는 단순한 부정의 진술이지만 그것을 명사문 부정으로 표현하여 '부끄러워하는 것'과 '그것이 아님'이 동격을 이루면 그 부정의 내용이 훨씬 명확해지는 것으로 생각된다.

또 '不喩 慚肹伊賜 等 / 안디 븟그리ᄉᆞᆫ 든'을 단순히 '아니 부끄러워하

---

15 鄕札의 표기법에서 동명사어미 'l, n'이나 주제의 보조사 '-n'의 생략이 흔히 있으므로 해독할 때는 이를 재생하여 읽어야 한다.

는 것이라면'이나 '부끄러워하지 않는다면'으로만 해석하면 無味乾燥한 내용이 된다. 의존명사 '等/ᄃᆞ'는 15세기어의 '것'의 뜻으로만 해석해서는 안 된다. 이 '等/ᄃᆞ'는 如實法을 나타내는 것으로 '똑같은 것', '바로 그것', '틀림없는 바로 그것'으로 해석해야 당시인의 表現意圖에 맞는다.

'等/ᄃᆞ'에는 주제의 보조사 -n이 표기상 생략되었다. 이를 재생하면 'ᄃᆞᆫ'이 되는데 이 문맥에서는 조건법으로 해석된다. 고대한국어의 文法에서는 條件法語尾 '-면'이나 '-거든'이 발달되어 있지 않아 主題表現을 빌리어 條件法을 나타내는 것을 흔히 볼 수 있다(南豊鉉 2009:555 이하). 그리하여 이 구는 '부끄러워하심이 아닌 것, 바로 그것이라면'으로 해석하여 '부끄러워하지 않는 사실'을 강조하는 뜻을 살려야 當時人들의 表現意圖에 맞는 것이 된다.[16]

이상으로 제3구는 '나롤 안디 붓그리ᄉᆞᆫ ᄃᆞᆫ'으로 해독하고 '나를 안 부끄러워하는 것, 바로 그것이라면'으로 해석한다.

제4구: 花肹折叱可獻乎理音如

(小倉進平)	곶올 썩거 들이오리이다	꽃을 꺾어 들이겠읍니다.
(梁柱東)	곶홀 것가 받ᄌᆞᄫᆞ리이다	꽃을 꺾어 바치겠읍니다.
(池憲英)	곶홀(븘홀) 것가 받ᄌᆞ오리이다	꽃을 꺾어 바치오리다.
(홍기문)	곶홀 것거 받ᄌᆞ호리미다	꽃을 꺾어 드리오리다
(金亨奎)	곶홀 것거 받ᄌᆞ보리이다	꽃을 꺾어 바치겠읍니다.
(鄭然粲)	곶흘 것가 받ᄌᆞ보링다.	꽃을 꺾어 바치겠읍니다.
(敍在克)	고촐 것가 받ᄌᆞ보림다	꽃을 꺾어 바치리다.

16 필자는 〈南豊鉉 1976:231〉의 글 「國語否定法의 發達」에서 이 구의 '不喩'가 동사부정법에 쓰인 것으로 보아 이것을 차자표기 전반에서 보아 유일한 예외라고 한 바 있다. 이제 이 구를 명사문 부정으로 해석할 수 있음을 밝힘으로써 이 의심을 덜어 버린다.

(金俊榮) 곶홀 것가 받ᄌᆞ오림다　　꽃을 꺾어 바치오리다.(꽃을 꺾어 바치겠읍니다)

(金完鎭) 고졸 것거 바도림다.　　꽃을 꺾어 바치오리다.

(兪昌均) 골홀 것가 바도림다.　　꽃을 꺾어 바치겠습니다.

(朴鎭浩) 곶올 것가 받오림(ㅅ)다　　꽃을 꺾어 바치겠(습니)다.

이 구는 여러 解讀者들이 '花肹 折叱可 獻乎理音如'로 끊어서 읽는 데 異見이 없다. 필자도 이를 따르지만 해독과 해석에는 상당한 이견을 가지고 있다.

(1) 花肹/곶올

肹은 대격조사를 대표하는 것으로 보고 이 환경에서는 음절말음과 모음조화를 고려하여 '올'로 읽는다.

(2) 折叱可/것거

15世紀語의 '겄-(折)'에 접속어미 '-아/어'가 연결된 형태인데 모음조화를 고려하여 可를 '거'로 읽는다. '可'는 대표음이 '가'이지만 문맥에 따라 '거'음에 轉用된다.

(3) 獻乎理音如/받오림ㅅ다

표기상으로는 '獻호림ㅅ다'로 읽을 수도 있으나 이 노래에서는 '獻'을 음독하기보다는 훈독하는 것이 口語的인 표현이 되어 자연스럽다. 15세기어의 '받ᄌᆞᆸ-'과 '바티-'를 고려하여 獻을 '받-'으로 읽는다. 여러 해독자들이 謙讓의 보조어간 'ᄌᆞᆸ'을 넣어 읽었는데 필자는 고대한국어에서는 겸양의 'ᄉᆞᆸ, ᄌᆞᆸ, ᅀᆞᆸ'이 발달되지 않았던 것으로 본다(南豊鉉 2003:141). '理/리'는 未來時相이나 眞理를 나타내는 보조어간이다. '音如'는 朴鎭浩에 와서 비로소 '叱/ㅅ'의 표기를 재생하여 '음ㅅ다'로 읽었다. 近古語의 釋讀口訣

을 이해하면 쉽게 '叱/ㅅ'을 재생하여 '音叱如/음ㅅ다'로 읽을 수 있다. '音叱/ㅁㅅ'은 서법을 나타내는 형태인데 필자는 應當法 보조어간으로 보아 '어떤 일을 꼭 하여야 하는 것'을 나타내는 것으로 본다. 釋讀口訣에 그 용례가 자주 나타나고 15세기의 『三綱行實圖諺解』에도 남아 있다.

1) 當願衆生 天人ラ[之] 歎仰ノ尸 所刂尸 [爲]入乚 <u>ノ亠 [應]セソㅌ立</u> / (보살은) '衆生이 응당 天과 人의 歎仰하는 바가 되어야 할지어다' 하고 願하여야 한다.〈華嚴14, 7,2〉

2) 吾ㄱ 今ソㄱ 先ㄋ 諸ㄱ 菩薩 [爲]氵亠 佛果乙 護ノ令セ 因緣: 十地セ 行乙 護ノ令セ 因緣:ノ乙

<u>說ㄗ亠セㅣ</u> / 나는 지금 먼저 모든 菩薩을 위하여 佛果를 護持하는 因緣과 十地行을 護持하는 因緣을 응당 演說할 것이다.〈舊仁3:18〉

3) 蘇武ㅣ 닐오ᄃᆡ 내 分이 죽건 디 오란 사ᄅᆞ미로ᄃᆡ 모로매 降히요려 커든 내 알ᄑᆡ셔 <u>주거 뵈욤ㅅ다</u> / 蘇武가 이르기를 나의 분수가 오래 전에 죽었어야 할 사람이로되 꼭 (나를) 降服시키려 한다면 내가 그대의 앞에서 꼭 죽어 보여야 할 수밖에 없다.〈成宗版 三綱行實圖 忠臣 6b〉

1)의 'ノ亠 [應]セソㅌ立/홈ㅅ ᄒᆞᄂᆞ셔'는 亠과 セ를 應자의 앞과 뒤에 놓음으로써 '亠セ(音叱)/ㅁㅅ'가 한문의 應자의 뜻에 해당하는 것임을 보여 준다. 즉 亠セ가 '응당 하여야 함', '반드시 하여야 함', '꼭 하여야 함'의 뜻을 나타내는 형태임을 보여 주는 것이다. 이 문장은 주어가 '衆生'으로 3인칭인 경우이어서 '亠セ(音叱)/ㅁㅅ'는 '事理의 當然함'을 나타낸다.

2)에서는 '亠セ(音叱)'가 1인칭 주어인 경우에 쓰인 것이다. 이에 따라 '說ㄗ亠セㅣ/니르옴ㅅ다'는 '내가 응당 설해야 한다. 그것이 당연한 일이다'로 해석할 수 있는데 주어가 1인칭의 話者이므로 '강한 의지'가 들어 있는 것으로 보아야 한다.

3)은 15세기에 쓰인 유일한 '-ㅁㅅ-'의 예인데 이 역시 주어가 1인칭인

문장이다. 이 문장은 漢나라의 中郎將 蘇武가 匈奴에게 사신으로 가서 굽히지 않고 數年을 버티었는데 李陵이란 자가 그를 懷柔하고자 하매 蘇武가 자기의 강한 의지를 표현한 말이다. 여기서의 '주거 뵈욤ㅅ다'는 '나는 어쩔 수 없이 죽어서 너에게 보여 주는 도리밖에 다른 도리가 없다'고 하는 자기의 강한 의지를 나타낸 것이다.

이런 점에서 '花肹 折叱可 獻乎理音如 / 곶올 것거 받오림ㅅ다'를 해석하면 '꽃을 꺾어 틀림없이 바치겠습니다' 라고 할 수 있는데, 더 나아가서 다음과 같은 강한 意志가 含意되어 있다고 보아야 할 것이다.

> 당신의 아름다움이 나로 하여금 응당 꽃을 꺾어 바치지 않을 수 없게 합니다. 그렇게 하는 것이 당연한 일입니다.

4. 總括

獻花歌는 향가 가운데는 비교적 해독하기가 쉬운 노래이다. 4句體의 短歌인데다가 배경설화가 그 내용을 뒷받침하기도 하고 表記構造가 '訓讀字+假字'이어서 歌意를 쉽게 파악할 수 있기 때문이다. 그러나 15세기어의 지식으로는 이해할 수 없는 문법이 들어 있어 그 내용을 當時人들의 정서를 이해하면서 풀어내기는 어려웠던 것이다. 근래에 와서 고려시대의 釋讀口訣 자료와 中古時代의 吏讀 자료들이 발굴되고 해독되면서 고대국어에 대한 이해가 훨씬 넓고 깊어지게 되었다. 이 노래에 대한 필자의 해독작업은 이러한 지식을 살리고자 한 것이라고 하겠다. 여기 해독한 결과를 종합하면 다음과 같다.

紫布 岩乎 过希	ᄃᆞᆯ뵈 바회 ᄀᆞᇫᄋᆡ
執音 乎 手 母牛 放教遣	잡ᄋᆞᆷ 혼 ᄉᆞᆫ 암쇼 놓이기ᄉᆞ고
吾肹 不喩 慚肹伊賜 等	나ᄅᆞᆯ 안디 붓그리ᄉᆞᆫ ᄃᆞᆫ

花肹 折叱可 獻乎理音如　　　곶ᄋᆞᆯ 것거 받오림ㅅ다

이 해독에서 訓讀字의 해독은 末音添記와 중세국어의 訓을 근거로 하였다. '紫布/ᄃᆞᆯ뵈', '執音 乎/잡ᄋᆞᆷ 혼', '不喩 慚肹伊賜 等/안디 붓그리ᄉᆞᆫ ᄃᆞᆫ', '獻乎理音如/받오림ㅅ다'는 고대어의 어휘와 문법을 보여 주고 있다. 조사 '希'와 '肹'의 초성에 나타나는 'ᅙ'음은 고대어나 그 표기상의 어떤 성격을 나타내는 것으로 보이지만 그 실체가 구명되지 않아 15세기어의 문법에 따라 해독하였다. 鄕札에서도 동명사어미 -n, l나 접속어미 -a 등의 표기는 흔히 생략되므로 해독에서는 이를 재생하여 읽어야 한다.

이 노래를 現代語로 飜譯하고 약간의 鑑賞을 덧붙이면 다음과 같다.

진달래꽃(또는 철쭉꽃)이 흐드러지게 피어 붉게 뒤덮은 바위 가에(바위 끝에 있는 꽃.)

(부인의 아름다움이 나로 하여금) 잡고 있던 손이 암소를 놓게 하시고

나를 안 부끄러워 하시는 것, 바로 그것이라면

꽃을 꺾어 응당 바치는 것이 당연합니다.

'곶ᄋᆞᆯ 것거 받오림ㅅ다'에는 다음과 같은 노인의 강한 의지가 내포되어 있는 것으로 볼 수 있다.

(당신의 아름다움이) 그렇게 하지 않을 수 없게 합니다. (당신의 아름다움은) 제가 꽃을 꺾어 바치는 것이 아주 당연한 이치가 되게 합니다.

이상 獻花歌는 짧은 노래 속에 傳說的인 貴婦人의 美貌를 찬양하는 作者(老人)의 마음이 생동감 있게 나타난 鄕歌라고 하겠다.

参考文獻

姜信沆(1980), 『鷄林類事「高麗方言」研究』, 成均館大學校 出版部.

金完鎭(1980), 『鄕歌解讀法研究』(韓國文化研究叢書 21), 서울大學校出版部.

金俊榮(1964), 『鄕歌詳解』, 교학사.

金俊榮(1987), 『鄕歌文學』, 螢雪出版社. 改正3刷.

金亨奎(1955), 『國語史(國語史 及 國語學史)』, 白映社.

南豊鉉(1976), 國語否定法의 發達, 『문법연구』 3. 文法研究會.

南豊鉉(1981), 『借字表記法研究』, 檀大出版部.

南豊鉉(1999), 鄕藥集成方의 鄕名에 대하여, 『震檀學報』 87, 震檀學會.

南豊鉉(2009), 『古代韓國語研究』, 시간의물레.

南豊鉉(2011), 古代韓國語의 謙讓法 助動詞 '白/숣'과 '內/아'의 發達, 『口訣研究』 26, 口訣學會.

朴鎭浩(1998), 고대국어 문법, 『국어의 시대별 변천・실태 연구 3: 고대국어』, 국립국어연구원.

朴鎭浩(2008), 향가 해독과 국어 문법사, 『國語學』 51, 國語學會.

徐在克(1975), 『新羅 鄕歌의 語彙 研究』, 啓明大學 韓國學研究所.

梁柱東(1965), 『增訂 古歌研究』, 一潮閣.

兪昌均(1994), 『鄕歌批解』, 형설출판사.

李丙燾(1981), 『譯註 三國遺事(並 原文)』, 廣曺出版社.

鄭然粲(1972), 鄕歌 解讀의 一斑, 『鄕歌의 語文學的 研究』, 서강대 인문과학 연구소.

池憲英(1947), 『鄕歌麗謠新釋』, 正音社.

洪起文(1956), 『향가해석』, 조선민주주의인민공화국 과학원.

小倉進平(1929), 『鄕歌及び吏讀の研究』, 京城帝國大學.

황패강(1993), 향가의 본질, 『향가문학연구』(화경고전문학연구회편), 一志社.

李時珍(1590), 『圖解 本草綱目』, 高文社, 1977年刊.

周法高主編(1979), 『漢字古今音彙』, Hong Kong: 中文大學出版社.

▌『구결연구』 24집, 구결학회, 2010. 2

鄕歌 解讀論

1. 序言

1972년 筆者가 檀國大學校 國文科에 처음 왔을 때 黃浿江教授와 어느 私席에서 鄕歌 解讀에 대한 이야기를 한 적이 있었다. 鄕歌 解讀은 文學的인 접근과 語學的인 접근이 필요하니 黃선생님이 문학적인 면에서, 필자가 어학적인 면에서 접근함으로써 새로운 향가 해독을 하여 보자는 내용이었다. 그 후 어언 20년이란 세월이 흘러 黃선생님이 停年을 맞이하게 되었으니 세월의 덧없음을 다시 한 번 절감하게 된다.

黃선생님은 그 후 향가에 대한 연구를 계속하시어 遺事의 향가에 대하여서는 거의 그 작업을 마치어 가는 것으로 안다. 필자는 이제까지 향가의 주변만을 맴돌면서 단편적인 글을 발표하였을 뿐, 본격적인 향가 해독에는 미치지 못하고 있다. 그러나 이 방면에 대하여는 언제나 관심을 가지고 있었기 때문에 나름대로의 생각은 하고 있었으니 이번에 이에 대한 소견을 펴 이 문제에 대한 책임을 면해 볼까 한다.

2. 鄕歌 解讀의 諸問題

현재 우리가 가지고 있는 향가는 高麗 睿宗의 悼二將歌까지 합쳐 26首이다. 이 향가는 7세기에서부터 10세기까지 지어진 것이 『三國遺事』와 『均如傳』에 실려 전해지고 있다.[1] 『均如傳』은 普賢十願歌가 지어진 지 100여년이 지난 1075년에 편찬되어 13세기 중엽에서야 오늘날 우리가 볼 수 있는 모습으로 板刻된 것이다. 『三國遺事』의 향가는 작품에 따라 지어진 연대가 차이가 있는데 『三國遺事』에 정착된 것은 신라 시대가 지난 지 400년 가까이 된 13세기 후반이다. 그러나 그 初刊本은 아직 발견되지 않고 오늘날 우리가 볼 수 있는 것은 16세기에 와서 重刊된 板本이다. 이와 같이 작품의 양이 빈약할 뿐 아니라 제작 연대와 기록 연대가 차이가 크고 기록된 후에도 이 작품을 이해하기 위한 노력들, 즉 註釋이나 解說 또는 鑑賞과 같은 것이 없이 6, 7백년 동안 방치된 상태에 있다가 오늘의 우리에게 전해진 것이다. 이러한 작품을 해독하자면 이 작품들이 文字化되던 당시, 나아가서는 작품이 지어지던 당시의 사실을 소급해 올라가 추정해야 하는데 그 작업이 至難한 것임은 우리가 익히 알고 있는 바이다.

향가의 해독에서 우리가 경계해야 될 것은 모든 鄕歌를 完璧하게 해독할 수 있다는 생각이다. 향가에 따라서는 그 해독이 비교적 용이한 것도 있다. 그러나 모든 향가를 의심의 여지없이 해독하기에는 현재 우리가 가지고 있는 자료가 너무도 빈약하다. 비록 자료가 충분하다고 하더라도 미세한 부분에서는 결정하기가 어려운 경우가 허다하게 나올 것이다. 우리의 향가와 표기 방법이 극히 유사한 日本의 萬葉歌는 현재 4,800餘首가 전해져 그 양이 鄕歌와는 비교가 되지 않을 정도로 많고 그 형식도 5 7調나 5 7 7調로 정해져 있어 解讀하기가 용이한 데다가 歌集이 이루어진 지 200년 정도가 지난 10세기 중엽부터는 그 讀法을 표시하기 시작하여 현재까지 많은 학자들이 지속적으로 해독을 해 오고 있다. 그럼에도 불구하고 해독되지 않는 노래들이 있다. 萬葉集의 제 9번의 노래가 그 하나로 이의 해독을 시도한 이가 30여명이나 되지만 이들이 각기 다른 해독을 하고 있어서 그 어느 것도 믿을 만한 해독이라고 보기가 어렵다고 한다. 이밖에도 그 助詞나 語尾등의 표현에 있어 異見을 보이는 작

1 論議의 편의상 悼二將歌는 특별한 경우가 아니면 대상에서 제외해 놓기로 한다.

품들은 수없이 많다. 이와 같이 향가와는 비교할 수 없을 만큼 좋은 條件을 가졌음에도 불구하고 해독되지 않거나 異見들이 큰 萬葉歌가 있는 것을 보면 완벽한 解讀이라는 것이 얼마나 어려운 것인가를 이해할 수 있을 것이다. 따라서 최선을 다한 鄕歌 解讀은 있을 수 있어도 완벽한 해독은 있을 수 없다는 사실을 우리는 염두에 둘 필요가 있다.

鄕歌를 解讀한다고 할 때 解讀에도 단계가 있을 수 있다. 우선 한 작품의 중요 단어만 추출하여 그 작품 전체의 내용만 짐작해 볼 수 있는 정도의 해독이다. 이는 가장 거친 해독이라고 할 것이지만 不得已한 경우에는 이로써 만족할 수밖에 없을 것이다. 다음으로는 句나 語節로 끊어 讀字(表意字) 부분은 그대로 두고 假字(表音字) 부분만 한글로 옮기는 정도의 해독이다. 이는 古代韓國語의 語形을 추정하기 어려운 현재로서는 誤讀을 피할 수 있는 길이기는 하지만 詩歌의 形式이나 美的 價値를 찾고자 하는 이들에겐 충분치 못한 해독이다. 그 다음으로는 語節의 讀字 부분과 假字 부분을 모두 한글로 옮기어 그 내용을 파악하는 해독이다. 이는 성공적으로만 수행된다면 현재로서는 가장 바람직한 해독이라 할 수 있다. 이 다음 단계의 해독은 記錄者가 나타내려고 했던 당시의 音韻까지도 밝히는 작업이다. 이는 古代韓國語의 音韻體系와 그 變遷을 밝히는 작업이므로 세 번째 단계의 해독이 이루어진다면 그를 기초로 해서 서서히 밝혀 나가도 될 성질의 것이다. 현재 국어학계에서 우선 목표로 하고 있는 해독은 세번째 단계의 것이다. 이 정도의 해독이 이루어지면 향가를 통한 古代韓國語의 再構, 그 작품의 藝術的인 表現美와 思想的인 內容의 추출까지 가능해질 것이다. 그러나 실제적인 鄕歌 解讀 작업은 그 단계가 명확하지 못하여 구절에 따라서는 두번째 단계의 해독으로 만족할 수밖에 없는 경우도 있을 것이고 그 단계에도 미치지 못하는 경우도 있을 수 있을 것이다.

3. 鄕歌 解讀의 硏究史

향가의 해독도 이제는 70여년의 역사를 가지게 되었다. 이 가운데 語學的인 측면에서 향가 해독을 개척하여 나가는 데에 큰 업적을 남겼거나 중요한 문제를 제기한 것은 小倉進平(1929), 梁柱東(1942), 李崇寧(1955), 金完鎭(1980)의 연구이다.[2] 이들이 향가의 해독 방법에 대하여 어떠한 문제를 제기하고 이 문제를 어떻게 개척하여 왔는가를 살핌으로써 鄕歌 解讀에서 제기된 문제들을 고구해 보기로 한다.

小倉進平은 일찍부터 차자표기법에 관심을 기울여 吏讀에 나타나는 用字法이 일본의 萬葉假名의 그것과 매우 비슷하다는 사실을 논했다. 그러는 가운데 均如傳의 향가 11수를 발굴하게 되어 遺事의 향가 14수와 함께 그 전반의 해독을 하였다. 그의 해독 이전에도 향가를 해독한 사람이 있었으나 그들은 한 편이 아니면 두세 편의 해독을 하는 데에 그쳤으므로 향가 전반을 해독하는 작업은 小倉선생에 와서 비로소 시도된 것이라고 하여도 과언이 아니다.

梁柱東의 鄕歌解讀은 小倉의 解讀을 바탕으로 하여 이루어진 것이다. 그의 해독은 小倉의 것을 대폭 시정하여 발전시킨 것이긴 하지만 그 解讀方法은 거의 비슷하므로 두 解讀의 방법을 함께 비교하여 검토하는 것이 이해에 도움이 된다. 먼저 小倉이 제시한 방법론을 들어 설명하고 梁柱東의 방법론을 비교하는 순서로 논의를 전개해 나가기로 한다.

小倉은 향가해독의 원칙을 4가지로 나누어 제시하였다. 그 첫째 항을 보면 다음과 같다.

---

2 小倉進平(1929), 『鄕歌 及 吏讀의 硏究』.
梁柱東(1942), 『朝鮮古歌硏究』, 博文書館.
李崇寧(1955), 新羅時代의 表記法體系에 關한 試論, 『서울大論文集』 2.
金完鎭(1980), 『鄕歌解讀法硏究』, 서울大學校出版部.

漢字를 類에 따라 모아서 그 사이에 존재하는 사용상의 異同을 고려하여 가장 온건하다고 생각되는 해석법을 취했다.

이는 각 借字의 用例를 향가 전체에서 수집하여 그 분포를 살펴서 그 用法을 추정했음을 말한 것이다. 이는 향가의 표기법을 파악하고자 한 작업이다. 그는 借字表記의 用字法을 吏讀와 萬葉假名와의 비교를 통하여 논한 적이 있는데[3] 萬葉假名의 用字法에는 正音, 略音, 正訓, 義訓, 借訓, 戱書 등이 있지만 吏讀는 助詞와 語尾를 주로 기록하는 것이므로 義訓, 戱書는 나타나지 않는다고 하였다. 吏讀는 독법이 이미 알려져 있으므로 用字法을 쉽게 추출할 수가 있지만 鄕歌는 새로이 해독해야 되는 것이므로 이와 같은 작업을 통하여 用字法을 새로이 추출해야 되었던 것이다.

梁柱東도 이 점에 있어서는 小倉과 다름이 없었다. 그는 그가 취한 태도를 '借字解讀에서 될수록 歸納的인 充實한 飜譯을 期한 것'이라 하고 이에 대한 설명을 다음과 같이 하였다.

借字解讀에 잇어서는 于先 同一한 二十五首 詞腦歌中에 使用된 同一字의 用例를 分類 考査하는 一方, 古地名 官名 人名 其他의 借字例, 乃至 吏文 古金石文 內外史書에 散見되는 借字語彙를 될 수 잇는 대로 廣範圍로 類聚 互證하야 가장 常識的인 普遍的 歸納的 斷案을 나리기에 注力하였다.

이는 小倉이 위에서 말한 작업과 같은 작업을 하였음을 말한 것인데 그가 이 작업을 통하여 추출해낸 결과는 자못 괄목할 만한 것이다. 그는 鄕歌에 나타난 文字體系를 '義.借字用法'이라 하고 이를 義字와 借字로

---

3 小倉進平(1920), 國語 및 朝鮮語를 위하여, 「小倉進平博士著作集(四)」(京都大學文學部)에 再錄.

나누어 義字는 音讀字, 訓讀字, 義訓讀字로, 借字는 音借字, 訓借字, 義訓借字로 분류하였다. 이어서 借字의 用法을 借字가 나타내는 표음의 樣相에 따라서 正借와 轉借, 通借와 略借, 反切, 戱借로 나누었다. 이는 日本의 萬葉假名의 용자법을 참고한 것이지만 그 나름의 독특함이 있는 것이다. 이어서 그는

> 詞腦歌에 가장 慣用된 記寫法은 體.用言의 一單語를 몬저 義字로 表示하고 다음 그 말의 末音 또는 末音節을 主로 音借字로 添記함이니 이를 義字末音添記法이라 한다.

라고 하였다. 이는 末音添記法을 밝힌 것이다. 이러한 표기법의 파악은 향가의 해독을 위하여 새로운 분야를 개척한 것이다.

小倉이 제시한 두 번째 원칙은 다음과 같다.

> 鄕歌에 附帶된 解說文에 의하여 그 뜻의 把握을 모색하였다.

이는 遺事에 실린 說話와 均如傳의 漢譯歌를 참고하여 歌意를 파악하는 데 이용했음을 말한 것이다. 鄕歌의 歌意를 파악하는 데 가장 많은 정보를 제공하여 주는 것이 이 解說文이다. 따라서 이를 세밀히 분석하여 鄕歌의 내용을 파악하는 指針으로 삼아야 한다. 이 점에 있어서 이 태도는 옳은 것이라 하겠다.

이것은 梁柱東에 있어서도 같이 인식한 것이다. 그는 小倉이 해설문의 내용파악에서 범한 誤謬를 시정하였을 뿐만 아니라 각 鄕歌의 說話나 漢譯歌를 제시하고 검토한 다음에 解讀(註釋)하였다. 이는 그가 鄕歌의 배경을 설명해 주는 자료들을 매우 중요시했음을 말하여 주는 것이다.

小倉이 제시한 세 번째 원칙은 古書의 語格을 參考하였다는 것이다. 이는 新羅語 文法의 이해를 위하여 古書에 나타난 문법을 참고했음을 말

한 것이니 鄕歌의 解讀에서는 가장 핵심이 되는 작업이라고 하겠다. 그는 名詞 등의 實辭는 당시의 固有名詞 표기와 官名 등에서 어느 정도 엿볼 수 있었지만 助詞와 語尾는 正音創制 이후의 한글 문헌의 것을 방증으로 삼을 수밖에 없었다고 하였다. 이 역시 신라시대의 다른 자료가 없는 상황에서는 당연히 취해야 할 방법이다. 그러나 그가 참고한 古書들을 보면 15, 6세기나 그 이전의 文獻보다는 17세기 이후의 文獻이 더 많다. 특히 한글문헌에서 이 점이 두드러지게 드러난다. 이는 그가 15세기 이후 한국어가 발달해 온 현상을 시대별로 바르게 파악하지 못하였음을 말해 주는 것이다. 기실 그의 시대에는 한국어의 시대적인 발달에 대하여 치밀한 연구가 이루어지지 못했고 그 자신 외국인으로서의 한계를 벗어나지 못하였기 때문에 그가 이의 중요성을 강조하였음에도 불구하고 그가 해독한 언어는 時代性이 없는 것이 되고 말았다.

梁柱東도 이 점을 중히 여겨서 다음과 같이 말하고 있다.

> 注記(解讀)의 實際에선 鮮初 乃至 麗代의 古語彙 古語法을 綿密히 參互하는 一方, 그 音韻的 方面…… 特히 當時의 俗音 方言等을 不斷히 考慮한 것.(61면)

그가 참고한 文獻의 종류와 수는 小倉이 참고한 것에 비교가 되지 않을 만큼 다양하고 풍부한 것이었다. 그리하여 그의 해독은 鄕歌의 言語를 적어도 中世國語에는 맞는 言語로 끌어 올리는데 성공하였다고 볼 수 있다. 이는 그가 짧은 기간 내에 풍부한 문헌을 涉獵하여 소화한 그의 個人的 力量이 뛰어난 데서 나온 所産으로 볼 수도 있지만 그보다도 小倉의 해독 이후 10년 동안에 새로운 자료의 발굴과 연구가 축적되었기 때문에 가능했던 것이다. 그러나 梁柱東은 言語學徒가 아니었다. 이로 인하여 오늘날에는 상식적이라고 할 만한 국어 변천 현상에 대해서도 잘못 파악하여 오류를 범한 경우가 있을 수밖에 없었다.

小倉이 제시한 네 번째 원칙은 '方言을 참고하였다'는 것이다. 각 지역에 분포된 방언을 수집하여 그 언어의 先代形을 再構하는 작업은 언어학의 상식이다. 향가는 慶州가 국어의 중심지였을 때 지어진 작품이니 그 지역의 방언이 반영되어 있을 것은 쉽게 생각해 볼 수 있는 것이다. 小倉은 일찍부터 方言調査에 착수하여 10여년의 연구업적을 쌓은 후에 鄕歌를 해독한 셈이다. 그러나 그의 방언 연구가 실제로 鄕歌 解讀에 공헌하였다고 볼 수 있는 것은 거의 없다. 이 점에 있어서는 梁柱東의 경우에도 같다. 方言硏究가 향가 해독에 도움을 줄 수 있을 것이란 견해는 그 후에도 계승되어 부분적으로 應用하려는 태도가 있었으나 그 성과는 기대에 미치지 못하고 있다. 현재까지의 방언 연구의 성과를 볼 때 앞으로도 方言硏究가 향가해독에 얼마나 공헌할 수 있게 될 지는 미지수이다.

梁柱東은 小倉의 방법론에서 한 걸음 더 나아갔으니 '全篇의 解讀 注記를 通하야 特히 歌謠로서의 音數律을 考慮한 것'이라고 한 것이 그것이다. 그는 '향가는 散文이 아닌 詩歌이므로 그 大意나 字訓을 解讀함으로써 足한 것이 아니요 解讀된 結果가 歌謠로서의 音數律에 適合한가를 反省하여야 한다'고 하고 鄕歌의 音數律은 대체로 4 4調를 기조로 하여 간혹 4 3 3 4調를 交用하였다고 보았다. 小倉은 이 면에 소홀히 하여 어색한 해석이 많았는데 梁柱東이 이 면의 중요성을 제시하여 이 이후 이것이 鄕歌 解讀의 중요한 기준으로 인식되었다.

이상은 小倉과 梁柱東이 향가를 해독함에 있어 취했던 방법을 말한 것인데 향가를 전면적으로 해독하면서 취했던 방법들인 만큼 매우 實質的인 방법이라 할 수 있다.

이밖에도 小倉은 鄕歌의 傳來過程에 대하여 다음과 같이 疑問을 제기하였다.

『三國遺事』의 著者 一然은 高麗 熙宗 2年(1206)에 나서 忠烈王 15年(1289)에 入寂하였고 『均如大師傳』은 高麗 文宗 29年(1075)에 이루어진 것

이니 이들 鄕歌의 文字使用法과 같은 것은 아무래도 高麗時代의 관습에 의한 것이 아닌가 하는 疑問이 생긴다. 즉 鄕歌 그 자체는 新羅時代의 産物이라 하여도 이를 文字로 기록한 것은 『三國遺事』나 『均如傳』이 製作될 때 비로소 이루어진 것이 아닌가 하는 것이다.(31~32면)

이에 대하여 그는 다음과 같이 스스로 답하고 있다.

『三國遺事』의 撰修 당시에는 新羅時代 이후의 기록이 어느 정도 남아 있어서 여기에 실려 있던 것이 그대로 기록되어 전하는 것으로 생각된다. 要는 鄕歌는 한편으로는 口傳되면서도 다른 한편으로는 漢字로 기록되어 그 原形이 대체로 변하지 않고 후세에 전해질 가능성이 있다. 이 점에서 『三國遺事』의 鄕歌는 新羅 당시의 표기를 대체로 그대로 지닌 것으로 보는 것이 무리가 없다고 믿는다.(34면)

『均如傳』의 第七歌行化世分에는 鄕歌 11수에 대한 均如의 自作 序文이 있다. 序文이 均如의 것이라면 그 本體인 歌詞도 均如의 것이 아니면 안 된다. 그리하여 『三國遺事』에 있는 향가의 漢字用法이나 語法 등을 『均如傳』의 그것과 비교해 보면 서로 다름을 확인하기가 어렵다. 바꾸어 말하면 동시대의 産物로 看做할 수 있는 현저한 類似性을 가지고 있다. 이런 점으로 보아 『均如傳』의 鄕歌는 新羅時代의 産物인 것이 분명하다.(34면)

이는 鄕歌가 기록되어 있는 원전 비판에 관한 문제이어서 鄕歌 解讀에서는 가장 먼저 해결되어야 할 사항인 것이다. 원전에 오류가 있다면 아무리 훌륭한 안목과 통찰력을 가졌다 하더라도 바른 해독을 도출해 내기가 불가능하기 때문이다. 小倉이 제기한 문제는 이러한 점에서 극히 당연한 것이었다. 그러나 그에 대한 해답은 극히 거칠고도 간접적인 것이었다. 매우 엄밀하게 검토되어야 할 사항들이 구체적인 검토 없이 그대로 넘어가고만 결과가 되었다.

이 점에 있어서는 梁柱東의 경우에도 거의 같다.

『均如傳』의 編成이 師의 寂後 百二年임으로 所錄歌詞에 或 字句變改가 잇지나 안흘까 생각기 쉬우되 實은 全歌 및 그 原序는 師의 舊藁를 그대로 錄付한 것이다.(57면)

여긔 暫間 附言할 것은 『遺事』 所載歌가 비록 原作은 各히 前揭 年代라 할지라도 『遺事』 所成이 『均如傳』보다 훨신 後인 十三世紀 中葉임에 現存 內容 及 借字法이 均如歌보다도 더 뒤지지 안헛을까 하는 疑問이다. 그것이 杞憂에 不過함은 上文에 이미 言及하엿거니와, 吾人이 實際로 『遺事』 諸歌와 均如歌와의 用語, 音韻, 借字法 其他를 比較 考察한 바에 依하면 兩者가 大略 類似함을 認定하는 同時에 全體에 흐르는 情調, 想念, 뉴안쓰에 잇어서는 遺事歌가 훨신더 古色이 濃厚함을 確認한다. 써 『遺事』 所載歌가 羅代의 原形을 어지간히 그대로 保有하고 잇음을 알 것이다.(58~59면)

이 역시 原作과 현존 작품 사이에 있을 수 있는 乖離를 積極的인 原典批判으로 극복하지 못하고 解讀에 착수했음을 말하여 주는 것이다. 이러한 문제에 대한 해답은 당시에는 이 이상 내릴 수 없는 것이었고 현재도 크게 나아진 것이 없는 것으로 알고 있다. 그러나 이것은 앞으로도 계속 의문으로 제기하고 그에 대한 해답을 찾아야 할 것이다. 해결할 수 없는 문제라고 하여 아예 눈감아 버릴 문제는 아닌 것이다.

1950년대에 들어오면서 언어학에 기초한 국어연구가 크게 강조되었다. 언어학의 새로운 관점에서 볼 때 過去의 鄕歌 解讀은 非科學的인 약점을 다분히 지니고 있었다. 이에 따라 과거의 鄕歌 解讀을 비판하고 새로운 解讀 방법을 제시한 것이 李崇寧(1955)의 글이다. 이 글에서는 鄕歌의 用字들이 임의의 가설에 牽强附會되기 위하여 數個의 音으로 읽히는 것은 언어의 시대적인 변천을 인식하지 못하고 후대의 언어나 자료에 맞추어서 해독하기 때문에 나온 것이라 하였다. 따라서 鄕歌의 해독은 新

羅語의 再構와 함께 이루어져야 하며 借字는 一字一音의 원리에 의하여 읽어야 한다고 하였다. 또 신라의 表記體系를 固有名詞의 表記法과 文章의 表記法으로 나누고 이 兩者에 쓰인 表音文字體系가 同一 起源에서 나온 것이라 하였다. 이러한 관점에서 古代의 固有名詞를 표기한 借字를 정리하여 그 문자체계를 수립하고 향가를 語節單位로 분석하였다. 이것은 엄밀한 방법론에 의하여 鄕歌를 解讀해야 됨을 보인 것이니 이 이후 一字一音의 原理와 新羅語의 再構는 鄕歌解讀의 합리적인 방법으로 學界에 받아 들여졌다.[4]

이 이후 1970년대 말까지 國語學의 硏究는 특히 中世國語 硏究에서 刮目할 만한 성과를 거두었다. 많은 자료들이 발굴되어 보급되었고 音韻論, 形態論의 연구가 활발하였다. 또 辭典의 간행으로 어휘의 정리가 이루어졌다. 이러한 연구들을 바탕으로 새로운 鄕歌의 解讀法을 제시하고 그 방법론을 실천하여 보인 것이 金完鎭(1980)의 業績이다. 그는 鄕歌 解讀의 基準으로

1. 一字一音의 原理
2. 訓主音從의 基準
3. 脈絡一致의 基準
4. 律調的 基準

을 들었다.

一字一音의 原理는 李崇寧(1955)에서 제기된 것으로 '憂音, 夜音, 心音'의 音을 'ㅁ'으로 읽었으면 '掌音'의 音도 'ㅁ'으로 읽어 이 단어를 '손ㅅ바닥'으로 읽지 않고 '손ㅅ바롬'으로 읽은 것과 같은 것이 그것이다. '舊理,

4 이러한 方法에 의하여 鄕歌解讀에 큰 성과를 올린 것이 徐在克의 『新羅鄕歌의 語彙硏究』(啓明大 韓國學硏究所, 1975)이다.

倭理, 星利'의 理, 利를 'ㅣ'나 'ㄹ'로 읽지 않고 '川理/나리, 世理/누리'의 경우와 같이 '리'로 읽어 이 단어들을 '녀리, 여리, 벼리'로 해독한 것도 이 기준에 충실하여야 한다는 데서 나온 것이니, 이는 이제까지의 鄕歌 解讀法을 새로운 측면에서 한 걸음 발전시킨 것이다.

訓主音從의 基準은 梁柱東의 訓讀字 末音添記와 같은 것이다. 그러나 이를 無添記, 純正添記, 代替添記, 附加的添記, 確認添記로 다시 나누었다. 이는 鄕歌의 모든 語節이 末音添記에 의하여 표기된 것으로 파악함으로써 일관성 있는 표기체계를 추출하려고 한 것이다.

脈絡一致의 基準은 鄕歌에 쓰인 단어가 따로따로 유리되지 않고 문맥에 일치되는 의미와 어형을 가져야 함을 말한 것이다. 이는 小倉과 梁柱東에서 향가에 부대된 해설문을 참고하였다는 것과도 연관이 있는 것으로 단어를 단위로 한 해독이 문맥이나 작품 전체 속에서 내용상의 조화를 이루어야 함을 말한 것이다.

律調的 基準은 梁柱東에서 제기된 歌謠로서의 音數律이 중요함을 말한 것이다. 그는 특히 均如傳에서 말한 三句六名을 '한 작품내의 3句가 6音節로 된 것'을 뜻하는 것으로 보고 鄕歌의 1, 3, 5句의 3句가 대체로 6音節인 것으로 보았다.

향가에 대한 原典批判은 이로써 처음으로 비판다운 비판이 이루어졌다 할 것이다. 그는 이 논의에서 字間의 空白에 중요한 의미를 부여하였다. 당시인들이 句에 대한 인식에서 띄어 쓴 것 이외의 空白은 본래 있었던 글자가 어떤 연유로 해서 빠진 것으로 보고 이를 補入하였다. 句로 나뉘어야 할 자리가 分節되지 않은 것도 본래부터 그렇게 된 것이 아니라 轉寫過程에서 착오가 있었던 것으로 보았다. 또 문맥적 의미의 단락과 맞지 않는 空白이라 하더라도 詩歌로서의 운율로 인하여 分節한 것으로 보았다. 이는 가능하면 원전에 나타난 것을 존중하면서 訛傳된 원전의 본 모습을 찾으려는 태도에서 나온 것이다. 한편 이 시가들이 오늘 우리가 볼 수 있도록 인쇄되기까지는 여러 과정을 거친 것으로 추정한 다음 그 과정에서 誤字가 생겼을 것으로 보고 향가 25수 가운데서 33자나 되는 오자를 校訂하였다. 이 校訂 가운데는 상당한 설득력을 갖는 것들이 있다. 또 指定文字說을 제기하여 '支'字는 그 앞에 오는 글자를 訓讀할 것을 지시하는 指定文字라고 하였다. 이는 새롭고 독특한 것으로서 앞으로 검토해 보아야 할 좋은 문제라 하겠다.

4. 鄕歌解讀의 課題

앞에서 향가를 해독한 대표적인 업적들이 향가를 해독하면서 제기한 鄕歌解讀의 方法論을 검토하였다. 여기서 제기된 方法들을 항목별로 정리하여 열거하면 다음과 같다.

1) 原典 批判
2) 表記法의 把握
3) 鄕歌作品이 나타내는 內容 把握
4) 鄕歌의 言語構造 把握
5) 鄕歌의 形式과 韻律의 把握
6) 方言學의 應用

앞으로의 鄕歌 解讀論에 있어서도 위에 열거한 항목으로서 충분히 논의할 수 있을 것으로 생각된다. 다만 위에서 제기된 方法論을 얼마나 더 심도 있고 정밀하게 발전시킬 수 있는가 하는 것이 앞으로 鄕歌 解讀者가 하여야 할 작업일 것이다. 따라서 이들 항목에 따라 앞으로 우리가 해야 할 일들을 전망하는 것으로서 이 鄕歌 解讀論의 책임을 면해 볼까 한다. 다만 方言學의 應用은 論議의 대상에서 제외하고자 한다. 왜냐하면 현재까지 향가 해독에서 방언학이 공헌했다고 생각되는 것이 미약할 뿐 아니라 앞으로도 공헌할 수 있을 전망이 극히 약한 것으로 생각되기 때문이다. 필자는 방언학의 연구에 의하여 재구할 수 있는 語形은 中世國語의 한글 자료가 전해 주는 이상의 정보를 제공하여 주기가 어려울 것으로 믿고 있다.

4.1. 原典 批判

原典 批判은 鄕歌 해독에서 가장 중요한 과제라고 생각된다. 鄕歌가 제작될 당시의 문헌이 거의 보존되어 있지 못한 현 상황에 얽매어 原典 批判은 無望한 것으로만 보고 이 작업을 外面해 버린다면 앞으로의 어떠한 鄕歌 解讀도 沙上樓閣이 되고 말 것이기 때문이다.

우리의 향가는 작품이 이루어진 후 수백년이 지나서 文字化된 것이다. 따라서 이 자료들의 성격을 어떻게 보고 해독에 임할 것인가가 우리에게는 매우 중요한 과제라고 하지 않을 수 없다.

『三國遺事』의 향가는 기록대로라면 眞平王代에서부터 憲康王代에 걸쳐 지어진 것이니 근 3백년에 걸쳐 지어진 것이다. 이것이 오늘날 우리가 볼 수 있는 문자로의 정착은 『三國遺事』에 의해서 비로소 이루어졌다. 『三國遺事』가 지어진 연대를 1280년대로 보면 憲康王代로 부터 400년이 지나서 문자화된 것이고 眞平王代로부터는 700년이 지나서 문자화된 것이다. 이렇게 오랜 세월이 흐른 뒤에 문자화된 것을 그 작품이 이루어진 시대의 言語를 반영하는 것이라고 할 수 있을까 하는 것이 문제이다. 또 『三國遺事』는 이것을 어느 한 文獻에서 옮겨적은 것이 아니라 각기 다른 자료를 근거로 하여 기록한 것이다. 따라서 작품의 창작 연대가 이르다고 해서 그 文字化의 연대가 이르다고 볼 수도 없는 것이다. 鄕歌의 背景說話를 보면 어떤 작품은 民謠나 童謠로서 口傳된 것이 있고 어떤 작품은 製作 당시부터 문자화된 것이 있다. 따라서 『遺事』의 鄕歌 가운데는 『遺事』에 기록됨으로써 처음으로 문자화된 것도 있을 수 있다. 제작 당시부터 문자화된 것도 『遺事』에 기록되기까지는 단순한 과정을 거친 것과 여러 轉寫過程을 거친 것이 있을 수 있다. 이러한 가능성에 대한 논의가 전혀 없이 현재까지 향가해독이 진행되고 있다는 것은 오히려 奇異하다고 하지 않을 수 없다.

우리가 향가를 해독한다면 우선 그 언어가 어느 시대의 것이고 그 표기법이 어느 시대의 것이냐 하는 것부터 생각해 보아야 할 것이다. 여기서 이 문제에 대하여 우리가 생각해 볼 수 있는 기준이 있으니 『遺事』의 著者 一然에게 그 기준을 두는 것이다. 그가 향가의 내용을 이해하고 유사에 실었음은 여러 증거에 의하여 확인할 수 있다. 우선 단순한 轉寫가 아닌 著述에서 자기도 이해할 수 없는 노래를 아무런 해명도 없이 옮겨 놓았다고 할 수는 없기 때문에 특별한 주석을 달지 않은 향가는 그가 이해하고 기록했다고 보지 않을 수 없다. 다만 그가 이해할 수 있는 言語가 바로 高麗時代의 口語냐 하는 것은 또 다른 문제에 속한다. 향가에 사용된 文學語는 이미 新羅時代에 이루어져 있었다고 보아야 하고 또 문어의 보수성이 강하다고 보면 상당히 이른 시기의 언어를 후대인들이 이해하고 작문할 수도 있다고 보아야 하기 때문이다. 실제로 1307年에 閔漬가 쓴 五臺山寺迹의 跋文을 보면 '이 절의 기록들은 본래 모두 新羅時代의 鄕言으로 되어 있던 것인데 漢文으로 고쳐 달라는 沙門의 청을 받아 漢文으로 고쳤다'고 하고 있다. 여기서 신라시대라고 한 것이 말 그대로 신라시대인지는 확인할 수 없으나 閔漬의 시대보다는 매우 이른 시기의 언어를 그가 이해할 수 있었다는 것이 된다. 우리는 특수한 예에 속하지만 신라시대 또는 고려시대에 이루어진 이두가 조선조 후기까지 쓰였다는 것을 기억할 필요가 있다. 이러한 사실들을 감안할 때 적어도 『遺事』의 著者인 一然은 향가의 내용을 정확히 파악하고 『遺事』에 실었다고 보아야 할 것이다. 따라서 향가의 언어는 우선 『遺事』가 저술되던 시대에는 이해될 수 있는 언어로 기록되었다고 보아야 한다. 鄕歌의 表記法은 작품에 따라서 세부적인 면에서 차이가 있을 수 있지만 전반적으로 보면 釋讀口訣과 밀접한 관계를 가지고 있다. 釋讀口訣은 우리가 아는 것만도 均如의 圓通記에 쓰인 예가 있고 13세기 중엽의 것으로 추정되는

舊譯仁王經口訣이 있는데 이것은 15세기까지도 계승된 것이 분명하므로 一然 당시에는 이 표기법이 존재해 있었다고 보아야 한다. 다만 각 작품에 따라서 세부적인 면에서 차이가 있는 것은 엄밀히 고증하여 이 표기법이 가지고 있는 시대적인 차이를 고증해야 할 것이다. 이러한 점에서 보아 鄕歌의 文獻批判은 『遺事』가 형성된 이후의 것이 중요한 대상이 되어야 할 것이다.

현재 우리가 쉽게 접할 수 있는 『三國遺事』는 이른바 正德本이다. 이 밖에 完本은 아니지만 朝鮮初에 간행된 것으로 보이는 것이 있다. 李秉稙所藏本과 宋錫夏所藏本이 그것이다. 이들을 校勘하여 보면 경우에 따라서는 正德本이, 경우에 따라서는 그 이전의 板本이 잘못된 것이 발견된다고 한다.[5] 그러나 鄕歌의 경우에는 차이가 나타나지 않는다. 그럼에도 불구하고 『遺事』의 鄕歌에 誤字가 있을 것을 배제하지 못하는 것은 앞에서 논의된 誤字, 脫字說이 說得力을 갖는데다가 初刊本과 朝鮮初期重刊本 사이에서 訛誤가 생겼으리라는 疑懼心을 배제할 수 없기 때문이다. 初刊本의 刊行年代도 현재로서는 확실하지 않다. 현재 一然의 生時에 간행되었으리라는 說과 一然의 死後인 14세기초에 그의 제자인 無極(寶鑑國師 混丘의 號)에 의해 간행되었으리라는 說이 있다.[6] 어느 설에 따른다 하더라도 그 초간본에 실린 鄕歌는 原著者의 의도와 어그러졌을 것으로는 생각되지 않는다. 原稿本대로 교정하는데 있어서는 無極 역시 一然에 못지 않은 정확성을 지닐 수 있는 위치에 있기 때문이다. 따라서 遺事鄕歌의 訛誤가 있다면 이는 初刊本과 朝鮮初期 刊本 사이에서 생긴 것일 가능성이 가장 높다고 보아야 할 것이다. 이 문제는 初刊本이 나와야 완벽하게 해결될 수 있는 것이지만 문제의 범위를 이와 같이 좁혀 놓고 보면 初刊本 없이 訛誤를 교정하는 작업이 전연 불가능하지는 않을

---

5 金相鉉, 三國遺事의 刊行과 流通, 『韓國史硏究』 38(韓國史硏究會, 1982) 參照.
6 金相鉉, 앞의 論文 參照.

것으로 생각된다.

『均如傳』의 향가는 950年代나 960年代에 지어진 것으로 추정된다. 『均如傳』은 赫連挺에 의해 1075年에 편찬된 것이니 지어진 지 100여년 후에 이 책에 실린 것이다. 이 책은 高麗大藏經의 補板으로 板刻되었으니 오늘날 우리가 볼 수 있는 형태로 이루어진 것은 1250년 전후이다. 따라서 普賢十願歌가 지어져서 『均如傳』에 실리기까지의 100餘年과 『均如傳』이 지어져서 간행되기까지의 200년 가까운 시기로 나누어서 그 傳承過程을 생각하여야 할 것이다.

여기서 먼저 문제가 되는 것은 이 책의 歌行化世分에 普賢十願歌 11首를 실은 다음에 붙인 '傳中不載歌詞 今錄付之'라고 한 細註이다. 이 細註는 이 향가의 전승과정을 말하는 매우 중요한 것으로 누가 붙인 註이냐가 문제이다. 즉 이 책을 지은 赫連挺의 것이냐 그렇지 않으면 이 책을 간행한 天其의 것이냐에 따라 이 鄕歌表記의 信憑度에 차이가 생기지만 이는 赫連挺이 붙인 것으로 보아야 할 것으로 생각된다. 天其는 方言(우리말)으로 된 均如의 여러 記釋本들을 모두 漢文으로 고쳐 간행한 점으로 보아 『均如傳』에 없는 우리말의 鄕歌를 새로이 넣어 간행하였다고 하기는 어렵다. 또 우리말의 鄕歌가 빠지면 이 책의 내용상의 균형도 맞지 않을 뿐 아니라 譯歌現德分도 성립되기가 어렵기 때문이다. 아무래도 이 細註는 赫連挺에게 『均如傳』을 지어 주기를 부탁하면서 昶雲大師가 준 實錄舊藁에 鄕歌의 원문이 빠져 있던 것을 赫連挺이 새로이 실었다고 한 것으로 보아야 할 것이다.

이 鄕歌가 赫連挺에 의하여 『均如傳』에 실렸다면 그것은 均如의 原作을 거의 완전하게 옮겼거나 변개가 있었다고 하더라도 전후 문맥에 오류가 없는 작품으로서 실었다고 보아야 할 것이다. 均如와 赫連挺의 사이에 비록 100년의 거리가 있다고 하더라도 이 당시에는 향찰표기가 보편적으로 쓰이던 때이고 이 향가는 人口에 널리 膾炙되었을 뿐만 아니라 일찍부터 문자화되어 있었던 것으로 믿어지기 때문이다. 그렇다면 『均如

傳』이 성립된 이후 天其에 의하여 간행되기까지의 200년 가까운 기간의 전승과정이 문제가 된다. 이 기간에는 균여전이 寫本으로 전해졌을 것이니 이 과정에서 오류가 생겼거나 寫本에서 印本으로 바뀔 때에 오류가 생겼을 가능성이 있다. 그러나 『均如傳』은 그 初刊本이 현재 그대로 전해지고 있으므로 遺事의 향가에 비하면 혹 誤謬가 있더라도 많을 것으로는 생각되지 않는다.

이상으로 볼 때 『三國遺事』의 향가는 그 初刊本의 재구가 중요하고 『均如傳』의 향가는 편찬된 이후 간행되기까지의 과정에 문제가 있다고 하겠다. 이와 같이 범위를 좁히면 앞으로 우리가 해야 할 작업도 그만큼 좁혀서 생각할 수 있다.

原典批判을 위해서는 刊本만이 중요한 것은 아니다. 당시인들의 文字生活을 둘러싼 여러 실상을 파악하고 이들이 시대에 따라 변천되어 온 과정을 추적하는 작업도 매우 중요하다. 이러한 작업을 기초로 할 때 원전에 나타난 誤字들을 합리적으로 校訂할 수 있는 길이 열릴 것이다.

4.2. 表記法의 把握

鄕歌表記法의 文字體系는 用字法에 근거하여 설정할 수 있으니 音讀字, 訓讀字, 音假字, 訓假字가 그것이다. 이 文字들의 운용은 '讀字+假字'의 構造가 중심이 되고 여기에 音讀字만의 표기, 訓讀字만의 표기, 假字만의 표기가 섞여 나타난다. 均如의 普賢十願歌에서 예를 들어 보면 다음과 같다.

(1) 心未　筆留　慕呂白乎隱　佛體　前衣(禮敬諸佛歌)

(2) 衆生界盡　我懺盡(懺悔業障歌)

(3) 皆　佛體(常隨佛學歌)

(4) 沙毛叱等也(禮敬諸佛歌)

위의 (1)은 앞부분이 讀字들이고 밑줄을 그은 뒷부분이 假字들이어서 '讀字+假字'의 구조로 표기된 것이다. (2)는 音讀字만으로 표기된 것이고 (3)의 皆는 '모둔'으로 읽히는 것으로 訓讀字만으로 표기된 것이다. (4)는 '사못둔야(삼았네)'로 읽히는 것으로 假字만으로 표기된 것이다.

鄕歌의 이러한 표기법은 다른 借字表記法과 밀접한 관계가 있는 것이므로 이 관계를 이해하는 것이 매우 중요하다. 借字表記法의 자료는 鄕札 이외에 吏讀, 口訣, 固有名詞表記가 있으니 이들과 鄕札과의 관계가 밝혀져야 鄕歌의 해독에 이들 자료를 이용할 수가 있는 것이다. 이를 이해하기 위하여 借字表記法의 발달에 대하여 생각해 보도록 하자.

漢字・漢文이 이 땅에 들어 와서 사용된 영역은 크게 文書의 영역과 敎養의 영역으로 나누어 볼 수 있다. 文書의 영역에서 발달한 것이 吏讀이다. 吏讀는 三國時代의 자료부터 이미 나타나는데 이 시대의 初期的인 吏讀文은 漢字를 우리말의 語順으로 배열하거나 우리말의 文法的 영향을 받은 漢文의 虛辭를 섞어서 사용하는 것이었다. 따라서 이 시대에는 讀字(表意字)만으로 표기된 吏讀文이 사용되었다. 新羅의 삼국통일 후인 8세기의 吏讀文에서 初期的인 吏讀文에 우리말의 문법형태를 나타내는 토를 첨가하여 사용하였음이 확인된다. 이 吐는 口訣의 吐와 계통을 같이하는 것이니 口訣의 영향을 받아 발달한 것으로 믿어진다. 그러나 9세기 말까지의 이두문을 보면 토의 발달이 불완전하여 나타내고자 하는 文法形態를 충분히 표기하지 못하고 있다. 이는 鄕札이 국어의 문법형태를 비교적 충실하게 표기한 것과 대비되는 것으로 그와는 계통을 달리하는데 말미암는 것으로 믿어진다. 이러한 점에서 현재 우리가 볼 수 있는 新羅時代의 吏讀文 表記法과 高麗時代에 기록된 鄕札表記法은 같은 성격의 表記法으로 보기가 어려운 것이다.

漢文을 敎養의 영역에서 수용할 때에 발달한 것이 口訣이다. 口訣은 한문을 우리말로 해석하면서 읽는 釋讀口訣과 한문의 어순에 따라 음독하되 句讀에 해당하는 곳에 우리말의 文法形態를 넣어서 읽는 順讀口訣

로 나뉜다. 釋讀口訣은 한문이 이 땅에 수입된 초기에서부터 발달했을 것으로 믿어지므로 한문학습 방법의 틀이 잡힌 삼국시대에는 이미 있었을 것으로 믿어진다. 그러나 이 시대에는 吐의 表記가 발달되지 못하여 暗誦되는 釋讀口訣이었을 것으로 추정된다. 이러한 口訣의 영향으로 발달한 것이 壬申誓記石銘과 같이 讀字를 우리말의 어순으로 배열하는 初期的 吏讀文인 것으로 생각된다. 口訣의 吐는 삼국통일을 전후하여 멀지 않은 시기에 발달한 것이 아닐까 한다. 薛聰에 관한 기록이 토가 있는 釋讀口訣의 존재를 말해 주거니와 그보다 한 세대 앞선 義湘 시대에도 이미 토가 있었음을 추측케 해 주는 기록이 있다.[7] 이 당시의 吐表記가 얼마나 섬세하게 표기되었는지 추측하기 어려우나 8세기 초의 이두에 吐가 나타나는 것은 이 구결의 토가 반영된 것으로 믿어진다. 이 釋讀口訣은 朝鮮朝에 들어 와서 그 기능을 諺解에 물려주고 서서히 쇠퇴하여 갔다. 順讀口訣은 매우 발달된 漢文讀法이어서 한문이 널리 보급된 高麗朝 중반 12세기경에 발달한 것으로 추정된다.[8]

신라시대의 口訣資料는 발견된 것이 없다. 현재까지 알려진 가장 이른 시기의 구결은 均如의 『釋華嚴教分記圓通抄』 卷三에 두 줄 남짓하게 남아 있는 釋讀口訣이다. 이는 10세기 중엽의 것이다. 그 다음이 13세기 중엽의 것으로 추정되는 『舊譯仁王經』의 釋讀口訣이다. 이 釋讀口訣을 토가 지시하는 대로 우리말의 어순으로 배열하고 그 略體字들을 정자로 바꾸어 놓으면 바로 향찰의 표기법과 같아진다. 즉 漢文의 構成素는 讀字가 되고 토는 假字로 표기된 것이어서 '讀字+假字'의 構造가 된다. 이 構造가 釋讀口訣 表記의 중심이 되지만 吐 가운데는 漢文構成素의 訓을 표기한 것도 더러 있다. 이를 우리말로 읽히는 대로 적어 놓으면 假字만

7 南豊鉉(1988), 釋讀口訣의 起源에 대하여, 『國語國文學』 100, 국어국문학회 參照.

8 南豊鉉(1991), 高麗時代의 言語와 文字 生活, 『韓國思想史大系3 - 中世篇』, 韓國精神文化研究院 參照.

으로 표기한 구조가 되어 鄕札表記의 그것과 일치한다. 또 문법형태를 나타내는 토는 吏讀와는 달리 표음에 충실하여서 이 점에서도 향찰의 표기법과 일치한다. 사용된 차자를 보면 『釋華嚴敎分記圓通抄』의 것은 普賢十願歌의 것과 공통되고 있어 그 당시의 구결의 표기법이 향찰의 표기법과 밀접한 관계를 가지고 있음을 알 수 있다. 『舊譯仁王經』의 釋讀口訣의 차자는 『三國遺事』의 그것과 차이가 있다. 이는 『遺事』의 차자가 시대적으로 앞서거나 계통이 다른 데 연유하는 것으로 추정되지만 이 역시 구결과 밀접한 관계를 가진 표기법임은 부정할 수가 없다.

口訣과 鄕札의 관계가 다른 借字表記法과의 관계보다도 밀접한 사실이 판명되면 앞으로 향가해독을 뒷받침할 수 있는 자료는 口訣에서 구할 수가 있을 것이다. 현재 『三代目』과 같은 향가자료의 발굴은 기대하기가 매우 어렵지만 구결은 經典에 기록된 것이기 때문에 어떤 형태로든 보존되어 있을 가능성이 높다.

順讀口訣자료는 현재 13세기 후반 경의 것으로 추정되는 자료에서부터 訓民正音 창제 이전까지의 자료들이 발굴되어 주목을 받고 있고 앞으로도 많은 양이 발굴될 것이다. 이들은 이른 시기의 釋讀口訣과 같이 향가와 직접 맥락이 이어지는 것은 아니지만 15세기 이전의 문법형태를 분명하고도 풍부하게 보여 주기 때문에 15세기국어와 향가 사이에 놓인 언어적인 간극을 좁히는데 크게 기여할 수 있는 것이다.

4.3. 鄕歌 작품이 나타내는 內容 把握

이는 小倉이 鄕歌에 附帶된 解說文에 의하여 그 뜻의 파악을 모색했다고 한 것이나 金完鎭의 '文脈一致의 基準'이라고 한 작업들을 포괄하는 것이다. 鄕歌가 하나의 文學作品으로써 나타내고자 하는 의미가 파악되어야 해독의 방향을 잡을 수 있다. 이는 향가의 문맥을 짚어 나가기 이전에 부대된 해설문 등을 통하여 추출할 수도 있고 향가를 해독한 결과로서 파악될 수도 있을 것이다. 그러나 어느 한 방법만으로 이루어지는 것이 아니고 두 가지 방법을 조화시켜 나감으로써 정확한 내용파악을 할 수 있을 것이다.

『均如傳』의 普賢十願歌는 崔行歸의 漢譯歌가 있어서 그 내용파악에 커다란 도움을 준다. 그러나 直譯은 아니어서 직접적으로 대응되지는 않는다. 따라서 漢譯歌의 내용을 심도 있게 소화하여야만 향가의 해독에 응용할 수 있다. 이 향가의 내용파악을 도와 주는 또 다른 자료가 『40卷本華嚴經』이다. 이에 대한 깊은 이해가 있어야 향가의 내용파악이 가능하다. 그러나 현재까지의 향가해독은 이 三者의 내용을 심도 있게 이해하여 종합하는 데 철저했다고는 할 수 없다. 앞으로도 이 방면의 연구는 깊이 있게 진행되어 三者의 내용이 합리적으로 설명되어 합치될 수 있는 수준까지 가야 할 것이다.

『遺事』의 향가는 작품에 따라서 사정이 다르다. 兜率歌는 그 漢譯歌가 있고 處容歌의 경우는 한글로 기록된 高麗俗謠가 있어서 내용파악에 도움을 준다. 그 밖의 향가들은 부대된 설화에 의존할 수밖에 없다. 이들은 작품의 내용을 간접적으로 짐작할 수 있게 하여 주는 것이기 때문에 위의 작품들보다는 그 내용 파악에 어려움이 있다. 이 설화에 대한 연구는 說話 자체를 대상으로 한 연구가 심도 있게 진행되어 그 성과가 적지 않은 것으로 알고 있다. 이 성과가 향가 해독에 이용되기 위해서도 문학과 어학의 유대가 이루어져야 할 것이다.

『遺事』나 『均如傳』의 향가는 그 근본을 佛敎思想에 두고 있다. 그 가운데는 儒教的인 성격을 띠는 것이 있다 하더라도 불교적인 사상을 바탕으로 소화된 것이라고 보아야 할 것이다. 이러한 점에서 불교는 思想史的인 발달뿐만 아니라 그것이 民衆 속에 어떻게 소화되어 들어갔는가도 이해되어야 할 것이다. 한편 민속학적인 이해도 향가해독에 중요한 구실을 할 것이다. 요는 각 향가가 당시인들의 어떤 생활과 어떤 이념에서 나왔는가 하는 것이 이해되어야 할 것이다. 이러한 연구들은 어느 한 방면에서의 성과만으로 완성되는 것이 아니고 여러 방면의 연구가 종합되어 당시인들의 살아가던 모습이 분명하게 부각될 만큼 성취되어야 할 것이다. 향가의 내용을 파악하기 위한 작업은 어느 한정된 범위에서의 연구로 완성되는 것이 아니라 여러 방면에서 연구된 것이 종합되어야 가능한 것임을 말하고 싶다.

4.4. 鄕歌의 言語構造 把握

이 문제가 鄕歌解讀에 있어서 핵심이 되는 작업임은 앞에서도 말했다. 향가의 표기를 통하여 예측되는 語形과 意味가 향가 제작 당시의 언어임이 합리적으로 설명되어야 한다. 현재 이를 설명할 수 있는 자료는 15세기 한글 創制 이후의 국어자료가 주종을 이룬다. 이제까지의 향가해독은 주로 이 자료를 통하여 얻은 지식으로 설명되어 왔다. 그러나 현재 15세기 국어에 대한 연구는 音韻論과 形態論에서 성과를 거두었다고 하겠으나 統辭論과 意味論에서는 충분한 성과를 거두었다고 하기가 어렵다. 앞으로 이 방면에서의 연구가 이루어져 향가해독을 위한 보다 튼튼한 기반이 마련되어야 할 것이다.

鄕歌의 언어와 보다 가까운 관계에 있는 것이 高麗時代의 국어이다. 이 시대의 資料로 널리 알려진 것은 鷄林類事와 鄕藥救急方이다. 이들은 한글자료로는 미치지 못하는 사실들을 향가해독에 제공하였으나 본래가 단편적인 어휘자료이므로 한정된 범위에서 기여하는 데 그쳤다. 吏讀資料는 三國時代에서부터 近代까지의 자료가 있다. 특히 최근에 와서는 신라와 고려시대의 이두자료가 새로이 발굴되고 연구되어 그 업적이 적지 않게 쌓였다. 그러나 이 자료들은 어형과 문법적인 형태를 반영하는 데 제한되어 있고 양적으로도 빈약하므로 이 역시 한정된 범위에서 기여할 수 있을 뿐이다. 固有名詞와 官名의 표기자료는 삼국시대의 금석문에서부터 조선초기에 기록된 자료까지 비교적 많은 양이 있다. 그러나 이들은 자료의 성격상 어원이 분명한 자료는 얼마 되지 않는다. 그 가운데 향가의 해독에 도움을 줄 수 있는 것은 극히 적다. 口訣資料는 앞에서도 언급되었지만 10세기의 것에서부터 15세기초의 것이 발굴되어 소개되었다. 이는 주로 문법형태에 대하여 중요한 정보를 제공하는 것이지만 향가해독을 위해서는 가장 큰 구실을 할 수 있는 것이다. 이 가운데 釋讀口訣은 鄕歌表記法의 母體가 됨을 앞에서 말하였다. 그만큼 향가와 밀접한 관계가 있을 뿐만 아니라 언어표현에 있어서도 15세기 국어로는 설명되지 않는 언어사실을 보여 주고 있고 한편으로는 15세기 국어와 다른 고려시대 국어와의 맥락을 이어 주는 구실을 한다. 따라서 앞으로 구결 자료의 발굴과 그 연구는 이제까지 향가 해독에 기여했던 어떤 자료보다도 큰 기여를 할 것으로 믿어지는 것이다.

그렇다고 하여 이들 자료는 어느 하나도 버릴 수는 없다. 이들 여러 자료를 통한 연구가 종합될 때 향가의 어형과 문법, 그리고 의미가 밝혀질 것이다. 자료를 떠난 언어이론은 향가해독에 있어서는 큰 도움이 되지 못한다. 양질의 자료를 바탕으로 한 분명한 언어사실이 향가의 표기사실을 뒷받침할 때 우리는 믿을 만한 해독이 이루어졌다고 할 수 있을 것이다.

4.5. 鄕歌의 形式과 韻律의 把握

향가의 형식은 4句體, 8句體, 10句體가 있다. 대개의 작품은 句의 경계가 空白에 의하여 분명히 드러나므로 이 형식이 문제되지 않는다. 구의 경계가 불분명한 작품에 대한 이견들이 있으나 그 결론이 쉽게 날 문제는 아닌 것으로 보인다.

향가는 詩歌이므로 분명히 韻律이 있다. 그러나 日本의 萬葉集歌와 같이 엄격한 字數律을 가진 것이 아니므로 해독의 正誤를 가름할 만한 기준을 설정하기가 어렵다. 三句六名에 대한 해석도 구구하여 현재로서는 향가해독에 직접적으로 이용하기가 어렵다. 대체로 4 4調에 3 4調가 섞인 것으로 보는 梁柱東의 견해에 수긍이 될 뿐 엄격한 韻律의 틀을 세우기는 어렵다. 이 문제는 긴 論理를 요구하는 것이 아니므로 항상 염두에

두어야 할 것이나 조급한 결론을 내릴 문제는 아닌 것 같다. 향가에 대한 합리적인 해독이 우선되어야 이 문제도 해결될 것이 아닌가 한다.

5. 結語

鄕歌는 향가 자체만을 들여다보고 해독할 수는 없다. 향가의 언어적인 측면 이외에 문화 전반적인 면이 파악되어야 완전한 해독의 문턱에 들어설 수 있다. 그런 면에서 문학과 어학의 협력은 물론 思想史와 생활 양식에 대한 이해가 있어야 할 것이다. 어학적인 면에서의 해독도 일찍이 李崇寧先生이 지적한 바와 같이 古代國語의 再構와 함께 가능한 것이라고 보아야 한다. 적어도 『三國遺事』가 편찬되던 시기의 언어생활이 전면적으로 파악되어야 鄕歌가 완전히 해독될 전망이 보일 것으로 생각된다.

이러한 점들을 감안할 때 鄕歌 解讀의 제일차적인 작업은 資料의 發掘에 있다고 보아야 한다. 해방후 국어학의 연구에서 訓民正音 創制 이후의 한글 자료의 발굴과 보급은 크게 이루어져 이에 따른 국어학의 연구가 큰 성과를 이루었으나 訓民正音 이전의 자료의 발굴에는 관심을 기울이지 못하였다. 근래에 와서 이 방면의 관심이 높아져 새로운 자료들이 계속 발굴되고 있다. 吏讀는 삼국시대부터 고려말 조선전기까지의 자료들이 계속 발굴되어 거의 이두의 발달사를 파악할 수 있는 단계까지 왔다고 생각된다. 그러나 이두의 표현은 한정된 우리말을 표기한 것이어서 각 시대의 우리말의 자연스러운 모습을 보여주지 못한다. 口訣資料는 1975년 舊譯仁王經 釋讀口訣자료가 학계에 알려지면서 國語史 硏究에 새로운 地平을 여러 줄 것으로 기대되었다. 이 釋讀口訣은 앞에서도 말한 바와 같이 향가표기법의 母體가 되는 것이어서 향가의 연구는 물론 訓民正音 이전의 국어를 연구하는 데 절대적인 구실을 할 것으로 믿어지는 것이다. 그러나 15세기 국어와 이를 이어줄 연구가 없는데다가 그를 뒷받침할 자료가 없었기 때문에 현재까지 그 연구는 큰 진척을 보지 못하고 있다. 그러나 80년대 이후 고려시대와 조선초기의 구결자료가 새로이 발굴되어 연구되었고 앞으로도 많은 자료가 발굴될 가능성이 있어 앞으로 15세기 이전의 국어사 연구는 이 자료의 연구에 따라서 힘입을 바가 큰 것으로 믿어진다. 현재 필자가 확인한 이 자료의 용례들을 보면 향가의 표기 사실과 공통되는 것들이 있음을 새로이 확인할 수가 있다. 이러한 현상들에 대한 적극적인 연구가 이루어지면 앞으로 향가의 새로운 해독에 크게 기여할 수 있을 것으로 믿어진다. 이러한 업적들이 쌓일 때 향가의 해독은 점진적으로 이루어질 것이니 처음서부터 완벽한 해독을 탐하는 것은 향가해독의 바른 태도가 아니다.

▌『鄕歌文學硏究』, 黃浿江敎授停年紀念論叢1, 일지사, 1993. 4.

『三國遺事』의 國語學的 研究의 回顧와 展望

1.

『三國遺事』 가운데서 語學的인 研究의 대상이 되는 것은 鄕歌 14首와 地名, 人名, 官名 등이 주축이 되는 語彙表記資料, 그리고 그 文體的인 특성이다.

鄕歌는 國語를 전면적으로 표기한 詩歌로서 다른 여러 분야에서 관심을 갖는 것이지만, 國語史의 관점에서는 古代國語의 자연스러운 모습을 보여주는 가장 가치 있는 자료라는 점에서 중시되는 것이다. 그러나 漢字를 빌어서 표기한 데다가 반영하고 있는 언어가 고대국어여서 후대의 言語 資料와 맥락을 지을 수 있는 법칙을 세워 설득력 있는 해독을 하기가 어려운 것이다. 그러나 『三國遺事』의 國語學的 資料로서는 가장 귀중한 資料인데다 文脈을 가진 자료여서 國語學的으로는 『三國遺事』의 어느 자료보다도 많이 研究되었고 그 성과 또한 적은 것이 아니었다.

이에 비하면 語彙表記 자료는 文脈을 이을 수 없는 단편적인 자료인데다 借字의 독법이나 어원적인 의미를 직접적으로 찾기가 힘들고 자료의 질이나 양이 『三國史記』의 그것에 미치지 못하는 것이어서 이들만을 대상으로 한 研究가 희소하고 또 단편적이다. 그 성과 또한 鄕歌에서 얻은 성과에 미치지 못하는 것이다. 그러나 鄕歌解讀과 밀접한 관계에 있고 史學的인 記述의 필요성에서 요구하는 기대가 클 뿐 아니라 그 방면에서의 연구가 국어학적인 연구에 도움이 되는 것이므로 이 글에서 관심의 대상으로 삼는 것이다.

『三國遺事』의 文體는 전통적인 한문의 문체와는 다른 요소들을 지니고 있는데 이 양자간의 구체적인 차이와 이러한 차이를 가져오게 된 배경, 그리고 그 가치성에 대한 관심이 있어 왔다. 그러나 이러한 문제에 대하여 구체적으로 논의한 연구가 없어서 이것은 앞으로의 관심사로 돌려둘 수밖에 없다.

이 글에서는 『三國遺事』의 鄕歌와 語彙表記 자료들에 대한 관심과 연구방법이 어떻게 개척되어 왔으며 앞으로의 연구는 어떻게 개척해 나가야 할 것인가에 대하여 검토해 나가기로 한다.

2.

『三國遺事』의 鄕歌는 均如傳의 普賢十願歌와 더불어 국어를 전면적으로 기록하는 표기법인 鄕札로 표기된 詩歌이다. 이 시가는 『三國遺事』에 실린 이후로는 불행히도 그 내용이나 해석에 대하여 관심을 보여온 기록을 찾아 볼 수가 없다. 다만 處容歌만이 『樂學軌範』과 『樂章歌詞』에 실려 있어서 그 解讀에 한 도움을 주고 있으나 『三國遺事』의 기록과는 별도의 과정을 거쳐 文獻에 정착된 것으로 보이기 때문에 遺事鄕歌에 대한 관심의 문제와는 별개의 것이다.

鄕歌가 현대과학적인 조명을 받기 시작한 것은 20세기에 들어와서의 일이었다. 그것도 이 연구에 선편을 잡은 日本人學者들에 의해서였다. 日本은 古代부터 발달하기 시작한 借字表記法의 전통이 현대에까지 이어지고 있는데다가 古代詩歌集인 『萬葉集』의 解讀에 대한 연구가 일찍부터 이루어져 있어 이에서 얻은 지식과 경험이 같은 유형의 표기법으로 기록된 鄕歌에 비교적 쉽게 접근할 수 있게 하였던 것으로 믿어진다.

鄕歌 解讀의 첫 시도는 金澤庄三郎이 '吏讀의 硏究(1918)'에서 處容歌의 해독을 발표한 것이었다. 그는 處容歌의 讀音을 달고 일본어로 번역하였는데 해독한 경위에 대한 설명이 없이 결과만을 발표한 것이었다.

그 후 鮎貝房之進(1923)이 薯童謠, 風謠, 處容歌 등 三首에 대한 해독을 발표하였다. 이에 대하여 小倉進平은 '解釋의 方法이 語學的이요 一字一句의 용법에 일일이 근거가 있는 例證을 하였다'고 하였다. 이들과는 별도로 申采浩(1924a)는 『三國遺事』와 『樂學軌範』의 處容歌를 대조하면서 유사의 것을 해독하였다. 그는

> "'奪叱'과 '良乙'의 間에 一·二字가 있어야 '빼앗긴 것을'이 될지나 이는 古今言語의 變遷이거나 或 本文의 闕字가 있음이니라."

라고 하여 자못 시사적인 견해를 보였다. 그러나 이들의 解讀은 언어학에 대한 기본적인 지식이 초보적인 단계에서 이루어진 것이어서 方法論上으로 미약한 것이었고 또 鄕歌 전반에 대한 解讀이 아니었다.

小倉進平(1929)에 이르러 鄕歌 25수 전반에 대한 해독이 시도되었는데 이것이 鄕歌에 대한 본격적인 연구의 길을 개척한 것이라 할 수 있다. 그는 처음 『三國遺事』의 鄕歌 14首에 대한 硏究를 진행하던 중 『均如傳』의 鄕歌가 알려지면서 이것을 같은 新羅時代의 자료로 보고 함께 解讀을 하였다.

그가 향가를 해독하는 데는 다음과 같은 기본 원칙을 세우고서 하였다.

1. 한자를 類에 의하여 휘집하여 그 사이에 존재하는 사용상의 異同을 稽考하여 가장 온당하다고 생각되는 해석법을 취한 것
2. 鄕歌에 附帶된 해설문에 의하여 그 뜻을 모색한 것
3. 古書의 語格을 參取한 것
4. 方言을 參取한 것

이 밖에도 그가 기준으로서 내세우진 않았지만 鄕歌解讀에서 중시해야 될 문제들을 제기하여 놓았다.

5. 그는 『三國遺事』가 13세기에 기록된 文獻이란 점에서 여기에 실린 鄕歌의 언어가 과연 新羅語라고 할 수 있는가 하는 의문을 제기하였다.

그 해답으로 一然이 비로소 문자화한 것이 아니라 다른 古記錄에서 옮겨 놓은 것이란 점과 신라시대의 산물로 파악되는 『均如傳』의 普賢十願歌의 用字法이나 語法에 비하여 『三國遺事』의 鄕歌가 차이를 보여주지 않는 점을 들어 新羅時代의 기록이 그대로 전해진 것이라 하였다.

6. 그는 鄕歌의 형식을 4句體, 8句體, 10句體로 分析하고 音數律도 初句가 3音節에서 5·6音節로 동요되는 것을 제하고는 대체로 各句가 8音節로 이루어지고 있다고 하였다.

이 音數律에 관한 문제는 최근에도 새로운 설이 제기되긴 했으나 이러한 문제제기는 문학형식상으로도 중요하고 鄕歌의 정밀한 解讀을 위해서도 중요한 것이다.

7. 그는 鄕歌의 표기법에서 末音添記法을 전면적으로 파악하지 못했으나 이 현상이 존재한다는 사실을 말하고 있다.

이러한 기본 원칙의 수립과 문제제기 이외에도 歌意 전체의 윤곽을 잡을 수 있는 길을 터놓았고 句讀를 끊어서 읽을 수 있는 윤곽을 보여준 점에서 그 공헌은 적은 것이 아니었다.

그러나 그의 시대에는 그가 세운 기준이나 제기한 문제들을 뒷받침할 만한 정밀한 이론이 이루어지지 않았다. 그리하여 그의 解讀結果는 여러 사람들의 論難의 대상이 되었는데 그 가운데서도 梁柱東의 批評(1935)은 그의 方法論上의 모순을 정곡으로 찌른 것이었다.

小倉進平은 향가를 기록한 문자들이 나타내는 어형이 후대의 어형과 괴리가 있을 때 이를 설명하기 위하여 '音의 相通'이란 개념을 도입하였고, 표기상으로 나타나지 않는 음을 임의로 추가하여 후대의 어형과 맞추려고도 하였다. 그 결과 그가 해독한 鄕歌의 어형은 新羅時代의 어형이라기보다는 시대성이 없는 어형이 되기도 하고 억측에 의하여 임의로 뜯어 맞춘 어형이 나오기도 하였다.

이러한 모순에 대한 梁柱東의 批判은 그 音數律의 不完全性에서부터 지적되어 나갔다. 梁柱東은 小倉이 各句의 音節數가 8音節로 되고 다만 初句가 3～6音節의 동요를 보인다고 하였으나 실제의 解讀을 보면 각구가 4・5音節, 6・7音節, 혹은 8・9音節, 심지어는 10音節 이상 13・14音節까지에 이르고 있음을 지적하였다. 이것은 小倉이 鄕歌를 解讀함에 그 내의의 모색에만 몰두하여 詩歌로서의 형식을 고려하지 않은 데서 나온 것이니 結果的으로는 音數律이 없는 散文이 되게 하였다고 하였다. 鄕歌解讀에서 音數律은 解讀의 정오를 가름할 수 있는 중요한 검증의 표준이 될 수 있는 것이며 음수율에 맞는 解讀은 鄕歌言語의 원형을 재구하는 작업과도 직결되는 것이다. 따라서 이 지적은 鄕歌解讀의 방법론을 개척함에 있어 중요한 문제제기였다고 할 수 있다.

또, 小倉進平의 解讀에는 왕왕 선입견에 의하여 牽强附會한 곳이 적지 않음을 지적하였다. 일례로 獻花歌의 '紫布'에 대하여 小倉은 '븕은'으로 읽고 이를 뒷받침하기 위하여 '布'의 訓이 '깃목'이므로 '근'으로 읽힌다고 한 다음 그것이 불안하여 '布'가 '巾'의 오자가 아닌가 하는 의문을 제기하였다. 이에 대하여 梁柱東은 鷄林類事의 '紫曰質布'에 근거하여 '紫布'는 '질뵈'의 표기로 상정하였다. 梁柱東은 후에(1942) 이를 '딛뵈'로 수정하였는데 이것이 '紫'의 訓을 바르게 再構한 것인가에 대하여는 問題가 없지 않으나 적어도 '布'의 讀音을 '뵈'로 추정한 것은 小倉보다는 표기에 충실한 해독임이 분명하다. 여기서 古代資料의 발굴과 근거 있는 解釋, 그리고 표기에 충실한 解讀 태도가 鄕歌의 해독에서 중요한 것임을 알 수 있다.

한 言語를 표기하는 문자가 두 개 이상의 音價를 가질 수 있음은 音素文字體系의 표기법에서도 피할 수 없는 현상이다. 借字表記法과 같이 문자체계 자체가 결함이 있는 표기법에서 이러한 현상은 보다 복잡하고 예측하기 어려운 조건에서 나타날 수 있음은 거의 필연적이다. 小倉進平은 이러한 현상을 音의 相通이란 개념을 도입하여 설명하려고 하였다. 그러나 相通에도 제한된 조건이 있는 것이어서 임의의 해독을 위해서 남용될 성질의 것은 아닌 것이다. 이 조건은 오늘날에도 믿을 만하게 밝혀지지는 못했지만 당시로서는 윤곽도 잡기 힘든 시기였다. 그리하여 小倉進平의 解讀에는 이 相通이란 개념이 남용되었다고 볼 수밖에 없는 예들이 허다하게 나타났다.

小倉은 『均如傳』의

塵塵馬洛佛體叱刹亦 刹刹每如邀里白乎隱

의 '馬洛'이 '每如'와 같은 音인 '마다'를 表記한 것으로 보고 '洛'이 '다'音의 표기에도 相通되는 것을 地名의 예를 들어 설명하려고 하였다. 이에 대하여 梁柱東은 그 불합리성을 지적하고

> 이와 같이 한둘의 예로서 甲에서 乙, 乙에서 丙 등등에의 音韻相通의 論據를 삼는다면 朝鮮語에 있어서 讀音이 거의 相通하지 않음이 없고 무릇 어떠한 音이나 임의의 類音에 通함을 立證할 수도 있겠다. …… 古語를 解讀함에 있어서 吾人은 먼저 주어진 記寫에 충실할 것이요, 현재 그대로의 말이 없다고 旣存資料를 굽힐 것이 아니다.

라고 하였다. 梁柱東의 이 지적은 매우 적절한 것이었으나 후에 그 자신이 이와 비슷한 지적을 받고 있는 것을 보면 表記事實과 假定된 語形과의 거리를 합리적으로 설명하는 작업이 얼마나 어려운 것인가를 느끼지

않을 수 없다.

梁柱東은 願往生歌의 解讀을 예로 들면서 小倉進平이 附帶된 解說文의 파악에 있어서도 오류를 범하고 있음을 지적하였다. 小倉進平이 이 노래의 내용을 '廣德의 妻가 嚴壯을 諫言한 노래로 볼 것이다'라고 한 데 대하여, 이는 小倉進平이 『三國遺事』 原文에 나오는 '嘗有歌云'의 '嘗'字의 뜻을 간과한 데서 나온 오류라고 하고 이 노래는 廣德, 嚴壯의 說話와는 직접적인 관계가 없이 지어진 것이라 하였다. 설화내용 파악의 이러한 차이는 歌意 전체의 내용을 바꾸는 것이어서 梁柱東의 해독은 小倉進平의 것을 대폭적으로 수정하고 있다. 우리는 이러한 사실을 통하여 기록된 사실을 존중하면서 해독한다 하더라도 내용파악의 방향에 따라 해독의 결과가 크게 달라질 수 있음을 알 수 있다. 따라서 향가에 딸린 說話內容의 분석이 향가의 해독에 얼마나 큰 영향을 미치는가를 실감하게 된다.

小倉進平의 제 3항인 '古書의 語格을 參取한 것'이라고 한 것은 『鷄林類事』, 『三國史記』 등도 참취하였지만 주로 15세기 이후의 文獻에 나타나는 語法을 파악하여 이를 鄕歌解讀에 이용하려고 한 것이다. 鄕歌의 解讀은 後期中世國語에 대한 정밀한 共時的 기술을 바탕으로 하고 前期中世國語와 古代國語 자료를 분석하여 鄕歌의 語形을 再構하는 것이 믿음직한 것이라고 할 수 있으므로 이 기준은 극히 당연한 것이다. 그러나 이 시대에는 時代區分에 대한 개념이 불분명하였고 後期中世國語에 대한 기술이 이루어지지 못했었다. 앞에서 梁柱東에 의하여 지적된 것처럼 小倉進平의 牽强附會는 上代의 語法과 後代의 語法과의 差異를 설명하지 못한 데서 나온 것이 대부분이다. 일례로 小倉은 處容歌의 '東京明期月良'의 '明期'를 그의 先學들의 解讀을 좇아서 '볼ᄀᆞᆫ'으로 읽었다. 그러나 '明期'의 '期'가 'ᄀᆞᆫ'이나 'ᄋᆞᆫ'으로 읽힌다는 것은 그 訓으로 보거나 音으로 보거나 불가능한 것이다. 그가 後期中世國語의 動名詞語尾와 名詞派生接尾辭에 대한 분석을 하여 15세기의 接尾辭 'ᄋᆡ/의'가 動名詞語尾로도 소급될 수 있는 가능성을 모색했다면 '明期'를 'ᄇᆞᆯᄀᆞᆫ'으로 읽지는 않았을 것이다. 이와 같이 '明期'를 'ᄇᆞᆯᄀᆞᆫ'으로 읽은 것은 그 表記事實을 무시하고 古代國語의 어법을 後期中世國語의 어법과 1대 1로 대응시키려고 한 데서 나온 것이라 할 수 있다. 그는 또 固有名詞表記資料와 吏讀資料를 통하여 鄕歌表記의 여러 사실들을 해명하려고 하였다. 이들 자료는 鄕歌와 같은 계통의 借字表記資料라는 점에서 필수적으로 이용되어야 할 자료인 것이다. 그러나 固有名詞表記는 그 자료가 부족한데다가 그 讀法 또한 애매하여 많은 硏究成果가 쌓인 현재에도 이들은 난해한 자료로 인정되고 있다. 吏讀資料는 후대에 와서 그 讀音을 달아 놓은 것이 있어서 鄕歌解讀에 도움을 주는 것이 사실이나 그 讀法이 후대에 訛傳된 것이 많고 그 語法도 시대에 따라 차이가 있는 것이다. 따라서 이들 資料에 나타난 讀法이나 語法은 新羅時代의 讀法과 語法으로 재구하여 이용해야 할 것이다. 小倉進平이 吏讀를 정리하여 연구한 업적은 큰 것이지만 믿을만한 再構成果를 이루지는 못했다. 일례로 그는 '乎隱/온'과 '白乎隱/ᄉᆞᆲ온'을 다 같이 謙讓의 뜻을 표하는 것으로 보고 '乎隱'보다 '白乎隱'이 일층 謙讓의 度가 큰 것이라고 하였다. 그러나 이것은 15세기의 意圖法補助語幹에 대한 파악이 안된 데서 나온 것으로 '乎隱'은 謙讓과는 무관하게 단순히 意圖法補助語幹을 가진 관형형어미에 불과한 것이다.

小倉進平의 第4項인 方言을 參取한 것은 비록 이것을 중요한 기준의 하나로 제시하긴 했지만 실지로 향가 해독에 끼친 성과는 크지 못했다.

이상에서 볼 때 小倉進平이 향가 해독을 위하여 세운 기준은 개별적으로 보면 적절한 것이었으나, 이를 뒷받침할 만한 세부적인 연구가 되어 있지 않아서 表記事實을 정확하게 파악하여 鄕歌의 言語를 再構하는 데는 이르지 못하였다. 하나의 개척자적인 역할에서 그쳤다고 하겠다.

梁柱東의 전반적인 鄕歌解讀은 1942년에 발표되었다. 그의 연구는 小倉進平의 연구를 대폭 수정한 것이었으나 小倉의 영향이 다분히 반영되고 있다.

그가 鄕歌解讀에 임한 기본적인 태도는

(1) 借字解讀에서 될수록 歸納的인 충실한 번역을 기한 것
(2) 注記의 實際에선 鮮初 乃至 麗代의 古語彙·古語法을 綿密히 參互하는 一方 그 音韻的인 방면 특히 당시의 俗音, 方言 등을 부단히 考慮한 것
(3) 全篇의 解讀·注記를 통하야 특히 歌謠로서의 音數律을 考慮한 것

여기서의 (1)항은 小倉進平이 세운 (1)항과 거의 같은 내용인 것이다. 鄕歌에 사용된 同一字의 用例를 분류하여 그 讀音을 用字例로부터 귀납시키는 방법을 취한 것을 말한 것이다. 이 귀납 근거는 地名, 人名, 官名의 借字例와 金石文, 吏讀文 및 內外史書의 기록들을 근거로 하였는데, 특히 記錄者의 입장에서 서서 그 記寫 心理에 유의하였다고 하였다. 이 것은 借字表記法의 원리를 추구함으로써 선입견으로 인하여 주어진 借字를 임의로 附會하는 태도를 지양한 것이니 小倉進平의 解讀의 誤謬를 크게 극복한 것이었다.

(2)항은 小倉進平의 (3)항에 해당하는 것이다. (1)항의 방법을 통하여 추정된 語形과 語法을 古語彙·古語法을 통하어 증명하고자 한 것이다. 그가 이용한 자료는 실로 광범위하여 현재까지 향가를 해독한 어느 업적보다도 풍부하고 다양한 것이었다. 특히 朝鮮初期의 한글 자료들을 섭렵하여 거기서 얻은 국어의 지식을 해독에 응용하였기 때문에 그가 해독한 鄕歌의 言語는 小倉進平의 시대성이 약한 국어보다는 上代의 國語, 적어도 朝鮮初期 이전의 국어로 끌어 올릴 수가 있었다.

(3)항은 小倉進平이 내세우지 못했던 기준을 크게 부각시킨 것이다. 小倉進平이 每句의 音節數가 8音節로 된다고 본 것을 그는 四四調가 기본이 되고 간혹 四三, 三四調를 交用함으로써 韻律의 單調를 피한 것이라 하였다. 그는 이 音數律을 관념적으로 제시만 한 것이 아니라 실제로 그

에 맞추어서 해독하려고 노력하였으니 鄕歌解讀의 중요한 기준을 여기에서 찾았던 것이다.

小倉進平의 (2)항인 鄕歌에 附帶된 解說을 이용하는 기준은 따로 세우지는 않았지만 小倉에서와 같이 每 鄕歌마다 그 解讀에 앞서 이에 대한 설명을 하여 文脈을 파악하는데 참고로 삼았다. 특히 『均如傳』의 普賢十願歌는 그 譯歌뿐만 아니라 華嚴經에서 그 노래에 해당하는 부분을 찾아 이용하였다.

鄕歌의 言語가 反映하고 있는 시대성에 대하여서는

> 吾人이 實際로 遺事鄕歌와 均如歌와의 用語·音韻·借字法 기타를 比較 考察한 바에 의하면 兩者가 대략 유사함을 인정하는 동시에 전체에 흐르는 情調·想念·뉘앙스에 있어서는 遺事歌가 훨씬 더 古色이 짙다. 따라서 遺事所載歌가 羅代의 原形을 어지간히 보유하고 있음을 알 것이다.

라고 하였다. 그가 두 文獻의 詩歌를 어떠한 기준으로 비교하였는지 구체적으로 제시하진 않았으나, 『遺事』의 鄕歌를 일률적으로 新羅時代의 言語로 본 점에 있어서는 小倉進平과 같다.

그는 鄕歌를 해독하면서 表記法에 대한 원리를 추출해 내었는데 이것은 鄕歌研究에 있어 중요한 가치를 지니는 것이다. 그는 鄕歌表記의 用字法을 크게 두 계열로 갈랐는데 이를 A系列과 B系列로 나누어 소개하면 다음과 같다.

〈A 系列〉

一. 義字

1. 音讀 2. 訓讀 3. 義訓讀

二. 借字

1. 音借 2. 訓借 3. 義訓借

〈B 系列〉

1. 正借	2. 轉借	3. 通借
4. 略借	5. 反切	6. 戱借

그는 이에 대한 구체적인 설명을 하지 않았으나 필자 나름으로 설명하고 수정하면 다음과 같다(南豊鉉 1981 參照).

A系列은 漢字를 音으로 사용하느냐 訓으로 사용하느냐에 따라 音과 訓으로 나누고 또 그 音과 訓을 表意的으로 사용하느냐, 表音的으로 사용하느냐에 따라 讀(表意)과 借(表音)으로 나눈 다음, 이 音·訓·讀·借의 원리를 결합하여 音讀·訓讀·音借·訓借를 추출해 낸 것으로 보인다. 따라서 鄕歌를 표기한 모든 用字는 이 네 원리의 어느 하나의 적용을 받아서 사용된 것이다.

義訓讀과 義訓借는 일본의 萬葉假名의 義訓借의 개념을 도입한 것으로 보이는데, 이를 義訓讀과 義訓借로 나눈 것이 그 나름의 독특한 것이라 할 수 있다. 그러나 義訓借와 義訓讀의 차이는 오늘날 우리가 보아도 애매하여 이 명칭만 가지고는 이해하기가 어렵다. 借字表記法의 文字體系는 音과 訓의 구별이 일차로 생기고 여기에 讀(表意文字性)과 假(表音文字性)의 원리가 제2차로 적용되어

音讀字　　訓讀字　　音假字　　訓假字

가 나오는데 이것이 기본적인 문자체계이다. 아마도 義訓讀과 義訓借는 이 기본 문자체계에 제3차로 적용될 수 있을 것으로 보인다. 그러나 제3차로 적용되는 것은 訓의 경우만이 아니라 音의 경우에도 적용될 수 있는 것이고 또 必須的으로 항상 적용되어야 하는 것이 아니라 隨意的으로 경우에 따라서 적용되는 것이다. 따라서 義訓이란 명칭보다는 '擬'라는 명칭이 적합하고 또 音, 訓, 讀, 假와 같이 基本文字體系와 동등하게 다룰

것이 아니라 그보다는 下位次元에서 이 '擬'라는 개념을 적용시켜야 할 것이다. 이와 같이 하여 나온 用字法이 擬音讀字, 擬訓讀字, 擬音假字, 擬訓假字가 될 수 있는 것이다. 擬音讀字는 音讀字이되 그 借字가 國語表記에 적용되면서 그 表意性을 약간 상실한 것이고 擬音假字는 반대로 表音文字로 사용한 것이되 여기에 民間語源的인 表意性이 부여된 것이다. 이 '擬'의 用字法은 隨意的인 것이어서 모든 경우에 적용되는 것이 아니므로 일단 音讀, 訓讀, 音假, 訓假로 파악한 다음에 이 개념의 적용을 검토해야 될 것이다.

(A)系列을 鄕歌表記의 文字體系로 보면 (B)系列은 이 文字體系로 借用된 借字들이 실제 문장의 표기에 사용된 運用의 法則을 분류한 것으로 볼 수 있다. 正借와 轉借는 서로 대립되는 運用法으로 正借가 借字의 音·訓을 그대로 사용한 것임에 대하여 轉借는 그 音의 一部를 바꾸어서 사용한 것이다. 通借와 略借 역시 서로 대립되는 것으로 通借가 借字의 音·訓을 그대로 사용한 것에 대하여 略借는 그 一部音을 생략하고 사용한 것이다. 反切은 두자의 音을 反切하여 한 音節을 표기한 것을 말하고 戱借는 일본의 萬葉假名에서 '山上復有山'이라 하여 '出'字를 암시하는 것과 같은 것이다. 이 가운데 轉借·略借·反切은 '音의 相通'이란 용어를 세분한 것이다.

梁柱東이 表記法에 대하여 파악한 중요한 업적의 다른 하나는 末音添記法이니

> 詞腦歌에 가장 慣用된 記寫法은 體·用言의 一單語를 몬저 義字로 表示하고 다음 그 말의 末音 또는 末音節을 주로 音借字로 添記함이니 이를 義字末音添記法이라 한다.

라 한 것이 그것이다. 이것은 鄕歌의 表記法이 單語를 중심으로 볼 때, 대체로 그 前頭部는 表意字로 표기되고 後尾部는 表音字로 표기되는 현

상과 앞자의 末音을 표음자로 중복하여 첨기하는 현상을 함께 말한 것이다. 이중 末音添記法은 小倉進平에서도 부분적으로 언급되긴 했으나 梁柱東은 이를 보다 분명히 파악하고 실제 해독에서 적극적으로 활용한 것이다.

梁柱東의 鄕歌(古歌)硏究는 鄕歌解讀史에 있어서 길이 잊혀질 수 없는 業績이다. 그러나 그는 본래 文學徒요 語學徒가 아니었다. 그가 朝鮮初期의 한글 자료를 섭렵하고 鷄林類事와 內外史書의 國語表記에 대한 당시까지의 硏究業績들을 수합함으로써 鄕歌 言語의 시대성을 小倉進平보다는 끌어 올려 최소한 朝鮮初期나 그 이전의 국어로 대응시켜 해독하는 업적을 이룩하였으나 그가 파악한 朝鮮初期의 국어는 체계적인 것이 아니라 斷片的인 것일 수밖에 없었다. 일례로 主體尊待의 보조어간을 表記한 '賜'를 小倉進平에서와 같이 '샤'로 해독하였는데 이는 15세기 국어에서 이 형태가 표면상으로 '시'와 '샤'로 나타나는 것 중에서 '샤'를 취한 것이다. 그러나 '샤'는 표면상으로는 '시'와 구별이 안되는 것으로 보이지만 실제로는 '시'가 接續語尾 '아/어'나 삽입모음 '오/우'와 결합되어 '샤'가 나온 것이므로 主體尊待의 보조어간은 '샤'가 아니라 '시'인 것이다. 또 '賜'의 傳統的인 漢字音이 'ᄉᆞ'이므로 이는 'ᄉᆞ'나 '시'로 읽는 것이 합리적인 것이다. 이러한 解讀은 15세기 국어를 체계적으로 이해하지 못한 데서 나온 것이니 당시의 국어학적 지식으로는 극복하기 힘든 것이었다.

그는 또 小倉進平에서와 같이 相通이란 말을 많이 사용하였다. 相通의 下位分類를 轉借, 略借, 反切로 하였으나 이것도 표면적인 현상에 대한 분류이지 그와 같이 轉用되게 된 원인이나 조건들을 糾明한 것이 아니었다.

그가 풍부하고 다양한 자료를 섭렵하여 論證資料로 삼았으나, 그 자료의 질에 대한 평가를 하고 믿을 만한 분석을 한 다음 이용하기에는 당시로서는 어려운 일이었다. 時代區分을 엄격히 하여 각 시대의 국어에 대한 체계적인 파악을 하고 해독하기에는 이른 시기였던 것이다. 그리하여 그가 해독한 어형은 15세기 국어의 어형 그대로인 경우가 허다하였다. 향가해독에서 'ㅸ', 'ㅿ'音의 사용이 바로 그러한 것으로 지적되어 온 것이다. 또 후대에 나타난 音韻現象을 바로 新羅時代에 있었던 현상으로 이해하여 이미 신라시대에 口蓋音化가 일어났다든가 音節末子音에서 'ㅅ'과 'ㄷ'의 中和가 일어나서 "ㅅ' 과 'ㄷ' 또는 "ㅈ'과 "ㄷ'이 相通하는 등 非合理的인 근거로서 논증을 한 예들이 많았다.

이러한 根據下에서 相通이란 개념을 구사하였기 때문에 그가 小倉을 비판할 때 말한 '甲에서 乙, 乙에서 丙 등등의 音韻相通'의 不合理性을 극복하지 못하여 한 글자가 10餘音으로 읽히는 결과를 가져왔던 것이다.

이러한 解讀態度에 대한 反省은 現代言語學的인 방법으로 國語學을 건설하려는 李崇寧(1955)에서 본격적으로 제기되었다. 그에서는 鄕歌를 表記한 借字들이 임의의 가설에 牽强附會되기 위해 數個의 音으로 읽히는 것을 지양하기 위해 一字一音主義를 강력히 제기하였다. 이의 기초작업을 위해 먼저 借字表記 資料의 系統과 相互關係를 다음과 같이 제시하였다.

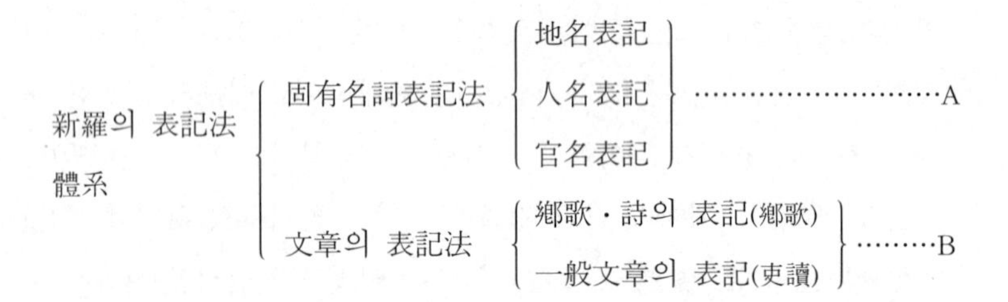

A의 체계는 주로 표음문자의 체계인데, B의 체계는 接尾辭(즉 단어의 後尾部)의 표기에 이 表音文字가 쓰이는 것으로 보았다. 따라서 A의 표기에 쓰인 표음문자체계를 파악하면 B의 표음문자의 해결을 할 수 있을 것이라 하였다. 그 다음 日本의 萬葉假名體系는 新羅의 表記法體系를 본으로 삼았거나 그 영향에 의한 案出일 가능성이 있는 것인데, 신라의 表

記法體系는 萬葉假名보다도 정연한 체계를 갖는 것이라 하고 그 체계표를 보였다. 이어서 『三國史記』, 『三國遺事』, 『世宗實錄地理志』, 『東國與地勝覽』에서 地名, 人名의 表記資料를 수집하여 그들이 나타내는 音價를 音節別로 분류하여 體系表를 만들고, 鄕歌의 表音文字體系를 같은 방법으로 정리, 분류하여 체계표를 만들어 비교하였다. 그 결과 두 表記體系는 공통성이 커서 동일체계에서 기원된 것임을 알 수 있다고 하였다.

이러한 관계의 해명과 문자체계의 제시는 향가를 엄밀한 방법론을 가지고 해독할 것을 제시한 것이다. 종래 小倉進平이나 梁柱東에서도 固有名詞表記 資料는 향가해독에 흔히 이용하여 왔다. 그러나 두 表記體系間의 관계나 文字體系의 對比는 이루어지지 않은 채 임의로 附會시키는 方法을 써왔기 때문에 같은 문자가 합리적인 이유가 없이 數個의 음을 나타내는 결과를 초래했던 것이다. 따라서 이러한 體系表의 제시는 앞으로 보다 정밀하게 검토하여 수정할 여지는 있는 것이지만 같은 차자는 같은 음으로 읽어야 한다는 一字一音의 원리를 지키기 위하여서는 필수적인 것이다.

一字一音主義를 지키는 것은 鄕歌解讀의 올바른 태도가 되지만, 그렇다고 하여 借字表記가 완벽한 것이어서 전연 융통을 허용해서는 안 된다는 것은 아니다. 그러나 融通의 許容에도 한계가 있는 것이어서 對立母音間의 융통이 가장 허용될 수 있는 큰 한계로 보고 '衣(矣)'는 '의'와 '의' 間의 융통이 있을 수 있고 '等'은 '둘'과 '들' 또는 '둔'과 '든'간의 융통이 있을 수 있는데 이것이 그 最大의 限界라고 하였다. 여기서 최대한계라고 한 것은 지나치게 제약한 감이 있지만 융통의 한계를 확대한다 하더라도 表記法이나, 音韻論的인 또는 그밖의 일정한 법칙에 의하여 설명될 수 있는 것이라야 할 것은 鄕歌의 합리적인 해독을 위하여 당연한 제안이다.

이와 아울러 借字의 音價를 임의로 바꾸어서 해석하는 태도는 언어의 시대성을 분명하게 파악하지 못하고 후대의 자료나 언어에 맞추어서 新

羅語를 解讀하기 때문에 나온 것이라 하고 鄕歌의 解讀은 新羅語의 再構와 함께 이루어져야 한다고 제시하였다.

그 후 一字一音의 原理와 新羅語의 再構는 言語學的인 원리에 의하여 鄕歌를 해독하는 기본원리로 받아들여졌다.

1950년대 이후 國語學은 現代言語學的인 方法에 의하여 장족의 발전을 하였다. 특히 구조주의 언어학의 새로운 방법론이 수입되어 中世國語에 대한 연구가 활발하였다. 그 성과는 音韻論과 形態論에서 두드러지게 나타나서 이것이 古代國語의 音韻體系와 형태에 대하여 遡及 · 推定할 수 있는 터전을 마련하여 주었다. 나아가서 古語辭典의 폭넓은 語彙蒐集目錄은 고대국어의 語彙들에 대하여 추정해 볼 수 있는 폭을 넓혀 주었다. 또 서구의 比較言語學的인 방법론과 Altai語의 비교연구에 대한 지식은 고대국어의 再構에 있어서도 정밀성을 요구하게 되었고 또 再構의 가능성에 있어서도 새로운 전망을 가질 수 있게 하여 주었다.

이 시기에 강조되었던 國語와 Altai語와의 비교에서 얻은 지식이 향가의 해독에 직접 이바지한 것으로는 국어에서의 '-n', '-l' 동명사어미의 확인이었다. Altai語에 존재하는 이 語尾가 현대국어에서는 관형형어미로밖에는 존재하지 않는데 향가에서는 格을 支配하는 동명사어미로 확인된 것이다. 이것은 이미 梁柱東의 해독에서 나타났던 것이었으나 다시 金完鎭(1957)에서 Altai語와의 비교를 근거로 믿을 만한 사실로 확인된 것이다.

그 후 Altai語와의 비교가 鄕歌의 해독에 직접적으로 공헌하지는 못하고 있다. 金宗澤(1974)은

> 국어가 Altai諸語에 속하는 것이 사실이라 하더라도 言語의 分岐 연대는 民族의 分岐와 함께 久遠한 것이며 따라서 15세기에서 1000년 미급하는 신라어의 재구에 있어서 그 시간적 격차는 너무 과대평가될 성질의 것이 아니라는 것이다. 즉 신라어는 고려어나 鮮初語와 가깝지 어떤 경우도 만주

어나 몽고어 등과 가까울 수는 없기 때문이다.

라고 주장하였다. 기실 Altai諸語와의 비교에 의해서 얻어지는 鄕歌解讀의 成果가 中世國語 硏究로서 얻어지는 해독의 성과에 미치기는 어려운 것이다. 이 주장은 현재로서는 향가해독에 임하는 일반적인 태도를 대변한 것이라 할 수 있다.

중세국어가 고대국어의 계승이지만 古代國語의 放射의 중심지는 慶尙道였고 中世國語는 中部方言의 자료가 주로 남아 있다. 따라서 鄕歌 가운데는 中世國語로는 설명될 수 없는 慶尙道方言形을 지니고 있을 가능성을 가지고 있다. 그리하여 鄕歌의 해독에 慶尙道方言의 語形을 이용하려는 시도가 있어 왔다.

鄭然粲(1972)은 慕竹旨郎歌의 '皆理米'를 梁柱東이 '그리매(慕)'로 해독한 것에 의문을 제기한 다음, 이를 'ᄀᆡ리매'로 읽을 것을 제안하였다. 그 증거로서는 現代國語에 '낟가리, 나무가리'의 '가리'와 동사 '가리다'가 있는데, 이의 경상도 방언형은 '개리다'인 것으로 보아 '皆理米'는 그 漢字音에 가깝게 'ᄀᆡ리매'로 읽고 그 뜻도 '積置, 重疊'의 뜻으로 보는 것이 文脈의 내용이나 표기법상으로도 자연스럽다는 것이다. 즉 '皆理米'를 'ᄀᆡ리매'로 추정하는 데 慶尙道方言形 '개리매'가 중요한 구실을 하고 있는 것이다.

慶尙道方言에 보다 밀도 있게 관심을 기울인 것이 徐在克(1975)이다. 그는 慶尙道方言과 맥락을 지을 수 있는 것은 『三國遺事』의 鄕歌로 보고 『均如傳』의 鄕歌는 그 硏究의 대상에서 우선 제외시켰다. 그 다음 陶山十二曲 등 慶北方言을 반영하는 歷代文獻과 現存 慶北方言 등을 수집하여 鄕歌語形의 재구에 이용하려고 하였다. 그리하여 鄕歌의 表記와 그에 대응하는 慶北方言 그리고 中世中央語를 일일이 대조하여 再構形을 추출하는 방법을 취하였다. 그의 解讀은 一字一音主義에 비교적 충실한 태도를 취하였기 때문에 공감을 주고 있으나 기실 경북방언과의 대응이 그의 해독에 크게 공헌을 한 것으로 보이지는 않는다. 오히려 그로 인하여 공감을 받기 힘든 해독을 한 경우도 없지 않으니 薯童謠의 '卯乙抱遣去如'를 '알안겨거다'로 본 것이 그것이다. 종래 이는 3단어로 해독해 오던 것인데 安東方言에 '품다(抱)'의 뜻으로 '알안았다'가 있음에 근거하여 한 단어로 보았으나 오히려 3단어로 보는 것이 당시의 표기법에 맞는 것으로 생각된다. 이 해독은 표기보다는 방언을 중시한 데서 나온 것으로 방언연구의 성과가 아직은 향가해독에 적극적으로 이용될 만큼 이루어지지 못한 것임을 말한다.

『三國遺事』의 記錄年代와 관련하여 遺事鄕歌가 일률적으로 新羅時代의 國語를 반영한 것인가에 대한 의문은 아직 깨끗하게 가셨다고 할 수가 없다. 李基文(1961)에서는 鄕歌解讀의 方法을 말하면서 處容歌의 '東京明期月良'의 東京에 대하여 '식ᄫᆞᆯ' 또는 '식블'로 읽혀질 가능성은 거의 없는데 羅代에 그 서울을 東京이라 했을지도 의심스러우니 高麗時代에 와서 變改된 것을『三國遺事』에 실은 것일 가능성이 있다고 보았다. 우리는 鄕歌가 新羅時代國語를 반영한다고 보더라도 一然스님이 스스로 이해하지 못하는 것을 기록하였다고 보기는 힘들다. 一然스님이 이해하였다면 高麗時代의 國語와 어떠한 관계가 있는가가 문제가 될 것이다. 一然이 또 옛 기록에서 옮겨놓았다 하더라도 三代目과 같은 한 文獻에서 옮겨 적은 것이 아닌 이상, 각 鄕歌마다 반영하고 있는 言語나 表記法에 차이가 있을 것으로 생각해 봄직한 것이다. 이 문제는 앞으로 해결해야 될 중요한 과제로 남아 있는 셈이다.

鄕歌는 梁柱東에서 義訓讀末音添記라고 한 데서 비친 바와 같이 '表意字+表音字'의 순서로 단어를 표기한 것이 기본을 이루고 있다. 表意字 부분은 音讀字와 訓讀字로 표기된다. 音讀字는 後期中世國語의 漢字音과 音韻體系를 토대로 하여 체계적으로 재구할 수가 있다. 그러나 訓(釋)은 語彙論에 속하는 것이어서 재구하는 데는 보다 복잡한 難點들을 지니고 있다. 그리하여 종래에는 15세기의 단어를 그대로 訓으로 적용하는 예가 많았다. 이에 대하여 訓의 특수성을 토대로 고대의 訓을 보다 정밀하게 재구하는 문제를 다룬 업적이 있다. 이 문제는 李基文(1972)에서 다루어졌는데 그것은 漢字의 訓이 보수성이 극히 강하여서 후대의 訓이 上代語彙의 化石으로 존재할 수 있는 것을 토대로 하고 있다. 그리하여 『訓蒙字會』, 『光州板千字文』, 『新增類合』, 『石峯千字文』에 나타나는 訓을 통하여 그 保守性과 改新에 대하여 고찰하였다. 일례로 다음과 같은 訓은 15세기 자료에도 나타나지 않는 것인데 16세기 자료에 化石化된 訓으로 남아있는 것이다.

丁 손　뎡(訓蒙中 1) (光州千字 24)
今 엳　금(訓蒙下 1)
牧 모싈 목(訓蒙中 25)
非 안득 비(訓蒙 12) (光州千字 10)

이 중 '손, 엳, 모싈, 안득'이 그것인데 이들은 古代國語의 訓이거나 그에 가까운 것이라 볼 수 있는 것이다. 이러한 訓은 每 漢字마다 訓이 고정되어 있기 때문에 보수성을 띠게 된 것인데 이러한 訓의 고정은 漢字의 학습과정에서 성립된 것이라 하였다. 우리의 전통적인 漢字學習은 漢字를 音과 訓(釋)으로 읽는 것이었는데 이것이 借字表記法에 이용됨으로써 借字表記法에 音으로 읽는 방법과 訓으로 읽는 방법이 존재하게 되었고 또 訓의 固定化가 促進된 것으로 보았다. 訓이 借字表記法에 이용되기 시작한 것은 固有名詞表記로서 그 最古年代는 기원전후로 소급될 것으로 추정하였다. 따라서 우리가 가지고 있는 借字表記資料에는 中世語로서는 추정하기 어려운 訓이 存在하게 되는데 이 자료와 中世國語를 통하여 古代의 訓을 재구할 수가 있는 것이라 하여

絲甫 今蔚州谷浦也(遺事 卷3)

得烏 一云谷(慕竹旨郎歌)

의 기록과 15세기의 한글자료를 통하여 이들이 新羅語의 訓으로서는 sir(실)였음을 再構하였다. 이밖에도

厭 ic'(잊)	珍 turh(돓)	城 cas(잣)
荒 kec'ər(거츨)	世 nüri(누리)~nü(뉘)	
苔 is(잇)	海 patɔr(바돌)	梁 turh(돓)
金 suy(쇠)	川 na(나)~nari(나리)	

등의 新羅時代의 訓을 再構하였다. 이 再構는 직접 鄕歌의 解讀을 목적으로 한 것이 아니고 또 문헌의 기록이 한정되어 있어서 한계가 있기는 하나 엄밀한 방법론에 바탕을 둔 것이어서 신빙성이 높은 것이다. 앞으로 향가해독에서는 우리가 가지고 있는 文獻資料를 최대한으로 활용하여 정밀한 訓을 再構하는 방법에 의한 해독이 바람직한 것임을 이 硏究는 보여 준 것이다.

鄕歌解讀에서 고대의 자료는 극히 소중한 것임은 새삼 말할 나위가 없다. 그러나 현재 우리는 극히 빈약한 자료만을 가지고 있어서 많은 어려움을 겪고 있다. 그런 가운데서도 새로운 借字表記資料들이 발굴되어 향가해독에 새로운 서광을 비춰주고 있다. 그 가운데서도 직접적으로 도움을 주는 것이 舊譯仁王經 口訣이다. 이 口訣이 쓰여진 년대는 하한선을 1346년(至正 6)으로 하여 그 이전에 기록된 것으로 추측되는데 13세기경의 것이 아닌가 한다. 이는 落張 5枚에 불과하지만 漢文의 行間에 略體로 表記된 吐를 달아 漢文을 우리말로 새겨 읽는 방법이 있었음을 보여주는 釋讀口訣이다. 이 口訣의 年代는 비록 13세기경의 것으로 추측되지만 반영하고 있는 언어는 극히 보수적이어서 鄕歌의 文法과 다분히 일치되고 있다. 따라서 이 자료는 현재로서는 唯一한 高麗時代의 口訣이지만 늦어

도 新羅時代부터 쓰여 왔을 釋讀口訣의 전통을 이어받고 있는 것임을 알 수 있다. 이 口訣을 吐가 지시하는 대로 우리말의 순서로 배열하면 鄕歌의 表記構造와 일치하는 구조가 된다. 즉 漢文의 구성소는 表意字가 되어 前頭部가 되고 우리말의 조사나 어미를 나타내는 吐는 表音字가 되어 後尾部가 됨으로써 '表意字+表音字'의 構成이 되는 것이다. 이 자료가 나오기까지는 鄕歌를 표기한 鄕札의 表記法이 어떠한 바탕 위에서 사용되어 왔는가에 대하여 설명하지 못하였으나, 이 釋讀口訣이 나옴으로써 鄕札이 보편적으로 사용될 수 있었던 배경을 알 수 있게 된 것이다. 즉 口訣은 漢文學習 過程에서 익히는 것이므로 이를 익힌 사람이 그 方法을 그대로 國語의 表記에 이용한 것이 곧 鄕札인 것이다. 口訣과 鄕札이 '表意字+表音字'의 構造로 일치되는 것이 바로 이러한 데서 기인하는 것으로 설명할 수 있는 것이다. 현재 이 口訣은 만족할 만한 연구가 되어 있지는 않지만 中世語로서는 해석할 수 없었던 鄕歌의 文法이 이 口訣에 의하여 확인되고 있다. 이 口訣의 讀法과 아울러 否定法, 主格助詞, 그리고 '-尸', '-之叱'의 機能에 대한 연구가 주로 筆者와 沈在箕에 의해서 밝혀졌는데 이것은 鄕歌의 表記法이나 문법과 일치하는 요소를 현저히 보여주고 있는 것이다. 앞으로 이에 대한 정밀한 연구는 향가의 해독에 커다란 공헌을 할 수 있을 것으로 기대된다.

향가해독의 이제까지의 研究成果와 1950年代 이후 國語學이 연구한 성과를 망라하여 새로운 향가해독의 길을 개척한 것이 金完鎭의 最近 研究(1981)이다. 이 研究는 鄕歌解讀의 語學的인 기준을 세우고 그 기준을 철저하게 준수하였다는 점에서 종래의 연구와 다른 면을 보여준다. 그가 제시한 기준을 보면 다음과 같다.

1. 一字一音의 原理
2. 訓主音從의 基準
3. 脈絡一致의 基準

이들은 종래에도 제기되어 왔던 것이지만 이 기준을 철저하게 지킴으로써 종래에 미치지 못했던 새로운 면을 개척해 나간 것이다.

(1)은 李崇寧(1955)에서 제안된 것으로 주로 音假字(表音字)에 해당되는 문제이다. 종래 이에 대한 인식을 하면서도 철저하게 지켜지지 못한 태도가 있어 왔었다. 이 연구에서는 이것을 엄격하게 지킴으로써 새로이 해독되는 경우가 많음을 보여 주고 있다. 일례로, 종래 '音'字에 대하여 '憂音' '夜音' '心音'에서는 'ㅁ'音으로 읽으면서 '掌音'의 경우에는 'ᄉᆞᆫ바당'으로 읽어 'ㅇ'으로 대응시켜왔는데 이러한 태도는 지양되어야 할 것이라 하여 '掌音'을 'ᄉᆞᆫᄇᆞ롬'으로 再構한 것이 그것이다. 다만 漢字가 우리말의 모든 음절형을 다 나타낼 수는 없는 것이므로 어느 정도의 近似性에 머무를 수밖에 없었음이 고려되어야 하며 鄕歌의 표기는 形態音素論的인 표기이므로 '乙'이 '을'音 이외에 'ᄋᆞᆯ'音을 표기할 수는 있는 것이라 하였다. 이것은 訓으로 읽히는 경우에도 적용되는데 鄕歌에 세 번 쓰인 '干萬(隱)'의 경우, 한 곳에서 'ᄀᆞ만'으로 읽었으면 다른 곳에서도 그와 같이 읽어야 한다고 하였다. 또 表記法上 省略되는 音이 있을 수 있어 繫辭의 '이'나 媒介母音 'ᄋᆞ/으' 또는 半母音 등은 해독시에 보입하여야 할 경우가 있다고 하였다.

(2)의 訓主音從의 기준은 梁柱東이 義字末音添記라고 한 것을 鄕歌表記의 基本 모델로 봄으로써 그 가치를 높인 것이다. 또 鄕歌表記 양식은 이 末音添記를 기준으로 보면, (a)無添記, (b)純正添記, (c)代替添記, (d)附加的添記, (e)確認添記가 있다 하였다. 이 分類는 末音添記法을 중시한 데서 나온 것이니 이와 같은 새로운 인식에 의하여 中世國語의 語形만으로서는 추정할 수 없었던 鄕歌의 語形을 再構하게 되었다. 즉, '舊理, 倭理, 星利'의 중세국어형은 '녜, 예, 별'이지만, '理, 利'는 末音添記이니 古代의 이 語形들은 '녀리' '여리' '벼리'로 再構해야 한다고 하였

다. 이러한 語形의 재구는 一字一音主義와도 관련되는 것이니 종래에는 이 표기를 중세어형에 맞추기 위하여 '理'는 'ㅣ'음을 위한 略音借, '利'는 'ㄹ'을 위한 略音借로 봄으로써 한 글자가 나타내는 音이 둘 이상이 되었던 것이다.

訓主音從은 뜻을 나타내는 글자를 머리에 놓고 그 다음에 表音字를 놓는 것인데 향가표기는 원칙적으로 이러한 법칙에 의하여 표기된 것이라 하였다. 그러나 이 연구에서는 '皆理米'를 '모도리매'로 읽고 그 뜻은 '몯오리매'로 해석하면서 이것도 訓主音從의 하나로 보았다. 이는 '皆'를 訓인 '모도'로 읽었으나 그 뜻은 전연 반영되지 않은 것이다. 이와 같이 뜻과는 상관없이 語形의 相似를 바탕으로 訓을 빌려 쓰는 것을 梁柱東의 用法에 따라 義訓借라 하였다. 이 연구에서는 이러한 義訓借에 상당한 비중을 두고 있어서 새로운 문제 제기로 받아들여지는 것이다.

(3)의 脈絡一致의 기준은 표기에 의해서 단어의 語形은 추구되지만 그 語形이 나타내는 뜻은 文脈의 의미와 일치되어야 한다는 당연한 기준이다. 借字表記는 같은 글자가 音과 訓으로 읽히고 그 訓도 여럿이 될 수 있는데다가 表意的인 용법과 表音的인 용법이 있어, 그 讀法을 결정하여 語形을 再構하는 데는 당연히 그 문맥으로 결정하여야 한다는 이 기준은 종래에도 있어왔던 것이지만, 이 연구에서는 문맥에 대하여 세밀하게 추구함으로써 공감을 주는 새로운 해독을 하고 있다.

(4)의 律調的 基準은 梁柱東에서 크게 부각시켰던 것이지만, 이 연구에서는 三句六名에 대한 새로운 해석을 하여 이를 토대로 解讀한 것이 특징이다. 三句六名을 十句體 鄕歌에서 1, 3, 7의 3句가 6音節을 유지하는 것으로 해석하였는데 특히 『均如傳』의 향가에서 현저하게 들어 맞고 『三國遺事』의 鄕歌도 작품에 따라 차이가 있긴 하지만 대체로 이에 맞는 것이라 하였다.

이 연구가 종래의 연구에서 소홀히 하였던 것을 크게 부각시킨 것은 原典批判이다. 原典에 대한 정확한 비판은 古典을 다루는 경우에는 항상 요구되는 것이지만 『遺事』나 『均如傳』은 著者가 지은 다음, 稿本으로 전하다가 板本化된 것이므로 그 과정에서 訛傳되었을 가능성을 충분히 지니고 있는 것으로 보았다. 그리하여 이를 비판하면서 세 가지 점을 크게 부각시켰다. 그 하나는 本文轉訛의 교정으로 『三國遺事』와 『均如傳』의 鄕歌에서 33字의 誤字를 訂正하였다. 본래 後人이 原典을 교정한다는 것은 참으로 어렵고 위험한 일이지만 이 연구에서 주목되는 것은 그 교정의 근거이다. 鄕歌는 稿本으로 전해 올 때 草書나 略字가 많이 쓰였을 것으로 추측하고 이들이 板本化 時에 正字로 還元되면서 誤字로 나타났을 것으로 본 것이다. 이 가운데 특히 공감을 주는 것은 『均如傳』에서 '閒王'을 '醫王'으로, '手'를 '香'으로 訂正한 것이다. 이들은 文脈이나 다른 증거로 보아서 實證되기도 하는 것인데 그와 아울러 草書로서는 유사하기 때문에 誤字로 나타난 것으로 본 것이 특히 설득력을 갖는다. 이러한 작업은 종래 비교적 소홀히 다룬 感을 주는 借字表記法의 字形의 문제를 앞으로 중요시해야 될 것임을 시사하는 것이다.

둘째는 '支'와 '攴'을 구별하고 '攴'은 앞에 오는 글자를 訓으로 읽을 것을 指定해 주는 것이라는 指定文字說을 제기한 것이다. 종래 이 글자는 '虛字'라고 불리어 오던 것이기도 했으나 아무 기능이 없는 글자를 사용한다는 설에 대하여 의심을 하여 오던 것이다. 이 指定文字說은 아직은 가설로서 제기된 것이지만 무의미한 虛字는 있을 수 없다는 점에서 크게 주목되는 것이다.

셋째는 原典의 字間空白에 대한 분석을 하여 그 空白에 意義를 부여한 것이다. 이 空白은 본래 句의 경계를 표시한 것이므로 일정한 체계를 갖는 것이라 보고 이 공백이 나타나지 않는 경우는 본래 있었던 것이 原典의 轉訛에서 온 것으로 해석하였다. 그리고 句의 경계가 아닌 것에 나타나는 空白은 탈자가 있을 것으로 보고 그 脫字를 推定하여 補入하였다.

우리는 초기의 解讀과 이 연구를 비교해 보면 그 동안 鄕歌解讀의 근거가 얼마나 풍부하여졌고, 또 그 방법론이 얼마나 정밀화되었는가를 알 수 있게 된다. 이것은 이 硏究者의 독창성에도 기인하지만 1950년대 이후 國語學이 쌓아 온 성과에도 크게 의존하고 있는 것이다. 이러한 사실은 鄕歌의 解讀이 앞으로 국어학의 발전과 함께 완벽에 가까워질 수 있다는 희망을 주는 것이라 하겠다.

3.

國語學이 『三國遺事』의 鄕歌에 대하여 기울여 온 노력과 성과에 비하면 人名, 地名, 官名, 物名 등 語彙表記 자료에 대한 연구는 극히 미미하다. 語彙表記 資料는 『三國史記』의 자료가 주축을 이루고 『三國遺事』의 자료는 이를 보충하는 것으로 인정되는 것이어서 대체로는 『三國史記』의 固有名詞資料를 연구하는 보조적 자료로 이용하여 왔기 때문에 『三國遺事』의 것만을 대상으로 한 연구는 적을 수밖에 없었다 하겠다. 따라서 그 범위를 『遺事』에 한정하지 않고 語彙表記硏究 전반에 대하여 회고하여 보고 앞으로의 연구에 대하여 전망하여 보는 것이 이해에 도움이 된다.

語彙表記는 借字表記法의 원초가 되는 것이어서 現存資料만 보더라도 우리 선인들이 기록한 最古의 자료인 三國時代의 金石文에 나타나고 있다. 이것이 계속 19세기말까지 사용되어 왔으므로 양으로는 借字表記資料 중 가장 풍부하게 남아 있는 것이다. 또 오랜 기간 사용되어 오는 동안에 그 기록의 해독에 도움이 될 만한 증언도 상당수 남아 있다. 『三國史記』나 『三國遺事』 및 기타에 '一作' '一云' '或云' '俗云' 등이나 간단한 주석이 그것이다. 그 반면에 기록의 시대성이 애매하고 鄕歌나 吏讀에서와 같이 문맥에 의하여 해독의 도움을 받기가 어려운 약점을 지니고 있는 것이기도 한 것이다. 이러한 자료들에 대한 관심은 史學界에서 일찍부터 가져왔었다. 古代資料가 희소한 상황에서 史實을 밝혀 줄 수 있는 것이 바로 이것이기 때문이다. 『三國史記』나 『三國遺事』 및 후대 문헌의

註記들이 이러한 관심을 보여 온 것이니 그 역사는 매우 오래된 것이다. 20세기에 들어 와서 현대사학이 시작되면서도 이에 대한 관심은 보다 더 강조되었는데 申采浩(1924 b)는

> 或은 이를 웃으리라. 煩瑣하고 無益한 일이라고. 그러나 錯誤가 이에서 校正되느니라. 訛誤가 이에서 歸眞되느니라. 각기 제 時代의 本色이 이에서 綻露되느니라. 이미 散失된 朝鮮 歷史上의 大事件이 이에서 發見되느니라. 그러므로 이것이 곧 地中古蹟을 發掘함에 비길 만한 朝鮮史 硏究의 秘鑰이니라.

라고 하여 이들 語彙表記에 대한 연구의 중요성을 역설하고 있다. 이것은 전대부터 관심을 가져온 이 자료들이 韓國史의 현대적인 해석을 위하여도 보다 더 적극적으로 이용되어야 한다는 중요성을 말한 것이다. 그는 이어서 그 解讀方法을 다음과 같이 제시하였다.

(1) 本文의 自證
(2) 同類의 旁證
(3) 前名의 溯證
(4) 後名의 沿證
(5) 同名異字의 互證
(6) 異身同名의 分證

이것은 借字表記資料의 硏究方法論을 구체적으로 제시한 것으로는 최초가 아닌가 한다. 이 가운데 (1), (2), (5)항은 記錄 自體로서 고증해 낼 수 있는 것이니 國語學에서도 현재 이용되고 있는 방법이다. 다만 그 시대에는 국어에 대한 이해가 부족하여 '異斯夫', '居柒夫'의 '夫'를 '士大夫'의 '夫'가 '우'로 발음되는 것에 근거하여 '우'로 읽는 것과 같은 類는 지양

되고 있는 점에서 차이가 있을 뿐이다. (3), (4), (6)은 國語學的인 방법으로는 입증하기 어려운 것이다. 史學에서도 자칫하면 임의의 가정에 집착하여 오류를 범하기 쉬울 것으로 생각된다. 이러한 문제점을 극복하여준다면 (1), (2), (5)의 범위를 넘어서지 못하는 국어학이 史學의 힘에 의지하여 해결하는 문제들이 많을 것이다.

또한 史實을 증명하기 위하여 史學에서 사용하던 방법이 초기의 鄕歌解讀에서 用字法을 해명하는 방법으로 이용되었음은 중시되어야 한다. 小倉進平이나 梁柱東의 鄕歌解讀에서 借字들의 讀音을 추정하는 근거로 語彙表記의 用字例가 서슴없이 이용된 것은 史學에서 이룩한 이러한 전통이 이어진 것임이 분명하다. 다만 國語學이나 史學이 語形과 語意를 동시에 밝히고자 하는 데는 공통되지만 國語學에서는 古代國語의 再構와 國語의 發達史를 밝히기 위한 작업이기 때문에 어형의 파악에 보다 많은 관심을 기울이는 반면에, 史學에서는 그 어형이 나타내는 내용이 史實과 어떤 관계에 있는가에 보다 많은 관심을 기울이는 것이어서 관심의 방향이 서로 다르게 나타나는 점에서 차이가 있다. 즉 國語學에서는 語形에, 史學에서는 語意에 보다 많은 관심을 기울이는 경향인 것이다. 이에 따라 國語學의 관점에서 史學에서 논한 語彙表記의 분석을 대하게 되면 그 폭 넓은 考證領域에 감동을 하면서도 그 讀法이나 後代語形과의 대응관계 또는 音韻規則 등의 불안한 예증에 회의를 느끼게 되며 史學에서 國語學이 연구한 업적들을 보면 史學的인 意義를 찾기 힘들거나 史實에 대하여 어두운 것에 불만을 느끼게 될 것이다. 그리하여 史學에서 國語學에 대하여는 보다 폭넓은 시야를 요구하고 國語學에서 史學에 대하여는 보다 정밀한 方法論을 요구하는 상황에 있다. 이 兩者의 요구가 합치되지 못하여 미해결로 남아 있는 문제는 허다하다.

그러나 이 미해결의 문제들 가운데는 두 태도가 접근하여 상호 보완될 수 있는 것들도 있다. 일례로 『三國遺事』의 薯童說話에서는 薯童을 百濟의 武王이란 설이 있다 하였고 『高麗史』 地理志에는 益山의 武康王陵을

'又有後朝鮮武康王及妃陵, 俗稱末通大王陵, 一云百濟武王小名薯童'이라 하는 등 여러 說이 있는 데 대하여 申采浩에서는 薯童은 百濟의 武寧王이란 說을 제기하였었다. 李丙燾에서는 武寧王의 先王인 東城王이 新羅의 王女와 婚姻한 기록이 있고 東城王의 이름이 麻帝, 牟大, 牟都, 末多, 末通 등으로 나타나고 있는 것을 근거로 薯童은 곧 東城王이란 논증을 하였다.

여기서 東城王의 이름은 '맏・몯'으로 재구할 수 있는데 이는 곧 '薯蕷(마)'에 해당하는 우리말의 古代語形이란 사실을 國語學에서 立證하여 이 說을 뒷받침하고 鄕歌의 解讀에도 도움을 얻을 수가 있게 된다. 薯蕷의 15세기 語形은 '맣'이지만 13세기에 편찬된 鄕藥救急方의 鄕名은 '亇支'로 記錄되었다. 이는 '맏' 또는 '마디'를 표기한 것으로 추정되는 것이다. 한편 鄕藥救急方에 나타나는 植物의 肉質根類의 鄕名을 추려 보면 그 起源的인 語形을 '맏'과 '몯'으로 再構할 수가 있다. 이는 東城王의 이름과 일치하는 것이다. 한편 이 語形의 추출은 東城王에 관계된 사실이 武寧王과 武王의 사실로 訛傳된 이유를 설명할 수 있는 뒷받침도 된다. 李丙燾에서는 東城王의 사실이 武寧王의 사실로 訛傳된 것은 두 王이 父子間이어서 연대가 비슷하고 益山彌勒寺의 建立이 東城王에서 시작되어 武寧王에서 완성된 데에 있다고 하였다. 傳說上의 訛傳은 여러 複合的인 요인이 작용할 수가 있으니 이 요인들과 아울러 薯蕷의 固有語 '몯'과 '武寧'의 音이 유사한 것이 한 要因이 됨을 들어 이 說을 보충할 수가 있게 된다. '몯'은 그 'ㄷ'音이 有聲音間에서 'ㄹ'로 바뀌어 '모롭' 또는 '몰'로 바뀌었고 그 母音은 母音의 象徵的 對立에 의하여 'ㅜ'로 바뀔 수가 있어 '무릅' 또는 '물'로도 나타날 수가 있다. 이것이 '武寧'의 발음과 유사함으로써 東城王의 이름 '몯'이 후대에 와서 '武寧'으로 訛傳될 수 있는 소지가 된 것으로 추정할 수가 있는 것이다.

國語學과 史學의 이러한 相互補完은 史實에 대해서도 발전적인 해석을 할 수 있게 하여 주지만 鄕歌의 해석에도 믿을 만한 근거를 제공하여 주는 것이다. 즉 薯蕷의 古代語形이 '몰'또는 '몰'로 재구되면 薯童謠의 '薯童房乙 夜矣 卯乙 抱遣 去如'의 '卯乙'의 뜻이 薯蕷의 鄕名 '몰'의 對格形인 '몰올'을 표기한 것으로 추정할 수가 있는 것이다. 이러한 해석이 문맥도 자연스럽게 할 뿐만 아니라 說話의 내용과도 부합되는 것이다.

이러한 두 分野間의 相互補完作業은 앞으로의 연구 성과의 수확에 따라 보다 폭 넓게 진행될 수 있기를 기대한다. 이에 앞서서 『三國遺事』의 語彙表記資料는 『三國史記』의 그것과 밀접한 관계를 지어서 연구하는 것이 효과적일 수도 있다. 그렇다고 하여 이들만을 독립된 대상으로 하여 다룰 가치가 없는 것은 아니다. 『三國史記』의 자료가 갖는 특성과 『三國遺事』의 자료가 갖는 특성이 다르므로 이 특성들을 파악하여, 비교 · 보완하는 것이 바람직하기 때문이다.

4.

『三國遺事』의 國語學的인 研究는 鄕歌 14首에 대한 解讀에 집중되어 왔고 語彙表記 資料에 대한 연구는 부분적으로 진행되어 왔다. 『三國遺事』와 『均如傳』의 鄕歌 가운데 『三國遺事』의 鄕歌가 연대가 오랜 作品인데다 文學上으로도 다양한 내용을 지닌 것이어서 그 연구가 일찍부터 활발하였었다. 또 國語學上으로는 音韻, 語彙, 統辭 등 古代國語의 전면적인 모습을 보여주는 자료인데다 文脈을 통하여 그 내용을 추구하여 볼 수도 있는 자료여서 古代國語의 再構에 가장 중요한 자료가 되는 것이 향가이다. 이에 비하면 語彙表記資料는 『三國史記』의 자료가 體系性이 있고 양적으로도 풍부한 것인데 『三國遺事』의 그것은 體系性이 없이 단편적으로 나타나는데다가 양적으로도 『三國史記』에 미치지 못하는 것이어서 그 補助的인 위치에 머물렀던 것이다. 물론 『三國遺事』의 語彙表記의 註記 가운데는 다른 문헌에선 찾아 볼 수 없는 내용을 알려주는 것이 있어서 古代國語와 借字表記法의 이해에 중요한 정보를 제공하는 것도 있으나 양적으로 매우 빈약하다. 그러나 『三國遺事』의 語彙表記資料 가운데는 古代 史實을 해명해 줄 수 있는 중요한 것들이 있어서 국어학에서보다는 史學에서 관심을 가지고 연구해 온 것도 있다. 그러나 同一資料에 대하여 國語學과 史學이 관심을 두는 방향과 연구태도가 달라서 아직은 두 분야가 본격적으로 보완해 줄 수 있는 단계에 이르지 못했다. 앞으로 두 분야의 연구성과가 서로 보완해 주는 단계에 이르기를 기대하는 상황에 있다.

鄕歌와 語彙表記資料는 따로 分立시켜서 연구할 필요성이 없는 바 아니지만 두 자료가 모두 借字表記資料이므로 相互補完하는 관계에 있는 것이다. 鄕歌의 解讀이 완벽에 가까우면 語彙表記資料의 연구에 기여할 수 있고 그 逆도 같은 것이다. 이것은 鄕歌를 해독하자면 語彙表記資料에서 많은 정보를 얻어야 하고 語彙表記資料의 연구 역시 鄕歌의 解讀에서 정보를 얻어야 함도 의미하는 것이다. 따라서 이 둘의 관계를 염두에 두면서 그 연구방법론을 엄격히 구별하지 않고 앞으로의 연구방향을 전망하여 보기로 한다.

(1) 借字表記法의 字形은 원칙적으로 漢字의 字形과 일치한다. 그러나 개중에는 이 表記法의 특수한 상황에서 굳어진 것이 있어서 해독상의 문제가 된다. 金完鎭(1980)의 原典批判에서 借字의 訂正根據를 略體와 草書에 의한 訛傳 그리고 板刻時의 變質에서 찾은 것은 새로이 注目되는 것인데 이밖에 특수한 과정을 거친 字形이 있었던 것으로 믿어진다. 이것은 鄕歌表記의 문제뿐만 아니라 借字表記 全般에 걸치는 문제로서 指定文字로 제한된 '攴'자의 오른 쪽 어깨에 점이 있고 '太'字가 '콩(大豆)'의 表記에 사용되며 '矣'가 '주비', '只'가 '기', '尸'가 'ㄹㆆ'音으로 읽히는 것 등은 漢字의 정상적인 字形으로서는 설명하기 힘든 것이다. 金石文이나 古文書를 대하면 우리가 이해할 수 없는 字形들이 나타나는 것을 볼 수 있는데 이러한 字形들이 후대의 文獻에 상이한 字形으로 나타난 예들도 없지 않은 것으로 믿어진다. 이 字形의 문제는 현재 체계적으로 연구되어

있지 않은 것으로 앞으로 우리가 새로이 개척해야 될 분야이다.

(2) 借字의 表音은 현재 대체로 傳統的 漢字音에 준해서 추정해 올라가고 있다. 15세기의 音韻體系를 근거로 소급 추정해 올라가는 것이다. 그러나 우리의 傳統的인 漢字音 자료는 15세기말 이후의 것만이 전하는데 漢字音 가운데는 유추나 그 밖의 원인에 의하여 정상적인 발달의 軌道에서 逸脫하는 경우가 있다. '省'이 '소'로 읽히거나 '冬'이 '돌', '喩'가 '디'로 읽히는 것 등이 이 문제에 속한다. 또 '次'가 'ᄌᆞ'나 'ㅈ'音을, '叱'이 'ㅅ'音을 表記하게 된 과정에 대해서도 우리는 分明하게 알고 있지 못하다. 이들 俗音에 대한 연구도 앞으로 우리가 해결해야 될 과제인 것이다.

(3) 借字表記法에 대한 이해는 최근에 와서 상당한 진척을 보인 셈이다. 音・訓・讀・假의 원리와 隨意的으로 적용되는 '擬'의 원리에 의해 借字體系가 借用되고 讀字(表意字)가 단어의 앞에 오고 假字(表音字)가 그 뒤에 따르는 文章表記의 연결구조, 그리고 末音添記法에 대한 새로운 분석 등이 그러한 예에 속한다. 그러나 表意文字와 表音文字가 혼용되는 표기법에 대한 여러 表記體系에 대한 이해가 부족한 상황에 있다. 특히 日本의 萬葉假名의 表記法은 우리의 借字表記法과 밀접한 관계에 있다. 그리하여 종래 日本의 表記法에서 발견된 원리가 우리의 借字表記資料의 解讀에 공헌하여 온 것이 사실이다. 그러나 우리의 借字表記法과 日本의 그것을 비교하여 그 同異點을 찾아내는 작업은 이루어지지 않았다. 이 문제도 앞으로 우리가 주목해야 할 중요한 분야다.

(4) 중세국어에 대한 音韻論 및 形態論的인 研究 그리고 語彙目錄의 作成은 借字表記資料의 解讀과 아울러 古代國語의 再構에 크게 공헌하여 왔다. 이 연구는 앞으로 좀더 심도 있게 진행되어야 할 것이다. 특히 形態素들의 文法的 機能에 대한 연구는 古代國語의 문법을 전망하여 볼만한 단계에 미치기에는 요원한 감을 준다. 보다 활발하고 심도 있는 연구가 借字表記法의 연구를 위해서도 중시된다.

(5) 古記錄의 解讀은 文字의 表音이 파악된다 하더라도 반드시 해독되

는 것은 아니다. 우리는 한글로 표기된 高麗歌謠가 아직도 완벽한 해독에 이르지 못하고 있음을 알고 있다. 文字體系가 表音文字보다 훨씬 복잡한 借字表記法에 있어서 그 해독의 어려움은 더 말할 나위가 없다. 따라서 이런 기록에 대한 解讀일수록 그 내용에 대한 정보를 제공해주는 자료는 세밀하게 분석되어야 한다. 鄕歌에 附帶된 해설문은 이런 의미에서 깊이 고구되어야 할 자료로서 남아 있는 것이다. 일례로 遇賊歌는 그 解說文에 의하면 滑稽的인 요소를 다분히 지닌 것으로 믿어지지만 지금까지의 해독에선 그런 요소를 발견하기가 힘들다. 아직도 鄕歌解讀에 이 資料들이 적극적으로 이용되지 못하고 있음을 말하는 것이라 하겠다. 현재 이들 자료는 文學을 비롯한 여러 분야에서 심도 있게 고구되고 있다. 이들의 성과가 鄕歌의 解讀에 응용될 수 있어야 할 것이다. 語彙表記資料는 文脈을 갖지 않은 것이어서 그 풍부한 量에 비하면 그 解讀은 初步的인 상태에 있다 할 것이다. 國語學에서 현재 진행되고 있는 연구는 申采浩에서 제시된 방법 가운데 (1), (2), (5)항의 범위를 넘어서지 못하고 있다. (3), (4), (6)항의 문제도 그 해독에 중요한 정보를 제공해 주는 것인데 이것은 현재 史學의 研究成果에 기대하고 있다. 국어학이 그 研究成果를 응용하는 단계에까지 나아가야 할 것이다. 國語學과 史學 이외의 분야에서 이 語彙表記資料에 관심을 보인 예는 현재 찾아보기 힘들지만 이 자료들은 국어학과 사학의 힘만으로 해결하기에는 벅찬 요소들을 담고 있다. 여러 방면의 연구 성과를 기대해야 될 것이다.

(6) 借字表記資料는 최근에 와서 중요한 것들이 발굴되었다. 吏讀, 口訣 및 金石文의 語彙表記資料들이 그것이다. 이들과 아울러 이전에 발견된 자료들도 國語史의 記述에 적극적으로 이용될 만큼 연구되지 못하고 있다. 이들을 연구하는 人的 資源도 부족한 실정이다. 이들에 대한 보다 활발한 研究가 鄕歌의 解讀은 물론 古代國語의 再構를 위해서도 필수적인 것이다.

(7) 借字表記法도 時代에 따라 발달하여 왔다. 비록 이 表記資料들이

文語로서의 강력한 保守性을 지닌다 하더라도 時代에 따른 言語의 變遷相을 찾을 수 있는 것이다. 特히 鄕歌의 해독을 위해서는 그 표기된 연대에 대한 의문이 가시지 않은 상태에 있다. 『三國遺事』의 鄕歌는 특히 이 점이 문제가 된다. 金完鎭의 연구는 작품에 따라 韻律과 表記法에 차이가 있음이 지적되고 있다. 이러한 차이는 작품의 表記年代와 관계가 있을 가능성이 큰 것이다. 앞으로 借字表記資料의 연구가 이 방면의 문제도 해결해 주어야 할 것이다.

(8) 比較言語學은 『三國史記』의 語彙表記資料의 연구에서 상당한 성과를 거두었으나 『三國遺事』의 資料에 대한 연구까지는 미치지 못하고 있다. 鄕歌解讀에 기여한 정도도 크다고 볼 수는 없다. 비교언어학이 향가의 해독에 부응하기는 아직은 時機尙早인 感이 있다.

(9) 方言研究 역시 향가의 해독이나 語彙表記資料의 研究에서 기대한 만큼 부흥하지 못하고 있다. 광범위한 方言目錄이 작성되어야 하고 中世中央語와의 대응관계가 파악되어야 할 것이기 때문이다. 역시 앞으로의 研究成果에 기대해야 될 것이다.

參考文獻

金敏洙(1980), 『新國語學史(全訂版)』, 一潮閣.

金完鎭(1957), -n, -l 動名詞의 統辭論的 機能과 發達에 대하여, 『國語研究』 2, 國語研究會

金完鎭(1980), 『鄕歌解讀法研究』, 서울大出版部.

金宗澤(1974), 鄕歌解讀에 있어서 語彙再構의 問題, 『新羅時代의 言語와 文學』, 螢雪出版社

南豊鉉(1977a), 國語否定法의 發達, 『문법연구』 3, 塔出版社.

南豊鉉(1977b), 鄕歌와 舊譯仁王經 口訣의 '之叱'에 대하여, 『언어』 2-1, 한국언어학회.

南豊鉉(1977c), 國語 處格助詞의 發達, 『李崇寧博士古稀紀念論叢』, 塔出版社.

南豊鉉(1981),『借字表記法研究』, 檀大出版部.
南豊鉉・沈在箕(1976), 舊譯仁王經의 口訣 硏究,『東洋學』6, 檀大東洋學硏究所.
徐在克(1975),『新羅鄕歌의 語彙 硏究』, 啓明大 韓國學硏究所.
申采浩(1924a), 朝鮮古來의 文字와 詩歌의 變遷, 東亞日報 1924, 1.1.『丹齋申采浩全集』(改訂版, 1979)
申采浩(1924b), 古史上 吏讀文 名詞 解釋法(朝鮮史硏究草), 東亞日報 1924, 10. 20-11.3,『丹齋申采浩全集』(改訂版)
沈在箕(1979), 動名詞의 統辭的 機能에 대하여,『문법연구』4. 塔出版社.
梁柱東(1935), 鄕歌의 解讀 - 特히 願往生歌에 대하여,『靑丘學叢』19,
梁柱東(1942),『朝鮮古歌硏究』, 博文書館.
梁柱東(1968), 國史古語彙借字原意考,『明知大論文集』1.
兪昌均(1974), 回顧와 展望,『新羅時代의 言語와 文學』, 螢雪出版社.
兪昌均(1960), 古代地名表記의 聲母體系,『靑丘大論文集』3.
兪昌均(1961), 古代地名表記用字의 韻尾에 대하여,『靑丘大論文集』4.
李基文(1961),『國語史槪說』, 民衆書館.
李基文(1967), 韓國語形成史,『韓國文化史大系』Ⅴ(言語・文學史), 高大民族文化硏究所.
李基文(1968), 高句麗의 言語와 그 特徵,『白山學報』4.
李基文(1972), 漢字의 釋에 관한 硏究,『東亞文化』11, 서울大東亞文化硏究所.
李丙燾(1952), 薯童說話에 대한 新考察,『歷史學報』1,『韓國古代史硏究』, 博英社, 1981에 再錄.
李丙燾(1955), 阿斯達과 朝鮮, 특히 그 名稱에 대하여,『서울大論文集』Ⅱ(人文・社會科學)
李炳銑(1973), 駕洛國의 國名・王名・姓氏名・人名의 表記와 金海地名攷,『釜山大論文集』15.
李炳銑(1975), 古代郡縣名과 國名考,『釜山大論文集』20.
李崇寧(1955), 新羅時代의 表記法體系에 關한 試論,『서울大論文集』Ⅱ(人文・社會科學)
鄭然粲(1972), 鄕歌解讀一斑,『鄕歌의 語文學的 硏究』, 西江大人文科學硏究所.
池憲英(1962), 居西干・次次雄・尼師今에 대하여,『語文學』8, 韓國語文會.
小倉進平(1929),『鄕歌及び吏讀の硏究』.『小倉進平博士著作集』(一) 再刊, 京都

大學 文學部.

▌『韓國史研究』 38집, 한국사연구회, 1982. 9.
2013년 11월 28일 校訂.

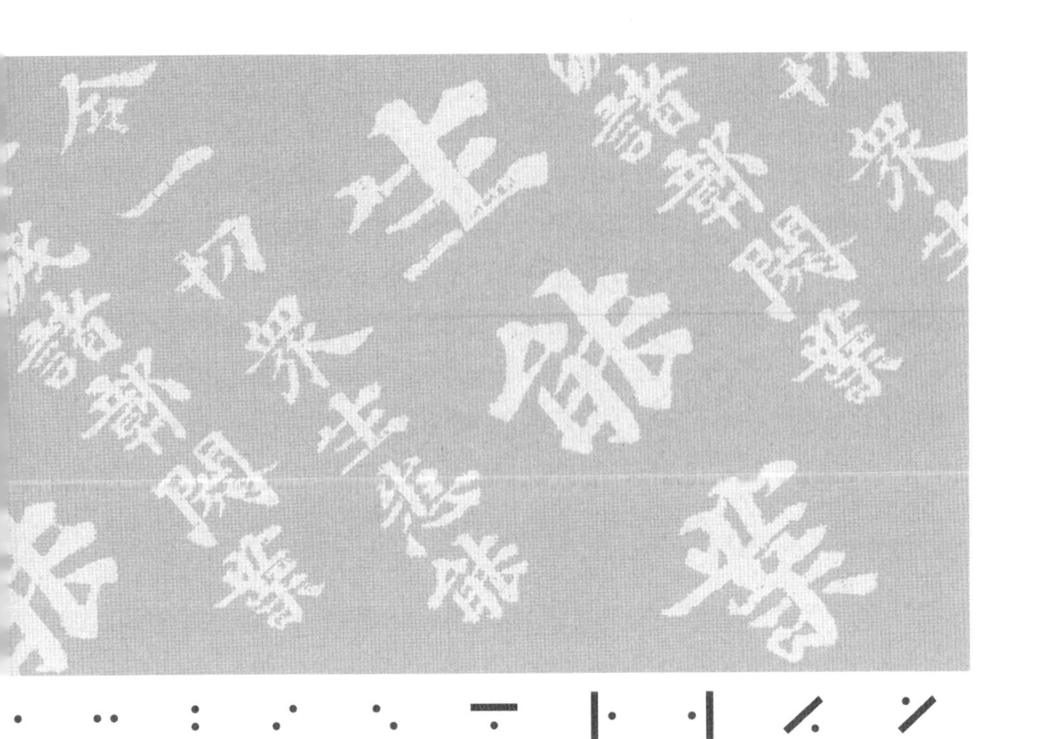

四. 吏讀

新羅時代의 吏讀資料

1. 序言

이 글에서 新羅時代라 함은 統一新羅時代를 말한다. 이 시대는 국어사에서 고대국어 시대로 일컬어지고 있다. 고대국어 자료로서 가장 믿음직한 것은 이두 기록이다. 이 시대의 이두 자료는 비록 양적으로 풍부하다고 할 수는 없지만 다른 자료에 비하여 양이 많을 뿐 아니라 무엇보다도 연대가 확실한 자료이어서 믿음직한 고대국어의 모습을 보여준다.

이두의 초기적인 형태는 이미 삼국시대부터 있어 왔다. 그러나 우리말을 본격적으로 표기하는 형태로 발전한 것은 통일신라시대의 자료에서부터 나타난다. 삼국시대의 이두는 한자를 우리말의 어순으로 배열하거나 그러한 어순이 한문식 어순에 섞여 쓰이고 거기에 약간의 한국어적 성격을 띤 문법 형태가 쓰였다. 中, 以, 之 등이 그러한 문법 형태를 표기한 것인데 이들은 한문의 문법에서 완전히 벗어난 용법으로 쓰인 것이 아니어서 순수하게 국어의 문법 형태를 표기한 것으로 보기가 어려운 것이다. 초기적 이두문의 借字들은 차자표기법의 체계에서 볼 때 讀字(表意字)의 範疇에 드는 것으로 한문 문법적인 용법도 강한 것이다.

통일신라 시대에 들어 와서 비로소 吐가 쓰인 이두문을 발견하게 된다. 토는 우리말의 조사와 어미 등의 문법 형태와 末音添記의 표기에 쓰인 것이다. 이 토의 표기에는 초기적인 이두문에 사용된 문법 형태의 表記字들도 있지만 假字(表音字)들도 사용된 것이어서 이의 발달은 국어의 문장을 한문에 구애받지 않고 표기할 수 있는 길을 열어준 것이다. 실제로 이 시대의 이두문을 보면 우리말을 완벽하게 표기할 수 있는 표기법은 아니지만 그 문장을 해석하여 보면 당시인의 문장 표현력이 수준 높은 단계에 올라 있음을 볼 수 있다.

필자는 이 시대의 이두 해독을 수년간 지속적으로 진행하여 왔는데 이 글에서 이를 정리하는 일환으로 그 자료를 연대순으로 열거하고 이두의 어형과 그 쓰임을 검토해 보기로 한다.

2. 吏讀 資料와 그 解讀

신라가 삼국을 통일한 후 약 50년간의 이두 자료는 현재 이렇다 할 만한 것이 발견되지 않았다. 673년에 세워진 것으로 추정되는 癸酉銘三尊千佛碑像에 '是者 爲國王大臣及七世父母法界衆生 故敬造之'라고 한 부분이 한문으로서는 어색하고 之자가 쓰이어 초기적인 이두라고 볼 수 있으나 그래도 한문에 가까운 것이어서 이 시대의 이두를 논하는 데는 보탬이 되지 못한다. 이 시대의 이두다운 이두는 8세기에 들어와서 나타난다.

2.1. 甘山寺彌勒菩薩造成記(719)

1914, 5년경 慶州市內東面薪溪里 甘山寺址에서 발견된 彌勒菩薩像의 光背에 새겨진 造成記이다.[1] 開元 7년(聖德王 18)에 重阿飡 金志誠이 돌아간 부모를 위하여 이 菩薩像을 조성하게 된 경위와 發願文이 漢文으로 되어 있고 다음과 같은 吏讀文이 첨가되어 있다.

亡妣官肖里夫人 年六十六 古人成之 東海欣支邊 散之

---

1 末松保和(1954), 甘山寺彌勒尊像及阿彌陀佛의 火光後記, 『新羅史의 諸問題』, 東洋文庫, 450면.

이는 音讀字를 우리말의 순서로 배열한 초기적인 이두문인데 한문에 붙여 이두문으로 쓴 것이 색다르다. 당시인들의 文字生活의 일면을 보여 주는 것이어서 생각해 볼 문제를 제기하여 주는 자료이다.

이 이두문은 『三國遺事』 권3의 南月山條에 '亡妣肖里夫人 古人成之 東海攸友邊散也'라 하고 그 註記에 '古人成之以下文 其意未詳 但存古文而已'라 하였고 다시 그 말미에는 '東海 攸反□'라 하고 이를 '法敏葬東海也'라고 하였다. 아마도 문자의 판독이 어려워 그 내용의 해독에 어려움이 있었던 것으로 보인다.

2.2. 甘山寺阿彌陀佛像造成記(720)

위의 彌勒菩薩像과 함께 있었던 佛像으로 현재는 두 불상이 모두 국립박물관에 소장되어 있다. 이 造成記도 앞에는 한문으로 조성경위와 發願文이 있고 그 뒤에 이두문이 이어져 있다. 그 첫머리는

開元七年歲在己未 二月十五日 柰麻聰撰 奉教

라 되어 있어 이 앞에 쓰인 한문이 柰麻聰에 의하여 씌어진 것임을 말해준다. 柰麻聰은 薛聰으로 추측되고 있다.[2] 그 뒤에 인명이 이어서 쓴 다음

亡考仁章一吉飡 年四十七 古人成之 東海欣支邊 散也

라고 하였다. 이는 彌勒菩薩像造成記의 吏讀文과 거의 같은 내용인데 앞의 이두문에서는 그 끝이 散之로 되어 있어 之와 也가 서로 교체되어 쓰이고 있음을 보여준다. 이어서

2 金敏洙(1980), 『新國語學史』, 一潮閣, 47~50면.

後代追愛人者 比善助在哉

라 되어 있다. 이 구절의 끝에 쓰인 哉는 新羅華嚴經寫經造成記에도 나타나는 것이다. 후대의 鄕札이나 이두에서는 이것이 制나 齊로 나타나는 것으로 보아 音假字로 쓰인 토임이 분명하다. 이것이 현재로서는 최초로 나타나는 토이므로 이두의 발달사에서 매우 귀중한 것이다.[3] 이 뒤에

金志全重阿湌 敬生已前 比善業造 歲六十九庚申年 四月二十二日 長逝爲□之

라 되어 있어 이 불상이 앞의 미륵상보다 1년 뒤인 720년에 이루어진 것임을 알 수 있는데 이 해를 현재로서는 이두문에 토가 쓰인 最古의 해로 친다. 또 이 두 造像記 에는 동일인의 인명이 달리 표기되어 이 시대 문자 생활의 한 단면을 보여준다. 金志誠과 金志全, 觀肖里와 官肖里, 良誠과 梁誠, 古巴里와 古寶里, 古老里와 古路里가 그것이다.

2.3. 關門城石刻(722?)

慶州市外東面 關門城址에서 발견된 石刻으로 722년에 새겨진 것으로 추정되고 있다. 모두 10곳의 石刻이 발견되었는데 그 기록은

金京 元千 毛主作 北界 受作五步五尺

과 같이 모두 초기적인 이두문으로 되어 있다.[4]

---

3 南豊鉉(1991), 新羅時代 吏讀의 '哉'에 대하여, 『國語學의 새로운 認識과 展開』(金完鎭先生 回甲紀念論叢), 민음사.

4 朴方龍(1982), 新羅關門城의 銘文石 考察, 『美術資料』 31, 국립중앙박물관 및 許興植(1984), 『韓國金石全文, 古代』, 아세아문화사.

2.4. 上院寺鐘銘(725)

江原道 平昌郡 珍富面 五臺山 上院寺에 소장된 銅鐘의 龍鈕에 음각된 銘文이다. 그 첫머리에

開元十三年乙丑三月八日鐘成記之

라 있어 초기적인 이두문의 모습을 보여준다. 開元은 唐玄宗의 年號로 그 13년은 신라 聖德王 24년 725년이다.

이 뒤의 명문은 판독하기가 어려운데 朝鮮金石總覽에서는 "都合鍮三千三百餘兩重"으로 판독하였다. 이는 이 종에 들어간 銅의 무게가 3300餘兩에 불과하다는 뜻이 되므로 이로 인하여 신라 시대의 度量衡制에 대한 의문이 제기되기도 하였다.[5] 黃壽永선생의 『韓國金石遺文』에서는 이를 '三千三百錠'으로 판독하여 교정하였다.

2.5. 无盡寺鐘銘(745)

이 종은 日本對馬島下縣郡嚴原町 國府八幡宮에 있었던 것인데 일본의 明治初에 파괴되어 현재는 볼 수가 없다. 다행히 純祖 11년(1811)에 우리나라에서 통신사 金履喬 등이 대마도에 갔을 때 德川幕府 측에서 나온 迎接使를 수행했던 松崎慊堂이 拓本 2部를 만들었다고 한다.[6] 현재 그 중의 하나로 추정되는 것이 東京國立博物館에 소장되어 있고 이것이 『朝鮮古蹟圖譜 四』에 실려 있어 그 銘文이 알려지게 되었다. 모두 66字로 기록된 이두문인데 다음과 같다.

天寶四載乙酉 思仁大角干爲賜 夫只山村无盡寺鐘成教 受內 成記

5 末松保和(1954), 竅興寺鐘銘, 前掲書, 479~80면.

6 李弘稙(1954), 在日朝鮮梵鐘考, 『韓國古文化論攷』, 을유문화사, 79면 이하.

時願助在衆 郘僧村宅方 一切檀越幷成在

願旨者 一切衆生苦難樂得 教 受成在 節 唯乃秋長幢主

天寶四載는 景德王 4년 745년이다. 夫只山村 无盡寺는 고증되지 않는 절이다.

이 이두문을 보면 완전히 우리말의 어순으로 되어 있고 토가 쓰였음을 볼 수 있다. 고유어의 實辭를 표기한 訓讀字는 다음과 같다.

爲/삼 成/일이 受/받 助/돕 衆/물 幷/아볼 節/디위

이 가운데 '爲/삼, 幷/아ᄫ로, 節/디위' 등은 후대의 이두에 계승된 것이다.

吐는 다음과 같다.

賜/ᄉᆞ(尊稱 補助語幹) 內/아(合當法 助動詞)

在/겨(時相의 助動詞) 者/은(主題의 補助詞)

이 鐘銘이 토가 쓰인 이른 시기의 이두문이므로 이들은 매우 이른 시기의 토가 된다.[7]

2.6. 華嚴經寫經造成記(755)

신라 시대의 이두 기록으로서는 가장 풍부한 내용을 담고 있는 자료이다. 이 寫經은 新譯華嚴經 80권 가운데 卷1에서부터 卷10까지의 1軸과 卷44부터 卷50까지의 1軸, 도합 2軸이 남아 전한다. 삼성미술문화재단의 所藏으로 1979년 국보 196호로 지정되었다. 2軸 가운데 권1에서 권10까

7 南豊鉉(1991), 无盡寺鐘銘의 吏讀文 考察, 『石靜李承旭先生回甲紀念論叢』.

지의 1軸은 1979년 수습할 당시에는 종이가 엉기어 붙어 있어서 펼쳐 볼 수가 없었다. 다른 한 軸의 끝 권인 권50의 뒤에 14행 528자로 된 造成記가 있어서 학계의 비상한 관심 가운데 연구되어 왔다. 그러다가 1989년 나머지 1軸도 펼치게 되었는데 그 끝 권인 권10의 뒤에서도 앞의 것과 같은 내용의 조성기가 발견되어 두 조성기를 대비하여 볼 수 있게 되었다. 이 둘은 같은 내용이지만 약간의 차이를 보여 준다. 권10 뒤의 것은 썼다가 삭제 표시를 한 부분도 있어 나타난 글자 수는 모두 542자여서 권50 뒤의 것보다 14자가 많다.

이 寫經의 造成은 天寶13년(景德王 13, 754) 8월 1일에 시작하여 이듬해 2월 14일에 완성한 것이다. 發願者가 지리산 화엄사의 創建祖師로 알려진 緣起(煙起)法師이고 이 조성에 참여한 사람들이 이 지방 사람들이 많이 들어가 있어서 이 寫經은 이 화엄사에서 조성되었음을 알 수 있다. 조성기의 구성은 다음과 같다.

i) 年記를 포함한 서두 부분	ii) 造成過程(發願과 經過)
iii) 誓願詩	iv) 參與人名의 列記

이 가운데 i)의 서두 부분과 ii)의 조성 과정이 이두문으로 되어 있어 이 시대 이두의 모습을 이제까지의 어느 자료보다도 자세하게 보여준다.[8] 이 이두문에 나타난 특징들을 정리하면 다음과 같다.

어순은 약간의 漢文成語가 들어간 것을 제외하면 완전히 우리말의 순서로 되어 있다. 訓讀字들은 다음과 같다.

---

8 吏讀文의 예와 그 解讀은 南豊鉉(1991), 新羅華嚴經寫經 造成記에 대한 語學的 考察, 『東洋學』 21(단국대 동양학연구소)을 참고.

체언: 楮/닥　根/불(휘)　右/님의　處/곧　時/ᄢᅢ
一/ᄒᆞᄃᆞᆫ　二/두블　三/세ㅎ　四/네ㅎ　人/사ᄅᆞᆷ
道/긿　花/곶　各/제아금　坐/자리　上/위
內/안ㅎ

용언: 初/비릇　周/두루　了/ᄆᆞᆾ　成/일이　爲/삼
賜/주ᅀᆞ　爲/ᄒᆞ　授/받　散/빙　令/시기(ᄒᆞ기)
作/질　食/먹　喫/마시　用/ᄡᅳ　進/낫
寫/스　捧/받들　著/붙이　引/ᅘᅧ　唱/부르
諸/몯(ᄋᆞᆫ)　至/니를　昇/오ᄅᆞ　除/덜　余/남
同/ᄀᆞᆮ　入/들

부사: 並/다모기　又/ᄯᅩ

토는 다음과 같은 것이 쓰였다.

格助詞;　속격: 之/ㅅ　처격: 中/긔　조격: 以/로
補助詞;　주제: 者/ㄴ　선택: 那/(이)나
助動詞;　爲/ᄒᆞ　內/아　令只/시기　在/겨
語尾類;　종결어미: 之/다　如/다　哉/ᄌᆡ
접속어미: 欲/과　旀/며　介/(아)금　哉/ᄌᆡ　但/이
동명사어미: 乎/오+ㄴ
補助語幹;　賜/ᅀᆞ　乎/오+ㄴ
接尾辭;　복수: 等/ᄃᆞᆯ　개별: 介/금

토를 표기한 借字 가운데 假字들은 다음과 같다:

音假字; 之/ㅅ　那/나　旀/며　賜/ᅀᆞ　哉/ᄌᆡ　只/기
訓假字; 中/긔　者/ㄴ　介/금　內/아　之/다　如/다

但/이　　尒/금　　乎/온

‘者’는 訓讀字로 쓰였는데 주제의 보조사, 조건법어미, 관형형어미 등으로 쓰였다.

2.7. 正倉院所藏 新羅帳籍(758?)

日本 奈良市의 東大寺 안에 있는 正倉院에 소장되어 있다. 正倉院에는 北倉, 中倉, 南倉의 셋이 있는데 이 帳籍은 中倉에 보존되어 있는 華嚴經論의 책갑에 褙接되어 있던 것이다. 1933년 이 책갑을 수리할 때 발견되어 사진으로 찍고는 다시 배접하여 넣었기 때문에 현재 그 실물은 볼 수 없고 사진만으로 볼 수 있게 되었다.

이 帳籍은 西原京(지금의 淸州) 부근 4개 村의 現勢와 3년간의 增減을 기록한 것이다. 따라서 이는 戶籍이라기보다는 村籍이라고 하는 것이 적당하다. 이 帳籍의 연대는 그 내용에 나오는 乙未年이 755年이라는 說과 815年이라는 說이 있는데 이두 표기의 특징이 8세기의 것으로 보이므로 755년의 것으로 본다. 다만 乙未年은 이 문서가 쓰여 지기 3년 전의 사실이므로 758년이 이 帳籍의 연대로 추정되고 있다. 최근에 이 장적이 7세기의 자료라는 설이 제기되었다.

이 장적은 양으로 보면 신라 시대의 이두 자료 중에서 가장 많다. 그러나 기록 양식은 4個村이 거의 같아 다양하지는 못하다. 즉,

i) 村名과 그 領域　　ii) 烟(戶)　　iii) 人口
iv) 牛馬　　v) 土地　　vi) 樹木(桑, 栢, 楸)

의 現勢와

vii) 戶口의 減少　　viii) 牛馬의 減少　　ix) 樹木의 減少

로 되어 있다. 따라서 어느 한 村의 이두를 파악하면 나머지 村의 기록은 여기에 약간의 보충을 가함으로써 이해할 수 있다. 이러한 점에서 보면 이 장적에 나타난 이두의 양은 華嚴經寫經造成記보다 많다고 할 수 없다. 그러나 행정 문서로서의 가치는 매우 큰 것이다.

종래 4개 촌을 편의상 A, B, C, D로 나누어 왔는데 여기서도 그와 같이 나누고 각 村의 기록에 나오는 吏讀文을 소개하면 다음과 같다. 중복되는 내용은 생략한다.

A. 1) 當縣沙害漸村 見內 山地
2) 此中 古有人 三年間中 產 幷 合人
3) 三年間中 列加 合人 二
4) 以古有二十二 三年間中 加馬三
5) 竝 烟 受有之
6) 以三年間中 加植內 三十四 古有 八十六
7) 乙未年 烟 見賜 節 公等前 及白 他郡 妻 追移
8) 賣如白 貫甲 一
9) 合 無去 因 白 馬二 竝 死之
B. 10) 三年間中 加 收內 合人 七 以列加人 三
C. 11) 三年間中 新收坐內 烟 一
12) 竝 前內視令 節 植內之
13) 前內視令 節 植內是而 死 白 栢子木 十三
D. 14) 乙未年 烟 見賜以 彼 上烟 亡廻去 孔 一
15) 甲午年 壹月 內省中 及白---追以 出去 因 白 妻是 子 女子 幷 四

이 帳籍의 문장 구조는 거의 우리말의 어순으로 되어 있다. 한문식 어순으로 된 것은 '合人四 以丁二 丁女一 小女子一'과 같이 '以'자가 쓰인 구들과 '廻烟馬(烟戶로 돌아간 말)'이라고 한 것이 있을 뿐이다. 한자어 가운데는 韓國 漢字語로 보이는 것이 많이 쓰였다. 몇 예를 보이면 '烟, 孔烟, 余子, 法私, 山榼地, 官謨畓'과 같은 것으로 이들은 신라에서 造語되었거나 신라의 문화에 맞는 독특한 뜻으로 사용된 것들이다. 고유어의 實辭를 표기한 訓讀字를 몇 예만 들면 '村/마슬, 周/둘에, 中/가븐듸, 地/짜ㅎ, 谷/실'과 같은 명사와 '見/보, 收/걷, 坐/앉, 有/잇, 産/낳'과 같은 동사들이 있다.

吐는 글의 양에 비하면 적게 나타나고 형태도 단조로운 편이다.

是/이(繫辭)　　而/마리여(接續副詞)　　中/긔　　以/-로
之/-다　　如/-다　　賜/ᄉᆞ　　去/거　　內/아

등이다.

2.8. 正倉院所藏 第二新羅文書(758년 전후)

앞의 新羅帳籍은 正倉院의 中倉에 소장된 것인데 이 문서는 南倉에 소장되어 있는 것이다. 南倉의 佐波理加盤 第15號 4重鋺 속에 있던 것을 正倉院事務所에서 '正倉院의 金工(1976)'을 편집하여낼 때에 사진판으로 실음으로써 처음으로 세상에 알려진 것이다. 佐波理란 말은 우리의 鍮器를 통칭하는 일본어이다. 이 문서는 이 佐波理加盤의 포장지로서 이 佐波理加盤이 한반도에서 건너갈 때 함께 들어간 것으로 추측되고 있다.

이 문서의 종이는 韓紙로 길이가 28㎝, 가로의 상단이 13.5㎝이다. 앞뒤 양면에 먹으로 쓴 기록이 있는데 앞면에 62자, 뒷면에 55자, 도합 117자이다. 내용은 馬具, 米, 大豆 등의 出納을 기록한 것이어서 어느 출납장부에서 한 장이 떨어져 나온 것임을 알 수 있다. 이 문서의 연대는 앞의 신라 장적보다 앞서는 755년 이전의 것으로 추정하는 견해가 있으나 그 근거가 확실한 것은 아니다. 다만 여기에 나타나는 이두의 특징으로 볼 때 앞의 新羅帳籍과 같은 시대의 기록으로 추정될 뿐이다.

이 문서에서 이두문은 다음과 같이 나타난다.

馬於內上キ一具上仕之 キ尾者上仕而汚去如

여기서 토는 '之/다, 者/(으)ㄴ, 如/다'가 확인된다. 而는 역접 접속사여서 '마리여'로 읽힐 수 있으나 전후 문맥으로 볼 때 반드시 훈독되었다고 보기는 어렵다. 오히려 한문식으로 쓰여 음독된 것으로 보인다. 또 草書로 흘려 쓴 것인데다 이 문서에만 나타나는 독특한 자형이어서 판독되지 않는 글자도 있다. 뒷면의 기록은

巳川村 正月一日 上米四斗一刀 大豆二斗四刀

와 같이 곡식의 출납에 관한 기록이다. 여기서 升을 뜻하는 고유어 '刀/도'를 얻을 수 있다. 이 밖의 기록도 중요한 것이지만 이두로서는 특기할 만한 것이 없다.[9]

2.9. 正倉院所藏 氈의 貼布記(8世紀 中葉)

1951년에 日本 奈良博物館 正倉院展의 전시 목록에 '花卉長方氈'이란 이름으로 소개된 花氈이 있다. 그 귀퉁이의 麻布 조각에 있는 기록을 사진으로 소개하였는데 다음과 같이 되어 있다.[10]

行卷韓舍價 花氈一
念物得追兮

9 南豊鉉(1979), 第二新羅帳籍에 대하여, 『美術資料』 19, 국립중앙박물관.

10 藤田亮策(1963), 正倉院御物氈貼布記, 『青丘遺文』, 『朝鮮學論考』, 藤田先生記念事業會. 이 뒤의 것도 같은 글을 참조할 것.

여기서 韓舍는 신라의 관등명이므로 이 물건과 기록이 신라의 것임을 알 수 있다. 이 가운데 나오는 '追兮'는 '좇히'로 읽을 수 있다. 혹 '追亐'의 표기로 볼 가능성도 있다.

또 1953년도 奈良博物館正倉院展의 陳列品에 紫色 毛氈이 있었는데 그 한 귀퉁이에 달린 삼베 조각에 기록이 있는 것을 사진으로 소개한 바 있다. 그 기록을 옮기면 다음과 같다:

紫草娘宅紫稱毛一
念物絲乃錦乃得
追于今錦十五斤小
長七尺廣三尺四寸

여기의 乃는 '-이나'를 나타내는 토이다. 追于는 副詞 '좇오'를 표기한 것이니 앞의 追兮와 같은 뜻이다. 뜻은 '추가하여, 덧붙이어'로 해석되는데 여기서 접미사 '于/오,우'의 표기를 얻을 수 있다. 이 于는 신라 시대의 이두에서는 유일한 것이다.

이 자료들의 기록 연대는 752년 이전의 것으로 추정을 하고 있으나 오히려 新羅帳籍보다 뒤의 것이 아닐까 한다. 乃는 那의 省劃字인데 이제까지 연대가 확실한 자료에 쓰인 예는 9세기의 것이 있을 뿐이어서 이것을 8세기의 기록이라고 하는 데는 어려움이 있다. 追于도 이두로서는 발달된 표기이어서 역시 8세기의 것으로 보기는 주저스러움이 없지 않다. 그리하여 일단 종래의 추정을 존중하되 新羅帳籍보다 앞선다고 하는 추정은 보류한다.

2.10. 永泰2年銘 石造毘盧遮那佛 造成記(766)

부산시립박물관에 소장되어 있는 蠟石製의 壺는 慶南山靑郡三壯面內源里 山152의 산등성이에 있는 작은 庵子 터에 있었던 石造毘盧遮那佛坐

像의 臺座 속에 安置되어 있었던 것이라 한다. 이 불상은 1947년경 옮겨져 같은 마을에 있는 內院寺에 안치되어 있고, 그 造成記가 새겨진 壺만이 박물관에 수장되어 1986년에 永泰二年銘 蠟石製壺란 이름으로 국보 233호에 지정되었다.

造成記는 壺의 표면을 돌아가면서 15행에 136자를 새겨놓았다. 또 壺의 바닥에도 4행 22자를 음각하여 놓았는데 이는 조성기와는 성격이 다르다.

永泰二年丙午 七月 二日 釋法勝法緣 二僧 幷內 奉 過去爲飛賜 豆溫哀郎願爲 釋毘盧遮那佛 成內 無垢淨光陀羅尼 幷 石南巖藪觀音巖中 在內如.

願請內者 豆溫愛郎靈神賜那 二僧等那 若見內人那 向尒 頂禮爲那 遙聞內那 隨喜爲內那 影中逕類那 吹尒逕風逕所方處一切衆生那 一切皆三惡道業滅尒 自毘盧遮那是等覺 去世爲尒 誓內之.

〈壺底의 銘文〉 內物是在之 此者恩等恒性爲 二個反藥者還 病□爲還

본문의 문장은 둘로 나누어지는데 '在內如'까지가 앞 문장이다. 永泰二年은 惠恭王 2년 서기 766년이다. 이 글은 완전히 국어의 어순이어서 한문식 어순은 전혀 없다. 따라서 고유어 實辭를 표기한 훈독자들이 많이 쓰여 '幷/아볼, 在/겨, 向/앗외, 影/그르메, 類/물' 등 근 30자나 쓰였다. 토는 다음과 같은 것이 나타난다.

爲飛賜/ᄒᆞᄂᆞ손	爲/삼아	內如/아다
內者/안ᄋᆞᆫ	賜那/ᄉᆞ나	等那/돌히나
那/(이)나	爲那/ᄒᆞᆫ이나	內那/안이나
爲內那/ᄒᆞ안이나		

이 가운데 '飛/ᄂᆞ'와 '等/ᄃᆞᆯ'은 이 조성기에 처음 나오는 것이다. '飛/ᄂᆞ'는 이 당시에 중세국어의 보조어간 'ᄂᆞ'에 대응하는 형태가 있었음을 보여주는 것이고 '等/ᄃᆞᆯ'은 의존명사 'ᄃᆞ'와 대격조사 'ㄹ'이 이어진 것이다. 신라시대의 대격조사는 유일한 것이다.

壺의 바닥에 있는 글은 이 불상의 어딘가에 약재를 넣어두고 그에 대한 지시를 한 것으로 보인다. 토는 '是在之/이겨다'가 새로 나타나는 것인데 계사 '是/이'는 앞의 新羅帳籍에도 쓰였지만 연대가 확실한 자료에선 이것이 가장 이른 것이다. 이 '是/이'는 생략되기도 하여 葛項寺石塔記에선 '在之'로 쓰였다.[11]

2.11. 葛項寺石塔記(785~798)

慶北 金陵郡 南面 梧鳳里 葛項寺址에 있던 3층 석탑의 조성기이다. 이 석탑은 현재 국립박물관에 옮겨져 있고 국보 99호로 지정되어 있다. 조성기는 탑의 基壇에 다음과 같이 새겨져 있다:

二塔天寶十七年戊戌中 立在之
娚姉妹三人業以 成在之
娚者零妙寺言寂法師在旀
姉者照文皇太后君嬭在旀
妹者敬信大王嬭在也

이 조성기에는 탑이 天寶 17년(758)에 세워졌다고 하였으나 조성에 참여한 인물에 元聖王이 즉위한 후 그 生母를 追封하여 부른 照文皇太后와 元聖王의 생시 이름인 敬信이 있는 것을 보면 元聖王이 즉위한 후에 쓰

11 南豊鉉(1988), 永泰2年銘 石造毘盧遮那佛 造像記의 吏讀文 考察, 『新羅文化』 5, 東國大 新羅文化研究所.

여 진 것임을 알 수 있다. 그리하여 이두문의 연대는 원성왕이 재위한 785년에서 798년 사이에 씌어 진 것으로 보아야 한다.[12]

토는 조사 '中/긔, 以/로, 者/(으)ㄴ'과 용언 '在之/겨다, 在旀/겨며, 在也/겨다'가 쓰였다. 이 토 가운데 '在旀/겨며, 在也/겨다'는 '是在旀/이겨며, 是在也/이겨다'에서 계사 '是/이'가 생략된 것이다.

2.12. 永川菁堤碑貞元銘(798)

慶北 永川郡 琴湖面 道南洞 山7에 있는 菁堤(俗稱 청못)에 있는 碑이다. 1968년 新羅三山學術調查團에 의하여 발견되었다. 높이 130㎝, 폭 93.5㎝의 자연석을 약간 다듬어 앞뒤면의 한 쪽은 丙辰으로 시작되는 銘을, 한 쪽은 貞元으로 시작되는 銘을 새기었다. 丙辰銘은 法興王 23년(536)의 것으로 추정되는데 그 문장 표현 부분은 마멸되어 읽을 수가 없다. 그러나 이 菁堤를 조성한 사실을 기록한 것임에는 틀림이 없다.[13] 貞元銘의 이두문 부분은 다음과 같다:

貞元十四年戊寅四月十三日 菁堤治記之
謂 洑堤 傷故 所內使以 見令賜矣
玖長三十五步 岸立弘至深 六步三尺 上排堀里十二步
此如爲 二月十二日元 四月十三日 此間中了治內之 ---
此中典大等角助役 切火押梁二郡 各□人尒起 使內之 ---

이는 菁堤가 상하였으므로 修理하였다는 내용이다. 貞元 14년은 신라 원성왕 14년으로 서기 798년이다. 이 이두문에서 固有語의 實辭를 표기

12 葛城末治(1974), 『朝鮮金石攷』, 國書刊行會, 224면.

13 黃壽永 編著(1976), 『韓國金石遺文』, 一志社, 43~47면 및 李基白(1969), 永泰菁堤碑貞元銘의 考察, 『考古美術』 102.

한 훈독자를 보면 다음과 같다.

체언: 堤/언　深/깊이　此/이　中/ᄀᆞ본ᄃᆡ　間/ᄉᆞ시　節/디위
용언: 見/보　如/다ᄒᆞ　元/비릇　了/ᄆᆞᆾ　治/다ᄉᆞᆯ　起/닐
　　　使/브리　謂/닐온　傷/헐　立/셔　至/니를　如/다ᄒᆞ

吐는 다음과 같다.

조사: 以/로　中/긔　尒/금
어미: 之/다　矣/디
보조어간: 兪/이　賜/ᄉᆞ
조동사: 爲/ᄒᆞ　內/아

‘元/비릇’은 동사이지만 ‘-부터’의 뜻으로 쓰이는 준문법 형태이다. ‘矣’는 흔히 ‘ᄃᆡ’로 읽는데 여기서는 종결어미로 쓰였다.

2.13. 禪林院鐘銘(804)

1948년 江原道襄陽郡西面米川里 禪林院寺址에서 발견된 鐘으로 1949년 오대산 月精寺에 옮겨졌으나 1950년 전란 중에 파편이 되었다고 한다. 이 조성기는 종의 안쪽에 새겨진 것인데 탁본으로 전해진다. 이두문 부분을 옮겨 적으면 다음과 같다.[14]

貞元二十年甲申 三月二十三日 當寺鐘成內之

古尸山郡仁近大乃末紫草里 施賜乎 古鐘金二百八十廷 當寺古鐘金二百

14 南豊鉉(1991), 新羅禪林院鐘銘의 吏讀文 考察, 『들메 서재극박사 환갑기념논문집』, 계명대학교 출판부.

二十廷

此以本爲內 十方旦越勸爲 成內在之

願旨是者 法界有情皆佛道中 到內去 誓內

時寺聞賜主信寅夫人君

貞元 20년은 哀莊王 5년 804년이다. 實辭를 표기한 訓讀字는 다음과 같다.

체언: 鍾/쇠붑 金/쇠 此/이 本/밑 時/째 主/니림
용언: 成/일이 施/베플 爲/삼 古/눍 到/니를 誓/벼기 聞/듣

吐는 다음과 같다.

조사:	以/로	中/긔	者/은
어미:	之/다	乎/온	
보조어간:	賜/ᄉᆞ	去/거	
계사:	是/이		
조동사:	內/아	爲/ᄒᆞ	在/겨

토 가운데 '是者/인은'은 繫辭와 主題의 補助詞가 연결된 것인데 그 사이에 동명사어미 'ㄴ'을 넣어 읽어야 한다. '賜乎/ᄉᆞ온'의 '乎/온'은 동명사형(관형형)을 살려 읽어야 한다. 이 시대의 이두에서 동명사형어미 'ㄴ'의 존재를 직접 보여주는 예는 극히 드물다.

9세기는 전해지는 이두 자료가 8세기보다도 오히려 적다. 그리하여 이 조성기는 양과 질에 있어 뛰어난 것은 아니지만 9세기 전반기는 이 정도의 내용을 보여 주는 이두도 없어 이를 9세기 전반기를 대표하는 자료로 볼 수 있다.

2.14. 昌寧仁陽寺碑銘(810)

慶南昌寧郡昌寧邑 校洞에 있는 비인데 승려의 業績을 기록하여 찬양하기 위하여 세운 것이다. 이 비의 前面은 승려의 實人像을 조각하였고 양 측면은 한문인데 이는 그 승려를 讚頌한 글로 보인다. 따라서 이 이두문은 후면에 기록하였다. 이 이두문은 1행 27자씩 10행으로 되어 있고 내용상 26가지의 사항을 기록한 장문의 글임에도 불구하고 그 표현은 초기적인 이두문으로 일관되어 있다. 이는 9세기에도 장문의 초기적인 이두문이 사용되었음을 보여주는 것으로 당시인들의 文語生活의 한 단면을 보여주는 것이다. 이 글의 어순은 완전히 우리말의 어순으로 되어 있으나 訓讀字와 토는 사용되지 않았다. 巾과 之자가 쓰였으나 이는 音讀된 것이다.

이 비문의 첫머리는 '元和五年庚寅 六月三日 頓表盟 塔金堂治成文記之'라 되어 있다. 元和 5년은 憲德王 2년으로 810년이다. 頓表盟이 이 비문의 주인공인데 盟자가 분명한 판독이 아니어서 그의 정확한 이름을 밝히기가 어렵다. 塔金堂治成文이라고 하였으나 내용을 보면 塔과 金堂을 수리하고 조성한 것은 그 한 부분에 불과하다.[15]

이 뒤에 이어지는 한두 문장을 더 보이면 다음과 같다:

辛亥年仁陽寺鐘成　　　　辛酉年六寺安居食六百六石

2.15. 中初寺幢竿石柱記(827)

京畿道安養市石水洞 中初寺址에 있는 幢竿石柱에 기록된 조성기이다. 中初寺는 문헌에 전혀 기록이 없는 廢寺인데 이 幢竿石柱記에 의하여 알려진 신라 시대의 절이다. 이 조성기 역시 9세기의 이두문이면서 초기적인 이두문으로 쓰였다. 이두문 부분만 옮겨 적으면 다음과 같다.

---

15 南豊鉉(1983), 昌寧仁陽寺碑의 吏讀文 考察, 『國文學論集』 11, 단국대 국문과.

寶歷二年歲次丙午 八月朔六辛丑日

中初寺東方僧岳 一石分二得

同月二十八日二徒作初 奄九月一日此處至 丁未年二月三十日了成之

寶歷 2년은 興德王 1년으로 826년이다. 그 이듬해인 丁未年 2월에 이 幢竿이 완성되었다고 하였으니 이 조성기가 827년에 이루어진 것임을 알 수 있다. 이 이두문은 완전히 우리말의 어순이어서 글자의 배열 순서대로 따라 읽으면 해석이 된다. 文末에 之자가 쓰이긴 하였으나 음독된 것이다. 借字는 모두 음독하였을 것이나 그 용법은 우리말에 기초를 둔 것이어서 한문의 용법과는 다르다. 그리하여 初자의 경우는 '비롯'에 대응시키고 '시작하여'의 뜻으로 해석해야 되고 至자도 우리말의 '니를-'에 대응시켜 해석하지 않으면 그 뜻을 잘못 파악하기가 쉽다. 이러한 점들은 초기적인 이두문이 가진 특징들이다.

2.16. 菁州蓮池寺鐘銘(833)

日本 福井縣敦賀郡松原村 常宮神社에 소장된 新羅 鐘에 새겨진 造成記이다. 이 종은 1953년 일본의 新國寶로 지정되었다. 이두문 부분을 옮기면 다음과 같다.

太和七年三月日 菁州 蓮池寺 鐘 成內 節 傳

合入金七百十三廷 古金四百九十八廷 加入金百十廷

泰和 7년은 興德王 8년 833년이다. 菁州는 지금의 晉州인데 蓮池寺는 그 지방의 어느 곳에 있던 절인지 확인되지 않는다.

이 이두문도 모두 우리말의 어순이고 토로는 成內의 內자가 쓰였다. '節/디위'는 후대의 吏讀에 계승된 것이고 傳은 다른 조성기에서 記자로 쓰였다. 廷은 鋌자의 省劃字이다.

2.17. 竅興寺鐘銘(856)

이 鐘은 日本 對馬上縣郡峯村大字木坂의 海神神社에 있었던 것이나 无盡寺鐘의 경우와 같이 明治維新 초에 없어졌다. 鐘의 銘文은 對馬島의 舊藏이었다가 朝鮮史編修會로 들어간 '神社梁文鐘鰐口等銘'이라고 한 寫本 가운데 '峯郡木坂村八幡宮鐘銘'이라고 하여 실어놓은 것이 있어서 전해진 것이다. 이 사본은 일본의 江戶시대 중엽에 만들어진 것으로 믿어진다고 하는데 이를 근거로 한 末松保和(1954)의 轉寫가 비교적 정확한 것이어서 이 당시의 이두문의 자료로 이용하여도 무방하다.[16] 여기 이두문 부분만 옮겨 적으면 다음과 같다:

大中□年丙子八月三日 竅興寺鐘成內矣

合入鍮三百五十廷 都合市一千五十石 □□□□利

此願起在淸嵩法師光廉和上

願爲內等者 種々施賜人乃 見聞隨喜爲賜人乃 皆無上菩提成內飛也

大中 丙子年은 大中 10年으로 文聖王 18년 856년이다. 竅興寺는 어느 곳에 있던 절인지 알 수 없다.

이 이두문 역시 완전히 우리말의 어순으로 되어 있다. 실사를 나타내는 훈독자는 다음과 같다.

체언: 鐘/쇠붑	此/이	人/사롬
용언: 成/일이	起/닐	施/베플
부사: 皆/모도		

토는 다음과 같다.

16 末松保和(1954), 竅興寺鐘銘, 前揭書.

의존명사:	等/ᄃᆞ		
조사:	者/은	乃/이나	
어미:	矣/다	也/다	
보조어간:	賜/ᄉᆞ	飛/ᄂᆞ	
조동사:	內/아	在/겨	爲/ᄒᆞ

실사의 훈독자들은 새로운 것이 없다. 그러나 토는 짧은 문면 속에서도 발달된 양상을 보여주어 9세기 후반기의 특징을 볼 수가 있다.

內矣/아다	在/견	爲內等者/ᄒᆞ안ᄃᆞᆫ	賜/ᄉᆞᆫ
乃/이나	爲賜/ᄒᆞᄉᆞᆫ	內飛也/아ᄂᆞ다	

'爲內等者/ᄒᆞ안ᄃᆞᆫ'은 15세기에도 '(願)ᄒᆞᆫᄃᆞᆫ'으로 흔히 쓰이던 형태이다. 신라의 자료에는 여기 처음 나타나는 것으로 신라시대 이두에 나타나는 토로서는 긴 것이다. 토는 길어진 만큼 국어의 문법 형태 표기가 자세해졌음을 말하는 것이다. '乃/이나'는 8세기에 쓰이던 那자의 省劃字로 발달한 것이다. 正倉院所藏 氈의 貼布記에 나타난 것이지만 연대가 확실한 자료로선 이것이 처음이다. '內飛也/아ᄂᆞ다'는 內와 飛가 이어진 것이 주목된다. '飛/ᄂᆞ'는 드물게 나타나는 보조어간이다.

앞에서 禪林院鐘銘이 9세기 전반기를 대표하는 이두 자료라고 하였는데 이 자료는 9세기 후반기를 대표하는 것으로서 적은 양이지만 이 시대의 특징을 잘 나타내는 자료이다.

2.18. 咸通銘禁口銘(865)

현재 국립박물관에 소장된 禁口의 조성기이다.

咸通六歲乙酉二月十二日成內 □月寺禁口

이상이 그 전부인데 '內'자가 토로 쓰여 이러한 器物의 조성기도 이두문으로 쓰였음을 보여준다. 咸通 6년은 景文王 5년 865년이다.[17]

2.19. 禪房寺塔誌石銘(879)

慶州 南山의 禪房寺址에 있었던 塔의 誌石으로 추측될 뿐, 현재 이 誌石의 행방은 알 수 없다. 1938년 『朝鮮』274號에 黑田幹一이 쓴 '新羅時代의 金銀에 대하여'란 글을 書物同好會에서 『書物同好會冊子』第4號로 간행하였는데 그 가운데 이 塔誌石이 圖版과 함께 소개되어 있다.[18] 모두 60자로 되어 있다. 여기 옮기면 다음과 같다.

乾符六年乙亥五月十五日 禪房寺塔練治內記

佛舍利二十三 金一分惠重入 銀十五分道如入

節 上和上忠心 第二志萱 大伯士 釋林典 道如 唯乃 志空

乾符六年乙亥는 憲康王 5년 879년이다. 이 誌石銘은 이두문이어서 완전히 우리말의 어순으로 되어 있다. 그러나 우리말 표현은 단순한 편이다. 토로는 '內/아'가 쓰였고 道如入의 如는 '다ᄒᆞ'나 'ᄀᆞᆮ'으로 읽히는 訓讀字이다. 후대 이두에 계승된 '節/디위'도 쓰였다. 序數 '第一'을 '上'으로 표현하는 것은 이 시대의 특징이다. 維那를 唯乃로 쓴 것도 이두적인 표기라고 할 수 있다.

2.20. 英陽石佛坐像光背銘(889)

慶北英陽郡立岩面 蓮塘一洞에서 발견된 石佛의 조성기이다.[19]

---

17 黃壽永編(1976), 374면.

18 黃壽永編(1976), 165면 및 京城書物同好會(1978), 『書物同好會會報 附冊子』, 龍溪書舍, 東京.

19 黃壽永編(1976), 480면.

□紀元年乙酉八月佛成文 □□□節中成之---

□紀元年乙酉는 龍紀元年乙酉인 것으로 보아 眞聖女王 3년 889년으로 추정된다. 우리말의 어순으로 되어 있고 '節, 中, 之'가 이두이다.[20]

2.21. 松山村大寺鐘銘(904)

일본의 大分縣宇佐村 宇佐神宮에 있는 종의 조성기로 일본서는 이 종을 흔히 豊前宇佐神宮 朝鮮鐘이라고 한다.[21] 銘文은 뒤집힌 자형으로 陽鑄되어 있는데 이두문 부분을 옮기면 다음과 같다.

天福四年甲子二月二十日 松山村 大寺 鐘 成內 文 節 本和上 能與 本村主 連筆 □

合入金 五千八十方 含美成

天福 4년은 惠恭王 8년 904년이다. 松山村大寺는 고증되지 않는 절이다. 이 글은 짧은 것이어서 이두의 새로운 용례를 보여주는 것은 없지만 10세기 초의 이두의 한 모습을 볼 수 있다. 우리말의 어순인데 이두는 '內, 節'이 보인다.

3. 結語

이로써 1993년까지 발굴된 신라 시대의 이두 자료를 모두 소개하였다. 8세기에서부터 10세기 초의 자료가 현재 21점이 전하는 것이다.

이 자료들을 세기별로 나누어 보면 8세기의 것이 12점이고 9세기의

---

20 黃壽永編(1981), 前揭書, 三版, 480면.

21 李弘稙(1954), 102면 이하 및 『朝鮮古蹟圖譜四』, 518면 이하.

것이 9점이다. 수적으로 보아도 8세기의 것이 많지만 양적으로도 8세기의 것이 9세기의 것보다 훨씬 많다. 이와 같이 9세기의 자료가 8세기의 것보다 적은 것은 우연의 소치라고 생각되지만 이두의 발달사를 고찰하는 데는 불행한 일이다. 8세기보다 발달하였을 9세기의 자료가 빈약하여 그 발달된 양상을 밝히기가 어렵기 때문이다. 현재 전하여지는 자료를 보아도 9세기의 吏讀表記法이 8세기보다는 발달되었다는 사실을 짐작할 수는 있지만 그 양이 워낙 적어서 이를 가지고 당시의 이두의 양상을 논하기는 어렵다.

이두와 鄕札과의 관계를 논하는 작업도 매우 어렵게 되었다. 이두와 향찰 표기의 차이는 토가 얼마나 자세하게 표기되느냐의 차이라고 하겠는데 현재까지의 이두 자료는 향찰의 吐表記만큼 자세한 모습을 보여주지 않는다. 고려시대의 이두는 신라시대보다는 자세한 토의 모습을 보여주지만 그렇다고 향찰만큼 자세한 토는 보여 주지 않는다.

필자는 한때 향찰 표기 역시 8세기에는 그 당시의 이두 표기법에 가까웠을 것이고 9세기에 와서 오늘날 우리가 접하는 모습으로 발달한 것이 아닌가 하는 가정을 한 적이 있었다. 그러나 이두는 실용문으로 쓰인 것이고 초기적 이두문의 전통을 계승한 것이어서 釋讀口訣을 배경으로 발달한 향찰 표기법만큼 토의 표기가 치밀하지 못한 것으로 생각된다. 두 표기는 그 발달 과정이 다르고 용도가 달라서 발생 초기부터 계통을 달리 하여 발달해 온 것이다.

이 이두 자료들은 광복 후에 발굴된 것이 많다. 광복 전에 이미 알려져 이 방면의 연구자들이 이용한 것은 몇 점 되지 않는다. 1), 2), 4), 5), 11), 14), 15), 16), 19), 21) 등 10점이 그것인데 양적으로도 빈약하지만 이 가운데 몇 점은 연구자들의 검토도 받지 못하였던 것이다. 따라서 광복 전의 신라 시대 이두 연구는 오류가 많다. 이는 한정된 자료와 국어사에 대한 지식이 부족한 데 따른 제약이다. 50년대 이후 새로운 자료가 계속 발굴되었다. 그 수는 비록 10여점에 지나지 않지만 양적으로는 그 이전의 것보다 몇 배가 되는 것이어서 이 방면의 연구에도 큰 진전을 가져오게 되었다.

이두문의 자료는 實辭의 語形을 보여주는 데는 한계가 있는 것이어서 新羅時代語의 모습을 분명하게 보여주지 못한다. 이는 다른 자료를 이용하여 보충해야 하지만 그래도 再構할 수 있는 양은 얼마 되지 않는다. 토는 후대의 자료와 맥락이 닿는 것이어서 그 어형을 추정하기가 비교적 용이한 편이다. 그러나 이 시대 이두의 문법 형태를 再構하는 작업은 음운론의 재구와 맞물려 있어 정확한 형태를 밝히기는 쉽지가 않다. 다만 그 문법 기능은 고려시대의 釋讀口訣과 鄕歌의 資料를 통하여 어느 정도는 밝힐 수가 있을 것이다. 이 작업은 앞으로 지속적으로 구명해 나가야 할 우리의 과제이다.

▌『國語史資料와 國語學의 硏究』(安秉禧先生回甲紀念論叢), 문학과지성사, 1993. 2. 19.
2013년 12월 24일 修訂.

中古韓國語의 語彙와 吏讀資料에 나타난 文法

1. 中古韓國語의 資料와 表記法

中古韓國語는 통일신라시대의 한국어를 가리킨다. 이 글에서는 이 시대에 기록된 吏讀資料를 중심으로 하고 기타의 자료를 보충하여 중고한국어의 모습을 살펴보고자 한다.

신라가 삼국을 통일하면서 언어와 문자생활도 하나로 통일되어 갔다. 이것은 옛 삼국의 古地였던 지역에서 나오는 통일신라시대의 금석문들을 보아서도 짐작할 수 있다. 그러나 그 구체적인 사실을 알려 주는 자료는 그렇게 많지 않다.

이 시대의 文字表記는 한문과 차자표기가 사용되었다. 당시인들이 직접 기록한 한문의 실물은 金石文과 古文書로 남아 있다. 甘山寺의 佛像造像記(719~20)들이나 聖德大王神鐘銘(771), 新羅皇龍寺九層塔刹柱本記(9세기)와 崔致遠의 四山碑 등이 당시인들의 수준 높은 漢文 驅使 能力을 보여 준다. 儒家의 학자로서는 强首, 薛聰, 崔致遠의 이름이 널리 알려져 있고 佛家에서는 義湘, 元曉, 憬興 등이 많은 佛經註解書를 남겨 한국불교의 빛나는 세계를 열어 놓았다. 이들은 당시의 지식인들의 한문 구사능력이 중국인들의 그것에 못지않을 만큼 높았었음을 말하여 주는 것이다.

차자표기 자료는 鄕札, 吏讀, 口訣, 固有名詞表記가 있다. 향찰로는 삼국유사의 향가 14수가 전한다. 이는 13세기 후반에 기록된 것이어서 바로 신라시대의 것으로 보기는 주저스러움이 있으나 薛聰이 經典의 釋讀口訣을 지은 시대에는 향찰 표기법이 완성되어 있었을 것이다.

吏讀는 이미 삼국시대에도 발달되어 그 자료들이 전하고 있다. 中古韓國語 시대의 이두는 25편이 발굴되어 해독되었다. 이 가운데 華嚴經寫經造成記(755), 新羅帳籍(758?), 永泰2年銘石毘盧遮那佛像造成記(765), 菁堤碑貞元銘(798), 禪林院鐘銘(804), 竅興寺鐘銘(856) 등은 다양한 표현을 보여 주고 있어 이 시대 이두문을 대표하는 것들이다. 비록 충분한 양은 아니지만 당시의 국어를 생생하게 보여 주는 것이다.

이들 이두문의 표기법은 2가지로 나누어 볼 수 있다. 하나는 삼국시대부터 내려오는 것으로 한자를 우리말의 순서로 배열한 것이다. 이를 初期的인 吏讀文이라고 한다. 다른 하나는 이 초기적인 이두문에 우리말의 조사나 어미를 나타내는 토를 넣은 것이다. 후자가 이 시대에 새로이 나타난 것이다. 전자의 것으로 비교적 긴 내용을 담은 것은 昌寧仁陽寺碑(810)와 安養中初寺幢竿石柱記(827)이다.

토가 쓰인 이두문은 甘山寺阿彌陀如來像造成記(720)가 현재로서는 가장 이른 것이다. 이 이두문도 대체로는 한자를 우리말의 순서로 배열하였는데 다음과 같이 토가 나타나고 있다. '後代 追愛人者 此 善 助在哉(後代에 追憶하여 사랑하는 사람은 이 善業을 돕기를 바란다)'의 '者/ㄴ', '在/겨', '-哉/지'가 그것이다. '-哉/지'는 願望을 나타내는 종결어미를 표기한 것이지만 『화엄경사경』에서는 연결어미로도 쓰여 후대의 '齊/제'와 기능이 일치한다. 고려시대의 이두에선 齊자가 주로 쓰였고 이것이 조선조말까지 계승되어 널리 쓰였다.

초기적인 이두문과 토가 쓰인 이두문의 경계는 분명치 않다. 華嚴經寫經造成記와 같이 토가 비교적 많이 들어간 이두문이 있는가 하면 甘山寺佛像造成記와 같이 한두 개의 토만이 들어간 이두문이 있고 中初寺幢竿石柱記와 같이 토가 전혀 들어가지 않은 이두문도 있다. 이들이 공존하는 것이 오히려 이 시대 이두문의 특징이라고 하겠다. 다만 그 어순은 우리말의 어순이어서 조선시대의 이두문과 같이 한문의 어순이 섞이어 쓰인 예는 거의 없다.

口訣은 한문의 독법을 토로 표시한 것이다. 신라시대의 구결이 실물로서 전하는 것은 최근에 日本에서 발굴된 東大寺 소장 『新羅華嚴經寫經』 권12-20의 節約本에 角筆로 기입된 字吐釋讀口訣과 『華嚴文義要訣』의 点吐釋讀口訣이 있다. 고려시대의 구결은 釋讀口訣과 順讀口訣이 있다. 전자는 한문에 토를 달아 그 한문을 우리말의 순서로 풀어서 읽는 것이고 후자는 한문의 순서대로 읽으면서 句讀에 해당하는 곳에 토를 넣어 읽는 것이다. 현재 석독구결은 10세기의 것에서부터 13세기에 걸치는 것이 6종류 발굴되어 있다. 순독구결은 13세기의 것으로 추정되는 것에서부터 조선조말까지 사용되어 많은 양이 남아 있다. 순독구결은 고려 중엽에 발달한 것으로 추정되므로 신라시대에는 석독구결만이 있었다고 보아야 한다. 예로부터 薛聰은 이두의 제작자로 일컬어져 왔으나 '그가 우리말로 경서를 읽었다'는 『삼국사기』와 『삼국유사』의 기록은 오히려 표준적인 경서의 독법을 釋讀口訣로 저술한 것을 말한 것으로 이해된다.

구결은 한문이 이 땅에 수입되어 체계적인 학습이 널리 보급되면 자연 발달되어 있었을 것이다. 그러나 초기에는 한문을 우리말의 순서로 배열해 가면서 읽는 방법만이 있었고 토를 기입하여 독법을 표시하는 방법은 훨씬 후대에 발달했을 것이다. 삼국시대의 이두문이 한자를 우리말의 순서로 배열하는 데 그치고 토의 모습을 보여 주지 않는 것은 아직 토의 표기법이 발달하지 않은 데에 기인하는 것으로 믿어진다. 한편 통일신라시대에 들어와서 토가 들어간 이두문이 발견되는 것은 이 시대에 구결의 토표기가 존재하여 그의 영향을 받은 것으로 믿어진다. 현재 구결의 토는 설총보다 한 세대 앞서는 義湘 시대에 이미 있었던 것으로 믿어진다. 의상의 제자들이 의상의 華嚴經 강의를 기록한 『要義問答(일명 智通記 또는 錐洞記)』과 『一乘問答(일명 道身章)』에는 우리말이 섞여 있다고 義天의 『新編諸宗教藏總錄』은 말하고 있다. 이 책들은 현재 전하지 않지만 均如의 화엄경 강의를 그 제자들이 기록한 『釋華嚴教分記圓通鈔』에 석독구결이 섞여 있는 것을 보면 의상의 이 강의록에도 석독구결이 들어 있었음에 틀림 없다. 경서를 강의하자면 그 해석을 먼저 보이고 내용을 설명하는 것이 순서이기 때문이다. 이 석독구결의 토표기는 이두와 향찰의 표기법에 응용되어 그 발달의 견인차 역활을 한 것으로 믿어진다.

고유명사표기는 人名, 地名, 官名 등 우리의 고유어를 표기한 것이다. 지금은 이 명칭들이 거의 한자어로 되어 있지만 삼국시대에는 물론 통일신라시대에도 대개는 우리의 고유어로 되어 있었다. 이 표기는 이두문에 주로 나타나지만 한문문맥에도 그대로 쓰였다. 『삼국사기』에 나타나는 삼국의 지명이 고유어로 되어 있어 삼국시대 국어 연구의 중요한 자료가 되고 있다. 이 자료는 이두문이나 향찰에서는 좀처럼 보여 주지 않는 국어의 형태를 직접 보여 주는 점에서 가치가 크다. 일례로 赫居世와 弗矩內는 신라 시조의 이름을 표기한 것인데 이는 '블거ᄂᆡ'나 'ᄇᆞᆯᄀᆞᄂᆡ'를 표기한 것이다. 이를 '光明理世(광명이 세상을 다스린다)'의 뜻이라고 하는데 직역하면 '밝은 것(존재)' 또는 '밝은 이(사람)'의 뜻이다. 여기서 동사어간 'ᄇᆞᆰ-'과 동명사어미 '-은', 명사파생접미사 '-ᄋᆡ/의'를 분석해 낼 수 있다.

신라시대의 漢字 字形 가운데는 省劃字가 자주 나타난다. 이러한 생획자는 구결의 약체자가 발달하는 것과 맥락이 이어지는 것이어서 문자의 발달과정을 설명할 수 있는 자료가 된다.

上院寺鐘銘에 唯乃와 旦越의 표기가 나온다. 唯는 維가 원자인데 維의 糸자를 흘려서 쓰던 것이 굳어져서 口자로 간략화됨으로써 나온 것이다. 乃는 那가 원자인데 그 앞부분을 생략하고 뒷부분만 딴 것이다. 旦은 檀이 정자인데 그 앞부분을 생략하고 表音符만을 딴 생획자이다.

한편 두 글자를 합해서 쓰는 예들이 자주 나온다. 이는 삼국시대부터 발견되는데 통일신라시대에도 자주 확인된다. 「화엄경사경」에는 大舍를 합자한 예가 나오고 乃末을 합자한 예는 청제비정원명과 선림원종명에 나온다. 功夫의 합자인 㚲와 伯士의 합자도 앞의 두 銘에서 발견된다. 㚲는 고려시대 이후에는 㚲로 쓰여 우리의 고유한자로 굳어졌다. 이러한 합자의 관습에서 나온 것이 신라장적에 나오는 畓자이다. 이는 水田을 합자하던 관습에서 온 것으로 자형이 畓과 비슷하여 '답'으로 읽히지만 이는 후대의 독법이고 본래는 '논'으로 읽었을 것이다. 콩을 太로 표기하는 것은 기원적으로 大豆를 합자하여 쓰던 것이 豆자를 초서체로 흘리다가 간략화되어 점으로 바뀜으로써 생긴 것이다. 大豆의 豆를 점에 가깝게 흘려 쓴 예가 제2신라문서에 나타나 이 시대에 太의 자형이 발달했을 가능성을 보여 주고 있다.

2. 借用語

차용어는 한 언어가 다른 언어와 접촉하면서 받아들여지는 것이다. 문화적으로는 한 문화가 다른 문화로 확산해 가는 과정을 보여 주는 것이기도 하다. 신라의 삼국통일은 唐과의 연합에 의한 것이었다. 삼국을 통일한 후에도 당과의 접촉을 지속하여 신라는 세계의 문화에 참여할 수 있게 되었다. 이러한 시대적인 흐름에 따라 신라인의 언어에도 새로운 변화가 일어났다. 중국의 문물의 수입에 따라 한문과 한자가 받아들여지는 한편 이를 바탕으로 새로운 한자어가 대량으로 국어에 수용되었다.

한자어의 증가 양상은 우선 人名의 漢字語化에서 찾아 볼 수 있다. 삼국시대의 금석문에는 姓이 나타나지 않는다. 성 대신 그 출신지가 표시되었었다. 丹陽新羅赤城碑(540년대)에는 大衆等(직책명)에 해당하는 사람들을 다음과 같이 열거하고 있다.

喙部 伊史夫智 伊干支
喙部 西夫叱智 大阿干支
沙喙部 武力智 ▽▽▽

즉 앞에는 출신지인 六部의 명칭인 喙部, 沙喙部 등을 쓰고 다음에는 인명과 관등명의 순서로 기록하였다. 이는 출신지가 姓과 같은 구실을 했었음을 보여 주는 것이다. 통일 신라시대의 기록인 「화엄경사경」의 참여인 명단도 역시 姓이 없이 출신지만 표시되어 있다.

紙作人; 仇叱珍兮縣: 黃珍知奈麻

經筆師; 武珍伊州: 阿干奈麻 異純韓舍 今毛大舍 義七大舍

南原京: 文英沙彌 卽曉大舍

高沙夫里郡: 陽純奈麻 仁年大舍 屎烏大舍 仁節大舍

이는 이 시대에도 삼국시대의 관습이 계승되고 있었음을 보여 주는 것이다.

신라가 중국식 성을 쓰게 된 것은 왕실에서부터 시작되었다. 新·舊唐書에는 왕이 '金眞平'이라는 기록과 왕의 성은 金氏, 귀인의 성은 朴氏이며 백성은 氏는 없고 이름만 있다는 기록이 있다. 아마도 중국과의 외교를 위해서 삼국시대에도 王의 姓을 표시했었을 것이다. 그러나 그것이 어느 정도 자리 잡은 것은 통일신라시대에 와서의 일이다.

성을 보여주는 최초의 신라시대 금석문은 감산사불상조성기(719~20)로 여기에 金志誠(金志全)의 이름이 보인다. 聖德大王神鐘銘(771)에는 翰林郎 級湌 金弼奧, 大角干 金邕, 角干 金良相, 大奈麻 姚湍, 阿湌 金體信, 奈麻 朴韓味 등 金, 姚, 朴의 성씨가 보인다. 이 비문은 정통적인 한문인데다 왕실의 위엄을 보여주기 위한 듯 갖추어야 할 격식을 모두 갖추고 있다. 이러한 격식이 이 명문으로 하여금 참여인들의 성을 모두 기록하게 한 것이다. 그러나 이 이후에 이루어진 이두문으로 된 조성기들이 출신지와 이름만을 기록하였고 고려의 건국에 참여하였던 공신들의 이름에 성씨가 없었던 사실을 감안하면 신라말까지도 성을 사용한 사람은 극소수에 불과하였고 그 사용도 한정된 범위였을 것이다.

신라통일 이후 漢字語化된 인명을 흔히 볼 수 있다. 위의 불상조성기와 神鐘銘에 나오는 인명들이 그를 직접 보여 주는 예들이다. 人名의 漢

字語化는 불교계에서부터 시작되었다. 삼국시대의 기록인 黃草嶺眞興王巡狩碑(6세기 중엽)에 나오는 隨駕沙門의 이름은 法藏, 慧忍으로 이는 한자어로 된 法名이다. 중신들의 이름인 伊史夫智, 居七夫智 등이 고유어 이름임을 생각하면 이른 시기부터 불가에서는 이미 한자어식 법명을 사용하였음을 말하는 것이다. 이 이후의 자료에 나타나는 승려들의 법명은 모두 한자어여서 이것이 한국인들의 이름을 한자어화하는 데 선도적인 역할을 하였음을 말하여 준다. 신라의 상류사회에서 한자이름을 쓴 것은 왕의 시호를 처음으로 올린 것이 法興王이니 그 이후가 아닐까 한다. 眞興王의 이름은 彡麥(深麥)인데 그의 黃草嶺巡狩碑와 北漢山巡狩碑에는 眞興大王으로 기록되었으니 이 한자어 이름은 왕의 생존시에 이미 사용하였던 것이다. 眞平王의 이름 白淨, 太宗武烈王의 春秋, 文武王의 法敏이 모두 한자어 이름인데 삼국통일후의 왕명도 모두 한자어 이름으로 보아 틀림 없을 것이다. 왕의 이름에 비하여 신하들의 이름이 한자어화한 것은 이보다 뒤의 일이다. 金庾信, 金仁問, 金歆運, 薛聰 등이 한자어 이름이고 위에 든 성덕대왕신종명에 나오는 이름들도 한자어 이름임을 보면 신라통일 후에는 重臣들 사이에서 한자어 이름이 널리 쓰이고 있었음을 알 수 있다.

한자어 이름을 사용했어도 후대의 관명과 같이 한자를 일정하게 정하여 쓰지는 않았던 것으로 보인다. 그리하여 인명을 기록하는 한자를 바꾸어 표기하는 예를 볼 수 있다. 위의 감산사불상에 나오는 金志誠과 金志全, 그의 아우 良誠과 良全은 동일인의 이름인데도 한 해의 차이를 두고 기록된 두 조상기의 기록이 서로 다르다. 이는 고유어 인명의 표기 글자가 때에 따라 달리 나타나는 현상과 궤를 같이하는 것이다. 이 당시에는 문자기록보다는 음성언어로서의 호칭을 더 중시한 데서 나온 것이 아닌가 한다.

지배층의 이름 가운데도 위에서 든 朴韓味의 韓味는 고유어 이름 '한맛'일 것으로 믿어지고 皇龍寺塔刹柱本記의 朴居勿의 居勿도 고유어 이름으로 보인다. 중국식 성을 쓰면서도 이름을 고유어로 쓴 것은 이 시대의 지배층에서도 고유어 이름이 널리 쓰였음을 말하는 것이다. 이 경향은 서민층에서 더 심하였다. 우리는 張保皐의 이름에서 그러한 사실을 볼 수 있다. 그의 이름은 弓巴, 弓福으로도 쓰이는데 巴나 福은 사내아이를 나타내는 巴只(보기)에서 온 것이다. 고려시대 호적을 보면 사내아이가 태어나면 모두 兒名으로 巴只라고 했다가 나이가 들면 관명으로 바꾸는데 신라시대에는 어른이 되어 관직을 가지면서도 이 아명을 그대로 쓰는 예가 흔하였음을 보여 주는 것이다.

고려시대 이후는 상류층 여성들은 이름을 갖지 않는 것이 원칙이지만 신라 시대에는 여성들도 이름을 갖고 있었다. 감산사불상명에는 觀肖里(官肖里), 古巴里(古寶里), 古老里(古路里), 阿好里, 首兮買里 등의 이름이 보인다. 이들은 모두 접미사 '-里'를 가지고 있는데 이는 존칭의 표시일 것으로 보인다. 古巴里(古寶里)의 어원은 '곱다'에서 왔고 古老里(古路里)는 중세국어의 '골(美貌)'에서 온 것으로 믿어진다. 후대에 여성의 이름으로 흔히 쓰인 '아기' '아지'란 이름도 이 시대에 이미 쓰였다. 김유신의 누이인 寶姬의 小名인 '阿海'와 文姬의 소명인 '阿之'가 이 사실을 보여준다. 그러나 寶姬, 文姬가 말해 주듯 여성의 이름도 한자어화하고 있다. 이는 물론 상류층의 경우이다. 眞平王妃의 이름인 摩耶夫人은 불교적 영향이 있는 한자어 이름이다. 武烈王妃부터는 시호가 주어졌다. 文明王后가 그것인데 그의 또 다른 이름인 訓帝夫人은 생시에 쓰던 한자어 이름이다. 慈儀王后(文武王妃), 神穆王后(神文王妃), 陪昭王后(聖德王妃) 등도 생전에 쓰던 한자어 이름이었고 그 시호는 따로 주어졌다. 이러한 한자어 이름은 왕실과 그를 둘러싼 일부 상층에 한정되고 대부분의 여성 이름이 고유어로 지어졌을 것임은 앞의 감산사불상의 예로 보아서도 알 수 있다.

景德王 16년(757)에 전국의 州郡縣名을 한자어로 바꾸었다. 종래 2자 내지는 3자로 표기하던 고유어의 지명들을 州는 한 글자의 한자 이름으로 부르고 郡과 縣은 두 글자의 한자 이름으로 바꾸었다. 그리하여 沙伐

州는 尙州로, 歃良州는 良州로, 漢山州는 漢州로, 完山州는 全州, 武珍州는 武州와 같이 바꾸었고, 古陀耶郡은 古昌郡으로, 古尸山郡은 管城郡으로, 吉同郡은 永同郡으로, 推火郡은 密城郡으로 바꾸었고, 柒巴火縣은 眞寶縣으로, 阿火屋縣은 比屋縣으로, 武冬彌知縣은 單密縣으로, 今勿縣은 禦侮縣 등과 같이 바꾸었다. 새 지명은 종래의 지명과 어떤 有緣性을 가지고 지었지만 그 성격은 전혀 다른 것이 되었다. 즉 종래의 지명은 한자어도 약간은 있었지만 대부분은 고유어이었고 지명표기자의 독법도 音讀과 訓讀이 혼용되었었다.그러나 새 지명은 음독을 하는 한자어라는 점에서 크게 차이가 있는 것이다. 일례로 종래의 지명인 推火(郡)은 '밀블'로 훈독하였지만 密城郡은 '밀성군'으로 음독만하였던 것이다. 이것은 매우 큰 개혁이어서 고유어 지명에 익숙해진 백성들에게는 매우 불편한 부담이었다. 그리하여 景德王 이후에도 새로 개정한 한자어 지명으로 통일되지 못하고 종래의 고유어지명이 그대로 사용되었다. 삼국사기의 기록들을 보면 경덕왕 16년 이후의 기록에 屈自郡, 居老縣, 推火郡 등의 郡縣名과 武珍州, 漢山州, 揷良州, 沙伐州 등 개명 이전의 州名이 그대로 쓰이고 있다. 이는 당시 행정상으로도 개명한 새 한자지명이 적극적으로 사용되지 못했음을 말하는 것이다. 이것이 고려초까지도 이어져 醴泉 鳴鳳寺의 慈寂禪師碑陰記(941)에는 고려초의 비석인데도 그 속현의 이름을 赤牙縣으로 쓰고 있다. 이는 '븕엄(縣)'으로 읽히는 고유어 지명인데 경덕왕 때는 이를 殷正縣으로 개명하였던 것이다.

이와 같이 경덕왕의 지명 개정 후에도 새 지명이 획일적으로 사용되지는 못하였지만 그 영향은 컸던 것으로 믿어진다. 고려시대의 지명에서 경덕왕 때 지은 새 지명을 그대로 따른 예들이 많은 것이 이를 말해 준다.

신라의 官等名과 職名은 고유어와 한자어가 섞여 쓰였다. 삼국시대부터 17관등명은 고유어로 정해져 그것이 신라말까지 이어졌으나 관직명은 한자어와 고유어가 혼용되었다. 上大等, 大角干, 太大角干은 한자어와 고유어를 혼용한 것이다. 上, 大, 太는 한자어로 보이고 大等, 角干은 고유어이다. 삼국사기 직관지의 한 예를 들어 이 시대 관직명의 변화를 생각해 보기로 하자.

> 執事省은 본명이 稟主(혹은 祖主)이었는데 진덕왕 때 執事部로 바꾸었고 홍덕왕 때 省으로 바꾸었다. 여기에 中侍가 1인인데 진덕왕 때 두었고 경덕왕 6년에 侍中으로 고쳤다. 典大等은 2인인데 진흥왕 때 두었던 것을 경덕왕 6년에 侍郎으로 바꾸었다. 大舍는 2인인데 진평왕때 둔 것을 경덕왕 18년에 郎中으로 바꾸었다. 舍知는 2인데 신문왕 때 둔 것을 경덕왕 18년에 員外郎으로 바꾸었다가 혜공왕 12년에 다시 舍知라 했다. 史는 14인인데 문무왕 때 6인을 늘렸고 경덕왕이 郎으로 고쳤던 것을 혜공왕이 다시 史라고 하였다.

이들 관직명도 종래에는 고유어와 한자어가 섞여 쓰였는데 경덕왕 때 한자어로 고쳤음을 알 수 있다. 경덕왕 이후에도 舍知와 같은 고유어명칭과 侍中, 侍郎과 같은 한자어명칭이 섞여 쓰였으나 시대가 흐를수록 한자어화되어 가는 경향이 강한 추세였다.

고유명사나 관직명에서 우리의 고유어가 한자어화하여 가는 경향은 신라인들이 중국의 문물을 적극적으로 수용하는 과정에서 나온 것으로 재래의 문화와 외래 문화가 융합하여 새로운 우리의 문화가 이루어지는 모습을 보여 주는 것이다.

3. 文法

고대한국어의 문법을 보여 주는 자료는 鄕札과 吏讀가 주가 된다. 신라의 향가는 신라시대가 지난 지 3세기 후인 13세기에 와서 비로소 문자화된 것이기 때문에 그 문법이 신라시대의 것을 그대로 나타내는 것이라는 보장이 없다. 이에 대한 연구가 좀더 이루어진 후에나 고대국어의 자료로 이용할 수 있으므로 여기서는 연대가 확실한 이두문을 중심으로 이 시대 언어의 모습을 살피기로 한다. 신라시대 국어의 語順은 현대국어와 같다. '주어+목적어+서술어'의 순서이고 수식어가 피수식어의 앞에 가는 어순이다. 이것은 한자를 우리말의 순서로 배열하는 이두문에서 확인된다.

助詞는 다음과 같은 것이 쓰였다.

格助詞;	之/ㅅ	中/긔	以/로
補助詞;	者/(ᄋ/으)ㄴ	那(乃)/(이)나	ㆍ/금

'之/ㅅ'은 '經之 成內 法者/經의 이룬 法은(화엄사경)'에 쓰인 예가 하나 확인된다. 무정물체언의 속격으로 고려시대에는 叱자가 주로 쓰이고 之자가 쓰인 예는 2, 3예가 더 확인될 뿐이다.

'中/긔'는 삼국시대의 이두에서부터 쓰여 오던 처격조사이지만 모두 음독되었다. 화엄경사경에 '楮根中(닥나무 뿌리에)', '然後中(然後에)', '以後中(以後에)' 등과 같이 나타나 훈독되었음을 보여 준다. 고려시대에는 '良中/아긔(>아희)'가 주로 쓰이고 구결에선 '衣/의'와 '衣中/의긔'도 쓰였다.

'以/로'도 삼국시대부터 쓰여 오던 조격조사이다.

法界一切衆生 皆成佛欲 爲賜以 成賜乎(법계일체중생이 皆成佛하게 하고자 하심으로 이루시었거니와)〈화엄〉

娚姉妹 三人業以 成在之(娚姉妹 三人의 業으로 이루어 놓았다)〈갈항사탑〉

와 같은 예가 나타나고 이밖에도 그 용례가 많다. 조선조말까지의 이두에서도 사용빈도가 높은 조사이다.

신라시대 이두에는 주격 '亦', 유정물체언의 속격 '衣/의,의', 대격 '乙/

ㄹ', 호격 '良/아, 下/하'등이 나타나지 않는다. 이들은 고려시대에 들어와서 기록에 나타나지만 그렇다고 고대국어에 없었다고 볼 수는 없다. 자료와 표기법상의 제약에 말미암아 나타나지 않은 것으로 믿어진다.

'者/(ᄋᆞ/으)ㄴ'은 주제를 나타내는 보조조사이다.

成內 願旨者 皇龍寺緣起法師 爲內賜(이룬 願旨는 황룡사 연기법사가 만드셨으니)〈화엄〉

余 淳淨法者 上 同之(나머지의 순정법은 위와 같다)〈화엄〉

娚者 零妙寺 言寂法師在旀(오라비는 영묘사의 언적법사이었으며)〈갈항사탑〉

등 그 용례가 많다. 고려시대 이후의 차자표기에선 '隱/(으)ㄴ'이 주로 쓰였다.

'者'는 주제의 보조조사로 쓰이는데 다음에서 보는 바와 같이 조건법의 표현에도 쓰였다.

若 臥宿哉 若 食喫哉 爲者/ᄒᆞᆫᄋᆞᆫ〈화엄〉

여기서 '爲者/ᄒᆞᆫᄋᆞᆫ'은 '하면'의 뜻을 나타낸다. 중세어에서는 가정이나 조건의 접속어미로 '-면', '-거든'이 쓰였으나 고대어에서는 이 어미가 발달하지 않아 주제의 보조사 '者/ㄴ'이 이 표현에 쓰였다. 고려시대의 석독구결에서도 '隱/은'이 이 기능을 나타내고 조건법어미 '-면'은 중세어 시대에 발달하였다.

'那/(이)나'는 여러 체언 가운데 선택됨을 나타낼 때 쓰이는 조사이다. 那의 약체자인 乃자도 8세기의 자료에 나타난다.

若 楮皮脫那 脫皮練那 紙作伯士那 …… 走使人那 菩薩戒 授令旀(혹 楮

皮脫이나 脫皮練이나 紙作伯士나 …… 走使人이나 보살계를 받도록 시키며)〈화엄〉

豆溫愛郎靈神㖙 二僧等㖙 …… 一切 皆 三惡道業 滅㫆(두온애랑의 영신이나 이승들이나 …… 일체 모두 삼악도업을 멸하여서)〈영태2년〉

種種 施賜 人乃 見聞隨喜爲賜 人乃 皆 無上菩提 成內飛也(종종으로 布施하신 사람이나 견문수희하신 사람이나 모두 無上菩提를 이루는 것이다)〈규흥사종〉

와 같이 쓰였다.

'㫆/곰'은 개별성을 나타내는 특수조사로 현대어의 '-씩'과 같은 기능을 한다.

經心內中 一收 舍利㫆 入內如(경심안에 一收의 사리씩 넣는다)〈화엄〉

切火 押梁 二郡 各▽人㫆 起使內之(切火, 押梁 두 군에서 가각 ▽人씩 동원하여 부리었다)〈청제비정원명〉

이 조사는 15세기에도 '-곰'으로 자주 쓰였다.

終結語尾는 다음과 같은 것이 쓰였다.

之/다　　如/다　　也/다　　矣/다　　哉/지

'之/다'는 삼국시대부터 널리 쓰여 오던 평서법종결어미이다.

一部 周 了 成內之(한 부를 두루 마치어 이루었다.)〈화엄〉

竝 前內視令節 植內之(모두 전의 內視令 때에 심었다)〈신라장적〉

이 차자는 고려초 10세기 후반까지 쓰이고 그 이후는 '如'만이 쓰였다.

'如/다'는 '之'와 같은 기능을 하는 평서법종결어미로 8세기의 이두에서부터 나타나 조선시대말까지 사용된 이두이다. 之 다음으로 많은 용례를 보여 준다.

以後中 坐中 昇 經 寫在如(이후에 자리에 올라가 경을 베낀다)〈화엄〉

觀音巖中 在內如(관음암에 두었다.)〈영태2년〉

'也/다'도 '之'나 '如'와 같은 기능을 하는 평서법종결어미이다. 한문을 釋讀할 때 '也'자가 우리말의 '-다'로 해석되므로 삼국시대부터 '之'가 쓰일 자리에 대신 쓰여 왔다.

皆 無上菩提 成內飛也(모두 無上菩提를 이루는 것이다)〈규흥사종〉

'也' 앞의 飛가 'ᄂᆞ'로 읽히는 차자이므로 也를 '-다'로 읽지 않을 수 없다.

'矣'는 후대의 이두에서는 '-ᄃᆡ'로 읽히는데 신라의 이두에선 평서법종결어미 '-다'로 읽었음이 분명한 자리에 쓰였다.

竅興寺 鐘 成內矣(규흥사의 종을 삼가 이루었다.)〈규흥사종〉

이 矣는 토인 內자의 뒤에 쓰였으므로 우리말로 읽어야 하는데 다른 조성기에서 이 자리에는 '之', '也'가 오므로 '-다'로 읽어야 한다.

'哉/지'는 향가에선 '制'자로 쓰였고 고려시대 이후의 이두와 석독구결에선 齊자로 대체되었다. 중고시대에는 다음의 1예가 나타나는데 願望의 뜻을 나타내는 것으로 보인다.

後代 追愛人者 此善 助在哉(후대에 추모하여 사랑하는 사람은 이 善業을 도왔으면 한다.)〈감산사아미타상〉

接續語尾는 다음과 같은 것이 쓰였다.

旀/며　　哉/ᄌᆡ　　厼/(아)금　　但/이　　欲/과　　矣/ᄃᆡ

'旀/며'는 彌의 속자로 고대에는 그 음이 '며'였기 때문에 국어의 병렬 연결어미 '-며'를 표기하는 데 사용되었다.

> 二 青衣童子 灌頂針 捧旀 …… 四 伎樂人等 竝 伎樂爲旀 又 一人 香水 行道中 散旀 (두 청의동자 관정침을 받들며 …… 네 기악인들이 함께 기악하며 또 한 사람이 향수를 행도에 뿌리며)〈화엄〉

과 같이 쓰이어 현대국어의 '-며'와 차이가 없다.

'哉/ᄌᆡ'는 앞에서 본 바와 같이 종결어미로도 쓰였으나 병렬의 접속어미로도 쓰였다.

> 若 大小便爲哉 若 臥宿哉 若 食喫哉 爲者(만약 대소변하거나 누워 자거나 먹고 마시거나 하면)〈화엄〉

과 같이 쓰였다. 후대의 이두문에서는 이의 후대형인 齊가 종결어미와 접속어미에 두루 쓰였다.

'厼/(아)금'은 고려시대 이후의 자료에선 '良厼/아금', '衣厼/의금'으로 쓰인다. 신라시대에도 '-아금'의 형태로 쓰였을 것인데 표기는 '厼'자로만 하였다. '하여서', '하여 가지고'의 뜻을 나타낸다.

> 諸 筆師等 各 香花 捧厼 右念行道爲 作 處 中 至者(여러 필사들이 각각 향화를 받들어서 우념행도하여 짓는 곳에 이르면)〈화엄〉
>
> 自 毘盧遮那是等 覺 去世爲厼 誓內之(스스로 비로자나인 것을 깨닫고

去世하도록 誓願한다.)〈영태2년〉

'但'은 흔히 부사 '오직'으로 해석되는 것인데 문맥상 어미에 해당하는 예가 확인된다.

右 諸人等 若 大小便爲哉 …… 若 食喫哉 爲者 香水 用㢱 沐浴令只但 作作處中 進在之(위의 여러 사람들이 만약 대소변을 하거나 …… 만약 먹고 마시거나 하면 향수를 써서 목욕시키어야만 만드는 곳에 나아간다.)〈화엄〉

에 쓰인 '令只但'의 但이 그것이다. 이 문맥에서는 但을 '오직'으로 해석하면 뜻이 통하지 않는다. 고려시대의 석독구결에선

五欲⺀ …… 自樂⺀ 大名稱⺀ノ今乚 求丷ろ丷𠃍ヒ𠃍 不矢刂 但八 永去 衆生ラ 苦乚 滅ろ尔(오욕과 …… 自樂과 大名稱과 하는 것들을 구하지 않고 오직 길이 중생의 괴로움을 멸하며)〈주본화엄경 권14, 9:12-13〉

과 같이 쓰이어 但자의 앞에 '刂/이'가 오는 예가 둘 나타난다. 이 '刂/이'는 한문의 但의 뜻에 해당하는 국어의 형태이다. 15세기 이후에는 이 '刂/이'가 없어졌지만 신라시대부터 고려시대까지 쓰이던 접속어미이다.

'欲/과'는 15세기의 '-고져', 현대국어의 '-고자'에 해당하는 어미인데 화엄경사경에 어미로 쓰인 용례가 나타난다.

法界 一切 衆生 皆 成佛欲 爲賜以 成賜乎(법계의 일체 중생이 모두 成佛코자 하시므로 이루시었음)〈화엄〉

이 '欲'의 훈이 고려시대의 석독구결에서는 'ㅅ(果)/과'로 나타난다.

菩提心ㅌ 功德ㄴ 顯示ㅅ [欲]ㅅㅅ亠ㄕㅅ灬 故ㄠ(보리심의 공덕을 현시하시고자 하시므로)〈주본화엄경 권14, 8:21〉

에 쓰인 '[欲]ㅅㅅ亠ㄕㅅ灬/과 ᄒᆞ실ᄃᆞ로'의 'ㅅ/과'가 그것이다. 고려시대의 석독구결에선 흔히 사용된 어미이다.

'矣'는 앞에서 종결미로 쓰인 예를 보아 왔다. 고려시대의 이두와 구결에선 이 차자가 '디'로 쓰인 예가 자주 나타나지만 신라시대의 이두에선 다음의 한 예에서 그 가능성을 볼 수 있을 뿐이다.

所內使以 見令賜矣(소내사로 하여금 보게 하시되)[1]〈청제비정원명〉

의 '矣/디'가 그것인데 종결어미와 거의 같아서 '-다'로 읽힐 가능성을 배제할 수 없다.

動名詞語尾는 '乎'자만이 나타난다.

乎/온

'乎/온'은 '오'로도 읽히는데 신라시대의 것은 '온'으로 읽히는 예만 둘 확인된다. '-온'의 '-오-'는 의도법어미이고 'ㄴ'이 동명사어미이다. 앞에서 예로 든

法界 一切 衆生 皆 成佛欲 爲賜以 成賜乎〈화엄〉

紫草里 施賜乎 古鐘金(자초리께서 포시하신 옛종쇠)〈선림원종〉

1 '見令賜矣'의 '見/보'는 왕명에 의하여 지방을 '巡視하다'의 뜻인데 '行政을 처리하다'의 뜻으로 쓰인 것이다.

앞의 '成賜乎/일이ᄉᆞ온'에 쓰인 '乎/온'의 'ㄴ'이 동명사어미로 문장을 종결시킨 경우에 쓰인 것이다.' 뒤의 '施賜乎/베플ᄉᆞ온'에 쓰인 '乎'의 'ㄴ'은 명사의 수식에 쓰인 것이다. 이두에서는 동명사어미 '-ㄴ'을 따로 표기한 예를 보여 주지 않는다. 다른 어미와 결합된 형태로 나타날 뿐이어서 문맥에 따라 이 형태를 재생해야 하는 경우가 흔히 있다. 향가에서는 乎가 '오ᇙ'로도 읽히어 동명사어미 '-尸/ㄹㆆ'을 나타내기도 한다. 향가나 석독구결에 흔히 쓰이는 'ㄱ/隱/ㄴ'이나 '尸/ㄹㆆ'은 중고시대의 이두에서는 확인되지 않는다.

補助語幹은 다음과 같은 것이 쓰였다.

去/거　　　飛/ᄂᆞ　　　賜/ᄉᆞ　　　㖅/이

'去/거'는 다음과 같이 쓰인 예가 하나 발견된다.

願旨是者 法界有情 皆 佛道中 到內去 誓內(원지인 것은 법계유정이 모두 불도에 이르기를 삼가 서원합니다)〈선림원종〉

여기 쓰인 '到內去 誓內'의 去는 어말에 쓰인 것이다. 이는 확인법의 보조어간인데 고려시대의 자료에서도 '不喩去 有等以/안디거 잇ᄃᆞ로(아닌 것이 있으므로)'와 같이 어말에 쓰인 예들이 있다. 고대어에서는 동사의 자립성이 강하여 어간과 어간이 접속어미 없이 연결되는 문법이 생산적이었으므로 이 보조어간도 그러한 문법에서 어말에 쓰인 것이다.

'飛/ᄂᆞ'는 현재시제를 나타내는 선어말어미로 고려시대와 조선시대까지도 이두와 구결에서 자주 쓰인 것이다. 신라시대 이두에는 다음의 2예가 있다.

過去爲飛賜 豆溫哀郎(돌아가신 두온애랑)〈영태2년〉

皆 無上菩提 成內飛也(모두가 무상보제를 이루는 것이다.)〈규흥사종〉

앞 예의 '爲飛賜/ᄒᆞᄂᆞᄉᆞᆫ'에서는 '飛/ᄂᆞ'와 '賜/ᄉᆞ'의 배열순서가 15세기와는 달리 나타난다. 선어말어미의 배열순서가 시대에 따라 달라짐을 보여 주는 예이다.

'賜/ᄉᆞ'는 주체존대의 선어말어미이다. 비교적 많은 용례가 있다.

思仁大角干 爲賜(사인대각간이 삼으시어)〈무진사종〉

法界 一切 衆生 皆成佛欲 爲賜以 成賜乎(전출)〈화엄〉

乙未年 烟見賜 節(을미년에 烟을 보실 때에)〈신라장적〉

過去爲飛賜 豆溫哀郎 願 爲(전출)〈영태2년〉

所內使以 見令賜矣(전출)〈청제비정원명〉

이 예들에서 賜는 보조어간과 같이 쓰인 예들이 있으나 이는 표기법이 섬세하지 못한 데에 말미암는다. 즉 무진사종명의 '爲賜'는 부사형이므로 어말어미 '-아/어'를 보충하여 'ᄒᆞᄉᆞ아'로 읽어야 할 것이고 신라장적의 '見賜'는 동명사어미 '-ㄴ'이나 '-ㄹ'을 보충하여 '보ᄉᆞᆫ'이나 '보ᄉᆞᆯ'로 읽어야 한다. 이 밖의 예들도 문맥에 따라 어말어미의 보충이 있어야 할 것이다. '賜'의 어형은 후대의 '시'에 대응하지만 고대에도 '시'이었다고 볼 수는 없다. 賜의 전통적인 한자음대로 'ᄉᆞ'로 읽고 이 'ᄉᆞ'가 '시'로 바뀌는 음운론적 변화는 하나의 과제로 남겨 둔다.

'令/이'는 다음의 용례가 있다.

所內使以 見令賜矣(전출)〈청제비정원명〉

見令賜矣는 '보이ᄉᆞᆫᄃᆡ' 또는 '보이ᄉᆞ다' 정도로 읽을 수 있다. '이'가 '기'로 소급할 것인가 하는 점도 앞으로의 과제로 남는다. '令'은 조동사 '令

只/시기'로도 쓰였다.

接尾辭는 다음과 같은 것이 쓰였다.

內/ㄴ+이　　牙/엄　　兮/히　　于/오,우　　知/디　　里/리

신라시조의 이름은 赫居世와 弗矩內로 표기된다. 전자는 훈독자로 표기한 것이고 후자는 음가자로 표기한 것이다. 음가자표기 弗矩內는 '블그뇌' 또는 '블ᄀ뇌'로 읽을 수 있는데 이를 분석하면 '븕+은+이'가 된다. 여기서 명사파생 접미사 '-이'가 추출됨은 앞에서도 말하였다. '弗矩內/블그뇌'는 '밝은 존재'란 뜻으로 이는 '光明理世'의 思想을 나타낸다.

'牙/엄'은 赤牙縣(殷正縣)에 쓰인 것으로 赤牙는 殷과 대응된다. 殷에 '검붉다'의 뜻이 있으므로 赤牙는 '븕엄'의 표기임을 알 수 있다. 이 역시 '밝다'의 뜻으로 '赤牙/븕엄'은 형용사어간 '븕' 또는 '볽'에 명사파생접미사 '-엄'이 결합되어 파생된 명사이다.

부사파생 접미사로 '兮/히'와 '于/가' 쓰였다. '追兮/좇히(정창원의 모전첩포기, 8세기 중엽)', '追于/좇오(상동)'로 보아 같은 기능을 하는 접미사이다.

삼국시대의 金石文에는 인명에 '帝知(智), 第智, 夫智, 智'등을 접미시킨 예를 볼 수 있다. 이는 伊思夫智, 居柒夫智가 啓宗, 荒宗등으로 표기되는 것을 보아 신분의 고귀함을 나타내는 접미사임을 알 수 있다. 이 접미사가 통일신라의 인명에는 쓰이지 않았다. 다만 '黃珍知 奈麻(화엄사경)'와 같이 '知/디'를 접미시킨 예가 나오는데 이는 '知, 智'가 존귀함을 나타내던 관습에서 붙인 것으로 보인다.

앞에서 여인들의 이름에 접미되는 '里/리'를 설명한 바 있다. 여성을 높이는 뜻에서 사용된 것으로 믿어진다.

국어에는 모음의 대립에 의하여 어감의 차이를 나타내는 파생법이 있다. 이 문법은 고대국어에도 있었음을 추정케 한다. 앞에서 든 '弗矩內'의

弗은 '븕'과 'ᄇᆞᆰ'의 2가지 음으로 읽을 수 있는 예가 이를 말해 준다. 신라 六部의 하나인 '習比'가 삼국시대의 迎日冷水里碑에 '斯彼/ᄉᆞ비'로 나타나는 것도 이 현상을 보여 주는 것이다.

繫辭 '是/이'는 다음과 같이 쓰였다. '內物<u>是在之/이겨다</u>〈영태2년〉, '願旨<u>是者/인ᄋᆞᆫ</u>〈선림원종〉' 등에 쓰였다. '是在/이겨-'는 계사에 시상의 조동사가 결합된 것으로 이는 계사에 시간성이 있음을 보여 주는 것이어서 후대의 계사와는 차이가 있음을 보여 준다. 계사 是의 표기는 자주 생략되므로 그 재생에 유의하여야 한다. '言寂法師<u>在彌/이겨며</u> …… 照文皇太后君<u>在彌/이겨며</u> …… 敬信太王妳<u>在也/이겨다</u>〈갈항사〉'에서는 '是在-'로 표기되어야 할 것에서 是를 생략하고 '在-'만을 표기한 것이다.

助動詞는 다음과 같은 형태가 쓰였다.

內/아　　　令只/ᄒᆞ기(시기)　　　在/겨　　　爲/ᄒᆞ

'內/아'가 '어질다, 합당하다고 생각하다'의 뜻에서 존자에 대하여 겸양을 나타내는 조동사로 발전한 사실이 밝혀진 것은 최근의 일이다.

成<u>內</u> 願旨者 皇龍寺緣起法師 爲<u>內</u>賜(전출)〈화엄〉

頂禮爲<u>內</u> …… 供養爲<u>內</u> 以後中(정례하옵고 …… 공양하온 이후에)〈화엄〉

石毘盧遮那佛 成<u>內</u> …… 觀音巖中 在內如(석비로자나불을 삼가 조성하여 …… 관음암에 두옵니다)〈영태2년〉

등 그 용례가 매우 많다.

'令只/시기-'는 '沐浴令只/시기〈화엄〉', '庄嚴令只/시기〈화엄〉'의 2용례가 있다. 한자어 어간과 결합하여 그 한자어를 수용하는 방법으로 쓰였다.

'在/겨'는 후대에는 그 기능을 '有/잇'에 넘겨주고 소멸된 단어이다. 15세기에는 존대법어미 '-시-'가 접미되어 화석화한 '겨시-'가 그 흔적만을 보여 주는 것이지만 고대에는 그 사용빈도가 매우 높은 단어이다. 이 '在/겨'는 '觀音巖中 在內如/겨아다(관음암에 삼가 두옵니다)〈영태 2년〉'와 같이 실사로도 쓰이지만 대개는 다른 동사의 어간과 결합하여 시간의 지속을 나타낸다.

願 助在/돕견 衆(願을 도와 준 衆)〈무진사종〉

作作處中 進在之/낫겨다(짓는 곳에 나아갔다)〈화엄경〉

등 비교적 많은 예를 보여 준다. '是/이'와 '在/겨'가 결합하여 '是在/이겨-'로 쓰일 때 '是'의 표기를 생략하고 '在'만을 표기하는 예는 앞에서 설명하였다.

'爲/ᄒᆞ'도 한자어를 수용하는 과정에서 자주 쓰였다. '淳淨爲/淳淨ᄒᆞ〈화엄〉', 頂禮爲內/ᄒᆞ안〈화엄〉. '供養爲/供養ᄒᆞ〈화엄〉' 등 그 용례가 많다. 이밖에 句 전체의 동작성을 총괄하는 조동사로도 쓰였다.

法界一切衆生 皆成佛欲 爲賜以/과 ᄒᆞᄉᆞᆫᄋᆞ로〈화엄〉

右 諸人等 若大小便爲哉 若臥宿哉 若食喫哉 爲者/ᄒᆞᆫ〈화엄〉

국어에는 실사와 문법형태의 중간에 드는 형태들이 있다. 고대어에도 그러한 형태들이 적지 않게 확인되는데 이를 準文法形態라 하기로 한다.

等/ᄃᆞ　　初/비릇　　元/비릇　　而/마리여

의존명사 '等/ᄃᆞ'는 고려시대의 이두와 구결에서 자주 쓰였다. 중고어에선

自 毘盧遮那是等/인둘 覺(제 스스로가 비로자나인 것을 깨닫고)〈영태2년〉

願爲內等者/ᄒ안든(오직 원하는 것은)〈규흥사종〉

과 같은 용례가 있다. 이 의존명사 '等/ᄃ'는 단순히 '것'의 뜻을 나타내는 것이 아니라 '똑같다', '틀림없다'와 같은 서법적인 기능이 있어 이를 如實法이라고 한다. 이 여실법의 의존명사 'ᄃ'는 고려시대의 석독구결과 이두문에 폭넓게 사용되었다.

'初/비릇'과 '元/비릇'은 '언제 시작하여(부터) 언제까지'라는 표현에서 '시작하여(부터)'의 뜻을 나타낸다. 본래 동사로 쓰이던 것인데 문법화하여 현대어의 '---부터'의 뜻을 나타낸다.

甲午 八月一日 初/비릇 乙未載 二月十四日 一部 周了成內之(갑오년 8월 1일에 시작하여 을미년 2월 14일 일부를 두루 마치어 이루었다.)〈화엄〉

二月十二日 元/비릇 四月十三日 此間中 了治內之(2월 12일에 시작하여 4월 13일, 이 사이에 마치어 수리하였다.)〈청제비정원명〉

후대의 이두에서는 '元叱', '始叱'로 표기하고 '비릇'으로 읽히었다.

'而'는 후대의 이두에서 '而亦/마리여'로 표기하고 역접의 뜻을 나타내는 접속사와 '而叱/말잇'으로 표기하고 '하면'의 뜻을 나타내는 접속사로 쓰인 이두이다.

前內視令節 植內是而/심안말이 死白栢子木十三(전의 內視令 때에 심었었지만 죽은 것으로 보고하옵는 잣나무는 13주임)〈신라장적〉

'是而'는 '-인 마리여'로 읽히는데 현대어로는 '-인 것이지만'의 뜻으로 풀이된다.

4. 結語

이상 古代韓國語에 나타나는 국어의 특징을 吏讀文을 중심으로 하여 기술하였다. 吐가 쓰인 이두문은 中古時代(新羅時代)부터 나타나므로 결국 이 시대의 文法에 중점을 두고 기술한 것이 되었다. 이는 한정된 자료에 바탕을 둔 기술이어서 古代韓國語의 전 모습을 보여 주는 것은 아니지만 연대가 확실한 자료를 바탕으로 한 것이므로 당시의 믿음직한 문법을 보여 준다는 점에서 가치가 있다고 하겠다. 앞으로 이를 기준으로 향찰과 구결의 자료를 보충하면 훨씬 더 풍부한 내용이 될 수 있을 것으로 생각된다. 이 글에서는 이 작업을 위한 기초적인 작업을 하였다는 데 그 가치가 있다고 하겠다. 앞으로 좀 더 많은 자료를 가지고 이를 보완하게 되기를 바란다.

▌이두와 언어, 『한국사 9 통일신라』, 국사편찬위원회, 1998. 12.
2013년 12월 修訂.

古代韓國語의 吏讀表記

1

訓民正音 創制 이전 우리 先人들의 文字生活은 전적으로 漢字에 의존해 왔다. 上古時代에 우리의 固有文字가 있었을 것이라는 견해가 있기는 하나 그것은 信憑할 만한 자료가 없다.

우리 先人들이 남겨 놓은 記錄 가운데 現存한 最古의 기록은 역시 漢文이다. 漢文은 古代부터 近代까지 文字生活의 주축을 이루어 왔다. 漢文에 의한 文字 生活과 함께 漢字를 이용한 國語表記의 기운이 싹텄다. 그것은 漢字借用表記였다. 漢字借用表記의 第一段階는 音借表記였을 것이다. 주로 漢文 文章 안에 쓰여야 할 固有名詞를 표기하기 위한 수단으로 漢字音을 이용한 데서 비롯되었을 것이다. 이것은 漢人들이 그들의 借用語를 表記하기 위하여 使用한 假借의 方法과 일치하는 것이나, 후세로 내려오면서 韓國語 자체를 표기하기 위한 수단으로 응용되면서 獨自性을 띠어 가게 되었을 것이다.

漢字借用의 第二段階는 訓借表記였다.[1] 이것은 漢人들이 借用語를 表記함에 漢字의 表意性을 이용하는 방법을 모방하다가 漢文에 대한 學習이 당시의 知識層에 보급되면서 본격화하였을 것이다. 外國語, 특히 漢文과 같은 文語學習의 初期段階는 외국어 어휘와 자국어 어휘를 1 대 1의

1 音訓借表記에 대해서는 兪昌均(1969), 『新稿國語學史』, 螢雪出版社 및 李基文(1972), 『改正國語史概說』, 民衆書館 參照.

소박한 對應關係로 파악하는 것이었다. 우리의 선인들은 表意文字인 漢字를 이 방법으로 파악하였을 것이다. 이 方法은 두 言語의 實辭間의 對應뿐만 아니라 虛辭間의 對應까지도 고려하였을 가능성이 농후하다.[2] 이것이 訓借表記의 기초가 되어 國語語彙의 표기방법으로 발전한 것으로 추측된다. 이들 音訓借表記는 固有名詞를 중심으로 한 語彙表記 段階에서 상당한 기간 머물러 있었던 것이 아닌가 한다.

그 다음 단계로 國語文章을 표기하기 위한 수단이 대두되었다. 이것은 漢語의 統辭構造와 國語의 統辭構造 間의 차이를 어느 정도 파악하면서부터 싹텄을 것으로 생각된다. 현재 이 文章表記手段은 두 단계의 과정을 거쳤음이 資料에 의하여 검토된 바 있다.[3] 그 하나는 漢文과 國語의 語順差를 극복하는 과정이었고, 다음은 극복된 語順에 國語虛辭를 첨가하는 과정이었다. 이 두 過程을 거침으로써 오늘날 吏讀라는 개념에 해당할 만한 표기법이 발생하게 된 것이다.

2.

古代韓國語의 현존 吏讀資料는 양에 있어서 극히 빈곤하다. 특히 吏讀 발생의 初期段階라 할 三國時代의 자료는 瑞鳳塚銀合杅銘, 高句麗城壁石刻銘, 壬申誓記石銘, 大邱塢作碑銘, 蔚州川前里書石銘의 一部, 南山新城碑銘 등에 불과하다. 이 중 判讀이 분명하고 그 大意가 파악된 南山新城碑銘[4]의 吏讀를 중심으로 初期 吏讀의 특징을 고구해 보기로 한다. 이

2 '光州板千字文'에서는 '可'를 '직 가', '乃'를 '사 내'等으로 訓과 音을 달고 있다. 이러한 虛辭들에 대한 訓이 古代에도 一律的으로 統一되었을지는 疑問이다. 初期에는 文脈에 따라 몇 갈래로 나뉘어 읽혔을 可能性도 濃厚하지만 漸次 統一된 訓을 갖게 되었을 것이다. 李基文 教授는 이 訓(釋)을 줄잡아 1,500年의 歷史를 가진 것으로 보고 있다.

李基文(1972), 漢字의 釋에 關한 研究, 『東亞文化』第11輯, 232면 參照.

3 兪昌均, 앞의 책, 30면 以下

4 秦弘燮(1965), 南山新城碑의 綜合的 考察, 『歷史學報』第二十六輯 參照.

碑銘의 第一段은 다음과 같다.

辛亥年二月廿六日 南山新城 作節 如法以 作後三年 崩破者 罪教事 爲聞教令 誓事之

이 碑銘은 일단 위와 같이 띠어 읽어야 할 것으로 보았다. 이것은 그 語順이 國語의 語順에 일치했을 것을 전제로 한 것이며, 이것이 比較的 自然스러운 解讀으로 유도하는 것으로 생각된다. '作節'은 '지을 때' 또는 '만들 때'로 해독된다. '節'이 '때'로 해독되는 예는

乙卯年 八月 四日 聖法興大王 節 道人比丘僧及ㅅ沙彌僧首乃至〈蔚州川前里書石, 6世紀項〉

太和七年 三月日 蓮地寺 鍾 成內 節 傳 合入金 七百十三延……〈蓮地寺鍾記, 833〉

寺谷中 入 成造爲賜臥亦之 白臥乎 味 及白 節中 教旨然乎……〈慈寂禪師凌雲塔碑, 941〉

등이 있다. 이밖에 '執事'의 뜻으로 해독된다는 견해가 있으나 이것은 뒤에 언급한다. '節'이 근대의 吏讀學習書에서 '디위'로 읽히나 이것이 15세기의 '디위'나 '-디빙'와 직접적인 맥락이 닿지 않는다.[5] 語意上의 間隙이 크다.

다음 '如'는 '若'과 같은 것으로 '萬若'의 뜻이다. '法'은 '國法'의 뜻이고 '以'는 조격의 '-(으)로'로 해독된다. 이 '以'가 조격으로 읽힌 예는 葛項寺造塔記〈8세기 후반〉, 永川菁堤碑貞元銘〈798〉, 新羅禪林院鍾銘〈804〉 등에

5 鮎貝房之進(1972), 『俗字攷・俗文攷・借字攷』, 圖書刊行會(初版 1934), 264면에서 15세기의 '디위'에 聯關시키고 있다.

서 발견되고 高麗 이후의 이두에선 흔히 발견되는 것이다. '以'는 漢語의 介詞로 그 어순만이 극복되면 국어의 造格助詞와 1 對 1의 대응을 비교적 넓은 범위에서 이룰 수 있는 虛辭이다. 이와 같이 국어의 文法的 關係를 표시하는 虛辭를 표기하기 위하여 對應하는 漢字를 차용한 것은 이 한자에 대한 訓讀法이 성립되어 있어 이 한자가 漢文에서 갖는 기능을 파악하면, 그 어순만을 韓國語式으로 배열할 수 있었던 것으로 생각된다.

다음은 '지은 後 三年에'로 해독이 된다. '崩破'는 漢文대로 읽혔을 것이고 '者'는 主題化 補助詞와 계통을 같이 하는 '-(으)ㄴ'으로 읽혔을 것이다.[6] 이것은 앞의 '如'와 호응하여 '萬若……(하며)ㄴ'의 뜻이 된다. 이 'ㄴ'은 15세기 국어의 'ᄒᆞ다가 ……홀뎬', 'ᄒᆞ다가……ᄒᆞᆫ인', 'ᄒᆞ다가……ᄒᆞ면'의 'ㄴ'으로 계통이 닿는 것이다.[7] 漢語의 '者'는 小停頓을 나타내는 語氣詞로 그 어순이나 기능이 국어의 주제화 보조사에 대응되는 것이다.[8] 이 역시 '以'의 경우와 같이 漢語의 문법을 잘 파악한 訓借라 하겠다. '者'는 葛項寺造塔記에서도 그 예들이 발견되는데[9] 후세에 '隱'으로 대체된다. '隱'은 音假字이다.

여기서 '法以'의 어순상의 위치가 문제된다. '法以'는 부사어로서 뒤의 '罪教事爲'를 限定한다. 부사어가 被限定語에 先行하는 위치에선 比較的 自由로운 어순을 취하는 것이 國語文法의 특성이나 이것이 '如……者'의 呼應句 속에 쓰인 것이 不自然스럽다. 이것은 '如(若)'가 國語의 固有語的인 문법에서 쓰인 것이 아니었던 데에 기인하는 것으로 보인다.[10]

다음 '罪教事爲'의 '罪'는 동사로서 '罪를 주다'의 뜻이다. '教'는 尊稱接

---

6 李基文(1972), 『改正國語史概說』, 49면 참조.

7 南豊鉉(1971), 'ᄒᆞ다가' 攷, 『語學研究』 7卷 1號, 13면 참조.

8 楊伯峻(波多野太郎 等 共譯)(1956), 『中國文語文法』, 日本 江南書院, 12면 및 180 以下 參照.

9 娚者零妙寺言寂法師, 姉者照文皇太后君妳在旀, 妹者敬信太王妳在也〈葛項寺造塔記, 758〉.

10 南豊鉉, 앞의 글 參照.

尾辭로 15세기의 '-(으)시'에 대응된다. '教'는 '教旨, 勅教' 등 漢文에서 帝王을 尊待할 때 사용하는 語法의 借用으로 생각된다. 따라서 '教'는 王과 같은 尊者를 존대하기 위한 것이다. '教'가 후세에 '-이시'로 訓讀되어 尊待를 표현하게 된 것은 二次的인 발달로 생각된다. 南山新城碑에서 '教'가 사역과 존대를 겸한 것으로 보게 되면 다음의 '教令'의 해독에서 難關에 부딪힌다.[11] 无盡寺鍾銘(745)의 '鍾成 教 受內 成記'나 '苦離樂得 教 受成在'의 '教'는 모두 체언으로 해독하는 것이 자연스럽다. '教'는 國語의 虛辭를 반영하면서도 漢語形態素로서의 기능을 지니고 있다. 즉 '教'를 漢語에서 尊待를 표현하는 형태소로 파악하고 국어의 尊待에 차용한 것이다.

'事'는 15세기의 '일'에 대응되고 近代의 吏讀에서도 '일'로 읽혔다. '事'는 이보다 앞선 大邱塢作碑에서도 그 용례가 발견된다.

'爲'는 일반적으로는 'ᄒᆞ-'로 해독된다. 그러나 中世國語의 'ᄒᆞ-'의 뜻으로는 뜻이 통하지 않는다. 近代 吏讀에서 '爲只爲'을 'ᄒᆞ기숨'으로 읽는데, 이 '爲'는 이 '삼'에 해당한다. 이 新城碑의 '爲'도 '삼-'으로 보는 것이 自然스럽다. '삼다'는 '만들다, 定하다'의 뜻이 있으므로 이 '爲'는 '定하다'의 뜻에 가까울 것으로 생각된다. 无盡寺鍾銘의 '思仁大角干爲賜'나 禪林院鍾銘(804)의 '此以 本 爲內……' 등의 '爲'도 이 '삼다'의 뜻으로 해독하는 것이 타당할 것으로 생각된다. 이로써 '罪教事爲'는 '罪주실 일로 삼아'의 뜻으로 풀이된다.

다음의 '聞教令'에서 '聞'은 '教'가 王에 대한 尊待表現이므로 王의 行爲가 된다. 이 '聞'은 '奏聞'의 뜻에서 나온 것으로 '人臣이 奏한 것'을 '王이 聞하다'의 뜻으로 풀이된다. '聞'의 이와 유사한 용례는

11 15世紀 國語에서 使役形은 '-이-'系 以外에 '-오/우-'系列이 있고 '-긔 ᄒᆞ다'系가 또 있다.

赤牙縣 鷲山中 新處△ 元 聞爲 成造爲內臥乎亦在之 白賜……〈慈寂禪師淩雲塔碑, 941〉

에서 발견된다. 여기서의 '元 聞爲'는 '처음 奏聞하여'의 뜻으로 풀이된다. 이 '聞爲'의 '聞'은 곧 新城碑의 '聞敎令'의 '聞'의 뜻에 해당되는 것이다. 이 '聞'은 訓讀되어 '듣-'이었을 것으로 생각된다. '令'은 吏讀 에서 다음과 같이 쓰였다.

① 見令賜矣〈菁堤碑貞元銘, 798〉
成造令賜之〈慈寂禪師淩雲塔碑, 941〉
② 令是遣〈淨兜寺石塔記, 1031〉
令是白於爲〈上同〉
令是於爲了等以〈通度寺國長生碑, 1085〉
令是事〈松廣寺 奴碑宣給官文, 1281〉

①은 高麗初까지 쓰인 形式으로 이것은 '令'에 尊稱의 '賜'를 직접 연결시킨 것이다. '賜'는 독립한 기능을 가졌으므로 '令'과는 분립할 수 있는 것이다. ②는 11세기 이후에 쓰인 것으로 '令'에다 반드시 '是'를 첨기하고 있다. 11세기 이후의 이두에서는 '令'과 '是'가 분립해서 쓰인 예가 발견되지 않는다. 이것은 11세기 이후는 '令'이 '是'와 결합되어서만 쓰일 수 있음을 보여준다. 近代吏讀 학습서의 '시기-'는 이 '令是'에까지는 遡及될 수 있는 것으로 생각된다. 그러나 高麗初 이전의 '令'까지도 일률적으로 '시기-'로 읽혔을지는 의문이다. '聞敎令'은 15세기의 '드르시긔'에 해당한다. '令'은 이 '긔'에 대응되는 것이다. '聞敎令'은 직역하면 '들으시긔'이고 意譯하면 '奏聞하다'의 뜻이다. 뒤의 '誓事之'와 연결시켜 보면 '들으시게 하고' 정도로 풀이된다.

다음 '誓事之'는 '맹서하는 일이다'의 뜻이다. '之'는 誓記體表記로서 주목을 끄는 壬申誓記石에도 나타나고 大邱塢作碑, 蔚州川前里書石 등 三國統一 이전의 吏讀에서 발견되고 新羅統一後의 吏讀에선 '也'와 並用되었다.[12] '也'는 15세기에는 '-다'와 대응된다. 杜詩諺解 註釋文에서는 體言句나 用言句를 勿論하고 '也'로 끝나는 句에서는 'ᄒᆞ다'系를 배제하고 일률적으로 '-이라'系의 語尾만을 연결시키고 있다. 이것은 漢語의 '也'를 國語의 '-이라'와 동등한 것으로 파악한 것이다. 이 '이라'는 기원적으로는 '이다'에 소급한다. 따라서 '也'를 15세기의 '-이라'에 대응하고 고대어에서는 '이다'에 소급되는 것으로 보인다. '之'도 '也'와 같이 '이다'의 뜻에 해당하는 표기이다. 현존하는 자료 가운데 '之'가 나타나는 최후의 기록은 高麗初의 慈寂禪師凌雲塔碑銘(941)이다. 그 후 '如/다'로 대체되었다.

이상으로서 南山新城碑의 第一段은 比較的 自然스럽게 解讀할 수 있게 되었다. 직역하면 다음과 같다.

> 辛亥年 二月 二六日에 南山新城을 지을 때 만약 法으로 지은 後 三年에 崩破하면 罪주실 일로 삼아 들으시게(奏聞)하여 맹서하는 일이라.

이 解讀過程을 통하여 우리의 관심을 끄는 것은 語學的인 특성이다. 첫째로 이 新城碑는 그 語順이 완전히 國語의 語順이란 점이 주목된다. 이 원칙은 統一新羅期의 吏讀에서도 거의 그대로 유지된다. 둘째로 모든 차자가 異言語對應을 기초로 한 차용이란 점이다. 이 차용은 語彙論的인 대응에 의한 訓借와 文法的인 對應에 의한 訓借로 大分되고 단순한 音借는 발견되지 않는다. 南山新城碑 이외의 三國期 新羅吏讀에서 우리가 더 얻을 수 있는 것은 壬申誓記石에서 '幷', 瑞鳳塚銀合杅銘에서 '中', 大邱塢作碑에서 '在', '了' 등이다. 이들도 역시 訓借字들이다. 이들을 다음과 같이 분류하여 보기로 한다.

12 鮎貝房之進, 앞의 책, 370면 參照.

① 節, 事, 幷, 了, 爲, 如

② 在

③ 以, 者, 敎, 令, 中

④ 之

①은 漢語의 實辭를 借用한 것이다. 이들은 國語에서도 實辭的인 機能이 强하고 虛辭的인 機能은 弱한 것이다. ②는 漢語의 實辭字를 國語의 虛辭性이 강한 어사의 표기에 차용한 것이다. 15세기에 'ᄒᆞ야 잇다, 하얫다'로 나타남으로써 현대어의 '하였다'보다 강한 自立性을 보여주는 '잇다'는 古代로 올라갈수록 自立性이 보다 强했던 것으로 생각되기 때문에 古代國語에서 '잇다'에 해당하는 '겨-'는 語彙論的으로 파악되었을 가능성이 충분히 있다. 따라서 ②는 ①에 가까운 借字로 추측된다. ③은 漢語의 實辭를 차용한 것도 있지만 그들의 文法的인 機能과 國語의 文法的인 機能이 서로 대응하는 데서 차용한 借字이다. 즉, 漢語에서 國語와 유사한 文法性을 띤 漢字를 차용하여 國語의 虛辭가 배열될 위치에 놓은 것이다. 이들의 音韻論的인 실현이 어떻게 되었을까 하는 점은 단안을 내리기가 어려우나 대체로 訓讀되었을 것으로 추측된다. 漢文學習에서는 漢文의 虛辭들에 대해서도 그의 機能에 類似한 國語의 虛辭와 1 對 1로 대응시켜 해석하였을 것으로 추측되고 여기서 얻어진 訓을 기초로 國語表記를 위한 吏讀字로 차용했을 것으로 생각된다. ④의 '之'는 음독되었을 가능성이 큰 借字이지만 단순히 音만을 借用한 것이 아니라 오히려 그의 文法的인 機能을 優先的으로 고려한 借字이다.[13]

이러한 事實들로 볼 때 初期 吏讀의 借字는 단순한 漢字의 音·訓借가

13 신라시대에 吏讀文의 文末에 쓰이는 '之'가 국어의 종결어미 '-다'로 읽히는 사실은 이 글이 발표된 후에 밝혀진 것이다. 현재 구결자 '丨/다'는 이 之자의 초서체에서 온 것으로 본다.

아니라 그 漢字가 漢語에서 쓰이는 기능을 기초로 한 借字란 결론을 얻을 수 있다. 이 현상은 단순한 자료상의 빈곤 때문에 드러난 것이라고는 생각되지 않는다. 우리는 우선 吏讀 발달의 先行段階인 國語語順 排列段階가 있었음을 상기할 필요가 있다. 壬申誓記石은 바로 이 先行 段階의 모습을 보여주는 表記라는 사실이 주목되어 왔다.[14] 그 중에서 '今自'는 매우 주목되는 것이다. 이 '自'는 漢語의 形態素를 단순히 국어의 어순으로 배열한 것이라는 특징을 보이고 있다. 이것이 吏讀였다면 '以'로 표기되어야 할 것이다.[15] 이 '自'의 어순은 그 文法性만을 인식하고 그에 대등한 國語的인 語順으로 배열한 것에 불과하다. 즉 그에 대등한 國語의 虛辭는 직접 고려하지 않은 것으로 생각된다. 이것은 당시인들이 構文에 있어 語順排列에서는 漢語의 文法性을 극복하였다 하더라도 國語의 虛辭 表記에 있어서는 漢語의 文法性을 克服하지 못한 단계에 있었음을 보여주고 있다.

우리는 漢字를 이용한 國語語彙表記 段階에서 漢字의 音과 訓을 이용한 사실에 이끌려서 國語의 文章表記 段階에서도 漢字의 音訓을 동시에 이용하였을 것으로 생각해 왔다. 그러나 語彙의 表記 段階와 文章의 表記 段階 사이에는 반드시 직접 연결되어야 할 필연성이 있는 것은 아니다. 漢字의 音訓을 이용해서 國語語彙를 표기하는 段階는 漢人들이 漢字를 이용하는 방법을 응용할 수가 있었다. 漢人들은 外來語를 音借하면서도 漢字의 表意性을 이용하여 거기에 그들 나름으로 의미를 부여하는 방법을 취하고 있다. 이것은 우리 國語의 표기에서도 쉽게 응용될 수 있는 것이다. 그러나 文章表記에 있어서는 거의 우리의 創意에 의한 것으로 漢文에 익숙해진 知識人들이 漢字가 表意文字로서 갖는 表意性이나 文法

14 兪昌均, 앞의 책.

15 15세기에 '自'는 懸吐에서 '-로'와 호응하고 그 번역은 '-로, -로셔, -로브터'로 나타난다. '셔, 브터' 등의 後置詞는 후세에 첨가된 것이다. 南豊鉉(1972), '杜詩諺解 註釋文의 '-로'에 대한 考察', 『檀國大論文集』 第6輯, 26면 이하 참조.

性을 전혀 무시하고 恣意로 國語의 虛辭를 표기하기 위하여 차용하기는 어려운 것이다. 이러한 관점에서 볼 때 古代의 吏讀表記는 漢文의 語順 克服 過程으로부터 自由로운 國語表記 過程으로 넘어오기 이전 단계로 漢語文法에 입각한 虛辭借用 過程이 있었고 三國時代의 吏讀는 바로 이 段階를 보여주는 시기라고 생각되는 것이다.

이 단계에 있어서는 媒介母音이라든가 轉成語尾類 등 形式的인 虛辭의 표기는 발견되지 않는다. 이것은 이에 대등할 만한 漢語의 虛辭가 없음에도 기인하겠지만 국어에서도 이들 語辭의 意味를 파악하기 어려운 데에 기인한다고 하겠다. 한편 이들의 표현은 漢語의 語順이나, 語辭와 語辭와의 관계에서 표현되는 文法性에 의거해서 나타낼 수 있었기 때문에 古代의 漢字借用에 있어서는 漢字가 갖는 文法性을 무시할 수 없었던 것이라고 하겠다.

이러한 관점에서 볼 때 후대에 漢語의 文法性을 무시하고 漢字를 音借까지 하여 自由로운 國語表記를 한 것은 劃期的인 사건이라고 하겠다.

3.

新羅의 吏讀는 高句麗의 吏讀와 밀접한 관계에 있다. 高句麗 城壁石刻文의

卦婁蓋切 小兄加群 自此 東迴 上△里四尺 治

의 '治'는 語順上 國語語順에 따른 배열임을 보여주고 있다.

丙戌十二月四 漢城下 後部小兄 文達 節 自此西北 行涉之

에서 吏讀 '節'과 '之'를 얻을 수 있다. '節'은 여기서는 '執事' 또는 '監督하

다'의 뜻으로[16] 新羅의 吏讀에서는 발견되지 않는 것이다. '之'는 앞의 신라의 이두에서 본 바와 같이 문장을 종결하는 형태이다.

高句麗의 자료는 극히 빈약하지만 語順과 吏讀借字에서 新羅의 것과 일치되고 있음을 보여 준다. 이 사실은 당시 文化的인 傳播 過程을 생각할 때 吏讀表記의 원리가 高句麗에서 新羅로 확산되었음을 말해 주는 것이다. 여기서 '之'에 대한 문제가 제기된다. 즉 新羅의 '之'를 高句麗吏讀에서 받아들인 것이라면 이것이 新羅語의 語音을 反映했을 것인가 하는 의문이다. 현대에 있어서도 慶州方言과 平安道方言은 그 차가 크지만 古代에 있어서는 個別言語的인 差를 가졌었음이 論證되고 있다.[17] 또한 高句麗의 '之'는 순수한 國語라기보다는 漢語의 語助辭의 性格을 띠고 있다. 이러한 事實들을 감안하면 新羅의 '之'는 訓讀되었을 可能性이 크고 音讀되었다면 그것은 新羅의 語音을 積極的으로 反映시키지 못한 表記가 되었을 가능성이 있다.

이상에서 筆者는 古代國語의 吏讀를 三國時代와 統一新羅時代 이후로 양분하고 三國時代 吏讀의 特徵을 考究하였다. 결론으로서 정리하면

① 新羅의 吏讀는 高句麗에서 擴散된 表記原則을 받아들였을 可能性이 크다.

② 吏讀는 漢字의 語順을 國語의 語順으로 排列하는 데서부터 싹텄다. 그러나 이것이 곧 漢文의 文法에서 완전히 自由로와진 것을 의미하는 것은 아니다.

③ 吏讀는 이 漢字를 國語語順으로 배열한 문장에 國語의 虛辭表記字를 添加함으로써 성립되기 시작하였다. 이때의 虛辭表記字들은 거의 漢

16 李基白(1969), 永川菁堤碑 貞元銘의 考察, 『考古美術』 102, 6면 및 鮎貝房之進, 앞의 책, 367면 以下 參照.

17 李基文(1967), 韓國語形成史, 『韓國文化史大系 V 言語文化史』, 高大民族文化研究所, 75면 以下 參照.

語文法과 國語文法에서 異言語對應을 보이는 漢字를 借用하여 표기하였다. 따라서 이들은 訓借字들이었다.

④ 吏讀에서 音借字를 借用한 것은 후대의 일로 劃期的인 사실이라 할 것이다. 이것은 漢字의 表意性을 탈피한 것으로서 古代人이 國語文章을 표기하려는 의욕이 왕성해진 결과에서 나온 것이다. 다시 말하면 漢文으로서만 構文을 하던 知識人들이 漢文에서 自由로와짐으로써 音讀字들을 국어표기에 자유로이 응용할 수 있었던 것이다.

一般的으로 吏讀는 先行段階에 있었던 漢字의 音訓借 表記段階, 漢字의 國語語順 排列段階, 이 段階에서 漢字의 音訓을 利用한 國語 文章 表記 段階로 直接 發達한 것으로 생각해 왔다. 그러나 三國時代 金石文의 발굴로 初期의 吏讀가 漢字의 國語式 排列段階에서 漢字의 訓借에 의한 國語表記 段階가 있었던 사실이 지적되고 있다.[18] 本稿에서는 이와 같은 현상을 낳게 한 요인을 밝혀 보았다. 漢字의 音訓借表記는 初期에는 語彙論的인 수준에 국한되었다. 이것은 漢人들이 그들의 借用語 表記法에서 이미 사용해 오던 방법을 발전시킨 것이다. 그러나 統辭論的인 수준에 있어서는 이 音訓借 方法을 직접 이용하지 않고 漢字가 漢語構文에서 보유하는 統辭論的인 기능을 國語虛辭의 기능과 대응시켜 차용하였다. 이것이 初期 吏讀에서 訓借를 초래한 결과로 나타난 것으로 보인다.

이 訓借에 의한 文章 表記法은 統一新羅 이전까지 지속되었던 것으로 생각된다. 우리는 統一新羅 이후 우리 先人들이 漢文의 영향이 지대한 환경 아래에서 漢字를 音借까지 하여 國語文章을 표기했다는 사실을 劃期的인 일로 評價해 마지 않는다. 이로써 高句麗에서 싹텄던 國語文章表記의 努力이 新羅에 들어 와서 音借過程을 거침으로써 國語文章表記에 꽃을 피우게 된 것이라 하겠다.

---

18 李基文(1972),『改正國語史概說』, 49면 參照.

〈**後記**〉 이 글은 釋讀口訣 자료가 발굴되기 이전에 쓰여진 것이다. 이 당시까지 발굴된 삼국시대의 이두 자료만을 가지고 그 발달의 기원을 찾으려고 한 글이므로 미숙한 점이 없지 않다. 그러나 여기서 시도한 南山新城碑의 誓約에 대한 해독은 지금도 유효하다고 믿는다.

▌『東洋學』 4집, 단국대학교 동양학연구소, 1973. 10.

丹陽新羅赤城碑의 解讀 試攷

1.

今年(1978) 正初에 檀國大 史學科 踏査班에 의하여 발견된 丹陽新羅赤城碑는 學界의 여러 분야에서 비상한 관심을 끄는 자료이다. 借字表記法의 發達過程과 그 國語史硏究 응용에 관심을 가져 온 필자에게도 매우 귀중한 자료가 된다.

本稿에서는 그 解讀을 筆者 나름으로 시도해 보고 國語史的 측면에서 몇 가지를 고구해 보기로 한다.

이 碑文의 解讀은, 다른 경우에도 그러한 것과 마찬가지로, 문면만 가지고는 안심할 수 있는 해독을 하기가 어렵다. 그 문장들이 순수한 漢文文章만으로 이루어진 것이 아니고 국어의 요소들이 섞이어 있는 雜種語的 성격을 띠고 있고 그러한 文例들이 현재로선 풍부하지 못하기 때문에 새로운 자료들이 나올 때마다 우리는 생소한 감을 느끼지 않을 수 없게 된다. 또 解釋上 어느 한 가지 뜻 이상으로 나아갈 가능성이 있을 때 그 중 어느 하나라고 斷定해 내기가 힘든 困惑을 느끼게 된다. 이러한 상황에서는 그 글들의 배경을 이루고 있는 歷史的 상황을 짐작할 수 있을 때 커다란 도움을 받을 수 있는데 지난 1月 23日 學術調査團을 따라 현지에 가서 돌아보고 또 團員들의 의견을 들어본 것이 本稿의 解讀에 크게 도움이 되었음을 밝히어 둔다.

따라서 앞으로 論議되는 내용들에는 그때에 들어서 筆者 나름으로 종합한 것과 또 그동안 新聞紙上에 발표된 글들의 내용도 들어가 있는 것이다. 그러나 이것은 어디까지나 筆者의 현재의 소견을 밝혀 보려는데 있는 것이므로 그 責任은 筆者에게 있다.

2.

이 碑의 解讀을 위하여 다음 몇 가지 사항들을 먼저 밝혀 두고 들어가고자 한다.

첫째 이 碑는 字體나 碑의 樣式으로 보아 三國期의 新羅碑라는 공통된 견해들을 그대로 따른다.

둘째 人名으로 伊史夫(異斯夫), 武力, 比次夫 등 眞興王의 北進政策 수행에 참여한 인물들이 나타나는 것으로 보아 『三國史記』와 眞興王 巡狩碑의 다음 記錄들과 밀접한 관계가 있는 것으로 본다.

① 九年春二月 高句麗與濊人 攻百濟 獨山城. 百濟請救. 王遣將軍朱玲領勁卒三千 擊之, 殺獲甚衆.(『三國史記』, 眞興王條)

② 十一年 春正月 百濟拔高句麗道薩城. 三月, 高句麗陷百濟金峴城. 王乘兩國兵疲 命伊飡異斯夫 出兵擊之. 取二城增築 留甲士一千戍之. (上同)

③ 眞興王十一年 大寶元年 百濟拔高句麗道薩城 高句麗陷百濟金峴城. 王乘兩國兵疲 命異斯夫出兵擊之. 取二城 增築 留甲士戍之. 時高句麗遣兵來攻金峴城 不克而還. 異斯夫追擊之. 大勝.(『三國史記』 列傳 4 異斯夫條)

④ (眞興王) 十二年辛未 王命居柒夫及仇珍大角飡 比台角飡 耽知迊飡 非西迊飡 奴夫波珍飡 西力夫波珍飡 比次夫大阿飡 未珍夫阿飡 等八將軍, 與百濟侵高句麗. 百濟人先攻破平壤 居柒夫等 乘勝取竹嶺以外 高峴以內 十郡.(『三國史記』, 列傳 4 居柒夫條)

⑤ 於是 歲次戊子秋八月 巡狩管境 訪採民心 以欲勞養 如有忠信精誠 才

超察厲 勇敢强戰 爲國盡節 有功之徒 可加賞爵 以章勳效(眞興王磨雲嶺巡狩碑)

이 중에서 ②와 ③의 事件, 즉 異斯夫가 高句麗의 道薩城과 百濟의 金峴城을 빼앗아 二城을 增築했다는 사실과 이 碑에 記錄된 事件과 직접적인 관계가 있고 ⑤의 忠信스럽고 精誠스러운 者나 才超察勵한 者, 그리고 勇敢强戰하여 爲國盡節한 者 등 有功之徒들에게 賞과 官爵을 加하겠다는 것이 이 碑의 造成目的과 直接的인 關係가 있는 것으로 상정한다.

셋째 이 碑가 위치한 山城은 北에서 南으로 흐르는 南漢江의 東쪽이고 江岸에서 城으로 오르는 地勢가 險峻하여 三國의 國境이 접한 지역으로 가정할 때 新羅側으로서는 매우 重要한 要塞가 될 수 있으나 高句麗나 百濟로서는 그렇지가 못하다. 따라서 竹嶺을 넘어서 新羅가 그 領域을 넓혀갈 때 그 前哨基地로서 이 城을 새로 축조한 것이라는 가정을 할 수 있다. 그리하여 이 碑가 이 城의 築造와 밀접한 관계가 있으리라고 생각해 보는 것이다.

3.

이 碑는 그 上端部가 破損되어 나갔다.

全文이 보존되어 있어도 解讀上의 難題가 따르는데 그 缺落은 이 碑의 完全解讀을 不可能하게 하는 것이다. 그러나 그 缺落된 部分이 어느 정도인가를 확인하여 두는 것이 전체의 문맥을 추정하는 데 도움이 된다.

추정된 결론부터 말하면 이 碑의 全字數는 다음과 같다. 즉 總 22行, 第1行에서 第19行까지는 每行 20字, 第20, 21行은 每行 19字, 第22行은 12字, 都合 430字였을 것이다.

적어 보면 다음과 같다.

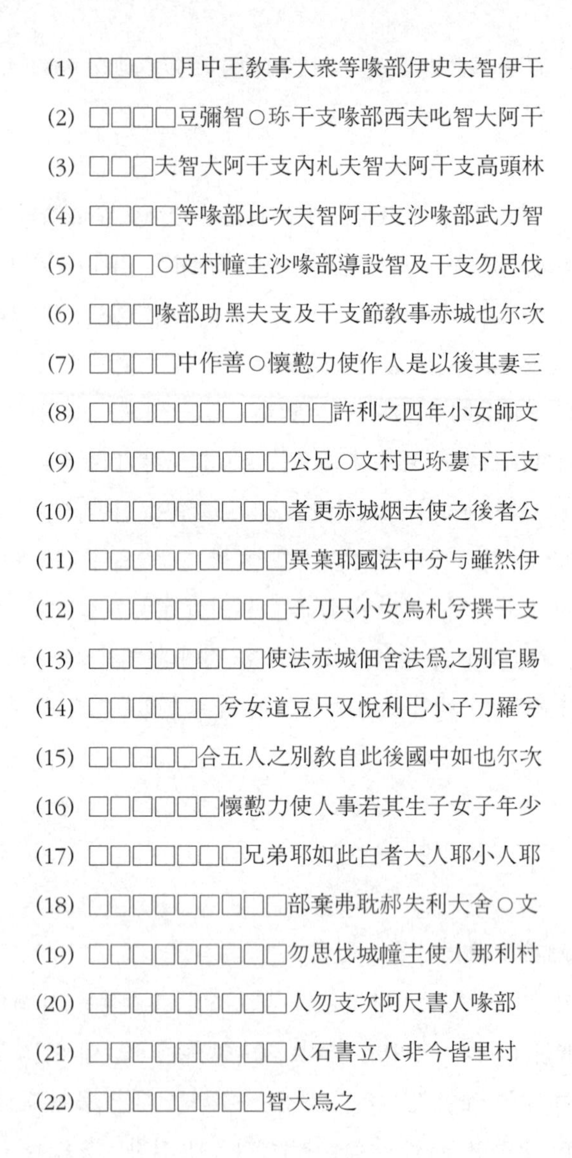

(1) □□□□月中王教事大衆等喙部伊史夫智伊干

(2) □□□□豆彌智○珎干支喙部西夫叱智大阿干

(3) □□□夫智大阿干支內札夫智大阿干支高頭林

(4) □□□□等喙部比次夫智阿干支沙喙部武力智

(5) □□□○文村幢主沙喙部導設智及干支勿思伐

(6) □□□喙部助黑夫支及干支節教事赤城也尔次

(7) □□□□中作善○懷懃力使作人是以後其妻三

(8) □□□□□□□□□□□許利之四年小女師文

(9) □□□□□□□□□公兄○文村巴珎婁下干支

(10) □□□□□□□□□者更赤城烟去使之後者公

(11) □□□□□□□□□異葉耶國法中分与雖然伊

(12) □□□□□□□□□子刀只小女烏札兮撰干支

(13) □□□□□□□□使法赤城佃舍法爲之別官賜

(14) □□□□□□兮女道豆只又悅利巴小子刀羅兮

(15) □□□□□合五人之別教自此後國中如也尔次

(16) □□□□□□懷懃力使人事若其生子女子年少

(17) □□□□□□□兄弟耶如此白者大人耶小人耶

(18) □□□□□□□□□部棄弗耽郝失利大舍○文

(19) □□□□□□□□□勿思伐城幢主使人那利村

(20) □□□□□□□□□人勿支次阿尺書人喙部

(21) □□□□□□□□□人石書立人非今皆里村

(22) □□□□□□□□智大烏之

이상 總 430字중 判讀되는 字數는 286字이다. 이밖에도 字形의 一部만 남은 것도 있고 또 前後 文脈에 따라서 보충할 수 있는 部分도 있을 것이다.

每行을 20字로 보는 것은 第1行에서부터 第6行을 가지고 추정한 것이다. 이 碑는 縱橫으로 글자가 고르게 刻字되어 있으므로 어느 一行의 字數만 확인되어도 전체의 字數를 추정할 수가 있다. 第1行의 '……月中'까지는 年記가 들어간다. '月中' 앞까지의 年記의 字數를 최대한 길게 잡으면 年號 2字, 年次數 2字와 '年'字 그리고 歲次와 干支를 합하여 4字, 月次數 2字, 도합 11字가 된다. 참고로 眞興王巡狩碑의 年記를 보면 '太昌元年歲次戊子八月(黃草嶺碑)'과 같다. 반대로 年記의 자수를 최소한 짧게 잡으면 干支와 '年'자를 합하여 3字, 月次數 1字를 더하면 4字로 볼 수 있다. 참고로 南山新城碑 年記를 보면 '辛亥年二月'과 같다.

이와 같이 『……月中』 앞의 缺落된 字數를 最大限 11字에서 最小限 4字로 추정하면 第2行에서 第6行까지의 記錄들을 가지고 그 字數의 範圍를 추정할 수 있다.

이 앞 部分은 인물들을 職名, 出身部名, 이름, 官位의 순서로 열거한 곳이므로 缺落된 부분을 어느 정도 추정할 수 있다.

먼저 第5行의 끝부분 '勿思伐' 다음에는 第19行의 '勿思伐城幢主'가 나오는 것으로 보아 '城幢主'가 들어가야 한다. 第6行은 17字가 남아 있으므로 최대한의 缺落된 나머지 字數는 7字가 된다. 이 부분은 幢主들을 열거하고 있으므로, 第6行에 나오는 助黑夫智가 勿思伐城幢主가 아니고 다른 幢主거나 職名이 다른 사람이라면 7字로서는 最小限으로 필요한 職名, 人名, 官位名을 모두 기록할 수가 없다. 따라서 '勿思伐城幢主'는 助黑夫智로밖에 볼 수 없는데 出身部名이 喙部라면 第6行은 20字가 되는 것이고 沙喙部라면 21字가 될 것이다.

이와 같이 行의 字數의 범위가 좁혀지면 20字인가 21字인가는 第4行과 5行 사이에서 추정할 수가 있다. 第4行의 끝에 나오는 武力智의 官位는 그 바로 앞에 나오는 比次夫智의 官位가 阿干支이므로 그와 같은 阿干支이거나 그 以下의 官位라면 幢主의 官位인 及干支 이상일 것이므로 阿干支, 一吉干智, 沙干支, 及干支 중에서 一吉干支를 제외한 3字일 확률이 가장 크다. 따라서 第5行은 20字일 가능성이 가장 크므로 이에 따라 第1

行에서부터 第19行까지는 每行 20字일 가능성이 제일 크다. 그렇지 않으면 확률이 적지만, 21字일 가능성만이 있다.

4.

이 碑文을 구성하고 있는 文章(sentence)의 수와 그 경계는 다음과 같이 추정된다.

문장1; 第1行 처음서부터 第1行 '王教事'까지

문장2; 第1行 '大衆等'서부터 第6行 '節教事'까지

문장3; 第6行 '赤城'에서부터 第7行 '使作人'까지

문장4; 第7行 '是以後'서부터 第8行 '許利之'까지

문장5; 第8行 '四年小女'서부터 第10行 '去使之'까지

문장6; 第10行 '後者'서부터 第11行 '分與'까지

문장7; 第11行 '雖然'서부터 第13行 '佃舍法爲之'까지

문장8; 第13行 '別教'서부터 第15行 '合五人之'까지

문장9; 第15行 '別教'서부터 第16行 '使人事'까지

문장10; 第16行 '若'에서 第18行 缺落된 부분의 일부

문장11; 문장10 이후 끝까지

이상과 같이 모두 11개의 문장으로 나누었으나 문장 11은 문장의 概念을 엄격하게 하자면 좀 더 細分해야 될 것이다. 즉 이 부분은 이 碑를 건립하는 데 참여한 사람들을 職名, 人名, 官位의 順으로 열거한 것이므로 職名마다 한 문장이 될 수 있을 것이다. 그러나 缺落되어서 그 경계를 짓기가 어렵고 內容上 같은 성질의 것이므로 편의상 한 문장으로 잡아 둔다.

이 문장들은 內容上 三段落으로 나눠 볼 수 있다.

第1段落은 문장1에서부터 문장8까지로 文1에 나오는 '王敎事'의 내용이다.

第2段落은 문장9에서 문장10으로 이는 '別敎'의 내용을 담고 있다.

第3段落은 편의상 하나의 문장으로 묶은 문장11로서 이는 이 碑 建立 당시 현장에 직접 參與한 사람들로 이들을 열거함으로써 段落 1, 2의 根據와 權威를 保證한 것이라 볼 수 있다.

5.

앞에서 분류한 문장과 段落을 문장의 차례에 따라 해독하여 보기로 한다.

문장1 : '月中'의 '中'은 李弘稙先生에 의하여 吏讀的인 性格을 띠고 있는 것이라고 지적된 용법으로 쓰인 것이다. 이 系統의 文例에서 다음과 같은 용례들이 있다.

丙戌十二月中(高句麗城壁石刻, 446?)

延壽元年 太歲在卯 三月中(瑞鳳冢銀合杅, 451?)

乙丑年 十月中(蔚州書石)

二塔 天寶十七年 戊戌中 立在之(葛項寺塔記, 785-798)

이들은 모두 日字가 분명하지 않은 경우에 쓰인 것이다. 日字가 분명할 때는 쓰인 예가 없다. 즉

過去乙巳年 六月 十八日 昧(蔚州書石追銘)

戊戌年 四月 朔十四日(塢作碑, 578?)

辛亥年 二月 卄六日(南山新城碑, 591)

에서 볼 수 있는 것과 같다. 따라서 漢文으로서는 '月' 다음에 '中'이 들어가는 것이 어색할지 모르나, 그렇다고 국어로 읽었다고 보기도 어렵다. 漢文과 國語의 雜種語的 성격을 띤 것이라 볼 수 있다.

'王教事'의 '王教'를 한문의 뜻으로 풀이해야 될 것이다. 그러나 尊待의 뜻이 들어 있어 '王이 命한'보다는 '王께서 命하신'으로 생각해야 될 것이다. '教'에는 이와 같은 尊待의 뜻이 들어 있어서 吏讀로 발달할 소지를 가진 것이다. '事'는 吏讀에서 '일'로 읽히는 것인데 현대국어의 '……할 것' 또는 '……한 것' 정도의 뜻으로 풀이되는 것이다. 前者는 命令의 뜻을 가진 것이고, 後者는 敍述의 뜻으로 쓰이는 것이다. 여기서는 후자의 뜻으로 쓰인 것이다.

> 十三日 了作事之(塢作碑)
>
> 罪教事 爲 聞 教令 誓 事之(南山新城碑)

등 삼국시대의 吏讀에 쓰인 예가 있다.

문장1을 풀이하면

> □□年 □月 중에 王께서 命하신 일

이 된다. 여기서 말한 '王教'의 내용은 문장2의 인물들을 和白會議의 議員으로 임명한 것이다.

문장2 : 문장2는 職名, 出身部名, 人名, 官位의 順으로 人物들이 열거되고 이들에 대한 敍述語 '節教事'로서 문장을 끝맺는다. 人物들을 職名에 따라 表로 보이면 다음과 같다.

〈職名〉	〈部名〉	〈人名〉	〈官位〉
大衆等	喙部	伊史夫智	伊干□
	□□	頭彌智	○珎干支
	喙部	西夫叱智	大阿干□
		□□夫智	大阿干支
		內札夫智	大阿干支
		高頭林	□□□
□等	喙部	比次夫智	阿干支
	沙喙部	武力智	□□□
○文村幢主	沙喙部	導設智	及干支
勿思伐城幢主	喙部	助黑夫智	及干支

여기서 '大衆等'은 이제까지 알려지지 않은 생소한 職名이다. 아마도 眞興王巡狩碑의 '大等(또는 太等)'에 比肩되는 職名으로 생각된다. 본래 '大衆'이란 말은 佛教에서 Mahāsamgika(摩訶僧加)를 漢譯하여 쓰는 것으로 '많은 僧侶'를 지칭하는 用語이다. 僧侶는 佛教의 位階로 보면 부처와 信徒의 중간에 드는 것이므로 政治體制에서의 王과 百姓의 중간에 드는 臣下(貴族)의 位階에 比肩될 수가 있다. 그리하여 이것이 巡狩碑에 나오는 大等과 같은 一種의 參謀職의 명칭으로 쓰이게 된 것이 아닐까 한다. 물론 여기에는 王이 직접 동행한 것이 아니므로 軍組織의 議決機構일 가능성이 크다. 佛教가 공인된 眞興王 때에 이르러서는 아무래도 大衆等을 佛教의 用語와 분리시켜 생각하기 어려울 것 같다.

'節教事'는 앞에 열거한 人物들을 主語로 하는 敍述語句로 볼 수도 있고 뒤의 사건들을 규정하는 전제로 볼 수도 있다. '節'은 '이 때에'의 뜻을 나타내는 부사로 쓰인 것이다. '教'는 문장1의 '教'와 같이 '教하다, 命하다'의 뜻으로 쓰인 것이다. '事'는 敍述의 뜻을 갖는 '……한 것'으로 풀이 된다. 이 '節教事'는 和白會議의 회의에서 결정한 것을 '赤城의 有功者와 백성들에게 명령한다(가르친다, 선포한다)'는 뜻이다. 教가 이와 같은 문맥에서 쓰인 것은 南山新城碑의 '罪教事爲聞教令誓事之'에 쓰인 '聞教令'의 '教'가 있다.

'節教事'의 '節'이 動詞로 쓰인 것은 高句麗의 城壁刻字에 나타난다.

> 漢城下後部小兄文達節 自此西北行涉之(高句麗城壁石刻)
>
> 乙丑年 □月 廿一日自此下向東十二里物苟小兄俳須百頭 □節矣(同上)

그러나 高句麗의 中原高句麗碑에서는 '이 때에'의 뜻으로 쓰이고 있음을 볼 수 있다.

> 節教賜 寐錦土內 諸衆人 …… 諸位上下 衣服 來 受 教(이 때에 명하여 주었다. 寐錦土內의 諸衆人과 …… 諸位의 上下는 衣服을 와서 받으라고 명하였다.)

新羅의 金石文에선 다음과 같이 職名에 쓰인 것이 여럿 나타난다.

> 節唯乃 秋長幢主(无盡寺鐘銘, 745)
>
> 伯士 當寺覺知□ 上和上 順應和上……節唯乃 同說 □(禪林院鐘, 804)
>
> 節州統 皇龍寺恒昌和上(中初寺幢竿記, 827)
>
> 節縣令 含梁 萱榮(竅興寺鐘銘, 856)
>
> 節 上和上忠心 第二志萱 大伯士 釋林典 道如 唯乃志空(禪房寺塔誌, 879)
>
> 節三剛 院主道堂 典座含惠 史僧惠允(鳴鳳寺凌雲塔銘, 941)

이 '節'은 幢竿, 塔을 造成하기 위하여 '이 때에 임시로 맡은 직책'을 나타내기 위하여 쓰인 것이다. 즉 无盡寺鐘銘의 '節唯乃'는 이 종을 만들기 위하여 '이 때에 임시로 맡은 唯乃'라는 뜻이고 中初寺幢竿記의 '節州

統'은 이 幢竿을 만들기 위하여 '이 때에 임시로 맡은 州統'이라는 뜻이다. 이 다음의 '節'자도 모두 '이 때에' 또는 '이 臨時하여서'의 뜻으로 쓰인 것으로 節자의 이 기능은 고구려에서 신라로 전파된 것으로 볼 수 있는 것이다. 이런 점에서 '節教事'는 王名으로 和白會議의 議員들이 會議하여 결정한 것을 '이 때에 명령하는(가르치는) 것'이란 뜻으로 해석된다.

문장3 : 이 문장은 이 碑文의 가장 重要한 內容을 담고 있는 곳으로 생각된다. 따라서 한 字 한 字의 意味를 신중히 따져 보아야 할 것인데, 문장 가운데 四字의 缺落은 아쉬움 중의 아쉬움이 아닐 수 없다. 문장 가운데 '也尒次'는 赤城 출신의 人名을 기록한 것으로 보아 틀림없다. '□□□□中'이 한 句를 이룰 것으로 본다. '中'의 앞에는 時間概念이나 空間概念 또는 數量을 나타내는 명사들이 올 수 있으니 이 범위 내에서라도 推量할 수 있는 것을 多幸으로 여긴다. '中' 앞에 時間概念語가 온다면 가장 單純한 것은 年記이다. 그러나 이것은 문장1에 年記가 나왔으므로 가능성이 희박하다. 다음으로는 工事名을 넣어 그 工事가 진행하여가는 시간을 나타내는 것으로 생각해 볼 수도 있다. 가령 '某城造成中'과 같은 내용과 같은 것이다. 또는 '어떤 作戰이나 戰鬪의 遂行中'을 생각해 볼 수도 있으나 이것은 다음에 나오는 '作'의 뜻으로 보아 가능성이 희박하다. '中' 앞에 空間概念語가 오는 것은 그 뒤에 이어지는 文脈으로 보아 생각되는 것이 없고 數量概念語가 온다면 '某處의 人物들 중' 정도의 내용을 가정해 볼 수 있다. 筆者의 現在 생각으로는 '某城造成中'이나 '某處의 人物들 중'이 가능성이 있다고 본다.

'作'의 용례들은 다음과 같은 것이 있다.

塢作記之(塢作碑銘, 578?)

此作起□者三百十二人功夫(同上)

十三日了作事之(同上)

文作人壹利兮一尺(同上)

南山新城作節(南山新城碑, 591?)

受作七步四尺(上同)

作造料幷租百卄石(海印寺吉詳塔銘, 895)

同月卄八日二徒作(中初寺幢竿記, 827)

作无垢淨一壇(鷲棲寺石塔舍利盒記, 867)

이상에서 볼 때 '作'은 '文作人'을 제외하곤 塢, 城, 塔, 幢竿 등 구체적이고도 비교적 큰 有形物을 만든다는 뜻에 쓰인 것이다. 이로 보면 '作'은 추상적인 善行을 하였다는 뜻으로는 볼 수 없을 것 같다. 이 '作'의 具體的인 對象物은 무엇일까? 이것은 '□□□□中' 속에 記錄되었을 수도 있으나 筆者는 '善○'의 '○'가 그것이 아닌가 한다. 이 글자는 字形이 特異하여 困惑을 느끼게 하는 것이나, 城의 築造에 관계되는 명칭이 아닐까 한다. 어쩌면 特殊한 용도로 사용되는 작은 城 자체일 수도 있고, 또는 城에 부속되는 어떤 부분을 지칭하는 명칭일 수도 있을 것이다. 이러한 관점에서 '○'字의 字形을 앞으로 追究해야 할 가치가 있는 것으로 생각된다. '懷懃力使作人'은 巡狩碑의 '如有忠信精誠……有功人徒 可加賞爵以章勳効'를 연상하게 한다. '使作人'은 '王의 使命을 띠고 만든 사람'으로 해석된다.

문장3은 '赤城의 也尒次는 某事를 하는 가운데 훌륭한 '○'를 만듦에 있어 精誠을 다하여 王의 使命을 수행한 사람이다' 정도의 뜻으로 풀이된다.

문장4~문장8 : 이는 巡狩碑의 '有功之徒 可加賞爵 以章勳効'의 구체적인 實例를 보여주는 예라고 할 것이다.

문장4의 '其妻'는 也尒次의 妻이고 '許利之'는 '이익을 許한다'는 뜻이다. '之'는 이 시기의 吏讀文體에서 國語의 終結語尾 '-다'에 해당하는 語辭의 表記에 가장 많이 쓰인 것으로 高句麗, 新羅, 日本의 古代文體에 공통되는 것이다. 이 碑에서도 문장 4, 5, 7, 8, 11 등 5개문장의 終結辭로 쓰이고 있다.

문장5의 '四年'은 人名이고 '小女'는 戶籍法의 術語이다. 新羅帳籍에 '小女子'로 나타난 것이 이에 해당될 것으로 생각된다. '□者更赤城烟去使之'에서 '□者'는 문장6의 '後者'에 대응하여 '前者'일 것으로 생각된다. 문장6의 '後者公□'은 문장5의 '公兄'으로 보아 '後者公兄'이 아닐까 생각되므로 '前者'는 四年小女에서부터 公兄 앞에 열거된 인물들을 가리키는 것으로 보인다. '更'은 후대의 이두에서 '更良(가싀아)'로 표기된 것으로 '또다시'란 뜻이다. 이 당시의 吏讀式 표기에선 訓讀字末音添記가 아직 발달되지 않았다. '烟'은 廣開土大王碑에 많은 예가 있고, 新羅帳籍엔 '孔烟, 下上烟, 下仲烟……' 등 戶의 單位로 쓰인 것이 있다. 이 碑文의 '烟'은 新羅帳籍보다는 좀 더 큰 地域單位에서 廣開土大王碑에 쓰인 單位에 가까운 것으로 보인다. '去'는 新羅帳籍에선 '어떤 地域을 떠나가다'의 뜻으로 쓰였으나 여기서는 그 반대인 '赤城烟으로 가서' 정도의 뜻인 것 같다. '使'는 '王이 준 임무를 수행하다'라는 뜻으로 쓰인 것이다. 따라서 '使하다' 하면 '官爵을 가지고 일하다'의 뜻으로 해석된다. 문장 6, 7, 8도 각각 賞이나 爵을 준다는 뜻이다.

이 碑文의 第2段落이 되는 문장9에서 '使人事'의 '事'는 '……할 것'으로 풀이하여 命令의 뜻이 내포된 것으로 볼 수도 있고 '왕의 명령을 받고 수행한 사람의 일', '관리로서의 일을 다한 사람의 일'로 해석된다.

6.

이 碑의 解讀과 그 表記法의 詳考는 吏讀文體의 發達過程에 示唆的인 요소가 많다. 紙面과 時間의 制約으로 여기서 줄이고 後日을 기다린다.

▌『史學志』 12집, 단국대학교 사학과, 1978.

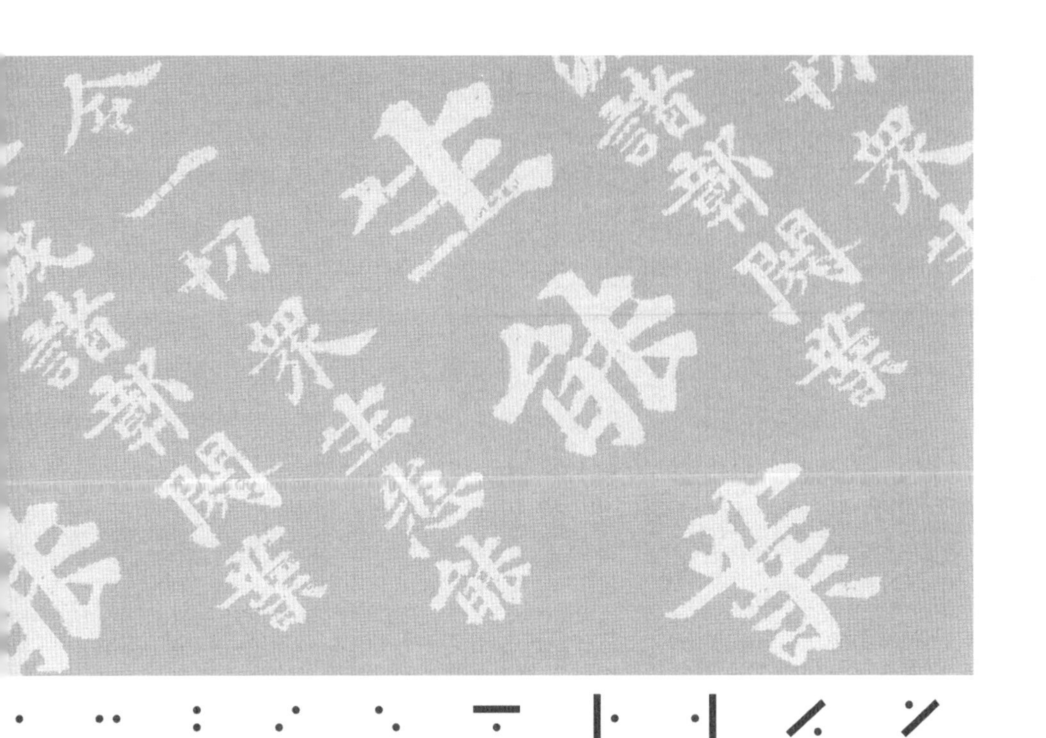

五. 口訣

韓國의 口訣과 그 讀法

1. 序言

韓國人이 漢文을 배울 때 그 原文에 吐를 달아 읽는 것을 口訣이라 한다. 吐는 韓國語의 助詞나 語尾 또는 漢字의 訓을 표시하는 形態와 記錄들을 말한다.

韓國人들은 紀元 전에 이미 漢字・漢文을 받아 들여 학습하고 사용하여 온 것으로 믿어진다. 그 과정에서 자기들이 사용하는 言語와 構造가 다른 漢文을 일정한 방법으로 受容하는 방법을 발달시켜 왔다. 이는 漢文의 構成素를 韓國의 漢字音이나 訓으로 읽어 한국어로 解釋하는 方法의 發達過程이라 할 수 있다. 이를 바탕으로 漢字의 音과 訓을 이용하여 한국어를 표기하는 방법이 발달한 것으로 볼 수 있는데, 현재 6세기의 新羅 金石文에서 漢字의 音과 訓을 이용하여 한국어의 단어와 문장을 표기한 것들이 확인되고 있다. 이는 이 시기에 상당히 높은 수준의 漢文讀法이 발달되어 있었던 것을 말하여 주는 것이다.

그러나 漢文에 吐를 기입하는 방법, 즉 오늘날 우리가 볼 수 있는 口訣은 이보다는 후대에 발달한 것이 아닌가 한다. 현재 고려시대까지 이어지는 口訣은 7세기 후반에 와서 발달한 것으로 추정된다. 이 구결은 한문을 한국어로 해석하여 읽는 釋讀口訣이었다. 이 釋讀口訣은 토를 口訣字로 기입하는 字吐釋讀口訣과 点과 線 등의 부호로 기입하는 点吐釋讀口訣로 나누어 볼 수 있다. 이 釋讀口訣은 13세기 중엽까지는 일정한 懸吐様式을 가지고 사용되다가 그 이후부터는 12세기경에 새로이 발달한

順讀口訣에 밀려 차츰 쇠퇴한 것으로 추정된다. 順讀口訣은 漢文을 漢文의 語順대로 읽으면서 句讀에 해당하는 곳에 토를 넣어 읽는 것인데 漢文을 주로 音讀하므로 音讀口訣이라고도 한다. 이것이 현대에까지 이어지고 있는 구결이다. 이들 口訣은 장구한 기간 사용되면서 각 시대의 言語를 반영하고 있으므로 韓國語의 歷史를 연구하는 데 매우 귀중한 자료가 될 뿐만 아니라 文化史的으로도 큰 가치를 갖는 것이다.

이 글에서는 각 시대의 口訣資料를 들고 그 讀法에 대해서 설명하기로 한다.

2. 字吐釋讀口訣 資料와 그 讀法

字吐釋讀口訣은 1975년 舊譯仁王經 釋讀口訣이 解讀되어 학계에 알려지면서 연구자들의 비상한 관심을 끌게 되었다. 그 후 현재까지 발굴되어 학계에 알려진 자료는 다음과 같다.

1) 釋華嚴敎分記圓通鈔의 釋讀口訣. 10世紀 中葉(960년대?).
2) 華嚴經疏 卷35. 11世紀末 내지 12世紀初 推定.
3) 華嚴經 卷14. 12世紀 前半期 推定.
4) 合部金光明經 卷3. 13世紀初 推定.
5) 舊譯仁王經上卷 落張 5枚. 13世紀 前半期 推定.
6) 瑜伽師地論 卷20. 13世紀 中葉(1246年 以後).

1)은 10세기 중엽에 활동한 均如大師의 著述 속에서 나온 것으로 비록 2行이 채 안 되는 양이지만 연대가 확실하고 현재까지 알려진 字吐釋讀口訣 가운데서 가장 이르다는 점에서 가치가 크다. 또 인쇄된 釋讀口訣로서도 독특한 가치를 가지고 있다. 2) 이하의 자료들은 모두 卷子本의 佛經에 기입된 것으로 그 연대는 비록 추정된 것이지만 각 자료가 시대

적인 變遷相을 보여 주므로 믿음직한 것이다. 이 자료들은 토를 墨書로 기입한 것인데 각 자료의 記入者와 시대가 다름에도 불구하고 서로 공통된 懸吐樣式을 보여 주고 있다. 즉 〈圖1〉에서 보는 바와 같이 吐를 原文의 行의 左側과 右側에 달고 逆讀点을 이용하여 그 讀法을 표시하는 공통된 양식을 보여 준다. 이는 이 구결이 오랜 전통을 가지고 당시에 보편적으로 사용되던 것임을 말하여 준다.

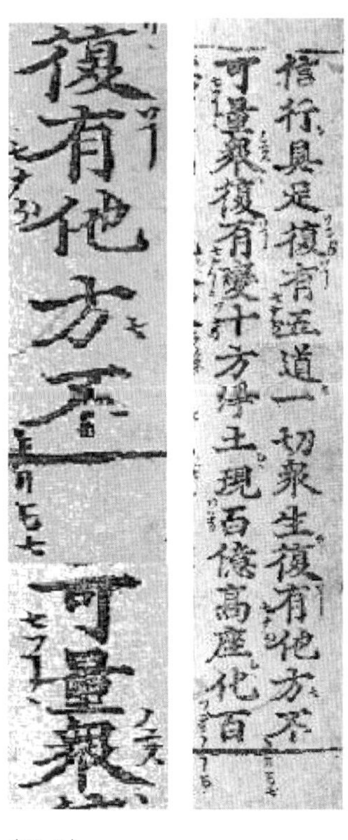

〈圖 1〉

〈圖1〉은 舊譯仁王經 上卷의 第2張의 앞쪽 2行과(오른쪽) 그 중의 '復有他方不可量衆'의 漢文句에 懸吐된 것(왼쪽)을 확대하여 再排列한 것이다.

그 釋讀法은 첫번째로 右側에 토를 단 構成素인 '復'를 그 토인 'ソ ㄱ'과 함께 읽는다. 2번째도 右側에 토를 단 '他方'을 그 토 'ヒ'과 함께 읽는다. 3번째도 右側에 토를 단 '量ノ ホ'을 읽는다. 이 '量ノ ホ'의 토의 끝에는 点이 있다. 이것이 逆讀点이니 위로 逆行해 올라가서 읽으라는 표시(토)이다. 위로 逆行할 때에는 左側에 토를 단 構成素를 읽는다. 그리하여 4번째로 '可ヒソ ㄱ'을 읽는다. '可ヒソ ㄱ'의 끝에 또 逆讀点이 있으므로 또 위로 올라가 左側에 토를 단 '不矢リ ㅌヒ을 읽는다. 이 구성소에는 点이 없으므로 아래로 내려와 우측에 토(역독점)를 단 '衆'을 읽는다. '衆'에 역독점이 또 있으므로 위로 올라가 이제까지 읽지 않은 좌측에 토를 단 '有ヒナ ㅅ'를 읽는다.

이와 같이 읽은 것을 韓國語의 順序대로 배열하면 다음과 같다.

復ㅅ丨 他方七 量ノ亠 可七ㅅ丨 不矢リヒ七 衆 有七ナ尔

토를 표기한 口訣字는 획이 단순할 때는 漢字의 正字를 그대로 쓰기도 하지만 일반적으로는 略體字를 쓴다. 이 略體字는 借字(漢字)의 楷書體나 草書體의 앞부분이나 뒷부분을 따서 만든다. ㅅ는 '爲/ᄒᆞ'자의 草書體의 앞부분을 딴 것으로 그 訓을 빌린 것이다. 丨은 '隱/(으)ㄴ'자의 楷書體의 앞부분 阝을 땄다가 다시 또 그 앞부분을 따서 단순화시킨 것으로 音을 빌린 것이다. 七은 '叱/ㅅ'자의 해서체의 뒷부분을 딴 것이다. ノ는 '乎/호, 오'자의 앞부분을 딴 것이고 亠은 '音/(으)ㅁ'자의 앞부분을 딴 것이다. 矢는 '知/디'자의 앞부분을 딴 것이다. リ는 훈을 빌린 '是/이'자의 초서체의 앞부분을 딴 것이고 ヒ도 훈을 빌린 '飛/ᄂᆞ(ㄹ)'자의 앞부분을 따서 단순화시킨 것이다. ナ는 훈을 빌린 '在/겨'의 앞부분을 딴 것이고 尔는 '彌/며'자의 초서체의 앞부분을 딴 것이다.

이상의 설명을 바탕으로 위 釋讀의 略體字를 정자로 바꾸고 그 독음을 한글로 표시하면 다음과 같다(訓讀字는 밑줄을 그어 표시함).

a. 復ㅅ丨 他方七 量ノ亠 可七ㅅ丨 不矢リヒ七 衆 有七ナ尔
b. 復爲隱 他方叱 量乎音 可叱爲隱 不知是飛叱 衆 有叱在彌
c. 또ᄒᆞᆫ 他方ㅅ 量홈 짓ᄒᆞᆫ 안디이ᄂᆞᆺ 衆 잇겨며

이 가운데 b)는 그 표기가 鄕札과 같다. 이는 釋讀口訣이 鄕札表記의 母胎가 되었음을 말하여 주는 것이다. c)는 이 釋讀口訣이 한글이 창제된 뒤에 이루어진 諺解와 脈絡을 같이 하는 것임을 보여 준다. 그러나 그 言語는 15세기의 韓國語와 큰 차이가 있는 고려시대의 언어이다. 이 句는 비교적 복잡한 토의 표기를 보여 주므로 이 방법으로 해독하면 字吐釋讀口訣의 90% 이상 읽을 수 있다.

3. 点吐釋讀口訣 資料와 그 讀法

点吐釋讀口訣은 2000년 7월에 日本의 코바야시 요시노리(小林芳規) 선생이 구결학회 회원들과 함께 韓國의 角筆 資料를 조사하는 과정에서 처음 발견되었다. 그 이후 현재까지 이 口訣이 다음과 같이 14卷의 佛經에 기입된 것이 발굴되어 있다.

1. 華嚴文義要訣; 8世紀 中葉 推定. 日本의 傳來 資料.
2. 晋本華嚴經 卷20; 9~10世紀 推定. 誠庵古書博物館藏.
3. 瑜伽師地論 卷3(初雕大藏經); 11世紀前半 推定. 湖林博物館藏.
   瑜伽師地論 卷5, 卷8(〃); 11世紀前半 推定. 誠庵古書博物館藏.
   瑜伽師地論 卷8(〃); 11世紀前半 推定.日本京都 南禪寺藏
4. 周本華嚴經 卷6, 卷22, 卷36, 卷57; 11世紀後半期 推定. 誠庵古書博物館藏.
   周本華嚴經 卷33, 권34; 11世紀前半 推定. 湖林博物館藏.
5. 法華經 卷1; 10世紀~11世紀 推定. 延世大圖書館藏.
6. 合部金光明經 卷3; 13世紀初로 推定. 個人所藏.

1)은 日本의 訓点資料로 알려져 오던 것인데 최근에 한국의 新羅時代 点吐口訣을 반영하고 있는 것으로 확인되었다. 이 밖의 高麗時代 자료는 모두 点吐를 角筆(stylus)로 기입한 것이다. 그 가운데 瑜伽師地論 卷8은 誠庵古書博物館과 日本의 京都에 있는 南禪寺에 所藏된 것이 발굴되었다. 이 두 구결의 点吐樣式은 서로 일치하지만 세부적인 면에서 차이가 있어 대조하여 연구하면 좋은 성과가 나올 것으로 기대된다. 合部金光明經 卷3은 본래 字吐釋讀口訣 자료로 알려져 온 것인데 여기에 각필과 먹으로 点吐가 記入되어 있는 것이 새로 확인되었다.

이 点吐口訣은 漢字를 四角形으로 보고[1] 그 4邊의 안과 밖을 3等分 내지는 5等分하여 位置를 정하고 각 위치에 点吐를 붙여서 釋讀을 표시한 것이다. 点吐로 사용되는 符號는 点과 線을 基本으로 하고 單点 둘을 合친 複点(雙點)과 点과 線을 조합한 符號에다가 이 符號들의 方向도 辨別要素로 삼아서 만든 것이다. 다음의 25種이 그것이다.

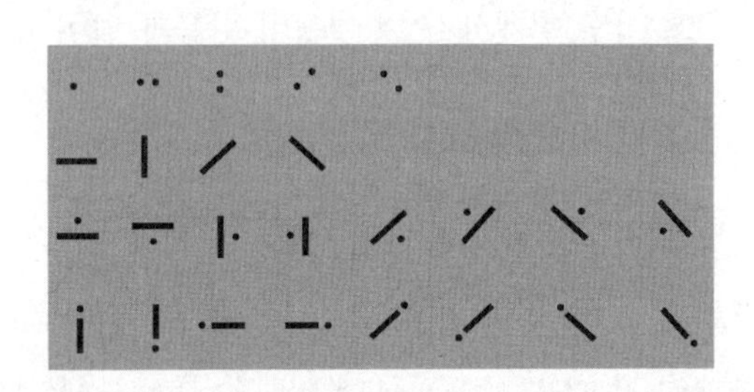

이 25종의 符號들과, 四角形으로 파악한 漢字의 1邊을 3等分하면 12位置가 나오고 漢字의 內側도 3等分하면 9位置가 나온다. 여기에 漢字의 4隅를 합하면 모두 25位置가 나오게 된다. 이 25位置에 위의 符號들을 기입하면 口訣字나 吐가 정해지게 된다. 즉 하나의 符號로 25種의 글자나 吐를 표시할 수가 있다. 그리하여 25位置에 25種의 부호를 곱하면 計算上으로는 625종의 글자나 토를 얻게 된다. 그러나 어느 符號도 25位置를 다 채운 것은 아직 나타나지 않았다. 단점이 가장 많이 쓰였고 가장 많은 位置를 보여 주고 있으나 25位置를 다 채운 자료는 아직 없다.

이 点吐釋讀口訣들은 문자로 된 吐는 전혀 사용하지 않고 点吐만으로 기입하고 있다. 즉 字吐와 点吐를 섞어서 사용하지 않는다. 간혹 口訣字와 点吐가 함께 쓰인 자료가 있어도 양자는 서로 다른 체계에서 사용되고 있다. 또 토를 句의 끝 글자에 몰아서 붙이고 있다. 字吐釋讀口訣에서는 앞에서 본 바와 같이 韓國語로 釋讀되는 순서대로 漢文의 각 구성소에 토를 달고 있다. 그러나 点吐釋讀口訣에서는 漢文의 語順과 韓國語의

1 欄上이나 行間에 點圖를 표시하는 경우가 있는데 한자를 사각형으로 표시하고 그 위에 点吐를 표시하였다.

語順이 일치할 때는 이 原則으로 토를 달았으나 語順이 다를 때는 逆讀의 표시가 없이 句의 끝 글자에 吐를 몰아서 달았다.[2]

그 讀法을 〈圖2〉에 제시된 자료를 가지고 설명하기로 한다. 〈圖2〉는 晋本 華嚴經 卷20의 第2張 7行의 한 句節을 보인 것이다. 오른 쪽의 漢文句 '令一切衆生悉能除滅諸障閡業'이 그것인데 그 角筆 点吐가 잘 보이지 않으므로 왼쪽에 점토가 달린 '生' '能', '業'자를 확대하여 보인 것이다.

〈圖 2〉

'生'의 左邊中下段外側의 單点은 對格助詞 '乙/(으)ㄹ'을 나타내는 것이다. 이는 '一切衆生'이 이 文脈에서 目的語로 쓰임을 보이는 것으로 이 構成素는 漢文의 語順과 韓國語의 語順이 같은 경우이다. '能'의 右邊 上段內側의 單点 吐는 '攴/디'를 나타내는데 이는 '能'이 副詞語 '能攴'로 釋讀되고 그 語順도 韓國語의 語順과 같음을 나타내는 것이다. '業'에 3개의 点吐가 몰려 있다. 그 左邊中下段外側의 單点은 앞에서 본 바와 같이 對格助詞 '乙/(으)ㄹ'을 나타내는 吐이다. 右邊中段外側의 逆斜線의 아래에 點을 찍어서 만든 感歎符와 같은 부호는 사역형 'ソ刂/ᄒᆞ이'를 나타내는 吐로 본래 漢文의 '令'의 기능에 대응하는 것이지만 한국어의 문법에 따라 '令'을 읽지 않고 이 句의 敍述語 '除滅'에 붙이어 읽는 것이다. 下邊左段外側의 單点吐는 '㢱/며'를 나타내는 것으로 이는 句와 句를 잇는 接續語尾로 쓰인 것이다. 이 句節을 字吐로 옮기어 적고 당시의 韓國語를 고려하면서 한글로 적으면 다음과 같다.

---

2 간혹 線이나 符號를 이용하여 逆讀의 표시를 한 것이 있으나 隨意的으로 사용하여 매우 드물게 나타나고 文獻에 따라 전혀 사용하지 않은 例들도 있다.

字吐表記; [令]一切 衆生乙 悉 能支 諸 障碍業乙 除滅ᄉリ㢱

※[ ]는 不讀字의 표시.

한글表記; 一切 衆生을 다 能디 모든 障碍業을 除滅ᄒᆞ이며

点吐釋讀口訣의 点吐는 아직 해독되지 못한 것이 많다. 그러나 單点이 가장 많이 사용되고 가장 높은 빈도를 보여 준다. 雙点, 線, 複合符號들도 單点이 나타내는 글자나 토에서 擴張되어 나간 형태를 나타내는 것이 대부분이다. 周本華嚴經에서는 漢字의 左邊中下段外側의 單点은 '乙/ㄹ'을 나타내는데 이 위치에 쓰인 '··'는 'ᄉ乙/ᄃᆞᆯ'을, ':'는 'ノ令乙/호ᄅᆞᆯ'을, '·|'는 'ノ尸ᄉ乙/ᄒᆞᇙᄃᆞᆯ'을 나타내어 모두 對格의 '乙/ㄹ'을 포함하는 토를 나타내는 것이 그것이다.

이러한 点에서 單点의 기능 파악이 点吐口訣을 해독해 나가는 捷徑이 되므로 설명의 便宜上 單点을 가지고 검토하기로 한다. 漢字를 사각형으로 보고 점토가 나타내는 각 위치를 표시하면 点圖가 되는데, 單点의 點圖를 口訣字와 함께 표시하면 다음과 같다.

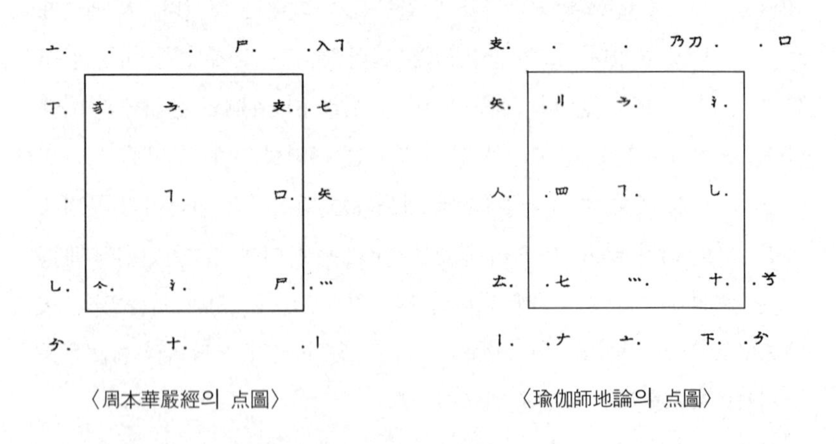

〈周本華嚴經의 点圖〉　〈瑜伽師地論의 点圖〉

이 点圖를 보면 瑜伽師地論과 周本華嚴經의 点圖가 서로 대립적으로 쓰이고 있음을 볼 수 있다. 이 대립되는 모습을 표로 보이면 다음과 같다.

	〈周本華嚴經〉	〈瑜伽師地論〉
㢱/며	下邊左段外側	下邊右段外側
丨/다	下邊右段外側	下邊左段外側
乙/ㄹ	左邊下段外側	右邊中段內側
氵/사	下邊中段內側	上邊右段內側
亠/여	上邊左隅	下邊中段外側

여기서 晋本華嚴經의 單点圖는 周本華嚴經의 그것과 時代와 人物이 100年 정도나 차이가 있는데도 불구하고 거의 일치하는 사실을 확인할 수 있다. 또 이것은 新羅時代의 『華嚴文義要訣』의 點圖와도 서로 통하고 있다. 이는 宗派에 따라 点吐釋讀口訣이 點圖를 달리 사용하는 전통이 있음을 보여 주는 것이다. 合部金光明經 卷3의 点吐口訣의 点圖는 瑜伽師地論의 것과 거의 일치한다. 法華經 卷1도 亠, 七, 刂, ろ, ラ, 尒, ㄴ, 十, 㢱, ㄱ 등을 나타내는 單点의 記入位置가 瑜伽師地論의 그것과 일치하고 있다. 瑜伽師地論은 唯識論(法相宗) 系統의 경전이니 이 시대의 点吐釋讀口訣은 華嚴宗 系統과 唯識論(法相宗) 系統이 대립되어 사용되어 왔음을 알 수 있다.

4. 字吐와 点吐가 混用된 釋讀口訣

舊譯仁王經의 字吐釋讀口訣과 함께 같은 佛像에 腹藏되어 있던 佛經 중에 折帖本으로 된 法華經 卷7의 落張 2枚가 있다. 여기에 角筆로 기입된 釋讀口訣이 있음이 확인되었는데 이 口訣은 点吐와 字吐가 혼용된 모습을 보여 준다. 본래 点吐는 漢文句의 끝 構成素에 붙는 것이지만 이 口訣에서는 句의 중간에 있는 敍述語에 붙어 있다. 이는 漢文을 釋讀하는 構成素를 따라 가면서 吐를 붙이는 字吐釋讀口訣의 형식과 같은 것이다.

현재까지 파악한 이 구결의 單點圖와 字吐를 보이면 다음과 같다.

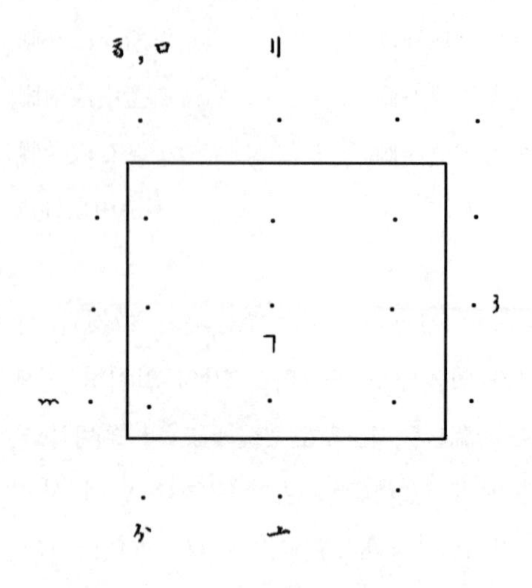

〈口訣字와 字吐〉

𠫓/거	口/고	十丶/긔	ㅌ/ᄂᆞᆫ
卩/ㄴ	斗/두	地/디	罒/라
灬/로	勿/믈	三/삼	吉(舍의 略體)/샤
亻/뎌	二/시	七/ㅅ	ㄋ/아
也/야	時刂/제	上丶/제	ソ/ᄒᆞ
令/히	ソ二ヒ/ᄒᆞ시니	ソ亻/ᄒᆞᆫ뎌	ソ二口/ᄒᆞ시고

이와 같이 点吐와 字吐를 혼합하여 사용하는 釋讀口訣은 현재 이것이 유일한 것이다. 이 口訣이 이 시대 구결의 全貌를 보여 주는 것이라고 할 수는 없지만 字吐와 点吐를 혼용하는 口訣을 보여 주는 자료가 나올 것을 기대할 수 있었는데 비록 量的으로 빈약하긴 하지만 이 口訣이 그 모습을 보여 주고 있다. 釋讀口訣에서 順讀口訣로 넘어오는 시기에는 口訣이 널리 보급되어 개인에 따라서 여러 양식의 구결이 사용되었을 것인

데 그 한 예를 이 口訣이 보여 주는 것으로 이해된다.

5. 順讀口訣의 資料와 그 讀法

漢文을 漢文의 語順대로 音讀해 가면서 그 구두에 해당하는 곳에 토를 넣어 읽는 것이 順讀口訣이다. 1970년대에 釋讀口訣이 발견되기 이전에는 이 구결만이 알려져 있었으므로 구결이라 하면 이 구결을 가리켜 왔었다. 그러나가 高麗時代 이전에는 釋讀口訣이 주로 쓰여 왔었다는 사실이 확인되면서 이를 順讀口訣이라고 부르게 되었다.

順讀口訣은 漢文을 讀誦하면서 그 내용까지도 이해할 수 있는 것이어서 한문을 이해하는 수준이 높아지면서 발달한 것으로 보인다. 아마도 科擧試驗에서 經典의 해석보다는 製述(作文)을 중시하는 경향이 생기면서 이러한 독법이 발달하였을 것으로 보인다. 따라서 順讀口訣은 한문이 널리 보급되고 그 驅使能力이 향상된 12세기경에 발달하기 시작한 것으로 생각된다.

현재 발굴된 高麗時代末에서 15世紀初(訓民正音 創制 以前)까지의 順讀口訣 資料는 다음과 같다.

1) 南豊鉉(素谷)藏本 楞嚴經(14世紀 初, 1309년 刊本)
2) 南權熙藏本 楞嚴經(13世紀 後半에서 14세기전반기)
3) 祇林寺藏本 楞嚴經(15世紀初, 1401년 刊本)
4) 宋成文藏本(現 國立博物館藏本) 楞嚴經(1401년 간본)
5) 奎章閣藏本 楞嚴經(14世紀末에서 15世紀初)
6) 高麗版 南明集(14世紀 後半)
7) 빠리國立圖書館藏本 直指心體要節(14世紀末)
8) 尹炯斗藏本 佛說四十二章經(14世紀末에서 15세기초)
9) 嚴仁燮藏本 梵網經(14世紀後半)

10) 國立圖書館藏本 梵網經(14世紀)

11) 韓國精神文化硏究院藏本 梵網經(14世紀)

12) 一簑文庫藏本 圓覺略疏注經(14世紀에서 15世紀初)

13) 誠庵古書博物館藏本 詳校正本慈悲道場懺法(14世紀末)

14) 高麗末의 慈悲道場懺法(14世紀)

이들은 釋讀口訣의 韓國語와 訓民正音 創制 이후의 韓國語를 이어 주는 점에서 그 가치가 크다.

이 高麗時代의 순독구결에서 볼 수 있는 특징은 內包文에 해당하는 吐를 句節末의 한자에 몰아서 붙이는 것이다.

通辯 萬物 刂/이 無是見者 卬入ノヒ厼/인돌호니라(素谷本楞嚴經2,7b,14行)

에서 文末의 吐 '卬入/인돌'은 이 文句의 內包文인 '萬物 無是見者'에 붙는 것이고 'ノヒ厼/호니라'는 이 문구의 서술어인 '通辯'에 붙는 것이다. 이에 따라 이 句를 한국어의 어순으로 풀어서 표시하면

萬物 刂 無是見者 卬入 通辯 ノヒ厼

와 같이 될 것이다. 이와 같이 內包文의 吐를 살려서 懸吐하는 예는 15世紀까지 자주 나타나다가 후대에는 文章(sentence)의 敍述語에 해당하는 토만 달게 된다. 이 內包文의 吐와 문장의 吐를 함께 표시하는 懸吐는 每 構成素마다 懸吐하는 字吐釋讀口訣보다는 句의 끝 構成素에 몰아서 붙이는 點吐釋讀口訣에 가깝다.

이 順讀口訣의 初期 資料는 釋讀口訣의 흔적을 지니고 있었다. 素谷本 楞嚴經의 順讀口訣에서 살펴보면

汝眼ㄱ 旣知ㅊ入ㄱ 身合非覺亽者ㄱ 旣在虛空ソ亽ㄱ大 自非汝體也ラヒ丨
(1,9a,7)

※ ㄱ/은　ㅊ入ㄱ/커든　亽ㄱ/란　ソ亽ㄱ大/ᄒᆞ란대　ラヒ丨/잇다

여기에 쓰인 '亽者ㄱ'은 한문의 '者'가 주제를 나타낼 때 음독하지 않고 '란'으로 訓讀됨을 보여 주는 것이다. 하나의 토인 '亽ㄱ/란'을 둘로 나누어 '亽/라'는 '者'자의 앞에, 'ㄱ/ㄴ'은 그 뒤에 붙여 '者'를 음독하지 않고 '란/란'으로 訓讀하는 것임을 보여 주는 것이다. 이와 같은 用法은 '亽則ㄱ/란', '午則ㄱ/온', '-ㄱ入故灬/-ㄴᄃᆞ로'와 같은 接續語와 '之/의, ㅅ'과 같은 조사가 있다. 이는 釋讀口訣에서 順讀口訣로 넘어오는 過渡期的인 讀法을 보여 주는 것인데 13세기와 14세기의 順讀口訣에서 나타나는 현상으로 15세기에 들어오면 사라지고 만다. 아마도 13세기 이전의 순독구결의 자료에선 석독의 범위가 이보다 더 넓었을 것으로 생각된다.

順讀口訣이 보급되면서 釋讀口訣은 차츰 쇠퇴하고 이 口訣만이 현재에까지 이르게 되었다. 이 자료는 15세기의 韓國語와 13세기 중엽까지의 釋讀口訣에 나타나는 언어적인 間隙을 메꾸어 주는 자료라는 점에서도 가치가 크다.

6. 結語

1975년 釋讀口訣 資料가 발굴되기 이전에는 韓國語의 歷史的 研究는 訓民正音이 創制된 이후부터에나 가능한 것으로 생각하여 왔다. 訓民正音은 音素文字로 韓國語를 정확하게 표기할 수 있고 또 비교적 많은 기록을 지속적으로 남겨 놓았기 때문이다. 그러나 그 이전의 한국어 자료는 借字表記이어서 해독에 어려움이 있었고 근본적으로는 그 양이 빈약하여서 체계적인 연구가 불가능한 것이었다. 그러다가 釋讀口訣이 발굴되고 그 뒤를 이어 주는 順讀口訣 자료와 이두 자료도 새로 발굴되어 차

자표기의 자료는 많이 늘어났고 한국어의 歷史를 고려 초까지 체계적으로 연구할 수 있는 길이 트이게 되었다.

현재 新羅時代와 高麗時代의 口訣은 모두 佛家 자료만이 발굴되었다. 7세기 후반의 薛聰이 '九經(또는 六經)을 한국어로 읽었고 이것이 13세기 후반까지도 이어져 왔었다'는 기록으로 보아 儒家의 口訣이 신라시대에 확립되어 고려시대까지 이어져 왔음을 알 수가 있다. 그러나 현재 高麗時代 이전의 儒家 口訣은 발굴된 것이 전혀 없다. 앞으로 이 방면의 口訣資料도 발굴하도록 노력해야 할 것이다.

新羅時代의 口訣은 日本의 漢文 訓讀法을 형성하는 데 적지 않은 影響을 준 것으로 알려져 있다. 최근에는 일본의 奈良市 東大寺의 소장본인 新羅華嚴經寫經 권12~권20의 節約本에서 角筆로 기입된 字吐釋讀口訣이 발견되어 4년여에 걸쳐 이를 판독하여 그 결과가 발표된 바가 있다. 이는 740년대의 寫經으로 그 釋讀口訣도 이 시기에 기입된 것으로 추정되므로 한국과 일본을 통틀어 보아도 가장 이른 시기의 구결이다. 또 薛聰의 시대와도 가까운 구결이어서 薛聰의 구결이 實在했었음을 뒷받침하여 주는 것이기도 하다. 이는 韓國의 석독구결이 日本에 傳播된 사실을 증명하는 데도 유력한 증거가 되는 것이며 漢文讀法이 擴散되어 가는 文化的인 樣相을 具體的으로 밝혀주는 것이기도 하다. 앞으로 이러한 자료들이 더 많이 나와 古代韓國語의 모습을 밝혀 줌과 아울러 文化史的으로도 새로운 사실들이 밝혀지기를 기대한다.

■ 2007년 3월 24일; 韓國의 口訣과 그 讀法, (Korean Kugyŏl (口訣) Markings and their Interpretation), AAS(Association for Asian Sturdies)에서 발표.
2007년 3월 26일; 美國 뉴욕 Columbia大學 東아세아言語文學部에서 재발표.
2007년 3월 27일; 美國 Cornell大學 言語學科에서 재발표.
2008년 11월 5일; 『李崇寧, 現代國語學의 開拓者 - 心岳 李崇寧 선생 탄신 100주년 기념논집』, 태학사, 577~590면.

韓國語史 硏究에 있어 口訣資料의 寄與

1. 序言

1970年代까지 韓國語史의 硏究는 訓民正音 頒布(1446年) 以後에 나온 한글資料에 集中되어 있었다. 한글은 音素文字이어서 表音이 正確하고 비교적 많은 資料를 남겼으므로 그를 對象으로 한 연구가 韓國語史의 體系를 세우는 데 우선하였기 때문이었다. 한글 이전의 자료는 주로 漢字를 借用해서 表記한 것이어서 해독이 어렵고 量이 극히 적었으므로 체계적인 연구가 불가능한 것으로 생각하여 왔다. 그러다가 1975년 舊譯仁王經의 釋讀口訣이 발견되어 공개되면서 한글 이전의 韓國語史의 硏究에 새로운 展望이 보이기 시작하였다.

三國時代(666年 以前)부터 統一新羅時代(666~935)와 高麗時代(1392年)를 거쳐 朝鮮王朝初에 訓民正音이 頒布되기까지의 韓國語 資料는 그 긴 세월에 비하면 극히 빈약한 것이 알려져 있었다. 1975년 이전에 硏究者들이 주로 이용한 자료는 다음과 같다.

1) 三國史記 地理志의 三國의 地名(高句麗, 百濟, 新羅)
2) 吏讀(實用的인 散文 資料)
3) 鄕歌 25首
4) 鄕藥救急方; 藥材와 疾病 등의 鄕名
5) 鷄林類事; 北宋의 孫穆이 1103年頃에 記錄한 高麗語 語彙集
6) 朝鮮館譯語; 明의 會同館에서 15세기 초에 記錄한 朝鮮語 語彙集

1), 2), 3), 4)는 借字表記 資料이고 5), 6)은 中國人들이 中國의 漢字音을 이용하여 기록한 것이다. 口訣資料는 이 시기까지 順讀口訣 資料만이 알려져 있었다. 이는 訓民正音 頒布 이후에 이루어진 것이었고 그 내용이 한글자료가 알려주는 언어사실에 더하는 것이 거의 없는 것으로 생각되었었다.

口訣은 漢文을 韓國式 讀法으로 읽는 것을 말하는데 그 독법의 결과로 생겨난 韓國語도 포함한다. 漢文을 韓國式으로 읽을 때 漢文의 行間에 韓國語의 助詞, 語尾, 末音添記를 첨가하는데 이를 吐라고 한다. 대체로 口訣은 日本의 訓讀과 訓点語에 해당하고, 吐는 訓点에 해당한다.

구결 자료는 1975년 이후 본격적으로 발굴되기 시작하였다. 그 결과 구결에는 다양한 종류가 있음이 밝혀졌다. 우선 漢文을 韓國語로 해석하여 읽는 釋讀口訣과 漢文을 漢文의 順序대로 音讀하면서 句讀에 해당하는 곳에 吐를 첨가하여 읽는 順讀口訣로 나눌 수 있다. 釋讀口訣은 吐를 文字로 表記한 字吐釋讀口訣과 漢字를 4角形으로 보고 그 內外에 点이나 線으로 吐를 표시한 点吐釋讀口訣로 구별된다. 順讀口訣도 字吐와 点吐로 표기한 것이 구별된다. 字吐口訣은 文字吐만을 사용하고 点吐口訣은 点吐만을 사용하여 서로 혼용되지 않는 특징이 있다. 심지어 同一 文獻 안에 字吐口訣과 点吐口訣이 함께 쓰였어도 字吐와 点吐를 섞어 사용하지 않는다.

字吐釋讀口訣 資料는 10世紀 中葉(960년대 추정)의 것이 있으나 이는 2行 미만의 적은 양이고 11세기 후반에서부터 13세기 중엽까지의 자료가 5点 발굴되었는데 이것이 韓國語史 硏究에서 중요한 가치를 갖는 것이다. 다음이 그것이다.

華嚴經疏 卷35(11世紀末 추정)

華嚴經 卷14(12世紀 前半期 추정)

合部金光明經 卷3(13世紀 前半期 추정)

舊譯仁王經 上 落張 5枚(13世紀 前半期 추정)

瑜伽師地論 卷20(1246年 以後 13世紀 中半 추정)

点吐釋讀口訣은 新羅時代의 것으로 추정되는 佐藤本 華嚴文義要決이 있으나 이는 日本人에 의하여 기록된 것이다. 2000년 여름에 点吐釋讀口訣이 처음 발견되었는데 주로 角筆로 기록된 것이다. 현재 10세기에서 12세기 전반기에 걸쳐 간행된 佛經 資料가 모두 13권이 발굴되어 있다. 順讀口訣은 13세기 말에서 15세기 초까지의 佛經 資料가 16종 이상 발굴되었다. 이 順讀口訣은 前期中世韓國語 資料인데 古代語와 訓民正音 創制 이후의 15세기어를 이어주는 자료이다.

이 口訣資料의 발굴과 더불어 三國時代에서부터 朝鮮初期에 걸치는 吏讀資料가 적지 않게 새로 발굴되어 구결과 함께 유기적으로 연구할 수 있는 길이 열리게 되었다.

2. 口訣과 文字·表記法의 發達과의 關係

古代韓國語의 表記法은 漢文의 讀法인 口訣의 發達과 밀접한 관계를 가진 것으로 보인다. 三國時代인 6세기의 金石文에 이미 漢字의 訓을 이용하여 官等名이나 文章을 표기한 예를 볼 수 있다. 漢字의 訓을 이용하여 단어나 문장을 표기할 수 있었던 것은 당시에 漢文의 釋讀法이 발달되어 있어 이를 응용한 것으로 추정된다. 이 시대의 吏讀의 發達도 漢文讀法의 發達과 밀접한 관계가 있는 것으로 추정된다.

口訣字는 漢字(借字)의 劃이 단순한 것은 그대로 사용하고(入/드, 火/블, ㅊ/거 등), 劃이 복잡한 것은 그 楷書體나 草書體의 앞부분이나 뒷부분을 딴 略體字를 쓴다. 이 略體字는 8세기의 吏讀文에 이미 쓰이고 있다. 尒(彌)/금, 乃(那)/나 등이 그것인데 이들은 아마도 口訣에서 쓰이던 것이 吏讀文의 표기에 轉用된 것이 아닌가 한다. 최근에 공개된 佛國寺의 无垢

淨光塔 重修記(1024)와 西石塔重修 形止記(1038)에서는 吏讀文의 吐에 㫆/며, 㫆/아 와 같은 口訣의 略體字를 사용하였고 '等/둘, 是/이, 乎/오'에 해당하는 吏讀字도 略體字의 원리에 따라 省劃된 字體로 쓰였다. 이는 日本의 片假名의 쓰임과 같은 양상을 보여 주는 것이어서 주목을 받고 있다.

新羅時代의 鄕札은 韓國語의 助詞, 語尾, 助動詞 등을 거의 생략하지 않고 표기한 것인데 이는 釋讀口訣의 表記法을 轉用한 것이다. 釋讀口訣을 韓國語의 語順으로 풀어 놓고 그것을 單語 單位로 보면 '表意字+表音字'의 構成이 되는데 이 構成은 鄕札의 표기와 일치한다. 이는 鄕札이 釋讀口訣을 母胎로 하여 발달한 것임을 말하는 것이다.

口訣은 日本의 漢文訓讀과 밀접한 관계가 있는 것으로 보인다. 釋讀口訣이 발견되기 전에는 韓國의 口訣字(略體字)가 日本의 假名와 유사하다는 점에서 상호간에 관계가 있는 것으로 생각하였었다. 그러나 韓國의 順讀口訣과 日本의 漢文讀法은 차이가 커서 그 관계를 드러내기가 어려웠다. 그러다가 1975년 舊譯仁王經 釋讀口訣이 알려지면서 韓國에서도 高麗時代 이전에는 漢文을 釋讀했었다는 사실이 확인되어 上代에는 韓日兩國의 漢文讀法이 매우 類似하였음을 알게 되었다. 그러나 한국의 字吐釋讀口訣의 표기는 口訣字만을 사용하고 있어서 假名点과 오코토点을 함께 사용하는 日本의 漢文訓讀의 表記樣式과는 차이가 큰 것으로 생각하였었다. 그러다가 韓國에서 点吐釋讀口訣이 발견되고 그 點圖가 學派(또는 宗派)에 따라 달리 쓰인 것이 日本의 그것과 유사한 점이 확인되면서 韓國의 釋讀口訣과 日本의 漢文訓讀은 밀접한 관계가 있고 영향의 授受關係가 있었음을 인정하기에 이르렀다.

3. 釋讀口訣과 15世紀韓國語의 文法 對比

釋讀口訣이 발견되기 이전에는 古代韓國語의 文法은 鄕歌의 文法에 의

지하여 기술되어 왔다. 그러나 그 量이 빈약하여 古代語를 체계적으로 기술하기가 극히 어려웠다. 鄕歌는 言語的인 資料이기도 하지만 文學的으로도 귀중한 資料이므로 1929年 小倉進平博士의 發掘과 硏究 이래로 많은 사람들이 해독하려는 試圖를 하여 왔다. 그러나 그 言語를 뒷받침할 수 있는 자료는 거의가 15세기의 한글 創制 이후의 것이므로 그 言語現像을 밝히기는 극히 어려웠었다. 이에 비하여 釋讀口訣은 10세기에서 13세기에 걸치는 자료이므로 15世紀語보다는 400년 내지 200년 더 遡及할 수 있고 그 量이 비교적 많은데다가 鄕札表記의 母胎가 되는 것이어서 古代韓國語의 文法을 밝히는 데는 더 없이 귀중한 價値를 갖는다.

吏讀는 三國時代인 高句麗(9種), 百濟(2種), 新羅(20餘種)의 것이 알려져 있으나 斷片的이어서 韓國語에 대하여 알려 주는 情報는 희소하다. 統一新羅時代의 것이 25종, 高麗時代의 것이 60여종이 알려져 있으나 文法形態의 表記가 불완전하여 이는 釋讀口訣을 통하여 추정하여 보충하여야 한다. 따라서 吏讀의 解讀에도 釋讀口訣의 文法에 대한 이해는 매우 중요하다.

이제 字吐釋讀口訣이 보여 주는 文法을 中世韓國語와의 比較를 중심으로 설명함으로써 口訣資料가 韓國語史의 연구에서 얼마나 중요한 價値를 갖는 것인가를 생각하여 보기로 한다.

2.1. 動名詞語尾 -ㄱ/ㄴ과 -尸/ㄹㆆ의 文法

15世紀語의 動名詞語尾는 '-옴/움'이 주로 助詞와 결합하여 쓰였었다. 釋讀口訣에서는 이 '-옴/움'의 動名詞形은 전혀 나타나지 않고 대신 -ㄱ/ㄴ과 -尸/ㄹㆆ이 다양한 기능으로 쓰여 큰 차이를 보인다.

抱括動詞 丷/ᄒᆞ를 보충하여 動名詞形態와 그 뜻을 보이기로 한다.

	-1/ㄴ 動名詞	ㇷ/ㄹㆆ 動名詞
1. 助詞와의 結合		
1.1. 格助詞와의 結合		
1.1.1. 屬格(有情物體言);	ソ1ラ/ᄒᆞᄂᆞᄋᆡ(한 이의)	ソㇷラ/ᄒᆞᇙᄋᆡ(할 이의)
1.1.2. 屬格(無情物體言);	ソㅌ七/ᄒᆞᄂᆞᆽ(한 것의)	
1.1.3. 對格;	ソ1ㄴ/ᄒᆞ놀(한 것을)	ソㇷㄴ/ᄒᆞᇙ올(할 것을)
1.1.4. 處格;	ソ1ラ+/ᄒᆞᆫᄋᆡ긔(한 것에)	ソㇷラ+/ᄒᆞᇙᄋᆡ긔(할 것에)
1.1.5. 造格;	ソ1ㄴ灬/ᄒᆞᆫ올로(한 것으로)	ソㇷㄴ灬/ᄒᆞᇙ올로(할 것으로)
1.1.6. 共同格;		ソㇷㅅ/ᄒᆞᇙ과(할 것과)
補助詞와의 결합		
1.2.1) 主題;	ソ11/ᄒᆞᆫ온(한 것은)	ソㇷ1/ᄒᆞᇙ온(할 것은)
1.2.2) 亦是;	ソ1ㄲ/ᄒᆞᆫ도(한 것도)	ソㇷㄲ/ᄒᆞᇙ도(할 것도)
1.2.3) 强勢;	ソ1氵/ᄒᆞᆫ사(한 것이야)	
繫辭와의 결합		
1.3.1) ソ1リㅆ(ㅣ)/ᄒᆞᆫ이며(다)(한 것이며(다))		
2. 名詞의 修飾		
2.1.	ソ1 甚深法/ᄒᆞᆫ 甚深法	ソㇷ 十二大衆/ᄒᆞᇙ 十二大衆
2.2.	ソ1 所 / ᄒᆞᆫ 바(한 바)	ソㇷ 所ろ/ᄒᆞᇙ 바(할 바)
2.3.	ソ1 矢 / ᄒᆞᆫ 디(한 것이)	ソㇷ 矢/ᄒᆞᇙ 디(하는 것이)
3. 語末語尾와의 結合		
3.1.1.	ソ1亠/ᄒᆞᆫ여(한 것이다)	ソㇷ亠/ᄒᆞᇙ여(할 것이다)
		ソㇷㅆ/ᄒᆞᇙ며(할 것이며)

. 前提表現

4.1.1. 謂 1/닏온(이른바) 廣 ㅣ 說 尸/너비 닏옮 (넓게 말하면)

4.1.2. 略 ロ 1/略곤(略하여서) 問 3 言 ニ 尸/물어 나이싏(물어 이르시길)

4.1.3. 何以故ㅗㅅㅁ 1/何以故여 ᄒᆞ곤 思惟ㅅナ尸/思惟ᄒᆞ겷(思惟하기를)

(왜냐 하면)

5. 接續的 機能

5.1.1a. ㅅ 3 ㅅ 1/ᄒᆞ아 ᄒᆞᆫ(하니) ㅅ尸丁ノ尸 而⺍/홇뎌 홇 而로(한다 하되)

b. ㅅ ニ ㅅ 1/ᄒᆞ시 ᄒᆞᆫ(하시니)

5.1.2. ㅅ 去 1/ᄒᆞ건(하니)

5.1.3. 復(亦)ㅅ 1/쏘ᄒᆞᆫ(또한)

6. 否定法에서의 被否定辭

6.1.1) ㅅ 1不失-/ᄒᆞᆫ 안디-(한 것이 아니-) ㅅ尸不(非)冬ㅅ-/홇 안돌 ᄒᆞ-(하지 아니 ᄒᆞ-)

6.2.1) ㅅ 1 不ハㅅ-/ᄒᆞᆫ 안득 ᄒᆞ- ㅅ尸 不ハㅅ-/홇 안득 하-

6.3.1) ㅅ 1 無七-/ᄒᆞᆫ 없- ㅅ尸 無七-/홇 없-

-1/ㄴ은 旣定의 事實을 나타내고 -尸/ㅭ은 未定이나 眞理的 事實을 나타내는 점에서 차이가 있다. 위의 예들은 이들 두 형태가 서로 竝行하면서 다양한 기능을 나타냄을 보여 준다. 이들 기능은 鄕歌에서 부분적으로 확인되지만 15世紀語에 오면 거의 없어지고 다만 2)의 '名詞의 修飾' 기능만이 남아 現代語에까지 이어지고 있다. 이 變化는 불과 200년 사이에 文法的으로 현저한 變化가 있었음을 말하여 주는 것이다.

2.2. 否定法의 變化

釋讀口訣의 否定法과 15世紀語의 否定法 사이에도 큰 차이가 나타난다. 釋讀口訣의 否定法에서는 名詞文 否定法과 動詞文 否定法의 구별이

있었다.

2.1. 名詞文 否定法

2.1.a. 名詞+不 矢/안디(否定辭)+ 刂/이-(繫辭)

生 不矢丷/안디며 起 不矢丷/안디며(生이 아니며 起가 아니며)〈華嚴經疏卷35, 19〉

內 非矢丷/안디며 外 非矢丷/안디며(內가 아니며 外가 아니며)〈華嚴經疏卷35,13〉

2.1.b. 動詞語幹+- 1/ㄴ(動名詞語尾)+不 矢/안디(否定辭)+ 刂/이-(繫辭)

我 非矢丷 堅固丷1 非矢丷(我가 아니며 堅固한 것이 아니며)〈華嚴經疏卷35,18〉

2.2. 動詞文 否定法

2.1. 動詞語幹+- 尸/ㄹㆆ(動名詞語尾)+不 冬/안둘(否定辭)+ 丷/ᄒᆞ-(代動詞)

捨丷尸/ᄒᆞᇙ 不冬丷尸丁/안둘 ᄒᆞᇙ뎌(捨하지 아니할지라)〈華嚴經疏卷35,14〉

이에 대하여 15世紀語의 否定法에서는 名詞否定法과 動詞否定法의 구별이 없이 否定辭 '아니'만이 쓰이고 添辭 '矢/디'와 '冬/돌'도 기능상의 차이가 없이 動詞語幹으로 올라가 붙는다.

〈15세기어의 否定法〉

2.3 名詞否定法; 名詞+아니+繫辭

2.4 動詞否定法; a) 動詞語幹+디+아니+代動詞 ᄒᆞ-

b) 動詞語幹+돌+아니+代動詞 ᄒᆞ-

2.4)의 a)와 b)는 어미 '-디'와 '-돌'의 차이가 있으나 이들은 機能上의 차이가 없이 動詞의 否定法에 쓰였다.

이는 否定法에서 名詞否定과 動詞否定을 구별하여 주던 動名詞語尾 -ㄱ/ㄴ과 -尸/ㅭ이 消滅되고 '디'와 '돌'이 기능상의 차이가 없이 否定法의 屈折語尾로 바뀌어 動詞語幹에 올라가 붙은 것이다. 이 역시 釋讀口訣의 文法이 15세기로 오면서 큰 變化를 겪었음을 보여 주는 것이다.

2.3. 助動詞 用法의 變化

15紀語에서 本動詞와 助動詞는 文法的 形態를 媒介로 하여 연결된다. 내체도 語尾 '-아, -게, -디, -고'를 매개로 한다. 그러나 釋讀口訣에서는 本動詞의 語幹에 助動詞가 直接 連結되기도 한다. 15世紀語에서 動詞의 語幹과 語幹이 직접 結合되는 것은 複合語 構成의 文法으로서 生産性이 약한 것이었는데 釋讀口訣에서는 이 結合이 普遍的이었다. 그리하여 動詞의 語幹과 語幹의 結合이 2重, 3重으로 가능했었다. 일례로 '言白ナ尸丁/나이 숣 겷 뎌'를 분석하면 '言/나이'는 本動詞語幹, '白/숣'은 謙讓의 助動詞, 'ナ/겨'는 持續相의 助動詞, '-尸丁/ㅭ뎌'는 終結辭인데 動詞 셋이 語幹과 語幹의 結合으로 이어지고 있음을 볼 수 있다. 15세기의 補助語幹은 이 조동사에서 발달한 것이 여럿 있다.

2.4. 補助語幹의 發達

15세기어에서는 用言의 語幹과 語末語尾 사이에 연결되는 文法形態가 있어 이를 補助語幹이라고 부르고 있다. 'ᄒᆞ숩더시니'에서 -숩(謙讓), -더(過去), -시(尊敬)가 보조어간이니 이들은 어간 ᄒᆞ-와 語末語尾 -니 사이에 들어간 것인데 이들은 연결에 있어 일정한 順序가 있었다.

이 가운데 白/숣(〉숩)은 釋讀口訣과 吏讀에서는 助動詞로 쓰였고 그 밖의 어미는 다음과 같이 語末에도 쓰이는 것을 볼 수 있다.

4.1. 無リソㅌ+非リ矢〈華嚴經14, 9〉

4.2. ソ丨+ハ白ㄋ1〈舊譯仁王經, 11〉

4.3. 得ニ+ッ丨〈舊譯仁王經, 3〉

4.4. 事是去+有在亦〈柳璥尙書都官貼, 1262年, 吏讀〉

4.1)의 ㅌ/ᄂᆞ(現在時), 4.2)의 丨/다(過去), 4.3)의 ニ/시(尊敬), 4.4)의 去/거(確認法) 등은 모두 15世紀語에서는 補助語幹으로 쓰인 것인데 여기서는 語末語尾로 쓰이고 있다. 이들은 古代韓國語에서는 語末語尾로서 더 널리 쓰였을 것으로 추정되지만 釋讀口訣에서는 이미 退化하여 제한된 範圍에서 쓰이고 있다.

2.5. 條件法(假定法) 表現 樣式의 發達

古代語에서는 條件法을 나타내는 一定한 形式이 없었다. 그리하여 다음과 같은 형식을 빌어 文脈에 따라 條件法을 표현하였다.

5.1a. 爲者/ᄒᆞᆫ온

1b. ッ丨丨/ᄒᆞᆫ온

5.2a. ッ丨丨+/ᄒᆞᆫ다긔

2b. ッ丨丨+丨/ᄒᆞᆫ다긘

5.3.a. -ㅎ/히

3.b. ッㅅㅎ/ᄒᆞ며히

5.4. ッㅅ丨/ᄒᆞ면

5.1a)의 '爲者/ᄒᆞᆫ온'은 8世紀의 吏讀文에 나타나는 條件法 形態이고 5.1b)의 'ッ丨丨/ᄒᆞᆫ온'은 釋讀口訣에 나타나는 條件法 形態이다. 1a)의 '爲/ッ丨/ᄒᆞᆫ'과 1b)의 ッ丨은 動名詞이고 그 뒤의 '丨/온'은 主題를 나타내는 助詞이다. 이는 고대부터 13세기까지 主題表現에 의지하여 條件法이 표현되고 있었음을 말하여 주는 것이다. 5.2a)는 ッ丨(動名詞)+丨 + [ㅅ/ᄃᆞ(의존명사)+ㅎ+/아긔(처격조사)]의 結合이니 결국 處格形態로 條件法을

표현한 것이다. 5.2b)는 5.2a)에 主題의 助詞 'ㄱ/ㄴ'을 添加하여 條件法을 表現한 것이다. 5.3a)는 14세기의 順讀口訣에 나타나는 것이다. '-ㅎ/히'는 副詞派生의 接尾辭이니 이는 副詞語로서 條件法을 표현한 것이다. 5.3b)의 'ㅆ ㅎ ㅎ/ㅎ며히'는 부사 'ㅆ ㅎ/ㅎ며'에 다시 副詞派生의 接尾辭 '-ㅎ/히'가 첨가된 것이니 이 역시 副詞語로서 條件法을 表現한 것이다. 'ㅆ ㅎ/ㅎ며'의 'ㅎ/며'는 釋讀口訣에 나타나는 부사 善ㅎ, 能ㅎ에서의 ㅎ와 같은 기능을 나타내는 것이다.

5.4)는 條件法의 接續語尾 '-ㅎ ㄱ/면'이 13世紀末의 順讀口訣에서 처음으로 나타나는 예를 보인 것이다. 이는 12世紀末 頃에 '-ㅎ(ㅎ)'에 主題의 助詞 '온'이 添加되어 條件法을 나타내는 接續語尾 '-면'이 발달한 것임을 말하여 준다. 이 '-면'은 'ㅆ ㄱ ㅣ + ㄱ/훈다긴'에서 발달한 'ㅆ ㄱ ㅊ ㄱ/훈댄'과 함께 15세기까지 共存하였으나 결국 '-면'으로 통일되어 現代語에 이르고 있다.

2.6. 釋讀口訣과 韓國語史의 時代區分

이제까지 설명한 것은 釋讀口訣의 文法이 보여 주는 몇 가지 特徵을 든 것이다. 釋讀口訣의 文法에는 이밖에도 15世紀語와 차이를 보이는 예들이 많이 있다.

釋讀口訣이 보여 주는 이들 現像을 근거로 古代韓國語史의 時代區分도 새로 생각하게 되었다. 종래 유력한 韓國語史의 時代區分은 三國時代(~666年)까지는 先史時代, 統一新羅 時代 300년은 古代, 高麗時代(937)부터 14世紀 末까지 약 450년은 前期中世, 15世紀初부터 16世紀末까지 200년을 後期中世로 보는 것이었다.

釋讀口訣을 통한 時代區分은 13世紀 中葉의 釋讀口訣 時代까지를 古代로 보고 그에 이어지는 13世紀 後半의 順讀口訣부터 中世로 보는 것이다. 韓國語의 歷史에 있어 이 두 口訣의 時代만큼 言語的으로 큰 차이를 보여 주는 예는 없기 때문이다. 이와 같이 구분하면 古代語도 3分을 하게 되어 三國時代를 上古, 統一新羅 時代를 中古, 高麗初에서부터 13세기 中葉까지를 近古로 나누게 된다. 그리고 13世紀 後半에서부터 15세기 한글 頒布(1446) 前까지를 前期中世, 그 이후 16세기 末까지를 後期中世로 보게 된다.

韓國語史의 時代區分을 이와 같이 하면 上古부터 前期中世까지를 대체로 300년을 단위로 끊어서 볼 수 있게 되어 時間的으로도 均衡이 맞는다. 또 釋讀口訣이라는 양질의 자료를 바탕으로 古代韓國語를 연구할 수 있는 길이 트여 古代韓國語의 기술이 풍요롭게 된다.

4. 結語

口訣資料는 韓國語史 硏究에서 커다란 가치를 갖는 것이지만 이것이 提起하여 주는 問題도 적지 않다.

우선 현재 發掘된 口訣資料의 量이 너무 적은 것이다. 따라서 이 口訣資料가 나타내는 言語가 어떠한 性格인지 究明하기가 어려운 면이 있다. 近古語의 동명사어미 ㄱ/ㄴ, ㄕ/ㄹㆆ이 中世語의 '-옴/움'으로 이어지는 계기나 과정을 전혀 설명할 수 없는 것이 그 한 예이다. 釋讀口訣과 中世語 사이에는 이와 같이 서로 이어지지 않는 현상들이 적지 않게 나타난다.

口訣은 師弟間에 傳承되는 것이어서 그 言語는 上代의 言語를 保守的으로 反映하고 있을 것이다. 또 釋讀口訣은 漢文을 逐字的으로 解釋하여 읽은 것이므로 실제의 言語에서 보면 剩餘的인 要素도 다분히 包含하고 있을 것이다. 이를 消去하고 당시의 口語의 모습을 찾는 작업이 아직 이루어지지 못하였다. 이는 釋讀口訣과 대조해 볼 수 있는 그 시대의 文學語 資料가 없는 데서 오는 제약이기도 하다.

点吐口訣은 그 解讀이 거의 이루어졌다고 볼 수 있다. 그러나 이는 字吐釋讀口訣이 提供해 주는 情報 以上을 넘지 못하고 있다. 点吐口訣의 点吐가 多樣하게 쓰였어도 字吐口訣이 제시하는 吐의 범위를 넘어서면

解讀할 수가 없다. 이것은 자료의 양이 부족한 것도 한 원인이지만 字吐口訣과 点吐口訣의 사용이 엄격히 구분되어서 서로 混用되지 않은 것도 한 原因이다.

釋讀口訣과 그 다음 時代로 이어지는 順讀口訣을 對照하는 研究도 停滯된 상태에 있다. 13世紀 後半에서 15世紀 前半期로 이어지는 資料는 새로 발굴될 可能性이 매우 높다. 이 資料들을 발굴하고 研究하는 것도 앞으로의 課題이다.

新羅時代에는 薛聰이 儒家의 九經을 韓國語로 읽었고 그것이 14世紀末까지도 傳承되고 있었다는 史書의 記錄이 있다. 이는 儒家의 標準的인 釋讀口訣이 늦어도 8世紀初에는 成立되어 있었음을 알려 주는 것이지만 현재 전하는 것이 전혀 없다. 薛聰에 앞서 佛家에서도 釋讀口訣이 存在하였음을 推定케 하는데 앞으로 이 方面의 資料들이 발굴되어 古代韓國語史가 좀더 풍요롭고 정확하게 記述될 수 있게 되기를 기대하여 마지않는다.

參考文獻

南豊鉉(1999),『國語史를 위한 口訣研究』, 태학사.
______(2000),『吏讀研究』, 태학사.
______(2009),『古代韓國語研究』, 시간의 물레.

▌이 글은 2009년 5월에 日本의 訓点語學會 第100回 研究發表會에서 基調講演을 하기 위하여 작성된 것인데 일본어로 번역하여 學會誌『訓点語と訓点資料』123輯에 실었었다. 그 후 이 내용을 약간 수정하여 같은 해 12월 Hawaii 大學에서 개최된 제19차 Japanese/Korean Linguistic Conference에서 발표하였었던 것이다. 한국의 구결을 국제적으로 소개하는 데 도움이 될 것으로 생각하여 여기에 다시 싣기로 한다.

舊譯仁王經의 口訣에 대하여*

1.

韓國의 漢文讀法은 日本과는 달리 順讀하는 것이었다. 漢文의 成分을 漢文의 語順에 따라 音讀해 가면서 그 句讀處에 韓國語의 助詞나 語尾와 같은 文法的 要素를 添加하여 읽는 것이 傳統的인 韓國의 漢文讀法이었다. 이 때 添加되는 韓國語의 文法的 要素를 口訣 또는 吐라 불러 왔다.[1] 이는 漢文의 文脈을 쉽고 正確하게 이해하기 위하여 添加하는 것인데 한글이나 借字 또는 借字의 略體로 표기하여 왔다. 吐를 板本에 새기어 넣을 때는 한글이나 借字로 표기하지만 私的으로 漢籍을 읽기 위하여 기입할 때는 略體가 중심이 된다. 이 略體가 日本의 片假名와 같은 性格을 띠는 것이어서 흥미가 있는 것인데 다음과 같은 것이다.

(1) 爾時 舍利佛丶 踊躍歡喜ソフ 卽起合掌ソフ 瞻仰尊顔ソ白ㅏ

(2) ―― ―――是 ――――爲也 ――――爲也 ――――爲白臥

---

* 이 글은 筆者가 日本의 國際交流基金의 Fellow로 1983년 8월부터 1년간 日本의 東京外國語大學 'Asia・Africa 言語文化硏究所'에 머물면서 韓國의 口訣과 日本의 訓點語를 對照硏究하던 중, 84年 5月 18日 日本의 訓點語學會大會에서 발표했던 것을 修正・補完한 것이다.

1 종래 韓國에서는 口訣과 吐를 구별하지 않고 같은 것으로 보아 왔다. 필자는 이들을 구별할 필요가 있음을 주장하여 왔는데 口訣은 日本의 訓點語에 가깝고 吐는 訓點과 일치하는 것이다. 이 글에서도 이와 같이 구별하여 쓴다.

(1)이 漢文의 行間에 略體字로 記入된 吐이고 (2)는 그 略體字를 正字로 고친 것이다.

이 口訣의 역사는 매우 오랠 것으로 생각되지만, 최근까지 韓國에 전하고 있는 것으로 알려진 자료는 15세기를 넘어서는 것이 없었다. 15세기는 音素文字인 한글이 創制되어 한글로 표기된 좋은 연구 자료가 계속 나왔기 때문에 口訣資料는 별로 주목을 받지 못하여 왔다. 이 口訣이 최근에 와서 새로이 주목을 받게 된 것은 舊譯仁王經의 釋讀口訣이 확인되면서부터이다. 이 口訣은 현재로서는 유일한 高麗時代의 口訣로 알려진 것인데 놀랍게도 日本의 漢文訓讀法과 같이 韓國에서도 漢文을 釋讀하여온 傳統이 있었음을 보여주는 口訣이어서 恪別한 주목을 받게 된 것이다.

2.

이 자료는 1973年 12月 忠淸南道 瑞山郡 雲山面 胎封里에 있는 文殊寺所藏의 金銅阿彌陀如來坐像의 腹藏物로서 발견된 것이다.[2] 木板 卷子本이지만 전연 裝幀되었던 흔적이 없이 上卷의 낱장 5枚만이 발견되었다. 板廓의 크기 52.8×22.2㎝이고 四周單邊, 25行, 1行 17字이다. 板의 左端에 『舊譯仁王經上』이라 했고 그 밑에 張次數가 표시되어 있다. 이는 後代 線裝本의 版心에 해당되는 것이다.

이 上卷은 모두 17枚였던 것으로 추정되지만 발견된 것은 第2, 3, 11, 14, 15의 5枚뿐이다. 이 板本은 海印寺所藏 再雕大藏經板의 舊譯仁王經(1239年刊)과는 전연 다른 板式을 보여준다. 再雕大藏經은 1行 14字의 판식인데 이 腹藏本은 1行 17字의 판식이다. 1行 14字는 大藏經의 典型的인 板式으로 이는 初雕大藏經(11세기경)의 板式에서부터 이어져 온 것이다. 1行 17字는 國內傳本系寺刊本의 典型的인 板式이다.[3] 또 再雕大藏經

2 姜仁求(1975), 瑞山文殊寺 金銅如來坐像腹藏遺物, 『美術資料』 18, 國立博物館 參照.

과 이 腹藏本은 經의 本意를 바꾸는 것은 아니지만, 글자의 出入에서 차이가 있고 글자가 다른 곳도 있어 서로 系統을 달리하는 板本임을 알 수 있다.

이 板本의 造成年代와 口訣의 記入年代는 현재로서는 정확하게 밝힐 수가 없다. 佛像의 腹藏年代가 腹藏發願文들에 나타난 年代와 發願人들의 活動時代로 보아 1346년임이 분명하니 이 판본의 刊年은 그 이전인 것만은 틀림없다. 舊譯이란 名稱이 쓰인 것으로 보면 이 經이 新譯된 765年 이후의 것임도 틀림없지만 이 사이는 581年이란 긴 기간이어서 이 口訣의 年代로 삼기에는 너무 막연하다. 이 기간을 좁히어 口訣의 연대를 밝히자면 이 經의 板本에 대한 形態書誌學的인 특징과 言語的인 특징을 기초로 하여 추정할 수밖에 없다.

이 佛像의 腹藏品 가운데 佛經類는 크게 셋으로 나뉜다. 하나는 陀羅尼類인데 이는 燒戶紙로서 腹藏時에 供養用으로 새로이 印出한 것이다. 또 하나는 靈驗傳類인데 이는 일반 韓紙와는 다른 特級의 좋은 韓紙로서 아마도 中央에 있는 支配層의 人物이 供養을 위하여 腹藏 臨時해서 새로이 印出한 것으로 보이는 것이다. 舊譯仁王經은 良質의 韓楮紙로 印出한 것인데 同一한 紙質로 印出된 것으로 法華經 卷七의 折帖本이 있다. 이는 2枚만이 折帖으로 裝幀되어 있고 그 뒷부분은 落張인데 紙質이 同一할 뿐만 아니라 그 變色된 정도로 보아서도 舊譯仁王經과 동시에 인출된 것임이 분명한 것이다. 이 두 經은 讀經 내지는 研究用으로 印出되어 오랜 동안 手澤을 거치는 동안에 落張으로 남게 되어 讀經・研究用으로서의 價値를 喪失하자 供養으로 腹藏된 것임이 분명하다. 따라서 이들은 腹藏年代인 1346년보다는 훨씬 이전에 印出된 것임이 분명하다.

舊譯仁王經의 板本은 본래 卷子本임에도 裝幀을 하지 않고 吐를 記入한 것이다. 이와 같이 낱장대로 놓고 吐를 기입한 것을 보면, 어느 個人

---

3 千惠鳳(1982), 『新羅印刷術의 研究』, 景仁文化社 參照.

이 研究用으로 인출한 즉시, 그렇지 않으면 얼마되지 않아 吐를 기입한 것으로 봄이 옳을 것이다.

이러한 사실들로 볼 때 이 口訣의 年代推定에는 이 板의 造成年代와 동시에 인출된 法華經 卷七의 折帖裝幀年代가 추정의 關鍵이 된다.

이 두 經은 그 판이 整濟된 품이나, 字形의 특징, 그리고 뛰어난 刀刻術을 고려해 볼 때, 비록 國內傳本系의 寺刊本이라 하더라도 初雕大藏經보다 앞서는 것으로 보긴 어려울 것으로 생각된다. 續藏經의 注仁王護國經의 字形과 대조해 보면, 寫經體가 아닌 楷書字를 주로 쓰고 있는 점에서 공통성이 있으니 그보다 얼마 앞서지 않는 시기에 中央의 어느 寺刹에서 板刻된 것으로 추측되는 것이다. 또 法華經 卷七이 본래 卷子板인데 折帖本으로 장정된 사실을 고려하면, 折帖本이 高麗中期부터 나오는 것으로 추측되고 있으니[4] 그 연대를 12세기 중엽 이전으로 소급하는 것도 무리일 것으로 생각된다. 이러한 사실들로 감안하여 이 舊譯仁王經의 釋讀口訣은 12세기 중엽 이후에 이루어진 것으로 생각되고 이 口訣이 나타내는 言語的 事實도 이를 뒷받침하는 것으로 믿어진다.[5]

3.

이 口訣의 吐는 借字와 그 略體字 그리고 點으로 이루어져 있는데 이것이 行의 右側과 左側에 墨書로 기입되어 있다. 이들은 漢文의 釋讀을 표시한 것이니 먼저 右側에 토가 붙은 漢文의 成分을 토와 함께 우리말로 읽어 가다가 點을 만나게 되면 위로 되돌아가서 左側에 토가 붙은 成分을 읽는다. 左側에 토가 붙은 성분에 點이 또 있으면 다시 위로 올라

4 千惠鳳, 앞의 책, 132~3면 參照.

5 南豊鉉(1985), 舊譯仁王經 釋讀口訣의 年代, 『東洋學』 15, 檀國大 東洋學硏究所 參照. 현재 석독구결자료가 여럿 발굴되어 이들을 대조하여 본 결과 이 석독구결의 연대는 13세기 전반기로 추정된다.

가 역시 左側에 토가 붙은 성분을 읽고, 점이 없으면 내려와서 우측에 토가 붙은 성분을 읽는 것이다. 다음의 예를 가지고 다시 한 번 설명해 보기로 한다.

(3) 復ソㄱ 有ヒナか. 他方ヒ 不矢刂ㅌヒ 可ヒソㄱ. 量ノㅎ. 衆.

※ 이는 縱書를 橫書로 옮긴 것이므로 行의 위의 토가 原本의 右側吐이고 아래의 토가 左側吐이다.

먼저 右側에 토가 붙은 성분인 '復ソㄱ'을 읽고 두 번째와 세 번째도 右側에 토가 붙은 성분인 '他方ヒ'과 '量ノㅎ'을 읽는다. '量ノㅎ'의 끝에는 點이 있으므로 위로 올라가 左側에 토가 붙은 성분 '可ヒソㄱ'을 읽게 된다. 이 성분의 끝에도 또 점이 있으므로 다시 위로 올라가서 '不矢刂ㅌヒ'을 읽게 된다. 이 成分에는 점이 없으므로 아래로 내려와 右側에 토(점)가 있는 '衆'을 읽게 된다. 이 성분에 또 점이 있으므로 다시 위로 올라가서 왼쪽에 토가 있는 '有ヒナか'을 읽게 되는 것이다. 이를 釋讀하는 순서에 따라 再排列하면 다음과 같다.

(4) 復ソㄱ 他方ヒ 量ノㅎ 可ヒソㄱ 不矢刂ㅌヒ 衆 有ヒナか

이와 같이 點을 逆讀의 표지로 삼아서 위로 올라갈 때는 左側에 토가 있는 성분을, 점이 없어서 내려올 때는 右側에 토가 있는 성분을 읽는 것이 大原則이다. 이밖에 토에 따라서는 漢字의 글자속에 써 넣은 것이 있다. '乃'자와 '己'자의 속에 '沙'자의 略體인 '氵'를 써 넣은 것이 그것이다. 이는 그 성분을 읽어도 좋고 읽지 않아도 좋은 경우에 쓰인 것인데, 오히려 읽지 않는 것이 자연스럽다. 또 逐字的으로 읽을 필요가 없는 不讀字도 있다. 者, 於, 之, 爲, 云 등이 그것으로 이들은 虛辭이어서 다른 成分에 붙은 吐 속에 그 기능이나 뜻이 이미 표시되어 있고 이 글자에는 토를 붙이지 않은 것이다.

吐를 표기함에는 借字의 略體를 많이 썼다. (4)에 쓰인 토는 모두 略體로 쓰였는데 이것을 正字로 고치면 다음과 같다.

復爲隱 他方叱 量乎音 可叱爲隱 不知是飛叱 衆 有叱在彌

이 口訣에 나타난 吐는 모두 310餘種인데 文法的 機能을 나타내는 助詞, 語尾, 接尾辭, 依存名詞, 助動詞 등이 주가 되고 간혹 漢文成分(漢字)의 訓을 기록한 것도 있다. 또 吐에 의하여 漢文의 성분을 音과 訓 가운데 어느 것으로 읽을 것인가가 구별되는 수가 있다. (5)의 '量乎音'은 '乎音/홈'에 의하여 '量'을 音으로 읽는 것임을 알 수 있다. 漢文의 動詞에 '乎/호'나 '爲/ᄒᆞ'가 붙으면 이것은 音으로 읽는 것이다. 한편 '有叱在彌'는 '叱'에 의하여 '有'가 訓으로 읽히는 것임을 알 수 있다. '有'의 訓은 '잇-'인데 그 末音인 ㅅ을 같은 ㅅ音을 나타내는 'ㅂ(叱)'이 添記된 것이다. 즉, '有叱-'은 'is+s'으로서 'is-'을 표기한 것이다. 이와 같은 表記法을 末音添記法이라 하는데 이것은 韓國의 借字表記法에 흔히 쓰이는 것으로 漢字의 讀法을 識別하는 데 도움을 주는 경우가 많다.

4.

이 口訣의 吐 표기에 사용된 문자는 모두 51자이다. 그러나 현재로서는 이 문자들의 讀法을 모두 추정해 내기는 어렵다. 그것은 이 자료가 시대적으로 특별히 突出해 있는 것이어서 이를 뒷받침할 자료가 부족하고 또 이 방면의 연구가 아직은 부족하기 때문이다.

다음은 현재까지 필자가 추정한 것을 圖表로 보인 것이다.

	借字	正楷體	代表音	借用別	筆順別	楷草別		借字	正楷體	代表音	借用別	筆順別	楷草別
1	𠄌	良	아	訓	頭	草	27	罒	羅	라	音	頭	楷
2	亝	齊	졔	音	全	〃	28	灬	以	로	訓	全	草
3	ㄅ	乎	오	〃	頭	〃	29	亠	音	ㅁ	音	頭	楷
4	刂	是	이	訓	〃	〃	30	尔	彌	며	〃	〃	草
5	之	之	읫 (예)	〃	全	〃	31	毛	毛	모	〃	全	楷
6	人	臥	와	音	尾	楷	32	卜	臥	누	訓	尾	〃
7	ラ	衣	의	〃	頭	〃	33	火	火	ㅂ	〃	全	〃
8	ㅛ	去	거	〃	全	草	34	七	叱	ㅅ	音	尾	〃
9	ナ	在	겨	訓	頭	楷	35	氵	沙	사	〃	頭	〃
10	ロ	古	고	音	尾	〃	36	彳	彼	뎌	訓	〃	〃
11	尔	彌	금	訓	尾	草	37	亇	?	마	?	?	?
12	ハ	只	기	音	〃	楷	38	二	示	시	〃	頭	楷
13	這	這	곧	訓	全	〃	39	白	白	ᄉᆞᆲ	訓	全	〃
14	⺀	亦	여	音	頭	草	40	下	下	하	音	〃	〃
15	𠃌	隱	ㄴ	音	頭	楷	41	丿	乎	호	〃	頭	〃
16	乃	那	나	〃	尾	〃	42	亐	兮	히	〃	全	〃
17	ヒ	飛	ᄂᆞ	訓	頭	〃	43	ソ	爲	ᄒᆞ	訓	頭	草
18	丨	之	다	訓	全	草	44	十	中	긔	音	全	〃
19	丁	丁	뎡	音	全	楷	45	巴		도 로			
20	刀	刀	도	〃	〃	〃	46	亽	令	리	音	全	草
21	冬	冬	돌	?	〃	〃	47	オ	利	리	音	頭	楷
22	矢	知	디	音	頭	〃	48	孑					
23	の	入	ᄃᆞ	訓	全	草	49	于	于	우	音	全	楷
24	厶	矣	ᄃᆡ	〃	頭	楷	50	乚	以?	로?	訓	全	草
25	乚	乙	ㄹ	音	全	〃	51	弟	第	자히	訓	全	〃
26	尸	?	ㅭ	?	?	〃							

이것은 이 文字들이 쓰인 文脈에서의 분포를 통하여 일단 그 音을 抽出하고 吏讀文과 鄕歌를 비롯한 借字表記資料 및 15세기 國語資料에 나타나는 讀法, 그리고 15세기 이후의 口訣에 나타난 略體字들을 바탕으로 하여 推定한 것이다. 이 表는 1976年 처음으로 작성된 이래 부분적으로 수정되어 온 것이다.[6]

이 표에서는 借字, 正楷體, 代表音, 借用別, 筆順別, 楷書·草書別을 구분하였다. 借字는 이 口訣에 쓰인 문자인데, 漢字에서 借用한 문자이므로 붙인 名稱이다. 正楷體는 借字를 正楷體로 쓴 것이고, 代表音은 이 음이 분포에 따라서 변하기도 하므로 붙여진 것이다. 借用別은 漢字의 音과 訓 중 어느 쪽의 차용인가를 구별한 것이고, 筆順別은 漢字의 前頭部와 後尾部 중 어느 부분을 따온 略體인가, 그렇지 않으면 全字를 그대로 쓴 것인가를 구별한 것이다. 楷草別은 楷書와 草書 가운데 全字인가, 또는 略體字라도 어느 書體에서 따온 것인가를 구별한 것이다.

다음에 몇 예를 들어 구체적으로 설명해 보기로 한다. (1)의 'ȝ'자는 이 口訣에서 分布가 다양하게 쓰였고 15세기에도 쓰여 온 자형으로서 그 음이 '아'임이 분명한 것이다. 이에 해당하는 음과 기능은 吏讀文과 鄕歌에서 '良'자로 표기하여 왔으므로 이 글자를 놓고 보면 그 訓을 빌린 근거를 찾을 수가 있고, 그 草書體의 前頭部를 따온 것임을 확인할 수가 있다.[7] (2)의 'ミ'는 처음에는 '여' 음을 표기한 것으로 보았던 것인데 다른 釋讀口訣 자료가 나와 齊자의 초서체임이 확인된 것이다. (3)의 'ㄅ'도 이 口訣에 자주 쓰인 것인데 그 分布로 보아 '오'음을 표기한 것이다. 이 자형도 처음에는 '五' 또는 '吾'의 前頭部를 草書로 흘려 쓴 것으로 推定하였던 것인데. 역시 다른 석독구결 자료가 발굴됨으로써 '乎 → ㅎ → ㄅ'의 과정을 거친 '오'음의 표기자로 밝혀진 것이다. 이 표에 제시된 正字는 이와 같은 과정을 거쳐서 추정된 것이다. 그러나 (37), (45)의 글자는 그 음은 추정되어도 그 正字를 제시하기가 어려운 것이다. (36)도 처음에는 徐자의 약체자로 추정되어 오다가 최근에 와서 '彼'자의 훈 '뎌'를 빌린

6 南豊鉉·沈在箕(1976), 舊譯仁王經의 口訣硏究(其一), 『東洋學』 6, 檀國大 東洋學硏究所 參照.

7 筆者는 종래 이 자형을 '良'자의 後尾部를 딴 것으로 보아왔다. 그러나 '良'자의 여러 草書體를 검토해 본 결과 그 前頭部가 이 자형과 완전히 일치하는 字體가 있음을 보고 이를 수정한다.

훈가자로 판명된 것이다. (48)은 그것이 의존명사를 나타내는 사실만 확실할 뿐 정자와 훈을 추정하지 못한 것이다. (50)은 쓰인 예가 적고 분포가 단순하여 그 音과 正字를 추정하기 어려운 것인데 이는 '以'자의 초서체에서 변한 것으로 추정된다. (51)은 석독구결에서는 유일하게 쓰인 것이지만 14세기의 순독구결에 적지 않은 용례가 있어 그 정자를 추정할 수 있게 된 것이다.

略體 가운데는 그 正字와 分離된 다음 字形이 獨自的으로 변하여 口訣에서만 쓰이는 독특한 모습으로 바뀐 것이 있다. (15)의 'ㄱ'은 '隱→阝→ㄗ→ㄱ'의 과정을 거친 것인데 이 과정을 설명하지 못하면 '隱'에서 나온 근거를 증명하기 어렵다. 또 (44)의 'ナ'은 '中'의 草書體에서 변한 것인데 草書의 흔적은 없어지고 數字 '十'과 같은 字形이 되었다. (26)의 尸은 그 음과 기능을 알 수 있지만 그 正子가 무엇인지는 확인할 수 없는 것이다. (30)의 'ㄌ'자는 '彌→弓→ㄌ'의 과정을 밟은 것이지만 '弓(彌)'자의 초서체가 그렇게 쓰인 근거는 찾지 못한 것이다. 이 字形은 후대의 구결에서 'ㅈ'로 쓰이고 있어서 동일한 '弓'자가 時代와 個人에 따라서 달리 쓰인 것으로 믿어지는 것이다.

5.

이 口訣에서 'ニ'는 '示'의 略體字로 尊敬을 나타내는 語尾로 쓰인 것이다. 그런데 鄕歌와 吏讀에서는 이 語尾가 '賜'자로 표기되어 왔다. '賜'와 '示'의 傳統的 漢字音은 'ᄉᆞ'와 '시'이어서 이 語尾가 'ᄉᆞ'에서 '시'로 발달한 것으로 믿어진다. 이 語形은 15세기의 한글 문헌에서는 '시'로, 구결에서는 '示'자로 나타났다. 이 口訣에 '示'의 略體가 쓰인 것은 이 口訣이 鄕歌나 吏讀文보다도 15세기의 國語에 가까운 것임을 뜻한다. 또 이 口訣에서는 訓讀되어도 좋을 漢文의 成分이 音讀되는 예가 많이 나타난다. 音讀은 漢文이 普遍化되면서 증가된 것으로 생각되므로 이것도 이 口訣이 15

세기에서 멀지 않은 시기에 쓰여진 것으로 推定케 하는 것이다.

그러나 이 口訣에는 15세기의 國語로서는 설명하기 힘든 語法들이 나타나고 있다. 動名詞語尾 'ㄱ/ㄴ'과 'ㄕ/ㅭ'은 鄕歌에 나타나는 것이고 15세기 國語에서는 이미 退化된 것인데, 이 口訣에서는 'ㄱ(隱)/ㄴ'과 'ㄕ/ㅭ'로 표기되어 자주 나타나고 있다. 또 이 口訣의 否定法에서는 名詞文의 否定辭와 動詞文의 否定辭가 각각 '不矢/안디'와 '不冬/안돌'로서 구별되고 있다.[8] 이 구별은 鄕歌와 吏讀文에 있었던 語法이지만, 15세기의 國語에서는 이미 없어진 語法인 것이다. 이밖에도 15세기 국어의 語法으로는 설명되지 않는 현상들이 있다. 이것은 이 口訣이 15세기보다는 훨씬 上代의 語法을 반영하고 있기 때문인 것으로 믿어진다. 따라서 이 口訣은 비록 記錄年代가 13세기 중엽으로 추측된다 하더라도 그 반영하고 있는 言語는 古代國語의 文法을 保持하고 있는 것으로 보게 된다. 이러한 예는 吏讀文에서도 볼 수 있는데 14세기말에 번역된 大明律直解의 吏讀文의 文法이 50년 후에 한글로 기록된 15세기 국어의 문법과 크게 차이가 있는 것도 그러한 예의 하나다.

이 口訣에 古代國語의 文法이 강하게 나타나고 있음을 보면 이러한 口訣의 역사가 적어도 統一新羅時代까지 소급하는 것임을 인정하지 않을 수 없다. 755년에 기록된 吏讀文인 新羅華嚴寫經造成記에는 이 口訣에도 쓰인 略體字 'ホ(금)'이 여러 번 나타나는데 이것도 당시의 구결에서 쓰이던 글자에서 온 것으로 생각되는 것이다.

또 고대국어의 기록으로 믿어지는 鄕歌의 표기법에서 單語를 기준으로 볼 때 그 基本構造가 '讀字(表意字)+假字(表音字)'의 구조로 되어 있는데 이것도 구결과 깊은 관계가 있는 것이다. 왜냐하면 이 구결의 漢文成分은 表意字(讀字)이고 그 讀法을 표시한 吐는 주로 表音字(假字)여서 이를 釋讀하는 순서로 다시 배열하면 '讀字+假字'가 되어 鄕歌의 表記構造

8 南豊鉉(1976), 國語否定法의 發達, 『문법연구』 3, 문법연구회, 塔出版社 參照.

와 일치하기 때문이다. 이러한 사실도 이 구결의 기원이 古代國語時代로까지 소급하는 것임을 뜻하는 것이다.

여기서 韓國의 儒宗으로 일컬어지는 薛聰(7세기 후반~8세기 초반)에 대한 三國史記와 三國遺事의 다음과 같은 기록을 다시 한 번 생각해 볼 필요가 있다.

> 聰性明銳 生知道 待以方言讀九經 訓導後生 至今學者宗之(三國史記 卷46)
>
> 聰生而睿敏 博通經史 新羅十賢中一也 以方音通會華夷方俗物名 訓解六經文學 至今海東業明經者 傳受不絶(三國遺事 元曉不羈條)

이는 薛聰이 經書를 우리말로 읽어서 그것이 高麗時代까지 끊이지 않고 전해 왔다는 내용이다. 薛聰의 經書 訓解方法이 어떠한 것이었는지 직접적으로 전해오는 것이 없어서 구체적으로는 알 수 없으나 이 舊譯仁王經의 口訣과 같은 釋讀口訣일 것으로 믿어지는 것이다.

▌『國語學新研究』(若泉金敏洙華甲紀念論叢), 탑출판사, 1986. 10. 9.

『周本華嚴經』 卷6의 角筆 點吐釋讀口訣 硏究

고려시대의 角筆 點吐釋讀口訣이 들어 있는 『周本華嚴經』 卷6은 誠庵古書博物館 所藏이다. 이 經은 契丹本의 覆刻本으로 再雕大藏經의 底本이 된 卷子本이다. 대체로 再雕大藏經은 宋板系統의 初雕大藏經本의 覆刻인데 주본화엄경은 이 契丹本 系統을 저본으로 하고 있어 차이가 있다. 성암고서박물관에 소장된 이 계통의 주본화엄경은 권22, 권36, 권57이 더 있다. 이 周本華嚴經들은 같은 종류의 점토구결이 쓰였는데 그런 가운데서도 이 권6은 이들과 다른 특징을 가지고 있다. 이 차이가 이 구결의 著者와 年代의 차이까지로 이어지는 것인가가 하나의 과제로 떠오른다. 이는 이 계통의 點吐釋讀口訣의 연대 추정과도 맞물리는 것으로 이 點吐口訣의 解讀에 버금가는 중요한 과제라고 할 만하다.

이 주본화엄경 권6은 國寶203號로 지정되어 있다. 국보로 지정을 받을 만큼 중요한 근거가 된 것은 그 卷首에 '海東沙門守其藏本'이란 所藏者印이 찍혀 있기 때문이다. 守其는 『高麗國新撰大藏經校正別錄』을 짓고 再雕大藏經을 완성시킨 高僧으로 13세기 중엽에 활동한 스님이다. 따라서 이 契丹版 계통의 주본화엄경이 재조대장경으로 들어 간 것은 守其에 의했을 가능성이 높은 것인데 이 卷子本이 그의 소장이었다는 사실은 그런 면에서 중요한 가치를 갖는다. 또 그는 이 권자본에 기입된 점토구결의 저자가 될 가능성도 있는 것이다. 그러나 다른 주본화엄경의 점토구결과의 차이가 현저한 것이 없다면 이 점토구결이 기입된 뒤에 守其의 所藏이 되었을 가능성도 있어서 단정하기가 어려운 것이다.

필자는 고려시대의 角筆 點吐釋讀口訣 자료 11권을 두 차례에 걸쳐 조사하였다. 제1차는 2000년 7월부터 2001년 2월까지이었고 제2차는 2002년 4월부터 3개월간이었다. 瑜伽師地論 권3, 권5, 권8, 周本華嚴經 권6, 권22, 권31, 권34, 권36, 권57, 晋本華嚴經 권20, 法華經 권1이 그 대상이었다. 2차 조사에서는 성암고서박물관 소장의 주본화엄경 권6, 권22, 권36, 권57, 진본화엄경 권20이었다. 이 과정에서 필자는 華嚴經 권6을 두 차례에 걸쳐 조사한 셈이다. 이 原本들을 두 번째 조사하면서 권6의 점토구결이 다른 주본화엄경의 점토구결과 구별되는 특징이 있음이 확인되었다. 그것은 ㄕ을 나타내는 점토가 漢字의 右邊 下段 內側에 붙는데 '如來'의 '來'자에 붙을 경우 일률적으로 그 한자의 끝 획의 위쪽에 붙이고 있는 것이다. 이 점토는 다른 점토석독구결 자료에서는 일률적으로 '來'자의 끝 획의 아래쪽에 붙이고 있는 점에서 차이를 보인다. 또 否定法의 표시에 있어 否定辭에 ㅊ를 나타내는 점토를 붙인 점에서 차이가 있다. 즉 '不見(4,1), 不入(13,3), 不往(13,6), 不同(13,23)(17,12), 靡不周(14,25)'의 부정사 '不'과 '靡'에 ㅊ를 나타내는 점토를 붙이고 있다. 이와 같이 否定辭에 직접 ㅊ를 나타내는 점토를 붙이는 예는 아직 다른 점토구결에서는 확인하지 못한 것으로 이 권6만의 특징이다. 이는 다른 점토구결과는 다른 사람에 의하여 기입되었을 가능성이 높은 것이라고 할 것이다. 이의 확인은 이번 연구의 큰 성과가 될 수 있을 것으로 생각된다.

이 연구의 가장 중요한 작업은 점토구결의 해독에 있다. 이 자료들을 처음 발견하여 그 점토들을 쉽게 볼 수 있도록 移點을 할 때에는 점토의 기능을 알지 못하고 옮긴 것이어서 빠뜨리거나 위치를 잘못 파악한 것이 적지 않았다. 이번에 이 자료를 사진으로 찍어서 검토하였으나 사진의 변별성이 드러나지 않아 역시 원본을 보지 않고는 판단하기 어려운 경우가 적지 않았다. 周本華嚴經의 각필점토구결은 얕게 찍혔기 때문에 사진만 가지고는 자신 있게 읽을 수가 없는 단점이 있다. 사진은 이미 옮긴 점토의 위치가 애매하게 느껴질 때 이를 확인하는 데 유용하게 사용될 수 있을 뿐이다. 본 연구자가 지난 誠庵古書博物館을 찾아 주본화엄경의 점토구결을 再調査한 이유도 여기에 있었다. 그 결과 빠뜨렸거나 잘못 옮긴 점토들을 적지 않게 바로 잡을 수가 있었다. 또 이 移點 過程에서 점토의 기능이 새로이 밝혀진 것도 적지 않았다.

여기에 권6의 移點本을 작성하여 제시하고 이제까지 그 기능이 밝혀진 單點과 水平複點의 點圖를 먼저 제시한다.

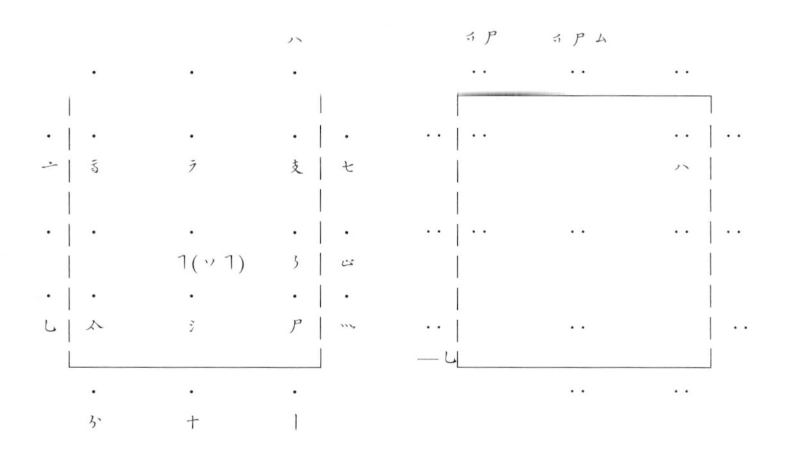

이 點圖는 아직 해독되지 않은 것이 많으나 單點의 경우는 21위치에 사용된 것이 확인되고 그 가운데 4위치를 제외하면 모두 해독된 셈이다. 이 4위치의 점토는 사용빈도가 적고 그 문법을 파악하기가 어려운 것이다. 이에 비하면 수평복점의 점도는 아직 파악되지 않은 빈칸이 4곳이나 있고 그 점토의 기능이 파악된 것은 3위치에 불과하다. 대체로 각 점토의 기능을 짐작할 수는 있어도 정확한 토를 잡아내기가 어려운 것들이다. 앞으로 연구가 진행되어야 정확한 토를 찾아낼 수 있을 것이다.

이밖에 이 자료에 사용된 점토들의 點圖와 그 기능이 파악된 토를 文字로 보이면 다음과 같다.

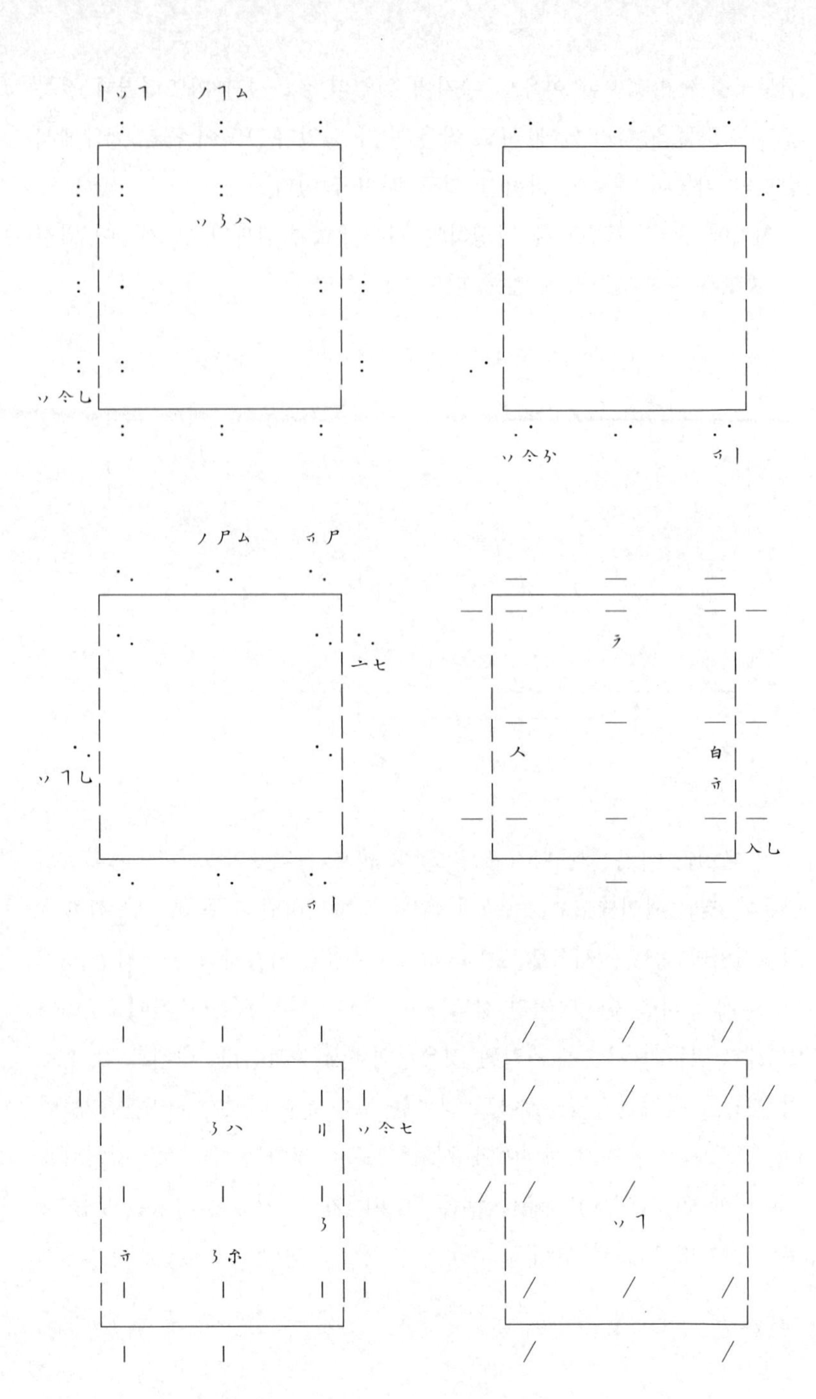

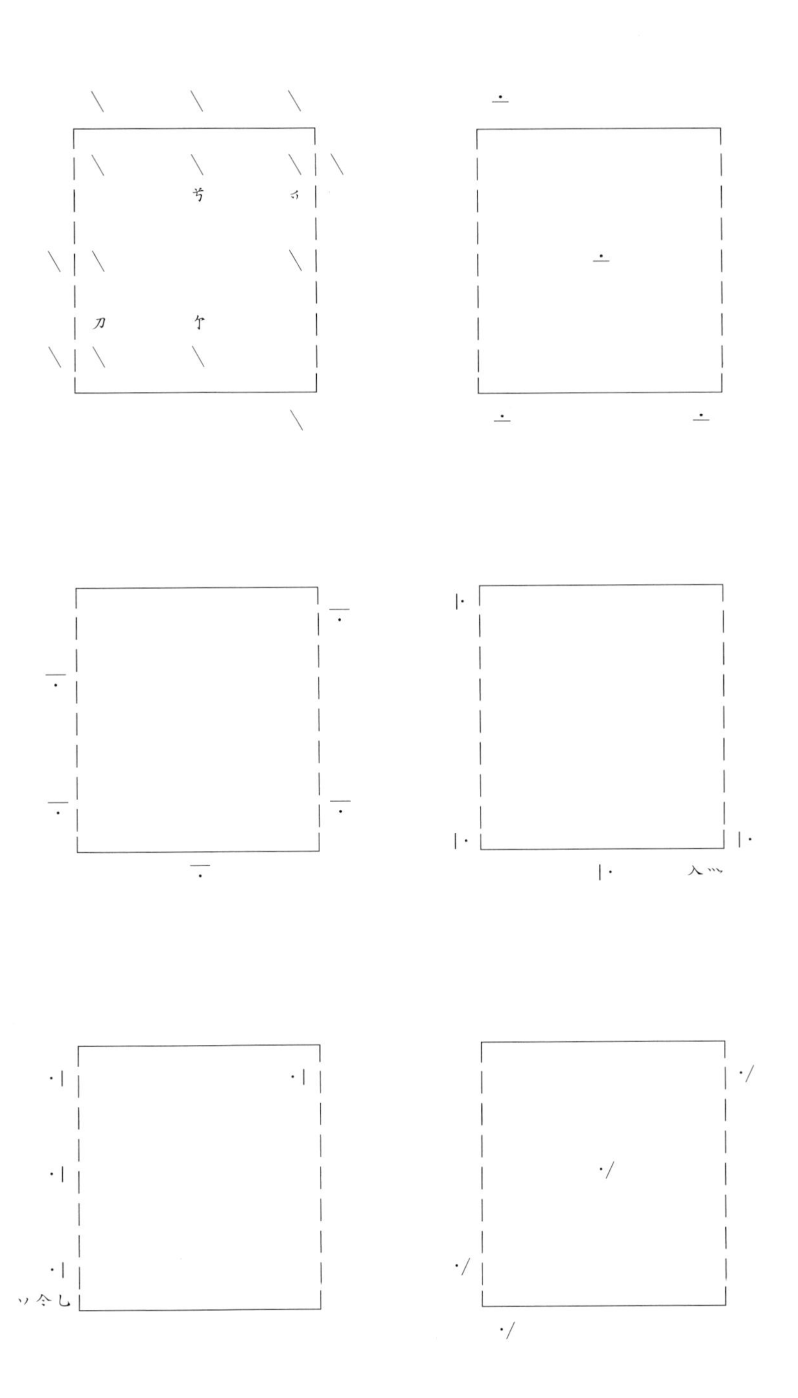
亐
刀
入㣺
ソ令乚

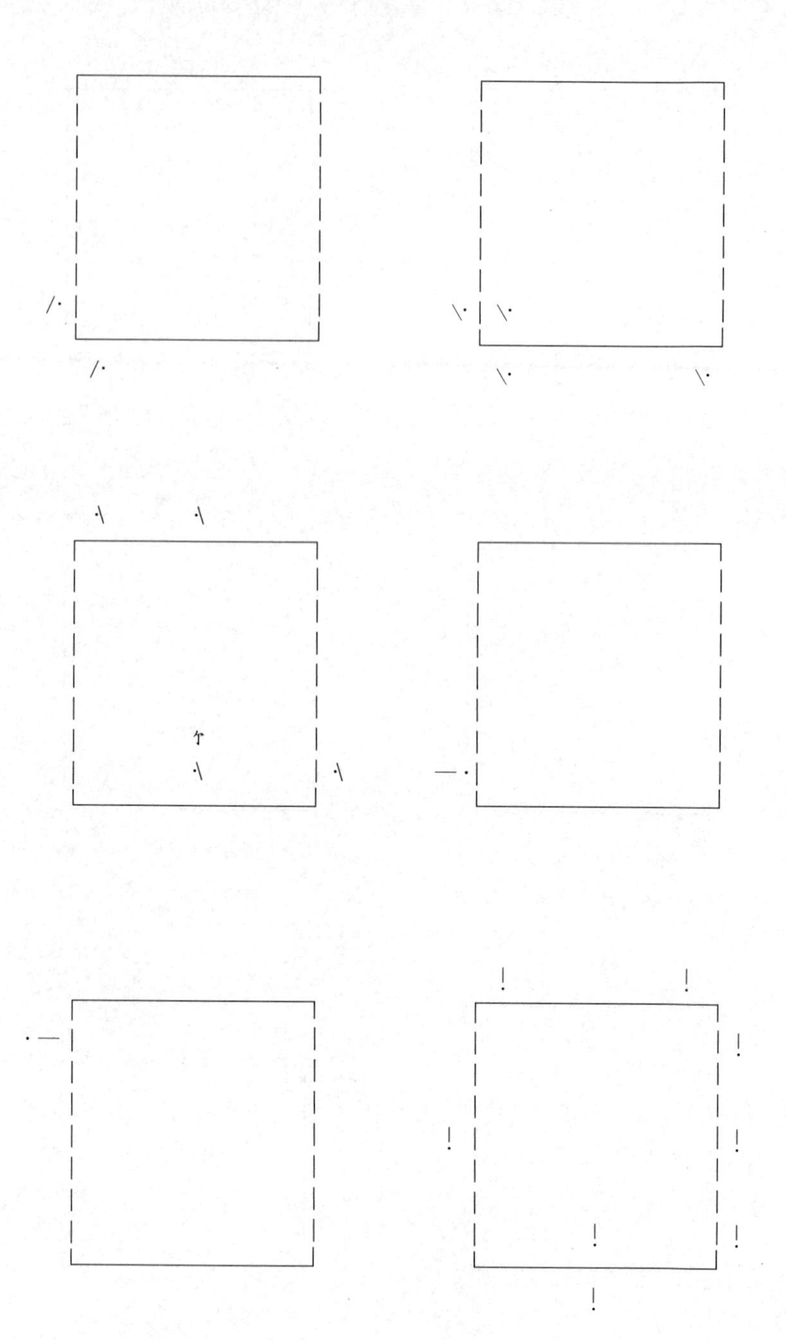

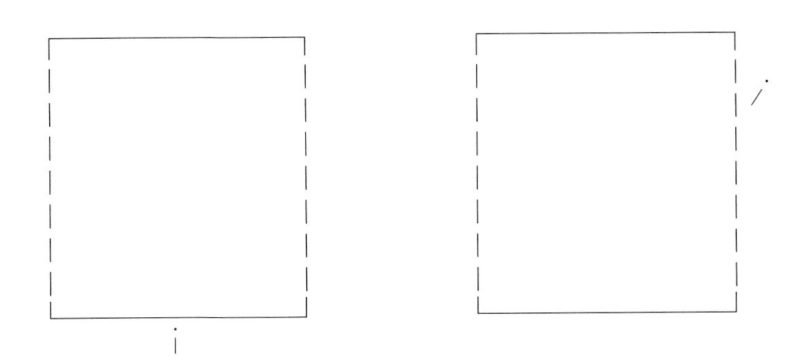

다음은 이 자료에 나타나는 부호들이다.

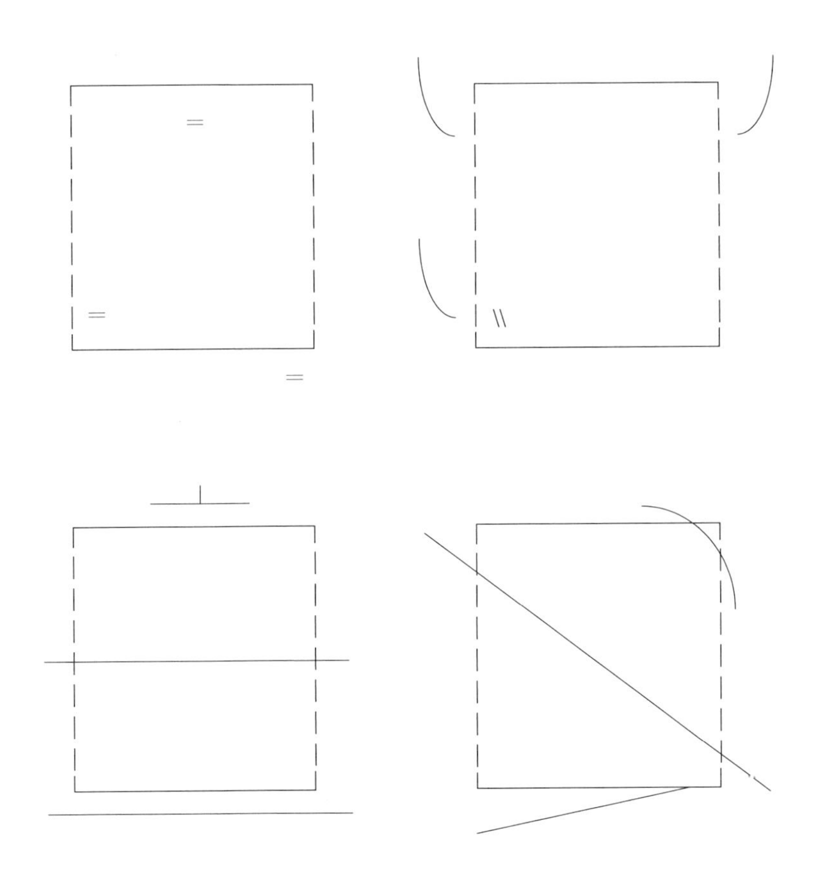

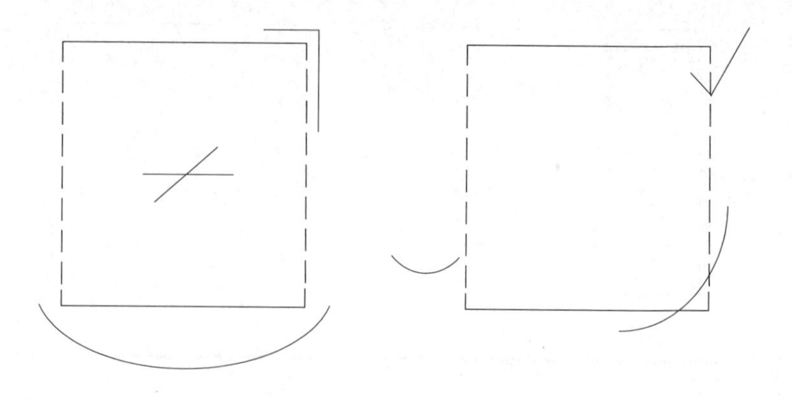

이상 周本華嚴經 권6에 쓰인 點吐의 종류와 그 點圖를 그리고 각 점토의 기능을 정리하고 아울러 符號들을 정리하였다. 이 點圖 가운데는 빈 칸이 많이 남아 있다. 점토가 단순한 것, 즉 單點이나 單線으로 된 토의 경우는 비교적 사용빈도가 높고 점도의 빈 칸도 적은 편이나 點과 線이 複合된 점토는 그 점도의 빈 칸이 많고 그 기능도 확인되지 않은 것이 많다. 기능이 확인되지 않은 것은 사용 빈도가 적기 때문인 경우가 많다. 앞으로 현재까지 발견된 周本華嚴經의 모든 點吐를 정리하면 이 가운데 상당 부분은 채워질 것이다. 이 자료에 쓰인 부호는 瑜伽師地論에 쓰인 부호보다는 그 종류나 사용된 양이 적은 편이다. 아직 그 기능을 파악하지 못한 아쉬움이 있다. 이들에 대한 세부적인 파악은 앞으로의 과제로 돌릴 수밖에 없다. 현재는 이 구결의 독법과 점토의 종류와 點圖를 이 정도로 작성할 수 있었던 것에 만족할 수밖에 없다.

▌『韓國 角筆符號口訣資料와 日本 訓點資料 硏究』(鄭在永 외), 태학사, 2003. 12. 31.

韓國에 있어서 角筆文獻硏究의 現況과 今後의 課題

1. 序言

筆者는 1983년 8월부터 1년간 日本의 訓点과 韓國의 釋讀口訣을 比較硏究하기 위하여 日本의 東京外國語大學 아시아·아프리카 言語文化硏究所에 머문 적이 있었다. 이 때 小林芳規先生이 角筆資料를 發掘하여 日本의 古代語 硏究에 寄與하였다는 소문을 듣고 先生의 著書『白氏文集』을 購入하여 읽기도 하였다. 그 후 石塚晴通氏와 함께 東洋文庫에 들어가 角筆資料들을 찾아내기도 하였었다. 이때에 日本의 종이는 두꺼워서 角筆을 사용할 수 있었지만 韓國의 종이(楮紙)는 얇아서 角筆을 사용하기가 어려웠을 것이라는 先入見을 가지게 되었다. 2000년 봄에 小林芳規先生이 韓國에서 角筆資料를 조사하고자 하니 편의를 보아 달라는 편지를 받고도 이러한 생각에는 변함이 없었다. 다만 韓國에서도 高麗時代의 종이는 두꺼운 편이었으니 이 시대의 文獻에서는 角筆資料가 나올 가능성이 있을 것이라는 생각에, 資料 調査日程을 짜면서 誠庵古書博物館의 趙炳舜先生님께는 高麗時代의 文獻을 가능한 限 많이 閱覽할 수 있도록 하여 달라고 부탁을 드리기도 하였다.

7月初旬 小林先生 一行을 案內하여 각 大學圖書館과 誠庵古書博物館을 訪問하면서 角筆의 記錄들이 있음을 確認하게 되었다. 그러나 그것이 近代의 資料들이었으므로 15世紀 以前의 韓國語 硏究에 關心을 가져오던 나에게는 注目할 만한 것이 못 되었었다. 그러다가 7월 6日 誠庵古書博物館의 古文獻을 調査하는 가운데 初雕大藏經인 瑜伽師地論 卷八(11世紀

初 刊本)에서 角筆로 記入된 点과 線으로 가득 찬 口訣資料를 發見하면서 아연 긴장하게 되었다. 韓國에서도 이른 時期에서부터 近代에 이르기까지 角筆이 사용되었었고 그 資料가 韓國의 古代語의 연구에는 물론, 文化史의 硏究에도 매우 귀중하다는 사실을 깨닫게 되었던 것이다.

2. 資料의 發掘과 그 價値

2000년 7월부터 2006년 9월 현재까지 發見된 角筆 資料는 附錄에 添附한 바와 같이 모두 69種이다. 이 자료는 대체로 發見된 順序로 排列한 것이다. 이 資料의 發掘에 參與한 이는 小林芳規, 西村浩子, 趙炳舜, 李丞宰, 尹幸舜, 鄭在永, 金永旭, 李勇, 李田京, 張景俊, 朴鎭浩 諸氏와 筆者이다. 角筆資料를 처음 보는 이들이 그 記入 內容을 비교적 쉽게 識別해서 볼 수 있었던 것은 小林先生이 특별히 考案하여 만든 照明器具인 角筆스코프를 口訣學會에 寄贈해 준 덕이었다. 書冊에 角筆을 記入한 것은 無色인데다가 그 눌림이 희미하여 종이의 흠집과 구별하기가 어려운 경우가 종종 나타난다. 이 때 그 눌림이 有意的인 角筆인가를 判別하는 데는 鮮明한 角筆스코프의 照明이 매우 有用한 구실을 하였다.

이 資料들은 거의가 書冊, 그 가운데서도 주로 經典인데 18世紀後半의 領相 元仁孫의 肖像畵의 밑그림(資料番號 63)과 19世紀의 古文書 全羅道官案(資料番號 65)만이 例外이다. 이 例外는 비록 양은 적지만 韓國에서 角筆이 書冊뿐만이 아니라 書畵나 古文書 等에까지 넓은 領域에서 사용되었음을 말하여 주는 것이다. 앞으로 文筆生活의 모든 分野에서 角筆記錄이 發見될 可能性을 보여주는 것이어서 注目되는 것이다.

이 69點의 資料들은 7世紀末에서부터 19世紀末까지에 걸치는 것이니 아주 이른 時期부터 近代末까지 1300餘年 동안 角筆이 사용되어 왔음을 보여 주는 것이다. 이 69點은 이렇게 오랜 동안 使用된 資料의 量으로서는 매우 貧弱한 것이다. 그러나 이는 이 方面에 대한 關心이 不足하여

發掘되지 못한 데 말미암는 것이니 앞으로 많은 資料가 發掘될 可能性을 보여 주는 것이다. 이의 發掘은 韓國學研究를 매우 豊富하게 하여 줄 內容들을 提供하여 줄 것으로 믿는다. 過去에는 墨書, 朱書, 靑書 등 눈에 쉽게 뜨이는 記錄들만을 研究對象으로 삼아 왔지만 앞으로의 研究者는 눈에 잘 뜨이지 않는 角筆의 有無까지 반드시 對象으로 삼아야 한다는 것을 말하는 것이다. 특히 資料가 稀少한 上代의 資料일수록 이 점은 强調된다. 이제까지는 낡은 古書를 修理할 때 角筆의 有無를 전혀 考慮하지 않았으나 앞으로는 이에 留意하지 않으면 귀중한 자료를 損傷시키는 愚를 犯하게 된다는 点을 念頭에 두어야 할 것이다. 이는 韓國의 書誌學이나 古文書 研究의 領域도 그 만큼 擴大되어야 함을 뜻하는 것이다.

書冊 資料들이 보여 주는 角筆內容은

1) 角筆線
2) 角筆 落書畵
3) 角筆 節博士
4) 經典의 內容을 解得하기 위한 것

들이다. 角筆線은 그 뜻하는 바가 曖昧하고 그 책이 本來부터 가지고 있던 欠缺과 區別되지 않는 것들이 있어서 그 具體的인 用途를 摘示하기가 어려운 경우가 많다. 節博士는 佛經의 讀誦法을 表示한 것으로서 梵唄와 密接한 關係가 있는 것이다. 日本의 記錄으로 보아서 그 符號는 複雜·多樣하였던 것이라고 하니 앞으로 그 專攻者가 따로 研究하여야 할 것이다.

經典의 內容을 理解하기 위한 角筆은 다음과 같이 분류할 수 있다.

a) 漢字의 訓
b) 漢字의 音
c) 句切線

d) 圈點

e) 校訂漢字

f) 註示符

g) 補入符

h) 全卷 角筆 点吐 釋讀口訣

이 중 a)~g)는 研究上의 重要性을 가진 것이지만 斷片的 또는 隨意的으로 사용된 것이어서 資料의 量이 不足한 現在로서는 體系的인 研究를 하기가 어렵다. 앞으로 더 많은 資料의 發掘이 있어야 圓滿한 研究가 可能할 것이다. 韓國語史의 研究者들이 특별히 關心을 기울이는 것은 h)의 全卷에 기입된 角筆 点吐口訣이다. 이것이 發見됨으로써 角筆資料에 대한 관심이 높아졌고 韓國語史의 研究者들이 모두 이 資料에 注目을 하게 된 것이다.

角筆 点吐 釋讀口訣 資料의 發掘은 韓國語史 研究에 있어서 重大한 價値가 있는 것이다. 近來까지 韓國語史 研究는 1446年 世宗大王이 創制·頒布한 訓民正音(한글)으로 記錄된 資料를 바탕으로 하여 왔었다. 訓民正音은 音素文字로서 배우기 쉽고 쓰기 쉬운데다가 특히 語音을 正確하게 記錄할 수 있어서 그 頒布 以後 近代까지 持續的으로 良質의 많은 韓國語 資料가 生産되었다. 이에 비하여 15世紀 以前의 韓國語 資料는 漢字를 借用해서 쓴 借字表記資料로써 解讀이 어려운데다 그 量이 극히 貧弱하여 體系的인 研究가 不可能한 것으로 認識되어 왔었다. 그러다가 1975年 13世紀 前半期의 것으로 推定되는 舊譯仁王經 釋讀口訣이 解讀되어 學界에 紹介되면서 15世紀 以前의 韓國語도 體系的으로 研究할 수 있는 길이 트이기 시작하였다. 그 이후 1990年代末까지 經典의 行間에 口訣文字를 墨書한 釋讀口訣 資料가 5種이 더 發掘됨으로써 13世紀 以前, 즉 古代의 韓國語를 어느 정도는 體系的으로 記述할 수 있게 되었다. 그러나 量이 絶對的으로 不足하여 그 研究에는 限界가 있었다. 이런 狀況에서 2000年

7月에 전혀 豫想하지 못했던 角筆 点吐 釋讀口訣이 發掘됨으로써 韓國古代語와 記錄樣式의 世界가 새로 열리게 된 것이다.

이런 점에서 이 資料들의 發掘은 매우 重要한 意義가 있으므로 瑜伽師地論 卷8 이후 角筆 点吐釋讀口訣 資料의 發掘經緯에 대하여 簡單한 說明을 붙이기로 한다.

小林先生이 誠庵古書博物館에서 瑜伽師地論 卷8의 角筆을 이틀간 筆者들과 함께 調査하고 歸國하면서 이 資料들을 繼續하여 調査할 수 있도록 角筆스코프를 口訣學會에 寄贈하여 주었다. 이에 口訣學會 會員인 筆者와 尹幸舜, 李丞宰, 金永旭氏가 夏季放學 期間 내내 週3日씩 誠庵古書博物館에서 角筆 点吐口訣 資料를 調査하였다. 그리하여 誠庵 趙炳舜先生이 내어 주는 高麗時代 經典들의 뭉치에서 初雕大藏經인 瑜伽師地論 卷5에서도 같은 点吐口訣을 發見하였다. 이어서 誠庵先生이 손수 11世紀 後半에 刊行된 것으로 推定되는 周本 華嚴經의 卷22, 卷57, 卷6, 卷36에서[1] 角筆点吐口訣을 찾아내어 調査할 수 있도록 도와주었다. 그러던 중 10世紀 以前의 刊本으로 推定되는 晋本 華嚴經 卷20에서 周本華嚴經의 角筆口訣과는 差異가 있는 点吐釋讀口訣을 發見하게 되었다. 여름 放學이 끝난 다음 筆者는 口訣學會 會員인 鄭在永氏의 周旋으로 湖林博物館에서 初雕大藏經의 瑜伽師地論 卷3과 周本 華嚴經 卷31, 卷34에서 角筆 点吐釋讀口訣을 發見하여 調査하였다. 湖林博物館의 經典은 誠庵古書博物館의 것과 同一 佛腹藏이었던 것이 흩어져 따로 所藏되게 된 것이다. 이 資料調査에는 尹幸舜, 鄭在永 會員과 李田京, 張景俊 大學院 博士課程生들이 參與하였다. 이들 資料를 調査하던 中 10月頃에 延世大學校 圖書館에서 口訣資料를 調査하던 李田京 會員이 11世紀頃의 刊本으로 推定되는 法華經 卷1에서 点吐口訣로 보이는 角筆을 發見하였음을 알려 왔다. 誠庵先

1 이 華嚴經은 契丹版의 覆刻本으로 뒤에 再雕大藏經의 板下本이 된 것이다. 契丹板大藏經은 1165年부터 高麗에 전해졌다.

生이 直接 가서 確認해 본 결과 11世紀나 12世紀의 刊本으로 추정되는 角筆 点吐 釋讀口訣임이 確認되었다. 以上의 資料들은 冊의 처음서부터 끝까지 加點者가 通讀하면서 懸吐한 것이다. 2003年 8月에는 筆者가 金永旭, 李勇 會員과 함께 忠南瑞山의 修德寺에서 13世紀 中葉의 刊本으로 推定되는 法華經 卷7의 落張 2枚에서 点吐와 字吐가 混用된 角筆 釋讀口訣을 發見하였다. 2004年 봄에는 書誌學者 宋日基氏 所藏의 法華經 卷4에서 14世紀末에 記入된 것으로 推定되는 角筆 順讀口訣을 調査하였다. 2004年 4月에는 朴鎭浩 會員이 忠北淸州市의 古印刷博物館에 展示한 典籍들을 書誌學者 南權熙氏와 함께 整理하던 중 合部金光明經 卷3에서 角筆과 墨書가 混用된 点吐 釋讀口訣을 발견하였다. 2004年 9月에는 鄭在永會員이 日本 京都의 南禪寺에서 高麗大藏經硏究所員들과 함께 初雕高麗大藏經을 調査・撮影하던 중 瑜伽師地論 卷8에서 以前의 瑜伽師地論 点吐釋讀口訣과 같으면서도 약간의 差異가 있는 点吐釋讀口訣을 發見하였다. 이상 15種의 高麗時代의 角筆 点吐口訣이 불과 6年 사이에 發掘되었다는 것은 韓國語史 硏究에 있어서 類例가 없는 일이며 앞으로도 더 많은 資料가 發掘될 可能性이 큰 것임을 말하여 준다.

3. 角筆 点吐釋讀口訣의 硏究

角筆 点吐口訣은 点吐만 가지고 經典 全體의 釋讀法을 記錄한 것이다. 간혹 口訣字를 기입한 것이 있으나 이는 点吐의 內容을 重複하여 기록한 것이다. 이 点吐口訣은 日本의 '오코토点'과 매우 類似하다는 것을 一見하여 알 수 있었다. 이제까지 日本의 訓点은 日本 固有의 것으로 日本에서만 사용된 것이라고 하여 왔으나 이 角筆 点吐口訣이 發見됨으로써 이 主張은 설 자리를 잃게 되었다. 그러나 日本에서 오랜 동안 이룩한 訓点에 대한 硏究成果는 韓國의 角筆 点吐口訣을 硏究하는 데도 크게 參考가 되었다. 小林先生과 함께 韓國의 角筆点吐를 調査하면서 많은 內容들을

쉽게 理解할 수 있었던 것은 日本의 訓点에 대한 智識이 있었기 때문이었다.

이제 2000年 角筆点吐口訣이 發見된 이후 現在까지 進行된 研究結果를 簡單히 설명하기로 한다.

이 角筆 点吐를 研究하기 위한 첫 段階는 그것을 移點하는 作業이었다. 이 移點作業은 原本의 角筆 자국을 다른 종이에 옮겨 적는 것이다. 現在 初雕大藏經板은 13세기초 蒙古의 侵入 때 燒失되고 그 刊本의 일부가 國內外에 散在되어 있다. 마침 初雕大藏經은 13世紀前半期에 再雕한 大藏經에서 거의 그대로 覆刻하였기 때문에 影印된 再雕大藏經을 複寫하면 字形, 行의 字數, 板式이 거의 一致하므로 이를 複寫하여 利用하면 便利하였다. 이 複寫本에 小林先生이 日本의 角筆 資料를 調查할 때 使用하던 綠色鉛筆로 点吐를 表示하여 나아갔다.

点吐口訣은 漢字를 四角形으로 把握하였다. 이는 欄上이나 欄下, 또는 行間에 四角形의 點圖를 그리어 校訂이나 解釋上의 異論을 表示한 것을 보아도 알 수 있다. 우리가 移點을 하던 초기에는 이 四角形의 四邊을 各各 三等分한 12位置와 그 內面을 三等分한 9位置를 합하여 21位置를 정하여 点吐를 붙였던 것으로 파악하였다. 뒤에 四隅를 더하여 懸吐位置가 25位置는 되었던 것으로 理解하게 되었다. 그 후 瑜伽師地論의 点吐口訣에서는 이 25位置에서 變移되어 더 많은 位置가 區分되었음을 밝힌 研究들이 나왔다. 그러나 21位置가 그 基本이었던 것으로 推定된다. 四角形의 左邊下隅와 右邊下隅는 使用한 例가 드물거나 經典에 따라서는 나타나지 않는 것이 이를 말해 준다.

点吐는 單点과 線, 그리고 이들을 組合하여 表示하였다. 그 종류를 들면 다음과 같다.

單点; ·

雙點; 水平 ·· 垂直 : 斜線方向 .· 逆斜線方向 ·.

線; 水平 — 垂直 | 斜 線 / 逆 斜 線 \

눈섭; 오눈섭 ∸ 우눈섭 ‧̄ 아눈섭 |· 어눈섭 ·|

斜線方向오눈섭 ⁄ 斜線方向우눈섭 ⁄.

逆斜線方向아눈섭 \ 逆斜線方向어눈섭 \

느낌표; 水平左向 —· 水平右向 ·— 垂直下向 ! 垂直上向 ¡

斜線下向 ./ 斜線上向 /˙ 逆斜線下向 \. 逆斜線上向 ˙\

위의 25種의 点과 線, 그리고 그 結合形들을 漢字의 25位置에 配合하면 計算上으로는 625種의 点吐를 區別하여 使用할 수 있다. 이 符號는 더 많은 種類를 만들 수도 있으나 현재 25位置에 이 25種의 符號를 다 채워 使用한 点圖는 나오지 않고 있다. 또 文獻마다 차이가 있어 느낌표 부호는 瑜伽師地論에서는 전혀 사용되지 않았다. 이는 晋本華嚴經에서 많이 사용되었고 周本華嚴經에도 사용되긴 하였으나 그 頻度가 훨씬 떨어진다.

漢文과 韓國語는 言語構造가 다른 언어이다. 따라서 漢文을 韓國語로 釋讀하자면 먼저 그 語順을 韓國語의 順序로 바꾸고 漢文 構成素를 韓國語로 訓讀하거나 韓國漢字音으로 音讀하면서 助詞나 語尾를 添加하여 읽어야 한다. 이는 漢文은 孤立語인데 반하여 韓國語는 膠着語로 助詞와 語尾가 發達되어 있고, 또 漢文은 '主語+敍述語+目的語(補語)'의 文構造인데 韓國語는 '主語+目的語(補語)+敍述語'의 文構造이어서 이러한 差異들을 克復하기 위한 것이다. 吐는 漢文에는 없는 韓國語의 助詞나 語尾를 나타내고 간혹 訓讀字의 末音을 添記하기도 하는 것인데 点吐는 이를 四角形으로 본 漢字의 位置와 符號를 결합하여 나타내는 것이다.

口訣字로 記入되는 字吐釋讀口訣은 漢文의 左右 行間에 吐를 붙이고 逆讀点을 利用하여 語順을 表示한다. 字吐는 韓國語로 읽히는 漢文의 各

構成素를 따라가면서 붙인다. 그러나 点吐釋讀口訣은 韓國語의 語順과 같은 位置의 漢文 構成素는 그 構成素에 直接 懸吐하지만 語順이 다를 때는 그 句節의 끝 構成素에 모아서 懸吐한다. 이런 점에서 字吐釋讀口訣과 角筆 点吐釋讀口訣은 差異가 있다. 晋本華嚴經 卷20의 한 句節의 点吐口訣을 例로 들어 說明하여 보기로 한다.

〈表 1〉의 예문을 보자.

〈表 1〉

'生'의 左邊中段外側의 單点은 對格助詞 '乙/(으)ㄹ'을 나타내는 것이다. 이는 '一切衆生'이 이 文脈에서 對格語로 쓰임을 보이는 것으로 이 構成素는 漢文의 語順과 韓國語의 語順이 같은 것이다. '能'의 右邊上段內側의 單点은 '支/디'를 나타내는데 이는 '能'이 副詞語로 읽히고 韓國語의 語順과 一致한다. '業'에 3개의 点吐가 몰려 있다.

그 左邊中段外側의 單点은 앞에서 본 바와 같이 對格助詞를 나타내는 것이다. 右邊中段外側의 逆斜線과 그 下向에 點을 찍은 点吐는 使役形 'ㅅリ/ᄒᆞ이'를 나타내는 것으로 본래 漢文의 '令'의 機能에 對應하는 것이지만 '令'을 不讀字로 하여 읽지 않고 이 文의 敍述語 '除滅'에 이어 읽은 것이다. 下邊左段外側의 單点吐는 'ケ/며'를 나타내는 것으로 文과 文을 잇는 接續詞로 쓰이는 것이다. 이 文을 字吐를 붙여 읽고, 當時의 韓國語를 考慮하면서 한글로 읽으면 다음과 같다.

〈字吐表記〉 一切 衆生乙 悉 能支 諸 障碍業乙 除滅ㅅリケ

〈한글表記〉 一切 衆生을 다아 能디 모ᄃᆞᆫ 障碍業을 除滅ᄒᆞ이며

이와 같이 点吐를 句節의 끝글자에 모아서 붙였으므로 漢文文章을 解釋할 수 있는 基礎的인 能力이 없으면 읽기가 어렵다. 이런 点에서 이는 字吐 釋讀口訣보다는 經典에 대한 理解의 水準이 높은 者가 使用하는 口訣이라고 할 수 있다.

各 經典에 使用된 点吐를 정리하여 點圖를 만들면 經典마다 25種의 符號에 따라 25種의 點圖를 만들 수가 있을 것이다. 그러나 單点을 제외하면 다른 符號는 그 使用頻度가 떨어진다. 說明의 便宜上 현재까지 파악된 單点圖를 보이면 아래의 〈表 2〉와 같다.

아래의 표는 周本華嚴經의 總6卷에 나타나는 單点圖와 瑜伽師地論 卷5, 卷8에 나타나는 單点圖를 比較하기 위하여 提示한 것이다. 周本華嚴經의 單点圖는 單純한 편이고 瑜伽師地論의 單点圖는 複雜한 편이다. 이는 使用하는 符號가 華嚴經 쪽이 複雜하고 瑜伽師地論 쪽이 單純한 것과 관계가 있을 것이다.

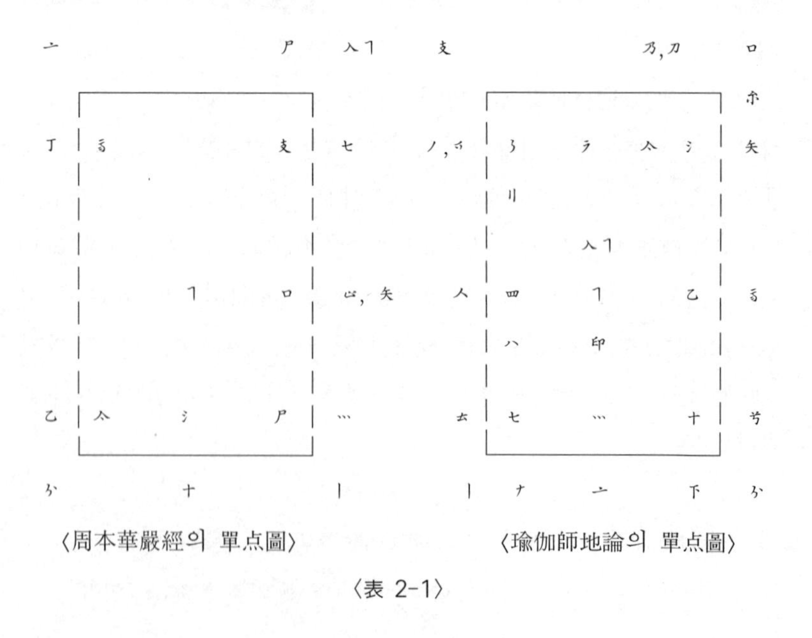

〈周本華嚴經의 單点圖〉 〈瑜伽師地論의 單点圖〉

〈表 2-1〉

〈口訣字와 그 表音〉

亠/여/iŏ	尸/ㄹㅎ/l	入1/ᄃᆞᆫ/tʌn	支/디/ti	乃/나/na
刀/도/to	ロ/고/ko	丁/뎌/tiŏ	亝/졔/čiŏi	ヒ/ㅅ/s
ノ/호/ho, 乎/오/o	ㄋ/아/a	ラ/ᄋᆡ,의/ʌi, ŭi	氵/사/Sʌ	兮/ᄒᆡ/hʌi
1/(ᄋᆞ,으)ㄴ/(ʌ, ŭ)n	ロ/고/ko	止,矢/디/ti	人/과/koa	罒/라/ra
ハ/ㄱ,기/k, ki	卬/인/in	乙/ㄹ/r	…/로/lo	去/거/kŏ
十/ᄀᆡ,긔/kʌi, kŭi	兮/히/hi	弥/며/miŏ	丨/다/ta	ナ/겨/kiŏ
下/하/ha				

〈表 2-2〉

〈表 2-1〉에서 注目되는 것은 華嚴經의 点吐와 瑜伽師地論의 点吐가 다음 〈表 3〉에서 보는 것과 같이 서로 對稱的 位置에 쓰이고 있다는 事實이다.

	〈周本華嚴經〉	〈瑜伽師地論〉
弥	下邊左段外側	下邊右段外側
丨	下邊右段外側	下邊左段外側
乙	左邊下段外側	右邊中段內側
兮	左邊下段內側	上邊右段內側
氵	下邊中段內側	上邊右段內側
亠	上邊左隅	下邊中段外側

〈表 3〉

이 點圖에서 서로 一致하는 位置에 쓰인 것은 中央의 '1/n'이다. 이 '1'의 一致는 이들 點圖가 한 줄기에서 갈라져 나왔음을 말하여 주는 것이 아닌가 한다. 對稱的 差異는 宗派와 關係가 있는 것으로 보인다. 즉 華嚴經(宗)派와 瑜伽師地論系의 唯識宗(法相宗)派의 對立的 關係를 보여 주는 것으로 理解된다. 晋本華嚴經의 單点圖는 周本華嚴經의 그것과 時

代와 人物이 100年 程度나 差異가 있는데도 불구하고 거의 일치하고 있다. 또 이것은 新羅時代의 「華嚴文義要訣」의 點圖와도 通하고 있다. 이는 華嚴經(宗)派는 400년의 세월이나 차이가 있어도 서로 비슷한 點圖를 使用하고 있음을 보여 주는 것이다.

合部金光明經 卷3의 点吐는 瑜伽師地論의 것과 거의 일치하므로 唯識論(法相宗) 系統의 것이다. 法華經卷1(延世大圖書館藏)의 点吐는 毁損이 심하여 解讀이 어려우나 調査된 点吐를 보면 瑜伽師地論 系統의 것이다. 以上 點圖로 보아 華嚴宗(經) 系統과 法相宗(瑜伽師地論) 系統의 点吐口訣이 時代와 人物을 超越하여 對立的으로 使用되어 왔음을 把握할 수 있는데 이는 韓國佛教史의 變遷과도 關係가 있을 것으로 생각된다.

角筆 資料는 肉眼으로는 識別하기 어려우므로 이를 正確하게 理解하자면 같은 資料를 여러 번 펼쳐서 判讀해야 한다. 古文獻 가운데서도 寶物로 指定됐거나 그에 준하는 貴重本은 펼치기가 매우 조심스럽다. 또 그 点吐의 內容을 原型 그대로 여러 專攻者들이 共覽하거나 一般人들에게 알리기는 어려우므로 그 寫眞撮影은 發見 初期부터 時急한 일로 浮上하였다. 이 作業은 小林先生이 主導하여 2000年 11月에 誠庵古書博物館에서 발견된 点吐口訣 資料 瑜伽師地論 卷5와 卷8, 周本華嚴經 卷6, 卷22, 卷57을 撮影하고 其他의 角筆 資料들도 함께 撮影하였다. 2002年 여름에는 筆者가 主導하여 点吐口訣 資料 晋本華嚴經 卷20과 周本華嚴經 卷36을 撮影하였다. 그리고 最近 2006年 9月에는 李丞宰氏가 主導하여 湖林博物館에 所藏된 瑜伽師地論 卷3, 周本華嚴經 卷31, 卷34를 撮影하였다. 이 寫眞을 컴퓨터에 複寫하여 그 影像을 스크린에 投影하면 이 寫眞을 여러 사람이 同時에 볼 수가 있다. 이 寫眞의 整理와 電算化(컴퓨터複寫)는 張景俊이 하였는데 이 影像의 畵面은 鮮明할 뿐만 아니라 擴大하여 자세히 볼 수가 있어 共同硏究의 效果를 올리는 데 重要한 구실을 하고 있다.

2003年 12月에는 鄭在永이 主導하여 韓·日의 學者가 2002年 7月부터 共同硏究한 成果物을 『韓國 角筆 符號口訣資料와 日本 訓點資料 硏

究』라는 冊題로 刊行하였다. 晋本華嚴經 卷20, 周本華嚴經 卷6, 卷22, 卷36, 卷57의 移點本과 함께 각 資料에 대한 研究論文을 鄭在永, 南豊鉉, 尹幸舜, 李丞宰, 金永旭 等이 쓰고 小林芳規, 西村浩子는 '日本에 있어서 華嚴經의 講說과 初期 加點資料에 대하여서'를 썼다. 小林, 西村의 이 글은 日本 奈良時代의 華嚴經 系統의 寫本에 나타나는 角筆들을 調査하여 新羅的인 要素를 確認한 것으로 日本 訓点의 起源이 新羅에 있음을 考證한 業績이다.

瑜伽師地論 角筆点吐口訣의 寫眞이 電算化되면서 2002年 1月부터 金裕範, 朴鎭浩, 徐民旭, 李秉麒, 李勇, 李田京, 金星周, 黃善燁, 張景俊 等의 젊은 研究者들이 모여 이를 이용한 共同研究를 시작하였다. 이 모임을 基礎로 李丞宰가 主導하여 韓國學術振興財團의 研究費를 받아 體系的인 共同研究를 始作하였다. 그 結果物로 2005年8月 '角筆口訣의 解讀과 飜譯 1'과 '初雕大藏經「瑜伽師地論」卷第五・卷第八의 寫眞資料 1'을 刊行하였다. 이 研究에서는 李丞宰가 点吐의 25位置를 數字로 表示한 것을 應用하였다. 이는 아래의 〈表 4〉와 같은 것인데 이를 利用하면 漢字의 左邊下段外側에 있는 單点은 41(・)으로 표시하고 下邊中段內側의 斜線은 43(⁄)으로 표시할 수가 있어서 比較的 簡潔한 方法으로 点吐를 표시할 수가 있다. 이 表는 点吐口訣을 電算化하여 表示하는 데 매우 有用하게 쓰이게 되었다.

11	12	13	14	15
21	22	23	24	25
31	32	33	34	35
41	42	43	44	45
51	52	53	54	55

〈表 4〉

이 方法을 利用하여 瑜伽師地論 卷5의 첫 머리를 飜譯한 것을 옮기면 다음과 같다.

A: 復次[23(・)]於色界中[22(・), 42(・)]初靜廬地[44(・)]受生[33(／)]諸天卽受[역독선], 彼地[42(・)]離生喜樂[34(・), 55(・)]

B: 復次[ラ]於色界中[ろ, ヒ]初靜慮地[十]受生[ソㄱ]諸天卽受彼地[ヒ]離生喜樂[乙, ケ]

C: 復 次ラ {於} 色界 中ろヒ 初靜慮地十 受生ソㄱ 諸 天(ㄱ) 卽 彼 地ヒ 離生喜樂乙 受ケ

D: 또 다음으로 色界 中의 初靜慮地에서 受生한 모든 하늘은 곧 그 地의 離生喜樂을 받으며,

E: 다음 형상 세계 안에서, 초정려 자리[地]에 삶을 받는 하늘들은 곧 그 자리에서 욕심세계를 여의고서 기쁨과 즐거움이 남[離生喜樂]을 느끼며

여기서 A항은 漢文原文에 記入된 点吐와 符號를 스크린을 통하여 判讀한 것이다. B항은 A항의 点吐만을 文字吐로 옮긴 것이다. C항은 B항을 字吐釋讀口訣을 釋讀한 形態로 바꾼 것이다. D항은 이를 現代韓國語로 逐字的으로 飜譯한 것이고 E항은 이에 대한 東國譯經院의 飜譯을 옮기어 參考하도록 한 것이다.

이 冊은 이와 같은 方法으로 瑜伽師地論 卷5, 卷8의 点吐釋讀口訣 全體를 解讀하고 이를 飜譯하여 간행한 것이다. 이 硏究에서 李田京은 瑜伽師地論 点吐의 判讀에 대하여 論했고 張景俊은 判讀結果를 記錄하는 方案에 대해서 論하여 이 解讀과 飜譯을 理解할 수 있도록 도와주었다.

2006年 3月에는 '角筆口訣의 解讀과 飜譯 2(周本「華嚴經」卷第三十六)'을 瑜伽師地論의 경우와 同一한 방식으로 解讀하고 飜譯하여 刊行하였다. 이 책의 '周本華嚴經 卷36의 解讀方法'은 朴鎭浩가 밝히었다.

2000年 여름 点吐口訣이 發見되면서 漢文讀法과 文字論에 關한 國際

學術會議가 活潑해졌다. 口訣學會는 1996年 9月 '아시아 諸 民族의 文字'를 主題로 第1回 國際學術會議를 開催한 바 있었다. 그 후 그 開催가 미루어져 오다가 角筆点吐口訣의 發見을 契機로 이 學術會議가 活潑해 진 것이다. 2001年 8月 19~20日에 日本의 北海道大學에서 '漢文古版本とその受容(訓讀)'을 主題로 國際워크숍이 開催되었다. 發表者는 日本側에서 石塚晴通氏를 包含하여 4名, 韓國側에서는 筆者를 包含하여 6명이었다. 이 가운데 5篇이 角筆資料와 그 点吐口訣에 관계된 發表였다. 2001年 12月 7~8日에는 第2回 口訣學會 國際學術大會가 '漢文讀法과 文字'를 主題로 서울市立大學校에서 開催되었다. 發表者는 日本側에서 小林芳規先生을 包含하여 4名, 韓國에서는 趙炳舜先生을 包含하여 6名이었다. 그 가운데 角筆에 關係된 글이 7篇이었다. 2003年 7月 24~25日에는 日本의 富山大學人文學部에서 '日韓 漢字・漢文 受容'을 主題로 國際學術會議를 開催하였다. 發表者는 日本側에서 小林芳規先生을 包含하여 4名이고 韓國側에서 筆者를 包含하여 10名이었다. 그 가운데 角筆에 關聯된 글이 5篇이었다. 2005年 9月 1~2日에는 第3回 口訣學會 國際學術會議가 '漢文 讀法'을 主題로 서울市立大學校에서 開催되었다. 發表者는 日本側에서 小林芳規先生을 포함하여 9名, 中國側에서 李得春先生을 포함하여 3名, 韓國側에서 筆者를 包含하여 10名이었다. 이 가운데 角筆에 關係된 글이 6篇이었다.

이들 國際學術會議에서는 韓日間의 漢文讀法의 共通性을 主題로 한 글들이 발표되었다. 이 共通性에 關하여서는 自然히 影響의 授受關係의 問題가 提起되었다. 小林先生이 新羅 華嚴學의 影響으로 日本의 訓点이 發達했음을 積極的으로 論하였다. 日本의 初期 訓点資料인 『華嚴文義要決』에 나타나는 星点의 點圖와 逆讀符(返讀符), 句切符, 合符 등이 韓國의 華嚴經에 나타나는 角筆点吐와 一致하는 것이 그 事實을 말하는 것으로 보았다. 또 7世紀末 日本에서 13名의 學僧이 新羅에 留學하였고 新羅에 留學한 僧侶인 審祥이 많은 經典을 日本에 傳했는데 그에 의하여 740

年에 華嚴經 講義가 始作되어 3年 만에 60卷本 華嚴經 講說을 마친 점, 華嚴經 講說이 시작된 直後 東大寺 大佛造立의 詔가 내리어 華嚴宗을 本으로 삼게 하였다는 事實 등을 들어 日本의 華嚴宗이 新羅의 影響으로 成立되었고 일본의 訓点이 이 무렵의 華嚴宗에서 發達하기 시작한 것도 이 事實을 뒷받침하는 것으로 보았다. 또 藤本幸夫氏가 日本의 華嚴刊定記에 쓰인 返讀(逆讀) 表示 數字가 韓國의 15世紀 口訣에 나오는 訓讀 表示 數字와 같은 점을 들어 8世紀에 新羅에 留學한 僧侶들에 의하여 華嚴宗과 함께 漢文訓讀法이 日本에 傳해진 것으로 보았었는데, 小林先生은 이번에 發見된 華嚴經의 角筆点吐가 이 事實을 보다 더 具體的으로 뒷받침한다고 보았다. 그 후 小林先生은 日本에 전해진 新羅의 經典들에서 角筆들을 찾고 특히 8世紀에 傳해진 日本現存의 判比量論에서 角筆点吐를 찾아 이들을 통하여 日本의 訓点이 新羅의 影響으로 발달했음을 論하였다. 이에 대하여 石塚晴通氏는 漢文訓讀은 中國周邊의 여러 民族, 즉 위구르族(高昌)이나 越南에도 있었다는 事實을 들어 韓國과 日本에만 있는 것이 아닌 점, 또 現在의 韓國의 点吐口訣이 日本의 訓点과 完全히 一致한다고 보기가 어려운 점을 들어 影響의 授受關係에 대하여 懷疑的이다.

그러나 現在 漢字文化圈에서 韓國의 釋讀口訣과 日本의 訓点만큼 共通性을 지닌 漢文讀法은 없다. 이는 이 두 文化圈만이 共有한 資産이라고 하여야 할 것이다. 좀더 具體的인 資料를 通하여 이들의 共通性과 變移되어 온 過程이 밝히어지면 兩國이 共有한 文化的인 資産인 訓点과 口訣의 關係가 밝히어져 그 共有의 價値가 좀더 高揚될 것으로 믿어진다.

4. 今後의 課題

韓國에서 角筆資料가 發掘된 지 어언 6年이 지났다. 角筆資料 가운데서도 点吐 釋讀口訣의 發見은 韓國語史의 硏究에 있어서 새로운 章을 연

重要한 것이다. 이 角筆口訣의 發見으로 이 方面의 新進 硏究者가 輩出되어 刮目할 만한 硏究業績이 나온 것은 慶賀할 일이다.

그러나 角筆 資料의 發掘에 積極的으로 나서는 사람은 아직 없다. 散發的으로 角筆 口訣 資料가 發掘되긴 하였어도 그것은 古代 韓國語 硏究에 關心을 가진 사람이나 書誌學에 關心을 가진 極少數의 사람들이 運이 좋아서 發見한 것일 뿐이다. 角筆資料 全般을 對象으로 한 調査者가 아직 나타나지 않고 있다. 그것은 이 方面의 硏究者가 現在는 거의 韓國語史의 硏究者들로 制限되어 있기 때문이다. 이런 점에서 角筆資料 全般을 對象으로 資料를 蒐集하고 硏究할 專攻者들이 나올 수 있는 契機를 마련하여 주는 것이 앞으로의 큰 課題라고 하겠다.

韓國은 角筆資料의 寶庫라고 할 수 있을 듯하다. 7世紀 後半에서부터 19世紀까지의 角筆資料가 곳곳에서 나오는 것이 이를 말해 준다. 그러나 上代로 올라 갈수록 文獻資料가 稀少하고 近代로 내려올수록 많아지는 것은 當然한 것인데 口訣學會 會員들은 15世紀 以前의 자료에 關心을 기울이고 한글創制 以後의 資料에는 關心을 기울이지 못하고 있다. 口訣도 15世紀 以後의 資料가 豊富한데 이를 整理하는 作業이 散發的으로 이루어져 있을 뿐 體系化시키려는 努力이 不足한 것도 지금의 事情이다.

現在 韓國에는 15世紀 以後의 文獻들이 많이 남아 있으므로 여기서 角筆 資料가 발견될 可能性은 매우 높다. 이 資料의 發掘이 國語史의 硏究에 도움이 되리라는 保障을 받기가 어려운데다 16世紀 以前의 資料는 圖書館마다 貴重本으로 分類하여 놓아 閱覽하기가 까다롭다. 이러한 狀況 아래서 이 作業에 선뜻 나설 젊은이를 期待하기는 어렵다. 그러나 角筆資料는 韓國뿐만 아니라 漢字文化圈, 나아가서는 世界의 文化史에 있어 貴重한 資産이므로 이를 整理하는 硏究者가 나올 수 있는 契機는 마련되어야 할 것이다.

角筆의 調査에는 많은 經驗의 蓄積이 必要하다. 같은 角筆도 그것을 보는 位置에 따라 보이기도 하고 안 보이기도 한다. 上代로 올라가 記錄

된 年代가 오래 되면 角筆의 눌림이 지워져 確認하기가 더 어렵다. 一例로 韓國 海印寺의 佛腹藏에서 나온 初雕大藏經 藥師琉璃光如來本願功德經은 同一 經典이 근 20卷이 나왔는데 그 중의 數卷에서 角筆線으로 보이는 것이 나왔다. 그러나 이 角筆의 機能이 確認되지 않아 그것이 구김이 아니라는 保障을 하기가 어렵다. 이러한 問題는 資料를 調査할 때마다 逢着하게 될 것인데 이러한 흔적도 充實히 기록하여 後日에 綜合的으로 結論을 내리는 基礎를 마련해야 할 것이다.

角筆 点吐釋讀口訣 研究는 角筆資料 가운데서도 集中的으로 努力을 傾注하여 온 것이다. 그리하여 그 解讀과 飜譯集을 刊行까지 하였다. 그러나 角筆点吐口訣이 字吐釋讀口訣보다 年代가 앞서는데도 不拘하고 字吐口訣보다 古形의 文法이라고 할 만한 것이 確認되지 않고 있다. 이는 이 口訣의 解讀이 字吐釋讀口訣을 根據로 이루어졌기 때문이기도 하지만 이 口訣의 解讀에서 点吐의 機能이 把握되지 못한 것들이 아직도 많이 남아 있기 때문이기도 하다. 앞으로 解讀되지 못한 点吐들을 해독하는 努力은 繼續되어야 할 것이고 이 方面의 資料發掘도 持續的으로 이루어져야 할 것이다.

韓國의 漢字音은 16世紀 以前의 資料가 없어 그 以前의 漢字音 研究는 거의 이루어지지 못하고 있다. 高麗時代의 角筆資料에서 聲調와 漢字音을 表示한 것이 몇 例가 發見되었다. 앞으로 이 方面의 資料가 蓄積되어 體系的인 記述이 可能해지기를 期待한다.

漢字文化圈에서 角筆資料의 使用은 많은 共通性을 共有하고 있는 것으로 보인다. 이들에 대한 比較研究도 角筆研究의 重要한 課題가 될 것이다. 특히 韓國과 日本에서 그 共通性의 起源을 보여주는 資料는 더 찾을 수 있을 것으로 期待된다. 兩國의 角筆이 갖는 同異点에 대한 體系的인 記述도 이러한 文化的인 性格을 究明하는 데 貢獻할 수 있을 것으로 생각된다.

〈參考資料 I〉

韓國의 角筆文獻資料 目錄

資料名	所藏處	內容		年代
1) 洪範	建國大學校常虛紀念圖書館藏	角筆線		19世紀?
2) 孔聖家語	上同	角筆 斜線符號		18世紀
3) 大慧普覺禪師書	上同	角筆 斜線(文切線)		朝鮮時代
4) 古文眞寶	上同	角筆線		朝鮮後期
5) 古今歷代標題註釋十九史略通	上同	角筆線		朝鮮後期
6) 地藏菩薩本願經	檀國大東洋學研究院	角筆 節博士		1730年
7) 中庸章句大全	上同	角筆 冊題		19世紀
8) 近思錄 四冊	上同	角筆 斜線		17世紀
9) 孟子卷第一	上同	角筆 斜線		19世紀
10) 太極圖說	上同	角筆 縱長線		19世紀
11) 彌陀禮儀 三冊	上同	角筆 句切線		1503年
12) 因明論 一冊	上同	角筆 句切符, 節博士		1713年
13) 禮念彌陀懺法 一冊	東國大學校中央圖書館	角筆 句切線, 斜線		1503年
14) 法華經 六冊	上同	角筆 句切線, 合符, 圈點		17世紀刊
15) 法華經卷第七	上同	角筆 節博士		17世紀刊
16) 法華經卷第六	上同	角筆 句切線, 斜線, 橫線		17世紀刊
18) 法華經卷第一	上同	角筆 節博士		17世紀刊
19) 禪門拈頌集卷九	高麗大學校中央圖書館	角筆 節博士		17世紀刊
20) 齋佛願文至心懺悔至心發願	上同	角筆 縱長線		19世紀寫
21) 地藏菩薩本願經卷上·下	上同	角筆 句切符, 圈點, 弧		1797刊
22) 芝峯類說卷第17-20	上同	角筆 落書畵		17世紀刊
23) 彌勒菩薩所問經論第2	誠庵古書博物館	角筆 校訂漢字	初雕大藏經	11世紀初刊
24) 大方等大集經卷第49	上同	角筆句切符	初雕大藏經	11世紀初刊

25) 阿毘曇毘波沙論第12	上同	角筆句切符, 節博士, 圈點	初雕大藏經	11世紀初刊
26) 阿毘曇毘波沙論第15	上同	角筆 節博士, 圈點	初雕大藏經	11世紀初刊
27) 舍利弗阿毘曇論卷1	上同	角筆 句切符, 節博士	初雕大藏經	11世紀初刊
28) 大盤若波羅密多經卷355	上同	角筆 節博士	初雕大藏經	11世紀初刊
29) 大盤若波羅密多經卷300	上同	角筆 節博士	初雕大藏經	11世紀初刊
30) 瑜伽師地論卷8	上同	全卷 角筆点吐, 口訣字	初雕大藏經	11世紀初刊
31) 瑜伽師地論卷5	上同	全卷 角筆点吐, 口訣字	初雕大藏經	11世紀初刊
32) 瑜伽師地論卷85	上同	角筆 点吐, 節博士	初雕大藏經	11世紀初刊
33) 妙法蓮華經卷1	上同	角筆한글(字音), 漢字(字音, 釋義)		15世紀後半刊
34) 妙法蓮華經卷1	上同	角筆 節博士		11世紀以前刊
35) 妙法蓮華經卷8	上同	角筆 節博士		11世紀以前刊
36) 周本大方廣佛華嚴經卷6	上同	全卷 角筆点吐		11世紀後半刊
37) 周本大方廣佛華嚴經卷22	上同	全卷 角筆点吐		11世紀後半刊
38) 周本大方廣佛華嚴經卷36	上同	全卷 角筆点吐		11世紀後半刊
39) 周本大方廣佛華嚴經卷57	上同	全卷 角筆点吐		11世紀後半刊
40) 周本大方廣佛華嚴經卷61	上同	角筆 句切線(橫短線)	再雕大藏經	1245年刊
41) 晉本大方廣佛華嚴經卷20	上同	全卷 角筆点吐		10世紀刊
42) 善見毘波沙律卷9	上同	角筆 節博士		11世紀以前刊
43) 大般若涅槃經卷30	上同	角筆 節博士	再雕大藏經	1241年刊
44) 大般若波羅密多經卷533	上同	角筆 節博士, 表紙 角筆書	再雕大藏經	1239年刊
45) 金剛般若波羅密經	上同	角筆 補入符		7世紀末書寫
46) 金光明經卷3	上同	角筆 節博士		11世紀以前
47) 阿毗達磨大毗波沙論卷13	上同	角筆 節博士	再雕大藏經	1244年刊
48) 阿毗達磨大毗波沙論卷17	上同	角筆 節博士	再雕大藏經	1244年刊
49) 入楞伽經卷6	上同	角筆 節博士	再雕大藏經	1243年刊
50) 大般若波羅密多經卷448	上同	角筆 節博士	再雕大藏經	1238年刊
51) 佛說莊嚴菩提心經	上同	角筆 節博士	再雕大藏經	1240年刊
52) 論語集註大全卷9	延世大學校中央圖書館	角筆 口訣, 注示符		15世紀前半
53) 近思錄	上同	角筆 口訣, 注示符, 斜線, 圈點		1436年刊
54) 誡初心學人文	上同	角筆 口訣, 注示符		1570年刊
55) 妙法蓮華經卷1	上同	全卷 角筆点吐		11世紀頃刊

56) 瑜伽師地論卷3	湖林博物館	全卷 角筆点吐	11世紀初刊
57) 周本大方廣佛華嚴經卷31	上同	全卷 角筆点吐	11世紀後半刊
58) 周本大方廣佛華嚴經卷34	上同	全卷 角筆点吐	11世紀後半刊
59) 妙法蓮華經卷7(2枚)	忠南瑞山修德寺	角筆 口訣 点吐・字吐 混合	13世紀前半期刊
60) 判比量論	日本大谷大學圖書館	角筆 文字와 符號	8世紀中半 以前寫
61) 妙法蓮華經卷4	宋日基藏	全卷 角筆 順讀口訣	14世紀 後半 口訣
62) 合部金光明經卷3	大邱市 個人所藏	全卷 点吐, 角筆点・墨點 混合	13世紀初刊
63) 領相 元仁孫 肖像畵	日本天理大學圖書館	角筆 밑그림	18世紀後半 寫
64) 妙法蓮華經卷1-3	南豊鉉藏	角筆 注音・釋義 漢字	15世紀後半刊
65) 全羅道官案(古文書)	南豊鉉藏	角筆 界線	19世紀 寫
66) 孟子	柚木靖史藏	角筆 口訣, 返讀線	19世紀刊本
67) 楞嚴經卷5-7	慶州 祇林寺	角筆 口訣吐	14世紀刊
68) 瑜伽師地論卷8	京都南禪寺	全卷角筆点吐	初雕大藏經 11世紀初刊
69) 藥師琉璃光如來本願功德經	陜川海印寺	角筆 句切線, 節博士	初雕大藏經 11世紀初刊

〈參考資料 Ⅱ－Ⅰ〉

角筆資料 硏究論著 目錄(發表年度順)

尹幸舜(2000), 일본의 오코토点과 한국의 초조대장경에서 보이는 부호구결의 비교,『제23회구결학회 공동연구회 발표 논문집』.

李丞宰(2000), 初雕本 瑜伽師地論의 角筆符號口訣에 대하여,『제23회 구결학회 공동연구회 발표논문집』.

李丞宰(2000), 새로 발견된 각필(角筆) 부호구결과 그 의의,『새국어생활』10-3, 국립국어연구원.

南豊鉉(2000), 高麗時代의 點吐 口訣에 대하여,『第27回 國語學會 共同研究會 發表論文集』.

南豊鉉(2000), 高麗時代의 點吐 口訣에 대하여,『書誌學報』24, 韓國書誌學會.

李丞宰(2001), 周本『華嚴經』卷第22의 角筆 符號口訣에 대하여,『口訣研究』7, 口訣學會.

李丞宰(2001),『瑜伽師地論』角筆符號口訣의 解讀을 위하여,『國語研究의 理論과 實際』, 태학사.

李丞宰(2001), 符號字의 文字論的 意義,『國語學』38, 國語學會.

鄭在永(2001), 誠庵古書博物館 所藏 晋本『華嚴經』卷二十에 대하여,『口訣研究』7, 口訣學會.

金永旭(2001), 初雕大藏經 瑜伽師地論 卷三의 口訣에 대하여,『第24回 口訣學會 共同研究會 發表 論文集』.

南豊鉉(2001), 口訣의 種類와 그 發達,『日本 北海道大學 國際워크숍 發表 論文集』.

金永旭(2001), 初雕大藏經 瑜伽師地論 口訣의 解讀에 對하여,『日本 北海道大學 國際워크숍 發表 論文集』.

尹幸舜(2001), 한국의 符號口訣과 일본의 오코토(ヲコト)點에 대하여,『日本 北海道大學 國際워크숍 發表 論文集』.

金永旭(2001), 瑜伽師地論 점토(点吐)의 해독 방법 연구,『口訣研究』7, 口訣學會.

金永旭(2001), 瑜伽師地論 雙點吐의 解讀 方法 硏究,『第2回 口訣學會 國際學術大會 發表論文集』.
徐民旭(2001), '者'字 의 부호구결에 대하여,『口訣硏究』 7, 口訣學會.
李丞宰(2001),『瑜伽師地論』角筆符號口訣의 解讀을 위하여,『國語硏究의 理論과 實際』, 태학사.
小林芳規・西村浩子(2001), 韓國遺存の角筆文獻 調査報告,『訓点語と訓点資料』107, 訓点語學會.
南豊鉉・李丞宰・尹幸舜(2001), 韓國의 點吐口訣에 대하여,『訓点語와 訓点資料』107, 訓点語學會.
李丞宰(2002), 옛 文獻의 各種 符號를 찾아서,『새국어생활』12-4. 국립국어연구원.
李丞宰(2002), 符號의 字形과 製作原理,『文法과 텍스트』, 서울大出版部.
趙炳舜(2002), 書誌學的 側面에서 본 原典의 重要性,『口訣硏究』 8, 口訣學會.
小林芳規(2002), 韓國의 角筆點과 日本의 古訓點의 關係,『口訣硏究』 8, 口訣學會.
南豊鉉(2002), 新羅時代 口訣의 再構를 위하여,『口訣硏究』 8, 口訣學會.
石塚晴通(2002), 漢字文化圈의 加點史에서 본 高麗口訣과 日本語初期訓点資料,『口訣硏究』 8, 口訣學會
西村浩子(2002), 日本愛媛縣北宇和郡三間町毛利家藏「三體詩」의 角筆點에 관하여,『口訣硏究』 8, 口訣學會.
金文京(2002), 東아시아 漢字文化圈의 訓讀現象 - 韓日近世의 加點資料,『口訣硏究』 8, 口訣學會.
南豊鉉(2002), 高麗時代 角筆点吐 釋讀口訣의 種類와 그 解讀 — 晋本華嚴經 卷20의 点吐釋讀口訣을 중심으로 —,『朝鮮學報』183, 朝鮮學會.
李丞宰・安孝卿(2002), 角筆 符號口訣 資料에 대한 조사 연구 - 誠庵本『瑜伽師地論』의 卷第5와 卷第8을 중심으로,『口訣硏究』 9, 口訣學會.
張景俊(2002), 點吐釋讀口訣 자료에 기입된 口訣字와 口訣點에 대하여 -『유가사지론』 권5, 8을 대상으로,『口訣硏究』 9, 口訣學會.
金永旭(2002), 11세기 문법형태들을 찾아서,『문법과 텍스트』, 서울대학교 출판부.
金永旭(2003), 11세기 문법형태 연구,『국어교육 111』, 국어교육학회.
小林芳規(2003),　八世紀の日本における角筆加點とその源流, 富山大學人文學部

國際學術會議 發表.
小林芳規(2003), 新羅經典에 기입된 角筆文字와 符號 — 京都 大谷大學藏『判比量論』에서의 發見,『口訣研究』 10, 口訣學會.
尹幸舜(2003), 漢文讀法에 쓰여진 韓國의 角筆符號口訣과 日本의 오코도點의 비교,『口訣研究』 10, 口訣學會.『角筆口訣의 解讀과 飜譯』, 2005, 8. 태학사 刊에 再錄.
張景俊(2003), 點吐口訣에 있어서 口訣字「ㅅ1」에 대응하는 口訣點에 대하여,『韓國語學』 19.
尹幸舜(2003), 韓國における口訣の發達と角筆符號口訣の研究狀況.『日本語日本學研究』 5.
南豊鉉(2003), 修德寺 所藏 法華經 卷七의 角筆 釋讀口訣에 대하여,『第28回 全國學術大會 發表 論文集』, 口訣學會
朴鎭浩(2003),『瑜伽師地論』點吐口訣에서 11위치의 單點에 대응되는 字吐,『제28회 口訣學會 全國學術大會 論文集』.
南豊鉉(2003), 古代國語의 時代區分,『口訣研究』 11, 口訣學會(2003年 富山大 國際學術會議 發表 論文).
石塚晴通(2003), 聲點의 起源,『口訣研究』 11, 口訣學會.
張景俊(2003),『유가사지론』 점토석독구결의 '지시선'에 대하여,『口訣研究』 11, 口訣學會(2003年 富山大 國際學術會議 發表 論文).
朴鎭浩(2003), 周本『華嚴經』卷第36 点吐口訣의 解讀, —字吐口訣과의 對應을 中心으로—.『口訣研究』 11, 口訣學會(2003年 富山大 國際學術會議 發表 論文).
李丞宰(2003), 주본 화엄경 권제57의 서지와 각필 부점구결에 대하여,『한글』 262.
鄭在永(2003), 晋本『華嚴經』卷二十의 書誌와 角筆符號口訣에 대하여,『韓國 角筆 符號 口訣 資料와 日本 訓點 資料 研究』, 태학사.
南豊鉉(2003), 周本 華嚴經 卷六의 角筆 點吐釋讀口訣 研究,『韓國 角筆 符號口訣 資料와 日本 訓點 資料 研究』, 태학사.
尹幸舜(2003), 周本 華嚴經 卷二十二에 대하여,『韓國 角筆 符號口訣 資料와 日本 訓點 資料 研究』, 태학사.
李丞宰(2003), 周本『華嚴經』卷第五十七의 書誌와 角筆 符點口訣에 대하여,『韓

國 角筆 符號口訣 資料와 日本 訓點 資料 研究』, 태학사.
小林芳規(2003), 日本における華嚴經の講說と初期加點資料について, 『韓國 角筆 符號口訣 資料와 日本 訓點 資料 研究』, 태학사.
金永旭(2003), 周本 華嚴經 卷三十六의 口訣, 『韓國 角筆 符號口訣 資料와 日本 訓點 資料 研究』, 태학사.
孫明基(2003), 點吐口訣에 대한 小考, 『대전어문학』 19・20, 대전대학교 국어국문학과.
金永萬(2003), 『유가사지론』 권제5・8에 나타난 如(<, ハ), 『제28회전국학술대회 발표논문집』, 口訣學會.
小林芳規(2004), 『角筆文獻研究導論』 上卷 東アジア, 汲古書院.
南豊鉉(2004), 宋日基藏 法華經 卷四의 角筆 順讀口訣에 대하여, 『第30回 全國學術大會 發表 論文集』, 口訣學會.
高正儀(2004), 口訣研究의 現況과 課題, 『口訣研究』 12, 口訣學會.
金永旭(2004), 判比量論의 國語學的 研究, 『口訣研究』 12, 口訣學會
張景俊(2004), 『유가사지론』 점토석독구결 해독 연구(1), 『口訣研究』 12, 口訣學會.
朴鎭浩(2004), 『유가사지론』 점토석독구결 해독 연구(2), 『口訣研究』 12, 口訣學會.
李 勇(2004), 『유가사지론』 점토석독구결 해독 연구(3), 『口訣研究』 12, 口訣學會.
李田京(2004), 『유가사지론』 점토석독구결 해독 연구(4), 『口訣研究』 13, 口訣學會.
徐民旭(2004), 『유가사지론』 점토석독구결 해독 연구(5), 『口訣研究』 13, 口訣學會.
金星周(2004), 『유가사지론』 점토석독구결 해독 연구(6), 『口訣研究』 13, 口訣學會.
尹幸舜(2004), 韓國의 角筆符號口訣과 日本의 訓点에 나타나는 華嚴經의 不讀字用法, 『口訣研究』 13, 口訣學會.
朴鎭浩(2004), 周本 『華嚴經』 卷第六의 點吐 重複表記와 符號, 『口訣研究』 13, 口訣學會.
張景俊(2004), 구결점의 현토 위치의 세분과 위치 변이 현상에 대하여, 『口訣研

究』 13, 口訣學會.
徐民旭(2004), '如'에 호응하는 점토에 대하여, 『口訣硏究』 13, 口訣學會.
李丞宰(2004), 角筆符點口訣의 意義와 硏究 方法, 『口訣硏究』 13, 口訣學會. 『角筆口訣의 解讀과 飜譯, 2005, 8. 태학사刊』에 再錄.
張景俊(2005), 『유가사지론』 점토석독구결의 해독 방법 연구 — 권5, 8의 단점(單點)을 중심으로—, 연세대학교 대학원 博士學位 論文.
徐民旭(2005), 『瑜伽師地論』 卷5 · 8의 點吐口訣 硏究, 가톨릭대학교 대학원 博士學位論文.
李丞宰(2005), 韓國 符點口訣의 記入 位置, 『朝鮮學報』 194, 朝鮮學會.
尹幸舜(2005), 韓日의 漢文讀法에 나타나는 「乃至」에 대하여, 『口訣硏究』 14, 口訣學會.
金星周(2005), 석독구결의 사동 표현, 『口訣硏究』 14, 口訣學會.
南豊鉉(2005), 韓國の古代口訣資料とその変遷について, 『日本東方學會 創立50周年記念 國際學術會議論集』, 日本東方學會.
鄭在永(2005), 韓國口訣, 『日本學 · 敦煌學 · 漢文訓讀 新展開(石塚晴通教授退職記念會編)』, 汲古書院.
金星周(2005), '爲'에 懸吐되는 口訣字와 機能, 『口訣硏究』 15, 口訣學會.
李 勇(2005), 각필구결 자료의 한자와 구결점의 상관관계에 대하여, 『口訣硏究』 15, 口訣學會.
徐民旭(2005), 『유가사지론』 권5 · 8에 현토된 점토의 위치 세분에 대하여, 『口訣硏究』 15, 口訣學會.
Lee, Seung-Jae(2005), Another Type of Korean Translation, 『口訣硏究』 15, 口訣學會.
박준석(2005), 『유가사지론』 점토석독구결 해독 연구(7), 『口訣硏究』 15, 口訣學會.
趙殷柱(2005), 『유가사지론』 점토석독구결 해독 연구(8), 『口訣硏究』 15, 口訣學會.
孫明基(2005), 『유가사지론』 점토석독구결 해독 연구(9), 『口訣硏究』 15, 口訣學會.
김천학(2005), 『유가사지론』 점토석독구결 해독 연구(10), 『口訣硏究』 15, 口訣學會.

金永旭(2005), 釋讀口訣文의 '不讀 現象'과 '不連續 現象'에 대하여,『角筆口訣의 解讀과 飜譯 1』, 태학사刊.
李田京(2005), 각필 자료『유가사지론』권5, 권8의 점토에 대하여,『角筆口訣의 解讀과 飜譯 1』, 태학사刊.
黃善燁(2005),『瑜伽師地論』卷5, 卷8의 書誌,『角筆口訣의 解讀과 飜譯 1』, 태학사刊.
張景俊(2005), 점토구결 자료의 판독 및 해독 결과 기록 방안,『角筆口訣의 解讀과 飜譯 1』, 태학사.
李丞宰外(2005),『角筆口訣의 解讀과 飜譯 1』— 初雕大藏經의『瑜伽師地論』卷第五·卷 第八 —, 태학사刊.
柚木靖史(2005), 韓國角筆文獻「孟子」に見られる角筆の返讀線 — 韓國における角筆使用の一例として —,『第3回 口訣學會 國際學術會議發表論文集』, 口訣學會.
柚木靖史(2006), 淑明女子大學校圖書館藏の韓國十九世紀の角筆文獻,『小林芳規博士喜壽記念 國語學論集』, 汲古書院.
尹幸舜(2006), 韓日の漢文讀法に用いられた符號形態について,『小林芳規博士喜壽記念 國語學論集』, 汲古書院.
金永旭(2006), 角筆의 起源에 대하여,『口訣研究』16, 口訣學會.
金星周(2006), 釋讀口訣의 被動表現,『口訣研究』16, 口訣學會.
朴鎭浩(2006), 晋本《華嚴經》卷第20의 點吐 解讀,『口訣研究』16, 口訣學會.
張景俊(2006), 점토 체계의 특징이 부호의 사용에 미치는 영향,『口訣研究』16, 口訣學會.
黃善燁(2006),『유가사지론』점토석독구결 해독 연구(11),『口訣研究』16, 口訣學會.
김선영(2006),『유가사지론』점토석독구결 해독 연구(12),『口訣研究』16, 口訣學會.
李秉麒(2006),『유가사지론』점토석독구결 해독 연구(13),『口訣研究』16, 口訣學會.
鄭鎭元(2006),『유가사지론』점토석독구결 해독 연구(14),『口訣研究』16, 口訣學會.
李丞宰外(2006),『角筆口訣의 解讀과 飜譯 2』— 周本『華嚴經』卷第三十六 —,

태학사.
李田京(2006), 연세대 소장 『묘법연화경』의 조사(助詞), 『角筆口訣의 解讀과 飜譯 2』 — 周本 『華嚴經』 卷第三十六 —, 태학사.
金星周(2006), 구결자 'ヤ'와 구결점 '43(＼)', 『角筆口訣의 解讀과 飜譯 2』 — 周本 『華嚴經』 卷第三十六 —, 태학사.
張景俊(2006), 석독구결의 구결자 '火'과 'ッ亽'에 대하여, 『國語學』 47. 國語學會.

角筆資料 研究論著 目錄(筆者名 가나다順)

高正儀(2004), 口訣研究의 現況과 課題,『口訣研究』12, 口訣學會(2003年 富山大國際學術會議 發表 論文).

金文京(2002), 東아시아 漢字文化圈의 訓讀現象 - 韓日近世의 加點資料,『口訣研究』8, 口訣學會.

김선영(2006),『유가사지론』점토석독구결 해독 연구(12),『口訣研究』15, 口訣學會.

金星周(2004),『유가사지론』점토석독구결 해독 연구(6),『口訣研究』13, 口訣學會.

金星周(2005), 석독구결의 사동 표현,『口訣研究』14, 口訣學會.

金星周(2005), '爲'에 懸吐되는 口訣字와 機能,『口訣研究』15, 口訣學會.

金星周(2006), 구결자 '𠂊'와 구결점 '43(＼)',『角筆口訣의 解讀과 飜譯 2』— 周本『華嚴經』卷第三十六 —, 태학사.

金星周(2006), 釋讀口訣의 被動表現,『口訣研究』16, 口訣學會.

金永萬(2003),『유가사지론』권제5・8에 나타난 如(ㄆ, ㅅ),『제28회전국학술대회 발표논문집』, 口訣學會.

金永旭(2001), 初雕大藏經 瑜伽師地論 卷三의 口訣에 대하여,『第24回 口訣學會共同研究會 發表 論文集』.

金永旭(2001), 初雕大藏經 瑜伽師地論 口訣의 解讀에 對하여,『日本 北海道大學國際워크숍 發表 論文集』.

金永旭(2001), 瑜伽師地論 점토(点吐)의 해독 방법 연구,『口訣研究』7, 口訣學會.

金永旭(2001), 瑜伽師地論 雙點吐의 解讀 方法 研究,『第2回 口訣學會 國際學術大會 發表論文集』.

金永旭(2002), 11세기 문법형태들을 찾아서,『문법과 텍스트』, 서울대학교 출판부.

金永旭(2003), 11세기 문법형태 연구,『국어교육 111』, 국어교육학회.

金永旭(2003), 周本 華嚴經 卷三十六의 口訣,『韓國 角筆 符號口訣 資料와 日本 訓點 資料 研究』, 태학사.

金永旭(2004), 判比量論의 國語學的 研究,『口訣研究』12, 口訣學會.

金永旭(2005), 釋讀口訣文의 '不讀 現象'과 '不連續 現象'에 대하여,『角筆口訣의 解讀과 飜譯 1』, 태학사刊.

金永旭(2005), 漢字・漢文の韓國的 受容,『日本學・敦煌學・漢文訓讀 新展開(石塚晴通教授退職記念會編)』, 汲古書院.

金永旭(2006), 角筆의 起源에 대하여,『口訣研究』16, 口訣學會.

김천학(2005),『유가사지론』점토석독구결 해독 연구(10),『口訣研究』15, 口訣學會.

南豊鉉(2000), 高麗時代의 點吐 口訣에 대하여,『第27回 國語學會 共同研究會 發表論文集』.

南豊鉉(2000), 高麗時代의 點吐 口訣에 대하여,『書誌學報』24, 韓國書誌學會.

南豊鉉(2001), 口訣의 種類와 그 發達,『日本 北海道大學 國際워크샵 發表 論文集』.

南豊鉉(2002), 高麗時代 角筆点吐 釋讀口訣의 種類와 그 解讀 — 晋本華嚴經 卷20의 点吐釋讀口訣을 중심으로 —,『朝鮮學報』183, 朝鮮學會.

南豊鉉(2002), 新羅時代 口訣의 再構를 위하여,『口訣研究』8, 口訣學會.

南豊鉉(2003), 古代國語의 時代區分,『口訣研究』11, 口訣學會(2003年 富山大 國際學術會議 發表 論文).

南豊鉉(2003), 修德寺 所藏 法華經 卷七의 角筆 釋讀口訣에 대하여,『第28回 全國學術大會 發表 論文集』, 口訣學會

南豊鉉(2003), 周本 華嚴經 卷六의 角筆 點吐釋讀口訣 研究,『韓國 角筆 符號口訣 資料와 日本 訓點 資料 研究』, 태학사.

南豊鉉(2004), 宋日基藏 法華經 卷四의 角筆 順讀口訣에 대하여,『第30回 全國學術大會 發表 論文集』, 口訣學會.

南豊鉉(2005), 韓國の古代口訣資料とその変遷について,『東方學會創立50周年記念論文集』, 日本東方學會.

南豊鉉・李丞宰・尹幸舜(2001), 韓國의 點吐口訣에 대하여,『訓点語와 訓点資料』107, 訓点語學會.

박준석(2005),『유가사지론』점토석독구결 해독 연구(7),『口訣研究』15, 口訣學

會.
朴鎭浩(2003), 周本『華嚴經』卷第36 点吐口訣의 解讀, — 字吐口訣과의對應을 中心으로—.『口訣硏究』11, 口訣學會(2003年 富山大 國際學術會議 發表 論文).
朴鎭浩(2003),『瑜伽師地論』點吐口訣에서 11위치의 單點에 대응되는 字吐,『第28回 全國學術大會 資料』. 口訣學會.
朴鎭浩(2004),『유가사지론』점토석독구결 해독 연구(2),『口訣硏究』12, 口訣學會.
朴鎭浩(2004), 周本『華嚴經』卷第六의 點吐 重複表記와 符號,『口訣硏究』13, 口訣學會.『日本學・敦煌學・漢文訓讀 新展開』(石塚晴通教授退職記念會編, 汲古書院(2005)에 再錄).
朴鎭浩(2006), 晋本《華嚴經》卷第20의 點吐 解讀,『口訣硏究』16, 口訣學會.
徐民旭(2001), '者'字 의 부호구결에 대하여,『口訣硏究』7, 口訣學會.
徐民旭(2004), '如'에 호응하는 점토에 대하여 —『유가사지론』권5와 권8을 중심으로—,『口訣硏究』13, 口訣學會.
徐民旭(2004),『유가사지론』점토석독구결 해독 연구(5),『口訣硏究』13, 口訣學會.
徐民旭(2005),『瑜伽師地論』卷5・8의 點吐口訣 硏究, 가톨릭대학교 대학원 博士學位論文.
徐民旭(2005),『유가사지론』권5・8에 현토된 점토의 위치 세분에 대하여,『口訣硏究』15, 口訣學會.
孫明基(2003), 點吐口訣에 대한 小考,『대전어문학』19・20, 대전대학교 국어국문학과.
孫明基(2005),『유가사지론』점토석독구결 해독 연구(9),『口訣硏究』15, 口訣學會.
尹幸舜(2000), 일본의 오코토点과 한국의 초조대장경에서 보이는 부호구결의 비교,『第23回 共同硏究회 發表 論文集』. 口訣學會.
尹幸舜(2001), 한국의 符號口訣과 일본의 오코토(ヲコト)點에 대하여,『日本 北海道大學 國際워크숍 發表 論文集』.
尹幸舜(2003), 漢文讀法에 쓰여진 韓國의 角筆符號口訣과 日本의 오코도點의 비교,『口訣硏究』10, 口訣學會.『角筆口訣의 解讀과 飜譯, 2005, 8. 태학사

刊』에 再錄.

尹幸舜(2003), 韓國における口訣の發達と角筆符號口訣の研究狀況. 『日本語日本學研究』 5.

尹幸舜(2003), 周本 華嚴經 卷二十二에 대하여, 『韓國 角筆 符號口訣 資料와 日本訓點 資料 研究』, 태학사.

尹幸舜(2004), 韓國의 角筆符號口訣과 日本의 訓点에 나타나는 華嚴經의 不讀字用法, 『口訣研究』 13, 口訣學會. 『日本學・敦煌學・漢文訓讀 新展開(石塚晴通教授退職記念會編)』, 汲古書院(2005)에 再錄.

尹幸舜(2005), 韓日의 漢文讀法에 나타나는 「乃至」에 대하여, 『口訣研究』 14, 口訣學會.

尹幸舜(2006), 韓日の漢文讀法に用いられた符號形態について, 『小林芳規博士喜壽記念 國語學論集』, 汲古書院.

李丞宰(2000), 初雕本 瑜伽師地論의 角筆符號口訣에 대하여, 『第23回 共同研究會發表 論文集』. 口訣學會.

李丞宰(2000), 새로 발견된 각필 부호구결과 그 의의, 『새국어생활』 10-3, 국립국어연구원.

李丞宰(2001), 周本 『華嚴經』 卷第22의 角筆 符號口訣에 대하여, 『口訣研究』 7, 口訣學會.

李丞宰(2001), 『瑜伽師地論』 角筆符號口訣의 解讀을 위하여, 『國語研究의 理論과 實際』, 태학사.

李丞宰(2001), 符號字의 文字論的 意義, 『國語學』 38, 國語學會.

李丞宰(2002), 符號의 字形과 製作原理, 『文法과 텍스트』, 서울大出版部.

李丞宰(2002), 옛 文獻의 各種 符號를 찾아서, 『새국어생활』 12-4. 국립국어연구원.

李丞宰(2003), 周本 華嚴經 卷第57의 書誌와 角筆 符點口訣에 대하여, 『한글』 262. 『韓國 角筆 符號口訣 資料와 日本 訓點 資料 研究』, 태학사에 再錄.

李丞宰(2004), 角筆符點口訣의 意義와 研究 方法, 『口訣研究』 13, 口訣學會. 『角筆口訣의 解讀과 飜譯, 2005, 8. 태학사刊』에 再錄.

李丞宰(2005), 韓國 符點口訣의 記入 位置, 『朝鮮學報』 194, 朝鮮學會.

李丞宰外(2005), 『角筆口訣의 解讀과 飜譯 1 — 初雕大藏經의 『瑜伽師地論』 卷第五・卷 第八 —』, 태학사刊.

李丞宰外(2006), 『角筆口訣의 解讀과 飜譯 2 — 周本『華嚴經』卷第三十六 —』, 태학사. 附錄別冊『角筆口訣寫眞資料 國寶二百四號 周本 華嚴經 卷第三十六』.

李丞宰・安孝卿(2002), 角筆 符號口訣 資料에 대한 조사 연구 - 誠庵本『瑜伽師地論』의 卷 第5와 卷第8을 중심으로, 『口訣研究』 9, 口訣學會.

李 勇(2004), 『유가사지론』 점토석독구결 해독 연구(3), 『口訣研究』 12, 口訣學會.

李 勇(2005), 각필구결 자료의 한자와 구결점의 상관관계에 대하여, 『口訣研究』 15, 口訣學會.

이병기(2006), 『유가사지론』 점토석독구결 해독 연구(13), 『口訣研究』 15, 口訣學會.

李田京(2004), 『유가사지론』 점토석독구결 해독 연구(4), 『口訣研究』 13, 口訣學會.

李田京(2005), 각필 자료 『유가사지론』 권5, 권8의 점토에 대하여, 『角筆口訣의 解讀과 飜譯 1』, 태학사.

李田京(2006), 연세대 소장 『묘법연화경』의 조사(助詞), 『角筆口訣의 解讀과 飜譯 2』 — 周本 『華嚴經』 卷第三十六 —, 태학사.

張景俊(2002), 點吐釋讀口訣 자료에 기입된 口訣字와 대응 口訣點에 대하여 - 『유가사지론』 권5, 8을 대상으로, 『口訣研究』 9, 口訣學會.

張景俊(2002), 口訣點의 위치변이에 대한 기초 연구 — 『유가사지론』 권5, 8을 대상으로, 『국어사 자료 연구』 3, 국어사자료학회

張景俊(2003), 點吐口訣에 있어서 口訣字 「ㅅㅣ」에 대응하는 口訣點에 대하여, 『韓國語學』 19.

張景俊(2003), 『유가사지론』 점토석독구결의 '지시선'에 대하여, 『口訣研究』 11, 口訣學會(2003年 富山大 國際學術會議 發表 論文).

張景俊(2004), 『유가사지론』 점토석독구결 해독 연구(1), 『口訣研究』 12, 口訣學會.

張景俊(2004), 구결점의 현토 위치의 세분과 위치 변이 현상에 대하여, 『口訣研究』 13, 口訣學會. 『日本學・敦煌學・漢文訓讀 新展開(石塚晴通教授退職記念會編), 汲古書院』에 再錄.

張景俊(2005), 점토구결 자료의 판독 및 해독 결과 기록 방안, 『角筆口訣의 解讀

과 飜譯 1』, 태학사刊.

張景俊(2006), 점토 체계의 특징이 부호의 사용에 미치는 영향,『口訣研究』16, 口訣學會.

張景俊(2006), 석독구결의 구결자 '火'과 'ソ厶'에 대하여,『國語學』47. 國語學會.

鄭在永(2001), 誠庵古書博物館 所藏 晋本『華嚴經』卷二十에 대하여,『口訣研究』7, 口訣學會.

鄭在永(2003), 晋本『華嚴經』卷二十의 書誌와 角筆 符號口訣에 대하여,『韓國 角筆 符號 口訣 資料와 日本 訓點 資料 研究』, 태학사.

鄭在永(2005), 韓國の口訣,『日本學・敦煌學・漢文訓讀 新展開(石塚晴通教授退職記念會編)』, 汲古書院.

鄭鎭元(2006),『유가사지론』점토석독구결 해독 연구(14),『口訣研究』15, 口訣學會.

趙炳舜(2002), 書誌學的 側面에서 본 原典의 重要性,『口訣研究』8, 口訣學會.

趙殷柱(2005),『유가사지론』점토석독구결 해독 연구(8),『口訣研究』15, 口訣學會.

黃善燁(2005),『瑜伽師地論』卷5, 卷8의 書誌,『角筆口訣의 解讀과 飜譯 1』, 태학사.

黃善燁(2006),『유가사지론』점토석독구결 해독 연구(11),『口訣研究』15, 口訣學會.

小林芳規(2002), 韓國의 角筆點과 日本의 古訓點의 關係,『口訣研究』8, 口訣學會.

小林芳規(2003), 八世紀の日本における角筆加點とその源流, 富山大學人文學部國際學術會議 發表.

小林芳規(2003), 新羅經典에 기입된 角筆文字와 符號 ― 京都 大谷大學藏『判比量論』에서의 發見,『口訣研究』10, 口訣學會.

小林芳規(2003), 日本における華嚴經の講説と初期加點資料について,『韓國 角筆 符號口訣 資料와 日本 訓點 資料 研究』, 태학사.

小林芳規(2004),『角筆文獻研究導論』上卷 東アジア, 汲古書院.

小林芳規(2004),『角筆文獻研究導論』日本國內篇中(上), 汲古書院.

小林芳規(2004),『角筆文獻研究導論』日本國內篇下(下), 汲古書院.

小林芳規(2005),『角筆文獻研究導論』別卷 資料篇, 汲古書院.

小林芳規・西村浩子(2001), 韓國遺存の角筆文獻 調査報告, 『訓点語と訓点資料』 107, 訓点語學會.

石塚晴通(2002), 漢字文化圈의 加點史에서 본 高麗口訣과 日本語初期訓点資料, 『口訣研究』 8, 口訣學會

石塚晴通(2003), 聲點의 起源, 『口訣研究』 11, 口訣學會.

西村浩子(2002), 日本愛媛縣北宇和郡三間町毛利家藏 「三體詩」의 角筆點에 관하여, 『口訣研究』 8, 口訣學會.

柚木靖史(2005), 韓國角筆文獻「孟子」に見られる角筆の返讀線 — 韓國における角筆使用の一例として —, 『第3回 口訣學會 國際學術會議發表論文集』, 口訣學會.

柚木靖史(2006), 淑明女子大學校圖書館藏の韓國十九世紀の角筆文獻, 『小林芳規博士喜壽記念 國語學論集』, 汲古書院.

Lee, Seung-Jae(2005), Another Type of Korean Translation, 『口訣研究』 15, 口訣學會.

▌廣島大學 國際學術 symposium 「Stylus文獻研究の現在と今後の課題」, 2006. 11. 13.

索引

ㄱ

ㄷ

ㄹ

ㅁ

ㅂ

ㅅ

▮ㅇ

ㅈ

ㅊ

▶ㅌ

▶ㅍ

ㅎ

脫字

구결